企业财税
热点解读与纳税筹划

梁小斌 ◎ 主编

- ◆ 内容全面，由简入繁，重点突出，案例丰富，实用性强
- ◆ 适合中小企业老板，投资人，财务人员阅读学习

立信会计出版社
LIXIN ACCOUNTING PUBLISHING HOUSE

图书在版编目（CIP）数据

企业财税热点解读与纳税筹划 / 梁小斌主编 . — 上海：立信会计出版社，2023.3
ISBN 978-7-5429-7314-6

Ⅰ.①企… Ⅱ.①梁… Ⅲ.①企业管理—财务管理②企业管理—税收管理 Ⅳ.① F275 ② F810.423

中国版本图书馆 CIP 数据核字（2023）第 048805 号

责任编辑　蔡伟莉

企业财税热点解读与纳税筹划
QIYE CAISHUI REDIAN JIEDU YU NASHUI CHOUHUA

出版发行　立信会计出版社	
地　　址　上海市中山西路 2230 号	邮政编码　200235
电　　话　（021）64411389	传　　真　（021）64411325
网　　址　www.lixinaph.com	电子邮箱　lixinaph2019@126.com
网上书店　http：//lixin.jd.com	http：//lxkjcbs.tmall.com
经　　销　各地新华书店	

印　　刷	北京鑫海金澳胶印有限公司
开　　本	787 毫米 ×1092 毫米　1/16
印　　张	32
字　　数	663 千字
版　　次	2023 年 3 月第 1 版
印　　次	2023 年 3 月第 1 次
书　　号	ISBN 978-7-5429-7314-6/ F
定　　价	92.00 元

如有印订差错，请与本社联系调换

编委会名单

总　策　划　郭洪荣

编委会主任　梁小斌

编委会副主任（排名不分先后）

马树强［毕马威企业咨询（中国）有限公司］

郝国敏［中审众环会计师事务所（特殊普通合伙）合伙人］

刘庆良（税来税往财会培训机构创始人）

黄森煌（厦门尚泽税务师事务所有限公司）

卫　敏（立宸财税创始人）

黄哲佳（厦门中明信税务师事务所）

张绍虹（大连新华税务师事务所有限公司）

韦飞俊［海南大华光明税务师事务所（普通合伙）］

王兴旺（节税邦财税咨询创始人）

袁运龙（中税科信税务师事务所高级合伙人）

王　苹（山东富尊财务创始人）

于晓敏（众智财税咨询集团董事长）

李凌寒（合肥财经职业学院 教授，正高级会计师）

何鹏波（涿鹿金亿财文化发展有限公司）

堵庚杰（河南小堵税务师事务所）

张伟明［中汇信达（深圳）税务师事务所］

赵博盛（上海企赞财税科技有限公司）

赵永江（山东启阳税务师事务所）

编委会成员（排名不分先后）

仝铁汉（西北工业大学管理学院专业学位研究生企业导师）

武　剑［北京市盈科（哈尔滨）律师事务所］

杨伟祺（祺财教育创始人）

邢小波［京洲联信（深圳）税务师事务所有限公司］

扈景霞（中国企业财管协会职教专委会常务理事）

罗冬梅（沈阳一智财税咨询有限公司）

魏光容（四川中鸿新世纪税务师事务所有限公司）

钟志花（北京京华京商企业管理有限公司）

刘　欣（企业财税咨询顾问）

李　燕（成都众环海华税务师事务所有限公司）

熊秋娥［百川税务师事务所（深圳）有限公司］

刘艳艳（任丘市博瑞凯通税务师事务所有限公司）

胡四娥（江西示见税务师事务所有限公司）

杨月兰［君子兰企业管理咨询（东莞）有限公司］

王景远（河南中税德信税务师事务所有限公司）

韩　素（二肆财税金牌讲师，管理科学院客座教授）

张　程［中税网税务师事务所集团（海南）有限公司］

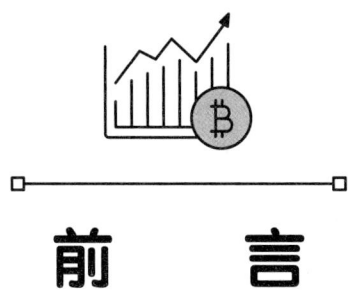

前　言

近几年来,为了优化纳税环境,减轻企业负担,国家进行了多项税务政策改革。随着政策的变动,企业投资人、经营者、财务人员需要不断更新财税新政相关信息,加深对现有政策的理解,进而在实务工作中合规纳税;同时,也需要做一些纳税筹划,在税法新规允许的前提下,享受"纳税春风",为企业带来更强的竞争力。

本书基于企业涉税风险防范和税务新政解读的思路进行编写,共分为三编。

第一编"搞懂涉税业务"。从企业前期设立、后期运营、制度建设等方面进行翔实讲解,包括企业初创设立的形式、个体户及企业的不同、小规模纳税人与一般纳税人的不同以及规范建账、前期纳税筹划等内容。

第二编"防范涉税风险"。从合同管理、发票管理、收入成本管理、费用列支、资产管理等方面讲解涉税风险的规避与防范,具体包括虚开发票防范,发票管理实施细则,成本费用的列支,员工福利的发放,资产由购入、使用到报废全过程的涉税分析等内容以及税务稽查的知识。

第三编"合理筹划税金"。通过案例解读增值税、企业所得税的筹划，围绕近几年国家出台的一系列减税降费政策进行解读，帮助投资人、企业经营者、财务人员将之更好地运用到企业经营之中，从而享受税收红利，具体包括小微企业优惠政策、不同行业优惠政策、增值税加计抵减政策等内容。

"财税问题无小事"，尤其是"金税四期"即将到来，企业要想实现有序经营发展，就必须对企业财务问题予以足够的重视，这样，企业才能够实现财务、税务安全，才能够使经营发展更加规范。

由于编者水平有限，疏漏之处在所难免，欢迎广大读者指正，以便修订和完善。

编者

2023年3月

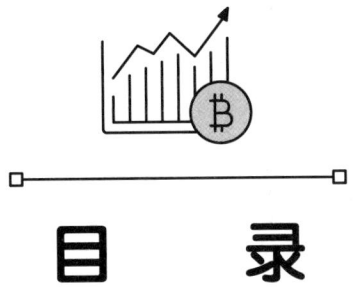

目　录

第1编　搞懂涉税业务

1 写给想创业的老板

1.1 企业创立前的纳税筹划 / 003

1.2 个体户和企业的选择 / 004

1.3 一般纳税人和小规模纳税人 / 008

1.4 注册资本认缴登记制的风险 / 010

1.5 注册资本选择需考虑的因素 / 011

1.6 工商年度报告的公示 / 012

1.7 老板要弄懂财务基础 / 014

1.8 老板要看懂财务报表 / 016

1.9 老板要分清"钱"与利润 / 017

1.10 老板警钟——失信被执行人 / 019

1.11 老板警钟——被税务部门列入"黑名单"的后果 / 021

1.12 老板警钟——不经营的后果 / 026

2 "金税四期"下合理避税，合法筹税

2.1 税收常识与优惠政策 / 028

2.2 纳税筹划的技术 / 030

2.3 纳税筹划的注意事项 / 031

2.4 合理避税的几种情况 / 032

2.5 个人账户避税风险 / 033

2.6 个人账户避税监管 / 035

2.7 个人账户的风险之案例解读 / 037

2.8 公转私的账务处理与风险防控 / 039

2.9 混合销售的合理避税之案例解读 / 044

2.10 错误的避税方式 / 045

2.11 入驻园区的筹税思路 / 046

2.12 税收洼地的筹划思路 / 048

3 好会计让"财"避"税"

3.1 会计日常工作九提醒 / 049

3.2 "消防员"财务 / 050

3.3 如何与老板沟通 / 051

3.4 会计凭证的规范 / 055

3.5 会计凭证的规范之案例解读 / 057

3.6 个体工商户的建账 / 058

3.7 会计调账的方法 / 059

3.8 会计调账的规范 / 061

3.9 会计调账的内容 / 062

3.10 杜绝两套账 / 065

3.11 两套账的会计法风险 / 067

3.12 两套账的税法风险 / 073

3.13 会计核算风险防范 / 078

3.14 财务人员风险防范 / 081

4 正确处理纳税申报事宜

4.1 按次纳税和按期纳税 / 084

4.2 起征点 / 086

4.3 纳税义务时间 / 088

4.4 增量留抵税额 / 090

4.5 即征即退 / 091

4.6 申请留抵退税 / 094

4.7 无税申报的后果 / 096

4.8 零申报的后果 / 098

4.9 延期缴税免滞纳金 / 099

4.10 个人所得税手续费 / 104

5 税的基础知识

5.1 以"增值额"而征的"税" / 109

5.2 以"消费品"而征的"税" / 117

5.3 "企业"取得"所得"要征的"税" / 120

5.4 "个人"取得"所得"要征的"税" / 122

5.5 以"房屋产权"要征的"税" / 124

5.6 使用"土地"要征的"税" / 126

5.7 占用"耕地"要征的"税" / 126

5.8 与"契约"有关的"税" / 127

5.9 土地"增值"要征的"税" / 128

5.10 一个小税种——印花税 / 130

5.11 两个附加税费——城市维护建设税、教育费附加 / 132

第2编　防范涉税风险

6 "买""卖"那些事

6.1 印章案件解读 / 136

6.2 签订合同的税收风险 / 142

6.3 提前开票的税收风险 / 145

6.4 "买一赠一"的税收风险 / 148

6.5 开具普票的税收风险 / 150

6.6 集团内无偿借贷的税收风险 / 151

6.7 企业和"股东"无偿借贷的税收风险 / 152

6.8 企业和"员工"无偿借贷的税收风险 / 155

6.9 企业间、民间的资金借贷涉税处理 / 156

6.10 银行资金借贷的涉税处理 / 161

7 "虚"票止于好会计

7.1 开具发票注意的关键点 / 165

7.2 各行业发票开具的规定 / 170

7.3 发票的作废的风险 / 176

7.4 失控发票的风险 / 178

7.5 不规范发票的情形 / 181

7.6 发票入账注意事项 / 184

7.7 虚抵发票的风险 / 186

7.8 缺少增值税进项发票的账务处理与风险防控 / 188

7.9 缺少成本票的账务处理与风险防控 / 192

7.10 虚开发票的行为 / 196

7.11 虚开发票的风险 / 197

7.12 虚开发票的风险防范 / 201

7.13 不规范开票的风险 / 203

7.14 税务阶段虚开发票的应对 / 204

7.15 虚开发票的风险——正确享受优惠政策 / 206

7.16 虚开发票之案例解读 / 207

8 "金税四期"下资产类涉税问题梳理

8.1 处置使用过的固定资产的涉税处理 / 219

8.2 处置使用过的车辆的涉税处理 / 220

8.3 出租房屋的涉税处理 / 222

8.4 企业整体产权转让的涉税处理 / 229

8.5 政府划拨资产的涉税处理 / 232

8.6 企业房产的涉税处理 / 234

8.7 资产损失的涉税处理 / 238

8.8 固定资产加速折旧的政策 / 241

8.9 新设备的一次性扣除的税收风险 / 244

8.10 "三产"进项税额的抵扣 / 248

8.11 涉农税收政策梳理 / 250

8.12 农产品的抵扣 / 259

9 "金税四期"下成本费用财税处理要严谨

9.1 入账的陷阱与风险提示 / 261

9.2 餐饮发票入账误区 / 263

9.3 食堂费用入账技巧 / 265

9.4 税控盘抵税的财税处理 / 267

9.5 "私车公用"的财税处理 / 271

9.6 佣金的财税处理 / 274

9.7 费用发票的税前扣除 / 276

9.8 差旅费的账务处理 / 277

9.9　差旅费的税务处理 / 279

9.10　差旅费报销的财税风险 / 281

10　以"员工"为名的涉税处理 / 283

10.1　工资发放方式的涉税风险 / 283

10.2　虚列人员工资的涉税风险 / 285

10.3　工资发放的 39 个风险点 / 286

10.4　临时工工资的涉税风险 / 289

10.5　职工福利费的涉税风险 / 292

10.6　劳保费与福利费的涉税处理 / 293

10.7　防暑降温费与取暖费的涉税处理 / 297

10.8　劳务派遣的涉税处理 / 298

10.9　劳务报酬的涉税处理 / 300

11　税务稽查后会更懂税

11.1　税务稽查选取企业 / 305

11.2　税务稽查选取企业之案例解读 / 310

11.3　税务稽查的 7 个重点 / 312

11.4　税务稽查——做假手法 / 313

11.5　税务稽查——大数据平台 / 315

11.6　税务稽查——翻旧账 / 317

11.7　医药行业的税务稽查之案例解读 / 320

11.8　纳税人稽查中享有的权益之案例解读 / 322

第 3 编　合理筹划税金

12 增值税筹划的门道

12.1 增值税名词解释——抵扣凭证 / 327

12.2 增值税名词解释——加计抵减 / 330

12.3 增值税名词解释——差额征收 / 335

12.4 增值税纳税主体的筹划之案例解读 / 339

12.5 增值税计税依据的筹划之案例解读 / 342

12.6 增值税计税方法的纳税筹划之案例解读 / 347

12.7 利用增值税免税政策的筹划之案例解读 / 349

12.8 农产品的纳税筹划 / 359

12.9 农产品的纳税筹划之案例解读 / 361

13 全角度筹划企业所得税

13.1 汇算清缴相关的财税政策 / 363

13.2 汇算清缴税前扣除 / 371

13.3 汇算清缴税前扣除之案例解读 / 374

13.4 企业设立阶段所得税的纳税筹划之案例解读 / 381

13.5 企业经营阶段所得税的纳税筹划之案例解读 / 387

13.6 企业融资阶段所得税的纳税筹划之案例解读 / 395

13.7 企业重组阶段所得税的纳税筹划之案例解读 / 403

13.8 企业海外投资所得税的纳税筹划之案例解读 / 410

14 税收优惠相关政策问答汇编

14.1 增值税小规模纳税人免征增值税政策 78 问 / 420

14.2 小型微利企业普惠性企业所得税减免政策 55 问 / 440

14.3 增值税小规模纳税人地方税种和相关附加减征政策 7 问 / 452

14.4 增值税即征即退政策 4 问 / 453

14.5 创业投资企业税收优惠政策 16 问 / 454

14.6 企业扶贫捐赠所得税税前扣除政策 9 问 / 459

14.7 铁路债券利息收入所得税政策 7 问 / 461

14.8 企业所得税汇算清缴 18 问 / 462

14.9 个人所得税汇算清缴 122 问 / 471

第1编

搞懂涉税业务

1 写给想创业的老板

> 创办公司需要考虑很多问题,注册个体工商户(简称个体户)还是公司?选择一般纳税人还是小规模纳税人?注册资金到底多少最好?
>
> 身为老板,还需要懂得一些财务知识,如:如何看懂财报,现金重要还是利润重要,利润为什么不是钱。

1.1 企业创立前的纳税筹划

现在注册公司很容易,很多老板和投资人并没有考虑太多,就直接注册有限责任公司。其实,公司在成立之前,就应该考虑未来的涉税事项。

注册公司最常见的是有限责任公司,此外还有个体工商户、个人独资企业等其他类型的公司。

那么企业设置什么类型的公司,税负率低一些呢?

在讨论这个问题之前,我们首先要对公司性质有所了解。公司按承担责任不同分为有限责任公司和无限责任公司两类,如表1.1.1所示。

表1.1.1 公司的分类

划分依据	类型
承担有限责任的公司	股份制有限公司、有限责任公司、一人有限公司
承担无限责任的公司	个体工商户、个人独资企业、合伙企业

这两种类型的公司在增值税的缴纳上有两种情况:

（1）小规模纳税人月销售额不超过15万元（按季纳税的季销售额不超过45万元），免征增值税。

（2）一般纳税人可以抵扣进项税，但是不享受免税政策。

企业性质对流转税的影响是一方面，更主要是企业所得税。如果是承担有限责任的公司，在不考虑任何优惠的情况下，企业所得税税率为25%。当然，公司盈利后如果进行分红，自然人股东还需要按照分红的金额缴纳20%的个人所得税。也就是说，一家不满足享受任何优惠政策条件的公司如果年盈利100万元，需要缴纳企业所得税25万元，其余的75万元进行分红的话，需要缴纳个人所得税15万元。企业所得税和个人所得税合计应缴纳40万元。

如果注册的是个体工商户、个人独资企业或者合伙企业，虽然不缴纳企业所得税，但是要缴纳"个人所得税——经营所得"。按5级差额累进税率计算，最低税率为5%，最高税率为35%，如表1.1.2所示。经营所得等于收入减去成本和费用，全年应纳税所得额不超过30 000元的，按5%的税率缴纳；如果全年应纳税所得额大于500 000元，按最高税率35%计算税额。

表1.1.2 个人所得税税率表二（经营所得适用）

级数	全年应纳税所得额	税率	速算扣除数
1	不超过30 000元的部分	5%	0
2	超过30 000元至90 000元的部分	10%	1 500
3	超过90 000元至300 000元的部分	20%	10 500
4	超过300 000元至500 000元的部分	30%	40 500
5	超过500 000元的部分	35%	65 500

从注册公司的那一天起，要承担的税负就是不一样的。因此，在公司创立之前就应该进行纳税筹划。

1.2 个体户和企业的选择

那么，注册公司时是选择个体工商户还是公司呢？

小规模纳税人与个体工商户是交叉关系，有关联又有差别。小规模纳税人里有个体工商户，个体工商户里有小规模纳税人。

1.2.1 个体户的4个耳听之"虚"

注册个体户没有强制要求刻章,没有要求开对公账户……听说还可以不记账?免税?避开工商、税务部门的审查?耳听为虚,眼见为实。

1.2.1.1 "不记账"之说

> 《个体工商户建账管理暂行办法》(国家税务总局令〔2006〕第17号 根据2018年6月15日《国家税务总局关于修改部分税务部门规章的决定》修正)
>
> **第二条** 凡从事生产、经营并有固定生产、经营场所的个体工商户,都应当按照法律、行政法规和本办法的规定设置、使用和保管账簿及凭证,并根据合法、有效凭证记账核算。

当然,《个体工商户建账管理暂行办法》中也明确,个体户可以聘请会计代理记账机构代为建账和办理账务事宜。

设置复式账还是简易账,主要看个体户的注册资金和销售额,具体如表1.2.1所示。

表1.2.1 建账选择

情形	复式账	简易账
注册资金	20万元以上	10万元以上20万元以下
销售额	销售增值税应税劳务的纳税人月销售(营业)额在40 000元以上;从事货物生产的增值税纳税人月销售额在60 000元以上;从事货物批发或零售的增值税纳税人月销售额在80 000元以上	销售增值税应税劳务的纳税人月销售(营业)额在15 000元至40 000元之间;从事货物生产的增值税纳税人月销售额在30 000元至60 000元之间;从事货物批发或零售的增值税纳税人月销售额在40 000元至80 000元之间
其他	省级税务机关确定应设置复式账的其他情形	省级税务机关确定应当设置简易账的其他情形

所以,个体户"不记账"一说是"虚"的。

1.2.1.2 "免税"之说

这里的"免税"是指个体户月收入在15万元以下的可以免增值税。

【注意】季销售额45万元以内免征增值税的优惠政策不仅仅针对个体户,而是对所有符合要求的小规模纳税人适用,无论是个体户还是公司。

已经申请了一般纳税人的个体户,就不能享受该优惠政策了。况且,除了增值税之外,公司要涉及企业所得税,而个体户要缴纳个人所得税,称之为"个人生产经营所得",性质基本是一样的。

所以,个体户"免税"一说是"虚"的。

1.2.1.3 "免于检查"之说

首先,个体户在每年规定日期内必须向登记机关报送年度报告。

> **《个体工商户条例》**(国务院令2011年第596号)
>
> **第十四条** 个体工商户应当于每年1月1日至6月30日,向登记机关报送年度报告。
>
> 个体工商户应当对其年度报告的真实性、合法性负责。
>
> 个体工商户年度报告办法由国务院工商行政管理部门制定。
>
> **第十五条** 登记机关将未按照规定履行年度报告义务的个体工商户载入经营异常名录,并在企业信用信息公示系统上向社会公示。

个体户一旦被载入经营异常名录,将会产生不良信用记录,其信用信息会共享到有关部门单位,并在政府采购、工程招投标、国有土地出让、融资贷款等领域受到限制,也就是说,"一处失信、处处受限"。

其次,个体户也纳入"双随机、一公开"抽查对象,随时可能被行政执法部门抽中。违规违法的经营者头上时刻都悬着一把"达摩克利斯之剑",千万不能有侥幸心理,诚信守法经营是最基本的行动准则。

经营小餐馆的个体户避免不了食品安全的检查,经营民宿的个体户避免不了消防安全的检查。

所以,个体户"免于检查"一说是"虚"的。

1.2.1.4 "行政审批流程较少"之说

> **《个体工商户条例》**(国务院令2011年第596号)
>
> **第八条** 申请登记为个体工商户,应当向经营场所所在地登记机关申请注册登记。申请人应当提交登记申请书、身份证明和经营场所证明。
>
> **第十条** 个体工商户登记事项变更的,应当向登记机关申请办理变更登记。
>
> 个体户和一般公司的登记审批及工商变更等事项一样,都必须去工商局备案。
>
> **《个体工商户登记管理办法》**(国家市场监督管理总局令2019年第14号)
>
> **第三十六条** 个体工商户登记事项变更,未办理变更登记的,由登记机关责令改正,处1 500元以下的罚款;情节严重的,吊销营业执照。

所以，个体户"行政审批流程较少"一说也是"虚"的。

1.2.2 注册个体户的劣势

注册个体户有以下六个方面的劣势。

（1）个体户的名称。个体户的名称中是不能有"公司"二字的，所以，想要高端、大气、上档次，还是要选择注册公司。

（2）个体户是不能转让的。个体户的经营者一般是不能变更的，要变更也只能是其组成形式是家庭经营的，在已备案的参与经营的家庭成员范围内变更。

《个体工商户条例》（国务院令2011年第596号）

第十条 个体工商户登记事项变更的，应当向登记机关申请办理变更登记。

个体工商户变更经营者的，应当在办理注销登记后，由新的经营者重新申请办理注册登记。家庭经营的个体工商户在家庭成员间变更经营者的，依照前款规定办理变更手续。

（3）个体户开分店有条件。一家个体户只能有一个经营场所。如果想开分店，那就需要再注册一家个体户，但一个人只能注册一家个体户。而公司允许"一照多址""一址多照"，公司开分店不受数量限制。

（4）个体户找投资合伙不容易。个体户都是以个人或家庭为单位，如像一般公司那样招商引资可能比较困难，因为个体户没有股份之说，除非他人"友情赞助"。

（5）个体户的经营风险比较大。个体户和有限责任公司的最大区别在于：个体户承担的是无限责任。个体工商户一旦产生债务问题，个人经营的，将会以个人全部财产承担责任；家庭经营的，以家庭财产承担责任。有限公司，则以股东认缴的出资额为限承担责任；股份公司，则以股东认购的股份为限承担责任。

（6）个体户能享受的各类扶持奖励政策较少。个体户存在的意义主要是满足一个家庭的温饱，至于扩展团队、发展壮大，乃至成为行业标杆，这都不是对个体户的要求。

综上所述，个体户能做的生意，公司都能做；而公司能做的，个体户就不一定能做。

1.3 一般纳税人和小规模纳税人

1.3.1 定义区别

一般纳税人和小规模纳税人在定义上的区别如表1.3.1所示。

表1.3.1 一般纳税人和小规模纳税人在定义上的区别

纳税人	标准	健全会计核算	按规定报送有关税务资料
一般纳税人	年应征增值税销售额＞500万元	能	能
小规模纳税人	年应征增值税销售额≤500万元	不能	不能

1.3.2 财税区别

在税率、发票使用、应交税费计算、申报期和计税方法上,一般纳税人和小规模纳税人也是有区别的,如表1.3.2所示。

表1.3.2 一般纳税人和小规模纳税人在财税相关事务上的区别

对比项	一般纳税人	小规模纳税人
税率/征收率	13%、9%、6%、0	免税、3%、5%
发票使用（财务处理）	收取的增值税专用发票符合条件的可以抵扣	不予抵扣进项税额
	按价格部分计入成本,税款部分记入"应交税费——应交增值税（进项税额）"科目	按金额计入成本
应交税费计算	按销项税额和进项税额的差额纳税	按照"销售额×征收率"征收
申报期	以月为纳税期申报纳税	以季度为纳税期申报纳税
计税方法	一般计税方法（提供公共交通运输服务等特定应税行为的一般纳税人也可以选择简易计税方法）	简易计税方法

【注意】小规模纳税人免征增值税,即:自2022年4月1日至2022年12月31日,增值税小规模纳税人适用3%征收率的应税销售收入,免征增值税。

1.3.3 小规模纳税人、个体户可以转为一般纳税人

小规模纳税人、个体户满足一般纳税人条件（销售额＞500万元，能健全会计核算且能按规定报送税务资料）的，可以向主管税务机关办理一般纳税人登记。

1.3.4 一般纳税人和小规模纳税人的选择

如何确定注册公司时是选择一般纳税人还是小规模纳税人？可以通过"五看"来分析。

1.3.4.1 看规模

如果公司投资规模大，年销售收入很快就会超过500万元，建议直接认定为一般纳税人。如果估计公司月销售额在10万元以下，建议选择小规模纳税人。

> 《财政部 税务总局关于明确增值税小规模纳税人免征增值税政策的公告》（财政部 税务总局公告2021年第1号）：
> 自2023年1月1日至2023年12月31日，对月销售额10万元以下（含本数）的增值税小规模纳税人，免征增值税。

1.3.4.2 看买方

如果预计未来购买方主要是大客户，他们很可能不会接受3%征收率的增值税专用发票，这种情况建议直接认定一般纳税人，否则选择小规模纳税人。

1.3.4.3 看抵扣

如果公司成本费用构成中取得增值税专用发票占比高，进项税额抵扣充分，通过测算估计增值税税负率低于3%，建议选择认定一般纳税人，否则选择小规模纳税人。

1.3.4.4 看行业

如果是13%税率且为轻资产行业，一般增值税税负率较高，建议选择小规模纳税人，否则选择一般纳税人。

1.3.4.5 看优惠

例如，软件企业增值税超税负返还等增值税优惠政策，如果能享受，建议选择一般纳税人，否则选择小规模纳税人。

1.4 注册资本认缴登记制的风险

实行认缴制之前,注册公司时需要缴纳注册资本金,同时要通过具有相关资质的会计师事务所进行验资,出具验资报告。

2014年3月1日开始正式实施认缴制,注册资本由实缴登记制改为认缴登记制,并放宽注册资本登记条件。营业执照上会按照认缴的金额标明注册资本,而不是以投资方在注册时点是否投入资金为依据。

如果对认缴制没有充分的认知,那很可能会为未来的经营留下一个隐患。公司和注册资本也要"门当户对",比如开个拉面馆,注册资本5万元或10万元即可,不要因营业执照挂着气派、有面子而把拉面馆搞成一个注册资本为几千万元的大公司。

现在判断一家公司,不会简单地看注册资本,因为即便注册资本很高,也很有可能一分钱的税收都没缴过。

而从另一个层面上讲,把注册资本搞得很高也是有风险的。"认缴制"并非"不缴制",公司认缴其实是给投资人延期支付出资款的优惠,并不代表不需要承担相应的责任。

注册资本1万元和注册资本1亿元,虽然都采用认缴制,但对其合作商而言,注册资本可以从侧面反映公司的实力。与注册资本1万元的公司合作100万元的项目,显然有些不搭调。

认缴制的公司股东依然要承担有限责任。比如,公司出现经营危机,破产清算,或者经营过程中存在债务危机,法院都可以强制股东以认缴的注册资本承担有限责任,股东如果不按照注册资金或相应比例偿还债务的话,法院是可以强制执行的。

由此可见,认缴注册资本虽说不直接出资,但是在未来企业经营的整个过程中,出资义务都是一直存在的,所以不要拿起石头砸自己的脚。

认缴了注册资本,如果投资人准备注销该公司,其尚未认缴的注册资本需要分情况来看是否需要补足。比如,公司认缴日期为2015年9月1日,认缴资本为100万元,但是该公司于2020年注销。当时公司对外债务为90万元,并且没有公司资产可以偿还债务,那么股东需要将尚未偿还的外债用注册资本金偿还。也就是说,认缴的资本需要给公司作为偿还债务使用。如果公司2020年注销的时候,没有需要偿还的债务,或者公司资产可以偿还债务,那么该注册资本可以不缴纳。

当然,注册资本用于公司实际经营,一般应用在以下几个方面:日常经营运作、发放员工工资、物资采购、购买办公用品等。

但是,注册资本不可以随意支给个人使用,如果需要给个人转账,必须要有相应的发票报销，或者采用发放工资、发放劳务费用、奖金等形式。

1.5 注册资本选择需考虑的因素

公司注册资本代表的是公司作为一个经济主体对外宣称的能承担的责任的大小。

为什么大部分的公司都叫"××有限公司"或"××有限责任公司"？这里的有限责任，指的就是公司的股东对公司的债务承担有限的责任，而责任的额度就是公司的注册资本。

我国于2014年3月1日正式实行注册资本认缴制，无须提交注册资本验资报告。但是，注册资本并不是越多越好。

理论上，除了仍旧实行法定注册资本的行业（如银行、保险、证券、融资租赁、建筑施工、典当、外商投资、劳务派遣等14类行业），注册资本的金额如何设定在认缴制下会让投资人误以为具有很大的随意性。但作为创业者，应当有比较强烈的法律意识，建议考虑以下几点因素。

1.5.1 公司注册资本要参考所在行业资质要求

例如，互联网公司申请ICP经营许可证时，要求公司注册资本在100万元以上；天猫、京东也对入驻平台的商家提出了标准，即注册资本为200万元以上。其他需要资质/资格的，如招投标等，参照行业通行做法即可。

1.5.2 注册资本越大，承担的风险/责任就越大

例如，一家注册资本为100万元的公司，王某占70%股权，所以需要出资70万元。后来公司经营不善，欠了1 000万元的外债。那么王某最多只需用他70万元的出资额来承担责任，超出的部分就和他没关系了。但如果这家公司的注册资本是1 000万元，王某依旧占70%的股权，那么王某就要承担700万元的责任。

1.5.3 一个小的考虑：印花税

企业要按实收资本和资本公积缴纳印花税。根据《中华人民共和国印花税法》（中华人民共和国主席令第八十九号）规定，将营业账簿（记载资金的账簿）税率从原来的0.5‰降低为0.25‰。

例如：

（1）一家科技类公司的注册资本是100万元，如果企业完成实缴，那么，企业的印花税将是250元。

（2）一家公司注册资本为50 000亿元，如完成实缴，印花税将达到12.5亿元。

综上所述，注册资本并不是越大越好，大部分互联网创业者走的是股权融资的路子，最重要的是股权比例，而不是注册资本。根据自己的实际情况，设定一个合理的

注册资本才是最理智的选择。

那么，注册资本怎么确认已缴纳？公司成立后，需要在银行开设一个企业银行账户。股东个人（或单位）从自己账户向公司账户转入应出资的金额即可，转账资金用途里要写上"投资款"。

之前在实缴制的时候，注册资本需要验资报告。现在多数情况下已经不需要了，只有一些招投标项目或者比较大型的合伙企业，为了确认合作公司的注册资本已经实缴，需要合作公司出具验资报告。验资报告可以在实缴完成后，找会计师事务所来出具。

1.6 工商年度报告的公示

工商年报是工商部门组织开展的企业年度报告公示制度。工商年报可以让社会公众与合作伙伴了解企业的经营情况，保障交易安全；而企业通过工商年报，可向外界展现企业的实力与诚信经营的形象，利于企业的长远发展。

《企业信息公示暂行条例》（国务院令2014年第654号）第八条规定："企业应当于每年1月1日至6月30日，通过企业信用信息公示系统向工商行政管理部门报送上一年度年度报告，并向社会公示。"

需要进行年报的企业即商事主体，包括公司、合伙企业、个人独资企业、个体工商户、非公司企业经营单位、来华从事经营活动的外国（地区）企业、农民专业合作社以及企业分支机构。

另外，凡于2022年12月31日前领取营业执照的个体工商户，工商年报的时间为2023年6月30日前。逾期不报送年报的，将被列入经营异常名录并向社会公示，不按规定执行的将被列入经营异常名录和严重违法失信企业名单。

1.6.1 企业工商年报的内容

企业工商年报包含如下7项内容：

（1）企业通信地址、邮政编码、联系电话、电子邮箱等信息。

（2）企业开业、歇业、清算等存续状态信息。

（3）企业投资设立企业、购买股权信息。

（4）企业为有限责任公司或者股份有限公司的，其股东或者发起人认缴和实缴的出资额、出资时间、出资方式等信息。

（5）有限责任公司股东股权转让等股权变更信息。

（6）企业网站以及从事网络经营的网店的名称、网址等信息。

（7）企业从业人数、资产总额、负债总额、对外提供保证担保、所有者权益合计、营业总收入、主营业务收入、利润总额、净利润、纳税总额信息。

其中：第（1）项至第（6）项规定的信息应当向社会公示，第（7）项规定的信息由企业选择是否向社会公示。

1.6.2 企业工商年报的流程

企业进行工商年报的流程如下：

（1）用户在网上进入国家企业信用信息公示系统（www.gsxt.gov.cn），点击企业信息填报，进入企业信息填报系统，并选择企业所在地区。

（2）填写工商联络员信息并登录，或根据系统要求采用电子营业执照、CA证书等方式登录。

（3）点击"年度报告填写"，了解须知并确认后，进入年度报告填写界面。

（4）填写信息完整后，预览确认无误，点击"提交公示"，即已完成年报公示流程。

（5）企业在每年6月30日前可以登录国家企业信用信息公示系统更正工商年报信息。

1.6.3 企业工商年报中常见的错误

企业工商年报中常见的错误有以下17种：

（1）企业联系地址填写不准确，填写的联系地址无法联系。

（2）企业联系电话填写不正确，抽查过程中无法联系。

（3）企业公示股东出资信息未按照章程填写，出现股东遗漏或者股东之间股权比例错误。

（4）对认缴制认识不到位，出资时间未按章程约定的时间填写，有的将成立日期误认为是认缴日期。

（5）对认缴制认识不到位，没有正确区分认缴金额与实缴金额，在认缴制企业资金未到位的情况下，错将认缴金额填写为实缴金额。

（6）未依据公司章程出资方式的规定填写，出资方式与实际不符。

（7）企业发生股权转让，填写人员未向公司股东、法定代表人了解情况，未查询公司相关记录，在股东出资一栏中随意填写，且在"是否发生股权转让"一栏中未公示股权转让或者公示的转让比例错误。

（8）企业有对外投资，填写人员未向公司股东、法定代表人了解情况，未查询企业长期投资明细或者公司决议、所投资企业股东名册，随意填写，导致对外投资未公示或者公示错误。

（9）填写人员不细心，公示的会计报表数据与年度会计报表信息不一致，有的填写人员甚至随意填写几个没有任何依据的数字进行公示。

（10）填写人员不仔细，误将12月当月数据公示为全年数据。

（11）填写人员不仔细，没有看清楚金额的单位，误将万元当元填写。

（12）填写人员填写多户企业时不仔细，将企业报表搞混，导致填写财务数据错误。

（13）新设立的认缴制企业、个人独资企业、合伙企业未开展经营也未建账，财务数据未如实申报，有的将未到账的出资作为所有者权益填报，有的甚至胡乱填报数据。

（14）企业未及时缴足或者挪用实收资本，未按照规定主动改正。

（15）企业公示中依据虚假编制或者明显错误的财务报表，导致企业公示财务数据错误。

（16）填写人员未向公司股东、法定代表人了解是否有对外担保，随意填写，导致对外担保未填写或者公示错误。

（17）企业发生出资信息变化、股权转让或者行政许可取得、变更、延续，未按照要求在20个工作日内在"其他自行公示信息"中及时、正确公示。

1.6.4 企业逾期工商年报的后果

未按规定期限公示年度报告的企业，将受到严惩。

（1）被工商部门纳入异常名录，这个不良记录伴随企业终生，就算后期补报了工商年报记录也会一直存在。

（2）连续3年未申报企业工商年报，将被列入严重违法失信企业名单。

【注意】被列入严重违法失信名单后，企业将不能贷款、投资、出入境、参与招投标和政府采购等，严重影响企业发展；企业法人等再进行注册新公司、经营、从业任职资格等将被限制；企业与他人合作时信用将会遭到质疑，严重影响公司的长远发展。

（3）企业不能做任何变更，如地址、股东、经营范围等。

（4）不能参加投资或成立分支机构。

（5）公司法人、股东等高管任职人员信誉受到影响，无法进行银行贷款、参加竞标项目等。

（6）逾期未申报工商年报的公司，企业法人必须亲自到场提交相关资料和罚款。

根据有关文件规定（各地政策不一样，以当地工商出台文件为准），企业连续2个年度未按规定公示年度报告的，处以5 000元罚款；连续3个年度以上（含3个年度）未按规定公示年度报告的，处以10 000元罚款。个体工商户未按规定报送年度报告且拒不改正的，处以100元以上1 000元以下罚款。

1.7 老板要弄懂财务基础

某企业聘请的财务顾问发现该企业存在很多问题，具体如下：

（1）企业销售的是A产品，发票开的却是B产品，相应结转的成本是B产品。销售C产品数量为100米，发票开的却是150米，结转成本150米，企业存在内外两套账。

（2）销售额的80%~90%为应收账款，应收账款余额特别大，而且挂账时间也很长。

（3）有银行贷款还有民间借贷，利息高。

（4）账面存货全年平均下来几百万元，流动性很差。

（5）受大环境影响，收入逐年递减，但费用却并未减少。

（6）企业连续几年存在亏损。

企业的财务人员很无奈，说发票这么开是老板要求的；款项收不回来也没有办法；存货是老板自己要求购入的，大批量采购可以节省物流成本。

老板因为不懂财务，最终要为自己的不懂付出代价，企业的问题最终还是由老板自己买单。

（1）税务风险较大。企业经营A产品，发票开的却是B产品；销售C产品数量为100米，发票开的却是150米，结转成本150米，实际上涉及发票虚开、多列成本、做低利润、少缴税。企业按老板的指示，设立两套账、购买发票等都会导致企业重大的税务风险。

（2）资金的使用效率太低。资金周转速度非常慢，钱从支付出去到收回来需要几个月甚至更长时间，不是压在存货上动弹不了，就是压在应收账款上收不回来，造成资金紧张，不得不借贷，甚至借高利贷。原本经营的毛利能达到30%，高利贷的利息就占了20%~30%，老板在给高利贷主打工。应收账款如果长期拖欠，收不回来，有可能会造成坏账，而产生一笔坏账，有可能十笔业务都白做。企业财务管理出现了问题，资金使用效率太低，可能造成恶性循环。

（3）企业浪费严重。老板为节省物流成本而一次大量进货，导致存货量大。其实，库存大，产品积压，资金无法流动，可能产生的成本比物流成本还要大。货币是有时间价值的，货币无法流通，如果再借款还有利息成本，所以库存成本和物流成本要做个比较，要看哪个成本更低，不能因小失大。

（4）影响企业的决策。很多公司老板对公司经营状况并不清楚。一年到头赚多少钱，支出多少，哪种产品盈利，哪种产品亏本，这些问题没有搞清楚，最终会影响企业的决策。

（5）做事无预算。企业的所有经营成果都要到财务部门进行核算汇总，需要通过财务体系的整体核算反映。凡事预则立，不预则废，老板如果不懂财务，就无法通过财务数据反映的状况对未来的生产经营做出规划，总是拍脑门做事，没有预算管理。

（6）与财务部门沟通不畅，不能发挥财务部门应有的作用。老板不懂财务，无法与财务部门进行正面沟通。老板想要什么样的数据，财务人员也不知道。久而久之，财务部门在老板眼里也就不重要了。财务人员会感觉自己兢兢业业，辛辛苦苦，却得不到领导的重视，由此造成财务部门最应该发挥的作用没发挥出来。

1.8 老板要看懂财务报表

企业三大报表——资产负债表、利润表、现金流量表,共同反映企业的资产状况、资本结构、流动资金、偿债能力、盈利能力、经营效率、市场竞争能力、持续发展能力、资金管理能力、资金使用能力、资金来源、资金流向等。整个公司的运营情况在报表中都能找到相关的信息,而且三张报表关系密切,逻辑性强。如果企业老板能够把三大财务报表的各个项目弄懂、弄通,其在经营企业的过程中必定会如虎添翼。

三大财务报表到底怎么看?

资产包括流动资产和非流动资产,在资产负债表的左半部分体现。看资产多少要看资产负债表的左半部分。

负债包括流动负债和长期负债,在资产负债表的右上半部分体现。"资产－负债＝所有者权益",所有者权益在资产负债表的右下半部分体现。

公司的"赚钱"能力需要通过利润表来了解。

想要了解公司资金流入、流出的具体情况,则需要通过现金流量表来解读。该表主要反映资产负债表中各个项目对现金流量的影响,并根据其用途划分经营、投资及融资三个活动分类。

通过资产负债表、利润表以及现金流量表可以对公司经营状况有大致了解。三张报表之间也有一定的关联。

现金流量表体现的是年初有多少现金,在企业一年的整体经营过程中收到多少现金,又支付了多少现金,最终年末还剩多少现金。年初和年末的现金时点数要与资产负债表左上角的货币资金相一致。

利润表体现赚钱的过程,一年到头赚了多少钱最后要归集到资产负债表右下角的未分配利润中。

由此可以看出,利润表和现金流量表分别体现资产负债表中的未分配利润和货币资金这两个项目的内容。

其实,所有报表中的每个项目都有一个故事,每个故事汇集在一起,就是这个公司的历史。所不同的是,利润表和现金流量表只是演绎每一个年度的历史,而资产负债表演绎的是从公司成立一直到现在甚至到公司消亡的历史。分析报表就是在分析公司的经营史和战斗史。以史为鉴可以知兴替,做好报表分析对公司未来的经营决策起着至关重要的作用。

1.9 老板要分清"钱"与利润

"这家企业赚钱吗?"这个问题,有两种答案:

答案一:这家企业赚钱但没有利润。

答案二:这家企业有利润但不赚钱。

多数老板会很诧异,赚钱和利润不是一样吗?

1.9.1 利润不等于现金

多数人理解企业赚钱就是有利润,其实赚钱和利润是两码事。如果从专业的角度来解释,要从分析财务报表开始。资产负债表和利润表按照权责发生制编制,现金流量表按照收付实现制编制。企业是否有利润可以从该企业的利润表中得到答案。企业是否赚钱可以关注该企业的现金流量表。所以,有利润和赚钱也是权责发生制和收付实现制的区别。

关于有无利润、是否赚钱,总的归纳起来,企业不外乎可分为以下四类。

1.9.1.1 有利润又赚钱的企业

这种企业从利润表上看利润可观,从现金流量表上看资金充足。这种企业经济业绩很好,大多数老板也都喜欢这样的企业,也以其为经营企业的目标。

1.9.1.2 有利润不赚钱的企业

这种企业从利润表上看利润很好,但企业资金流紧张。再看该企业的资产负债表,可能会发现有大量的应收账款存在。按权责发生制先确认了收入,但资金暂时收不到,挂在应收账款中,而且该类企业取得收入的时候前期支付的成本费用还要自己预先垫付,更造成企业的资金紧张。这样的企业一般为了冲收入,占领市场份额,会采取赊销方式进行大量销售。如果企业资金雄厚,可以利用一切可能抢占市场。但是如果企业资金流并不充足,可能会存在资金链断裂的风险。

这种企业的客户一般是政府机关或者国企。这类客户比较强势,虽然不会赖账,但付款期限一般比较长。比如,一些建筑企业做的是政府项目,前期一切支出一般会由施工企业自己垫付,工程完工,验收合格,再与政府结算。从开工到结算再到收回款项整个期间企业要垫付大量资金,造成资金压力很大。但企业的利润是按照权责发生制确认的,收入的确认是按照完工百分比法,利润要事先确认,也就是工程完工一定比例就要确认收入,确认利润,但迟迟收不到钱,所以会造成企业有利润但没钱。

1.9.1.3 没有利润但赚钱的企业

这类企业的利润表很不好看,但企业现金流充足,有大量的预收账款。比如,一些培训机构,一般都是先收学员的钱,然后再上课。收钱时计入预收账款,上课时才确认收入，相应地确认利润，所以企业现金流的产生往往要早于利润的产生。前期收到钱的时候，企业日子会过得很滋润，还能维持下去，但如果不快速扭转亏损局面，迟早也会崩盘。

1.9.1.4 没有利润又不赚钱的企业

这类企业要分不同情况来看，如果一个企业长期亏损，又没有钱赚，而且所经营的项目没有市场前景，也没有其他可扭亏为盈的方法，建议早点关门大吉，投资人还能及时止损。

如果企业只是暂时处在亏损阶段，未来前景很好，这类企业主要是靠未来赚钱。比如，一些企业搞路桥等基础设施的建设，可能工程一干就是三年五年甚至十年八年，其前期投入很大，但没有收入，造成年年亏损，又没钱赚。但这类企业工程一旦完工就会很快收回成本，扭亏为盈，并且收回大量资金。

再比如，房地产企业开发一个项目可能要两三年，开发阶段会垫付大量资金，未达到预售条件不允许对外销售，所以在此期间可能会产生大额亏损，甚至没有资金回流，既无利润又没钱赚，但一旦达到预售条件就可以对外销售并收回大量资金。完工后企业在确认收入的同时可能会产生大额利润。所以，对没有利润又不赚钱的企业要具体情况具体分析，不能一概而论。

综上所述，如果一家企业既有利润又赚钱，那是非常好的企业。如果一家企业有利润但不赚钱，这类企业就要想办法赚钱，或者尽快回笼资金，否则时间一长会造成资金链断裂，企业日子会很煎熬。如果一家企业没有利润但赚钱，虽然暂时能维持，但长期来看，不扭转亏损局面，企业早晚会倒闭，这类企业暂时风光却不能长久。

1.9.2 现金与利润的关系

随着互联网技术的普遍应用，靠传统的买进卖出的方式赚取经营利润已经不再是唯一的商业模式。有一句话说得好，羊毛出在猪身上，让狗买单。有些企业不赚或少赚经营利润，主要赚取现金利润，这些企业在经营的过程中会产生大量的剩余资金，然后用这些资金去"钱生钱"，如支付宝、京东等电商平台就是典型的靠第二通道现金盈利的例子。

现金和利润哪个重要？有这样一家企业，年收入大概6 000万元，按10%的净利率，每年也有600万元的利润可赚，但该公司账面有用固定资产抵押的银行贷款5 000万元，还有3 000万元的高利贷。一年的利润还不够还贷款利息，本金更无着落。相当于企业在给银行和高利贷赚钱。由于赊账长期还不上，供应商开始断货，企业正常的生产经营难以维持，处在破产的边缘。

现金和利润到底哪个更重要，应该重新看待。财务管理中有一种思维叫作现金为王。现金好比空气，利润好比水，没有水人还可以活几天，但没有了空气便无法生存。企业也是一样，如果企业没有利润，也就会产生亏损，但只要资金链不断，企业还可以生存，甚至扭亏为盈，东山再起。如果没有资金购入材料，生产就会停滞，工资发不出来，员工会离职。资金链断裂，企业顷刻间就会崩盘，所以现金比利润更重要。

财务管理中的一项重要内容就是现金管理。老板应该提高对现金的管理意识和管理能力，量力而行，避免投资过猛、扩张过快，还要避免资金大量积压在固定资产和存货上，真正地让资金良性运转，让资产合理周转，资产运转的速度就是赚钱的速度。

1.10 老板警钟——失信被执行人

企业资金链一旦出现断裂，势必面临很严重的后果，甚至相关人员会被列入失信被执行人。

被执行人名下没房、没车、没存款可供执行，法院该如何操作呢？

其实，法院在执行过程中经常遇到这种情况，执法部门会通过扣划被执行人的住房公积金、支付宝余额、养老保险金等存款进行偿债，尽量保障债权人的合法权益。

1.10.1 被执行人名下的住房公积金可被执行

> 《最高人民法院关于强制执行住房公积金问题的答复》（〔2013〕执他字第14号）
>
> 被执行人已经符合国务院《住房公积金管理条例》第24条规定的提取职工住房公积金账户内的存储余额的条件，在保障被执行人依法享有的基本生活及居住条件的情况下，执行法院可以对被执行人住房公积金账户内的存储余额强制执行。

只要是单位的正式职工，都有公积金，包括职工个人缴存的住房公积金和职工所在单位为职工缴存的住房公积金。

《住房公积金管理条例》（国务院令2002年第350号）规定："住房公积金应当用于职工购买、建造、翻建、大修自住住房，任何单位和个人不得挪作他用。"

职工有下列情形之一的，可以提取职工住房公积金账户内的存储余额：

（1）购买、建造、翻建、大修自住住房的。
（2）离休、退休的。
（3）完全丧失劳动能力，并与单位终止劳动关系的。
（4）出境定居的。
（5）偿还购房贷款本息的。

（6）房租超出家庭工资收入的规定比例的。

1.10.2 被执行人为离、退休职工的，可以执行社保机构发放给被执行人的养老金

被执行人应得的养老金应当视为被执行人在第三人处的固定收入，属于其责任财产的范围，依照《中华人民共和国民事诉讼法（2017年修正）》第250条的规定："被执行人未按执行通知履行法律文书确定的义务，人民法院有权扣留、提取被执行人应当履行义务部分的收入。但应当保留被执行人及其所扶养家属的生活必需费用。人民法院扣留、提取收入时，应当作出裁定，并发出协助执行通知书，被执行人所在单位、银行、信用合作社和其他有储蓄业务的单位必须办理。"

> **《最高人民法院关于能否要求社保机构协助冻结、扣划被执行人的养老金问题的复函》**（〔2014〕执他字第22号）
>
> 在冻结、扣划前，应当预留被执行人及其所抚养家属必需的生活费用；社会保障机构作为养老金发放机构，有义务协助人民法院冻结、扣划被执行人应得的养老金；在执行被执行人的养老金时，应当注意向社会保障机构做好解释工作，讲清法律规定的精神，取得理解和支持。如其仍拒绝协助的，可以依法制裁。

1.10.3 被执行人自有资金可被执行

《最高人民法院关于被执行人大宗商品交易资金结算账户内资金能否采取执行措施的答复》（〔2012〕执他字第7号）规定："被执行人名下大宗商品交易资金结算账户，执行法院应当查明账户资金的性质，严格区分账户内被执行人自有资金与客户交易资金，并只能对被执行人自有资金予以执行。"

1.10.4 被执行人购买的金融理财产品可被执行

客户购买的金融理财产品，无论是银行自己发行的（包括总行和省分行发行的，简称自营产品），还是银行代理销售的（简称代售产品），都属于客户拥有的财产权。当客户作为被执行人时，该财产权属于责任财产，人民法院可以执行。

1.10.5 被执行人只有唯一住房可被执行

登记在被执行人名下虽只有一套住房，但有下列情形之一的，人民法院对登记在其名下的唯一住房仍可执行：

（1）对被执行人有赡养、扶养、抚养义务的人名下有其他能够维持生活必需的居住房屋的。

（2）一审诉讼或仲裁立案后，被执行人为逃避债务转让其名下其他房屋的。

（3）被执行人在其户籍所在地或拟执行的唯一住房所在地农村享有宅基地并自建

住房或被执行人享有小产权房等权属上有瑕疵而无法自由流转的住房的。

（4）被执行人将其唯一住房用于出租、出借或虽未出租、出借，但超过1年无人居住的。

（5）被执行人的唯一住房系执行依据确定的被执行人应当交付的房屋的。

（6）申请执行人按照当地廉租住房保障面积标准为被执行人及其所扶养家属提供居住房屋，或者同意参照当地（县级市、县、区范围）房屋租赁市场平均租金标准从该房屋的变价款中扣除5至8年房屋租金的。

（7）其他可以执行的情形。

1.11 老板警钟——被税务部门列入"黑名单"的后果

近年来，我国在大力实施减税降费政策的同时，逐步加大对税收违法犯罪行为的惩治力度，其中，税收违法"黑名单"成了有效约束偷逃税的"撒手锏"。据《人民日报》报道，2019年一季度，全国税务机关共计公布"黑名单"案件3 467件，其中，虚开发票案件3 261件，偷税案件140件，骗税案件33件，走逃失联案件23件，其他案件10件。列入"黑名单"的纳税人，除了受到税务机关的惩戒，还将面临禁止出境、限制融资授信等联合惩戒，在"大数据治税"和全社会建立健全失信联合惩戒机制的大环境下，税收违法成本大大提高。

1.11.1 列入"黑名单"的情况

纳税人欠多少税，会被列入"黑名单"？

《重大税收违法失信案件信息公布办法》规定如下：

《重大税收违法失信案件信息公布办法》（国家税务总局公告2018年第54号）

第五条 本办法所称"重大税收违法失信案件"是指符合下列标准的案件：

（一）纳税人伪造、变造、隐匿、擅自销毁账簿、记账凭证，或者在账簿上多列支出或者不列、少列收入，或者经税务机关通知申报而拒不申报或者进行虚假的纳税申报，不缴或者少缴应纳税款100万元以上，且任一年度不缴或者少缴应纳税款占当年各税种应纳税总额10%以上的；

（二）纳税人欠缴应纳税款，采取转移或者隐匿财产的手段，妨碍税务机关追缴欠缴的税款，欠缴税款金额10万元以上的；

（三）骗取国家出口退税款的；

（四）以暴力、威胁方法拒不缴纳税款的；

（五）虚开增值税专用发票或者虚开用于骗取出口退税、抵扣税款的其他发票的；

（六）虚开普通发票100份或者金额40万元以上的；

（七）私自印制、伪造、变造发票，非法制造发票防伪专用品，伪造发票监制章的；

（八）具有偷税、逃避追缴欠税、骗取出口退税、抗税、虚开发票等行为，经税务机关检查确认走逃（失联）的；

（九）其他违法情节严重、有较大社会影响的。

1.11.2 税收违法"黑名单"会公布的信息内容

《重大税收违法失信案件信息公布办法》规定如下：

《重大税收违法失信案件信息公布办法》（国家税务总局公告2018年第54号）

第七条 公布重大税收违法失信案件信息，应当主要包括以下内容：

（一）对法人或者其他组织，公布其名称，统一社会信用代码或者纳税人识别号，注册地址，法定代表人、负责人或者经法院裁判确定的实际责任人的姓名、性别及身份证号码（隐去出生年、月、日号码段，下同），经法院裁判确定的负有直接责任的财务人员、团伙成员的姓名、性别及身份证号码；

（二）对自然人，公布其姓名、性别、身份证号码；

（三）主要违法事实；

（四）走逃（失联）情况；

（五）适用的相关法律依据；

（六）税务处理、税务行政处罚等情况；

（七）实施检查的单位；

（八）对公布的重大税收违法失信案件负有直接责任的涉税专业服务机构及从业人员，税务机关可以依法一并公布其名称、统一社会信用代码或者纳税人识别号、注册地址，以及直接责任人的姓名、性别、身份证号码、职业资格证书编号等。

1.11.3 列入"黑名单"的后果

被列入税收"黑名单"的当事人除了被公布违法案件信息外,还将受到34个部门28项联合惩戒措施。主要惩戒措施包括以下几种。

1.11.3.1 通报有关部门

纳税信用级别直接判为D级,适用《纳税信用管理办法(试行)》关于D级纳税人的管理措施,具体为:

(1)公开D级纳税人及其直接责任人员名单,对直接责任人员注册登记或者负责经营的其他纳税人纳税信用直接判为D级。

(2)增值税专用发票领用按辅导期一般纳税人政策办理,普通发票的领用实行交(验)旧供新、严格限量供应。

(3)将出口企业退税管理类别直接定为四类,并按《出口退(免)税企业分类管理办法》中对四类出口企业申报退税审核管理的规定从严审核办理退税。

(4)缩短纳税评估周期,严格审核其报送的各种资料。

(5)列入重点监控对象,提高监督检查频次,发现税收违法违规行为的,不得适用规定处罚幅度内的最低标准。

(6)将纳税信用评价结果通报相关部门,按照法律法规等有关规定,在经营、投融资、取得政府供应土地、进出口、出入境、注册新公司、工程招投标、政府采购、获得荣誉、安全许可、生产许可、从业任职资格、资质审核等方面予以限制或禁止。

(7)税务机关与相关部门实施的联合惩戒措施,以及结合实际情况依法采取的其他严格管理措施。

《国家税务总局关于纳税信用管理有关事项的公告》(国家税务总局公告2020年第15号)第三条规定:"自开展2019年度评价时起,调整税务机关对D级纳税人采取的信用管理措施。对于因评价指标得分评为D级的纳税人,次年由直接保留D级评价调整为评价时加扣11分;税务机关应按照本条前述规定在2020年11月30日前调整其2019年度纳税信用级别,2019年度以前的纳税信用级别不作追溯调整。对于因直接判级评为D级的纳税人,维持D级评价保留2年、第三年纳税信用不得评价为A级。"

1.11.3.2 禁止出境

对欠缴查补税款的当事人,在出境前未按照规定结清应纳税款、滞纳金或者提供纳税担保的,税务机关可以通知出入境管理机关禁止其出境。

1.11.3.3 限制担任相关职务

因税收违法行为,触犯刑事法律,被判处刑罚,执行期满未逾5年的当事人,由工商行政管理等部门限制其担任企业的法定代表人、董事、监事及经理。

1.11.3.4 金融机构融资授信参考

对公布的重大税收违法案件信息,鼓励征信机构依法采集并向金融机构提供查询,引导商业银行、证券期货经营机构、保险公司等金融机构按照风险定价原则,将重大税收违法信息作为对当事人提供金融服务的重要参考。

1.11.3.5 禁止部分高消费行为

对有履行能力但拒不履行的严重失信主体实施限制购买不动产、乘坐飞机、乘坐列车软卧、G字头动车组全部座位和其他动车组一等以上座位、旅游度假、入住星级以上宾馆及其他高消费行为等措施。

1.11.3.6 向社会公示

通过"信用中国"网站和国家企业信用信息公示系统向社会公示重大税收违法案件信息。

1.11.3.7 限制取得政府供应土地

由国土资源管理部门根据税务机关公布的重大税收违法案件信息,对当事人在确定土地出让、划拨对象时予以参考,进行必要限制。

1.11.3.8 强化检验检疫监督管理

对公布的重大税收违法案件当事人,直接列为出入境检验检疫信用D级,实行限制性管理措施。

1.11.3.9 依法禁止参加政府采购活动

对公布的重大税收违法案件当事人,在一定期限内依法禁止参加政府采购活动。

1.11.3.10 禁止适用海关认证企业管理

对公布的重大税收违法案件当事人,不予适用海关认证企业管理。

1.11.3.11 限制证券期货市场部分经营行为

证券监督管理部门在办理以下业务时,将重大税收违法案件信息作为进行限制的重要参考:

(1)发起设立或参股各类私募基金管理机构或私募基金等。

(2)证券公司、基金管理公司、期货公司设立及变更持有5%以上股权的股东、实际控制人审批。

(3)股票发行上市、重组上市及在全国中小企业股份转让系统挂牌公开转让审核。

1.11.3.12 限制保险市场部分经营行为

(1)在进行保险公司、保险资产管理公司股东资质审核时,将重大税收违法案件信息中所列明的当事人的失信状况作为重要参考依据。

(2)在审批保险公司董事、监事及高级管理人员任职资格时,将重大税收违法案件信息中所列明的当事人的失信状况作为重要参考依据。

1.11.3.13 禁止受让收费公路权益

对公布的重大税收违法案件当事人,不得受让收费公路权益。

1.11.3.14 依法依规限制政府性资金支持

对公布的重大税收违法案件当事人,依法依规限制政府性资金支持。

1.11.3.15 从严审核企业债券发行、依法限制公司债券发行

对公布的重大税收违法案件当事人,从严审核其发行企业债券;依法限制发行公司债券。

1.11.3.16 依法限制进口关税配额分配

对公布的重大税收违法案件当事人,在有关商品进口关税配额分配中依法予以限制。

1.11.3.17 通过主要新闻网站向社会公布

税务总局在门户网站公布重大税收违法案件信息的同时,通过主要新闻网站向社会公布。

1.11.3.18 从严控制生产许可证发放

对公布的重大税收违法案件当事人,从严审核行政许可审批项目,从严控制生产许可证发放。

1.11.3.19 限制从事互联网信息服务

对公布的重大税收违法案件当事人,限制从事互联网信息服务。

1.11.3.20 依法限制参与有关公共资源交易活动

对公布的重大税收违法案件当事人,依法限制参与有关公共资源交易活动。

1.11.3.21 依法限制参与基础设施和公用事业特许经营

对公布的重大税收违法案件当事人,依法限制参与基础设施和公用事业特许经营。

1.11.3.22 对失信注册执业人员等实施市场和行业禁入

对公布的重大税收违法案件当事人失信行为负有直接责任的注册执业人员等实施市场和行业禁入措施。

1.11.3.23 撤销荣誉称号,取消参加评先评优资格

及时撤销重大税收违法当事人及其法定代表人、负责人、高级管理人员和对税收违法行为负有直接责任的董事、股东等人员的荣誉称号,取消参加评先评优资格。

1.11.3.24 支持行业协会商会对失信会员实行警告、行业内通报批评、公开谴责、不予接纳、劝退等

建立健全行业自律公约和职业道德准则,推动行业信用建设;引导行业协会商会完善行业内部信用信息采集、共享机制,将严重失信行为记入会员信用档案;鼓励行业协会商会与有资质的第三方信用服务机构合作,开展会员企业信用等级评价;支持行业协会商会按照行业标准、行规、行约等,视情节轻重对失信会员实行警告、行业内通报批评、公开谴责、不予接纳、劝退等惩戒措施。

1.11.3.25 强化外汇管理

对公布的重大税收违法案件当事人,属于贸易外汇收支企业名录内的企业,列为货物贸易B类企业进行管理。

1.11.3.26 限制在认证行业执业

对公布的重大税收违法案件的相关人员，限制在认证行业执业。

1.11.3.27 限制取得认证机构资质，限制获得认证证书

对公布的重大税收违法案件当事人，限制取得认证机构资质；限制获得认证证书，已获得认证证书的，暂停或撤销相应的认证证书。

1.11.3.28 其他

对公布的重大税收违法案件当事人，相关部门和社会组织在行政许可、新增项目审批核准、强制性产品认证、授予荣誉等方面予以参考，进行必要的限制或者禁止。

1.11.4 企业上了"黑名单"，如何补过

重大税收违法失信案件信息自公布之日起满3年的，停止公布并从公告栏中撤出。

偷税、欠税案件的当事人，在公布前能按照《税务处理决定书》《税务行政处罚决定书》缴清税款、滞纳金和罚款的，经实施检查的税务机关确认，只将案件信息录入重大税收违法案件公布信息系统，不向社会公布该案件信息；在公布后能按照《税务处理决定书》《税务行政处罚决定书》缴清税款、滞纳金和罚款的，经实施检查的税务机关确认，停止公布并从公告栏中撤出，并将缴清税款、滞纳金和罚款的情况通知实施联合惩戒和管理的部门。

1.12 老板警钟——不经营的后果

随着税务政策改革，增值税税率下调，小规模纳税人自行开具增值税专用发票的范围扩大，个人所得税专项附加扣除新标准等一系列新规出台，税收政策优惠越来越多，注册企业的数量也在不断提高，但有一些企业以无经营、无业务为理由，常年零申报。

> 《公司登记管理条例》明文规定："公司成立后无正当理由超过6个月未开业的，或者开业后自行停业连续6个月以上的，可以由公司登记机关吊销营业执照。"

6个月不经营的公司，可能被吊销营业执照，吊销营业执照会给企业及其法定代表人和直接责任人带来一定的限制。

（1）被吊销营业执照的企业名称3年之内不得使用。

（2）担任因违法被吊销营业执照的公司、企业的法定代表人，并对该企业违法行为负有个人责任，自该公司、企业被吊销营业执照之日起未逾3年的，不得担任公司的董事、监事、经理。

（3）被吊销企业的出资人或有限公司的股东应依法履行组织清算的义务，拒不清算的，要承担由此而产生的法律后果。

（4）被吊销营业执照的企业，应当将营业执照公章、合同专用章等缴回原登记机关，拒不缴回的，属违反登记管理法规的行为，可以提请当地公安机关协助收缴。利用应收缴的营业执照从事经营活动的，按无照经营论处。构成犯罪的，依法追究刑事责任。

被吊销营业执照和严重违法违规的企业及其负有责任的法定代表人的不良信息将被锁入警示信息库，实行分类监管和"黑名单"制度，扩大失信行为的公示范围，不但相关人员在其他企业的任职会列入监控范围，也方便投资人、交易对象、消费者进行市场调查，保障交易安全，这些不良信用记录并不因企业消亡或责任人离职而终结，将在相对较长的时间内在责任人名下不能消除，使其承担失信于社会的后果。

2

"金税四期"下合理避税，合法筹税

> 纳税筹划不是简单的避税，更不是违法的偷税逃税。避税要合理合法，这也是会计的底线。如何合理合法地避税，如何进行纳税筹划，这些是财务人员必须要懂得的知识。

2.1 税收常识与优惠政策

在了解税收常识之前，要先学会分清避税、逃税与纳税筹划的区别，如表2.1.1所示。

表2.1.1 避税、逃税与纳税筹划的区别

名词	内容
避税	纳税人利用税法的漏洞、特例和缺陷，规避或减轻其纳税义务的行为
逃税	纳税人采取虚报、谎报、隐瞒、伪造等各种非法欺诈手段，不缴纳或少缴纳税款的税务违法行为
纳税筹划	也称节税，是纳税人在遵守税法及合乎税法意图的前提下，采取合法手段进行旨在减轻税负的谋划与对策

纳税筹划是纳税人不违反政府税收立法的目的和精神的一种税收节约行为，是税法所允许的，甚至鼓励的。在形式上，它以明确的法律条文为依据；在内容上，它又是顺应立法意图的，是一种合理合法行为。纳税筹划不但谋求纳税人自身利益的最大化，而且依法纳税、履行税法规定的义务，维护国家的税收利益。它是对国家征税权

利和企业自主选择最佳纳税方案权利的维护。

2.1.1 税收常识

想要合理地避税、筹税，必须要知道以下7个税收常识。

（1）虚开的增值税专用发票，资料不全的完税凭证，用于简易计税方法计税项目、免税、集体福利和个人消费的购进货物、服务发票，非正常损失对应的进项税，购进的居民日常服务，娱乐服务，都不能抵扣。

（2）企业取得私自印制、伪造、变造、作废、开票方非法取得、虚开、填写不规范等不符合规定的发票，以及取得不符合国家法律、法规等相关规定的其他外部凭证，不得作为税前扣除凭证。

（3）股权转让协议应按"产权转移书据"所载金额0.5‰缴纳印花税。同一应税凭证两方或两方以上当事人签订并各执一份的，各方都应就所执的一份各自全额贴花。

（4）汇总开具增值税专用发票清单必须是税控系统开出的，普通发票清单可以不是税控系统开出的。如果购买的商品种类较多，销售方可以汇总开具增值税普通发票。购买方可凭汇总开具的增值税普通发票以及购物清单或小票作为税收凭证，可以是税控系统开出的清单，也可以是非税控系统开出的清单。

（5）房产税由产权所有人缴纳。产权属于全民所有的，由经营管理的单位缴纳。产权出典的，由承典人缴纳。产权所有人、承典人不在房产所在地的，或者产权未确定及租典纠纷未解决的，由房产代管人或者使用人缴纳。

（6）根据《中华人民共和国企业所得税法实施条例》的规定："企业参加财产保险，按照规定缴纳的保险费准予扣除。除企业依照国家有关规定为特殊工种职工支付的人身安全保险费和国务院财政、税务主管部门规定可以扣除的其他商业保险费外，企业为投资者或者职工支付的商业保险费不得扣除。"

（7）按照征管法的要求，税务机关有权调取企业账簿，但必须出具相关手续，否则属于越权。调取账簿有时限要求，根据征管法规定，调取当年账簿应在30天内归还，调取以前年度账簿应在3个月内归还。

2.1.2 优惠政策

税收优惠政策是针对全国性企业的通用政策，目前主流的税收优惠政策主要为注册有限公司享受增值税和企业所得税的奖励以及注册个人独资企业享受核定征收、低税率两大类。

2.1.2.1 注册有限公司享受税收优惠政策

（1）凡企业所得税较高的企业，都需要注册有限公司来解决税收压力。

（2）特殊行业，例如建筑材料贸易、建筑劳务等企业均需要注册有限公司来解决税收压力。

（3）需要办理资质的企业，都需要办理有限公司来享受税收扶持奖励。

（4）凡个人独资不能做的企业，基本都可用注册有限公司来解决税收压力。

2.1.2.2 注册个人独资企业享受税收优惠政策

（1）现代服务业，其中包含其他现代服务业、知识产权推广、技术服务等。

（2）建筑类服务企业，例如房地产代理、房地产经纪人代理、建筑施工服务、建筑工程项目服务等。

（3）凡企业所得税、高薪个人所得税、企业分红个人所得税均可注册个人独资企业来享受核定征收，从而降低税率。

这两类企业的优惠政策如表2.1.2所示。

表2.1.2 两类企业的优惠政策

企业类型	优惠政策
有限公司	（1）企业增值税：可享受地方留存部分50%~90%的税收扶持奖励（增值税地方留存部分为50%，其余50%上缴国家） （2）企业所得税：可享受地方留存部分50%~90%的税收优惠奖励（企业所得税地方留存部分为40%，其余60%上缴国家） （3）纳税大户，一事一议
个人独资企业	个人独资企业中的个人所得税相当于有限公司中的企业所得税，个人所得税按照行业利润率10%核定，然后再根据五级累进制对应纳税核定办法

【注意】每个地方的核定办法不同，因此，个人独资企业的个人所得税核定也有差异。

2.2 纳税筹划的技术

一直以来，纳税筹划都是一个热度非常高的词，甚至被蒙上了一层神秘色彩，讨论或开展纳税筹划，首先要弄清楚纳税筹划的一些原则性问题，否则可能会偏离方向，甚至违法。就纳税筹划的专业基础而言，纳税筹划需要掌握扎实的税法专业知识，从纳税筹划的实施过程来看，需要和多部门沟通协调，因此，成功的纳税筹划通常都是技术和艺术的统一。

2.2.1 纳税筹划的合法性

纳税筹划应具有合法性，至少不违法，这是讨论纳税筹划的前提和基础。从税法上来看，合法性可以分为以下两个层面：

一是形式合法性，相关交易的安排和纳税申报、减免、优惠符合相关税收法律、法规的规定。

二是实质合法性，经济交易的性质和纳税符合实质课税标准、与税收立法目相符合。

2.2.2 纳税筹划方案

以股权转让为例,在股权转让的过程中出现了各式各样的"纳税筹划方案",具体如下:

(1)阴阳合同。顾名思义,就是真实交易的合同和提交给税务机关的合同是两份不一样的合同,典型的例子是将一份平价转让合同提交给税务机关。

(2)虚假评估。在涉及转让标的不动产占比较大的情形时,通过虚假资产评估报告,降低转让标的的价值,减少所得税。

(3)不代扣代缴,不纳税申报。这也是一种"纳税筹划"吗?没错,特别是在税务机关和工商等信息不通畅的情况下,在涉及个人股权转让中,负有代扣代缴义务人的机构或个人没有代扣代缴,纳税义务人也不纳税申报,蒙混过关。

(4)制造虚假交易。转让方和受让方在进行股权转让前,签署其他交易合同,如借贷等,冲抵交易,转移资金。

上述"纳税筹划"不仅涉嫌违反公司法、会计法、评估法等,也违反了税法,是典型的违法筹划。这些方法之所以能够得逞,主要有两个原因:一是征纳双方信息不对称;二是金融机构资金监管有漏洞。

而目前这两个空间都被大大压缩,一是"金三"上线以及税务机关与相关职能政府部门的信息交换制度化,税务机关信息收集能力大大提升;二是国家正在加大资金的监管力度,大额资金境内外转账需要面临包括税收等方面的层层审查。在此背景下,传统"纳税筹划"正走向寿终正寝,需要寻求合法的纳税筹划途径。

因此,随着税收法律属性的不断增强,纳税筹划的合法性应该引起企业和个人足够的关注,否则可能会触犯法律,非但不能节税,还会带来经济、法律上、名誉上的损失。

纳税筹划的开展应建立在对方案充分合法性论证的基础之上,或至少做到风险可控(对潜在的法律风险有清晰的判断,而不是靠"碰运气")。与此同时,对方案的合理性和来自税务机关的纳税评估,也应有充分的预估和应对方案,只有二者相结合,纳税筹划方案才能安全落地。

2.3 纳税筹划的注意事项

合理避税是合法的,可以提高个人可支配收入,减轻个人或家庭财政负担。以下为纳税筹划的十点注意事项,应给予高度关注。

(1)纳税筹划的前提是不违法,财务人员切记不要刻意地为了节税而节税,应把防范税务风险放在第一位，控制企业涉税风险比节税更重要。

（2）财务人员可以利用税收优惠政策来节税，但是一定要正确恰当地利用政策，不要过于激进。

（3）筹划节税是利用税收政策，依法、合规、恰当、合理地享受企业应该享受的优惠，应享尽享优惠政策是国家给纳税人的权利。很多企业花很大的代价去偷税、逃税、骗税，却对可以合法合规享受的政策并不清楚。

（4）财务人员一定要还原业务真实面貌，切记不要背离真实业务，不符合业务真实面貌的节税，其实就是偷税，会计人员必须慎重。

（5）纳税筹划是一种事先的安排，而不是事后"诸葛亮"，一切事后既成事实业务的筹划，都是在亡羊补牢。

（6）纳税筹划的任务是要根据预见到税收的变化来合理安排交易行为的时间。

（7）好多企业一边在节税，一边又在多缴税；一边在偷税，一边又在提前攒钱缴纳税金罚款，到头来节税不成，反被稽查，给企业留下了无穷的后患。

（8）近些年，国家减税降费力度之大是40年来之最，尤其对中小企业的好政策频出。认真学习和了解各项优惠政策远比挖空心思想偷税漏税更明智。

（9）跟当地政府申请获得一些政府税收优惠，也是节税的一种形式。

（10）税务来源于业务，节税靠的是业务流程改变，而不是歪曲业务事实。

2.4 合理避税的几种情况

合理避税常见的几种情况如下。

2.4.1 换成"洋"企业

我国对外商投资企业实行税收倾斜政策，因此由内资企业向中外合资、合作经营企业等经营模式过渡，不失为一种获取享受更多减税、免税或缓税的好办法。

2.4.2 注册到"宝地"

凡是在经济特区、沿海经济开发区、经济特区和经济技术开发区所在城市的老市区以及国家认定的高新技术产业区、保税区设立的生产、经营、服务型企业和从事高新技术开发的企业，都可以享受较大程度的税收优惠。中小企业的投资人在选择投资地点时，可以有目的地选择在以上特定区域从事投资和生产经营，从而享有更多的税收优惠。

2.4.3 进入特殊行业

比如，对服务业的免税规定：

（1）托儿所、幼儿园、养老院、残疾人福利机构提供的养育服务，免缴增值税。

（2）婚姻介绍、殡葬服务，免缴增值税。

（3）医院、诊所和其他医疗机构提供的医疗服务，免缴增值税。

（4）残疾人员个人提供的劳务，免缴增值税。

2.4.4 做管理费用文章

金融企业可以提高呆账准备金的提取比率，呆账准备金可计入管理费用，这样可减少当年的利润，相应减少企业所得税。

企业可以尽量缩短固定资产的折旧年限，这样可以使每年的折旧金额增加，利润减少，少缴企业所得税。另外，采用的折旧方法不同，计提的折旧额相差很大，最终也会影响所得税额。

2.4.5 用而不"费"

中小企业私营业主应考虑到如何对经营中所耗水、电、燃料费等进行分摊，家人生活费用、交通费用及各类杂项支出是否列入产品成本。

2.4.6 合理提高职工福利

中小企业私营业主在生产经营过程中，可以考虑在不超过计税工资的范畴内适当提高员工工资，为员工办理医疗保险，建立职工养老基金、失业保险基金和职工教育基金等统筹基金，进行企业财产保险和运输保险等。这些费用可以在成本中列支，也能调动员工的积极性，减少税负，降低经营风险和福利负担。

2.4.7 从销售下手

选择不同的销售结算方式，推迟收入确认的时间。企业应当根据自己的实际情况，尽可能地延迟收入确认的时间。例如，某汽车销售公司，当月销售100台汽车，收入2 000万元，按13%的销项税，要缴200多万元的税款，但该企业马上将下月进货税票提至本月抵扣。由于资金的时间价值，延迟纳税会给企业带来意想不到的节税效果。

2.5 个人账户避税风险

税务稽查不仅要对公司的银行对公账户进行检查，还会重点稽查公司法定代表人、实际控制人、主要负责人的个人账户。

一旦被稽查部门发现存在漏缴税情况，补缴税款是一方面，另一方面要缴纳大量滞纳金和税务行政罚款，构成犯罪的，更要承担刑事责任。

为依法惩治非法从事资金支付结算业务、非法买卖外汇犯罪活动，维护金融市场秩序，《最高人民法院　最高人民检察院关于办理非法从事资金支付结算业务、非法买卖外汇刑事案件适用法律若干问题的解释》（法释〔2019〕1号）就办理非法从事资金支付结算业务、非法买卖外汇刑事案件适用法律的若干问题做出了解释。

中国人民银行重磅发布的《关于取消企业银行账户许可的通知》（银发〔2019〕41号），明确要加强银行账户资金管控。

个人账户的大额交易和流水异常将接受央行监控管理。其中，不仅仅包括银行账户收支情况、网络银行收支记录，还将包括支付宝、微信支付等非银支付机构的记录。个人使用支付宝或者微信购物消费达到5万元以上、转账金额达到20万元以上的，将有可能被列入大额可疑交易进行监控。

《金融机构大额交易和可疑交易报告管理办法》（中国人民银行令〔2016〕第3号）

第五条　金融机构应当报告下列大额交易：

（一）当日单笔或者累计交易人民币5万元以上（含5万元）、外币等值1万美元以上（含1万美元）的现金缴存、现金支取、现金结售汇、现钞兑换、现金汇款、现金票据解付及其他形式的现金收支。

（二）非自然人客户银行账户与其他的银行账户发生当日单笔或者累计交易人民币200万元以上（含200万元）、外币等值20万美元以上（含20万美元）的款项划转。

（三）自然人客户银行账户与其他的银行账户发生当日单笔或者累计交易人民币50万元以上（含50万元）、外币等值10万美元以上（含10万美元）的境内款项划转。

（四）自然人客户银行账户与其他的银行账户发生当日单笔或者累计交易人民币20万元以上（含20万元）、外币等值1万美元以上（含1万美元）的跨境款项划转。

2.5.1 对大额支付交易的规定

如果发生了大额交易，金融机构要执行以下操作：

大额转账支付由金融机构通过相关系统与支付交易监测系统连接报告，并在交易发生日起5个工作日内报告中国人民银行总行。

大额现金收付由金融机构通过其业务处理系统或书面方式报告，并于业务发生日起5个工作日内报送人民银行当地分支行，并由其转报中国人民银行总行。

2.5.2 对可疑交易的规定

下列交易或者行为，金融机构将会作为可疑交易进行报告：

（1）短期内资金分散转入、集中转出或集中转入、分散转出。

（2）资金收付频率及金额与企业经营规模明显不符。

（3）资金收付流向与企业经营范围明显不符。

（4）企业日常收付与企业经营特点明显不符。

（5）周期性发生大量资金收付与企业性质、业务特点明显不符。

（6）相同收付款人之间短期内频繁发生资金收付；

（7）长期闲置的账户原因不明地突然启用，且短期内出现大量资金收付。

（8）短期内频繁地收取来自与其经营业务明显无关的个人汇款。

（9）存取现金的数额、频率及用途与其正常现金收付明显不符。

（10）个人银行结算账户短期内累计100万元以上现金收付。

（11）与贩毒、走私、恐怖活动严重地区的客户之间的商业往来活动明显增多，短期内频繁发生资金支付。

（12）频繁开户、销户，且销户前发生大量资金收付。

（13）有意化整为零，逃避大额支付交易监测。

（14）中国人民银行规定的其他可疑支付交易行为。

（15）金融机构经判断认为的其他可疑支付交易行为。

上面所说的"短期"，是指10个营业日以内。

2.6 个人账户避税监管

近几年，国家连续发布很多政策，监管私户避税的情况发生。

2.6.1 企业信息联网核查系统启动，四部门将深化跨部门信息共享和交流合作机制

2019年6月26日，中国人民银行、工业和信息化部、国家税务总局、国家市场监督管理总局四部委联合召开企业信息联网核查系统启动会，共同运行企业信息联网核查系统。

目前，中国工商银行、交通银行、中信银行、中国民生银行、招商银行、广发银行、平安银行、上海浦东发展银行等8家银行作为首批用户接入企业信息联网核查系统，其他银行、非银行支付机构将按照"自愿接入"原则陆续申请接入系统。也就是说，系统会很快覆盖所有银行。

未来，四部门将深化跨部门信息共享和交流合作机制，逐步扩大企业信息联网核查系统功能，依托系统，加大在企业和个人账户服务、信用信息共享等方面的深度合作。

2.6.2 取消企业银行账户许可，加强银行账户资金管控

（1）建立涉企信息共享机制和企业银行账户违规联合惩戒机制。严厉打击企业多头开户，乱开账户，出租、出借、出售账户行为。基本户只能开一个，匿名账户和假名账户将无容身之地。

（2）严查企业基本户、临时户的开立、变更、撤销，并加强企业银行账户管理。涉及可疑交易报告的账户，银行将按照反洗钱有关规定采取措施，核实违规的，严肃处理。

2.6.3 出台大额交易和可疑交易管理办法，企业的这些转账行为将被税务监管

中国人民银行在2017年7月1日施行的《人民币大额和可疑支付交易报告管理办法》（银发〔2016〕第3号）中对大额交易进行了定义，如表2.6.1所示。

表2.6.1　大额交易的定义

交易主体	交易方式	频率认定	交易金额
不论何种账户	现金收支	当日单笔或累计	人民币5万元及以上 外币等值1万美元及以上
公户与其他账户	款项划转	当日单笔或累计	人民币200万元及以上 外币等值20万美元及以上
私户与其他账户	境内款项划转	当日单笔或累计	人民币50万元及以上 外币等值10万美元及以上
私户与其他账户	境外款项划转	当日单笔或累计	人民币20万元及以上 外币等值1万美元及以上

如果发生了大额交易，金融机构要执行以下操作：

（1）大额转账支付由金融机构通过相关系统与支付交易监测系统连接报告，并在交易发生日起的第2个工作日报告中国人民银行总行。

（2）大额现金收付由金融机构通过其业务处理系统或书面方式报告，并在业务发生日起的第2个工作日报送人民银行当地分支行，并由其转报中国人民银行总行。

2.6.4 微信、支付宝等转账不规范成为历史

有的公司老板认为，通过微信、支付宝等转账完成货款交易是可以逃避税务监管的。其实，这种想法是不成立的。

根据《中国人民银行关于非银行支付机构开展大额交易报告工作有关要求的通

知》(银发〔2018〕125号),2019年1月1日起,非银行支付机构也要提交大额交易报告了。

也就是说,2019年1月1日起,通过微信、支付宝等第三方支付机构转账出现大额交易和可疑交易也将受到严查。

随着银税联动的不断升级优化,最终银行、税务信息将实现无缝对接,届时,"金税三期"的大数据比对将发挥前所未有的威力,即使蛛丝马迹也很容易被发现,私户收款的避税方式需要杜绝。

2.7 个人账户的风险之案例解读

案例2-1

原北京市通州区国家税务局稽查局向北京创四方电子股份有限公司出具《税务行政处罚决定书》,主要内容如下:

原通州国税稽查局对公司实际控制人、法定代表人李某在中国工商银行和兴业银行开立的个人账户进行检查,发现以上两个账户均用于收取客户的购货款。

处罚决定:对公司少缴增值税377 286.46元、企业所得税101 515.75元分别处以0.5倍的罚款,金额合计239 401.11元。

本来想"避税",结果被追回税款不说,还倒贴了23.9万元罚款,更重要的是影响企业以后的信用等级,得不偿失!

案例启示

"金税三期"启用以来,好多没有发生真实业务而从朋友公司或者直接从市面上"买"回来的增值税专用发票用于抵扣销项税额的企业纷纷被"金税三期"系统排查出来,从而被要求做进项转出。由此要补缴税款几十万元,甚至上百万元的企业为数不少。

有些地方参考行业利润率来定企业税负,把税负标准化,凡是不达标的一般纳税人税务部门均会严查。

每月网上报送的数据成为税务评估、稽查案源的来源,纳税人应给予足够重视。

只要"金税三期"系统检测出动态数据比对异常,税负率偏低,系统会自动预警。

再次提醒企业负责人和财务人员,企业节税应采取合法合规途径。

案例2-2

2017年6月,眉山市某商业银行依照《金融机构大额交易和可疑交易报告管理办法》(中国人民银行令〔2018〕第2号)向中国人民银行眉山市中心支行反洗钱中心提交了一份有关黄某的重点可疑交易报告。中国人民银行眉山市中心支行立即通过情报交换平台向眉山市税务局传递了这份报告。

黄某在眉山市某商业银行开设的个人结算账户，在2015年5月1日至2017年5月1日期间共发生交易1 904笔，累计金额高达12.28亿元。这些交易主要通过网银渠道完成，具有明显的异常特征（网银频繁操作、金额巨大）。

其账户大额资金交易频繁，大大超出了个人结算账户的正常使用范畴。其账户不设置资金限额，不控制资金风险，不合常规。

黄某本人身份复杂，是多家公司的法定代表人，其个人账户与其控制的公司账户间频繁交易，且资金通常是快进快出，过渡性特征明显。

处罚决定：税务机关查出来黄某2015年从其控股的眉山市某公司取得股息、红利所得2亿元，未缴纳个人所得税4 000万元。

案例启示

（1）银行、税务机关将共享个人账户大额和可疑交易信息。国家明确要求各部门发现异常，互相分享信息。之前税务机关掌握私人账户资金变动是非常困难的，现在变得越来越容易。

（2）法人和公司账户资金频繁往来风险大。根据《中华人民共和国税收征收管理法》的规定，税务机关虽然有权查询个人和企业银行账户，但是程序和掌握的信息有限，执法力度往往大打折扣。但从2018年开始，各地金融机构与税务机关、反洗钱机构加大合作，企业负责人私人账户与企业对公账户之间频繁的资金交易都将面临监控。

（3）虚开发票的路子彻底堵死。目前主流的虚开发票的方式往往是高开发票扣除手续费后流回企业负责人私人账户。这些异常的资金交易被监管之后，虚开发票之路走到尽头。

（4）企业偷税必然遭严查。企业偷税的一贯伎俩是企业收入频繁流入负责人个人账户。税务和银行深度合作之前，税务的稽查手段有限，但是现在税务部门可以获取企业银行流水，进而追踪业务线索会成为常态。

案例2-3

经原广东省广州市国家税务局北区稽查局检查发现，广州市荣森服装有限公司在2015年1月至2016年12月，采取偷税手段，不缴或者少缴应纳税款245.22万元。

依照《中华人民共和国税收征收管理法》等相关法律法规的有关规定，对其处以追缴税款245.22万元、罚款122.61万元的行政处罚。

2019年3月15日，国家税务总局江苏省税务局一次性公布了256家重大税收违法的企业，全因虚开发票被移送司法机关处理。

处罚原因：虚开增值税专用发票或者虚开用于骗取出口退税、抵扣税款的其他发票。

处罚情况：依照《中华人民共和国税收征收管理法》等相关法律法规的有关规定，依法将这256家企业全部移送司法机关。

4月19日，北京税务、公安等四部门联手打击虚开骗税"两年专项行动"会议召开。会上明确四部门将深化协作，推进信息共享，强化分析研判，统筹打击任务，加大打击力度，2019年打击虚开骗税呈高压态势。

案例启示

在"金税三期"下，没有任何银行包庇企业，哪怕是自己的大客户，只要发现账户有可疑，必须上报税务机关，因为银行、税务机关共享个人账户大额和可疑交易信息。

如果银行不报，税务机关迟早也会查到，那时性质就不一样了。那么企业在银行的哪些交易行为容易被查呢？当然是一些避税行为了。比如，目前有不少企业为了少缴税，试图利用私人账户来"避税"。

今后的税务稽查不仅要查公司的对公银行账户，更会重点稽查公司法定代表人、实际控制人、主要负责人的个人账户。

2007年3月1日中国人民银行施行了《金融机构大额交易和可疑支付交易报告管理办法》，该办法是根据《中华人民共和国反洗钱法》《中华人民共和国中国人民银行法》等法律规定的，经2006年11月6日第25次行长办公会议通过。

这个办法主要为了加强对人民币支付交易的监督管理，规范人民币支付交易报告行为，防范利用银行支付结算进行洗钱等违法犯罪活动。

这个办法中专门明确指出了监管的范围，"本办法所称人民币支付交易，是指单位、个人在社会经济活动中通过票据、银行卡、汇兑、托收承付、委托收款、网上支付和现金等方式进行的以人民币计价的货币给付及其资金清算的交易"。

中国人民银行及其分支机构负责支付交易报告工作的监督和管理。

中国人民银行建立支付交易监测系统，对支付交易进行监测，并且要求金融机构的营业机构设立专门的反洗钱岗位，建立岗位责任制，明确专人负责对大额支付交易和可疑支付交易进行记录、分析和报告。

2.8 公转私的账务处理与风险防控

2.8.1 公转私账务处理的基本法律规范

《人民币银行结算账户管理办法》的有关规定如下：

公转私账务处理的基本法律规范即《人民币银行结算账户管理办法》（中国人民

银行令〔2003〕第 5 号）第三十九条至第四十五条规定。

《人民币银行结算账户管理办法》（中国人民银行令〔2003〕第 5 号）

第三十九条 个人银行结算账户用于办理个人转账收付和现金存取。下列款项可以转入个人银行结算账户：

（一）工资、奖金收入。

（二）稿费、演出费等劳务收入。

（三）债券、期货、信托等投资的本金和收益。

（四）个人债权或产权转让收益。

（五）个人贷款转存。

（六）证券交易结算资金和期货交易保证金。

（七）继承、赠与款项。

（八）保险理赔、保费退还等款项。

（九）纳税退还。

（十）农、副、矿产品销售收入。

（十一）其他合法款项。

第四十条 单位从其银行结算账户支付给个人银行结算账户的款项，每笔超过 5 万元的，应向其开户银行提供下列付款依据：

（一）代发工资协议和收款人清单。

（二）奖励证明。

（三）新闻出版、演出主办等单位与收款人签订的劳务合同或支付给个人款项的证明。

（四）证券公司、期货公司、信托投资公司、奖券发行或承销部门支付或退还给自然人款项的证明。

（五）债权或产权转让协议。

（六）借款合同。

（七）保险公司的证明。

（八）税收征管部门的证明。

（九）农、副、矿产品购销合同。

（十）其他合法款项的证明。

从单位银行结算账户支付给个人银行结算账户的款项应纳税的，税收代扣单位付款时应向其开户银行提供完税证明。

第四十一条 有下列情形之一的，个人应出具本办法第四十条规定的有关收款依据。

（一）个人持出票人为单位的支票向开户银行委托收款，将款项转入其个人银行结算账户的。

（二）个人持申请人为单位的银行汇票和银行本票向开户银行提示付款，将款项转入其个人银行结算账户的。

第四十二条 单位银行结算账户支付给个人银行结算账户款项的，银行应按第四十条、第四十一条规定认真审查付款依据或收款依据的原件，并留存复印件，按会计档案保管。未提供相关依据或相关依据不符合规定的，银行应拒绝办理。

第四十三条 储蓄账户仅限于办理现金存取业务，不得办理转账结算。

第四十四条 银行应按规定与存款人核对账务。银行结算账户的存款人收到对账单或对账信息后，应及时核对账务并在规定期限内向银行发出对账回单或确认信息。

第四十五条 存款人应按照本办法的规定使用银行结算账户办理结算业务。

存款人不得出租、出借银行结算账户，不得利用银行结算账户套取银行信用。

2.8.2 公转私的法律责任

《中华人民共和国刑法》《最高人民法院　最高人民检察院关于办理非法从事资金支付结算业务、非法买卖外汇刑事案件适用法律若干问题的解释》的有关规定如下。

《中华人民共和国刑法》（1979年7月1日第五届全国人民代表大会第二次会议通过，2020年12月26日第十三届全国人民代表大会常务委员会第二十四次会议修正）

第二百二十五条 违反国家规定，有下列非法经营行为之一，扰乱市场秩序，情节严重的，处五年以下有期徒刑或者拘役，并处或者单处违法所得一倍以上五倍以下罚金；情节特别严重的，处五年以上有期徒刑，并处违法所得一倍以上五倍以下罚金或者没收财产：

（一）未经许可经营法律、行政法规规定的专营、专卖物品或者其他限制买卖的物品的；

（二）买卖进出口许可证、进出口原产地证明以及其他法律、行政法规规定的经营许可证或者批准文件的；

（三）未经国家有关主管部门批准非法经营证券、期货、保险业务的，或者非法从事资金支付结算业务的；

（四）其他严重扰乱市场秩序的非法经营行为。

《最高人民法院　最高人民检察院关于办理非法从事资金支付结算业务、非法买卖外汇刑事案件适用法律若干问题的解释》（2018年9月17日最高人民法院审判委员会第1749次会议、2018年12月12日最高人民检察院第十三届检察委员会第十一次会议通过，自2019年2月1日起施行）

为依法惩治非法从事资金支付结算业务、非法买卖外汇犯罪活动，维护金融市场秩序，根据《中华人民共和国刑法》《中华人民共和国刑事诉讼法》的规定，现就办理非法从事资金支付结算业务、非法买卖外汇刑事案件适用法律的若干问题解释如下：

第一条　违反国家规定，具有下列情形之一的，属于刑法第二百二十五条第三项规定的"非法从事资金支付结算业务"：

（一）使用受理终端或者网络支付接口等方法，以虚构交易、虚开价格、交易退款等非法方式向指定付款方支付货币资金的；

（二）非法为他人提供单位银行结算账户套现或者单位银行结算账户转个人账户服务的；

（三）非法为他人提供支票套现服务的；

（四）其他非法从事资金支付结算业务的情形。

第二条　违反国家规定，实施倒买倒卖外汇或者变相买卖外汇等非法买卖外汇行为，扰乱金融市场秩序，情节严重的，依照刑法第二百二十五条第四项的规定，以非法经营罪定罪处罚。

第三条　非法从事资金支付结算业务或者非法买卖外汇，具有下列情形之一的，应当认定为非法经营行为"情节严重"：

（一）非法经营数额在五百万元以上的；

（二）违法所得数额在十万元以上的。

非法经营数额在二百五十万元以上，或者违法所得数额在五万元以上，且具有下列情形之一的，可以认定为非法经营行为"情节严重"：

（一）曾因非法从事资金支付结算业务或者非法买卖外汇犯罪行为受过刑事追究的；

（二）二年内因非法从事资金支付结算业务或者非法买卖外汇违法行为受过行政处罚的；

（三）拒不交代涉案资金去向或者拒不配合追缴工作，致使赃款无法追缴的；

（四）造成其他严重后果的。

第四条 非法从事资金支付结算业务或者非法买卖外汇，具有下列情形之一的，应当认定为非法经营行为"情节特别严重"：

（一）非法经营数额在二千五百万元以上的；

（二）违法所得数额在五十万元以上的。

非法经营数额在一千二百五十万元以上，或者违法所得数额在二十五万元以上，且具有本解释第三条第二款规定的四种情形之一的，可以认定为非法经营行为"情节特别严重"。

第五条 非法从事资金支付结算业务或者非法买卖外汇，构成非法经营罪，同时又构成刑法第一百二十条之一规定的帮助恐怖活动罪或者第一百九十一条规定的洗钱罪的，依照处罚较重的规定定罪处罚。

第六条 二次以上非法从事资金支付结算业务或者非法买卖外汇，依法应予行政处理或者刑事处理而未经处理的，非法经营数额或者违法所得数额累计计算。同一案件中，非法经营数额、违法所得数额分别构成情节严重、情节特别严重的，按照处罚较重的数额定罪处罚。

第七条 非法从事资金支付结算业务或者非法买卖外汇违法所得数额难以确定的，按非法经营数额的千分之一认定违法所得数额，依法并处或者单处违法所得一倍以上五倍以下罚金。

第八条 符合本解释第三条规定的标准，行为人如实供述犯罪事实，认罪悔罪，并积极配合调查，退缴违法所得的，可以从轻处罚；其中犯罪情节轻微的，可以依法不起诉或者免予刑事处罚。符合刑事诉讼法规定的认罪认罚从宽适用范围和条件的，依照刑事诉讼法的规定处理。

第九条 单位实施本解释第一条、第二条规定的非法从事资金支付结算业务、非法买卖外汇行为，依照本解释规定的定罪量刑标准，对单位判处罚金，并对其直接负责的主管人员和其他直接责任人员定罪处罚。

第十条 非法从事资金支付结算业务、非法买卖外汇刑事案件中的犯罪地，包括犯罪嫌疑人、被告人用于犯罪活动的账户开立地、资金接收地、资金过渡账户开立地、资金账户操作地，以及资金交易对手资金交付和汇出地等。

第十一条 涉及外汇的犯罪数额，按照案发当日中国外汇交易中心或者中国人民银行授权机构公布的人民币对该货币的中间价折合成人民币计算。中国外汇交易中心或者中国人民银行授权机构未公布汇率中间价的境外货币，按照案发当日境内银行人民币对该货币的中间价折算成人民币，或者该货币在境内银行、国际外汇市场对美元汇率，与人民币对美元汇率中间价进行套算。

第十二条 本解释自2019年2月1日起施行。《最高人民法院关于审理骗购外汇、非法买卖外汇刑事案件具体应用法律若干问题的解释》（法释〔1998〕20号）与本解释不一致的，以本解释为准。

2.8.3 公转私的风险防控

第一，控制公转私的金额，原则上每笔不要达到5万元。

第二，公转私原则上应代扣代缴个人所得税，特别是支付工资薪金、劳务报酬、稿酬、特许权使用费、财产租赁所得、财产转让所得、利息股息红利所得以及偶然所得等。

第三，如果是个人借款，应签订借款协议并收取不低于银行贷款利率的利息；如果是股东个人借款，应注意在当年12月31日之前归还。

第四，如果是向个人支付报销款（即个人替公司代垫款项），应从个人手中取得合法发票。

第五，如果是向个体经营者支付货款或者服务费，应从个人或个体经营者手中取得合法发票。

第六，如果是向个人支付预付款，则应在预付款转为其他款项时依法代扣代缴个人所得税或者从个人手中取得合法发票。

2.9 混合销售的合理避税之案例解读

案例2-4

某公司销售自产的门窗并提供安装，是否属于混合销售？能否分别核算、分别适用不同税率？

该公司销售自产产品并提供安装不属于混合销售，应分别核算门窗和建筑服务的销售额，分别适用不同的税率或者征收率，也就是销售门窗按照13%缴纳增值税、安装服务按照9%（简易计税3%）。

切记不要认为这是混合销售，否则就会都按照13%纳税。

《国家税务总局关于进一步明确营改增有关征管问题的公告》（国家税务总局公告2017年第11号）

纳税人销售活动板房、机器设备、钢结构件等自产货物的同时提供建筑、安装服务，不属于《营业税改征增值税试点实施办法》（财税〔2016〕36号文件印发）第四十条规定的混合销售，应分别核算货物和建筑服务的销售额，分别适用不同的税率或者征收率。

案例2-5

某公司销售自产门窗并提供运输，是否属于混合销售？能否分别核算、分别适用不同税率？

该公司销售自产门窗并提供运输属于混合销售，一律按照销售门窗的适用税率13%缴纳增值税。

切记不要认为只要会计上分别核算了收入，就可以分别适用不同的税率，避免带来税务风险。

《营业税改征增值税试点实施办法》（财税〔2016〕36号）

第四十条　一项销售行为如果既涉及服务又涉及货物，为混合销售。从事货物的生产、批发或者零售的单位和个体工商户的混合销售行为，按照销售货物缴纳增值税；其他单位和个体工商户的混合销售行为，按照销售服务缴纳增值税。

2.10 错误的避税方式

合理节税不是偷税，每一名财务人员都应该掌握合理节税的技巧。

2.10.1 错误的节税方式

（1）公司为了让股东少缴甚至不缴分红的20%的个人所得税，让股东从公司以借款名义拿走巨额的分红，会计挂账在"其他应收款——自然人股东"科目中。

（2）公司为了少缴25%的企业所得税，把取得的收入挂账在"预收账款"科目中，隐匿营业收入。

（3）公司为了冲减利润，指使财务人员以支付手续费的方式从第三方购买各种项目类型的普通发票来抵账，从而达到少缴企业所得税的目的。

（4）公司为了让高管少缴个人所得税与社会保险费，人为把工资薪金所得变通为劳务报酬所得，导致同一名员工既拿工资又拿劳务费，既有劳动关系又存在劳务关系的不合规情况。

（5）公司为了虚减收入，虚构退货业务，甚至人为地跨年销售退回，存在虚开发票行为。

（6）企业为了少缴增值税，滥用增值税差额征收政策。

（7）账面大量列支虚构的"天价会议费""天价咨询费""天价服务费""天价推广费"，从而达到避税目的。

（8）企业为了少缴增值税，人为增加进项税，把大量福利性支出、用于简易征收项目的支出取得的专用发票进行抵扣而没有做进项转出，甚至不惜冒险购买发票来虚假抵扣。

（9）企业为了少缴房屋出租的房产税，人为把租金拆分为租金和不交房产税的物业费、管理费等虚假项目。

（10）企业采取把实现的应税收入存入个人账户、设置账外账、收入不入账、取得营业执照却长期不依法开通税务登记等方式来规避税收。

2.10.2 错误的避税方式

避税并非逃税，以下4种避税方式切勿触碰。

（1）虚开发票。"金税三期"利用强大的大数据，在纳税人的纳税识别号下，进项发票与销项发票的行业相关性、同一法人相关性、同一地址相关性、数量相关性、比率相关性都在它的"掌控"之中，虚开发票查验指数100%。

（2）逃不掉的增值税。通过增值税发票，企业的上下游交易环节完全被税务机关监控，商品的单价是多少？对外销售额是多少？一个环节出错，所有抵扣链条都将受影响。如果资金流、货物流、发票流不一致，被核查出来也是分分钟的事情。

（3）个人所得税和社会保险费。国地税合并、社保征缴移交税务局后，管理者和财务人员需要谨慎对待对外申报的每一个数据。因为每一个数据都不再孤立，各口径下会对企业申报数据进行相互印证，从而成为检查稽核企业一个突破口。"严征收、严处罚"的社保费用征收时代即将到来。

（4）避不开的企业所得税。多部门实时共享涉税信息，税务局对企业日常经营状况了如指掌。通过当地平均预警税负率比较，税务部门能估算出该企业利润总额情况和企业所得税情况。企业所得税变得透明，"少做收入，多列费用"的时代可以画上句号了。

2.11 入驻园区的筹税思路

在"金税三期"越来越严格的税收监管环境下，以往老旧的节税手段逐渐行不通，慢慢地被摒弃。尤其是进项少的企业，想要通过虚开发票的方式少缴税，不但容易面临被查的风险，甚至要担负法律责任。所以，除了传统老旧的形式，还有没有更加合理的方式来避开这些问题,让企业无后顾之忧地享受税收优惠政策,帮助企业成功减轻税收负担呢?

以总部经济为主的各类园区、工业园、经济园区税收优惠政策出台后,大多数企业都会选择这种更加安全可靠、合理合法的筹划方式。选择合适的园区不但能够提高企业的实际利润,还可以优化企业的税务结构,让企业更安全地享受到政府的税收扶持和奖励政策。

但是如何才能正确地选择合适的园区?园区的优劣不仅仅看税收扶持和奖励程度的高低,更应看重园区政策的稳定性和后期处理企业各种问题的及时性。某些平台看似税收扶持的比例高,但实质地方留存的比例较低,同时风险较高,政策也不稳定了。所以,选择扶持比例适中、政策环境相对长期稳定、服务优良的园区才是企业首要考虑的。特别是某些行业的经营成本无法在缴纳所得税前作为成本扣除,导致企业利润虚高,对此可以利用地区性的税收优惠政策,成立业务相关的新公司或者开设分公司,对业务和利润进行分流,以此享受到政府带来的税收优惠政策。

一般来说,现在很多园区都会对增值税、企业所得税、个人所得税进行不同程度的优惠和减免,但是都是通过"先征后奖"的形式,也就是企业入驻园区后,先正常履行纳税义务,这笔税收除去固定比例上缴国家的部分,剩下的会以财政收入的形式进入当地的财政系统。当地政府就会通过园区,将当地留存的税收按比例再奖励给对税收做出贡献的相关企业,实现政府对企业的财政扶持,这部分奖励以非营业性收入进入企业,实质上也相当于企业一笔不小的收入了。

通过入驻园区企业或者公司可以选择成立业务相关的新公司,或者直接开设独立核算的分公司。园区对于正常纳税的企业,增值税按照当地留存的30%~70%进行扶持,企业所得税按照当地留存的30%~70%进行扶持,特别是一些纳税大户,园区将采取"一户一议"的政策,进行更大比例的扶持。

而小规模纳税人的个人独资企业,可以向园区申请税率核定,直接对开票额进行核定征收,这样能够获得更大的优惠空间,申请后个人所得税核定征收为0.5%~2.19%,还有一种是定额核定征收小规模纳税人个人独资企业个人所得税核定征收2%,相当于500万元开票额仅仅需要缴纳所得税10万元。

通过入驻,企业可以合理合法地为企业减少税收,既履行了作为纳税人的义务,也为经济的发展做出了贡献,还让企业得到了更大的发展空间,实现了多方共赢、互利互惠的局面。

2.12 税收洼地的筹划思路

随着经济的不断发展，市场竞争日趋激烈，企业要在激烈的竞争环境中立于不败之地，通过节税筹划，降低税收成本成为必然选择。

进行节税，关键是要找到切入点。节税的切入点大体可以从影响应纳税额的基本因素切入，合理运用区域性税收优惠政策这两方面入手。

2.12.1 从影响应纳税额的基本因素切入

影响应纳税额的因素有两个：纳税依据和税率。企业进行纳税筹划无非从这两个因素入手。如企业所得税计税依据为应纳税所得额，税法规定，企业应纳税所得额等于收入总额减去允许扣除项目金额，具体计算过程中又规定了复杂的纳税调增、纳税调减项目。因此，进行节税，企业就要抓住这两个因素，选择合理合法的办法来降低应纳税额。

2.12.2 区域性税收优惠政策——税收洼地

合理运用区域性税收优惠政策，安全合法，而且节税力度也很大。

目前我国多个地区都出台了一些税收优惠政策，以带动当地经济发展。可以将企业注册到有税收政策的税收优惠区，不仅节税而且合理合法。以注册个人独资企业为例：

有些税收洼地个人独资企业（小规模）可以申请核定征收，核定后综合税负低于5.5%。

企业税前利润100万元，如果没有其他调整事项，需要缴纳25%企业所得税，再缴纳分红20%个人所得税，自然人股东最终获得60万元，个人所得税和企业所得税合计为40万元。

对于个人独资企业，其纳税情况则有很大不同。有限公司与个人独资企业签订合同，收取服务费100万元，个人独资企业给有限公司开3%的发票，那么有限公司就间接地将这100万元的利润转移给了个人独资企业，该笔服务费记为个人工作室经营所得，做核定征收，税后到手93.17万元，这个93.17万元就可以随意支配了。

进行纳税筹划和没有进行纳税筹划的税负区别：40－6.83＝33.17（万元）。这大大地为企业节省了资金，使企业再次走向壮大。

以税收优惠作为节税的突破口时，纳税人应注意：不能曲解税收优惠条款，滥用税收优惠，以欺骗手段骗取税收优惠；应充分了解税收优惠条款，并按法定程序进行申请，避免因程序不当而失去应有的权益，甚至造成偷税漏税逃税的严重后果。

3

好会计让"财"避"税"

> 虽然说"财(做账)"的依据是会计准则,"税"的依据是税法,二者依据不同,但作为会计,只懂"财(做账)"是不够的,还要将它和"税"结合起来。本章,我们通过会计日常工作的梳理、规范会计的做账、注意风险的防范三方面解答"账要怎么做才能规避税务风险"这个问题。

3.1 会计日常工作九提醒

"做好,会计;做,好会计。"做个好会计,如何才能做好会计这个工作?会计要有自己的底线,不做假账,守住会计的底线,要时刻提醒自己,防微杜渐。

3.1.1 不要触碰发票这根红线

切忌虚开虚抵,睁大眼睛看好上游,一定找靠谱的供应商进货。千万不能接触买卖发票的企业,也要提醒所在公司的老板不要触碰发票这根红线。

3.1.2 尽快删除个人所得税申报系统中的离职员工信息

尽快删除个人所得税申报系统中的离职员工信息,避免出现已离职员工投诉情况。员工一旦离职,及时更新个人所得税代扣代缴系统中离职员工信息,将离职原因设定为"非正常",做离职员工处理。

3.1.3 离职前在税务局系统办理财务负责人、办税人员信息变更手续

办税的实名制使会计交接时多了一项工作,即办理财务负责人/办税人员信息变更手续。金三系统上线后,若该企业出了问题(不报税、不缴纳税款等违反税务规章的问题),会计人员会有连带责任。

3.1.4 多关注财税最新政策

财税政策更新快,会计要多关注最新的财税信息,紧跟政策步伐。

3.1.5 不经营的公司一定办理正常注销手续

注册公司简单，经营公司却不易。不经营的公司，若经常零申报或不申报，公司就渐渐成了非正常户，股东进了"黑名单"，会计有被连带的风险。

3.1.6 不做假账

公司因两套账被判刑的会计比比皆是。会计在工作中切勿设置"两套账""多套账"，因为没有查不出来的"内外账"。

3.1.7 勿用个人账户收付款

自2017年7月1日起，大额现金交易的人民币报告标准由"20万元"调整为"5万元"，凡当日单笔或累计交易超过5万元的，金融机构都要送交大额交易报告，大额交易的个人账户会被重点监控。私设小金库很危险。

3.1.8 会计凭证、账本等不要随意销毁

从2016年1月1日起，新的《会计档案管理办法》已经实施，会计凭证账本等的保存年限由原来15年延长到30年，即便公司经营不下去提前注销，也要由终止单位的业务主管部门或财产所有者代管或移交有关档案馆代管，保管至期满后按照相关规定销毁。

3.1.9 切记不要注册地址与实际地址分离

一旦工商局、税务局核实地址，发现公司已经人去楼空，会被列入"地址异常"名录。

3.2 "消防员"财务

在一些企业中，财务部门就像"兜底"的部门。会计扮演着"消防员"的角色，财务部好比"消防队"，财务经理好比"消防队长"。之所以这样比喻，主要是下述一些情况时有发生：

（1）业务部门缺少自己部门的东西，向财务部索要。最典型的就是业务人员缺失合同时，首先找会计查凭证，看凭证后面是否附合同。

（2）市场不景气时，企业经营状况不好，资金紧缺，采购、生产、销售推广都需要资金支持。为了获得金融机构贷款，财务部门出具的财务报表是能否获批贷款重要依据。为了满足金融机构放款要求，财务人员会承受来自包括管理层在内各方的压力。

（3）财务人员每月会关注销项发票和进项发票，以及税负变化情况。同时，税收政策不断更新，财务人员需要不断学习新政，并根据新政策变化在实务中运用。

（4）采购（买材料、买办公用品、低值易耗品、固定资产等）超预算，需要财务人

员来解决。生产或销售等工作不能停滞,财务人员需要在此时扮演"救火队员"角色。

(5)有的企业编制预算,最后责任会落到财务部门的头上。实际上预算需要全员参与,不仅仅是财务部门的工作。但实务中企业往往将预算编制、执行、考核等都归口在财务部,显然不符合逻辑。

(6)年度外部审计、企业内部审计、领导离任审计、资产评估审计,对于这些工作,财务部门要"兵来将挡,水来土掩"。

(7)企业无论是业务部门的汇报材料或报告,还是行政部门的分析或报告、各种各样的分析,都会向财务部门要数据源、要支撑。

(8)领导考核指标完不成,可能会来找财务部门"想办法"。于是,财务人员就会在报表上面做文章,让领导"好过"一些。

其实,财务人员当"救火队员"也并没有问题,很多事项也在财务部门工作权责范围内。财务工作本身就是"上面千根线,下面一根针",业务量化数据最终都会归集到财务部门形成价值化数据结果。但是需要提醒财务人员,"救火"有限度,触犯法律就需要严格禁止了。

3.3 如何与老板沟通

作为财务人员需要对公司的财务状况了如指掌,并且能用通俗易懂的语言给老板解释清楚。并不是人人都懂财务,但作为一名财务人员,要做的是站在跨部门沟通、提高工作效率的角度去讲述公司的财务,让非财务人员理解财务相关内容。

在企业里任职,职位越高越要掌握汇报技巧。关于"钱到底花到哪里去了"这样的问题,需要财务人员站在非财务的角度去解答,建议通过下面四个方面给公司领导以及老板进行解释:第一,正确区分利润和钱;第二,为什么钱会越花越少;第三,账上有钱,为什么总感觉缺钱;第四,怎么向老板说清楚。

3.3.1 利润与钱——财务要分清

利润是损益表上面的数字,是财务意义上的概念,而钱是现金流量表上的数字。民营企业的老总一般没有财务报表,也就是平时所说的账的概念,因此会混淆利润和钱的概念。如图3.3.1所示,这个月一共5笔进账,当月赊账A供应商进货40万元,还甲供应商去年欠款50万元,当月费用开支10万元,收到乙代理商上月货款35万元,当月销售(赊账挂应收)B代理商130万元(产品成本100万元)。分析这几笔数据,从财务的角度来看,利润为20万元(收入130万元—成本100万元—费用开支10万元),而钱为—25万元(收款35万元—付款50万元—费用开支10万元)。显然,钱是减少了,但是利润是增加的,钱和利润可以说是没有关联的。

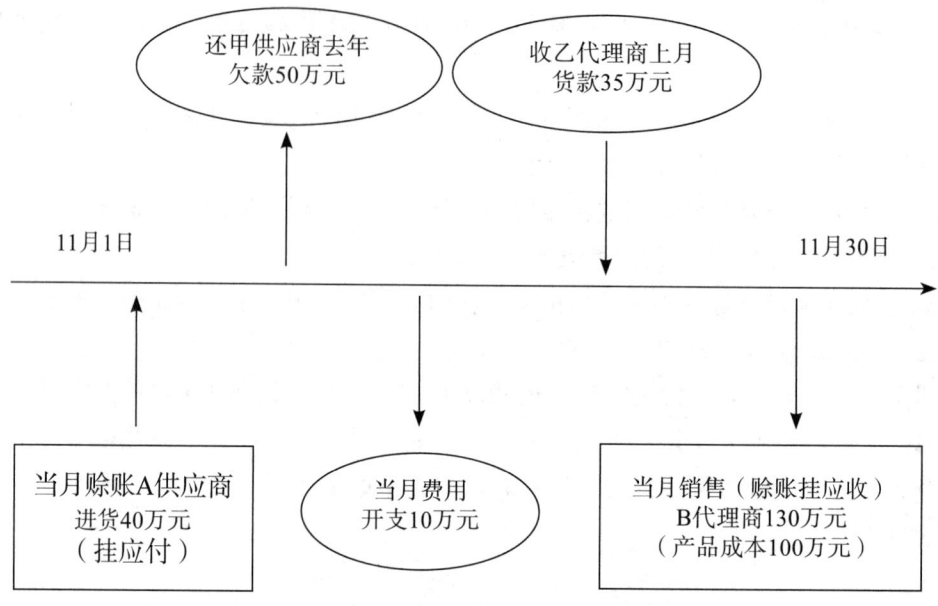

图3.3.1　利润与钱——财务要分清

如图3.3.1所示,老板会觉得本月应该增加的钱等于如下几条:
(1)本月应该增加的钱70万元=收入130万元-付款50万元-费用开支10万元。
(2)本月应该增加的钱80万元=收入130万元-进货40万元-费用开支10万元。
(3)本月应该增加的钱30万元=收入130万元-付款50万元-进货40万元-费用开支10万元。
(4)本月赚了80万元=收入130万元-进货40万元-费用开支10万元。

一般公司数字并不仅仅只是图3.3.1所示,会有更繁杂的数据,隐藏在数据后面的复杂性可想而知。作为财务人员,有义务让公司高管明白,有钱不等于赚钱,只有在老板脑中建立起这个概念,才能轻松地讲明白这个问题。

3.3.2　钱为什么越用越少

这个问题可以从三个方面解释:第一,企业烧钱;第二,企业资金周转不开;第三,债不可靠。下面分别来解释:

第一个原因是企业烧钱(图3.3.2)。不赚钱的企业就是烧钱,该情况下投资者需要不断投入资金才可以让公司持续经营下去。一些投资人或高管总是有一个错觉,烧钱意味着企业有更大的发展空间,但其并没有意识到企业盲目扩张势必需要更多的资金。同时,一旦公司成立,房租、工资、水电费、运营费、差旅费、市场营销等各个方面都是一项长期而且会持续存在的支出。只要公司存在,这些资金就会像流水般支出去,虽然金额小,但是频度高。作为管理者,要在资金使用上仔细推敲,关注公司管理细节。

第二个原因是企业资金周转不开。一部分钱在库房，即在供应商手里，另一部分钱在各种渠道、终端手里。库存看似挺多，但是公司并不赚钱，这时公司需要更多资金，会采取赊账、打折促销等手段回流资金，这种方式短期可能会有"回血"效应，但长期存在很大风险。归其原因则是公司经营管理不善，由此导致库存增加、应收账款增加，结果导致资金在供应商、代理商、渠道手里。总之，资金断流，企业会自取灭亡。一个企业经营的关键是，先要活下去。

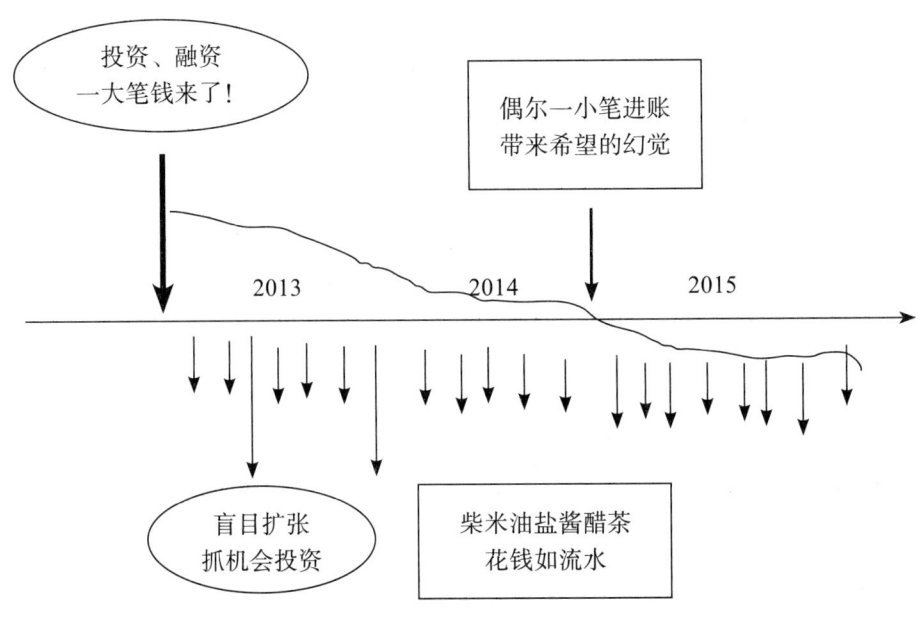

图3.3.2　钱为啥越来越少——企业烧钱

第三个原因就是债不可靠。资产负债表的左边是各种资产清单，可以看出各种经营资产的分布、比例、经营的特点、管理能力、企业排名等，右边则是各种资金来源、负债和所有者权益，债权人有银行、政府、供应商、员工等，还有股东投入的资金。从数学上说，资产＝负债＋所有者权益，这一公式是永续平衡的，但是并不会永续平衡，它是一个动态发展的过程。周转中的资金有可能突然没有了，债权人既是金主，又是定时炸弹，因此企业就存在有钱不敢花、缺钱的状态。债务的存在，总让企业经营者觉得资金不安全、不可靠，因此在经营管理中，要增强企业资金的规划和预测性，以及对资金处理的严肃性。

3.3.3　为什么感觉缺钱

这个问题有三个原因，首先是用错了时间，其次是放错了地方，再次就是选错了方向。

首先，企业资金的短债不能长投，如短期借款或者应付的职工薪酬等，如果用这些资金来做长期性的投资,显然会给公司运营所需资金带来极大风险。因此,短债不能长投。

其次,资金使用方向存在不合理地方,如库存现金、银行存款、周转资金、生产资金、研发资金等都有一定结构比例。如果结构不合理,运营资金很容易出现捉襟见肘的情况。最有效的办法就是将企业资产负债表各个科目打上框,对资产进行分类,哪些是运营的、哪些是周转的,一目了然。

3.3.4 如何向老总说明白

要想跟老总说明白资金流,钱如何花出去,必须画一个时间数轴,把各种收入、支出画在坐标上,一目了然。

如图3.3.3所示,在数轴上方建立一个现金流预测,在下方建立一个损益预测,将研发投入50万元、广告开支35万元、生产线增加60万元、流动资金配套增加120万元、收入40万元、工资10万元、费用22万元、收入50万元全部显示在数轴线上。

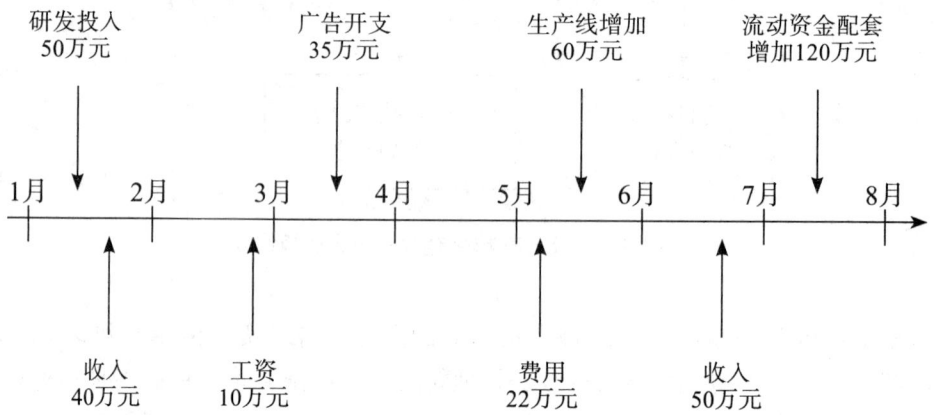

图3.3.3 现金流时间数轴

3.4 会计凭证的规范

很多会计人员认为,只要报销费用的记账凭证底下附有发票,支付的该笔费用税前扣除和抵扣就万事大吉了。其实从现行企业所得税税前扣除管理办法不难看出,发票虽然是重要的扣除凭证,但并不是唯一的扣除凭证,税务越来越看重凭证的真实性、合理性、相关性以及关联性。

在会计基础工作中,即使是最细微的问题,如果重视程度不够,最终也有可能成为财务核算的大问题。企业各业务的不规范点及规范附件明细如表3.4.1所示。

表3.4.1 企业各业务的不规范点及规范附件明细

费用类	常见不规范点	规范附件明细
1.办公用品费	(1)购买办公用品只有发票,没有其他单据 (2)批量购买办公用品,没有采购入库和各部门领用单	经审批的请购单、发票、入库单、支出凭单、银行回单等相关资料
2.差旅费	只有差旅费报销单没有行程单等记录	出差工作计划书(出差行程单)、发票、差旅报销单、银行回单等相关资料
3.车辆修理费/汽油费	只有修理费/汽油费发票,企业没有车辆	经审批的汽车修理清单、发票、支出凭单、银行回单等相关资料
4.税款缴纳	只有银行回单,没有申报表或税收缴款书	纳税申报表主表或网上打印、支出凭单、税收缴款书或银行代扣款回单等相关资料
5.劳保用品	(1)批量购买劳保用品,没有采购入库和各部门领用单 (2)各部门领用劳保用品没有部门领用单或者单据部门不全	经审批的请购单、发票、入库单、支出凭单、银行回单等相关资料
6.广告费	只有发票和合同,没有照片或者其他广告样本等辅助证明资料	经审批的合同、发票、相关的照片、支出凭单等相关资料
7.会务费	只有会议费发票,没有会议议程、签到表、会议照片等证明资料	经审批会议预算、合同、会议结算清单、发票、会议议程、签到表、会议照片、支出凭单等相关资料
8.运费/快递费	(1)快递费月结没有与快递/物流公司签署合同 (2)月结单没有核对记录及内部审批记录	委托运输协议、运费结算单、发票、支出凭单等相关资料

（续表）

供应链类	常见不规范点	规范附件明细
一、原料采购		
1.预付款	预付款只付银行回单，未后附合同	采购合同、采购付款单等相关资料
2.预付款核销	未后附相关单据	采购合同、原材料采购入库单、收货报告单、发票、采购付款单等相关资料
3.货到付款	（1）未后附采购合同、原材料采购入库单、收货报告单 （2）以供应商的送货单为入库单，没有企业自己的入库单	采购合同、原材料采购入库单、收货报告单、发票、采购付款单等相关资料
4.采购入库	（1）以供应商的送货单为入库单，没有企业自己的入库单 （2）退料单单据未齐全	采购入库单、采购收货报告单等相关资料
二、产品生产		
1.生产领用	原材料领用单，单据上的信息要素不齐全，不便于会计和税务核算所用	《生产耗用表》、原材料领用单
2.产品入库结转	产品入库单，单据上的信息要素不齐全，不便于会计和税务核算所用	《生产成本表》、产品入库单
三、产品销售		
销售收入确认/销售成本结转	销售收入确认和结转成本附件只有发票，没有其他单据作为附件	发票、销售出库单表、销售单、销售成本结转等相关资料
四、产品研发		
1.研发领料单	研发领料单，相关单据要素不齐全，比如没有具体研发部门及研发项目	研发领料单、研发采购合同，采购入库单，领用单
2.研发费用分摊	附件所附研发费用分摊明细表，研发费用分摊依据不明确，标准不统一	研发费用分摊表、研发费用分摊依据等资料

资产类	常见不规范点	规范附件明细
1.资产购买	（1）只有固定资产发票，没有其他单据 （2）没有固定资产部门领用单，无法确定具体使用部门和日期	经审批的请购单、合同、发票、入库单/验收单、资产照片、支出凭单等相关资料
2.资产修理	只有修理发票，没有修理固定资产其他单据	经审批的单据、修理报告单、发票、支出凭单等相关资料
3.资产清理或盈亏处理	固定资产清理和盘亏单据上相关信息处理不完全，不能为会计核算提供相关齐全要素	经审批的签呈、溢缺明细表等相关资料
4.固定资产折旧的计提	采用系统的，未将系统每月固定资产折旧打印出来作为附件	固定资产折旧计提表等相关资料
5.低值易耗品	只有采购低值易耗品发票，没有相关的入库及部门领用单据	经审批的请购单（签呈）、合同、发票、入库单、支出凭单等相关资料

（续表）

计提类	常见不规范点	规范附件明细
1.薪资及绩效计提	相关月份暂估薪资会计处理，没有相关附件	薪资及绩效计提表等相关资料
2.年终奖金的计提	年终奖计提没有具体计提依据相关资料	年终奖计提表等相关资料
3.税费计提	税费计提没有相关附件附在会计分录后	各项税费计算表等相关资料
4.坏账准备的计提	只对应收账款计提坏账准备，没有其他应收款坏账计提资料	坏账准备计提明细表（应收、其他应收）等相关资料
5.费用摊销	费用摊销的依据不明确，或分摊依据不合理	待摊项目摊销表等相关资料

3.5 会计凭证的规范之案例解读

案例3-1

某公司购进的材料在补开发票时供应商已经注销，导致没法开具增值税发票，在此情况下若是有充分的证据链，完全可以做到税前扣除。

需要的附件如下：

（1）对方工商注销的证明。
（2）相关业务活动的合同或者协议。
（3）采用非现金方式支付的付款凭证。
（4）货物运输的证明资料。
（5）货物入库、出库内部凭证。
（6）企业会计核算记录以及其他资料。

前款（1）～（3）项为必备资料。

提醒：若是缺少前三项中的任何一项证据，从而致使会计凭证相关附件不齐全，都将导致材料成本无法税前扣除。

案例3-2

某公司支付了个人买菜的钱200元，由于金额小，会计人员在编制支付款项的记账凭证时，没有附上任何的原始凭证，导致无法税前扣除。

需要的附件是：取得的收款凭证，收款凭证上应载明收款单位名称、个人姓名及身份证号码、支出项目、收款金额等相关信息。

案例3-3

某公司2021年度支付职工工资60万元，但是均未申报个人所得税，导致企业所得税没法税前扣除。

需要的附件是：工资表，而且必须是进行了全员全额个人所得税申报后的工资表。同时提醒如下：

（1）企业应制定较为规范的员工工资薪金制度。

（2）企业所制定的工资薪金制度符合行业及地区水平。

（3）企业在一定时期所发放的工资薪金是相对固定的，工资薪金的调整是有序进行的。

（4）企业对实际发放的工资薪金，应依法履行代扣代缴个人所得税义务。

（5）有关工资薪金的安排，不以减少或逃避税款为目的。

3.6 个体工商户的建账

《个体工商户建账管理暂行办法》（国家税务总局令〔2006〕第17号 根据2018年6月15日《国家税务总局关于修改部分税务部门规章的决定》修正）

第二条 凡从事生产、经营并有固定生产、经营场所的个体工商户，都应当按照法律、行政法规和本办法的规定设置、使用和保管账簿及凭证，并根据合法、有效凭证记账核算。

税务机关应同时采取有效措施，巩固已有建账成果，积极引导个体工商户建立健全账簿，正确进行核算，如实申报纳税。

3.6.1 设置复式账的情形

符合下列情形之一的个体工商户，应当设置复式账：

（1）注册资金在20万元以上的。

（2）销售增值税应税劳务的纳税人月销售（营业）额在40 000元以上；从事货物生产的增值税纳税人月销售额在60 000元以上；从事货物批发或零售的增值税纳税人月销售额在80 000元以上的。

（3）省级税务机关确定应设置复式账的其他情形。

3.6.2 设置简易账的情形

符合下列情形之一的个体工商户，应当设置简易账，并积极创造条件设置复式账：

（1）注册资金在10万元以上20万元以下的。

（2）销售增值税应税劳务的纳税人月销售（营业）额在15 000元至40 000元；从事货物生产的增值税纳税人月销售额在30 000元至60 000元；从事货物批发或零售的增值税纳税人月销售额在40 000元至80 000元的。

（3）省级税务机关确定应当设置简易账的其他情形。

上述所称纳税人月销售（营业）额，是指个体工商户上一个纳税年度月平均销售额或营业额；新办的个体工商户为业户预估的当年度经营期月平均销售额或营业额。

达不到上述建账标准的个体工商户，经县以上税务机关批准，可按照税收征管法的规定，建立收支凭证粘贴簿、进货销货登记簿或者使用税控装置。

3.6.3 建账规范

达到建账标准的个体工商户，应当根据自身生产、经营情况和本办法规定的设置账簿条件，对照选择设置复式账或简易账，并报主管税务机关备案。账簿方式一经确定，在一个纳税年度内不得进行变更。

达到建账标准的个体工商户，应当自领取营业执照或者发生纳税义务之日起15日内，按照法律、行政法规和本办法的有关规定设置账簿并办理账务，不得伪造、变造或者擅自损毁账簿、记账凭证、完税凭证和其他有关资料。

设置复式账的个体工商户应按《个体工商户会计制度（试行）》的规定设置总分类账、明细分类账、日记账等，进行财务会计核算，如实记载财务收支情况。成本、费用列支和其他财务核算规定按照《个体工商户个人所得税计税办法（试行）》执行。

设置简易账的个体工商户应当设置经营收入账、经营费用账、商品（材料）购进账、库存商品（材料）盘点表和利润表，以收支方式记录、反映生产、经营情况并进行简易会计核算。

3.7 会计调账的方法

调账在经济生活中，一般指的是会计处理的一个内容，即调整账务以达到预期的或规定的结果。会计调账有以下5个基本方法：

3.7.1 追溯调整法

追溯调整法是指对某项交易或事项变更会计政策时，如同该交易或事项初次发生时就开始采用新的会计政策，并以此对相关项目进行调整的方法。即：应当计算会计政策变更的累积影响数，并相应调整变更年度的期初留存收益以及会计报表的相关项目。

追溯调整法该如何运用？

（1）累计影响数。累计影响数根据企业会计制度的规定，从三种不同角度给出了三种定义：

第一，变更后的会计政策对以前各项追溯计算的变更年度期初留存收益应有的金额与现有的金额之间的差额。

第二，指它是假设与会计政策相关的交易或事项在初次发生时即采用新的会计政策，而得出的变更年度期初收益应有的金额与现有额之间的差额。

第三，指它是变更会计政策所导致的对净损益的累积影响，以及由此导致的对利润分配及未分配利润的累积影响金额，不包括分配的利润或股利。

（2）进行相关的账务处理（调账），对留存收益（包括法定盈余公积，法定公益金，任意盈余公积及未分配利润，外商投资企业还包括储备基金、企业发展基金）进行调账。

（3）调整相关的会计报表，在提供比较会计报表时，要对受影响的该期间各会计报表的相关项目进行调整。

（4）在表外进行披露，即在财务报告附注中进行说明。

3.7.2 未来适用法

未来适用法是指对某项交易或事项变更会计政策时，新的会计政策适用于变更当期及未来期间发生的交易或事项的方法。即：不计算会计政策变更的累积影响数，也不必调整变更当年年初的留存收益，只变更当年采用新的会计政策。根据披露要求，企业应计算确定会计政策变更对当期净利润的影响数。

3.7.3 红字更正法

红字更正法又叫赤字冲账法。它是指记账凭证的会计分录或金额发生错误，且已入账，更正时，用红字填制内容相同的记账凭证，冲销原有错误记录，并用蓝字填制正确的记账凭证，据以入账的一种更正错账的方法。

3.7.4 补充登记法

补充登记法适用于记账后发现记账凭证中应借、应贷的会计科目正确，但所填的金额小于正确金额的情况。采用补充登记法时，将少填的金额用蓝字填制一张记账凭证，并在"摘要"栏内注明"补充第××号凭证少计数"，并据以登记入账。这样便将少记的金额补充登记入账簿了。

3.7.5 不能按错误额直接调整的调整方法

税务检查中审查出的纳税错误数额，有的直接表现为实现的利润，不需进行计算分摊，直接调整利润账户；有的需经过计算分摊，将错误的数额分别摊入相应的有关账户内，才能确定应调整的利润数额。

后一种情况主要是在材料采购成本、原材料成本的结转、生产成本的核算中发生的错误，如果尚未完成一个生产周期，其错误额会依次转入原材料、在产品、产成品、销售成本及利润中，导致虚增利润，使纳税人多缴当期的所得税。因此，应将错误额根据具体情况在期末原材料、在产品、产成品和本期销售产品成本之间进行合理分摊，否则一旦全部调增利润后就会造成虚增利润，征过头税。

3.8 会计调账的规范

会计人员在工作交接中，经常会遇到这两个问题：一是刚进入一家企业，前一任已经离职一段时间了，没有交接过程，不知道如何展开工作。二是接手的公司前面的账乱得一塌糊涂，存货对不上，往来也比较乱，不知道如何处理。

调账，无非就是面对乱账时的处理方法。

3.8.1 盘点出纳库存现金

会计人员应与出纳一同盘点库存现金数量，并与账上金额进行核对，如发现不一致，应查明原因，并进行账务调节处理。清查之后填写"现金盘点报告表"作为原始凭证调节现金日记账的账面记录。

3.8.2 核对开户银行存款

会计人员应让出纳把所有开户银行的对账单打印出来，逐个账户地进行核对，若与账上金额不一致，应查找原因，并将每个账户通过银行存款余额调节表把银行账与银行对账单调整成一致。

通过银行传来的对账单，将银行对账单余额与银行存款日记账余额进行核对。如果两者不相符，原因可能如下：

（1）一方记账有误。

（2）存在未达账项，应该调节银行存款余额调节表以达到二者一致。

3.8.3 盘点仓库存货

组织财务与仓库人员对公司所有存货进行大盘点，将盘点的存货数据与存货明细账进行核对，确保每个存货的账实相符，若存在不符，要查明原因，并进行调整成账实一致。

3.8.4 盘点公司固定资产

与设备管理人员一同对公司固定资产进行盘点核账，一方面核对账上是否与实际固定资产一致，一方面建立固定资产小卡片，并张贴在固定资产显眼处，以便下次核查。

会计人员应逐一对仓库存货、固定资产等各项财产物资进项盘点，并填制盘存单，与账面余额核对，确定盘亏盘盈数，应填制实存与账存的对比表，作为调整账面的凭证。

3.8.5 与客户核对应收账款

主要核对销售合同、报价单、送货单等单据。

会计人员应制作每个客户应收账款对账单，先交销售人员核对，再由销售人员将对账单发给客户进行核对，对方核实后，盖章标示相符并退回。

如果不一致，会计人员应编制"往来款项清查表"说明情况，注明相符与不相符的款项，将应收账款进行调整保持与客户一致。对于不相符的款项，会计人员应按照有争议、未达账项、无法收回进行分类，针对具体问题采取相应的措施。

3.8.6 与供应商核对应付账款

核对时主要核对合同、入库单等单据。

会计人员应要求供应商制作每个供应商的应付账款对账单，先发给采购员进行核对，采购员核对完后，交由财务人员进行核对，盖章标示相符并退回。

如发现不一致，会计人员要查明原因，应编制"往来款项清查表"说明情况，注明相符与不相符的款项，进行账务处理。对于不相符的款项，会计人员应按照有争议、未达账项、无法收回进行分类，针对具体问题采取相应的措施。

3.8.7 核查税务纳税申报情况

会计人员要查阅纳税申报情况，核对账上相关涉税数据是否与网上纳税申报数据一致，如不一致，应查明原因，并进行调整。

3.8.8 收集各种单据

会计人员要注意收集银行流水单据、仓库入库与出库单据、生产领料单据、销售送货单据、合同、各种报表等财务建账做账需用到的凭证。

3.8.9 建账或账务处理

以上单据准备好后，对于原来无账的，会计人员可以准备建账；对于原来有账的，会计人员要根据实际情况进行账务处理。

总之，乱账的整理是需要按以上几方面逐项整理，每个方面都不能乱，理顺之后，还有一项最重要的工作，就是将财务工作制度化与流程化。制度化是要把财务的每项工作用制度的形式来固化操作，包括财务管理制度与财务核算制度。流程是财务的每项工作应该有条理和先后顺序，要用流程来规定。这样，以后公司的财务在制度与流程的保证下，整个财务工作才会顺利地运行，并朝着越来越好的方向发展。

3.9 会计调账的内容

会计调账需要准备哪些工作？主要整理哪些内容？后续工作又有哪些？

3.9.1 乱账梳理前的准备工作

乱账梳理前的准备工作见图3.9.1。

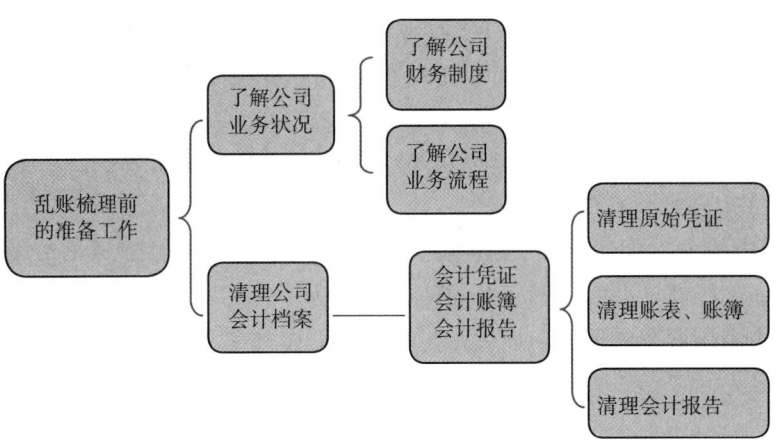

图3.9.1 乱账梳理前的准备工作

3.9.2 乱账的处理内容

乱账的处理内容见图3.9.2。

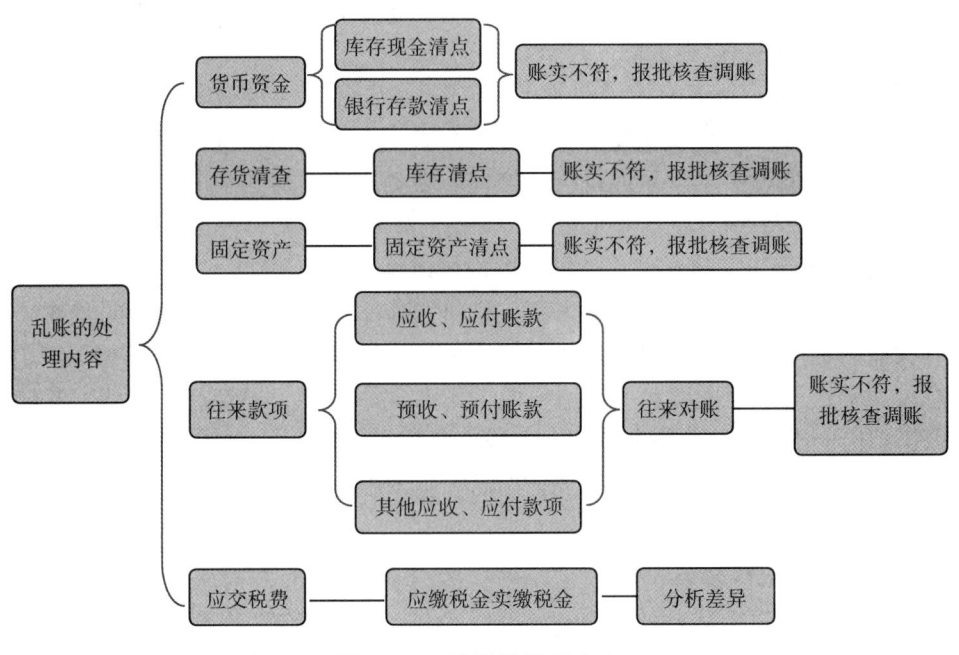

图3.9.2 乱账的处理内容

3.9.3 清产核资

清产核资简单来说就是盘点，盘点公司全部资产与负债。

这并不是一个简单的事。账务混乱的公司，往往资产管理混乱、产权不清，理清资产产权是重中之重，主要步骤如下：

（1）时点归属。如果定在1月1日，当然较为理想，但就算在全年的其他时点，重新建账也是可以的。

（2）资产归属。形式上，会计人员要确保所有资产都得到盘点人、复盘人、领导签字。对产权不清的资产，会计人员可以做一个待处理文件，推动公司高层确定全部资产归属。尤其是关联企业之间、股东与企业之间、母子公司之间，产权清晰这一步不能完成，则难以成功建账。如果是确有争议的资产，会计人员可以先斩掉不要，其与财务部利益没有太大关系。

（3）确定成本。理清资产产权后，会计人员要确定资产成本。有发票、白条、合同、付款凭证等能够证明东西属于公司的，入账为资产和实收资本；没有发票，价值不明的，就当作借用股东的资产，以后是付租金使用费还是直接从股东手里买断，要根据后续情况再定。

固定资产的盘点，找发票、找合同，尽量确认到原值。没有发票，计提折旧就不得在税前扣除，在所得税汇算清缴时作纳税调整。

存货盘点，有发票的资产按发票金额确认；没有发票的，按近期采购价格确认，以防止与后批次存货成本差异过大。

在产品、产成品，如果数量多、金额大，最好把估计的过程与计算依据书面化。

其他物料、周转材料、低值易耗品，若金额较小，且使用已久可不必列入资产，即费用化。凡是新的、金额大的，可以计入。

（4）债权债务。所有有记录的债权，全部制成表格，宁多勿漏，每笔债权都要确定责任部门或人员，形成领导签字批准的债权表。领导也不能确定的债权就先不装进来，单独放在一个表中，以后进行统一处理。债务方面，所有债务包括金额最好方式是发函询证，领导签字。

（5）试算平衡。完成相关清查后，可进行试算平衡的工作。

上述盘点表的资产与负债归集入相关科目制作平衡表，资产与负债的差额，就是所有者权益。在所有者权益中，除非有确凿依据，否则尽量不要确认资本公积。用科目汇总表中资产与负债的差额，减去实收资本和资本公积，差额就是未分配利润。这么一来，理论上讲，清产核资的成果——资产负债表也就出来了。

财产清查期初集中完成，根据清查结果进行期初建账。

3.9.4 乱账梳理后续工作

乱账梳理后续工作见图3.9.3。

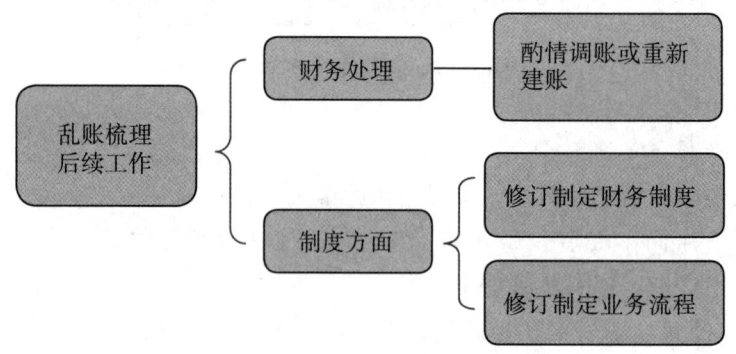

图3.9.3　乱账梳理后续工作

（1）后续调整。就像雕刻一样，以上两步只是雕像的初步模型，要想账表大致符合公司的经营状况，还要加以打磨。以上两步虽然可以做出资产负债表，但数据很可能还有问题，比如，如果实收资本当初是虚的，这就可能导致巨额亏损，报表极不正常。利用新建账的机会，会计人员可以进行调整。调整时，会计人员要重点考虑利润或亏损的金额和资产负债率，结合公司情况，应该可以大致判断是否正常。如果不正常，会计人员应尽可能找到原因。一旦公司领导批准了新资产负债表，则相当于形成了全新的账务资料。

（2）期初余额。上面形成的各项表格，就可以作为建账的基础。新设账套，选择适合自己公司的会计准则，继而按照需要下设二级科目和辅助核算，将各项数据登记入相关的科目期初余额，这样建账就完成了。

有些公司之前并非没有账，而是账目但非常混乱，并不愿意直接重新登记期初余额。此时，会计人员应该按新账与老账的各科目金额差异，计算出差额，然后统一做一笔多借多贷的调整分录，就完成了老账、新账的过渡。

（3）建立会计核算制度。如果会计人员设置完期初余额后，发现漏掉一笔资产或者负债，或者某些计入的资产、负债要调整，那么需要再进行调整。会计人员应把现有资产负债的情况整理成表格，交由领导签字，同时应把相关权属资料整理归档备查；然后，重新制作新的试算平衡表，相当于把前面的工作用新数据重做一遍，形成新的平衡表。对于新表所导致的各科目的差额，做一笔分录结平即可。

所谓法不溯及既往，凡事都有先后因果，既然以前没有解决，形成了历史遗留问题，那么延续到现在了就按现在的规矩来办。规章制度包括但不限于下列几条：现金管理制度、发票管理制度、合同管理制度、财务报销制度、采购制度和成本核算制度。

3.10 杜绝两套账

实务中，两套账存在很大的风险，无论是公司经营者，还是财务人员，应当杜绝两套账的出现。

《中华人民共和国会计法》（2017年修订）

第四十条 因有提供虚假财务会计报告、做假账、隐匿或者故意销毁会计凭证、会计账簿、财务会计报告，贪污、挪用公款、职务侵占等与会计职务有关的违法行为，被依法追究刑事责任的人，不得再从事会计工作。

一些企业为了自身利益，贸然采用两套账，那么两套账具体指什么呢？

3.10.1 制造两套账的目的

（1）通常企业为了满足不同需要而对同一个会计主体编制了两套账，甚至多套账，如：

A.反映企业实际经营情况的账：内账（管理账）。

B.为了应付税务机关的账：外账（税务账）。

C.为了贷款需要的账：银行账。

D.为了海关检查的账：海关账。

F.为了申请高新资格的账：高新账。

（2）对同一会计主体，对同一个会计期间，对发生的经济业务，每套账做不同取舍，使用不同的会计核算方法，导致每套账的会计报表的结果都不一样。

3.10.2 制造两套账的原因

我国的一些民营中小企业负担沉重，无法与其他企业竞争，甚至无法生存下去。企业为了减少税负，外账采取少计收入、多计成本费用等方法来进行会计核算。企业为了银行贷款或者申请高新技术资格，又需要财务数据比较"漂亮"。但对企业管理者而言，财务数据只有全面、真实反映企业的情况，管理者才能够利用财务数据对企业进行管理。为此，企业编制了两套账，但这是违法行为。

3.10.3 两套账的常见做法

内账的目标是反映单位的真实情况，因此，核算的重点是实质，而不是形式。例如，业务员请人吃饭，没有发票，写一张纸条、发一个支付截图经过审批就可以入账；再如，送客户佣金，写一张纸条、发一张佣金截图经过审批就可以入账。

外账的目标是符合税法的要求，重点是发票等税前扣除凭证或抵扣凭证要合法合规。

两套账的编制程序是先从内账入手，将内账的凭证经过增减、变换后，制作外账凭证。

两套账之间有着紧密的联系，多套账的难度会更大，账套越多，出现混乱的情况就越严重。企业应通过一定的办法，找出最正确的账套，去除其他账套，这才是最终的合规选择。

两套账和多套账是法律法规明令禁止的行为。因此，新入职一家公司，会计要明辨该公司是否采用上述提及的违规做账行为，同时保护自身安全。

3.11 两套账的会计法风险

3.11.1 会计法关于两套账的相关规定

《中华人民共和国会计法》(以下简称《会计法》)第三条规定："各单位必须依法设置会计账簿，并保证其真实、完整。"两套账的设置首先不属于"依法设置会计账簿"，其次也无法保证两套账均达到"真实、完整"的要求。

《会计法》第四条规定："单位负责人对本单位的会计工作和会计资料的真实性、完整性负责。"两套账违反了会计法"完整性"的要求，对此，单位负责人应对其负责并承担相应法律责任。单位负责人是指单位法定代表人或者法律、行政法规规定代表单位行使职权的主要负责人。

《会计法》第九条规定："各单位必须根据实际发生的经济业务事项进行会计核算，填制会计凭证，登记会计账簿，编制财务会计报告。任何单位不得以虚假的经济业务事项或者资料进行会计核算。"企业设置两套账，必然有一套账与客观实际不符，也就是企业并未"根据实际发生的经济业务事项进行会计核算"，而是对实际发生的经济业务事项有所取舍、有所选择。为了确保账面一致，企业往往需要以"虚假的经济业务事项或者资料进行会计核算"。

《会计法》第十六条规定："各单位发生的各项经济业务事项应当在依法设置的会计账簿上统一登记、核算，不得违反本法和国家统一的会计制度的规定私设会计账簿登记、核算。"这一规定明确反对设置两套账，两套账是确定违法行为的法律依据。任何单位都只能有一套账簿。

《会计法》第二十五条规定："公司、企业必须根据实际发生的经济业务事项，按照国家统一的会计制度的规定确认、计量和记录资产、负债、所有者权益、收入、费用、成本和利润。"该条规定是2017年修订《会计法》新增加的，特别强调公司、企业必须"根据实际发生的经济业务事项"进行会计核算，不允许设置两套账。

《会计法》第二十六条规定："公司、企业进行会计核算不得有下列行为：（一）随意改变资产、负债、所有者权益的确认标准或者计量方法，虚列、多列、不列或者少列资产、负债、所有者权益；（二）虚列或者隐瞒收入，推迟或者提前确认收入；（三）随意改变费用、成本的确认标准或者计量方法，虚列、多列、不列或者少列费用、成本；（四）随意调整利润的计算、分配方法，编造虚假利润或者隐瞒利润；（五）违反国家统一的会计制度规定的其他行为。"这一条也是2017年修订《会计法》新增加的，详细列举了公司、企业常见的会计违法行为。企业一旦设置两套账,就难以避免"虚列、多列、不列或者少列资产、负债、所有者权益",也难以避免"虚列、多列、不列或者少列费用、成本",最终结果是"编造虚假利润或者隐瞒利润"。因此,可以认为这一条是明确反对两套账的更加具体的规定。

《会计法》第二十八条规定:"单位负责人应当保证会计机构、会计人员依法履行职责,不得授意、指使、强令会计机构、会计人员违法办理会计事项。会计机构、会计人员对违反本法和国家统一的会计制度规定的会计事项,有权拒绝办理或者按照职权予以纠正。"根据这一规定,一旦单位出现两套账,单位负责人和会计人员均难辞其咎。即使单位负责人强令制作两套账,会计人员也应予以拒绝或者纠正。

《会计法》第三十条规定:"任何单位和个人对违反本法和国家统一的会计制度规定的行为,有权检举。收到检举的部门有权处理的,应当依法按照职责分工及时处理;无权处理的,应当及时移送有权处理的部门处理。收到检举的部门、负责处理的部门应当为检举人保密,不得将检举人姓名和检举材料转给被检举单位和被检举人个人。"对于两套账,任何人均有权进行检举。会计人员检举的,可以予以奖励或者将功赎罪,从轻处罚。

《会计法》第三十二条规定:"财政部门对各单位的下列情况实施监督:(一)是否依法设置会计账簿;(二)会计凭证、会计账簿、财务会计报告和其他会计资料是否真实、完整;(三)会计核算是否符合本法和国家统一的会计制度的规定;(四)从事会计工作的人员是否具备专业能力、遵守职业道德。"会计工作的主管部门是各级财政部门,财政部门会计监督的重点之一就是单位是否设置了两套账。两套账是典型的重大会计违法行为。

3.11.2 企业及相关责任人的法律责任

隐匿或者故意销毁会计凭证、会计账簿、财务会计报告,贪污,挪用公款,职务侵占等与会计职务有关的违法行为被依法追究刑事责任的人员,不得再从事会计工作。会计人员为单位设置两套账必然涉及"提供虚假财务会计报告""做假账"等违法行为,一旦被追究刑事责任,将终身不得从事会计工作。

《会计法》第四十二条规定:"违反本法规定,有下列行为之一的,由县级以上人民政府财政部门责令限期改正,可以对单位并处三千元以上五万元以下的罚款;对其直接负责的主管人员和其他直接责任人员,可以处二千元以上二万元以下的罚款;属于国家工作人员的,还应当由其所在单位或者有关单位依法给予行政处分:(一)不依法设置会计账簿的;(二)私设会计账簿的……会计人员有第一款所列行为之一,情节严重的,五年内不得从事会计工作。"单位设置两套账属于上述"私设会计账簿"的违法行为。会计人员帮助单位设置两套账,本身就是情节严重的违法行为,很可能被处以"五年内不得从事会计工作"的处罚。

《会计法》第四十三条规定:"伪造、变造会计凭证、会计账簿,编制虚假财务会计报告，构成犯罪的，依法追究刑事责任。有前款行为，尚不构成犯罪的，由县级以上人民政府财政部门予以通报，可以对单位并处五千元以上十万元以下的罚款；对其直接负责的主管人员和其他直接责任人员，可以处三千元以上五万元以下的罚款；属于国家工作人员的，还应当由其所在单位或者有关单位依法给予撤职直至开除的行政处分；其中的会计人员，五年内不得从事会计工作。"设置两套账的单位大多具有"伪造、变造会计凭证、会计账簿，编制虚假财务会计报告"的行为，很可能被追究刑事责任。《中华人民共和国刑法》（以下简称《刑法》）第一百六十一条规定："依法负有信息披露义务的公司、企业向股东和社会公众提供虚假的或者隐瞒重要事实的财务会计报告，或者对依法应当披露的其他重要信息不按照规定披露，严重损害股东或者其他人利益，或者有其他严重情节的，对其直接负责的主管人员和其他直接责任人员，处五年以下有期徒刑或者拘役，并处或者单处罚金；情节特别严重的，处五年以上十年以下有期徒刑，并处罚金。前款规定的公司、企业的控股股东、实际控制人实施或者组织、指使实施前款行为的，或者隐瞒相关事项导致前款规定的情形发生的，依照前款的规定处罚。犯前款罪的控股股东、实际控制人是单位的，对单位判处罚金，并对其直接负责的主管人员和其他直接责任人员，依照第一款的规定处罚。"

《会计法》第四十四条规定："隐匿或者故意销毁依法应当保存的会计凭证、会计账簿、财务会计报告，构成犯罪的，依法追究刑事责任。有前款行为，尚不构成犯罪的，由县级以上人民政府财政部门予以通报，可以对单位并处五千元以上十万元以下的罚款；对其直接负责的主管人员和其他直接责任人员，可以处三千元以上五万元以下的罚款；属于国家工作人员的，还应当由其所在单位或者有关单位依法给予撤职直至开除的行政处分；其中的会计人员，五年内不得从事会计工作。"

设置两套账的单位通常需要隐匿其中一份账簿，由此可能构成"隐匿会计账簿"的违法行为。《刑法》第一百六十二条之一规定："隐匿或者故意销毁依法应当保存的会计凭证、会计账簿、财务会计报告，情节严重的，处五年以下有期徒刑或者拘役，并处或者单处二万元以上二十万元以下罚金。单位犯前款罪的，对单位判处罚金，并对其直接负责的主管人员和其他直接责任人员，依照前款的规定处罚。"

《会计法》第四十五条规定："授意、指使、强令会计机构、会计人员及其他人员伪造、变造会计凭证、会计账簿，编制虚假财务会计报告或者隐匿、故意销毁依法应当保存的会计凭证、会计账簿、财务会计报告，构成犯罪的，依法追究刑事责任；尚不构成犯罪的，可以处五千元以上五万元以下的罚款；属于国家工作人员的，还应当由其所在单位或者有关单位依法给予降级、撤职、开除的行政处分。"单位设置两套账往往都是单位负责人授意、指使或者强令的结果，因此，他们要承担相应的法律责任。

3.11.3 两套账的会计法风险的案例分析

案例3-4

在广西壮族自治区人民政府、广西壮族自治区财政厅予赵某行政处罚一案中,一审法院查明,2018年1月12日,自治区财政厅对第一工业学校发出《财政检查通知书》,派出核查组对该校军训费等有关财务收支事项进行检查。赵某时任第一工业学校的出纳。根据赵某提供的表格数据及其本人反映,2002—2009年该校军训费、军训服装费、电脑中心等收支没有纳入第一工业学校账簿,由赵某单独管理,所有收支均是现金管理,截至2018年1月18日,结余资金240.59元仍由赵某管理,未纳入学校会计账簿反映。2018年1月19日,赵某在《财政检查工作底稿》上签字确认上述情况。

第一工业学校提供的2002—2009年收支票据反映,2002—2009年收入合计159.29万元,支出合计134.02万元,累计结余25.27万元,截至2018年1月18日,上述收入、支出及结余均未纳入第一工业学校会计账簿核算。2018年1月19日,第一工业学校工作人员在《财政检查工作底稿》上签字盖章确认。

2018年5月30日,自治区财政厅向赵某作出《广西壮族自治区财政厅行政处罚事项告知书》,认为赵某私存私放军训服装费等单位收入,未纳入单位法定会计账簿核算,形成"小金库",应负直接责任。

根据《财政违法行为处罚处分条例》(以下简称《处罚处分条例》)第十七条"单位和个人违反财务管理的规定,私存私放财政资金或者其他公款的,责令改正,调整有关会计账目,追加私存私放的资金,没收违法所得。对单位处三千元以上五万元以下的罚款;对直接负责的主管人员和其他直接责任人员处二千元以上二万元以下的罚款"的规定,自治区财政厅拟对赵某处以二千元罚款的行政处罚,并告知赵某有陈述和申辩的权利。

该告知书于2018年6月1日向赵某送达。赵某于2018年6月1日对上述告知书提出书面异议。

2018年7月13日,自治区财政厅对赵某作出行政处罚决定,对赵某处以2 000元罚款的行政处罚。赵某不服该决定,于2018年9月10日向自治区政府提起行政复议申请。自治区政府受理后,于2018年11月8日作出行政复议决定,维持自治区财政厅的行政行为。

赵某于2018年11月20日收到复议决定后,不服决定,故诉至法院。

一审法院认为,根据《会计法》第三十二条第一款"财政部门对各单位的下列情况实施监督:(一)是否依法设置会计账簿;(二)会计凭证、会计账簿、财务会计报告和其他会计资料是否真实、完整;(三)会计核算是否符合本法和国家统一的会计制度的规定;(四)从事会计工作的人员是否具备专业能力、遵守职业道德",自治区财政厅具有对本行政区域内的会计工作进行管理和监督的主体资格和法定职权。

赵某系第一工业学校的出纳，不得违反《会计法》的相关规定，但根据自治区财政厅检查组调查，第一工业学校2002—2009年该校军训费、军训服装费、电脑款等收支没有纳入第一工业学校账簿，由赵某单独管理，所有收支均是现金管理，截至2018年1月18日，结余资金也是由赵某管理。因此，赵某的行为违反了《处罚处分条例》第十七条的规定，自治区财政厅对赵某作出2 000元罚款的行政处罚决定认定事实清楚、证据充分，适用法律正确。

赵某上诉称：

（1）2002—2009年该校军训费、军训服装费、电脑款等收支没有纳入第一工业学校账簿，系校领导决定，赵某是被安排管理，不是单独管理。设立"小金库"是学校领导下发决定设立，赵某不负直接责任。

（2）赵某将涉及"小金库"的所有票据于2016年11月上交相关人员，核对无误，提醒领导入账，规范账簿，不存在"结余资金是由赵某管理"，故赵某不应受到处罚。

（3）赵某举报有功，应予以奖励，而不是处罚。处罚举报人，违背举报制度的初衷，与国家立法政策不符。

关于赵某提出其不是直接责任人，不应受到行政处罚的问题，二审法院认为，根据《会计法》第十六条规定，"各单位发生的各项经济业务事项应当在依法设置的会计账簿上统一登记、核算，不得违反本法和国家统一的会计制度的规定私设会计账簿登记、核算"。第十七条规定，"各单位应当定期将会计账簿记录与实物、款项及有关资料相互核对，保证会计账簿记录与实物及款项的实有数额相符、会计账簿记录与会计凭证的有关内容相符、会计账簿之间相对应的记录相符、会计账簿记录与会计报表的有关内容相符"。

各单位和个人对于单位发生的各项经济业务事项，应当在会计账簿上如实反映，禁止私存私放财政资金或其他公款的行为。出纳人员作为财务管理人员，也应当遵守《会计法》等相关财务管理规定。

根据自治区财政厅检查组调查，第一工业学校2002—2009年该校军训费、军训服装费、电脑款等收支没有纳入学校账簿，赵某单独管理，所有收支均是现金管理，截至2018年1月18日，结余资金也是由赵某管理。上述行为已符合《处罚处分条例》第十七条规定的处罚情形。

而赵某系第一工业学校的出纳人员，直接负责第一工业学校的现金管理等活动。虽然赵某有可能是按照学校领导的指示直接负责上述行为的现金管理，但并不因此免除赵某对上述现金管理的直接责任。因此，赵某的该上诉理由，不予采纳。

关于上诉人赵某提出其是举报人，应该给予奖励，不应受到处罚的问题。自治区财政厅在作出决定时，已将赵某的立功表现行为作为"应当依法从轻或者减轻行政处罚"的情形予以考量。

从行政处罚结果来看，自治区财政厅对赵某处以2 000元罚款的行政处罚已是行政处罚幅度范围内最轻处罚。因此,赵某的理由不成立,不予采纳。

依据:南宁铁路运输中级法院(2019)桂71行终151号行政判决书。

案例3-5

汾阳市场监管局于2018年6月20日作出行政处罚决定书,认定原告公司总经理陈某某提交年报公示信息与实际生产经营状况严重不相符,提交的资产负债表和同期利润表数字虚假不衔接,隐瞒生产经营真实情况,且长达5个月未能提供明细账簿和原始凭证,不主动配合检查,不按要求提供财务账簿,被告对原告五丰公司及其总经理陈某某作出处罚:

(1)责令健全财务管理,完善财务制度;

(2)处以罚款10万元。

经审理查明,原告五丰公司于2014年12月26日依法登记设立,取得《企业法人营业执照》。2017年12月7日,汾阳市场监管局在检查时发现原告生产经营状态正常,生产环节正常运转,生产车间机器设备正在生产运作,工人按工序进行包装箱组装,原材料、成品包装箱库存整齐码放。而原告提交的年报信息公示中,资产状况信息"营业总收入为0,营业总收入中主营业务收入为0,主营业务成本为0"。

原告在生产经营状态正常运转的情况下,公示信息中资产状况主要数据均为0。同时,2016年原告公示资产状况信息中资产、负债、所有者权益数字不平衡,未真实反映原告的生产经营情况,公示信息与实际经营不符。原告未按汾阳市场监管局的要求提供财务总账、财务明细账账簿和原始单据,且其提供的近期资产负债表和同期利润表中显示,流动资产中存货、待摊费用均为0,固定资产中固定资产期末值净值为733元;流动负债中应付税金为0,应付工资为4 000元;利润表中主营业务收入、主营业务成本均为0。

原告财务手续混乱,数字不真实、不连续、不完整、不全面,财务报表数字虚假且不衔接,不能真实反映生产经营情况。

法院认为,汾阳市场监管局提供的现场检查笔录、谈话笔录、资产负债表及利润表、原浆成装人员安排表、打泡沫个人统计表、贵宾封坛岗位工价表、原酿岗位工价、工人考勤表、员工资料、粘胶剂测试报告、产品生产合同、授权委托书、授权生产证明、成品酒购销合同、包装材料准许生产委托书及申请等证据足以证明五丰公司作为依法核准登记的一人有限责任公司在生产经营状态正常、生产环节正常运转的情况下,却在其公示信息中资产状况主要数据均为0,与实际生产经营状况严重不符。

汾阳市场监管局依据《企业信息公示暂行条例》第十七条之规定将五丰公司列入经营异常名录,认定事实清楚,适用法律正确。

《中华人民共和国公司法》(以下简称《公司法》)第二百零二条规定:"公司在依法向有关主管部门提供的财务会计报告等材料上作虚假记载或者隐瞒重要事实的,

由有关主管部门对直接负责的主管人员和其他直接责任人员处以三万元以上三十万元以下的罚款。"

原汾阳市工商和质量监督管理局作为五丰公司的主管部门，依法具有对向工商部门提供的财务会计报告等材料上作虚假记载或者隐瞒重要事实的处罚职权。

《公司法》第一百六十三条规定："公司应当依照法律、行政法规和国务院财政部门的规定建立本公司的财务会计制度。"

根据庭审查明的事实，原告公司总经理作为负责财务主管工作的负责人，其提交的年报公示与实际生产经营状况严重不相符、提交的资产负债表和同期利润表数字虚假不衔接、隐瞒生产经营真实情况，长达5个月未提供明细账簿和原始凭证，被告对原告及总经理作出的行政处罚，事实清楚、适用法律正确。

依据：山西省吕梁市离石区人民法院（2019）晋1102行初20号行政判决书。

案例3-6

在肖某某与王某某股权转让纠纷一案中，原告提供了广生医药与广生胶囊2011年年底的审计报告和资产负债表及广生医药2011年提供税务机关的资产负债表复印件1份，认为两者显示数据不同，以此证明2012年股权转让价款明显低于实际价格。一审法院未予支持。

在二审中，上诉人称，同一年度出现两份内容不一致的资产负债表，肯定一个为真，一个为假。

被上诉人则认为，因两份提交的机构不同，评估时间和办法不一样，但均为真。因资产负债表所反映的是企业的经营情况，而非股权的固定价值，且股权作为一种特殊的商品，随市场经济持续波动，故不能作为本案股权的定价基准。

二审法院认可了被上诉人的观点。但本案中，同一年度出现两份资产负债表，的确违反了《会计法》第八条"国家实行统一的会计制度"的规定。

法院应将本案线索提供给财政、税务部门进行核实，如有违反《会计法》或者相关税法的行为，应依法予以处罚。

依据：山西省晋中市中级人民法院（2016）晋07民终1940号民事判决书。

3.12 两套账的税法风险

3.12.1 税法关于两套账的相关规定

《中华人民共和国税收征收管理法》（以下简称《税收征收管理法》）第十九条

规定:"纳税人、扣缴义务人按照有关法律、行政法规和国务院财政、税务主管部门的规定设置账簿,根据合法、有效凭证记账,进行核算。"这里提到的有关法律主要是指《会计法》以及相关法律。企业设置两套账在明确违反《会计法》的同时,也违反了《税收征收管理法》。

《税收征收管理法》第三十五条规定:"纳税人有下列情形之一的,税务机关有权核定其应纳税额……(四)虽设置账簿,但账目混乱或者成本资料、收入凭证、费用凭证残缺不全,难以查账的……"

企业设置两套账,很可能导致账目混乱或者"成本资料、收入凭证、费用凭证残缺不全"。此时,税务机关就可以对企业核定征税,这可能会加重企业的税收负担。

《税收征收管理法》第五十四条规定:"税务机关有权进行下列税务检查:(一)检查纳税人的账簿、记账凭证、报表和有关资料,检查扣缴义务人代扣代缴、代收代缴税款账簿、记账凭证和有关资料……"

如果企业设置两套账,税务机关在税务检查中很容易发现此类问题。目前税务机关已经与银行等机构联网。随着税务稽查手段的不断丰富,企业设置两套账被税务机关发现的可能性越来越大。

3.12.2 企业及相关责任人的法律责任

《税收征收管理法》第六十三条规定:"纳税人伪造、变造、隐匿、擅自销毁账簿、记账凭证,或者在账簿上多列支出或者不列、少列收入,或者经税务机关通知申报而拒不申报或者进行虚假的纳税申报,不缴或者少缴应纳税款的,是偷税。对纳税人偷税的,由税务机关追缴其不缴或者少缴的税款、滞纳金,并处不缴或者少缴的税款百分之五十以上五倍以下的罚款;构成犯罪的,依法追究刑事责任。"

3.12.3 两套账税法风险的案例分析

案例3-7

2016年2月19日,厦门市国家税务局稽查局(以下简称"稽查局")向全新彩钢公司送达《税务检查通知书》,决定对该公司在1997年11月15日至2016年2月18日涉税情况进行检查,要求其予以配合。同日,稽查局还向全新彩钢公司送达《调取账簿资料通知书》,要求该公司提供其1997年11月15日至2016年2月18日的账簿、记账凭证、报表和其他有关资料。

2017年5月5日,稽查局作出厦国税稽处〔2017〕33号税务处理决定,认定2012年1月至2015年12月,全新彩钢公司在销售彩钢设备及彩板货物等应税商品时,采取设置两套账、利用个人银行卡收取货款等手段,在账簿上少列收入,少申报增值税应税销售收入共计4 101.20万元,少缴增值税税款计697.20万元。

根据《中华人民共和国增值税暂行条例》(以下简称《增值税暂行条例》)第一条、第四条、第五条、第八条及第十九条的规定,决定追缴全新彩钢公司2012年1月至

2015年12月少缴纳的增值税697.20万元。

根据《税收征收管理法》第三十二条、《税收征收管理法实施细则》第七十五条规定，从滞纳税款之日起按日加收万分之五的滞纳金。

2017年5月5日，稽查局还作出厦国税稽罚处〔2017〕11号税务行政处罚决定，认定2012年1月至2015年12月，全新彩钢公司在销售彩钢设备及彩板货物等应税商品时，采取设置两套账、利用个人银行卡收取货款等手段，在账簿上少列收入，少缴增值税税款358.47万元。

根据《税收征收管理法》第六十三条第一款，参照《厦门市税务行政处罚裁量权执行基准》（2012年第2号）规定，决定对全新彩钢公司少缴增值税358.47万元处0.5倍罚款共179.24万元。

全新彩钢公司不服上述处理决定和处罚决定，申请行政复议，随后又提起行政诉讼。经过一审、二审，最终法院维持了稽查局的上述决定。

二审法院在判决书中认为，根据税收征管法和实施细则的相关规定，依法设置、保管账簿、记账凭证、完税凭证等系纳税人的法定义务。账簿、记账凭证、完税凭证及其他有关涉税资料应当合法、真实、完整，不得伪造、变造或者擅自损毁。

在案证据表明，全新彩钢公司设有内部现金日记账，记载公司真实经营情况，而该账簿部分账页被全新彩钢公司销毁，无法向税务稽查部门提供核对。此外，全新彩钢公司违反公司财务制度规定，存在通过公司财务人员等个人银行账户收取公司货款等。稽查局在检查过程中依法获取费用一览表，且与在案其他证据能够相互印证。在全新彩钢公司无法提供相反证据的情况下，稽查局以该费用一览表作为认定全新彩钢公司2012年至2014年2月营业收入的依据，并无不当。仅以该费用一览表不能与公司出纳人员银行卡流水完全对应为由，尚不足以否定该一览表的真实性、有效性。

因全新彩钢公司违反纳税人法定义务、违反公司财务制度造成税务稽查过程中不能取证导致的不利后果，应由全新彩钢公司承担。

依据：厦门市中级人民法院（2019）闽02行终121号行政判决书。

案例3-8

2016年10月19日，珠海市地方税务局税务违法案件举报中心作出《关于交办珠海市卓鑫汽车发展有限公司检举事项的函》，将卓鑫公司的检举事项转给珠海市香洲区地方税务局。

2017年3月7日，原珠海市香洲区地方税务局稽查局（以下简称"稽查局"）向卓鑫公司送达《税务检查通知书》，决定自2017年3月7日起对卓鑫公司2011年1月1日至2013年12月31日的涉税情况进行检查。

同日，稽查局向卓鑫公司送达《调取账簿资料通知书》，要求卓鑫公司在2017年3月10日前将上述期间的账簿、记账凭证等有关资料送到该局。同日，稽查局调取卓鑫公司2011年度记账凭证A账12本、B账12本；2012年度记账凭证A账4本、B账4本；2013年度记账凭证A账3本、B账6本。

同月21日，稽查局向卓鑫公司送达《税务事项通知书》，要求卓鑫公司于2017年3月27日前提供上述检查期间的总账、明细账、年度财务报表、出租商铺与有关承租方签订的合同以及2013年1月至6月的记账凭证。

同月22日，卓鑫公司向稽查局提交《情况说明书》，称《税务事项通知书》中要求卓鑫公司提供的资料被其上任会计杨某某卷走挪用，其已向公安机关报案。次日，经稽查局局长批准，卓鑫公司税收违法案件的检查完成日期从2017年3月26日延长至2017年9月30日。

2017年7月26日，稽查局向卓鑫公司送达《询问通知书》，要求卓鑫公司的法定代表人蔡某某到该局就涉税事宜接受讯问。次日，稽查局工作人员对蔡某某进行询问，并制作《询问（调查）笔录》。

蔡某某确认稽查局调取卓鑫公司的2011年1—12月、2012年1—12月、2013年7—12月的A套账主要用于纳税申报，相同时间段的B套账真实反映公司的营业收入情况。2013年1—6月的会计资料在原会计杨某某处丢失，无法找回，也报了案；蔡某某对公司财务人员与稽查局工作人员对卓鑫公司2011年、2012年、2013年7—9月A、B两套账财务数据核算结果无异议。

同年9月22日，稽查局向卓鑫公司送达《税务事项通知书》，通知卓鑫公司2013年的营业收入为100.58万元，核定卓鑫公司2013年度应税所得率为10%，应纳税所得额为10.06万元，应纳企业所得税为2.51万元，卓鑫公司如对此有异议，应在收到通知书三日内提供相关证据和书面说明。

2018年6月11日，稽查局作出《税务行政处罚决定书》，主要内容如下：

（1）2011—2013年度采取A、B内外两套账、记账凭证进行账务处理并隐匿其中一套账册的手段，隐瞒租金收入，少申报营业收入。根据《税收征收管理法》第六十三条第一款的规定，卓鑫公司少申报营业收入导致少缴2011—2013年度营业税、城市维护建设税和房产税，依法构成偷税。

（2）卓鑫公司2011年度、2012年度采取A、B内外两套账、记账凭证进行账务处理并隐匿其中一套账册的手段，隐瞒经营收入和经营利润，少申报应纳税所得额。稽查局根据《税收征收管理法》第六十三条第一款规定，认定卓鑫公司的违法行为已构成偷税，且存在采取设置A、B内外两套账、记账凭证进行账务处理并隐匿其中一套账册的情形，构成违法行为，考虑到卓鑫公司在检查中积极配合，对违法行为予以确认，决定对少缴的营业税12.18万元、城市维护建设税0.85万元、房产税25.29万元、2011年度企业所得税10.74万元及2012年度企业所得税6.93万元处以0.80倍罚款，合计罚款人民币44.80万元。

卓鑫公司不服上述处罚，经过行政复议，法院一审、二审最终维持了稽查局的处罚决定。

依据：珠海市中级人民法院（2020）粤04行终225号行政判决书。

案例3-9

因举报人向南通市国家税务局稽查局举报宝都公司存在偷税行为，南通市通州区国家税务局（以下简称"通州区国税局"）自2013年7月24日起对宝都公司2011年1月1日至2013年6月30日的纳税申报情况进行检查。2016年8月9日，通州区国家税务局稽查局（以下简称"稽查局"）作出《税务处理决定书》，内容为：2011年1月至2013年6月，宝都公司以直接收款方式销售家纺产品、废品，共取得销售收入4 477.45万元，宝都公司采用两套账核算方法，向税务机关申报销售收入1 692.17万元，隐瞒销售收入2 785.28万元，未入账，未申报纳税，应补增值税473.40万元。

宝都公司财务核算混乱，成本资料不全，特别是原始凭证的取得不符合规定，根据规定对宝都公司2011年至2012年度企业所得税采取核定应纳所得税的征收方法。

2011年核定收入合计971.79万元，核定应纳税所得额38.87万元，核定应纳企业所得税9.72万元，已缴企业所得税2.18万元，应补缴企业所得税7.53万元；2012年核定收入合计2 560.68万元，核定应纳税所得额102.43万元，核定应纳企业所得税25.61万元，已缴企业所得税2.77万元，应补缴企业所得税22.83万元。

2016年8月9日，通州区国税局作出《税务行政处罚决定书》，认定宝都公司2011年1月至2013年6月以直接收款的方式销售家纺产品及废品，共取得销售收入4 477.45万元，宝都公司采用两套账核算方法，向税务机关申报销售收入1 692.17万元，隐瞒销售收入2 785.28万元未入账，未申报纳税，应补缴增值税473.50万元。根据《税收征收管理法》第六十三条第一款之规定，税务部门决定对宝都公司少缴增值税处一倍罚款，计473.50万元。

宝都公司不服，申请行政复议，后又提起诉讼，经过一审、二审，法院均维持了税务机关的决定。

二审法院认为，通州区国税局在对宝都公司进行税务检查中，先后调取了宝都公司的账册和凭证、主服务器和辅助服务器硬盘，以及账外账凭证等证据材料。

这些证据材料能够反映宝都公司自2011年1月至2013年6月实际的销售收入与申报的销售收入之间存在明显差异。通州区国税局在对宝都公司的法定代表人龚某某和财务负责人瞿某某进行调查时，两人均承认公司建有两套账。外账是应付税务机关检查之用，内账是公司的真实账，由公司财务软件核算，真实反映公司的实际经营情况，连卖废品的几十元现金都要入账核算。

通州区国税局根据宝都公司账外账电子账套和凭证等制作的宝都公司自2011年1月至2013年6月主营业务收入统计表以及营业外收入统计表、查补税款计算表、少申报收入额确认表及总账电子账明细汇总内容，均经宝都公司的法定代表人或财务负责人签署"统计表内数据准确无误""与电子数据核对一致""数据准确、情况属实"等意见后签字确认,并加盖了宝都公司公章。

通州区国税局在作出被诉处罚决定前,还向宝都公司发出了《税务检查签证》,对检查中发现的宝都公司采用两套账核算方法,未按规定如实申报销售收入4 477.45万元,仅申报销售收入1 692.17万元,少申报销售收入2 785.28万元,应补缴增值税473.50万元等问题,上诉人宝都公司财务负责人在《税务检查签证》上签署"数据准确、情况属实"后签字加盖宝都公司公章确认。

在此情况下,通州区国税局认定宝都公司存在隐匿账簿、记录凭证的偷税行为,依据《税收征收管理法》第六十三条第一款规定对宝都公司处以少缴税款一倍的罚款,事实根据充分,适用法律准确。

依据:南通市中级人民法院(2018)苏06行终177号行政判决书。

3.13 会计核算风险防范

3.13.1 基础会计核算风险防范

很多公司存在一些共性的会计核算不规范、潜在税务风险较大的问题,所以,财务人员尽力规范会计核算,规避税务风险。

(1)公司出资购买房屋、汽车,权利人却写成股东,而不是付出资金的单位。

(2)账面上列示股东的应收账款或其他应收款。

(3)成本费用中公司费用与股东个人消费混杂在一起,不能划分清楚。按照《中华人民共和国个人所得税法》(以下简称《个人所得税法》)及国家税务总局的有关规定,上述事项视同为股东从公司分得了股利,必须代扣代缴个人所得税,相关费用不得计入公司成本费用,从而给公司带来额外的税负。

(4)外资企业仍按工资总额的一定比例计提应付福利费,且年末账面保留余额。

(5)未成立工会组织的,仍按工资总额一定比例计提工会经费,支出时也未取得工会组织开具的专用单据。

(6)不按会计准则规定的标准计提固定资产折旧,在申报企业所得税时又未做纳税调整,有的公司存在跨纳税年度补提折旧(根据相关税法的规定成本费用不得跨期列支)。

(7)生产性企业在计算成品成本、生产成本时,记账凭证后未附料、工、费耗用清单,无计算依据。

(8)计算产品(商品)销售成本时,未附销售成本计算表。

（9）在以现金方式支付员工工资时，无员工签领确认的工资单，工资单与用工合同、社保清单三者均不能有效衔接。

（10）开办费用在取得收入的当年全额计入当期成本费用，未做纳税调整。

（11）未按权责发生制的原则，没有依据地随意计提期间费用，或在年末预提无合理依据的费用。

（12）商业保险计入当期费用，未做纳税调整。

（13）生产性企业原材料暂估入库，把相关的进项税额也暂估在内，若该批材料当年耗用，对当年的销售成本造成影响。

（14）员工以发票定额报销，或采用过期票、连号票或税法限额（如餐票等）报销的发票。造成这些费用不能税前列支。

（15）应付款项挂账多年，如超过3年未偿还应纳入当期应纳税所得额，但企业未做纳税调整。

上述（4）~（15）项均涉及企业所得税未按《企业所得税条例》及国家税务总局的相关规定计征，在税务稽查时会带来补税、罚税加收滞纳金的风险。

（16）增值税的核算不规范，未按规定的产品分项分栏目记账，造成增值税核算混乱，给税务检查时核实应纳税款带来麻烦。

（17）运用"发出商品"科目核算发出的存货，引起缴纳增值税时间上的混乱，按照增值税条例规定，商品（产品）发出后，即负有纳税义务（不论是否开具发票）。

（18）研发部领用原材料、非正常损耗原材料，原材料所负担的进项税额并没有做转出处理。

（19）销售废料，没有计提并缴纳增值税。

（20）对外捐赠原材料、产成品没有分解为按公允价值对外销售及对外捐赠两项业务处理。

上述（16）~（20）项均涉及企业增值税未按《中华人民共和国增值税暂行条例》及国家税务总局的相关规定计提销项税额、进行进项税额转出及有关增值税的其他核算，在税务稽查时会带来补税、罚款及加收滞纳金的风险。

（21）公司组织员工旅游，直接作为公司费用支出，未合并入工资总额计提并缴纳个人所得税。

（22）很多公司财务人员忽视了印花税的申报（如资本印花税、运输、租赁、购销合同的印花税等），印花税的征管特点是轻税重罚。

（23）很多公司财务人员忽视了房产税的申报，关联方提供办公场地、生产场地给企业使用，未按规定申报房产税，在税务稽查时会带来补税、罚款及加收滞纳金的风险。

3.13.2 日常会计核算风险防范

两名受聘于厦门某有限公司做财务的90后会计,在近3年时间内,按照老板要求记录"内账",通过虚构合同、资金走账并开具增值税专用发票等方式,帮助老板虚开增值税发票的税额合计达到2.57亿元。

虽然这两名年轻的90后会计并非主犯,但鉴于其犯罪事实及后果,以及涉案金额巨大,两人最终还是被法院判决犯虚开增值税专用发票罪,分别判处有期徒刑7年并处罚金15万元。

所以,作为一名会计,对待工作一定要秉持基本的职业道德,要具备相应的法律意识,不要因为屈于老板的要求而火中取栗,更不能知法犯法,因为一旦出了问题,会计都要背锅,轻则失业,重则职业生涯不保。而这些日常工作中的小细节,会计也一定要注意,一不小心就可能背上偷税漏税的锅。

(1)预收账款处理。会计在处理以预收账款方式销售货物的款项时,商品发出时未按时转记销售收入,导致长期挂账,进项税额大于销项税额。

(2)原材料转让、磨账。会计在处理原材料转让时,磨账(在企业间产品购销业务中不通过货币资金流动而是通过协议使各自的应收、应付账款相互抵消)不按其他业务收入记账,或者直接磨掉应付账款,不计提销项税额。

(3)假发票入账。假发票入账是指购买虚开的发票进行入账抵扣、将销方提供的假发票用于企业记账以及电子发票篡改或重复报销记账。购买虚开发票老板都会参与,一经发现可能被扣上虚开发票罪,后果极为严重,如果会计知晓而继续为之,也将承担连带责任。

用假发票或者电子发票篡改和重复报销入账,更多的是会计把关不严,结果可能会让会计背上锅。

假发票以及电子发票篡改后审查票据真实性的财务人员可以通过相应平台查验,而重复打印报销的问题则只有会计自己想办法处理,比如用Excel做台账,每次有电子发票报销,就通过登记Excel并查询是否重复报销,这种做法适合电子发票报销比较少、会计人员不多的企业。

而对于报销多、发票量大的企业和财务人员较多的企业,则需要找一些效率更高、更可靠的手段来解决。比如,微信小程序中电子发票查重工具,通过扫描发票上的二维码快速识别电子发票信息,自动查重并建立台账,而且支持多人实时协同办公,支持电子发票台账导出Excel,甚至可以同步完成发票真伪的验证功能。

(4)价外收入处理。价外收入不记销售收入,不计提销项税额。例如托收承付违约金,大部分企业收到违约金后,增加银行存款冲减财务费用。《中华人民共和国增值税暂行条例实施细则》中详细规定了价外费用的内容。凡是价外费用,无论纳税人的会计制度如何计算,均应并入销售额计算应纳税额。

（5）返利销售。厂家为占领市场，最普遍的方式就是通过返利销售的方式，对商家经营本厂产品低于市场价格的利益补偿。

返利销售方式主要分为两种：一是销售厂家购买一定数量的产品并按时付完货款，厂家按一定比例返还现金；二是直接返还实物、产品或者配件。

商家收到这些现金、实物后，现金不入账也不作价外收入，更不作进项税额转出，形成账外经营。

（6）商品送礼或展销等。企业用原材料、产成品等进行长期投资，用产品（商品）送礼或做样品进行展销，不视同销售记作收入，不计提销项税额。

（7）公司资产、股东资产混同。在实际经营中，企业经常存在着大量股东资产与公司资产混同的情况，比如将股东个人账户用于公司收付款、用公司账户与股东账户互相交易等。当出现财产混同的情况时，公司的财产有可能被隐匿、转移或被股东个人私吞。

（8）流动资产损失。会计直接将流动资产损失记入营业外支出，比如，因管理不善造成的丢失、被盗及霉烂变质的资产损失，涉及增值税部分不作进项税额转出。

其实，企业向税务机关申报扣除资产损失，仅需填报企业所得税年度纳税申报表《资产损失税前扣除及纳税调整明细表》，不再报送资产损失相关资料，相关资料由企业留存备查。

（9）盘盈的固定资产。盘盈的固定资产长期不作损益处理。根据《企业会计准则第4号——固定资产》及其应用指南的有关规定，盘盈的固定资产，应作为前期差错记入"以前年度损益调整"科目。

上述会计日常工作中的情况如果没有按照规定来处理，一旦被税务机关稽查发现，很容易被扣上偷税漏税的帽子，无论是否造成严重的后果，都会带来麻烦。对于老板来说，这些都是会计的工作疏忽，会对会计的升职加薪造成不利影响，甚至会影响会计工作的稳定，更严重的则是职业生涯终止。

3.14 财务人员风险防范

某公司因涉嫌税收违法被稽查部门立案检查，检查人员联系该公司财务负责人小黄进行询问调查时。会计小黄表示："我只是负责记账的会计人员，公司税收违法跟我有什么关系？我不负责的。"

如果公司出现税收违法犯罪，作为直接参与财务核算的会计人员真的没有责任吗？

《中华人民共和国税收征收管理法》（2015修订版）

第五十七条　税务机关依法进行税务检查时，有权向有关单位和个人调查纳税人、扣缴义务人和其他当事人与纳税或者代扣代缴、代收代缴税款有关的情况，有关单位和个人有义务向税务机关如实提供有关资料及证明材料。

《中华人民共和国税收征收管理法实施细则》（2016年修订）

第九十八条　税务代理人违反税收法律、行政法规，造成纳税人未缴或者少缴税款的，除由纳税人缴纳或者补缴应纳税款、滞纳金外，对税务代理人处纳税人未缴或者少缴税款50%以上3倍以下的罚款。

《重大税收违法失信案件信息公布办法》（国家税务总局公告2018年第54号）

税务机关可以向社会公布重大税收违法失信案件信息，并将信息通报相关部门，共同实施严格监管和联合惩戒。

公布重大税收违法失信案件信息包括经法院裁判确定的负有直接责任的财务人员，团伙成员的姓名、性别及身份证号码。如果是负有直接责任的涉税专业服务机构及从业人员，税务机关可以依法一并公布其名称、统一社会信用代码或者纳税人识别号、注册地址以及直接责任人的姓名、性别、身份证号码、职业资格证书编号等。

简单来说，公司的税收违法失信案件一旦符合公布标准，有直接责任的财务人员、涉税专业服务机构及从业人员的信息就会被公布，由相关部门依法对当事人采取联合惩戒和管理措施。这样会直接影响会计人员的征信记录。

《刑法》中明确一些罪名，对直接负责的主管人员和其他直接责任人员追究刑事责任。比如，妨害清算罪，隐匿、故意销毁会计凭证、会计账簿、财务会计报告罪，虚假破产罪，逃税罪，虚开发票罪等。

一旦公司出现税收违法犯罪，作为公司的会计人员，很可能被界定为属于直接责任人员。

《会计人员管理办法》（财会〔2018〕33号）

因发生与会计职务有关的违法行为被依法追究刑事责任的人员，单位不得任用（聘用）其从事会计工作。

因违反《中华人民共和国会计法》有关规定受到行政处罚5年内不得从事会计工作的人员,处罚期届满前,单位不得任用(聘用)其从事会计工作。

企业税收违规违法,会计人员也有一定的责任。相信大部分的会计人员都不会主动犯罪,作为一名会计人员,应该遵守法律法规和具备良好的职业道德,了解基本的职业风险,明晰自己的工作职责,杜绝一切弄虚作假的行为。

4

正确处理纳税申报事宜

> 纳税申报是会计每月或每季都要面对的一件事,本章我们将讨论申报细节如何处理,企业所得税如何税前扣除,多缴税款应该如何处理等问题。

4.1 按次纳税和按期纳税

什么是按次纳税?什么是按期纳税?两者征税有何不同呢?

《中华人民共和国增值税暂行条例》

第二十三条 增值税的纳税期限分别为1日、3日、5日、10日、15日、1个月或者1个季度。纳税人的具体纳税期限,由主管税务机关根据纳税人应纳税额的大小分别核定;不能按照固定期限纳税的,可以按次纳税。

纳税人以1个月或者1个季度为1个纳税期的,自期满之日起15日内申报纳税;以1日、3日、5日、10日或者15日为1个纳税期的,自期满之日起5日内预缴税款,于次月1日起15日内申报纳税并结清上月应纳税款。

扣缴义务人解缴税款的期限,依照前两款规定执行。

按次纳税和按期纳税,以是否办理税务登记或者临时税务登记作为划分标准。凡办理了税务登记或临时税务登记的小规模纳税人,月销售额未超过10万元(按季申报

的小规模纳税人，为季销售额未超过30万元）的，都可以按规定享受增值税免税政策。未办理税务登记或临时税务登记的小规模纳税人，除特殊规定外，则执行《中华人民共和国增值税暂行条例》及其实施细则关于按次纳税的起征点的有关规定，每次销售额未达到500元的免征增值税，达到500元的则需要正常征税。对于经常代开发票的自然人，建议主动办理税务登记或临时税务登记，以充分享受小规模纳税人月销售额15万元以下免税政策。

案例4-1

小明为一服装设计师，自由职业者，生活在某市区。2019年3月，A公司邀请小明设计夏季流行服饰，设计项目款项为7万元，项目完结后双方结算。A公司要求小明提供发票，小明因未办理税务登记等事项，无法自行开具发票，只能到税务机关代开发票完成结算。2019年6月，小明通过网络承接B公司服装设计工作，项目款项为9万元，项目完结后双方结算，B公司要求小明提供发票，小明到税务机关代开发票完成了款项结算工作。小明两次开具发票需要缴纳多少税？小明可以成立一家公司运营吗？（注：因目前有部分省份的个人所得税由支付单位代扣代缴，税局不再代扣，所以本案例不考虑个人所得税事宜。另因各地征收方式不同，实务中具体税务办理以各地税务机关实际征收为准。）

解答：

因小明是以个人身份经营的，没有办理税务登记，其是按次纳税的。按次纳税每次销售额达到500元的则需要正常征税，本例中小明每次设计金额都超过了500元，所以要全额征税。

开具A公司发票需要缴纳税金为：

增值税：$70\,000 \div 1.03 \times 0.03 = 2\,038.83$（元）；

城市维护建设税：$2\,038.83 \times 7\% = 142.72$（元）；

教育费附加：$2\,038.83 \times 3\% = 61.16$（元）；

地方教育附加：$2\,038.83 \times 2\% = 40.78$（元）；

合计纳税：$2\,038.83 + 142.72 + 61.16 + 40.78 = 2\,283.49$（元）

依据A公司税款结算方式，可计算出小明开具B公司发票需要纳税2 935.92元。

根据目前国家对增值税小规模纳税人的减税优惠政策，月销售额不超过10万元，可以免征增值税，所以假如小明依公司的方式运营，办理了营业执照和税务登记，按期纳税，则可以享受增值税小规模纳税人减税优惠政策，可以不用缴税。当然，小明如果以公司的形式进行运营，则需要考虑成立公司的运营成本，实务中可以根据个人营业规模进行测算做纳税筹划。如果节税金额大于成立公司或个体工商户的各项运营成本，可以考虑成立一家公司运营，办理相关登记手续，享受税收优惠。

综上所述，办理税务登记和不办理税务登记享受税收优惠政策是不一样的。

4.2 起 征 点

《财政部　国家税务总局关于全面推开营业税改征增值税试点的通知》
（财税〔2016〕36号）附件1：营业税改征增值税试点实施办法

第四十九条　个人发生应税行为的销售额未达到增值税起征点的，免征增值税；达到起征点的，全额计算缴纳增值税。

增值税起征点不适用于登记为一般纳税人的个体工商户。

第五十条　增值税起征点幅度如下：（一）按期纳税的，为月销售额5 000～20 000元（含本数）。（二）按次纳税的，为每次（日）销售额300～500元（含本数）。

起征点的调整由财政部和国家税务总局规定。省、自治区、直辖市财政厅（局）和国家税务总局应当在规定的幅度内，根据实际情况确定本地区适用的起征点，并报财政部和国家税务总局备案。

目前，市场经营中纳税人以什么身份经营，对应的计税方式也不同，比如公司、合伙企业、个人独资企业、个体工商户、个人。

4.2.1 公司

成立公司首先要办理营业执照，后续还要进行税务登记、纳税申报等一系列事项，目前我们国家将增值税纳税人划分为一般纳税人和小规模纳税人两种。

（1）一般纳税人。如果是增值税一般纳税人，一般情况下是不适用增值税起征点的，主要采用一般计税方法进行增值税核算。

《财政部　国家税务总局关于全面推开营业税改征增值税试点的通知》
（财税〔2016〕36号）附件1：营业税改征增值税试点实施办法

第十八条　一般纳税人发生应税行为适用一般计税方法计税。

（2）小规模纳税人。除遵循增值税起征点的一般规定，目前国家对增值税小规模纳税人月销售额在一定金额以内是可以免征增值税的。

> **《国家税务总局关于增值税小规模纳税人减免增值税等政策有关征管事项的公告》**（国家税务总局公告2023年第1号）
> 一、增值税小规模纳税人（以下简称小规模纳税人）发生增值税应税销售行为，合计月销售额未超过10万元（以1个季度为1个纳税期的，季度销售额未超过30万元，下同）的，免征增值税。
> 小规模纳税人发生增值税销售行为，合计月销售额超过10万元，但扣除本期发生的销售不动产的销售额后未超过10万元的，其销售货物、劳务、服务、无形资产取得的销售额免征增值税。

4.2.2 个人

此处的"个人"主要指自然人个人，一般是不办理工商营业执照和税务登记的。

个人的增值税起征点遵循上述增值税起征点的一般规定，即：

（1）按期纳税的，为月销售额5 000～20 000元（含本数）。

（2）按次纳税的，为每次（日）销售额300～500元（含本数）。

个人发生应税行为的销售额未达到增值税起征点的，免征增值税；达到起征点的，全额计算缴纳增值税。

> **《国家税务总局关于增值税小规模纳税人减免增值税等政策有关征管事项的公告》**（国家税务总局公告2023年第1号）
> 三、《中华人民共和国增值税暂行条例实施细则》第九条所称的其他个人，采取一次性收取租金形式出租不动产取得的租金收入，可在对应的租赁期内平均分摊，分摊后的月租金收入未超过10万元的，免征增值税。

4.3 纳税义务时间

增值税纳税义务发生时间的界定，总的来讲是"发生应税销售行为的，为收讫销售款项或者取得索取销售款项凭据的当天；先开具发票的，为开具发票的当天。进口货物，为报关进口的当天"。就发生应税销售行为而言，确定其增值税纳税义务发生时间的总原则就是，以"收讫销售款项、取得索取销售款项凭据或者发票开具时间"三者孰先（谁在前）的原则确定。

具体来讲，增值税的纳税义务发生时间包括但不限于以下时点：

（1）纳税人发生销售货物或者加工、修理修配劳务，销售服务、无形资产、不动产的应税销售行为，先开具增值税发票的，为开具发票的当天。按照国家税务总局的规定未发生销售行为的不征税项目编码开具的情形除外。

（2）纳税人采取直接收款方式销售货物，不论货物是否发出，均为收到销售款或者取得索取销售款凭据的当天。

（3）纳税人采取赊销方式销售货物，签订了书面合同的，为书面合同约定的收款日期的当天。

（4）纳税人采取赊销方式销售货物，无书面合同的或者书面合同没有约定收款日期的，为货物发出的当天。

（5）纳税人采取分期收款方式销售货物，签订了书面合同的，为书面合同约定的收款日期的当天。

（6）纳税人采取分期收款方式销售货物，无书面合同的或者书面合同没有约定收款日期的，为货物发出的当天。

（7）纳税人采取预收货款方式销售货物（特定货物除外），为货物发出的当天。

（8）纳税人采取预收货款方式，生产销售生产工期超过12个月的大型机械设备、船舶、飞机等特定货物，为收到预收款或者书面合同约定的收款日期的当天。

（9）纳税人委托其他纳税人代销货物，为收到代销单位的代销清单或者收到全部或者部分货款的当天。未收到代销清单及货款的，为发出代销货物满180天的当天。

（10）纳税人销售加工、修理修配劳务，为提供劳务同时收讫销售款或者取得索取销售款的凭据的当天。

（11）纳税人进口货物，为报关进口的当天。

（12）纳税人发生销售服务、无形资产或者不动产的应税行为，并在其应税行为发生过程中或者完成后收到销售款项的当天。

（13）纳税人销售服务、无形资产或者不动产，签订了书面合同并确定了付款日期的，为书面合同确定的付款日期的当天。

（14）纳税人销售服务、无形资产或者不动产，签订了书面合同但未确定付款日期的，为服务、无形资产转让完成的当天或者不动产权属变更的当天。

（15）纳税人销售服务、无形资产或者不动产，未签订书面合同的，为服务、无形资产转让完成的当天或者不动产权属变更的当天。

（16）纳税人销售（有形动产和不动产）租赁服务采取预收款方式的，为收到预收款的当天。

（17）纳税人销售建筑服务，被工程发包方从应支付的工程款中扣押的质押金、保证金，未开具发票的，以纳税人实际收到质押金、保证金的当天为纳税义务发生时间。

（18）纳税人从事金融商品转让的，为金融商品所有权转移的当天。

（19）金融企业发放贷款后，自结息日起90天内发生的应收未收利息按现行规定缴纳增值税，自结息日起90天后发生的应收未收利息暂不缴纳增值税，待实际收到利息时按规定缴纳增值税。

上述所称金融企业，是指银行（包括国有、集体、股份制、合资、外资银行以及其他所有制形式的银行）、城市信用社、农村信用社、信托投资公司、财务公司、证券公司、保险公司、金融租赁公司、证券基金管理公司、证券投资基金以及其他经人民银行、银监会、证监会、保监会批准成立且经营金融保险业务的机构

（20）银行提供贷款服务按期计收利息（纳税人提供贷款服务，一般按月或按季结息）的，结息日当日计收的全部利息收入，均应计入结息日所属期（增值税纳税义务发生时间）的销售额，按照现行规定计算缴纳增值税。

（21）纳税人发生下列视同销售货物行为，为货物移送的当天：①设有两个以上机构并实行统一核算的纳税人，将货物从一个机构移送其他机构用于销售，但相关机构设在同一县（市）的除外；②将自产或者委托加工的货物用于非增值税应税项目；③将自产、委托加工的货物用于集体福利或者个人消费；④将自产、委托加工或者购进的货物作为投资，提供给其他单位或者个体工商户；⑤将自产、委托加工或者购进的货物分配给股东或者投资者；⑥将自产、委托加工或者购进的货物无偿赠送其他单位或者个人。

（22）纳税人发生以下视同销售的情形，为服务、无形资产转让完成的当天或者不动产权属变更的当天：①单位或者个体工商户向其他单位或者个人无偿提供服务，但用于公益事业或者以社会公众为对象的除外；②单位或者个人向其他单位或者个人无偿转让无形资产或者不动产，但用于公益事业或者以社会公众为对象的除外；③财政部和国家税务总局规定的其他情形。

增值税扣缴义务发生时间为被代扣税款的纳税人增值税纳税义务发生的当天。

4.4 增量留抵税额

《财政部 税务总局 海关总署关于深化增值税改革有关政策的公告》(财政部 税务总局 海关总署公告2019年第39号)和《国家税务总局关于办理增值税期末留抵税额退税有关事项的公告》(国家税务总局公告2019年第20号)所规定的增值税期末留抵税额退税的首要条件是,自2019年4月税款所属期起,连续6个月(按季纳税的,连续两个季度)增量留抵税额均大于零,且第六个月增量留抵税额不低于50万元。

在计算连续6个月增量留抵税额均大于零时,是采取环比计算还是定基比计算呢?

(1)环比。所谓环比,是指在一定期间连续2个单位周期(比如连续两月)内的量的变化比,表明某一经济现象逐期的变化程度。

(2)定基比。定基比是指一定期间报告期与某一固定时期的量的变化比,表明某一经济现象在一段时期内的总变化程度。

(3)增量留抵税额。增量留抵税额是指与2019年3月底相比新增加的期末留抵税额。且纳税人符合相关条件的,可以在法定期限内,依法申请主管税务机关退还相应的增量留抵税额。

《财政部 税务总局关于进一步加大增值税期末留抵退税政策实施力度的公告》(财政部 税务总局公告2022年第14号)

四、本公告所称增量留抵税额,区分以下情形确定:

(一)纳税人获得一次性存量留抵退税前,增量留抵税额为当期期末留抵税额与2019年3月31日相比新增加的留抵税额。

(二)纳税人获得一次性存量留抵退税后,增量留抵税额为当期期末留抵税额。

案例4-2

例1:伦德企业咨询有限公司2019年3月底留抵税额20万元,4月、5月、6月、7月、8月、9月、10月留抵税额分别为20万元、30万元、30万元、

40万元、45万元、65万元、70万元，则该公司虽然4月份增量留抵税额为零（不大于零），但5—10月份增量留抵税额均大于零，符合"连续6个月增量留抵税额均大于零"的条件，在不考虑其他条件的情况下，11月纳税申报期内可以向主管税务机关申请退还增量留抵税额。

例2：伦德企业咨询有限公司2019年3月底留抵税额20万元，4月、5月、6月、7月、8月、9月留抵税额分别为25万元、30万元、40万元、15万元、45万元、65万元，则该公司由于7月相比于3月底增量留抵税额小于零，不符合连续6个月增量留抵税额均大于零的条件，应从8月份重新计算"连续6个月"。

例3：伦德企业咨询有限公司2019年3月底留抵税额20万元，4月、5月、6月、7月、8月、9月留抵税额分别为30万元、40万元、40万元、30万元、45万元、48万元，则该公司由于第六个月（9月）增量留抵税额低于50万元，不符合"第六个月增量留抵税额不低于50万元"的条件，应在每月增量留抵税额均大于20万元，且留抵税额大于50万元的次月申报期内向主管税务机关申请退还增量留抵税额。

4.5 即征即退

《财政部 税务总局关于完善资源综合利用增值税政策的公告》（财政部 税务总局公告2021年第40号）

三、增值税一般纳税人销售自产的资源综合利用产品和提供资源综合利用劳务（以下称销售综合利用产品和劳务），可享受增值税即征即退政策。

（一）综合利用的资源名称、综合利用产品和劳务名称、技术标准和相关条件、退税比例等按照本公告所附《资源综合利用产品和劳务增值税优惠目录（2022年版）》（以下称《目录》）的相关规定执行。

（二）纳税人从事《目录》所列的资源综合利用项目，其申请享受本公告规定的增值税即征即退政策时，应同时符合下列条件：

1.纳税人在境内收购的再生资源，应按规定从销售方取得增值税发票；

适用免税政策的,应按规定从销售方取得增值税普通发票。销售方为依法依规无法申领发票的单位或者从事小额零星经营业务的自然人,应取得销售方开具的收款凭证及收购方内部凭证,或者税务机关代开的发票。本款所称小额零星经营业务是指自然人从事应税项目经营业务的销售额不超过增值税按次起征点的业务。

纳税人从境外收购的再生资源,应按规定取得海关进口增值税专用缴款书,或者从销售方取得具有发票性质的收款凭证、相关税费缴纳凭证。

纳税人应当取得上述发票或凭证而未取得的,该部分再生资源对应产品的销售收入不得适用本公告的即征即退规定。

不得适用本公告即征即退规定的销售收入=当期销售综合利用产品和劳务的销售收入×(纳税人应当取得发票或凭证而未取得的购入再生资源成本÷当期购进再生资源的全部成本)。

纳税人应当在当期销售综合利用产品和劳务销售收入中剔除不得适用即征即退政策部分的销售收入后,计算可申请的即征即退税额:

可申请退税额=〔(当期销售综合利用产品和劳务的销售收入—不得适用即征即退规定的销售收入)×适用税率—当期即征即退项目的进项税额〕×对应的退税比例

各级税务机关要加强发票开具相关管理工作,纳税人应按规定及时开具、取得发票。

2.纳税人应建立再生资源收购台账,留存备查。台账内容包括:再生资源供货方单位名称或个人姓名及身份证号、再生资源名称、数量、价格、结算方式、是否取得增值税发票或符合规定的凭证等。纳税人现有账册、系统能够包括上述内容的,无需单独建立台账。

3.销售综合利用产品和劳务,不属于发展改革委《产业结构调整指导目录》中的淘汰类、限制类项目。

4.销售综合利用产品和劳务,不属于生态环境部《环境保护综合名录》中的"高污染、高环境风险"产品或重污染工艺。"高污染、高环境风险"产品,是指在《环境保护综合名录》中标注特性为"GHW/GHF"的产品,但纳税人生产销售的资源综合利用产品满足"GHW/GHF"例外条款规定的技术和条件的除外。

5.综合利用的资源,属于生态环境部《国家危险废物名录》列明的危险废物的,应当取得省级或市级生态环境部门颁发的《危险废物经营许可证》,且许可经营范围包括该危险废物的利用。

6.纳税信用级别不为C级或D级。

7.纳税人申请享受本公告规定的即征即退政策时,申请退税税款所属期前6个月（含所属期当期）不得发生下列情形：

（1）因违反生态环境保护的法律法规受到行政处罚（警告、通报批评或单次10万元以下罚款、没收违法所得、没收非法财物除外；单次10万元以下含本数，下同）。

（2）因违反税收法律法规被税务机关处罚（单次10万元以下罚款除外），或发生骗取出口退税、虚开发票的情形。

纳税人在办理退税事宜时，应向主管税务机关提供其符合本条规定的上述条件以及《目录》规定的技术标准和相关条件的书面声明，并在书面声明中如实注明未取得发票或相关凭证以及接受环保、税收处罚等情况。未提供书面声明的，税务机关不得给予退税。

4.5.1 备案流程

《国家税务总局关于进一步优化增值税优惠政策办理程序及服务有关事项的公告》（国家税务总局公告2021年第4号）

二、纳税人申请享受增值税减免税的，原则上应在首次申请减免税的申报前，向主管税务机关办理减免税备案。

纳税人后续申请增值税退税时，相关证明材料未发生变化的，无需重复提供，仅需提供退税申请材料并在退税申请中说明有关情况。纳税人享受增值税即征即退条件发生变化的，应当在发生变化后首次纳税申报时向主管税务机关书面报告。

办理减免税备案的纳税人，在符合相关规定的情况下，应向主管税务机关提供以下备案资料：

（1）《税务资格备案表》。

（2）利用属于环境保护部（今生态环境部）《国家危险废物名录》列明的危险废物的资源综合利用企业提供省级及以上环境保护部门颁发的《危险废物经营许可证》，且许可经营范围包括该危险废物的利用（不属于环境保护部《国家危险废物名录》列明的危险废物的，不提供该材料）。

4.5.2 退税流程及资料

办理资源综合利用增值税即征即退的纳税人，在符合相关规定的情况下，应向主管税务机关提供以下资料：

（1）《纳税人申请增值税退税声明》。
（2）《退（抵）税申请审批表》。
（3）与申报即征即退税款相对应的原缴款证明复印件。
（4）税务部门规定的其他相关资料。

纳税人在办理退税事宜时，应向主管税务机关提供其符合相关条件的书面声明材料，未提供书面声明材料或者出具虚假材料的，税务机关不得给予退税。

4.6 申请留抵退税

《财政部　税务总局　海关总署关于深化增值税改革有关政策的公告》
（财政部　税务总局　海关总署公告2019年第39号）
八、自2019年4月1日起，试行增值税期末留抵税额退税制度。

纳税人申请留抵退税的条件是什么？取得退还的留抵税额后应如何进行核算？

（1）留抵退税还区分行业吗？是否所有行业都可以申请留抵退税？

答：这次全面试行留抵退税制度，不再区分行业，只要增值税一般纳税人符合规定的条件，都可以申请退还增值税增量留抵税额。

（2）什么是增量留抵？为什么只对增量部分给予退税？

答：增量留抵税额，是指与2019年3月底相比新增加的期末留抵税额。对增量部分给予退税，一方面是基于鼓励企业扩大再生产的考虑，另一方面是基于财政可承受能力的考虑，若一次性将存量和增量的留抵税额全部退税，财政短期内不可承受。因而这次只对增量部分实施留抵退税，存量部分视情况逐步消化。

（3）2019年4月1日以后新设立的纳税人，如何计算增量留抵税额？

答：《财政部　税务总局　海关总署关于深化增值税改革有关政策的公告》（财政部　税务总局　海关总署公告2019年第39号）规定，增量留抵税额是指与2019年3月底相比新增加的期末留抵税额。2019年4月1日以后新设立的纳税人，2019年3月底的留抵税额为零，因此其增量留抵税额即当期的期末留抵税额。

（4）申请留抵退税的条件是什么？

答：同时符合以下条件的纳税人，可以向主管税务机关申请退还增量留抵税额：
①从2019年4月税款所属期起，连续6个月增量留抵税额均大于零，且第六个月增量留

抵税额不低于50万元；②纳税信用等级为A级或者B级；③申请退税前36个月未发生骗取留抵退税、出口退税或者虚开增值税专用发票情形的；④申请退税前36个月未因偷税被税务机关处罚两次及以上；⑤自2019年4月1日起未享受即征即退或先征后返（退）政策。

（5）为什么要设定连续6个月增量留抵税额大于零，且第六个月增量留抵税额不低于50万元的退税条件？

答：这主要是基于退税效率和成本效益的考虑，连续6个月增量留抵税额大于零，说明增值税一般纳税人常态化存在留抵税额，单靠自身生产经营难以在短期内消化，因而有必要给予退税；不低于50万元，是给退税数额设置的门槛，低于这个标准给予退税，会影响行政效率，也会增加纳税人的办税负担。

（6）纳税信用等级为M级的新办增值税一般纳税人是否可以申请留抵退税？

答：退税要求的条件之一是纳税信用等级为A级或者B级，纳税信用等级为M级的纳税人不符合《财政部　税务总局　海关总署关于深化增值税改革有关政策的公告》（财政部　税务总局　海关总署公告2019年第39号）规定的申请退还增量留抵税额的条件。

（7）为什么要限定申请退税前36个月未因偷税被税务机关处罚两次及以上？

答：《刑法》第二百零一条第四款规定，"有第一款行为，经税务机关依法下达追缴通知后，补缴应纳税款，缴纳滞纳金，已受行政处罚的，不予追究刑事责任。但是五年内因逃避缴纳税款受过刑事处罚或者被税务机关给予二次以上行政处罚的除外"，也就是说偷税行为"首罚不刑""两罚入刑"，留抵退税按照刑法标准作了规范。

（8）退税计算方面，进项构成比例是什么意思？应该如何计算？

答：进项构成比例，是指2019年4月至申请退税前一税款所属期内已抵扣的增值税专用发票（含税控机动车销售统一发票）、海关进口增值税专用缴款书、解缴税款完税凭证注明的增值税额占同期全部已抵扣进项税额的比重。计算时，需要将上述发票汇总后计算所占的比重。

（9）退税流程方面，为什么必须在申报期内提出申请？

答：留抵税额是个时点数，会随着增值税一般纳税人每一期的申报情况发生变化，因而提交留抵退税申请必须在申报期完成，以免对退税数额计算和后续核算产生影响。

（10）申请留抵退税的增值税一般纳税人，若同时发生出口货物劳务、发生跨境应税行为，应如何申请退税？

答：增值税一般纳税人出口货物劳务、发生跨境应税行为，适用免抵退税办法的，办理免抵退税后，仍符合留抵退税规定条件的，可以申请退还留抵税额，也就是说要按照"先免抵退税,后留抵退税"的原则进行判断;同时,适用免退税办法的,相关进项税额不得用于退还留抵税额。

（11）增值税一般纳税人取得退还的留抵税额后,应如何进行核算?

答:增值税一般纳税人取得退还的留抵税额后,应相应调减当期留抵税额,并在申报表和会计核算中予以反映。

（12）增值税一般纳税人取得退还的留抵税额后,若当期又产生新的留抵,是否可以继续申请退税?

答:增值税一般纳税人取得退还的留抵税额后,又产生新的留抵,要重新按照退税资格条件进行判断。特别要注意的是,"连续6个月增量留抵税额均大于零"的条件中"连续6个月"是不可重复计算的,即此前已申请退税"连续6个月"的计算期间,不能再次计算,也就是纳税人一个会计年度中,申请退税最多两次。

（13）加计抵减额可以申请留抵退税吗?

答:加计抵减政策属于税收优惠,按照纳税人可抵扣的进项税额的10%计算,用于抵减纳税人的应纳税额。但加计抵减额并不是纳税人的进项税额,从加计抵减额的形成机制来看,加计抵减不会形成留抵税额,因而也不能申请留抵退税。

（14）增值税一般纳税人购进旅客运输服务未取得增值税专用发票,计算抵扣所形成的留抵税额可以申请退税吗?

答:从设计原理来看,留抵退税对应的发票应为增值税专用发票(含税控机动车销售统一发票)、海关进口增值税专用缴款书以及解缴税款完税凭证,也就是说旅客运输服务计算抵扣的部分并不在退税的范围之内,但由于退税采用公式计算,上述进项税额并非直接排除在留抵退税的范围之外,而是通过增加分母比重的形式进行了排除。

4.7 无税申报的后果

零申报是指在企业纳税申报的所属期内没有发生应税收入,当期增值税、企业所得税等真实申报数据全部为零,可以进行零申报。零申报并不仅仅指收入为零,增值税小规模纳税人当期收入为零就可以零申报;增值税一般纳税人如果当期没有销项税额,且没有进项税额,才可以零申报;企业所得税纳税人当期未经营,收入、成本都为零才能零申报。

（1）取得免税收入只需零申报?

我们企业是增值税小规模纳税人,已经按规定办理增值税减免税备案,2019年第一季度销售蔬菜收入20万元,全部符合免税条件,可以零申报吗?

答：已经进行减免税备案的企业是不可以零申报的。按照相关规定，办理增值税减免备案的纳税人应纳税额为零，但并不代表该纳税人可以零申报，而是应该向税务机关如实申报。正确的申报方式是将当期免税收入20万元填入《增值税及附加税费申报表（小规模纳税人适用）》第12栏"其他免税销售额"完成当期申报。

（2）月销售额未达15万元只需零申报？

我们公司是增值税小规模纳税人，当月销售收入20 000元，可享受小微企业增值税免税的优惠政策，可以零申报吗？

答：增值税小规模纳税人容易陷入"月销售额未达15万元只需零申报"的误区。实际上，按照相关规定，在享受国家税收优惠的同时，应该向税务机关如实申报。正确的方式是计算出不含税收入，再用不含税收入算出应缴纳增值税，填入《增值税及附加税费申报表（小规模纳税人适用）》相应栏次享受免税。

（3）当期未取得收入只需零申报？

我们公司刚刚开业，这个月购买设备取得增值税进项发票5份，进项税额8 500元，已经做了认证，但是没有取得收入，请问可以零申报吗？

答：虽然没有取得销售收入，但是存在进项税额，如果该纳税人因未发生销售办理零申报，未抵扣进项税额会造成逾期抵扣而不能抵扣。正确方式是在对应的销售额栏次填写0，把当期已认证的进项税额8 500元填入申报表的进项税额栏次中，产生期末留抵税额在下期继续抵扣。

（4）企业长期亏损，企业所得税可零申报？

我们公司长期亏损，没有企业所得税应纳税额，企业所得税可以零申报吗？

答：企业的亏损是可以向以后5个纳税年度结转弥补的，如果做了零申报，则第二年盈利就不能弥补以前年度的亏损，会造成企业损失。如果当年做了企业所得税零申报，却将亏损延长到以后年度扣除，是违反税法规定的，所以亏损企业要慎重零申报。

（5）已预缴税款只需零申报？

我们平时给客户提供建筑服务，也销售一些建材，属于增值税小规模纳税人，这个季度我们提供建筑服务取得不含税收入5万元，已经到办税服务厅代开了增值税专用发票，缴纳1 500元税款，是不是就可以进行零申报了？

答：虽然代开发票已经缴纳了税款，依然不能简单地做零申报处理，应该在规定栏目填写销售收入，系统会自动生成已经缴纳的税款，进行冲抵。

（6）取得未开票收入只需零申报？

某企业是一家新成立的增值税一般纳税人，2019年1月增值税应税销售额100万元（未开票收入），销项税额13万元，当期取得增值税进项发票10份、进项税额13万元未认证。是否可以因当期未认证增值税进项发票而进行零申报？

答：如果纳税人违规进行零申报，不仅要补缴当期税款还要加收滞纳金，并处罚款，正确方式是该纳税人应将当期收入100万元填入未开票收入中，按规定缴纳当期税款。

（7）筹建期可做零申报？

我们是筹建期的新办工业企业，是增值税一般纳税人，2021年12月仍在筹建中，当期未发生销售，也未认证增值税进项发票，可以进行增值税零申报吗？

答：筹建期的纳税人2022年1月申报增值税时可以办理零申报。该纳税人如果当期有增值税进项发票，且已在当期进行认证，则不能进行零申报，需按规定填写当期进项税额。

（8）如何正确做零申报？

答：免税、无应纳税款与零申报，虽然最后结果都是应纳税额为零，但是区别很大，纳税人要正确进行零申报。违规零申报会造成企业利润损失，更会影响企业信用，增加税收风险。

4.8 零申报的后果

企业除了要在申报期限内属实完成申报工作外，还需要完成一些税务处理和自查，否则，公司经营者和财务人员会承担一定风险。

4.8.1 汇算清缴结束前必须自查纳税情况

每年5月31日之后，税务稽查或者风险管理都将陆续开展，企业一定要对以前年度的所得税纳税情况进行审查，是不是申报错误了，是不是真的连续12个月零申报。

4.8.2 长期零申报已经成为税务征管重点

认缴制施行以后，注册公司不再需要实缴，但公司成立后纳税申报工作不可以忽视。一些公司老板为了省事，自己进行申报，或者找个代账人员进行零申报。长期这样很可能会给公司带来潜在涉税风险。北京某税务部门曾公布的数据如下：

按照连续12个月无税申报的企业视为长期零申报户的口径，2012—2015年，朝阳区税务局连续12个月无税申报户数分别为19 908户、34 391户、56 190户和61 280户，分别占朝阳区总纳税户数的10.21%、16.30%、21.92%和21.99%。无论是零申报户的绝对规模，还是其占总纳税户的比例，都呈现了较为明显的上升趋势。如果再加上纳税额在10元以下的小额纳税户，则分别为24 934户、39 557户、58 466户和72 982户，占比分别为12.79%、18.75%、22.80%和26.19%，整体特征与零申报户情况一致。

将近1/4的企业纳税额为零,所以说零申报、零纳税已经成为顽疾。

4.8.3 连续12个月无税申报的将面临五大税务风险

(1) 注册资金已入资但未缴纳印花税。

(2) 业务合同未缴纳印花税。公司注册地如果是租赁,公司必然会签订租赁合同,租赁合同签订势必要缴纳印花税。

(3) 漏缴个人所得税。公司注册成立后,必然需要有员工,如果该员工长期零收入也不符合逻辑。

(4) 企业是否存在收入?如果长期不存在收入,公司持续经营也存在问题。

(5) 发票不能增量、增版。既然公司长期没有收入,肯定不会有太多业务,为了控制税务风险,降版减量很正常。

4.8.4 注意事项

(1) 不要轻易将注册资本设定为几千万元。长期零申报的企业,被税务清查的基本都是注册资本在5 000万元以上的企业,这些企业可能潜在的税务风险大,税务稽查基本优先选案。注册资本金额小,风险被暴露的风险就会小很多。

(2) 不要挑战连续12个月零申报预警线。除非企业确实亏损或者没有开展经营活动,不要去挑战税务预警线。

4.9 延期缴税免滞纳金

4.9.1 企业及相关人员存在涉税问题时可能存在的风险

税款征收的原则应该是将纳税人的应纳税款及时、足额地征缴入库,这是对税款征收在时间上和数量上的要求。依法纳税是一项法定义务,作为纳税人、扣缴义务人,应按照法定期限或者税务机关依照法律、行政法规的规定确定的期限缴纳或者解缴税款。如果企业不按时汇算清缴,并经税务机关认定存在涉税问题后,公司及相关人员可能会存在如下风险:

(1) 法人代表不能贷款买房。

(2) 法人代表不能办移民。

(3) 法人代表不能领养老保险。

(4) 公司每年会被税务部门罚款2 000~10 000元。

(5) 有欠税,企业法人代表会被阻止出境,搭乘不了飞机和高铁。

(6) 长期不申报税收,税务部门会上门检查。

(7) 长期不申报税收,发票会被锁机。

（8）工商信用网进经营异常名录，所有对外申办业务全部限制，如银行开户、进驻商城等。

4.9.2 对于未按期缴纳税款的，除了经税务机关批准延期缴纳的税款在批准的期限内不加收滞纳金，其他可以合法地不予加收滞纳金的情形

对于未按期缴纳（解缴）的税款，自纳税期限届满次日起至纳税人、扣缴义务人实际缴纳或者解缴税款之日止，要按日加收0.5‰的滞纳金。对于未按期缴纳税款的，除了经税务机关批准延期缴纳的税款在批准的期限内不加收滞纳金，还有哪些可以合法地不予加收滞纳金的情形呢？应包括但不限于以下13种情形。

（1）因税务机关责任少缴税款不加收滞纳金。因税务机关的责任，致使纳税人、扣缴义务人未缴或者少缴税款的，税务机关在3年内可以要求纳税人、扣缴义务人补缴税款，但是不得加收滞纳金。

对于纳税人、扣缴义务人未缴或者少缴的税款，应收归国库，这一点毫无异议，但是如果规定允许无限期的补缴和追征，则既不利于社会经济关系的稳定，又会给征纳双方带来许多麻烦和问题，对于因税务机关的责任，造成未缴、少缴税款的，依法未征少征要补征、未缴少缴要追缴，这是税款追缴的总原则，但为体现税务机关承担自身应负的责任，所以，对此情形不得加收滞纳金。

（2）特别纳税调整补征企业所得税一般不加收滞纳金。税务机关依照《中华人民共和国企业所得税法》（以下简称《企业所得税法》）第六章规定作出纳税调整，需要补征税款的，应当补征税款，并按照国务院规定加收利息。

之所以规定要加收利息而不是加收滞纳金，主要是针对避税行为纳税调整补征的税款，涉及的调整区间较长，最长可以从调查之日起向前追溯10年；还存在调整金额不确定性的特点，也就是说纳税义务发生在双方协商之后，纳税调整补征最终补交的税款是税务机关与纳税人协议达成的结果；再者，转让定价补缴税款的性质难以界定，有时纳税调整补缴的税款形成的原因可能是纳税人和税务机关双方的原因所形成的。鉴于滞纳金的比例过高，实践中将难以操作，而且这种情况并不属于纳税人故意欠税或违法偷逃税款，加征滞纳金不合理，因此，采取不加收滞纳金而是加收利息的方式，较好地协调了反避税措施的威慑力与纳税人负担合理性。

但是，税务机关已启动特别纳税调查程序的，则应根据纳税人补缴税款的入库日确定是加收利息还是滞纳金。企业在税务机关《特别纳税调查调整通知书》送达前缴纳或者送达后补缴税款的，应当自税款所属纳税年度的次年6月1日起至缴纳或者补缴税款之日止计算加收利息。企业超过《特别纳税调查调整通知书》补缴税款期限仍未缴纳税款的，应当自补缴税款期限届满次日起按照税收征管法及其实施细则的有关规定加收滞纳金，在加收滞纳金期间不再加收利息。

（3）因纳税调整补缴的个人所得税不加收滞纳金。税务机关依照规定对个人所得税应税事项作出纳税调整，需要补征税款的，应当补征税款，并依法加收利息。

税务机关对纳税人具有"个人与其关联方之间的业务往来不符合独立交易原则而减少本人或者其关联方应纳税额，且无正当理由；居民个人控制的，或者居民个人和居民企业共同控制的设立在实际税负明显偏低的国家（地区）的企业，无合理经营需要，对应当归属于居民个人的利润不作分配或者减少分配；个人实施其他不具有合理商业目的的安排而获取不当税收利益"这三类情形之一的，有权按照合理方法进行纳税调整。

对因纳税调整补征的税款不加收滞纳金，而是依法自税款纳税申报期满次日起至补缴税款期限届满之日止按日加收利息。纳税人在补缴税款期限届满前补缴税款的，利息加收至补缴税款之日。

（4）纳税人身份变化而补缴税款的不加收滞纳金。预判居民个人已纳税后改按非居民个人重新计算应纳税额，申报补缴税款，不加收税收滞纳金。例如，无住所个人刘先生预先判定为居民个人，因缩短在中国境内的居住天数，从而不能达到居民个人条件，在不能达到居民个人条件之日起至年度终了15天内，应当向主管税务机关报告，按照非居民个人重新计算应纳税额，申报补缴税款，这种情形补缴的个人所得税不加收税收滞纳金。

（5）境内居住、停留时间发生变化补缴税款的不加收滞纳金。无住所个人实际累计居住天数超过预计的90天的；对方税收居民个人实际停留天数超过预计的183天的，应就以前月份工资薪金所得重新计算应纳税款，并补缴税款，不加收税收滞纳金。

（6）预缴结算补税不加收滞纳金。纳税人依法经税务机关核准延期申报并按规定预缴税款的，在核准的延期期限内办理税款结算时，不适用《中华人民共和国税收征收管理法》关于纳税人未按期缴纳税款而被加收滞纳金的规定。

纳税人因不可抗力，不能按期办理纳税申报（包括所得税汇算清缴）的；因财务处理上的特殊原因，账务未处理完毕，不能计算应纳税额，按照规定的期限办理纳税申报等需要延期的，依法经核准允许延期申报。但允许延期申报不等于可以延期纳税，除因具有法定特殊困难的情形且经有权税务机关批准，可以延期纳税的外，其他经税务机关核准，允许延期申报的纳税人，应当在纳税期内按照上期实际缴纳的税额或者税务机关核定的税额预缴税款，并在核准的延期内办理税款结算，以保证国家应收税款及时收缴入库。

例如，A企业10月份因账务未处理完毕，不能计算应纳税额，无法在次月（11月）15日前准确进行纳税申报，经批准延期至该月（11月）25日前申报。该企业在次月（11月）15日前先预缴税款10万元，到了24日，企业进行了税款结算申报，而此时申报的税款是12万元，那么，对于其在核准的延期内办理税款结算时补缴的2万元税款，虽然较预缴时是少缴了税款，但不属于未按期缴纳税款的行为，不予加收滞纳金。

（7）善意取得虚开增值税专用发票已抵扣税款不加收滞纳金。纳税人善意取得虚开的增值税专用发票被依法追缴已抵扣税款的，不按《中华人民共和国税收征收管理法》第三十二条规定加收滞纳金。

例如，B企业在发生实际交易并支付对价的情况下，取得了对方开来的增值税专用发票，并申报抵扣了销项税额。过了一段时间，开具发票方被认定为是虚开发票，但经税务机关查证，没有证据表明购货方该企业知道销售方提供的专用发票是以非法手段获得的，此时，该企业被认定为善意取得虚开的增值税专用发票，其已经抵扣的税款将被追缴（不得抵扣），当然，企业如能重新取得合法、有效的专用发票，准许其抵扣进项税款。

那么，该企业虽因善意取得虚开的增值税专用发票被依法追缴已抵扣税款的，但不属于《中华人民共和国税收征收管理法》第三十二条"纳税人未按照规定期限缴纳税款"的情形，因此也不予加收滞纳金。

（8）缴税凭证上应纳税额和滞纳金1元以下的免收。主管税务机关开具的缴税凭证上的应纳税额和滞纳金为1元以下的，应纳税额和滞纳金为零。

征收1元以下应纳税额时，税务机关的征收成本（包括通用缴款书的印制成本、财税库银横向联网系统缴税费用、POS机划卡缴税费用等）常常会明显增高，纳税人也需要付出更多的纳税成本。国家税务总局为此作出了这样的规定，既有利于降低纳税人的缴税成本，减轻纳税人负担，又有利于降低税务机关的征收成本，提高征收效率，减轻税务征收人员的工作量，税务机关能够集中有限的人力、物力为纳税人提供更加便捷高效的纳税申报服务。例如，C纳税人应纳税额和滞纳金为0.9元，全部不予征收。但是，达到1元以上的，则应全额征收，而非减去1元就超过部分征收。

（9）汇算清缴期内补缴企业所得税不加收滞纳金。纳税人应当自纳税年度终了之日起5个月内，进行汇算清缴，结清应缴应退企业所得税税款。纳税人在纳税年度内预缴企业所得税税款少于应缴企业所得税税款的，应在汇算清缴期内结清应补缴的企业所得税税款，汇算清缴期间补缴的税款不加收滞纳金。

企业所得税汇算清缴，是指纳税人自纳税年度终了之日起5个月内或实际经营终止之日起60日内，依照税收法律、法规、规章及其他有关企业所得税的规定，自行计算本纳税年度应纳税所得额和应纳所得税额，根据月度或季度预缴企业所得税的数额，确定该纳税年度应补或者应退税额，并填写企业所得税年度纳税申报表，向主管税务机关办理企业所得税年度纳税申报、提供税务机关要求提供的有关资料、结清全年企业所得税税款的行为。

企业所得税实行按纳税年度计算，分月或者分季预缴的征收方式。企业应当自月份或者季度终了之日起15日内，向税务机关报送预缴企业所得税纳税申报表，预缴税款；应当自年度终了之日起5个月内，向税务机关报送年度企业所得税纳税申报表，并汇算清缴，结清应缴应退税款。既然税法规定纳税人在汇算清缴期内结清税款，那么其应补缴的税款在汇算清缴期（5月31日前）缴纳入库的，不加收滞纳金。

（10）清算补缴土地增值税不加收滞纳金。纳税人按规定预缴土地增值税后，清算补缴的土地增值税，在主管税务机关规定的期限内补缴的，不加收滞纳金。

由于房地产企业从预售房屋到最后清盘的时间周期长短不一，土地增值税纳税人在项目全部竣工结算前转让房地产取得的收入，涉及成本确定或其他原因而无法计算土地增值税的，现行政策规定可以预征土地增值税，待该项目全部竣工、办理结算后再进行清算，多退少补。很明显，纳税人办理土地增值税清算后，清算的应纳税款较预缴税款少缴的这部分税款，是先按税务机关规定的预征率预征后清算这种征收方式引起的，也非纳税人未按照规定期限缴纳税款，因此，不予加收滞纳金。例如，D纳税人已预缴土地增值税300万元，按程序进行清算后，还应补缴税款100万元，该纳税人在税务机关规定的期限内补缴了60万元，余下的40万元超过期限20天才缴纳入库。那么，对该纳税人按期补缴的那60万元税款不予加收滞纳金，但是对逾期才缴纳的这40万元税款，则应按日加收滞纳金。

（11）先核定再结算补缴耕地占用税不加收滞纳金。纳税人未经批准占用应税土地，应税面积不能及时准确确定的，主管税务机关可根据实际占地情况核定征收耕地占用税，待应税面积准确确定后再结清税款，结算补税不加收滞纳金。

耕地占用税是以纳税人实际占用的耕地面积为计税依据，按照规定的适用税额一次性征收。而实际占用的耕地面积，就包括经批准占用的耕地面积和未经批准占用的耕地面积。未经批准占用耕地的，耕地占用税纳税义务发生时间为实际占用耕地的当天。但由于是未经批准占用耕地，其准确面积肯定难以确定，此时，是由主管税务机关根据实际占地情况核定的税款金额，尔后，在应税面积准确确定结清税款时，由此情形所补缴的少缴税款，不属于纳税人未按照规定期限缴纳税款的行为，因此此种情形下少缴的税款，不予加收滞纳金。例如，E纳税人因未经批准就占用了一块果园用地从事非农业建设，主管税务机关根据实际占地情况核定其应缴耕地占用税60万元，后根据有关部门提供的信息，准确计算出其应缴税额为65万元，纳税人将结算后计算的少缴税额5万元按期缴纳入库，对其补缴的5万元税款不予加收滞纳金。

（12）定期定额户申报缴纳高于定额税款不加收滞纳金。定期定额户在定额执行期届满分月汇总申报时，月申报额高于定额又低于省税务机关规定申报幅度的应纳税款，在规定的期限内申报纳税不加收滞纳金。对实行简并征期的定期定额户，其按照定额所应缴纳的税款在规定的期限内申报纳税不加收滞纳金。

税务机关按照规定对生产、经营规模小，达不到《个体工商户建账管理暂行办法》规定设置账簿标准的个体工商户；虽设置账簿，但账目混乱或成本资料、收入凭证、费用凭证残缺不全，难以查账的个体工商户，在一定经营地点、一定经营时期、一定经营范围内的应纳税经营额（包括经营数量）或所得额（定额）进行核定，并以此为计税依据，确定其应纳税额的征收方式，称为定期定额征收。

定期定额户当期（定额执行期内所有纳税期）发生的经营额、所得额超过定额一定幅度（具体幅度由省税务机关确定）的，应当在法律、行政法规规定的申报期限内向税务机关进行申报并缴清税款。定期定额户在定额执行期（税务机关核定后执行的第一个纳税期至最后一个纳税期）结束后，应当将该期每月实际发生经营额、所得额向税务机关申报（简称分月汇总申报。具体申报期限由省税务机关确定，现基本为按季度纳税），申报额超过定额的，税务机关按照申报额所应缴纳的税款减去已缴纳税款的差额补缴税款。

（13）应扣未扣税款不加收滞纳金。扣缴义务人应扣未扣、应收而不收税款的，由税务机关向纳税人追缴税款，对扣缴义务人处应扣未扣、应收未收税款50%以上3倍以下的罚款。

对扣缴义务人加收滞纳金是对其未按时解缴税款所实施的一种经济上的补偿性与惩罚性相结合的措施，对扣缴义务人加收滞纳金的前提是扣缴义务人未按照规定期限解缴税款，即未按照规定期限将已扣已收的税款解缴入库。

由于扣缴义务人不是负有法定纳税义务的人，只负有法定的代扣代缴、代收代缴税款的义务，在未实际扣缴税款的情况下，该应扣而未扣的税款并未占用，从而也就无税可解缴，继而也就不适用未按期缴纳税款而被加收滞纳金的规定。但也不等于扣缴义务人就绝对不会被加收滞纳金。对扣缴义务人在已扣、已收税款后，未按期解缴入库的，应依法按日加收滞纳金。例如，F公司2022年8月代扣了个人所得税10万元，直至12月份才解缴入库，后又被发现8月份还有应扣未扣的个人所得税3万元。那么，对该公司未按期解缴的10万元税款应从9月16日起至实际解缴入库之日止，按日加收滞纳金；但对应扣未扣的3万元税款，在责成扣缴义务人补扣补缴或向纳税人追缴税款时，对扣缴义务人和纳税人均不予加收滞纳金，而视具体情形对扣缴义务人依法予处以50%至3倍的罚款。

除了以上13种情形，国家税务总局还规定了其他依法不予加收滞纳金的情形，例如，因严重自然灾害、重大突发事件导致局部地区的纳税人不能按期申报缴纳税款，由当地有权决定的税务机关规定不加收滞纳金等情形。

4.10 个人所得税手续费

4.10.1 "三代"范围、支付比例和限额

返还个人所得税手续费即"三代"手续费中之一。

（1）"三代"范围见表4.10.1。

表4.10.1 "三代"范围

三代	内容
代扣代缴	税收法律、行政法规已经明确规定负有扣缴义务的单位和个人在支付款项时，代税务机关从支付给负有纳税义务的单位和个人的收入中扣留并向税务机关解缴的行为
代收代缴	指税收法律、行政法规已经明确规定负有扣缴义务的单位和个人在收取款项时，代税务机关向负有纳税义务的单位和个人收取并向税务机关缴纳的行为
委托代征	指税务机关根据《中华人民共和国税收征收管理法》及其实施细则关于有利于税收控管和方便纳税的要求，按照双方自愿、简便征收、强化管理、依法委托的原则和国家有关规定，委托有关单位和人员代征零星、分散和异地缴纳的税收的行为

（2）"三代"支付比例和限额见表4.10.2。

表4.10.2 "三代"支付比例和限额

名称	比例（不超过）	限额
代扣代缴	2%	支付给单个扣缴义务人年度最高限额70万元
代收代缴车辆车船税	3%	
代收代缴委托加工消费税	2%	
代收代缴其他税款	2%	
委托交通运输部门海事管理机构代征船舶车船税	5%	
委托代征人代征车辆购置税	15元/辆	
委托证券交易所或证券登记结算机构代征证券交易印花税	0.03%	支付给单个代征人年度最高限额1 000万元
委托邮政部门代征税款	3%	
委托代征人代征农贸市场、专业市场等税收以及委托代征人代征其他零星分散、异地缴纳的税收	5%	

《中华人民共和国个人所得税法》（2018年修正、英文版）

第九条 个人所得税以所得人为纳税人，以支付所得的单位或者个人为扣缴义务人。

第十七条 对扣缴义务人按照所扣缴的税款，付给2%的手续费。

扣缴个人所得税手续费返没有金额限制的。《财政部 税务总局 人民银行关于进一步加强代扣代收代征税款手续费管理的通知》（财行〔2019〕11号）第三条第（一）款明确指出，"法律、行政法规规定的代扣代缴税款，税务机关按不超过代扣税款的2%支付手续费，且支付给单个扣缴义务人年度最高限额70万元，超过限额部分不予支付。对于法律、行政法规明确规定手续费比例的，按规定比例执行"。但如果某企业代扣代缴的是非居民增值税、预提所得税等，就要受该条款的限制，即"支付给单个扣缴义务人年度最高限额70万元，超过限额部分不予支付"。

《中华人民共和国企业所得税法》第三十七条，对非居民企业取得本法第三条第三款规定（非居民企业在中国境内未设立机构、场所的，或者虽设立机构、场所但取得的所得与其所设机构、场所没有实际联系的，应当就其来源于中国境内的所得缴纳企业所得税）的所得应缴纳的所得税，实行源泉扣缴，以支付人为扣缴义务人。税款由扣缴义务人在每次支付或者到期应支付时，从支付或者到期应支付的款项中扣缴。预提所得税实行源泉扣缴，扣缴义务人按照税法及相关法规规定扣缴。

财税〔2016〕36号文件规定，"境内的购买方为境外单位和个人扣缴增值税的，按照适用税率扣缴增值税"。

4.10.2 取得"返还个人所得税手续费"应如何进行财税处理

4.10.2.1 账务处理

根据2018年9月7日财政部会计司发布的《关于2018年度一般企业财务报表格式有关问题的解读》关于代扣个人所得税手续费返还的填列规定，企业作为个人所得税的扣缴义务人，收到的扣缴税款手续费应作为其他与日常活动相关的项目在利润表的"其他收益"项目中填列。

案例4-3

甲公司为一般纳税人，收到1.06万元的代扣代缴个人所得税手续费，全部用于奖励参与代扣代缴工作的财务人员和人力资源部员工。

收到手续费时：

借：银行存款	10 600	
贷：其他收益		10 000
应交税费——应交增值税（销项税额）		600

计提职工薪酬时：

借：管理费用——工资薪金	10 000	
贷：应付职工薪酬——工资薪金		10 000

发放职工薪酬时：

借：应付职工薪酬——工资薪金	10 000	
贷：银行存款		10 000

4.10.2.2 税务处理

（1）代扣个人所得税的手续费收入应按照"商务辅助服务——经纪代理服务"缴纳增值税。

纳税人代扣代缴个人所得税取得的手续费收入应属于增值税征税范围，属于有偿提供服务，应按照"商务辅助服务——经纪代理服务"缴纳增值税（一般纳税人税率为6%，小规模纳税人征收率为3%）。

《财政部　国家税务总局关于全面推开营业税改征增值税试点的通知》（财税〔2016〕36号）

商务辅助服务，包括企业管理服务、经纪代理服务、人力资源服务、安全保护服务。

……

（2）经纪代理服务，是指各类经纪、中介、代理服务，包括金融代理、知识产权代理、货物运输代理、代理报关、法律代理、房地产中介、职业中介、婚姻中介、代理记账、拍卖等。

（2）代扣个人所得税的手续费收入用于相关人员的奖励暂免征收个人所得税代扣个人所得税的手续费收入可以适当奖励相关工作人员。

《国家税务总局关于发布〈个人所得税扣缴申报管理办法（试行）〉的公告》（国家税务总局公告2018年第61号）

扣缴义务人领取的扣缴手续费可用于提升办税能力、奖励办税人员。

《财政部　国家税务总局关于个人所得税若干政策问题的通知》（财税字〔1994〕20号）

二、下列所得，暂免征收个人所得税

（五）个人办理代扣代缴税款手续，按规定取得的扣缴手续费。

（3）代扣个人所得税的手续费收入不属于企业所得税免税收入。代扣代缴个人所得税返还的2%手续费不属于不征税收入、免税收入，应并入纳税人年度收入总额计算缴纳企业所得税。同时将取得的手续费奖励给本单位从事代扣代缴工作的员工属于工资、薪金，因此在企业所得税上此笔支出是可以作为工资、薪金在税前扣除，并且此项支出可以增加工资总额进而加大税前扣除"三项经费"的扣除基数。

《中华人民共和国企业所得税法》（2018年修订）

第五条　企业每一纳税年度的收入总额，减除不征税收入、免税收入、各项扣除以及允许弥补的以前年度亏损后的余额，为应纳税所得额。

第六条　企业以货币形式和非货币形式从各种来源取得的收入，为收入总额。

《财政部　国家税务总局关于财政性资金、行政事业性收费、政府性基金有关企业所得税政策问题的通知》（财税〔2008〕151号）

企业取得的各类财政性资金，除属于国家投资和资金使用后要求归还本金的以外，均应计入企业当年收入总额。

5 税的基础知识

> 想要进行纳税筹划，必须对税种有所了解。本章将介绍几个常见税种的纳税人、征税范围及税率。

5.1 以"增值额"而征的"税"

增值税是以商品（含应税劳务）在流转过程中产生的增值额作为计税依据而征收的一种流转税。从计税原理上说，增值税是对商品生产、流通、劳务服务中多个环节的新增价值或商品的附加值征收的一种流转税。实行价外税，也就是由消费者负担，有增值才征税，没增值不征税。

5.1.1 增值税的纳税人与扣缴义务人

（1）纳税人。增值税的纳税人是指在我国境内从事增值税应税行为的单位和个人。增值税应税行为包括销售和进口货物，提供加工、修理修配劳务以及销售服务、无形资产、不动产。

特殊情况下纳税人的确定如表5.1.1所示。

表5.1.1 特殊情况下纳税人的确定

应税行为		纳税人
单位以承包、承租、挂靠方式经营的	一般情况	以承包人为纳税人
	承包人以发包人名义对外经营并由发包人承担相关法律责任	以该发包人为纳税人

（续表）

应税行为	纳税人
资管产品运营过程中发生的增值税应税行为	以"资管产品管理人"为增值税纳税人

（2）扣缴义务人。境外单位或个人在境内销售劳务，在境内未设有经营机构的，以其境内代理人为扣缴义务人；在境内没有代理人的，以购买方为扣缴义务人。

5.1.2 增值税的征税范围

（1）征税范围的一般规定。增值税的征收范围包括在我国境内销售或者进口货物，提供加工、修理修配劳务及销售应税服务、无形资产或者不动产，如表5.1.2所示。

表5.1.2 增值税的征税范围

征税范围	内容
销售或者进口货物	（1）货物：指"有形动产"，包括电力、热力、气体 （2）有偿：指从购买方取得货币、货物或者"其他经济利益" （3）进口：指申报进入中国海关境内的货物 【注意】只要是报关进口的应税货物（不看原产地），均属于增值税的征税范围，除享受免税政策外，在进口环节缴纳增值税
提供加工、修理修配劳务	【注意】加工、修理的对象为"有形动产"
销售服务、无形资产或者不动产	包括交通运输服务、邮政服务、电信服务等

交通运输服务包含的内容如表5.1.3所示。

表5.1.3 交通运输服务包含的内容

子目	内容
陆路运输	出租车公司向使用本公司自有出租车的出租车司机收取的管理费用
水路运输	水路运输的"程租""期租"业务属于水路运输服务
航空运输	航空运输的"湿租"业务属于航空运输服务
管道运输	通过管道设施输送气体、液体、固体物质的运输业务活动

邮政服务包括邮政普遍服务、邮政特殊服务、其他邮政服务。

电信服务包括基础电信服务（通话、出租带宽等）和增值电信服务（短/彩信、互联网接入、卫星电视信号落地转接等）。

建筑服务包含的内容如表5.1.4所示。

表5.1.4　建筑服务包含的内容

子目	具体项目
工程服务	新建、改建各种建筑物、构筑物的工程作业
安装服务	生产设备、动力设备、起重设备、运输设备、传动设备、医疗实验设备以及其他各种设备、设施的装配、安置工程作业
修缮服务	对建筑物、构筑物进行修补、加固、养护、改善，使之恢复原来的使用价值或者延长其使用期限的工程作业
装饰服务	对建筑物、构筑物进行修饰装修，使之美观或者具有特定用途的工程作业
其他建筑服务	钻井（打井）、拆除建筑物或者构筑物、平整土地、园林绿化、疏浚、建筑物平移、搭脚手架、爆破、矿山穿孔、表面附着物（包括岩层、土层、沙层等）剥离和清理等

金融服务包含的内容如表5.1.5所示。

表5.1.5　金融服务包含的内容

子目	具体项目
贷款服务	金融商品持有期间（含到期）利息（保本收益、报酬、资金占用费、补偿金等）收入、信用卡透支利息收入、买入返售金融商品利息收入、融资融券收取的利息收入，以及融资性售后回租、押汇、罚息、票据贴现、转贷等业务取得的利息及利息性质的收入
直接收费金融服务	提供货币兑换、账户管理、电子银行、信用卡、信用证、财务担保、资产管理、信托管理、基金管理、金融交易场所（平台）管理、资金结算、资金清算、金融支付等服务，而直接取得的收入
保险服务	人身保险服务和财产保险服务
金融商品转让	转让外汇、有价证券、非货物期货和其他金融商品（基金、信托、理财产品等各类资产管理产品和各种金融衍生品）的"所有权"取得的收入

现代服务包含的内容如表5.1.6所示。

表5.1.6　现代服务包含的内容

子目	具体项目
研发和技术服务	研发服务、合同能源管理服务、工程勘察勘探服务、专业技术服务
信息技术服务	软件服务、电路设计及测试服务、信息系统服务、业务流程管理服务和信息系统增值服务

（续表）

子目	具体项目	
文化创意服务	设计服务、知识产权服务、广告服务和会议展览服务	
物流辅助服务	航空服务、港口码头服务、货运客运场站服务、打捞救助服务、仓储服务、装卸搬运服务和收派服务	
租赁服务	融资租赁服务	有形动产融资租赁、不动产融资租赁
	经营租赁服务	有形动产经营租赁、不动产经营租赁
鉴证咨询服务	认证服务、鉴证服务和咨询服务	
广播影视服务	广播影视节目的制作服务、发行服务和播映服务	
商务辅助服务	企业管理服务、经纪代理服务、人力资源服务、安全保护服务	
其他现代服务	除上述8项以外的现代服务	

生活服务包括文化体育服务、教育医疗服务、旅游娱乐服务、餐饮住宿服务、居民日常服务、其他生活服务。其中，居民日常服务包括市容市政管理、家政、婚庆、养老、殡葬、照料和护理、救助救济、美容美发、按摩、桑拿、氧吧、足疗、沐浴、洗染、摄影扩印等。

销售无形资产包含的内容如表5.1.7所示。

表5.1.7 销售无形资产包含的内容

子目	具体项目
技术	专利技术、非专利技术
商标	—
著作权	—
商誉	—
自然资源使用权	土地使用权、海域使用权、探矿权、采矿权、取水权和其他自然资源使用权
其他权益性无形资产	基础设施资产经营权、公共事业特许权、配额、经营权（包括特许经营权、连锁经营权、其他经营权）、经销权、分销权、代理权、会员权、席位权、网络游戏虚拟道具、域名、名称权、肖像权、冠名权、转会费等

销售不动产中，单独转让土地使用权，按照销售无形资产缴纳增值税；转让不动产时一并转让其所占土地的使用权的，按照销售不动产缴纳增值税。

（2）视同销售。视同销售分为视同销售货物和视同销售服务、无形资产或不动产，如表5.1.8所示。

表5.1.8　视同销售包含的内容

两种情况		内容
视同销售货物	委托代销行为	将货物交付其他单位或者个人代销；销售代销货物
视同销售货物	货物异地移送	设有两个以上机构并实行统一核算的纳税人，将货物从一个机构移送至其他机构用于销售，但相关机构设在同一县（市）的除外
视同销售货物	自产、委托加工、购进的货物用于非生产性支出	（1）将自产、委托加工的货物用于集体福利或者个人消费 （2）将自产、委托加工的货物用于非增值税应税项目 （3）将自产、委托加工或者购进的货物作为投资，提供给其他单位或者个体工商户 （4）将自产、委托加工或者购进的货物分配给股东或者投资者 （5）将自产、委托加工或者购进的货物无偿赠送其他单位或者个人
视同销售服务、无形资产或不动产		单位或者个体工商户向其他单位或者个人无偿提供服务
视同销售服务、无形资产或不动产		单位或者个人向其他单位或者个人无偿转让无形资产或者不动产

（3）混合销售与兼营。混合销售和兼营的行为特征、判定标准、税务处理如表5.1.9所示。

表5.1.9　混合销售和兼营的行为特征、判定标准、税务处理

项目	行为特征	判定标准	税务处理
混合销售	一项销售行为	经营主体从事货物生产、批发或零售	按销售货物缴纳增值税
混合销售	一项销售行为	经营主体从事其他行业	按销售服务缴纳增值
兼营	多元化经营	增值税不同税目混业经营，不发生在同一项销售行为中	分别核算分别缴纳；未分别核算从高适用税率

（4）不征收增值税的特殊规定。不征收增值税的特殊规定如表5.1.10所示。

表5.1.10　不征收增值税的特殊规定的内含

项目	内容
资产重组	纳税人在资产重组过程中，通过合并、分立、出售、置换等方式，将全部或者部分实物资产以及与其相关联的债权、负债和劳动力一并转让给其他单位和个人，不属于增值税的征税范围，其中涉及的货物、不动产、土地使用权转让，不征收增值税

（续表）

项目	内容
非营业活动	（1）行政单位收取的满足条件的政府性基金或者行政事业性收费 够级别：由国务院或者财政部批准设立的政府性基金，由国务院或者省级人民政府及其财政、价格主管部门批准设立的行政事业性收费 有证据：收取时开具省级以上财政部门印制的财政票据 全上缴：所收款项全额上缴财政 （2）单位或者个体工商户聘用的员工为本单位或者雇主提供取得工资的服务 （3）单位或者个体工商户为聘用的员工提供服务
非在境内提供应税服务	（1）境外单位或者个人向境内单位或者个人销售完全在境外发生的服务 （2）境外单位或者个人向境内单位或者个人销售完全在境外使用的无形资产 （3）境外单位或者个人向境内单位或者个人出租完全在境外使用的有形动产 【注意】必须同时满足提供方在境外和完全在境外发生或使用两个条件
其他不征收增值税的项目	（1）根据国家指令无偿提供的铁路运输服务、航空运输服务，属于《营业税改征增值税试点实施办法》规定的用于公益事业的服务 （2）存款利息 （3）被保险人获得的保险赔付 （4）房地产主管部门或者其指定机构、公积金管理中心、开发企业以及物业管理单位代收的住宅专项维修资金

5.1.3 增值税的税率与征收率

5.1.3.1 增值税税率

增值税税率一共有4档：13%，9%，6%，0。各税目对应的税率如表5.1.11所示。

表5.1.11 增值税各税目对应的税率

序号	税目	税率
1	销售或者进口货物（除9~12项外）	13%
2	加工、修理修配劳务	13%
3	有形动产租赁服务	13%
4	不动产租赁服务	9%
5	销售不动产	9%
6	建筑服务	9%
7	运输服务	9%
8	转让土地使用权	9%
9	饲料、化肥、农药、农机、农膜	9%
10	粮食等农产品、食用植物油、食用盐	9%
11	自来水、暖气、冷气、热水、煤气、石油液化气、天然气、二甲醚、沼气、居民用煤炭制品	9%

(续表)

序号	税目	税率
12	图书、报纸、杂志、音像制品、电子出版物	9%
13	邮政服务	9%
14	基础电信服务	9%
15	增值电信服务	6%
16	金融服务	6%
17	现代服务（除租赁服务外）	6%
18	生活服务	6%
19	销售无形资产（除土地使用权外）	6%
20	出口货物	0
21	跨境销售国务院规定范围内的服务、无形资产	0

5.1.3.2 增值税征收率

增值税征收率一共有3档——免税、3%和5%，一般是3%，除了财政部和国家税务总局另有规定的。

（1）自2023年1月1日至2023年12月31日，增值税小规模纳税人适用3%征收率的应税销售收入，减按1%征收率征收增值税。

（2）5%主要适用于销售不动产，不动产租赁，转让土地使用权，提供劳务派遣服务、安全保护服务选择差额纳税的。

（3）3%主要适用于建筑服务，有形动产租赁，小规模纳税人提供劳务派遣服务、安全保护服务未选择差额纳税的。

（4）两个减按：①个人出租住房，按照5%的征收率减按1.5%计算应纳税额；②销售自己使用过的固定资产、旧货，按照3%征收率减按2%征收。

（5）小规模纳税人以及采用简易计税的一般纳税人计算税款时使用的增值税征收率，如表5.1.12所示。

表5.1.12 小规模纳税人以及采用简易计税的一般纳税人计算税款时使用的增值税征收率

序号	税目	征收率
1	销售货物	3%
2	加工、修理修配劳务	3%
3	销售服务（除另有规定外）	3%

（续表）

序号	税目	征收率
4	销售无形资产	3%
5	销售不动产	5%

其中五项业务征收率如表5.1.13所示。

表5.1.13　其中五项业务征收率

序号	税目	征收率
1	建筑服务	3%
2	试点前开工的高速公路车辆通行费	3%
3	不动产经营租赁	5%
4	销售自行开发房地产	5%
5	销售不动产	5%

5.1.3.3 增值税预征率

增值税预征率共有3档：2%，3%和5%。具体如表5.1.14所示。

表5.1.14　增值税预征率

序号	税目	预征率	
		一般计税	简易计税
1	销售建筑服务	2%	3%
2	销售自行开发房地产	3%	3%
3	不动产经营租赁（其中个体工商户和其他个人出租住房按照5%征收率减按1.5%计算）	3%	5%
4	销售不动产	5%	5%

按照现行规定应当预缴增值税税款的小规模纳税人，凡在预缴地实现的月销售额未超过10万元的，当期无须预缴税款。在预缴地实现的月销售额超过10万元的，适用3%预征率的预缴增值税项目，减按1%预征率预缴增值税。

5.2 以"消费品"而征的"税"

消费税(特种货物及劳务税)是以消费品的流转额作为征税对象的各种税收的统称,是政府向消费品征收的税项,可从批发商或零售商征收。

5.2.1 消费税税目

消费税税目有:烟、酒、高档化妆品、贵重首饰及珠宝玉石、鞭炮和焰火、成品油、小汽车、摩托车、高尔夫球及球具、高档手表、游艇、木制一次性筷子、实木地板、涂料、电池,其内容如表5.2.1所示。

表5.2.1 消费税税目内容

税目		内容
烟	包括	卷烟、雪茄烟、烟丝
	不包括	烟叶
酒	包括	白酒、黄酒、啤酒和其他酒
	不包括	调味料酒
高档化妆品	包括	高档美容、修饰类化妆品、高档护肤类化妆品和成套化妆品
	不包括	演员用的油彩、上妆油、卸妆油
贵重首饰及珠宝玉石	包括	(1)金银首饰、铂金首饰和钻石及钻石饰品 (2)其他贵重首饰和珠宝玉石 (3)宝石坯
鞭炮和焰火	不包括	体育上用的发令纸、鞭炮药引线
成品油	包括	(1)汽油、柴油、石脑油、溶剂油、航空煤油、润滑油、燃料油 (2)甲醇汽油、乙醇汽油、生物柴油、矿物性润滑油、植物性润滑油、动物性润滑油、化工原料合成润滑油、催化料、焦化料
小汽车	包括	乘用车、中轻型商用客车、乘用车和中轻型商用客车的改装车
	不包括	(1)大客车、大货车、厢式货车 (2)电动汽车 (3)沙滩车、雪地车、卡丁车、高尔夫车 (4)企业购进货车或厢式货车改装生产的商务车、卫星通信车等"专用汽车"
摩托车	免征	气缸容量250毫升(不含0以下的小批量摩托车
高尔夫球及球具	包括	高尔夫球,高尔夫球杆,高尔夫包(袋),高尔夫球杆的杆头、杆身和推把

（续表）

税目		内容
高档手表	标准	销售价格≥10 000元/只（不含增值税）
游艇	包括	主要用于水上运动和休闲娱乐等非牟利活动的各类机动艇
木制一次性筷子	包括	未经打磨、倒角的木制一次性筷子
	不包括	竹制一次性筷子
实木地板	包括	未经涂饰的素板
电池	免征	无汞原电池、金属氢化物镍蓄电池、锂原电池、锂离子蓄电池、太阳能电池、燃料电池和全钒液流电池
涂料	免征	施工状态下挥发性有机物含量低于420克/升（含）的涂料

5.2.2 消费税的征税范围

消费税征税范围如表5.2.2所示。

表5.2.2　消费税征税范围

情形	纳税环节		适用应税消费品	是否单一环节纳税
一般情况	生产		除"金银首饰、铂金首饰、钻石及钻石饰品"以外的其他应税消费品	√
	委托加工			
	进口			
特殊规定	销售	零售	金银首饰、铂金首饰、钻石及钻石饰品	√
			超豪华小汽车	×（加征）
		批发	卷烟	×（加征）

（1）生产应税消费品。生产应税消费品直接对外销售时，于销售时纳税，移送使用时，视不同情况纳税，如表5.2.3所示。

表5.2.3　生产应税消费品移送使用时纳税时间

情形	纳税时间
用于连续生产应税消费品	移送使用时不纳税，待生产的最终应税消费品销售时纳税
用于连续生产非应税消费品	移送使用时纳税，生产的最终非应税消费品销售时不再纳税
用于其他方面（在建工程、管理部门、非生产机构、提供劳务、馈赠、赞助、集资、广告、样品、职工福利、奖励）	视同销售，于移送使用时纳税

（2）委托加工应税消费品。委托加工行为判定如表5.2.4所示。

表5.2.4　委托加工行为判定的依据

应税行为	判定依据
委托加工	委托方提供原料和主要材料，受托方只收取加工费和代垫部分辅助材料
受托方销售自产应税消费品	（1）由受托方提供原材料生产的应税消费品 （2）受托方先将原材料卖给委托方，然后再接受加工的应税消费品 （3）由受托方以委托方名义购进原材料生产的应税消费品

委托方及受托方的税务处理如表5.2.5所示。

表5.2.5　委托方及受托方的税务处理

情形		税务处理
受托方身份	单位	由受托方在向委托方交货时代收代缴消费税
	个人	由委托方收回后自行缴纳消费税
委托方收回	用于连续生产应税消费品	所缴纳的消费税税款准予按规定抵扣
	直接出售	不再缴纳消费税
	以高于受托方的计税价格出售	按规定申报缴纳消费税，在计税时准予扣除受托方已代收代缴的消费税

（3）进口应税消费品。单位和个人进口应税消费品，于报关进口时缴纳消费税。

（4）销售应税消费品。销售应税消费品时，应视不同的情况征收消费税，如表5.2.6所示。

表5.2.6　销售应税消费品征收消费税

情形		征收消费税
零售环节征收消费税	金银首饰、铂金首饰、钻石及钻石饰品	（1）金银首饰仅限于金、银以及金基、银基合金首饰和金、银基合金的镶嵌首饰，不包括镀金首饰和包金首饰 （2）金银首饰在零售环节缴纳消费税，生产环节不再缴纳 （3）对既销售金银首饰，又销售非金银首饰的生产、经营单位，应将两类商品划分清楚，分别核算销售额。凡划分不清楚或不能分别核算的，在生产环节销售的，一律从高适用税率征收消费税；在零售环节销售的，一律按金银首饰征收消费税 （4）金银首饰连同包装物一起销售的，无论包装物是否单独计价，也无论会计上如何核算，均应并入金银首饰的销售额，计征消费税 （5）带料加工的金银首饰，应按受托方销售同类金银首饰的销售价格确定计税依据征收消费税，没有同类金银首饰销售价格的，按照组成计税价格计算纳税

(续表)

情形		征收消费税
零售环节加征消费税	超豪华小汽车（单一环节纳税的例外）	（1）界定：单价在130万元以上 （2）纳税人：将超豪华小汽车销售给消费者的单位和个人 （3）税务处理：对超豪华小汽车，在生产（进口）环节按现行税率征收消费税的基础上，在零售环节加征消费税，税率为10%
批发环节加征消费税	卷烟（单一环节纳税的例外）	（1）烟草批发企业将卷烟销售给零售单位的，要再征一道消费税 （2）加征税率——复合计征 比例税率：11% 定额税率：0.005元/支

5.2.3 消费税的税率

消费税的税率如表5.2.7所示。

表5.2.7 消费税的税率

情形	税率
基本规定	税率形式——比例税率和定额税率 （1）比例税率：绝大多数应税消费品 （2）定额税率：黄酒、啤酒、成品油 （3）执行"复合计征"的特殊应税消费品：卷烟（包括"批发"环节）、白酒
会计核算水平要求	纳税人兼营不同税率的应税消费品，应当分别核算不同税率应税消费品的销售额、销售数量。未分别核算销售额、销售数量，从高适用税率
套装与礼盒	纳税人将不同税率的应税消费品组成成套消费品销售的，从高适用税率

5.3 "企业"取得"所得"要征的"税"

企业所得税是对我国境内的企业和其他取得收入的组织的生产经营所得和其他所得征收的一种所得税。

5.3.1 企业所得税纳税人

（1）纳税人。企业所得税的纳税人即我国境内的"企业"和其他取得收入的"组织"。

【注意】"个体工商户、个人独资企业、合伙企业"不属于企业所得税纳税人。

（2）纳税人分类。企业所得税纳税人分为居民企业和非居民企业，其判定标准如表5.3.1所示。

表5.3.1　企业所得税的判定标准

类型	判定标准
居民企业	在中国境内成立
	依照外国（地区）法律成立但实际管理机构在中国境内
非居民企业	依据外国（地区）法律成立且实际管理机构不在中国境内，但在中国境内设立机构、场所
	在中国境内未设立机构、场所，但有来源于中国境内所得

（3）纳税义务。居民企业和非居民企业的企业所得税的纳税义务如表5.3.2所示。

表5.3.2　居民企业和非居民企业的企业所得税的纳税义务

企业类型		纳税义务
居民企业		来源于中国境内、境外的所得
非居民企业	设立机构、场所	（1）所设机构、场所取得的来源于中国境内的所得 （2）发生在中国境外但与其所设机构、场所有实际联系的所得
	设立机构、场所，但取得的所得与所设机构、场所没有实际联系	来源于中国境内的所得
	未设立机构、场所	

5.3.2　税率

企业所得税一般税率为25%，当然还有优惠税率，如表5.3.3所示。

表5.3.3　企业所得税税率

税率		适用对象
25%		居民企业
		在中国境内设立机构、场所且取得所得与所设机构、场所有实际联系的非居民企业
20%		在中国境内未设立机构、场所的非居民企业
		在中国境内虽设立机构、场所，但取得的所得与其所设机构、场所没有实际联系的非居民企业
优惠税率	10%	执行20%税率的非居民企业

（续表）

税率		适用对象
优惠税率	15%	高新技术企业、技术先进型服务企业
		设在西部地区，以《鼓励类产业目录》项目为主营业务，主营业务收入占总收入70%以上的企业
	20%	小型微利企业 【注意】自2019年1月1日至2021年12月31日，年应纳税所得额不超过100万元的部分，减按25%计入应纳税所得额；超过100万元但不超过300万元的部分，减按50%计入应纳税所得额

5.4 "个人"取得"所得"要征的"税"

个人所得税是调整征税机关与自然人（居民、非居民）之间在个人所得税的征纳与管理过程中所发生的社会关系的法律规范的总称。

5.4.1 纳税人和征税对象

5.4.1.1 纳税人

个人所得税的纳税人包括中国公民，外籍个人以及中国香港、中国澳门、中国台湾同胞，也包括"自然人性质的特殊主体"，如个体工商户、个人独资企业的投资人、合伙企业的合伙人。

5.4.1.2 纳税人分类及纳税义务

纳税人的分类及纳税义务如表5.4.1所示。

表5.4.1 纳税人的分类及纳税义务

纳税人	判定标准	纳税义务
居民	有住所	无限纳税义务
	无住所而一个纳税年度内在中国境内居住满183天	
非居民	无住所又不居住	有限纳税义务
	无住所而一个纳税年度内在中国境内居住不满183天	

5.4.1.3 所得来源地

所得来源地与所得支付地，两者可能是一致的，也可能是不同的，我国个人所得税依据"所得来源地"判断经济活动的实质，征收个人所得税。

下列所得，不论支付地点是否在中国境内，均为来源于中国境内的所得：

(1)因任职、受雇、履约等而在中国境内提供劳务取得的所得；

(2)将财产出租给承租人在中国境内使用而取得的所得；

(3)许可各种特许权在中国境内使用而取得的所得；

(4)转让中国境内的不动产等财产或者在中国境内转让其他财产取得的所得；

(5)从中国境内企、事业单位和其他经济组织以及居民个人取得的利息、股息、红利所得。

5.4.2 综合所得

综合所得项目包括工资、薪金所得；劳务报酬所得；稿酬所得；特许权使用费所得。居民纳税人综合所得按年计征，分月或分次预缴，年终汇算清缴。

企业代缴个人所得税的综合所得税目即"工资、薪金所得"税目。

5.4.2.1 基本规定

工资、薪金所得是指个人因"任职或者受雇"而取得的所得，属于"非独立"个人劳动所得。

5.4.2.1 特殊规定

(1)不属于工资、薪金性质的补贴、津贴，不征收个人所得税，包括：独生子女补贴；托儿补助费；差旅费津贴、误餐补助；执行公务员工资制度未纳入基本工资总额的补贴、津贴差额和家属成员的副食补贴。

(2)解除劳动关系一次性补偿收入按"工资、薪金所得"缴纳个人所得税。在当地上年职工平均工资3倍数额以内的部分，免征个人所得税；超过3倍数额的部分，不并入当年综合所得，单独适用综合所得税率表，计算纳税。

(3)正式退休。离退休人员按规定领取离退休工资或养老金外，另从原任职单位取得的各类补贴、奖金、实物，不属于免税项目，应按"工资、薪金所得"缴纳个人所得税。离退休人员再任职取得的收入，按"工资、薪金所得"缴纳个人所得税。

(4)内部退养。内部退养的个人在其办理内部退养手续后至法定离退休年龄之间从原任职单位取得的工资、薪金，不属于离退休工资，应按"工资、薪金所得"项目计征个人所得税。内部退休人员重新就业取得的工资、薪金所得与从原任职单位取得的同一月份的工资、薪金所得合并，按"工资、薪金所得"缴纳个人所得税。

(5)提前退休。提前退休取得一次性补贴收入，按"工资、薪金所得"缴纳个人所得税。

(6)个人取得公务交通、通信补贴收入扣除一定标准的公务费用后，按照"工资、薪金所得"项目计征个人所得税。

(7)个人因任职、受雇上市公司取得的股票期权、股票增值权、限制性股票、股权奖励所得，按"工资、薪金所得"缴纳个人所得税。

(8)保险金。"三险一金"缴费超过规定比例部分，按"工资、薪金所得"项目计征个人所得税。"三险一金"以外的非免税保险按"工资、薪金所得"项目计征个人所得税。

（9）特殊职业。兼职（同时在两个以上事务所任职、受雇）律师，从律师事务所取得工资、薪金性质的所得以收入全额为应纳税所得额，不扣减生计费。兼职律师应自行申报两处或两处以上取得的工资、薪金所得，合并计算缴纳个人所得税。

（10）非营利性科研机构和高校奖励。依法批准设立的非营利性研究开发机构和高校根据规定，从职务科技成果转化收入中给予科技人员的现金奖励，可减按50%计入科技人员当月工资、薪金所得，依法缴纳个人所得税。

5.4.3 综合所得适用税率

综合所得执行3%～45%七级超额累进税率，如表5.4.2所示。

表5.4.2 综合所得适用税率

级数	全年应纳税所得额含税级距	税率	速算扣除数
1	不超过36 000元的	3%	0
2	超过36 000元至144 000元的部分	10%	2 520
3	超过144 000元至300 000元的部分	20%	16 920
4	超过300 000元至420 000元的部分	25%	31 920
5	超过420 000元至660 000元的部分	30%	52 920
6	超过660 000元至960 000元的部分	35%	85 920
7	超过960 000元的部分	45%	181 920

【说明】本表适用于综合所得汇算清缴的计算。

5.5 以"房屋产权"要征的"税"

房产税是以房屋为征税对象，以房屋的计税余值或租金收入为计税依据，向产权所有人征收的一种财产税。

5.5.1 房产税的特征

房产税的特征有以下三个：

（1）属于财产税，以房产为征税对象。

（2）以房产的计税价值或房产租金收入为计税依据。

（3）以房产所有人为纳税人。

5.5.2 房产税的纳税人

不同的情形下，房产税的纳税人也不相同，如表5.5.1所示。

表5.5.1 不同的情形下房产税的纳税人

具体情形	纳税人
产权属于国家所有	经营管理单位
产权属于集体和个人所有	集体单位和个人
产权出典	承典人
产权所有人、承典人均不在房产所在地	房产代管人或者使用人
产权未确定、租典纠纷未解决	房产代管人或者使用人
产权出租	出租人 【注意】纳税人"无租使用"房产管理部门、免税单位及其他纳税单位的房产，由"使用人代缴"房产税

5.5.3 房产税的征税范围

（1）属于：房产税的征税范围为城市、县城、建制镇和工矿区的房屋，不包括农村。

（2）不属于：独立于房屋之外的建筑物，如围墙、烟囱、水塔、菜窖、室外游泳池等不属于房产税的征税范围。

【注意】房地产开发企业建造的商品房，在出售前，不征收房产税，但对出售前房地产开发企业已使用或出租、出借的商品房应按规定征收房产税。

5.5.4 房产税应纳税额的计算

房产税应纳税额的计算见表5.5.2。

表5.5.2 房产税应纳税额的计算

计税方法	计税依据	税率	税额计算公式
从价计征	房产余值	1.2%	全年应纳税额＝应税房产原值×（1－扣除比例）×1.2%
从租计征	房产租金	12%	全年应纳税额＝（不含增值税）租金收入×12%
税收优惠	个人出租住房（不区分出租后用途）		减按"4%"的税率
	单位按"市场价格"向"个人"出租用于"居住"的住房		

【注意1】扣除比例为10%～30%，由省级人民政府确定。
【注意2】计税租金为不含增值税的租金收入，既包括货币收入，也包括实物收入。

5.6 使用"土地"要征的"税"

城镇土地使用税是国家在城市、县城、建制镇和工矿区范围内,对使用土地的单位和个人,以其实际占用的土地面积为计税依据,按照规定的税额计算征收的一种税。

5.6.1 城镇土地使用税的纳税人

(1)城镇土地使用税由拥有土地使用权的单位或个人缴纳。

(2)拥有土地使用权的纳税人不在土地所在地的,由代管人或实际使用人缴纳。

(3)土地使用权未确定或权属纠纷未解决的,由实际使用人纳税。

(4)土地使用权共有的,共有各方均为纳税人,以共有各方实际使用土地的面积占总面积的比例,分别计算缴纳城镇土地使用税。

5.6.2 城镇土地使用税的征税范围

凡在城市、县城、建制镇、工矿区范围内的土地,不区分国家所有还是集体所有,但不包括农村集体所有的土地。

5.6.3 城镇土地使用税的税率

城镇土地使用税采用幅度差别定额税率。

5.7 占用"耕地"要征的"税"

在我国境内占用耕地建房或者从事非农业建设的单位或者个人,为耕地占用税的纳税人,应当缴纳耕地占用税。可见,耕地占用税是一种行为税,是对占用耕地从事非农业生产的行为而征收的一种税。这里所说的耕地是指用于种植农作物的土地。

5.7.1 纳税人

在我国境内占用耕地建设建筑物、构筑物或者从事非农业建设的单位和个人,为耕地占用税的纳税人。

耕地即用于种植农作物的土地(基本农田)。占用园地、林地、草地、农田水利用地、养殖水面、渔业水域滩涂以及其他农用地(非基本农田)建设建筑物、构筑物或者从事非农业建设的,也应征收耕地占用税。

【注意】占用耕地建设直接为农业生产服务的生产设施的(农田水利设施),不征收耕地占用税。

耕地占用税的纳税人如表5.7.1所示。

表5.7.1　耕地占用税的纳税人

是否经批准	纳税人	
经批准	农用地转用审批文件中标明建设用地人	建设用地人
	农用地转用审批文件中未标明建设用地人	用地申请人 【注意】用地申请人为各级人民政府的，由同级土地储备中心、自然资源主管部门或政府委托的其他部门、单位履行耕地占用税申报纳税义务
未经批准	实际用地人	

5.7.2　税率

耕地占用税的税率如表5.7.2所示。

表5.7.2　耕地占用税的税率

占用区域	定额税率（元/平方米）
人均耕地不超过1亩[①]的地区	10~50
人均耕地超过1亩但不超过2亩的地区	22~40
人均耕地超过2亩但不超过3亩的地区	6~30
人均耕地超过3亩的地区	5~25

这里所说的地区，是指以县级行政区域为单位的地区。

耕地占用税的定额税率是一个区间，在法定区间范围内，各地区具体的征收率由当地政府根据当地的实际情况自行决定。经济特区、经济技术开发区和经济发达且人均耕地特别少的地区，适用税额可以适当提高，但是提高的部分最高不得超过当地适用税额的50%。占用基本农田的，适用税额应当在适用税额的基础上提高50%。

5.8　与"契约"有关的"税"

契税是指不动产（土地、房屋）产权发生转移变动时，就当事人所订契约按产权价格的一定比例向新业主（产权承受人）征收的一次性税收。

---

① 1亩≈666.67平方米。下同。

5.8.1 契税的特征
(1)属于财产转移税,在土地、房屋权属转移时征收。
(2)以当事人双方签订的合同(契约)中所确定的价格为计税依据。
(3)以"权属承受人"为纳税人。

5.8.2 征税范围
契税的征税范围包括:国有土地使用权出让;土地使用权转让(包括出售、赠与、交换);房屋买卖、赠与、交换。
【注意】土地使用权的转让不包括农村集体土地承包经营权的转移;土地、房屋权属的典当、继承、分拆(分割)、出租、抵押,不属于契税的征税范围。

5.8.3 税率
契税实行3%~5%的幅度税率。实行幅度税率是考虑到中国经济发展的不平衡,各地经济差别较大的实际情况。因此,各省、自治区、直辖市人民政府可以在3%~5%的幅度税率规定范围内,按照该地区的实际情况决定。

5.9 土地"增值"要征的"税"

土地增值税,就是对企业出售国有土地使用权、地上的建筑物及其附着物也就是房地产而取得收入,再扣除企业获得国有土地使用权、地上的建筑物及其附着物也就是房地产时支付的成本后的增值部分进行征收的税种。

5.9.1 纳税人
土地增值税属于财产转移税,以转让国有土地使用权、地上建筑物及其附着物取得的增值额为计税依据,以转让方为纳税人。

5.9.2 征税范围
土地增值税的征税范围如表5.9.1所示。

表5.9.1 土地增值税的征税范围

事项	征税范围	
	不征	征
土地使用权出让	√	
土地使用权转让		√
转让建筑物产权		√

（续表）

事项		征税范围	
		不征	征
继承		√	
赠与		（1）赠与直系亲属或者承担直接赡养义务人 （2）通过中国境内非营利的社会团体、国家机关赠与教育、民政和其他社会福利、公益事业	赠与其他人
改制	整体改制	一般企业	房地产开发企业
	合并		
	分立		
	投资、联营		
房地产开发企业		将部分开发房产自用或出租	出售或视同出售（如抵债等）
房地产交换		个人互换自有居住用房	企业互换
合作建房		建成后自用	建成后转让
出租		√	
抵押		抵押期间	抵押期满且发生权属转移
代建		√	
评估增值		√	

【注意】土地增值税属于收益性质的土地税，只有在发生权属转移且有增值的情况下才予征收。

5.9.3 税率

土地增值税适用四级"超率累进税率"，如表5.9.2所示。

表5.9.2 土地增值税税率

级数	增值额与扣除项目金额的比率	税率	速算扣除系数
1	不超过50%的部分	30%	0
2	超过50%至100%的部分	40%	5%
3	超过100%至200%的部分	50%	15%
4	超过200%的部分	60%	35%

5.10 一个小税种——印花税

印花税是对经济活动和经济交往中书立、领受、使用的应税经济凭证所征收的一种税。它虽然只是小税种，却难倒了无数英雄好汉。

5.10.1 纳税人和扣缴义务人

（1）纳税人。订立、领受在中华人民共和国境内具有法律效力的应税凭证，或者在中华人民共和国境内进行证券交易的单位和个人，为印花税的纳税人，应当依法缴纳印花税。

印花税的纳税人分为以下6类，如表5.10.1所示。

表5.10.1 印花税的纳税人

纳税人	内容
立合同人	合同的当事人（不包括合同的担保人、证人、鉴定人） 【注意】印花税双向征收，签订合同或应税凭证的各方都是纳税人
立账簿人	该账簿是指营业账簿，包括资金账簿和其他营业账簿
立据人	产权转移书据
领受人	权利证照
使用人	国外订立合同国内使用
各类电子应税凭证的签订人	各类电子形式的应税凭证的当事人

（2）扣缴义务人。证券登记结算机构为证券交易印花税的扣缴义务人。

5.10.2 征税范围

印花税的征税范围如表5.10.2所示。

表5.10.2 印花税的征税范围

税目	范围
1. 购销合同	包括供应、预购、采购、购销结合及协作、调剂、补偿、易货等合同
2. 加工承揽合同	包括加工、定作、修缮、修理、印刷、广告、测绘、测试等合同

（续表）

税目	范围
3. 建设工程、勘察设计合同	包括勘察、设计合同
4. 建筑安装工程承包合同	包括建筑、安装工程承包合同
5. 财产租赁合同	包括租赁房屋、船舶、飞机、机动车辆、机械、器具、设备等
6. 货物运输合同	包括民用航空、铁路运输、海上运输、内河运输、公路运输和联运合同
7. 仓储保管合同	包括仓储、保管合同
8. 借款合同	银行及其他金融组织和借款人（不包括银行同业拆借）所签订的借款合同
9. 财产保险合同	包括财产、责任、保证、信用等保险合同
10. 技术合同	包括技术开发、转让、咨询、服务等合同
11. 产权转移书据	包括财产所有权和版权、商标专用权、专利权、专有技术使用权等转移书据
12. 营业账簿	生产经营用账册
13. 权利许可证照	包括政府部门发给的房屋产权证、工商营业执照、商标注册证、专利证、土地使用证

【注意】专利申请转让、非专利技术转让属于技术合同；专利权转让、专利实施许可属于产权转移书据；商品房买卖合同、土地使用权出让与转让合同均属于产权转移书据。

凡属于明确双方供需关系，据以供货和结算，具有合同性质的凭证，应按规定缴纳印花税（仅有凭证而无合同）。

纳税人以电子形式签订的各类应税凭证按规定征收印花税。

5.10.3 税率

印花税的税率如表5.10.3所示。

表5.10.3 印花税的税率

印花税税目税率表（2022版，2022年7月1日起执行）

税目		税率	备注
合同（指书面合同）	借款合同	借款金额的万分之零点五	指银行业金融机构、经国务院银行业监督管理机构批准设立的其他金融机构与借款人（不包括同业拆借）的借款合同
	融资租赁合同	租金的万分之零点五	

（续表）

税目		税率	备注
合同（指书面合同）	买卖合同	价款的万分之三	指动产买卖合同（不包括个人书立的动产买卖合同）
	承揽合同	报酬的万分之三	
	建设工程合同	价款的万分之三	
	运输合同	运输费用的万分之三	指货运合同和多式联运合同（不包括管道运输合同）
	技术合同	价款、报酬或者使用费的万分之三	不包括专利权、专有技术使用权转让书据
	租赁合同	租金的千分之一	
	保管合同	保管费的千分之一	
	仓储合同	仓储费的千分之一	
	财产保险合同	保险费的千分之一	不包括再保险合同
产权转移书据	土地使用权出让书据	价款的万分之五	转让包括买卖（出售）、继承、赠与、互换、分割
	土地使用权、房屋等建筑物和构筑物所有权转让书据（不包括土地承包经营权和土地经营权转移）	价款的万分之五	
	股权转让书据（不包括应缴纳证券交易印花税的）	价款的万分之五	
	商标专用权、著作权、专利权、专有技术使用权转让书据	价款的万分之三	
营业账簿		实收资本（股本）、资本公积合计金额的万分之二点五	
证券交易		成交金额的千分之一	

5.11 两个附加税费——城市维护建设税、教育费附加

与流转相关的税费有两个，即城市维护建设税与教育费附加。

5.11.1 城市维护建设税

城市维护建设税是我国为了加强城市的维护建设,扩大和稳定城市维护建设资金的来源开征的一个税种。

(1)纳税人。城市维护建设税的纳税人即承担城市维护建设税纳税义务的单位和个人,也就是实际缴纳增值税、消费税的单位和个人。

(2)税率。城市维护建设税实行地区差别税率,按照纳税人所在地的不同,税率分别规定为7%,5%,1%三个档次,不同地区的纳税人实行不同档次的税率,如表5.11.1所示。

表5.11.1 城市维护建设税税率

地区	税率
市区	7%
县城、镇	5%
不在市区、县城或镇	1%

【注意】由受托方代征、代扣增值税、消费税的单位和个人,其代征、代扣的城市维护建设税适用受托方所在地的税率。

流动经营等无固定纳税地点的单位和个人,在经营地缴纳"两税(增值税、消费税)"的,其城市维护建设税的缴纳按经营地适用税率执行。

5.11.2 教育费附加

教育费附加是为了加快发展地方教育事业,扩大地方教育经费的资金来源而开征的一种"费",和城市维护建设税一样,属于对受益行为征收的一种附加性费用。

(1)纳税人。城市维护建设税的纳税人即承担城市维护建设税纳税义务的单位和个人,也就是实际缴纳增值税、消费税的单位和个人。

(2)税率。教育费附加的征收比率为3%,地方教育附加各地不一样,有2%,也有1%。

第2编

防范涉税风险

6

"买""卖"那些事

> 企业的"买""卖"无非就是和客户、供应商等的一些经济往来,也就是会计科目里的"应/预收账款""应/预付账款"和"其他应收/付款"。这些往来有哪些风险需要规避呢?

6.1 印章案件解读

近几年,印章盗用、假章诈骗的事件频发,给不少金融机构造成了严重损失。

例如,裁判文书网在2019年公布了一则刑事判决书:从事集热电铝业联产的民营企业山东魏桥铝电的银行账户突遭法院冻结,涉及金额6 400多万元。经过警方和法院的调查发现,原来是有人私刻魏桥铝电的公章、法人章以及控股股东宏桥新材的印章,并用上述印章在银行进行贷款担保。

山东省滨州市中级人民法院
刑事裁定书

(2019)鲁16刑终99号

原公诉机关山东省邹平市人民检察院。

上诉人(原审被告人)辛某,男,1971年8月15日出生于山东省济南市章丘区,汉族,高中文化,羁押前住济南市中建锦绣城4号楼1单元701室。因涉嫌犯伪造公司印章罪于2018年11月6日被刑事拘留,同年12月13日被逮捕。

辩护人沈某某,山东鲁泉律师事务所律师。

辩护人成某某,山东天健律师事务所律师。

原审被告人徐某某,男,1988年8月8日出生于江苏省泰州市姜堰区,汉族,硕士研究生文化,龙邦(大连)能源有限公司、大连伊甸园贸易有限公司实际控制人,户籍地江苏省泰州市姜堰区,住江苏省泰州市海陵区。因涉嫌犯伪造公司印章罪于2018年10月8日被抓获,同年10月10日被刑事拘留,同年11月14日被逮捕,2019年2月2日被取保候审。

山东省邹平市人民法院审理山东省邹平市人民检察院指控原审被告人徐某某、辛某某犯伪造公司印章罪一案,于2019年2月2日作出〔2019〕鲁1626刑初8号刑事判决。宣判后,原审被告人辛某不服,提出上诉。本院依法组成合议庭,经过阅卷,讯问被告人,听取辩护人意见,认为事实清楚,决定不开庭审理。现已审理终结。

原审判决认定:

被告人徐某某系龙邦(大连)能源有限公司、大连伊甸园贸易有限公司实际控制人。2010年前后,被告人辛某因经营煤炭业务与被告人徐某某结识,并发生了经济往来,截至2013年12月被告人徐某某尚欠被告人辛某本金7 093 159.82元。

2015年夏天,被告人徐某某想利用自己实际控制的龙邦公司、伊甸园公司从大连银行第一中心支行和丹东银行大连西岗支行办理贷款业务。随后,被告人徐某某找被告人辛某帮助联系有实力的担保企业,被告人辛某向被告人徐某某提出山东魏桥铝电有限公司有实力提供担保,被告人徐某某便向被告人辛某承诺如果魏桥铝电提供担保从银行获得借款后先给辛某一定的金钱利益。但是,被告人辛某无法协调魏桥铝电为徐某某提供担保,便提出让被告人徐某某伪造魏桥铝电及其股东山东宏桥新型材料有限公司印章和法定代表人张某、张某平的印章。被告人徐某某表示同意,并伪造上述印章各一枚。

2015年10月至11月,被告人徐某某带领大连银行第一中心支行和丹东银行大连西岗支行工作人员到魏桥铝电进行实地核保,被告人辛某冒充魏桥铝电副总及魏桥铝电法定代表人张某连襟的身份出面接待,帮助徐某某将伪造的上述印章加盖到大连银行第一中心支行和丹东银行大连西岗支行的保证合同、股东会决议及相关贷款担保等资料上。通过以上手段,龙邦公司从大连银行第一中心支行获取贷款4 000万元,从丹东银行股份有限公司大连西岗支行获取贷款6 000万元,伊甸园公司从大连银行第一中心支行滨海支行获取贷款3 000万元。2015年11月29日至2016年3月18日,被告人徐某某支付被告人辛某共计100万元。

2016年,被告人徐某某在办理大连银行第一中心支行滨海支行3 000万元贷款借新还旧业务时,再次将伪造的上述四枚印章加盖到银行保证合同、股东会决议及相关贷款担保资料上。2016年12月30日,被告人徐某某在办理大连银行第一中心支行4 000万元借新还旧业务时,让辛某公司的员工崔某冒充魏桥铝电财务人员赶到大连,被告人徐某某将上述伪造的四枚印章加盖到银行保证合同、股东会决议及相关贷款担保资料上。

2018年3月22日，因龙邦公司未能按期偿还丹东银行大连西岗支行6 000万元借款，丹东银行股份有限公司向丹东市中级人民法院起诉龙邦公司和魏桥铝电，请求判决魏桥铝电承担连带偿还责任。2018年6月28日，丹东市中级人民法院冻结魏桥铝电账户资金64 892 718元。

2018年10月8日，被告人徐某某被泰州市公安局海陵分局城西派出所工作人员抓获。2018年11月6日，被告人辛某按约定赶到济南市泉城公园附近"天福茗茶"与邹平市公安局工作人员见面后被带至邹平市公安局接受讯问。

原审判决认定上述事实的证据有：证人常某、吕某、李某、杨某、韩某、邓某、汪某、马某1、刘某1、程某、马某2、王某1、蔡某、倪某、陈某、刘某2、赵某、王某2、孟某1、孟某2、夏某、陆某、崔某、贾某证言；辨认笔录；书证受案登记表、立案决定书、案件来源，山东魏桥铝电有限公司出具的说明，报案材料，含辽宁省丹东市中级人民法院传票、应诉通知书、举证通知书、民事起诉状、丹东银行流动资金借款合同、最高额保证合同、股东会决议，魏桥铝电、宏桥公司签订的流动资金借款合同，邹平市公安局治安管理大队出具的证明，办案说明，辽宁省丹东市中级人民法院民事裁定书、协助冻结存款通知书、户籍信息，在逃人员登记表，抓获经过、出所登记表、办案说明，抓获辛某的说明，前科查询说明，陈某手机照片十四张，中国南方航空登机牌、济南国际机场登机牌、火车票，李某拍摄照片一张，微信聊天截屏，山东魏桥铝电有限公司核保的情况描述，邓某提供的手机内信息，丹东银行最高额保证合同、山东魏桥铝电有限公司营业执照、组织机构代码证、税务登记证、开户许可证、单位印鉴及签字样本、企业信用信息查询授权书、企业信用报告、照片，龙邦（大连）能源有限公司资产负债表、丹东银行流动资金借款合同、煤炭购销合同、股东会决议，办案说明一份，全国机动车驾驶人信息资源库查询结果一份，山东魏桥铝电有限公司印章管理规定、公章使用表、公章借用登记表、公章使（借）用申请单，孟某2提供的"徐氏龙邦"便签一张，龙邦（大连）能源有限公司从大连银行第一中心支行借款4 000万元的资料，含流动资金借款合同一份，煤炭买卖合同一份、补充协议一份，有追索权（回购型）保理业务协议、应收账款确认书、应收账款付款承诺书各一份，最高额保证合同、核保书各一份，并附山东魏桥铝电有限公司组织机构代码证、税务登记证、开户许可证、张波身份证复印件，2015年12月24日大连伊甸园贸易能源有限公司从大连银行第一中心支行借款3 000万元的贷款资料，含借款合同、保证合同、核保书各一份，2016年12月13日大连伊甸园贸易有限公司从大连银行第一中心支行借款3 000万元的资料，含流动资金借款合同、保证合同、核保书各一份，2016年12月30日龙邦（大连）能源有限公司从大连银行股份有限公司第一中心支行贷款时的资料，含流动资金借款合同、保证合同、核保书各一份，2016年12月30日大连卓新商贸有限公司从大连银行股份有限公司第一中心支行贷款1 000万元的资料，含流动资金借款合同、保证合同、核保书各一份，邹平市公安局工作人员从大连银行第一中心支行的贾某处调取的山东魏桥铝电有限公司担保事宜股东大会决议、股东、董事、职工代表名单及签字样本各五份，徐某某签字的关于去邹平市魏桥铝电公司核保并盖章事实经过的情况说明、银行承兑汇票复印件（编号为31300051281×××××）、招商银行62148541112××××徐某某交易明细表、银行承兑汇票复印件一张，编号31300051281×××××，龙邦（大连）能源有限公司050515000××××账户交易明细，徐某某62148541112××××账户交易明细，大连伊甸园贸易有限公司银行承兑汇票、背书及支付情况，刘某1拍摄的照片，从程某U盘调取的刘某1拍摄的核保照片，马某2拍摄的核保照片，扣押决定书、清单，手机内关于大连市中级人民法院（2013）大民三初字第138号民事判决书照片，手机内关于被告人徐某某、辛某短信来往内容的照片；被告人徐某某、辛某供述。

原审法院认为，被告人徐某某伙同被告人辛某伪造公司印章并使用，其行为均构成伪造公司印章罪。被告人徐某某归案后如实供述伪造公司印章的主要犯罪事实，可以从轻处罚；确有悔罪表现，宣告缓刑对被告人徐某某居住的社区无重大不良影响，依法可对被告人徐某某从轻处罚并宣告缓刑。被告人辛某与被告人徐某某在伪造公司印章的共同犯罪中，不宜区分主从，在量刑时将根据二被告人的犯罪情节酌情予以考虑。据此，对被告人徐某某依照《中华人民共和国刑法》第二百八十条第二款、第六十一条、第六十二条、第二十五条第一款、第六十七条第三款、第五十二条、第五十三条、第七十二条第一款、第三款、第七十三条第二款、第三款、第七十六条，对被告人辛某依照《中华人民共和国刑法》第二百八十条第二款、第六十一条、第六十二条、第二十五条第一款、第五十二条、第五十三条之规定，以被告人徐某某犯伪造公司印章罪，判处有期徒刑1年6个月，缓刑2年，并处罚金1万元。被告人辛某犯伪造公司印章罪，判处有期徒刑1年，并处罚金6 000元。

宣判后，被告人辛某提出上诉，理由为：原审判决认定事实不清，其不构成犯罪。①他没有实施伪造公司印章的行为，对徐某某伪造印章的行为不知情，未与徐某某一起使用伪造的印章。徐某某关于"因徐某某承诺贷款后优先给辛某一定款项，辛某为此为徐某某谋划伪造公司印章"的供述无其他证据印证，且徐某某转给他的100万元是偿还欠款；银行工作人员的证言、王某2的证言相互矛盾。②徐某某所贷款项大部分是借新还旧，银行人员核保程序不完整，存在银行个别人员与徐某某串通、辛某被蒙骗的可能性。

其第一辩护人的辩护意见同上诉理由。

其第二辩护人的辩护意见为：在案证据中只有徐某某供称伪造公司印章是辛某提出，其他证据均不能证明辛某伪造公司印证，不能推定辛某构成伪造公司印章罪。徐某某供述其从网上查到山东宏桥新型材料有限公司是山东魏桥铝电有限公司的股东，就伪造山东宏桥新型材料有限公司的公章，原审认定事实错误；徐某某与辛某存在合法债务关系，徐某某偿还欠款，不能认定为辛某为了金钱利益帮助徐某某伪造公司印章。

经审理查明的事实和证据与一审一致。

关于上诉人辛某及其第一辩护人提出"原审判决认定事实不清，其不构成犯罪。①他没有实施伪造公司印章的行为，对徐某某伪造印章的行为不知情，未与徐某某一起使用伪造的印章。徐某某关于'因徐某某承诺贷款后优先给辛某一定款项，辛某为此为徐某某谋划伪造公司印章'的供述无其他证据印证，且徐某某转给他的100万元是偿还欠款；银行工作人员的证言、王某2的证言相互矛盾。②徐某某所贷款项大部分是借新还旧，银行人员核保程序不完整，存在银行个别人员与徐某某串通、辛某被蒙骗的可能性"的上诉理由和辩护意见，第二辩护人提出"在案证据中只有徐某某供称伪造公司印章是辛某提出，其他证据均不能证明辛某伪造公司印证，不能推定辛某构成伪造公司印章罪。徐某某供述其从网上查到山东宏桥新型材料有限公司是山东魏桥铝电有限公司的股东，就伪造山东宏桥新型材料有限公司的公章，原审认定事实错误；徐某某与辛某存在合法债务关系，徐某某偿还欠款，不能认定为辛某为了金钱利益帮助徐某某伪造公司印章"的辩护意见，经查，借款合同、保证合同、股东会决议、邹平市公安局治安管理大队出具的证明等相互印证，证实山东魏桥铝电有限公司、山东宏桥新型材料有限公司印章被伪造。吕某、刘某1、马某2等银行人员的证言，登机牌、车票及照片等相互印证，证实涉案4 000万元、6 000万元贷款均由徐某某陪同至少两名银行工作人员到山东魏桥铝电有限公司核保，由辛某从济南接待后带至该公司；涉案3 000万元贷款由徐某某陪同两名银行工作人员核保，由辛某从济南接待后，在辛某公司的办公室完成担保手续盖章。辛某在侦查阶段供述，2015年为了贷款的事，徐某某领着银行工作人员去过山东找他三次，第一次（4 000万元）他和陆某陪同徐某某、银行工作人员在济南吃饭，后他带领徐某某、银行工作人员去山东魏桥铝电有限公司，第二次（3 000万元）他和陆某陪着徐某某、银行工作人员吃饭后，陆某领着徐某某、银行工作人员去他公司的办公室，第三次（6 000万元）他带领徐某某、银行工作人员去山东魏桥铝电有限公司。辛某公司的财务人员陆某证实，2015年她陪同辛某接待过徐某某等人两次，其中一次吃饭期间他们说过加盖印章的事，辛某让她把徐某某给的一个方形茶叶盒拿回办公室，饭后在办公室内徐某某从茶叶盒中拿出魏桥铝电公司的印章和法人章加盖在一些材料上，通过接待她推断徐某某带着朋友找辛某，是让辛某帮忙加盖魏桥电厂的印章，2018年辛某告诉她徐某某出事了，让她别说吃饭后回公司和到公司在材料上盖章的事。辛某公司工作人员崔某证实，2016年冬他到大连后被带至银行，徐某某给他印章，让他在一些材料上盖章。徐某某、辛某往来短信证实，2018年8月两人频繁联系，辛某要徐某某尽快解决问题，徐某某发送"我知道你们为了帮我违反了原则，尤其是给魏桥的人带来困扰，我在积极想办法归还丹东银行的贷款"。徐某某供述，徐某某向辛某提出帮忙寻找贷款担保公司并承诺贷款后偿还辛某部分欠款，辛某因与魏桥铝电公司做过煤炭生意，熟悉该公司的情况，就提议由魏桥铝电公司担保，后无法实现时辛某将魏桥铝电公司公章的前两三个数字告诉他，他找人刻了魏桥铝电公司、山东宏桥新型材料有限公司的公章并使用，并在三次贷款核保时，将伪造的公章放在一个方形茶叶盒里交给辛某，由辛某、徐某某相互配合在银行核保材料中盖章，后在续贷4 000万元时，由辛某公司的一名工作人员冒充魏桥铝电公司的人员到大连的银行从贷款资料上盖章。账户交易明细、承兑汇票证实涉案三笔贷款前后，徐某某三次转至辛某处共计100万元。综上，上述证据在时间、地点、印章包装等细节上相互印证，证实辛某参与伪造公司印章的预谋，由徐某某找人伪造公司印章后，与徐某某一起使用伪造的印章，辛某的行为构成伪造印章罪。辛某在侦查阶段明确供述其明知徐某某带领银行工作人员到济南，而带领至魏桥铝电公司、安排人员带领至其办公室，但关于涉案的关键细节却辩称不知他们在干什么，明显不合逻辑，且与上述证据相矛盾，故其辩解不成立。对该上诉理由和辩护意见不予采纳。

本院认为，原审被告人徐某某伙同上诉人（原审被告人）辛某伪造公司印章并使用，其行为均构成伪造公司印章罪。徐某某、辛某系共同犯罪。徐某某归案后如实供述伪造公司印章的主要犯罪事实，依法从轻处罚。依照《中华人民共和国刑事诉讼法》第二百三十六条第一款第（一）项之规定，裁定如下：

驳回上诉，维持原判。

本裁定为终审裁定。

审判长　于某某
审判员　张某民
审判员　张某伟
二〇一九年四月二十七日
书记员　陈　某

值得注意的是，作为世界500强企业、信用良好的魏桥铝电公司对账户被冻结的情况，向法院提出异议称从未与丹东银行签订过任何保证合同，只是因印章被伪造而被牵涉进本案，不应在本案中承担责任，魏桥铝电报案后公安机关也已立案侦查，但是上述异议请求最终被法院驳回。

有业内人士认为，"萝卜章骗贷"的案件在前几年发生比较多，当时金融机构在合规内控部门在管理上确实存在一些疏漏，但是这两年很多银行已经采取了实际性的整改措施，很多支行或分行的章已经被上级行收回，在日常业务当中大量使用电子印章并有严格签约审批制度。

6.2 签订合同的税收风险

企业应积极关注政策变化，全面梳理已签订的各项采购、销售和服务合同，分析税改对企业的影响，既要考虑对自身的影响，也要顾及对合作方的影响。对已签订尚未执行的合同，企业可积极与合作方协商，约定如果在税改后继续实施合同，按照合作双赢原则，考虑在标的价格或质量等方面作相应变动，以共享税改政策红利，避免发生的国家降税、企业利润却减少的现象。

增值税税率调整后，企业应及时修改购销管理制度，除国家有特殊规定外，拟采购项目招标的标书等可以不含增值税的报价为基础进行比价。对尚未签订的采购合同，也可以约定以不含增值税价为合同标的，销售合同可约定以含增值税价格作为标的，这样对企业更有利。

案例6-1

甲公司为从事货物加工的增值税一般纳税人，加工的货物及采购的原材料适用的增值税率为16%，城市维护建设税率为7%，教育费附加征收率为3%，地方教育附加征收率为2%，适用的企业所得税率为25%，未享受企业所得税优惠政策。根据2019年度财务预算，4—12月预计实现销售收入200 000万元，发生销售成本160 000万元。为简化分析，假定企业当月购进原材料全部加工成产品并销售，在销售成本中人工成本和设备折旧分别占总成本的20%和10%，暂不考虑其他费用因素影响。

本例以企业经营中购销合同的标的是否为含增值税为依据，按税改前后（增值税税率从16%降至13%）可能发生的四种情形进行比较。

情形一：

企业签订购销合同均是以不含增值税价格作为合同标的，且合同期限覆盖2019年全年。

（1）税率降低前。2019年4—12月，实现销售收入200 000万元，销项税额＝200 000×16%＝32 000（万元）。发生销售成本160 000万元，其中，人工成本＝160 000×20%＝32 000（万元），设备折旧＝160 000×10%＝16 000（万元），扣除人工及折旧成本后的原材料成本＝160 000－（32 000＋16 000）＝112 000（万元）；因企业未采取劳务派遣等外包用工方式，人工成本不涉及进项税额抵扣；且生产设备为

2015年度购置，也不涉及进项税额抵扣；故进项税额＝112 000×16%＝17 920（万元）。该期间应缴纳增值税＝32 000－17 920＝14 080（万元）。

（2）税率降低后。2019年4—12月，实现销售收入200 000万元，销项税额＝200 000×13%＝26 000（万元）。发生销售成本160 000万元，扣除人工及折旧成本后的原材料成本112 000万元，进项税额＝112 000×13%＝14 560（万元）。该期间应缴纳增值税＝26 000－14 560＝11 440（万元）。

（3）增值税变化。前后相比较，税率降低后甲企业应缴纳增值税减少额＝14 080－11 440＝2 640（万元）。

（4）利润变化。因企业签订购销合同均是以不含增值税价格作为合同标的，故销售收入、销售成本在税率降低前后不会发生变化。但是，由于应缴纳的增值税减少，其相应城市维护建设税及附加税费也减少，减少额＝2 640×（7%＋3%＋2%）＝316.8（万元），故该期间利润增加316.8万元。

总结：如果企业签订购销合同均是以不含增值税价格作为合同标的，企业应缴纳增值税减少2 640万元，利润增加316.8万元。可见，由于销售收入、销售成本不变，利润变化不大，增加的利润仅是因增值税减少而相应减少的城市维护建设税及附加税费。

情形二：

企业签订的购销合同均是以含增值税价格作为标的，且合同期限覆盖2019年全年。

（1）税率降低前。与情形一的计算相同，即应缴纳增值税为14 080万元。

（2）税率降低后。由于是以含增值税价格作为标的签订的合同，在货物适用的增值税率发生变化时，其对应的收入和成本会发生变化。

2019年4—12月，按照降低前税率所签订的合同约定以含税价作为标的，则含税销售额在税改前后均不变，含税销售额＝200 000×（1＋16%）＝232 000（万元），税率降低后实现的销售收入＝232 000÷（1＋13%）＝205 309.73（万元），销项税额＝205 309.73×13%＝26 690.26（万元）。

发生的销售成本中，人工及折旧成本在税率降低前后均不变为48 000万元，扣除人工及折旧成本后的原材料成本含税金额在税率降低前后均不变，原材料成本＝112 000×（1＋16%）＝129 920（万元），税率降低后原材料成本＝129 920÷（1＋13%）＝114 973.45（万元），则发生的销售成本＝48 000＋114 973.45＝162 973.45（万元），进项税额＝114 973.45×13%＝14 946.55（万元）。应缴纳增值税＝26 690.26－14 946.55＝11 743.71（万元）。

（3）增值税变化。税率降低前后相比较，应缴纳增值税减少额＝14 080－11 743.71＝2 336.29（万元）。

（4）利润变化。相比于税率降低前，甲企业税率降低后销售收入增加5 309.73万元

（205 309.73－200 000），销售成本增加2 973.45万元（162 973.45－160 000）。应缴纳增值税减少，其相应城市维护建设税及附加税费减少额＝2 336.29×（7%＋3%＋2%）＝280.35（万元），故该期间利润增加额＝5 309.73－2 973.45＋280.35＝2 616.63（万元）。

总结：如果企业签订的购销合同均是以含增值税价格作为标的，税率降低后，企业应缴纳增值税减少2 336.29万元；由于销售收入、销售成本和缴纳的城市维护建设税及附加税费发生变化，该期间利润增加较大，达2 616.63万元。

情形三：

企业签订的采购合同以含增值税价格作为标的，销售合同以不含增值税价格作为标的，且合同期限覆盖2019年全年。

（1）税率降低前。与情形一的计算相同，即应缴纳增值税为14 080万元。

（2）税率降低后。销售收入与情形一的计算相同，实现销售收入200 000万元，销项税额26 000万元。销售成本与情形二的计算相同，发生销售成本162 973.45万元，进项税额14 946.55万元。应缴纳增值税＝26 000－14 946.55＝11 053.45（万元）。

（3）增值税变化。前后相比较，甲企业应缴纳增值税减少额＝14 080－11 053.45＝3 026.55（万元）。

（4）利润变化。税率降低后销售收入不变，销售成本增加额＝162 973.45－160 000＝2 973.45（万元）。应缴纳增值税减少，其相应城市维护建设税及附加税费减少额＝3 026.55×（7%＋3%＋2%）＝363.19（万元），故该期间利润减少，减少额＝2 973.45－363.19＝2 610.26（万元）。

总结：如果企业签订的采购合同以含增值税价格作为标的，销售合同以不含增值税价格作为标的，税率降低后，虽然企业应缴纳增值税减少3026.55万元，但由于销售收入不变，销售成本大幅增加，该期间利润反而减少，达2 610.26万元。

情形四：

企业签订的采购合同以不含增值税价格作为标的，销售合同以含增值税价格作为标的，且合同期限覆盖2019年全年。

（1）税率降低前。与情形一的计算相同，即应缴纳增值税为14 080万元。

（2）税率降低后。销售收入与情形二的计算相同，实现销售收入205 309.73万元，销项税额26 690.26万元；销售成本与情形一的计算相同，发生销售成本160 000万元，进项税额14 560万元。应缴纳增值税＝26 690.26－14 560＝12 130.26（万元）。

（3）增值税变化。甲企业应缴纳增值税减少额＝14 080－12 130.26＝1 949.74（万元）。

（4）利润变化。前后比较，甲企业税率降低后销售收入增加，增加额＝205 309.73－

200 000＝5 309.73（万元），销售成本不变。应缴纳增值税减少，其相应城市维护建设税及附加税费减少，减少额＝1 949.74×（7%＋3%＋2%）＝233.97（万元），故该期间利润增加，增加额＝5 309.73＋233.97＝5 543.7（万元）。

总结：如果企业签订的采购合同是以不含增值税价格作为标的，销售合同以含增值税价格作为标的，税率降低后，企业应缴纳增值税减少1 949.7万元。因为销售收入大幅增加，成本不变，企业利润大幅增加，达5 543.7万元。

对处于增值税抵扣链条中间环节的甲公司而言，在上述四种情形中的情形四，即企业签订的采购合同以不含增值税价格作为标的，销售合同以含增值税价格作为标的，获利最多，对企业来说最可取；情形三，即企业签订的采购合同以含增值税价格作为标的，销售合同以不含增值税价格作为标的，税率降低利润却减少，对企业来说最不可取。

6.3 提前开票的税收风险

房地产企业预售环节提前开票，如何纳税，目前存在以下几个比较有争议的问题：

6.3.1 增值税的纳税义务发生时间如何确定

增值税纳税义务发生时间的概念和规定，在《增值税暂行条例》《增值税暂行条例实施细则》、财税〔2016〕36号文件以及其他规范性文件中都有明确规定。

但是在"以票控税"的主流征管背景下，开了发票申报纳税，补开发票不申报纳税，似乎成了理所应当的事情。增值税纳税义务发生时间可谓"养在深闺人未识"。

《中华人民共和国增值税暂行条例》（2017年修订）

第十九条 增值税纳税义务发生时间：

（一）发生应税销售行为，为收讫销售款项或者取得索取销售款项凭据的当天；先开具发票的，为开具发票的当天。

《财政部 国家税务总局关于全面推开营业税改征增值税试点的通知》（财税〔2016〕36号）附件1：《营业税改征增值税试点实施办法》

第四十五条 增值税纳税义务、扣缴义务发生时间为：（一）纳税人发生应税行为并收讫销售款项或者取得索取销售款项凭据的当天；先开具发票的，为开具发票的当天。

所以，增值税纳税义务发生时间的判定原则有两个：

（1）发生应税行为，收讫销售款项或者取得索取销售款项凭据的当天，纳税义务发生。

（2）在第一条原则没有达到时，先开具发票的，为开具发票的当天。

6.3.2 未按照纳税义务发生时间开票算不算违规

关于发票的开具时间规定如下。

《中华人民共和国发票管理办法实施细则》（国家税务总局令第37号）

第二十六条 填开发票的单位和个人必须在发生经营业务确认营业收入时开具发票。未发生经营业务一律不准开具发票。

《中华人民共和国发票管理办法》（国务院令第587号）

第二十一条 不符合规定的发票，不得作为财务报销凭证，任何单位和个人有权拒收。

（1）提前开票是否违规？

《国家税务总局关于修订〈增值税专用发票使用规定〉的通知》的有关规定如下。

《国家税务总局关于修订〈增值税专用发票使用规定〉的通知》（国税发〔2006〕156号）

第十一条 专用发票应按下列要求开具：

（一）项目齐全，与实际交易相符；

（二）字迹清楚，不得压线、错格；

（三）发票联和抵扣联加盖财务专用章或者发票专用章；

（四）按照增值税纳税义务的发生时间开具。

对不符合上述要求的专用发票，购买方有权拒收。

根据国税发〔2006〕156号文件的规定，按照纳税义务发生时间开票的规定恰恰与《增值税暂行条例》和财税〔2016〕36号文第四十五条遥相呼应：提前开票的，开票当天纳税义务发生。所以，提前开票是被允许的。

（2）延迟开票是否违规？

《国家税务总局关于调整增值税纳税申报有关事项的公告》等法规的有关规定如下。

《国家税务总局关于调整增值税纳税申报有关事项的公告》（国家税务总局公告2019年第15号）

附件2：《增值税纳税申报表（一般纳税人适用）》及其附列资料填写说明中，《增值税纳税申报表附列资料（一）》（本期销售情况明细）填写说明：第5至6列"未开具发票"反映本期未开具发票的销售情况。

《国家税务总局关于发布〈企业所得税税前扣除凭证管理办法〉的公告》（国家税务总局公告2018年第28号）

第十三条 企业应当取得而未取得发票、其他外部凭证或者取得不合规发票、不合规其他外部凭证的，若支出真实且已实际发生，应当在当年度汇算清缴期结束前，要求对方补开、换开发票、其他外部凭证。补开、换开后的发票、其他外部凭证符合规定的，可以作为税前扣除凭证。

第十五条 汇算清缴期结束后，税务机关发现企业应当取得而未取得发票、其他外部凭证或者取得不合规发票、不合规其他外部凭证并且告知企业的，企业应当自被告知之日起60日内补开、换开符合规定的发票、其他外部凭证。其中，因对方特殊原因无法补开、换开发票、其他外部凭证的，企业应当按照本办法第十四条的规定，自被告知之日起60日内提供可以证实其支出真实性的相关资料。

6.3.3 未发生应税行为时提前开票算不算虚开

在某些特定的交易模式下，在应税行为尚未发生的时候，可能会因付款方的报销要求，而在收到定金或者预收款时提前开具发票。这种情况下，属不属于虚开发票呢？

在《国家税务总局关于纳税人对外开具增值税专用发票有关问题的公告》（国家税务总局公告2014年第39号）的解读稿中明确：

比如，某一正常经营的研发企业，与客户签订了研发合同，收取了研发费用，开具了专用发票，但研发服务还没有发生或者还没有完成。这种情况下不能因为本公告列举了"向受票方纳税人销售了货物，或者提供了增值税应税劳务、应税服务"，就判定研发企业虚开增值税专用发票。

所以，在存在实际交易的情况下，即使开票时，应税行为可能尚未真正开始履行，应税行为尚未发生，提前开具发票，不能被判定为虚开发票行为。

6.3.4 预缴增值税义务能否因提前开票而自动消弭

在营改增的政策规定中，提供建筑安装服务收到预收款时，房地产开发企业采取预收款方式销售自行开发的房地产项目，应在收到预收款时按照规定预缴增值税。

那么，在提前开票的情况下，该如何协调预缴税款义务和应缴税款义务呢？是不是需要按照预缴税款的规定和应缴税款的规定，同时履行预缴义务和应缴义务呢？

《房地产开发企业销售自行开发的房地产项目增值税征收管理暂行办法》（国家税务总局公告2016年第18号）

第十四条 一般纳税人销售自行开发的房地产项目适用一般计税方法计税的，应按照《营业税改征增值税试点实施办法》（财税〔2016〕36号文件印发，以下简称《试点实施办法》）第四十五条规定的纳税义务发生时间，以当期销售额和11%的适用税率计算当期应纳税额，抵减已预缴税款后，向主管税务机关申报纳税。未抵减完的预缴税款可以结转下期继续抵减。

第十五条 一般纳税人销售自行开发的房地产项目适用简易计税方法计税的，应按照《试点实施办法》第四十五条规定的纳税义务发生时间，以当期销售额和5%的征收率计算当期应纳税额，抵减已预缴税款后，向主管税务机关申报纳税。未抵减完的预缴税款可以结转下期继续抵减。

提供建安服务和销售自行开发的房地产项目，设计预缴税款的立法本意，是保证税款的及时足额入库，属于应缴税款的前置预备，并且在纳税义务实现的时候，可以抵减已经预缴的增值税。所以，在预收款环节，如果提前开具应税发票，纳税义务提前实现，就应当跨过预缴税款义务，直达应缴税款义务。

6.4 "买一赠一"的税收风险

很多企业采取"买一赠一"的方式进行销售，这种情况应该如何缴税呢？

6.4.1 企业所得税风险

> **《国家税务总局关于确认企业所得税收入若干问题的通知》**（国税函〔2008〕875号）
>
> 三、企业以买一赠一等方式组合销售本企业商品的，不属于捐赠，应将总的销售金额按各项商品的公允价值的比例来分摊确认各项的销售收入。

以上文件规定，实质上就是将企业的销售金额分解成商品销售的收入和赠送的商品销售的收入两部分，各自对应相应的成本来计算应缴纳的企业所得税。文件的关键在于确定了"买一赠一"的行为性质，它属于两种销售行为的组合，只不过没有分别定价，并不是一个销售行为和一个捐赠行为的组合。

案例6-2

甲企业采取"买一赠一"形式销售，销售A商品，售价不含税（公允价值）1 000万元，成本600万元，同时赠送B商品，同类不含税售价（公允价值）50万元，成本20万元。计算该企业"买一赠一"应缴纳的企业所得税税率为25%。

（1）确认A商品收入。

计算分摊比例：$1\,000 \div (1\,000 + 50) \times 100\% = 95.2\%$。

计算应分摊的销售收入：$1\,000 \times 95.2\% = 952$（万元）。

则A商品的销售收入为952万元，A商品对应成本为600万元。

（2）确认B商品收入。

计算分摊比例：$50 \div (1\,000 + 50) \times 100\% = 4.8\%$。

计算应分摊的销售收入：$1\,000 \times 4.8\% = 48$（万元）。

则B商品的销售收入为48万元，B商品对应成本20万元。

（3）确认应交纳企业所得税。

计算应交企业所得税：$(952 - 600 + 48 - 20) \times 25\% = 95$（万元）。

6.4.2 增值税风险

（1）"买一赠一"等以折扣销售的形式开具发票的，商品与赠品都开具在同一张发票上，且商品与赠品的销售额与折扣额在同一张发票上的金额栏里分别注明的，可按折扣后的销售额征收增值税。例如，买衬衣送领带，买400元（不含税）的衬衣赠价值100元（不含税售价）的领带，将衬衣与领带都开具在同一张发票上且金额栏里分别注明衬衣销售金额400元，领带销售额100元以及折扣额100元，应纳增值税 $= (400 + 100 - 100) \times 13\% = 52$（元）。

（2）没有以折扣销售方式的形式开具发票的，商品以其销售额计征增值税，且赠品要视同销售的，以赠品的销售额来计征增值税，例如，买衬衣送领带，买400元（不含税）的衬衣赠价值100元（不含税售价）的领带，衬衣的发票备注栏里注明赠了一条领带，在此情况下，应纳增值税 = 400×13% + 100×13% = 65（元）。

综上所述，关于折扣销售方式下的买一赠一的销售额的确定，强调销售额和折扣额应在同一张发票上，否则，赠品应按无偿赠送视同销售处理。根据相关规定，纳税人采取折扣方式销售货物，如果销售额和折扣额在同一张发票的金额栏中分别注明的，可按折扣后的销售额征收增值税；如果将折扣额另开发票，或只是在备注栏里注明，不论其在财务上如何处理，均不得从销售额中减除折扣额。如果没有将赠品开具发票，视同销售，也是按赠品的销售额计征增值税。

6.5 开具普票的税收风险

发票是增值税管理的一个重要措施，它是目前国内最合法有效的交易凭证。按照发票的类型和作用不同，发票通常可以分为增值税专用发票等有抵扣功能的发票和没有抵扣功能的发票。

普通发票作为发票一种，种类繁多，用途广泛，适用于所有纳税人，是一种交易凭证。如何缴纳税款是由使用发票的纳税人类型和使用的性质来决定的。

申领普通发票的纳税人在增值税管理上分为一般纳税人和小规模纳税人。一般纳税人的税率分为13%、9%、6%、0四档，小规模纳税人征收率分为3%和5%两档。

所以，普通发票需要缴纳几个点的增值税，需要看发票使用人的类型，如果是一般纳税人，那么普通发票征收增值税的税率就为13%、9%、6%这三种。如果是小规模纳税人，则是3%、5%两种，其中5%税率的应税项目是和不动产有关的经营行为，如不动产销售、不动产租赁等业务。

按照增值税规定，还有几种普通发票比较特殊，是不征收增值税的。

税率显示为0，或者免税，税额显示***，表示销售方发生应税行为适用免征增值税政策。

（1）免税普通发票。如果纳税人（包括一般纳税人和小规模纳税人）开具普通发票的项目属于增值税法定免税项目，如销售自产自销的农产品等，那么开具的普通发票则不征增值税，所以在普通发票票面的税率一栏为"免税"。

（2）收购发票。增值税纳税人如果从事农产品加工或废旧物资回收，可以开具收购发票，并且农产品收购发票还可以进行抵扣税款。这两种类型的普通发票不会征收增值税，作为纳税人的收购凭证进行成本核算，它的票面税率一栏为"免税"，而且在票面左上角还打印"收购"两字。

6.6 集团内无偿借贷的税收风险

企业集团内资金的无偿借贷在税务方面应该如何处理呢？可以从增值税和企业所得税两方面进行解读。

6.6.1 增值税风险

企业集团是指以资本为主要联结纽带的母子公司为主体，以集团章程为共同行为规范的母公司、子公司、参股公司及其他成员企业或机构共同组成的具有一定规模的企业法人联合体。企业集团不具有企业法人资格。目前，税务机关对于"企业集团"的范围尚没有明确，该免税优惠是否需要履行备案手续亦不明确。

《国务院关于取消一批行政许可等事项的决定》（国发〔2018〕28号）

取消企业集团核准登记。

《市场监管总局关于做好取消企业集团核准登记等4项行政许可等事项衔接工作的通知》（国市监企注〔2018〕139号）

要求各地工商和市场监管部门不再单独登记企业集团，不再核发《企业集团登记证》。企业法人可以在名称中组织形式之前使用"集团"或者"（集团）"字样，该企业为企业集团的母公司。需要使用企业集团名称和简称的，母公司应当在申请企业名称登记时一并提出，并在章程中记载。各级工商和市场监管部门对企业集团成员企业的注册资本和数量不做审查。只要求集团母公司应当将企业集团名称及集团成员信息通过国家企业信用信息公示系统向社会公示。

《财政部 税务总局关于延长部分税收优惠政策执行期限的公告》（财政部 税务总局公告2021年第6号）文件规定：《财政部 税务总局关于设备器具扣除有关企业所得税政策的通知》（财税〔2018〕54号）等16个文件规定的税收优惠政策凡已经到期的，执行期限延长至2023年12月31日。

享受财税〔2019〕20号文件免征增值税的企业集团及集团内单位,须符合的条件如表6.6.1所示。

表6.6.1 享受免征增值税的企业集团及集团内单位须符合的条件

条件	内容
条件一	已经企业集团核准登记,核发了《企业集团登记证》的
条件二	集团母公司通过国家企业信用信息公示系统,向社会公示的企业集团及其集团成员单位

6.6.2 企业所得税风险

《企业所得税法》第四十一条规定:"企业与其关联方之间的业务往来,不符合独立交易原则而减少企业或其关联方应纳税收入或者所得额的,税务机关有权按合理方法调整。"

《特别纳税调查调整及相互协商程序管理办法》(国家税务总局公告2017年第6号)

第三十八条 实际税负相同的境内关联方之间的交易,只要该交易没有直接或者间接导致国家总体税收收入的减少,原则上不作特别纳税调整。

6.7 企业和"股东"无偿借贷的税收风险

股东随意从公司借款不还的情况在各企业中很常见,有些股东错误地认为老板的钱就是公司的钱,公司的钱也是老板的钱。从账面上可以看出,"其他应收款"的借方余额很大。这种情况有涉税风险。

案例6-3

某公司面临税务稽查,账面上增值税、企业所得税等没有出现大的问题,目前最大问题是账上的"其他应收款——股东刘总"的大额借款6 300 000元一直挂账未还,而且公司无法提供该笔借款用于经营的任何证据,现在面临20%个人所得税的巨大涉税风险。

6.7.1 个人所得税风险

《财政部　国家税务总局关于规范个人投资者个人所得税征收管理的通知》（财税〔2003〕158号）

第二条　纳税年度内个人投资者从其投资的企业（个人独资企业、合伙企业除外）借款，在该纳税年度终了后既不归还，又未用于企业生产经营的，其未归还的借款可视为企业对个人投资者的红利分配，依照"利息、股息、红利所得"项目计征个人所得税。

《企业为个人购买房屋或其他财产征收个人所得税问题》（财税〔2008〕83号）

企业投资者个人、投资者家庭成员或企业其他人员向企业借款用于购买房屋及其他财产，将所有权登记为投资者、投资者家庭成员或企业其他人员，借款年度终了后未归还借款的，不论所有权人是否将财产无偿或有偿交付企业使用，其实质均为企业对个人进行了实物性质的分配，应依法计征个人所得税。

《国家税务总局关于印发〈个人所得税管理办法〉的通知》（国税发〔2005〕120号）

第三十五条　各级税务机关应强化对个体工商户、个人独资企业和合伙企业投资者以及独立从事劳务活动的个人的个人所得税征管。

（四）加强个人投资者从其投资企业借款的管理，对期限超过一年又未用于企业生产经营的借款，严格按照有关规定征税。

通过对以上政策的分析，企业自然人股东从企业借款（或抽逃资金），纳税年度终了后（即过了年末或公司注销清算时），既不归还，且不能证明是用于企业生产经营（如备用金、采购款等）的，将依照"利息、股息、红利所得"项目计征个人所得税。

也就是说，自然人股东抽逃资金或从公司借款，很多时候金额较大，并不一定用于企业生产经营，在这种情况下，如果不作处理，纳税年度终了后未归还的，将很有可能被税务机关依照"利息、股息、红利所得"项目计征个人所得税。

很多企业的股东，尤其是一人有限责任公司、家族式有限责任公司的股东（注册多位股东，实际都是关联关系人员），个人与企业资金不分，有些是无意逃避税款，有些却是任意提现，长期记在"其他应收款"科目下。

6.7.2 增值税风险

《财政部 国家税务总局关于全面推开营业税改征增值税试点的通知》
（财税〔2016〕36号）

第十四条 下列情形视同销售服务、无形资产或者不动产：

（一）单位或者个体工商户向其他单位或者个人无偿提供服务，但用于公益事业或者以社会公众为对象的除外。

（二）单位或者个人向其他单位或者个人无偿转让无形资产或者不动产，但用于公益事业或者以社会公众为对象的除外。

企业无偿借款给自然人股东需要视同销售缴纳增值税，也就是说到时候企业还面临其他应收款补缴增值税的问题，即视同企业向个人提供贷款服务，没有利息收入也要视同销售，按同期同类银行贷款利率确认利息收入，一般纳税人按6%、小规模纳税人按3%税率/征收率计算缴纳增值税。

6.7.3 债务风险、违法风险

欠债还钱，这是天经地义的事。如果公司股东只有大股东一人，或大股东夫妻两人，这笔债务公司不会主动向大股东追偿。一旦公司发生了股权变更，第三方股东就可能要求大股东归还所欠公司的债务。

如果大股东从公司借款，手续不完整，极易触发刑事责任。

要防止上述风险，建议借款之前通过董事会决议或股东会决议，取得股东或者董事的支持，明确大股东借款不是个人私下的行为，或者签订借款协议，约定借款利息、借款期限，企业按月计提借款利息，明确借款属性。当然，大股东能做到公私分明，规范财务管理是杜绝此类风险的最佳方法。

所以，其他应收款一定要进行核查，有个人挂账款项，特别是大额挂账务必及时结清，否则就如同埋下了定时炸弹，以后如果被检查到会有很大的涉税风险。

6.7.4 涉税提醒

（1）公司账面上尽量不要长期挂账股东个人的其他应收款，股东借款的涉税风险最大。

（2）股东若是有从公司的借款挂账，必须用于公司经营，而且有证据来证明与经营相关，避免涉税风险。比如，在借款条款或者借款协议上能够体现出借款的用途。

（3）股东若是有从公司的借款挂账，建议早借早还，尽量不要超过1年，避免涉税风险。相关账务处理如下：

12月31日前：

借：库存现金
　　贷：其他应收款——自然人股东

下年度初：

借：其他应收款——自然人股东
　　贷：库存现金

（4）对股东用于个人的借款视为企业对个人投资者的红利分配，按照"利息、股息、红利所得"项目计征个人所得税；对企业其他人员取得的上述所得，按照"工资、薪金所得"项目计征个人所得税。

（5）其他应收款科目隐藏了过多的涉税风险，因为从科目含义上来看是企业经营活动以外的其他各种应收、暂付的款项，并不必然与本企业生产经营活动相关，因此不要乱用其他应收款。

（6）面临个人股东借款的时候，一定要注意两个问题：一个是借款用途的问题是否与经营相关；另一个是借款时间问题，不要逾期一年。

6.8 企业和"员工"无偿借贷的税收风险

企业无偿借款给员工又有哪些风险需要规避的呢？可以把员工分为企业员工和非企业员工两个方面来阐述。

6.8.1 无偿借款给企业员工的风险

《财政部　国家税务总局关于企业为个人购买房屋或其他财产征收个人所得税问题的批复》（财税〔2008〕83号）

企业投资者个人、投资者家庭成员或企业其他人员向企业借款用于购买房屋及其他财产，将所有权登记为投资者、投资者家庭成员或企业其他人员，且借款年度终了后未归还借款的，按照"工资、薪金所得"项目计征个人所得税。

企业员工向公司借款，用于购买个人财物，如果年度终了后未归还借款的，按照"工资、薪金所得"项目计征个人所得税。

当然，如果员工的借款属于工作中临时性的备用金、差旅费之类的，就不存在纳税的风险。因此，员工在向企业借款时，借款用途就非常关键。与生产经营有关的借款，基本不会有涉税风险。

6.8.2 无偿借款给非企业员工的风险

> 《财政部 国家税务总局关于全面推开营业税改征增值税试点的通知》（财税〔2016〕36号）附件一《营业税改征增值税试点实施办法》
>
> 　　**第十四条**　下列情形视同销售服务、无形资产或者不动产：
>
> 　　（一）单位或者个体工商户向其他单位或者个人无偿提供服务，但用于公益事业或者以社会公众为对象的除外。
>
> 　　……

通过对以上政策的分析，如果公司无偿借款给非企业员工，那么要视同贷款服务，按金融企业同期同类贷款利率缴纳增值税，相应地也需要确认企业所得税的收入。因此，企业无偿借款给非企业员工，一定要考虑涉税风险。

6.9 企业间、民间的资金借贷涉税处理

6.9.1 企业间的无偿借款的涉税处理

企业间借款需要签订借款合同或者协议，合同中约定利率并把收取利息的时日约定的期限长一些，因为不论是增值税还是企业所得税，利息收入都按合同约定的时间计算。因此，在约定的付息日之前，没有增值税和企业所得税的风险。

> 《中华人民共和国企业所得税法实施条例》（2019年修订）
>
> 　　**第十八条**　利息收入，按照合同约定的债务人应付利息的日期确认收入的实现。
>
> 《关于全面推开营业税改征增值税试点的通知》（财税〔2016〕36号）
>
> 　　**第四十五条**　增值税纳税义务、扣缴义务发生时间为：

（一）纳税人发生应税行为并收讫销售款项或者取得索取销售款项凭据的当天；先开具发票的，为开具发票的当天。

收讫销售款项是指纳税人销售服务、无形资产、不动产过程中或者完成后收到款项。

取得索取销售款项凭据的当天，是指书面合同确定的付款日期；未签订书面合同或者书面合同未确定付款日期的，为服务、无形资产转让完成的当天或者不动产权属变更的当天。

（二）纳税人提供租赁服务采取预收款方式的，其纳税义务发生时间为收到预收款的当天。

（三）纳税人从事金融商品转让的，为金融商品所有权转移的当天。

（四）纳税人发生本办法第十四条规定情形的，其纳税义务发生时间为服务、无形资产转让完成的当天或者不动产权属变更的当天。

（五）增值税扣缴义务发生时间为纳税人增值税纳税义务发生的当天。

6.9.2 民间资金借贷的涉税处理

民间借贷是指《最高人民法院关于审理民间借贷案件适用法律若干问题的规定》规定的自然人、法人、其他组织之间及其相互之间进行资金融通的行为，不含经金融监管部门批准设立的从事贷款业务的金融机构及其分支机构发放贷款行为。

6.9.2.1 税法基本规定

（1）增值税规定。与民法角度的贷款纠纷中的贷款不同，增值税角度的贷款服务不强调贷款人的贷款业务资格，只要发生贷款行为即构成增值税角度的贷款服务。

《营业税改征增值税试点实施办法》（财税〔2016〕36号附件一）

第一条 在中华人民共和国境内销售服务、无形资产或者不动产（以下称应税行为）的单位和个人，为增值税纳税人，应当按照本办法缴纳增值税，不缴纳营业税。单位是指企业、行政单位、事业单位、军事单位、社会团体及其他单位。个人是指个体工商户和其他个人。

附件：《销售服务、无形资产、不动产注释》

第一条第五项 金融服务是指经营金融保险的业务活动，包括贷款服务、直接收费金融服务、保险服务和金融商品转让。贷款是指将资金贷与他人使用而取得利息收入的业务活动。

（2）个人所得税规定。个人所得税角度的借款利息所得，强调的是因债权关系发生的利息所得，一般是在取得利息时确定所得实现。

《中华人民共和国个人所得税法》（2018年修正、英文版）

第二条　下列各项个人所得，应当缴纳个人所得税：

（六）利息、股息、红利所得

《中华人民共和国个人所得税法实施条例》（中华人民共和国国务院令第707号）

第六条　个人所得税法规定的各项个人所得的范围：

（六）利息、股息、红利所得，是指个人拥有债权、股权等而取得的利息、股息、红利所得。

（3）企业所得税规定。《企业所得税法》角度的贷款利息收入，强调的是不构成权益性投资或因他人占用本企业资金取得的收入，且强调按照合同约定的债务人应付利息的日期确认收入。

《中华人民共和国企业所得税法》（2018年修订）

第六条　企业以货币形式和非货币形式从各种来源取得的收入，为收入总额，包括：……（五）利息收入……

《中华人民共和国企业所得税法实施条例》（2019年修订）

第十八条　企业所得税法第六条第（五）项所称利息收入，是指企业将资金提供他人使用但不构成权益性投资，或者因他人占用本企业资金取得的收入，包括存款利息、贷款利息、债券利息、欠款利息等收入。利息收入，按照合同约定的债务人应付利息的日期确认收入的实现。

（4）印花税规定。借款合同按借款金额0.05‰贴花，指银行业金融机构、经国务院银行业监督管理机构批准设立的其他金融机构与借款人（不包括同业拆借）的借款合同。

《中华人民共和国印花税法》（中华人民共和国主席令第八十九号）

第一条　在中华人民共和国境内书立应税凭证、进行证券交易的单位和个人,为印花税的纳税人,应当依照本法规定缴纳印花税。

在中华人民共和国境外书立在境内使用的应税凭证的单位和个人,应当依照本法规定缴纳印花税。

综上所述,无论是自然人个人,还是个体工商户、企业,发生民间借贷都涉及增值税(含附加税费)、所得税(含企业所得税或个人所得税)纳税义务,但无印花税借款合同纳税义务。

6.9.2.2 司法基本规定

(1)合同法规定。《中华人民共和国合同法》第一百九十六条规定,借款合同是借款人向贷款人借款,到期返还借款并支付利息的合同。

第一百九十七条规定,借款合同采用书面形式,但自然人之间借款另有约定的除外。借款合同的内容包括借款种类、币种、用途、数额、利率、期限和还款方式等条款。

第二百零五条规定,借款人应当按照约定的期限支付利息。对支付利息的期限没有约定或者约定不明确,依照本法第六十一条的规定仍不能确定,借款期间不满1年的,应当在返还借款时一并支付;借款期间1年以上的,应当在每届满1年时支付,剩余期间不满1年的,应当在返还借款时一并支付。

第二百一十一条规定,自然人之间的借款合同对支付利息没有约定或者约定不明确的,视为不支付利息。自然人之间的借款合同约定支付利息的,借款的利率不得违反国家有关限制借款利率的规定。

综上所述,借款合同是一种有名合同,自然人之间借款可以不签订合同,自然人之间的借款特定情况可不支付利息,但即使支付利息,也不得超过国家有关限制借款利率的规定。

(2)司法解释规定。

《最高人民法院关于审理民间借贷案件适用法律若干问题的规定》(法释〔2015〕18号)

第五条 人民法院立案后,发现民间借贷行为本身涉嫌非法集资犯罪的,应当裁定驳回起诉,并将涉嫌非法集资犯罪的线索、材料移送公安或者检察机关。

第九条 具有下列情形之一,可以视为具备合同法第二百一十条关于自然人之间借款合同的生效要件:(一)以现金支付的,自借款人收到借款时;(二)以银行转账、网上电子汇款或者通过网络贷款平台等形式支付的,自资金到达借款人账户时;(三)以票据交付的,自借款人依法取得票据权利时；（四）出借人将特定资金账户支配权授权给借款人的，自借款人取得对该账户实际支配权时；（五）出借人以与借款人约定的其他方式提供借款并实际履行完成时。

第二十六条 借贷双方约定的利率未超过年利率24%，出借人请求借款人按照约定的利率支付利息的，人民法院应予支持。

借贷双方约定的利率超过年利率36%，超过部分的利息约定无效。借款人请求出借人返还已支付的超过年利率36%部分的利息的，人民法院应予支持。

综上所述，民间借贷行为本身可能涉嫌非法集资犯罪，若为企业向个人借款，根据《国家税务总局关于企业向自然人借款的利息支出企业所得税税前扣除问题的通知》（国税函〔2009〕777号）的规定，"企业与个人之间的借贷具有非法集资目的或其他违反法律、法规的行为，利息支出不准予扣除"。

借款合同可能因各种原因而无效。若是企业作为贷款人，根据税法规定，应在应收利息日确定收入。后续若确认合同无效，则麻烦较多。

从司法层面来看，人民法院不支持超过年利率36%部分的利息支付请求。

6.9.2.3 总结

（1）民间借贷也涉及增值税、所得税纳税义务，贷款利息也是应税所得（收入）。实务中那些不收取利息的借贷，是否需要按照增值税视同销售规定缴纳增值税？根据《营业税改征增值税试点实施办法》（财税〔2016〕36号附件1）第十四条规定，若企业作为出借人，应视同销售，根据企业的纳税认定身份计征增值税；若个人作为出借人，不属于视同销售的"贷款服务"，不征收增值税；个人所得税没有视同销售规定，自然不涉及个人所得税问题。

（2）民间借贷不涉及印花税纳税义务，因民间借贷合同不是《中华人民共和国印花税法》规定的应税凭证。

（3）民间借贷，特别是个人之间的有息借贷的法律关系较为复杂，涉及的主体也较多，稍有不慎，可能会违法，甚至构成刑事犯罪。征缴税时，需要综合考虑各种因素。

（4）自然人主动计算缴纳增值税和个人所得税的意识淡薄。若被税务机关举报，坚持不缴税的人应大有人在。此时，根据《中华人民共和国刑法》第二百零一条规定，存在极大的刑事责任风险。

6.10 银行资金借贷的涉税处理

纳税人实施纳税筹划，目的在于合理合法地减轻自己的税收负担。要减轻税收负担，必须在对纳税人主体的经营活动整体权衡的前提下考虑才能取得最大的收益。纳税人进行纳税筹划时，必须从全局出发，把所有经营活动作为一个动态的、与周围密切联系的整体来考虑，才能选择出最优的纳税方案。

委托银行贷款在现实中普遍存在，是指委托人提供资金，由受托银行根据委托人确定的借款人、用途、金额、币种、期限、利率等代为发放、协助监督使用并收回的贷款。受托银行在整个委托贷款的业务中除负责代为发放、监管使用、协助收回，并从中收取一定手续费之外，不会对任何的形式的贷款风险承担责任。那么企业发生的委托贷款应该如何纳税？

6.10.1 增值税

对委托方而言，将资金通过银行提供给借款人使用取得的利息收入，即以货币资金投资收取的固定利润或者保底利润，按照贷款服务缴纳增值税。

如果委托方为小规模纳税人，应按提供贷款服务取得的全部利息及利息性质的收入为应税收入，按3%的征收率计缴增值税；如果委托方为一般纳税人，应按供贷款服务取得的全部利息及利息性质的收入为应税收入，按6%的税率计算销项税额。当然，对银行向委托方收取手续费，委托方取得银行开具手续费增值税专用发票，准予抵扣。

《财政部　国家税务总局关于全面推开营业税改征增值税试点的通知》

（财税〔2016〕36号）

　　附件1《营业税改征增值税试点实施办法》第二十七条　下列项目的进项税额不得从销项税额中抵扣……（六）购进的旅客运输服务、贷款服务、餐饮服务、居民日常服务和娱乐服务……

　　附件2《营业税改征增值税试点有关事项的规定》第一条第四项第三款纳税人接受贷款服务向贷款方支付的与该笔贷款直接相关的投融资顾问费、手续费、咨询费等费用，其进项税额不得从销项税额中抵扣。

　　基于以上税收政策规定，"向贷款方支付的与该笔贷款直接相关的投融资顾问费、手续费、咨询费等费用,其进项税额不得从销项税额中抵扣",其中有一个前提是上述费用是"向贷款方支付的"。如不是向贷款方支付的,而是向第三方支付的,其进项税额允许在销项税额中抵扣。因此,债权融资所产生的融资利息及向贷款方支付的与该笔贷款直接相关的投融资顾问费、手续费、咨询费等费用,其进项税额不得从销项税额中抵扣。

6.10.2 印花税

印花税只对税目税率表中列举的凭证和经财政部确定征税的其他凭证征税。对不在列举范围内的凭证,不涉及印花税。不需要缴纳印花税的借款合同大致有9种:①与非金融机构的借款合同;②与企业、个人之间的借款合同;③与金融机构签订的借款展期合同;④与金融机构签订的委托贷款合同;⑤限额内的循环借款;⑥与金融机构的贴现协议;⑦信用证押汇;⑧保理合同;⑨小微企业的优惠。

印花税税目税率表中的借款合同是指银行业金融机构、经国务院银行业监督管理机构批准设立的其他金融机构与借款人(不包括同业拆借)的借款合同。

委托贷款合同的表现形式主要有两种:双方协议的委托贷款和三方协议的委托贷款。

(1)双方协议的委托贷款。双方协议的委托贷款由资金提供人(委托人)与银行(受托人)签订的委托合同及银行(受托人、贷款人)与借款人签订的借款合同构成,委托人与受托人、贷款人与借款人的权利义务分别在两个合同中约定。

代理单位与委托单位之间签订的委托代理合同,凡仅明确代理事项、权限和责任的,不属于应税凭证,不贴印花。因此,对于双方协议的委托贷款合同,委托方与银行签订的委托合同不属于应税凭证,不贴花。而银行与借款人签订的借款合同,银行与借款人均应按借款合同所载金额0.05‰贴花。

(2)三方协议的委托贷款。三方协议的委托贷款则由一个合同构成,资金提供人(委托人)、银行(受托人、贷款人)与借款人的权利义务均在一个合同中约定。

对于三方协议的委托贷款,该合同实际上约定了两个事项:委托事项和贷款事项。该委托贷款合同属于借款合同,合同当事人应按借款合同贴花。合同当事人为借款合同的当事人,应当是对借款合同有直接权利和义务关系的单位和个人,不包括保人、证人、鉴定人。因此,作为签订委托贷款合同的三方,委托方、银行和借款方中,只有银行和借款方就借款事项拥有直接权利和义务关系,应作为合同当事人,按借款合同所载金额0.05‰贴花;而委托方虽持有合同但不属于当事人,不需要贴花。

6.10.3 企业所得税

《中华人民共和国企业所得税法实施条例》第十八条规定,利息收入按照合同约定的债务人应付利息的日期确认收入的实现。

对于逾期贷款，税务处理上按贷款合同确认的利率和结算利息的期限计算利息。企业所得税中的利率是名义利率，利息收入按名义利率确认。但目前银行业已经全面执行《企业会计准则》，银行对贷款利息收入基本采用实际利率法。实际利率不同于贷款名义利率或者合同利率，其实质是贷款的内含报酬率，即将贷款在存续期间的现金流折现为贷款当前账面值的利率。因此，两种方法的计算结果是存在差异的。

具体来说，采用实际利率法确认各期利息收入，与采用名义利率确认各期利息收入存在以下两点差异：

（1）利息收入确认时间不同。名义利率下贷款结息日往往在每一季度的末月21日（或每月21日），而实际利率法下，对符合收入确认条件的，新准则要求在资产负债表日予以确认。

（2）确认方法不同。名义利率下确认的利息收入是按贷款合同本金和合同利息计算确认的，而实际利率法下新准则规定，利息收入按照借款人使用贷款的时间和实际利率计算确定，即按贷款的摊余成本和实际利率计算确定利息收入。

企业所得税对金融企业贷款利息收入的税务处理只跟名义利率法下的利息收入账务处理趋同，但与实际利率法下的利息收入的账务处理存在较大的差异。由此产生的税会差异需要于年度企业所得税申报时进行纳税调整。

案例6-4

甲公司与中国工商银行签订借款合同5亿元，年贷款利率6%，贷款期限5年，支付的与该笔贷款直接相关的投融资顾问费、手续费、咨询费0.05亿元。请问：如何纳税筹划使项目公司的融资成本的税收负担最低？

纳税筹划：

在发生债权融资的情况下，应与融资担保公司合作，让融资担保公司提供担保，将向贷款方支付的与该笔贷款直接相关的投融资顾问费、手续费、咨询费等费用变成直接支付给融资担保机构的顾问费用、手续费用和咨询费用，可以得到增值税进项税额的抵扣，从而少缴增值税。

（1）纳税筹划前的税收成本（不考虑印花税）。

甲公司不可以抵扣融资财务费用中利息费用的增值税进项税额为：$5 \times 6\% \div (1+6\%) \times 6\% = 0.01698$（亿元）。

甲公司不可以抵扣融资支付的顾问费、手续费、咨询费中的增值税进项税额为：$0.05 \div (1+6\%) \times 6\% = 0.00283$（亿元）。

甲公司五年当中不可以抵扣的增值税进项税额，即要多缴纳的增值税为：$0.01698 \times$

5+0.002 83＝0.087 73（亿元）。

（2）纳税筹划后的税收成本。

甲公司不可以抵扣融资财务费用中利息费用的增值税进项税额为：5×6%÷（1+6%）×6%＝0.016 98（亿元）。

甲公司可以抵扣融资支付的顾问费、手续费、咨询费中的增值税进项税额为：0.05÷（1+6%）×6%＝0.002 83（亿元）。

经过纳税筹划，甲公司可以少缴纳增值税283 000元。

7

"虚"票止于好会计

> "假作真时真亦假,真作假时假亦真。"会计在审核工作中有一项要求是真实性,关于发票的真和假,通过系统也能查辨出来,但是有的是供销双方合起来弄"虚"作"假",会计千万不能沾手。

7.1 开具发票注意的关键点

开具发票时,要注意以下几个常见关键点。

(1)增值税纳税人(包括一般纳税人和小规模纳税人)销售货物、提供加工修理修配劳务等应税行为,使用新系统开具增值税专用发票、增值税普通发票、机动车销售统一发票、二手车销售统一发票、增值税电子普通发票。

《国家税务总局关于增值税发票管理等有关事项的公告》(国家税务总局公告2019年第33号)

自2020年2月1日起,增值税小规模纳税人(其他个人除外)发生增值税应税行为,需要开具增值税专用发票的,可以自愿使用增值税发票管理系统自行开具。选择自行开具增值税专用发票的小规模纳税人,税务机关不再为其代开增值税专用发票。

---

(2)销售商品、提供服务以及从事其他经营活动的单位和个人,对外发生经营

业务收取款项，收款方应当向付款方开具发票；特殊情况下，由付款方向收款方开具发票。

所有单位和从事生产、经营活动的个人在购买商品、接受服务以及从事其他经营活动支付款项，应当向收款方取得发票。取得发票时，不得要求变更品名和金额。

（3）增值税纳税人购买货物、劳务、服务、无形资产或不动产，索取增值税专用发票时，须向销售方提供购买方名称（不得为自然人）、纳税人识别号或统一社会信用代码、地址电话、开户行及账号信息。

（4）单位和个人在开具发票时，必须做到按照号码顺序填开，填写项目齐全，内容真实，字迹清楚，全部联次一次打印，内容完全一致，并在发票联和抵扣联加盖发票专用章。开具发票应当使用中文。民族自治地方可以同时使用当地通用的一种民族文字。

（5）税务总局编写了《商品和服务税收分类与编码（试行）》，并在新系统中增加了商品和服务税收分类与编码相关功能。使用新系统的增值税纳税人，应使用新系统选择相应的商品和服务税收分类与编码开具增值税发票。纳税人通过增值税发票管理新系统开具增值税发票时，商品和服务税收分类编码对应的简称会自动显示并打印在发票票面"货物或应税劳务、服务名称"或"项目"栏次中。

（6）取得增值税发票的单位和个人可登录全国增值税发票查验平台（https://inv-veri.chinatax.gov.cn），对新系统开具的增值税专用发票、增值税普通发票、机动车销售统一发票、二手车销售统一发票和增值税电子普通发票的发票信息进行查验。

（7）属于下列情形之一的，不得开具增值税专用发票：

A.向消费者个人销售货物、提供应税劳务或者发生应税行为的。

B.销售货物、提供应税劳务或者发生应税行为适用增值税免税规定的，法律、法规及国家税务总局另有规定的除外。

C.部分适用增值税简易征收政策规定的：增值税一般纳税人的单采血浆站销售非临床用人体血液选择简易计税的；纳税人销售旧货，按简易办法依3%征收率减按2%征收增值税的；纳税人销售自己使用过的固定资产，适用按简易办法依3%征收率减按2%征收增值税政策的；纳税人销售自己使用过的固定资产，适用简易办法依照3%征收率减按2%征收增值税政策的，可以放弃减税，按照简易办法依照3%征收率缴纳增值税，并可以开具增值税专用发票。

D.法律、法规及国家税务总局规定的其他情形。

（8）增值税专用发票应按下列要求开具：①项目齐全，与实际交易相符；②字迹清楚，不得压线、错格；③发票联和抵扣联加盖发票专用章；④按照增值税纳税义务的发生时间开具。不符合上述要求的增值税专用发票，购买方有权拒收。

（9）一般纳税人销售货物、提供加工修理修配劳务和发生应税行为可汇总开具增值税专用发票。汇总开具增值税专用发票的，同时使用新系统开具《销售货物或者提供应税劳务清单》，并加盖发票专用章。

（10）纳税人丢失发票的，按以下方法处理：

根据《国家税务总局关于公布取消一批税务证明事项以及废止和修改部分规章规范性文件的决定》（国家税务总局令48号），删去了《中华人民共和国发票管理办法实施细则》（国家税务总局令第25号公布，国家税务总局令第37号、第44号修改）第三十一条中的"并登报声明作废"。

《中华人民共和国发票管理办法实施细则》（国家税务总局令第37号）

第三十一条 使用发票的单位和个人应当妥善保管发票。发生发票丢失情形时，应当于发现丢失当日书面报告税务机关。

A.纳税人丢失增值税专用发票。自2019年11月1日起，《丢失增值税专用发票已报税证明单》已经在全国范围内取消了。也就是说，丢失增值税专用发票的纳税人无须再前往税务机关开具《证明单》。销货方纳税人已上传发票明细数据的，购货方纳税人可凭专用发票记账联复印件直接勾选抵扣或扫描认证，销货方无须再向主管税务机关申请开具证明。

《关于增值税发票综合服务平台等事项的公告》（国家税务总局公告2020年第1号）

四、纳税人同时丢失已开具增值税专用发票或机动车销售统一发票的发票联和抵扣联，可凭加盖销售方发票专用章的相应发票记账联复印件，作为增值税进项税额的抵扣凭证、退税凭证或记账凭证。

纳税人丢失已开具增值税专用发票或机动车销售统一发票的抵扣联，可凭相应发票的发票联复印件，作为增值税进项税额的抵扣凭证或退税凭证；纳税人丢失已开具增值税专用发票或机动车销售统一发票的发票联，可凭相应发票的抵扣联复印件，作为记账凭证。

B.纳税人丢失普通发票。丢失已经开具的普通发票按照《中华人民共和国发票管理办法及其实施细则》规定，基本流程为：报告——处罚——取得记账联复印件并凭借相应证明入账。

C.纳税人丢失空白发票。纳税人丢失空白发票应自发现丢失发票的当日向税务机关书面报告，并登报声明作废。

丢失发票入账问题可以按照《会计基础工作规范》（财会字〔1996〕19号）第五十五条规定，从外单位取得的原始凭证如有遗失，应当取得原开出单位盖有公章的证明，并注明原来凭证的号码、金额和内容等，由经办单位会计机构负责人、会计主管人员和单位领导人批准后，才能代作原始凭证。

（11）红字发票的开具。

A.增值税专用发票的红票开具。

《国家税务总局关于红字增值税发票开具有关问题的公告》（国家税务总局公告2016年第47号）

一、增值税一般纳税人开具增值税专用发票（以下简称专用发票）后，发生销货退回、开票有误、应税服务中止等情形但不符合发票作废条件，或者因销货部分退回及发生销售折让，需要开具红字专用发票的，按以下方法处理：

（一）购买方取得专用发票已用于申报抵扣的，购买方可在增值税发票管理新系统（以下简称新系统）中填开并上传《开具红字增值税专用发票信息表》（以下简称《信息表》），详见附件（略）。在填开《信息表》时不填写相对应的蓝字专用发票信息，应暂依《信息表》所列增值税税额从当期进项税额中转出，待取得销售方开具的红字专用发票后，与《信息表》一并作为记账凭证。

购买方取得专用发票未用于申报抵扣，但发票联或抵扣联无法退回的，购买方填开《信息表》时应填写相对应的蓝字专用发票信息。

销售方开具专用发票尚未交付购买方，以及购买方未用于申报抵扣并将发票联及抵扣联退回的，销售方可在新系统中填开并上传《信息表》。销售方填开《信息表》时应填写相对应的蓝字专用发票信息。

（二）主管税务机关通过网络接收纳税人上传的《信息表》，系统自动校验通过后，生成带有"红字发票信息表编号"的《信息表》，并将信息同步至纳税人端系统中。

（三）销售方凭税务机关系统校验通过的《信息表》开具红字专用发票，在新系统中以销项负数开具。红字专用发票应与《信息表》一一对应。

（四）纳税人也可凭《信息表》电子信息或纸质资料到税务机关对《信息表》内容进行系统校验。

B.增值税普通发票的红票开具。纳税人开具增值税普通发票后,如发生销货退回、开票有误、应税服务中止等情形但不符合发票作废条件,或者因销货部分退回及发生销售折让,需要开具红字发票的,应收回原发票并注明"作废"字样或取得对方有效证明。

纳税人需要开具红字增值税普通发票的,可以在所对应的蓝字发票金额范围内开具多份红字发票。红字机动车销售统一发票需与原蓝字机动车销售统一发票一一对应。

【注意】开具红字增值税发票没有时间限制,符合开具红字发票的条件即可开具。

(12)代开发票相关内容见表7.1.1。

表7.1.1 代开发票相关内容

税务机关代开发票	内容
范围	(1)已办理税务登记的小规模纳税人(包括个体工商户)以及国家税务总局确定的其他可予代开增值税专用发票的纳税人,发生增值税应税行为,可以申请代开增值税专用发票 (2)有下列情形之一的,可以向税务机关申请代开增值税普通发票:①被税务机关依法收缴发票或者停止发售发票的纳税人,取得经营收入需要开具增值税普通发票的;②正在申请办理税务登记的单位和个人,对其自领取营业执照之日至取得税务登记证件期间发生的业务收入需要开具增值税普通发票的;③应办理税务登记而未办理的单位和个人,主管税务机关应当依法予以处理,并在补办税务登记手续后,对其自领取营业执照之日起至取得税务登记证件期间发生的业务收入需要开具增值税普通发票的;④依法不需要办理税务登记的单位和个人,临时取得收入,需要开具增值税普通发票的
种类	税务机关使用新系统代开增值税专用发票和增值税普通发票。代开增值税专用发票使用六联票,代开增值税普通发票使用五联票 纳税人销售其取得的不动产和其他个人出租不动产申请代开增值税专用发票,第四联由代开发票岗位留存,以备发票扫描补录;第五联交征收岗位留存,用于代开发票与征收税款的定期核对;其他联次交纳税人。纳税人因其他业务申请代开增值税专用发票的,第五联由代开发票岗位留存,以备发票的扫描补录;第六联交税款征收岗位,用于代开发票税额与征收税款的定期核对;其他联次交增值税纳税人 税务机关代开发票部门通过新系统代开增值税发票,系统自动在发票上打印"代开"字样
盖章	(1)增值税纳税人应在代开增值税专用发票的备注栏上,加盖本单位的发票专用章(为其他个人代开的特殊情况除外) (2)税务机关在代开增值税普通发票以及为其他个人代开增值税专用发票的备注栏上,加盖税务机关代开发票专用章
备注栏	(1)备注栏内注明纳税人名称和纳税人识别号 (2)税务机关为跨县(市、区)提供不动产经营租赁服务、建筑服务的小规模纳税人(不包括其他个人),代开增值税发票时,在发票备注栏中自动打印'YD'字样 (3)税务机关为纳税人代开建筑服务发票时应在发票的备注栏注明建筑服务发生地县(市、区)名称及项目名称 (4)税务机关为个人保险代理人汇总代开增值税发票时,应在备注栏内注明"个人保险代理人汇总代开"字样 (5)税务机关为出售或出租不动产代开发票时应在备注栏注明不动产的详细地址

7.2 各行业发票开具的规定

行业不同，发票开具的规定也不尽相同。

7.2.1 建筑服务发票开具规定

（1）建筑服务发票开具基本规定。提供建筑服务，纳税人自行开具或者税务机关代开增值税发票时，应在发票的备注栏注明建筑服务发生地县（市、区）名称及项目名称。

（2）小规模纳税人提供建筑服务发票开具规定。小规模纳税人提供建筑服务，应以取得的全部价款和价外费用扣除支付的分包款后的余额为销售额，按照3%的征收率计算应纳税额。

发票开具：小规模纳税人跨县（市、区）提供建筑服务，不能自行开具增值税发票的，可向建筑服务发生地主管税务机关按照其取得的全部价款和价外费用申请代开增值税发票。

（3）收到建筑服务预收款，纳税义务未发生，使用"未发生销售行为的不征税项目"下"建筑服务预收款"开票，发票税率栏应填写"不征税"，不得开具增值税专用发票。

7.2.2 销售不动产发票开具规定

（1）销售不动产发票开具基本规定。销售不动产，纳税人自行开具或者税务机关代开增值税发票时，应在发票"货物或应税劳务、服务名称"栏填写不动产名称及房屋产权证书号码（无房屋产权证书的可不填写），"单位"栏填写面积单位，备注栏注明不动产的详细地址。

（2）房地产开发企业销售自行开发的房地产项目发票开具规定。房地产开发企业中的一般纳税人销售其自行开发的房地产项目（选择简易计税方法的房地产老项目除外），以取得的全部价款和价外费用，扣除受让土地时向政府部门支付的土地价款、在取得土地时向其他单位或个人支付的拆迁补偿费用后的余额为销售额。

房地产开发企业中的一般纳税人销售自行开发的房地产老项目，可以选择适用简易计税方法，以取得的全部价款和价外费用为销售额，不得扣除对应的土地价款。

发票开具：一般纳税人销售自行开发的房地产项目，自行开具增值税发票。一般纳税人销售自行开发的房地产项目，其2016年4月30日前收取并已向原主管地税机关申报缴纳营业税的预收款，未开具营业税发票的，可以开具增值税普通发票，不得开具增值税专用发票，本条规定并无开具增值税普通发票的时间限制。一般纳税人向其他个人销售自行开发的房地产项目,不得开具增值税专用发票。

(3)房地产开发企业中的小规模纳税人,销售自行开发的房地产项目,按照5%的征收率计税。

发票开具:小规模纳税人销售自行开发的房地产项目,自行开具增值税普通发票。购买方需要增值税专用发票的,小规模纳税人向主管税务机关申请代开。小规模纳税人销售自行开发的房地产项目,其2016年4月30日前收取并已向原主管地税机关申报缴纳营业税的预收款,未开具营业税发票的,可以开具增值税普通发票,不得申请代开增值税专用发票,本条规定并无开具增值税普通发票的时间限制。小规模纳税人向其他个人销售自行开发的房地产项目,不得申请代开增值税专用发票。

(4)收到销售自行开发的房地产项目预收款,纳税义务未发生,使用"未发生销售行为的不征税项目"下"销售自行开发的房地产项目预收款"开票,发票税率栏应填写"不征税",不得开具增值税专用发票,其"不征税"率发票等同于以前的预售款收据,但需要预缴3%增值税。

7.2.3 金融服务发票开具规定

(1)金融商品转让业务发票开具规定。金融商品转让,以卖出价扣除买入价后的余额为销售额。

发票开具:不得开具增值税专用发票。

(2)贴现、转贴现业务发票开具规定。自2018年1月1日起,金融机构开展贴现、转贴现业务需要就贴现利息开具发票的,由贴现机构按照票据贴现利息全额向贴现人开具增值税普通发票,转贴现机构按照转贴现利息全额向贴现机构开具增值税普通发票。

(3)汇总纳税的金融机构发票开具规定。采取汇总纳税的金融机构,省、自治区所辖地市以下分支机构可以使用地市级机构统一领取的增值税专用发票、增值税普通发票、增值税电子普通发票;直辖市、计划单列市所辖区县及以下分支机构可以使用直辖市、计划单列市机构统一领取的增值税专用发票、增值税普通发票、增值税电子普通发票。

7.2.4 保险服务发票开具规定

(1)保险机构作为车船税扣缴义务人,在代收车船税并开具增值税发票时,应在增值税发票备注栏中注明代收车船税税款信息,具体包括:保险单号、税款所属期(详细至月)、代收车船税金额、滞纳金金额、金额合计等。该增值税发票可作为纳税人缴纳车船税及滞纳金的会计核算原始凭证。

(2)为自然人提供的保险服务不得开具增值税专用发票,可以开具增值税普通发票。

7.2.5 个人代理人汇总代开具体规定

(1)接受税务机关委托代征税款的保险企业,向个人保险代理人支付佣金费用后,可代个人保险代理人统一向主管税务机关申请汇总代开增值税普通发票或增值税专用发票。

（2）保险企业代个人保险代理人申请汇总代开增值税发票时，应向主管税务机关出具个人保险代理人的姓名、身份证号码、联系方式、付款时间、付款金额、代征税款的详细清单。

保险企业应将个人保险代理人的详细信息，作为代开增值税发票的清单，随发票入账。

（3）主管税务机关为个人保险代理人汇总代开增值税发票时，应在备注栏内注明"个人保险代理人汇总代开"字样。

（4）证券经纪人、信用卡和旅游等行业的个人代理人比照上述规定执行。

（5）保险、证券代理人属于按期纳税的小规模纳税人，可以适用月销售额不超过15万元免征增值税的优惠政策。

7.2.6 旅游服务发票开具规定

全面推开营业税改征增值税试点纳税人提供旅游服务，可以选择以取得的全部价款和价外费用，扣除向旅游服务购买方收取并支付给其他单位或者个人的住宿费、餐饮费、交通费、签证费、门票费和支付给其他接团旅游企业的旅游费用后的余额为销售额。

发票开具：选择上述办法计算销售额的试点纳税人，向旅游服务购买方收取并支付的上述费用，不得开具增值税专用发票，可以开具增值税普通发票。

7.2.7 教育辅助服务发票开具规定

境外单位通过教育部考试中心及其直属单位在境内开展考试，教育部考试中心及其直属单位应以取得的考试费收入扣除支付给境外单位考试费后的余额为销售额，按提供"教育辅助服务"缴纳增值税；就代为收取并支付给境外单位的考试费统一扣缴增值税。

发票开具：教育部考试中心及其直属单位代为收取并支付给境外单位的考试费，不得开具增值税专用发票，可以开具增值税普通发票。

7.2.8 不动产租赁业务发票开具规定

个人出租住房，应按照5%的征收率减按1.5%计算应纳税额。

发票开具：纳税人自行开具或者税务机关代开增值税发票时，通过新系统中征收率减按1.5%征收开票功能，录入含税销售额，系统自动计算税额和不含税金额，发票开具不应与其他应税行为混开。

7.2.9 物业管理服务发票开具规定

提供物业管理服务的纳税人，向服务接受方收取的自来水水费，以扣除其对外支付的自来水水费后的余额为销售额，按照简易计税办法依3%的征收率计算缴纳增值税。

发票开具：纳税人可以按3%向服务接受方开具增值税专用发票或增值税普通发票。

7.2.10 劳务派遣服务发票开具规定

（1）一般纳税人提供劳务派遣服务，可以选择差额纳税，以取得的全部价款和价外费用，扣除代用工单位支付给劳务派遣员工的工资、福利和为其办理社会保险及住房公积金后的余额为销售额，按照简易计税方法依5%的征收率计算缴纳增值税。

（2）小规模纳税人提供劳务派遣服务，可以选择差额纳税，以取得的全部价款和价外费用，扣除代用工单位支付给劳务派遣员工的工资、福利和为其办理社会保险及住房公积金后的余额为销售额，按照简易计税方法依5%的征收率计算缴纳增值税。

（3）发票开具：纳税人提供劳务派遣服务，选择差额纳税的，向用工单位收取用于支付给劳务派遣员工工资、福利和为其办理社会保险及住房公积金的费用，不得开具增值税专用发票，可以开具增值税普通发票。

（4）纳税人提供安全保护服务，比照劳务派遣服务政策执行。

7.2.11 人力资源外包服务发票开具规定

纳税人提供人力资源外包服务，按照经纪代理服务缴纳增值税，其销售额不包括受客户单位委托代为向客户单位员工发放的工资和代理缴纳的社会保险、住房公积金。

发票开具：纳税人提供人力资源外包服务，向委托方收取并代为发放的工资和代理缴纳的社会保险、住房公积金，不得开具增值税专用发票，可以开具增值税普通发票。

7.2.12 经纪代理服务发票开具规定

（1）经纪代理服务，以取得的全部价款和价外费用，扣除向委托方收取并代为支付的政府性基金或者行政事业性收费后的余额为销售额。

发票开具：向委托方收取并代为支付的政府性基金或者行政事业性收费不得开具增值税专用发票，但可以开具增值税普通发票。

（2）纳税人提供签证代理服务，以取得的全部价款和价外费用，扣除向服务接受方收取并代为支付给外交部和外国驻华使（领）馆的签证费、认证费后的余额为销售额。

发票开具：纳税人向服务接受方收取并代为支付的签证费、认证费，不得开具增值税专用发票，可以开具增值税普通发票。

（3）纳税人代理进口按规定免征进口增值税的货物，其销售额不包括向委托方收取并代为支付的货款。

发票开具：向委托方收取并代为支付的款项，不得开具增值税专用发票，可以开具增值税普通发票。

7.2.13 货物运输服务发票开具基本规定

纳税人提供货物运输服务，使用增值税专用发票和增值税普通发票，开具发票时应将起运地、到达地、车种车号以及运输货物信息等内容填写在发票备注栏中，如内容较多可另附清单。

7.2.14 铁路运输企业发票开具规定

铁路运输企业受托代征的印花税款信息，可填写在发票备注栏中。中国铁路总公司及其所属运输企业（含分支机构）提供货物运输服务，可自2015年11月1日起使用增值税专用发票和增值税普通发票，所开具的铁路货票、运费杂费收据可作为发票清单使用。

7.2.15 差额征税发票开具规定

纳税人或者税务机关通过新系统中差额征税开票功能开具增值税发票时，录入含税销售额（或含税评估额）和扣除额，系统自动计算税额和不含税金额，备注栏自动打印"差额征税"字样，发票开具不应与其他应税行为混开。

7.2.16 电子发票开具规定

（1）使用增值税电子普通发票的纳税人应通过增值税电子发票系统开具。

（2）增值税电子普通发票的开票方和受票方需要纸质发票的，可以自行打印增值税电子普通发票的版式文件，其法律效力、基本用途、基本使用规定等与税务机关监制的增值税普通发票相同。

7.2.17 机动车销售统一发票开具规定

（1）纳税人从事机动车（旧机动车除外）零售业务须开具机动车销售统一发票。

（2）"纳税人识别号"栏内打印购买方纳税人识别号，如购买方需要抵扣增值税税款，该栏必须填写。

（3）填写"购买方名称及身份证号码/组织机构代码"栏时，"身份证号码/组织机构代码"应换行打印在"购买方名称"的下方。

（4）"完税凭证号码"栏内打印代开机动车销售统一发票时对应开具的增值税完税证号码，自开机动车销售统一发票时此栏为空。

（5）纳税人销售免征增值税的机动车，通过新系统开具时应在机动车销售统一发票"增值税税率或征收率"栏选填"免税"，机动车销售统一发票"增值税税率或征收率"栏自动打印显示"免税"，"增值税税额"栏自动打印显示"***"；机动车销售统一发票票面"不含税价"栏和"价税合计"栏填写金额相等。

（6）如发生退货的，应在价税合计的大写金额第一字前加"负数"字，在小写金额前加"－"号。

（7）纳税人丢失机动车销售统一发票的，如在办理车辆登记和缴纳车辆购置税手续前丢失的，应先按照以下程序办理补开机动车销售统一发票的手续，再按已丢失发票存根联的信息开红字发票。

A.丢失机动车销售统一发票的消费者到机动车销售单位取得机动车销售统一发票存根联复印件（加盖销售单位发票专用章）。

B.到机动车销售方所在地主管税务机关盖章确认并登记备案。

C.由机动车销售单位重新开具与原机动车销售统一发票存根联内容一致的机动车销售统一发票。

7.2.18 二手车销售统一发票开具规定

（1）二手车经销企业从事二手车交易业务，由二手车经销企业开具《二手车销售统一发票》。

（2）二手车经销企业从事二手车代购代销的经纪业务，由二手车交易市场统一开具《二手车销售统一发票》。

（3）二手车销售统一发票"车价合计"栏次仅注明车辆价款。二手车交易市场、二手车经销企业、经纪机构和拍卖企业在办理过户手续过程中收取的其他费用，应当单独开具增值税发票。

7.2.19 收购业务发票开具规定

纳税人通过新系统使用增值税普通发票开具收购发票，系统在发票左上角自动打印"收购"字样。

7.2.20 预付卡业务发票开具规定

（1）单用途商业预付卡（以下简称单用途卡）业务按照以下规定执行：

A.单用途卡发卡企业或者售卡企业（以下统称售卡方）销售单用途卡，或者接受单用途卡持卡人充值取得的预收资金，不缴纳增值税。售卡方可按照规定，向购卡人、充值人开具增值税普通发票，不得开具增值税专用发票。

B.持卡人使用单用途卡购买货物或服务时，货物或者服务的销售方应按照现行规定缴纳增值税，且不得向持卡人开具增值税发票。

C.销售方与售卡方不是同一个纳税人的，销售方在收到售卡方结算的销售款时，应向售卡方开具增值税普通发票，并在备注栏注明"收到预付卡结算款"，不得开具增值税专用发票。

售卡方从销售方取得的增值税普通发票，作为其销售单用途卡或接受单用途卡充值取得预收资金不缴纳增值税的凭证，留存备查。

（2）支付机构预付卡（以下称多用途卡）业务按照以下规定执行：

A.支付机构销售多用途卡取得的等值人民币资金，或者接受多用途卡持卡人充值取得的充值资金，不缴纳增值税。支付机构可按照规定，向购卡人、充值人开具增值税普通发票，不得开具增值税专用发票。

B.持卡人使用多用途卡，向与支付机构签署合作协议的特约商户购买货物或服务，特约商户应按照现行规定缴纳增值税，且不得向持卡人开具增值税发票。

C.特约商户收到支付机构结算的销售款时，应向支付机构开具增值税普通发票，并在备注栏注明"收到预付卡结算款"，不得开具增值税专用发票。

支付机构从特约商户取得的增值税普通发票，作为其销售多用途卡或接受多用途卡充值取得预收资金不缴纳增值税的凭证，留存备查。

（3）发售加油卡、加油凭证销售成品油的纳税人（以下称预售单位）在售卖加油卡、加油凭证时，应按预收账款方法作相关账务处理，不征收增值税。

预售单位在发售加油卡或加油凭证时可开具普通发票，如购油单位要求开具增值税专用发票，待用户凭卡或加油凭证加油后，根据加油卡或加油凭证回笼记录，向购油单位开具增值税专用发票。接受加油卡或加油凭证销售成品油的单位与预售单位结算油款时，接受加油卡或加油凭证销售成品油的单位根据实际结算的油款向预售单位开具增值税专用发票。

7.2.21 不征收增值税项目发票开具规定

商品和服务税收分类与编码的"6未发生销售行为的不征税项目",用于纳税人收取款项但未发生销售货物、应税劳务、服务、无形资产或不动产的情形。

"未发生销售行为的不征税项目"下设"601预付卡销售和充值""602销售自行开发的房地产项目预收款""603已申报缴纳营业税未开票补开票"。

使用"未发生销售行为的不征税项目"编码,发票税率栏应填写"不征税",不得开具增值税专用发票。

7.3 发票的作废的风险

发票作废了怎么办?作废发票是不是可以丢弃?发票怎么会报废呢?违规报废发票有啥后果?通常纳税人发票作废的条件是什么?本节会针对这些问题逐项回答。

7.3.1 发票作废

纳税人在开具增值税专用发票当月,发生销货退回、开票有误等情形,收到退回的发票联、抵扣联符合作废条件的,按作废处理;开具时发现有误的,可即时作废。

作废增值税专用发票须在新系统中将相应的数据电文按"作废"处理,在纸质增值税专用发票(含未打印的增值税专用发票)各联次上注明"作废"字样,全联次留存。

同时具有下列情形的,为本条所称作废条件:

(1)收到退回的发票联、抵扣联,且时间未超过销售方开票当月。

(2)销售方未抄税且未记账。

(3)购买方未认证,或者认证结果为"纳税人识别号认证不符""增值税专用发票代码、号码认证不符"。

7.3.2 作废发票的雷区

企业月末查账,发现没有太多进项发票,但是已经开具的发票金额又很大,怎么办?公司已开具的发票金额马上就到500万元了,继续开票势必变更为一般纳税人,咋办?作废发票?

因为税务是以票控税,对很多企业而言,作废发票似乎是成本最低、效果最明显的纳税筹划方式。殊不知,大家的税控系统是税务牢牢掌握的,税务局有强大的数据分析能力,只要敢违规作废,就会引起税务的注意。

作废发票的风险巨大。以下4个发票作废雷区一定不要踩。

(1)免征点附近大量作废发票。很多小规模纳税人季度末才发现2021年第二季度已开发票近45万元,因为超过45万元就要全额缴纳增值税了。为了达到少缴税的目的，企业选择性地作废几张甚至几十张发票，下个月再重新开发票给下家。

（2）作废发票和重开发票一模一样。税务的大数据比对功能越来越强大，如发票代码、号码、金额、税额、价税合计、开票日期、销货单位名称及纳税人识别号、购货单位名称及纳税人识别号、受托方纳税人地址、开户银行、银行账号和委托方纳税人开户银行、银行账号，这些都是比对的重点。作废发票和重开发票一模一样，税务部门肯定要预警。

（3）小规模纳税人在一般纳税人认定标准临界点作废发票。很多小规模纳税人采用各种手段逃避成为一般纳税人，等到马上达标的时候，就开始疯狂作废，以低于一般纳税人认定标准。

（4）突然大额作废发票。一般企业尤其是比较稳定的企业，发票作废情况是比较少的。如果突然一家企业某个月大额作废发票，税务部门很可能会怀疑企业有可能隐瞒收入。

案例7-1

佛山税务局给武汉税务局发函，请求协查他们辖区的企业开给顺德区三岛丰汽车配件有限公司的增值税专用发票2份：

（1）请核实来函发票是否为失控发票。

（2）核实企业状态及来函发票的领购及申报纳税情况。

（3）如企业状态正常，请说明原因。

武汉税务检查组通过"增值税发票电子底账系统"查询武汉沃日谷商贸有限公司2015年11月26日开具给顺德区三岛丰汽车配件有限公司的2份增值税专用发票存根联，发现以上2份增值税专用发票该公司已作作废处理。

检查组经查询金三系统发现，管理局在2015年12月17日已将该企业开具的所有发票全部列为失控发票。

最终，武汉沃日谷商贸有限公司在2015年11月26日开具给顺德区三岛丰汽车配件有限公司的2份增值税专用发票被定性为违规作废行为，造成少缴税款的行为被定性为偷税，不仅企业需要补缴增值税，还要补缴所得税，滞纳金、罚款。

7.3.3 作废发票莫乱扔

（1）作废增值税专用发票最主要的是在开票系统里作废，在发票填开窗口里有个发票作废一栏，单点需要报废的发票，将其点成深色，再点击下面的作废按钮，这张发票就在税务体系里作废了。然后再对纸质发票作废，这也是非常有必要的，可盖上发票作废章，也可直接用笔写在发票上（发票自带复写，每一张都作废了），然后将作废的三联发票保管好（很重要，必定不能丢失），留单位备查。

（2）作废发票必须是当月的发票且当月尚未领取新发票，跨月的发票是不可能作废的（金税体系里是不认可的），只能采取开红字的方法冲掉该发票。

7.3.4 发票作废的原因

什么原因导致发票作废呢？导致发票作废的因素如表7.3.1所示。

表7.3.1　导致发票作废的因素

导致发票作废的因素	内容
正常因素	开具过错 销货退回 出售折让 效劳中止
非正常因素	歹意隐秘收入 歹意勾结，出售方违规报废，接票方虚列本钱 涉嫌虚开发票

发票作废的非正常因素中，"歹意隐秘收入"是在生活中常见的情况，比如一家小规模公司2021年4月发票现已开具了151 000元，为了不上税，老板与顾客洽谈将已开具的票报废，下月重开，将当月发票开具金额降至150 000元以下，实现不上税的意图。

出售方与接票方在有真实业务的前提下歹意勾结，出售方将开具的某些发票违规作废（未回收发票联），接票方将发票联虚列支出，实现偷税意图。

有些企业违法从事虚开发票行为，但为了防止出现税收危险疑点、税负反常波动导致税务机关质疑，将有些发票进行作废，以平销、微利实现虚开发票的意图。

7.3.5 违规作废发票的后果

违规作废发票应当承担的结果有：补缴税款；加收滞纳金；罚款；严重者移送司法机关。

7.4 失控发票的风险

一张失控发票中伤了多少无辜企业，这些企业被要求进项税额转出补缴增值税不说，还得缴纳滞纳金，同时会影响企业纳税信用。

案例7-2

甲公司于2015年9月至2016年9月向某省境内乙公司购买纺织品，成交金额2 096 797.91元。

该项业务三流合一，交易真实，附有购销合同、出库单、入库单、银行转账凭证为证。交易发票都已按期申报缴税（已抵扣）。

然而，2018年9月，甲公司收到当地税务局通知，因乙公司走逃被认定为非正常户，目前已无法取得联系。按国家税务总局公告2016年第76号规定：将上述发票认定为失控发票，需补缴增值税35万元，同时加收滞纳金12万元，合计约47余万元。

甲公司据理力争，不接受缴纳滞纳金的要求，但最终还是妥协了。

7.4.1 什么是"失控发票"

按照有关规定，增值税专用发票每月不去抄报税，税务部门会视同为失控发票。受票单位往往不知道收到的发票是失控发票，因为是真票，所以能够通过发票认证从而抵缴了当期的销项税。只有出票方出了问题，才会找到受票方。

7.4.2 失控发票如何产生

（1）开票方纳税人开票没有按时抄报税。

（2）纳税人丢失增值税专用发票，导致抄报信息不包含丢失发票的号段。

（3）纳税人丢失税控卡/税控盘等，导致无法抄报。

（4）纳税人虚开发票被发现并走逃，没抄报。

7.4.3 取得失控发票如何处理才能尽可能减少损失

7.4.3.1 受票方未申报纳税

若受票方未报税或未申报纳税，按照现有政策，受票方取得的失控发票不得抵扣相应的进项税额。那么，开票方如果为走逃（失联）企业，重新取得合法、有效的发票就是一句空话，受票方抵扣进项税也就成了一句笑话。

《国家税务总局关于走逃（失联）企业开具增值税专用发票认定处理有关问题的公告》（国家税务总局公告2016年第76号）

增值税一般纳税人取得异常凭证（失控发票），不管是否为善意取得，暂不得抵扣相应的进项税额。

《国家税务总局关于纳税人善意取得虚开的增值税专用发票处理问题的通知》（国税发〔2000〕187号）

纳税人善意取得虚开的增值税专用发票，如能重新取得合法、有效的专用发票，准许其抵扣进项税款。

7.4.3.2 受票方已申报纳税

（1）证明自己是善意取得的。受票方应向主管税务机关提供能证明该项业务三流合一、交易真实的证据，证据可以是购销合同、出库单、入库单、银行转账凭证等。

受票方善意取得虚开的增值税专用发票被依法追缴已抵扣税款的，不属于《中华人民共和国税收征收管理法》第三十二条"纳税人未按照规定期限缴纳税款"的情形，不适用该条"税务机关除责令限期缴纳外，从滞纳税款之日起，按日加收滞纳税款0.5‰（年利率18.25%）的滞纳金"的规定。所以，向税务机关提供证据证明符合善意取得的条件，才能适用不缴纳滞纳金的规定（因为税法没有明确的法律规定，不同税务人员都存在不同理解，这就是为什么证明自己是无辜的，还会缴纳滞纳金的原因）。

（2）重新取得合法有效的发票。受票方善意取得虚开的增值税专用发票，如能找开票方重新取得合法、有效的专用发票，是准许其抵扣进项税款的。

（3）诉讼开票方，可以作为资产减值损失，在企业所得税税前抵扣。如果诉讼开票方，要求赔偿，会遇到执行难的问题，难以得到实际获赔。

《企业资产损失所得税税前扣除管理办法》（国家税务总局公告2011年第25号）

（1）企业实际资产损失，应当在其实际发生且会计上已作损失处理的年度申报扣除；

（2）法定资产损失，应当在企业向主管税务机关提供证据资料证明该项资产已符合法定资产损失确认条件，且会计上已作损失处理的年度申报扣除。

该办法第三章第十七条规定，具有法律效力的外部证据，是指司法机关、行政机关、专业技术鉴定部门等依法出具的与本企业资产损失相关的具有法律效力的书面文件。

因此，企业这部分无法回收的债权经司法机关书面文件确认以后，可以作为资产减值损失，在企业所得税税前抵扣。

企业因失控发票追偿不到的钱，通过民事诉讼程序，再走一个执行程序，经过税务机关申报后，至少可以追回25%的损失。

7.4.4 如何防范失控发票

（1）坚决不购买发票，不虚开不虚抵。

（2）建立完善的风控系统，对供应商进行筛选。在确定供应商之前，先了解核实对方的身份、经营范围、经营规模、企业资质等，比如取得对方的营业执照、税务登记证件等。通过"全国企业信用信息系统"查询开票方的名称、营业执照号码、经营范围，比对二者是否一致。

（3）严格资金支付。购货时要尽量通过银行账户转账汇款，注意对方提供的银行账户是否与发票注明信息相符，若不一致，应暂缓支付，对购货业务进一步审查。

（4）取票后，查验发票信息。检查发票上货物内容是否一致，核实实际收到的货物的品名、规格、数量、金额与发票票面的信息是否一致。取得增值税专用发票后，通过发票所属地的主管税务机关官网查询发票真伪。

7.5 不规范发票的情形

不合规发票的情形有如下17种：

7.5.1 未填写购买方的纳税人识别号或统一社会信用代码的普通发票

根据《国家税务总局关于增值税发票开具有关问题的公告》（国家税务总局公告2017年第16号）规定：自2017年7月1日起，购买方为企业的，索取增值税普通发票时，应向销售方提供纳税人识别号或统一社会信用代码；销售方为其开具增值税普通发票时，应在"购买方纳税人识别号"栏填写购买方的纳税人识别号或统一社会信用代码。不符合规定的发票，不得作为税收凭证。

所称企业，包括公司、非公司制企业法人、企业分支机构、个人独资企业、合伙企业和其他企业。

7.5.2 填开内容与实际交易不符的发票

根据《国家税务总局关于增值税发票开具有关问题的公告》（国家税务总局公告2017年第16号）规定：销售方开具增值税发票时，发票内容应按照实际销售情况如实开具，不得根据购买方要求填开与实际交易不符的内容。

7.5.3 原省级税务机关印制的旧版发票

根据《国家税务总局关于税务机构改革有关事项的公告》（国家税务总局公告2018年第32号）规定：新税务机构挂牌后，启用新的税收票证式样和发票监制章。挂牌前已由各省税务机关统一印制的税收票证和原各省国税机关已监制的发票在2018年12月31日前可以继续使用，由国家税务总局统一印制的税收票证在2018年12月31日后继续使用。

7.5.4 提供货物运输服务未在备注栏注明规定信息的发票

根据《国家税务总局关于停止使用货物运输业增值税专用发票有关问题的公告》

（国家税务总局公告2015年第99号）规定：增值税一般纳税人提供货物运输服务，使用增值税专用发票和增值税普通发票，开具发票时应将起运地、到达地、车种车号以及运输货物信息等内容填写在发票备注栏中，如内容较多可另附清单。

7.5.5 提供建筑服务未在备注栏注明规定信息的发票

根据《国家税务总局关于全面推开营业税改征增值税试点有关税收征收管理事项的公告》（国家税务总局公告2016年第23号）规定：提供建筑服务，纳税人自行开具或者税务机关代开增值税发票时，应在发票的备注栏注明建筑服务发生地县（市、区）名称及项目名称。

此外，根据《国家税务总局关于营改增后土地增值税若干征管规定的公告》（国家税务总局公告2016年第70号）规定：营改增后，土地增值税纳税人接受建筑安装服务取得的增值税发票，应按照规定在发票的备注栏注明建筑服务发生地县（市、区）名称及项目名称，否则不得计入土地增值税扣除项目金额。

7.5.6 销售不动产未按规定要求填开的发票

根据《国家税务总局关于全面推开营业税改征增值税试点有关税收征收管理事项的公告》（国家税务总局公告2016年第23号）规定：销售不动产，纳税人自行开具或者税务机关代开增值税发票时，应在发票"货物或应税劳务、服务名称"栏填写不动产名称及房屋产权证书号码（无房屋产权证书的可不填写），"单位"栏填写面积单位，备注栏注明不动产的详细地址。

7.5.7 出租不动产未在备注栏注明规定信息的发票

根据《国家税务总局关于全面推开营业税改征增值税试点有关税收征收管理事项的公告》（国家税务总局公告2016年第23号）规定：出租不动产，纳税人自行开具或者税务机关代开增值税发票时，应在备注栏注明不动产的详细地址。

7.5.8 未在增值税发票管理新系统中开具的二手车销售统一发票

根据《关于增值税发票管理若干事项的公告》（国家税务总局公告2017年第45号）规定：自2018年4月1日起，二手车交易市场、二手车经销企业、经纪机构和拍卖企业应当通过增值税发票管理新系统开具二手车销售统一发票。

二手车销售统一发票"车价合计"栏次仅注明车辆价款。二手车交易市场、二手车经销企业、经纪机构和拍卖企业在办理过户手续过程中收取的其他费用，应当单独开具增值税发票。

7.5.9 未按规定要求开具的成品油发票

根据《国家税务总局关于成品油消费税征收管理有关问题的公告》（国家税务总局公告2018年第1号）规定：所有成品油发票均须通过增值税发票管理新系统中成品油发票开具模块开具。开具成品油发票时，应遵守以下规则：

（1）正确选择商品和服务税收分类编码。

（2）发票"单位"栏应选择"吨"或"升"，蓝字发票的"数量"栏为必填项目且不为"0"。

（3）开具成品油专用发票后，发生销货退回、开票有误以及销售折让等情形的，应按规定开具红字成品油专用发票。

（4）成品油经销企业某一商品和服务税收分类编码的油品可开具成品油发票的总量，应不大于所取得的成品油专用发票、海关进口消费税专用缴款书对应的同一商品和服务税收分类编码的油品总量。

7.5.10 外贸综合服务企业将代办退税专用发票作为增值税扣税凭证

根据《国家税务总局关于调整完善外贸综合服务企业办理出口货物退（免）税有关事项的公告》（国家税务总局公告2017年第35号）规定：生产企业代办退税的出口货物，应先按出口货物离岸价和增值税适用税率计算销项税额并按规定申报缴纳增值税，同时向综服企业开具备注栏内注明"代办退税专用"的增值税专用发票（简称代办退税专用发票），作为综服企业代办退税的凭证。

代办退税专用发票不得作为外贸综合服务企业的增值税扣税凭证。

7.5.11 未填开付款方全称的发票

根据《国家税务总局关于进一步加强普通发票管理工作的通知》（国税发〔2008〕80号）规定：纳税人使用不符合规定的发票，特别是没有填开付款方全称的发票，不得允许纳税人用于税前扣除、抵扣税款、出口退税和财务报销。

7.5.12 未加盖发票专用章的发票

根据《国家税务总局关于修改〈中华人民共和国发票管理办法实施细则〉的决定》（国家税务总局令第37号）规定：单位和个人在开具发票时，必须做到按照号码顺序填开，填写项目齐全，内容真实，字迹清楚，全部联次一次打印，内容完全一致，并在发票联和抵扣联加盖发票专用章。

7.5.13 发生销货退回或销售折让未在收回原发票注明"作废"字样

根据《中华人民共和国发票管理办法实施细则》（2018年6月15日修正版）规定：开具发票后，如发生销货退回需开红字发票的，必须收回原发票并注明"作废"字样或取得对方有效证明。

开具发票后，如发生销售折让的，必须在收回原发票并注明"作废"字样后重新开具销售发票或取得对方有效证明后开具红字发票。

7.5.14 商业企业一般纳税人零售消费品开具增值税专用发票

根据《国家税务总局关于修订〈增值税专用发票使用规定〉的通知》（国税发〔2006〕156号）规定：商业企业一般纳税人零售的烟、酒、食品、服装、鞋帽（不包括劳保专用部分）、化妆品等消费品不得开具专用发票。

7.5.15 单用途卡销售、充值与使用等环节发票开具不规范

根据《国家税务总局关于营改增试点若干征管问题的公告》（国家税务总局公告2016年第53号）规定：单用途卡发卡企业或者售卡企业向购卡人、充值人开具增值税

普通发票，不得开具增值税专用发票。持卡人使用单用途卡购买货物或服务时，货物或者服务的销售方应按照现行规定缴纳增值税，且不得向持卡人开具增值税发票。销售方与售卡方不是同一个纳税人的，销售方在收到售卡方结算的销售款时，应向售卡方开具增值税普通发票，并在备注栏注明"收到预付卡结算款"，不得开具增值税专用发票。

7.5.16　多用途卡销售、充值与使用等环节发票开具不规范

根据《国家税务总局关于营改增试点若干征管问题的公告》（国家税务总局公告2016年第53号）规定：支付机构向购卡人、充值人开具增值税普通发票，不得开具增值税专用发票。持卡人使用多用途卡，向与支付机构签署合作协议的特约商户购买货物或服务，特约商户应按照现行规定缴纳增值税，且不得向持卡人开具增值税发票。特约商户收到支付机构结算的销售款时，应向支付机构开具增值税普通发票，并在备注栏注明"收到预付卡结算款"，不得开具增值税专用发票。

7.5.17　保险机构代收车船税开具增值税发票备注栏未填写规定信息

根据《国家税务总局关于保险机构代收车船税开具增值税发票问题的公告》（国家税务总局公告2016年第51号）规定：保险机构作为车船税扣缴义务人，在代收车船税并开具增值税发票时，应在增值税发票备注栏中注明代收车船税税款信息，具体包括保险单号、税款所属期（详细至月）、代收车船税金额、滞纳金金额、金额合计等。该增值税发票可作为纳税人缴纳车船税及滞纳金的会计核算原始凭证。

7.6　发票入账注意事项

发票管理包括很多内容，除前文所述发票领购、开具、作废等环节外，规范入账是财务规范化管理重要内容。本节重点将会计入账与发票管理中不规范事项进行整理总结，避免财务人员工作中出现错误。

7.6.1　付款原始凭证不局限于发票

发票是盖有税务监制章的，但不能说没有盖税务监制章的凭证都不合规。如盖有财政监制章的行政事业单位统一收据，没有盖税务监制章的汽车票、火车票及飞机票，医院使用的专用收据等。如果去境外出差，"形式发票"也是可以作为报销凭证的。还有，如在合同纠纷中诉讼至法院，法院的判决及裁决书也是可以作为入账凭证的。在自制原始凭证中，如借款单也是可以作为付款依据的。

7.6.2　尽量减少"白条"入账

白条，财务上是指非正式单据，即不合法的便条、不合规的单据来充当原始凭

证。如果是以内容不真实的"白条"入账,则是违法行为。但在某些特定条件下是允许入账的,如在对外经营活动中确实无法取得发票,从真实性的原则出发,允许以相关的自制凭证来入账。

7.6.3 发票上的项目要全面审核

审核发票的名称、发票的类型、填制日期和编号、经济业务内容、数量、计量单位、单价和金额、填制单位名称及经办人的签名并盖章等。

在发票审核时需关注发票上需要写明单位的全称,但需要区分一种情况,必须要个人实名登记的发票,如飞机票、火车票、住宿费发票、手机话费发票则可以认定为合规发票;对发票的类型要留意是否按合同要求提供;填制人与复核人应是不同的经办人;对于盖章,则需要盖发票专用章,而不是财务专用章,或带有五角星的公章,或是合同专用章等。

7.6.4 注意发票的时效性

在日常的付款中,财会人员有时会看到收到的发票时间比发票上填写的时间滞后很多,有的还是跨年度的。这在会计上能否符合入账条件呢?

需要区分两种情况:

(1)费用已作预提在当年入账,但当年未取得发票。根据国家税务总局2011年第34号公告,实务中在当年所得税预缴时可按账面发生额核算,但需要在下年度所得税汇算清缴前取得发票,否则要作所得税纳税调增处理。

(2)当年取得了发票但未在当年入账,即是跨年入账。从会计核算真实性原则出发,根据影响程度的高低,要么在下年度费用中列支,要么通过"以前年度损益调整"科目进行调整。至于是否可以在所得税前扣除,根据国家税务总局2012年第15号公告,对企业发现以前年度实际发生的、按照税收规定应在企业所得税前扣除而未扣除或者少扣除的支出,企业作出专项申报及说明后,准予追补至该项目发生年度计算扣除,但追补确认期限不得超过5年。

7.6.5 对发票要"验明正身"

定期及不定期地在税务网站或通过当地的纳税服务中心及本地主管税务机关等方式咨询发票的真伪,以减少或杜绝假发票。

7.6.6 注意发票是否为"阴阳发票"

阴阳发票是指发票的对应联次内容不一致。在审查发票时,要看复写的字迹颜色是否相同,正反双面颜色是否一致,内容是否完整,辨别有无局部复写的痕迹。

7.6.7 注意发票是否"偷梁换柱"

发票"偷梁换柱"即所提供的发票与真实业务不匹配。实务中,可分三种情况:第一种是经济业务根本就没有发生,而假借所取得的发票(有可能是买的假发票)要求报销付款;第二种情况是业务真实发生,但发票的内容被变更,比如改变品种;第三种情况是真实发票因遗失等原因而找不到了,只能找一张其他类型的发票来替代入账。

根据《中华人民共和国会计法》规定：企业必须按照国家统一的会计制度的规定对原始凭证进行审核，对不真实、不合法的原始凭证不予接受，并向单位负责人报告。《中华人民共和国发票管理办法》中也规定，不符合规定的发票，不得作为财务报销凭证，任何单位和个人有权拒收。

7.6.8 注意发票号码是否"紧密相连"

如果报销付款中连续出现多张连号的发票，则该发票可能不符合业务的真实性。

7.7 虚抵发票的风险

有一类企业在进入快速发展期后，不注重成本费用的发票管理。管理跟不上，很可能造成增值税税负增加。一些可以索要的进项发票要不回来，注意到税负增加后又不加以改进，甚至采用"凑票"方式解决进项不足的问题，显然这是一种很危险的行为。解决这类问题企业需要加强平日管理。

7.7.1 结合企业业务特点，正常业务下收取增值税专用发票

如果是常规的商贸业务，没进项税的情形不多。对于一些服务行业，或者租赁行业，销售额大，但进行采购确实很少。

这时，进项就只能从固定资产采购、日常费用报销等方面多下工夫。比较典型的是固定资产，金额较大，进项税多。一些老板以公司名义购入汽车，购入的车辆取得进项发票可以用于抵扣销项。此外，折旧可以抵减公司利润，这样计算还是较为合适。唯一的问题是，如果公司破产，该辆汽车属于公司资产，会连同公司其他资产抵偿债务。

7.7.2 根据行业特点尽可能地选择简易计税方法计税

因为一些行业，尤其是服务业，其获取进项发票的情况很少，计税方面可以选择简易计税方法，为公司可以节省很多税金。

劳务派遣是比较典型的更适合用简易计税的方法。如果按照一般计税方法，是6%的税率，且几乎没有进项。如果按照简易计税方法，则是用销售额减去人工成本之后的差额，按照5%的征收率计算增税税额，明显会少很多。

简易计税方法主要是在营改增时，针对特定行业设置的。

《财政部国家税务总局关于全面推开营业税改征增值税试点的通知》
（财税〔2016〕36号）

一般纳税人发生财政部和国家税务总局规定的特定应税行为，可以选择适用简易计税方法计税，但一经选择，36个月内不得变更。

简易计税涉及的纳税行为主要包括的内容及税率如表7.7.1所示。

表7.7.1 简易计税涉及的纳税行为

内容	税率
公共交通运输服务，包括轮客渡、公交客运、地铁、城市轻轨、出租车、长途客运、班车	3%
一般纳税人提供教育辅助服务	可以选择简易计税方法，按照3%
非企业性单位中的一般纳税人提供的研发和技术服务、信息技术服务、鉴证咨询服务	
一般纳税人提供劳务派遣服务，可差额纳税，扣除代付工资、福利、社保及住房公积金后	按照简易计税。5%
电影放映服务、仓储服务、装卸搬运服务、收派服务和文化体育服务	3%
纳税人提供建筑服务适用简易计税方法的，以取得的全部价款和价外费用扣除支付的分包款后的余额为销售额	3%

属于以上范围的纳税行为，可以整体评估下，看采用简易计税是否税负更低。

7.7.3 正常采购业务索要增值税专用发票

例如，假设某产品正常的含税采购价是1 130元/吨，采购10吨，总金额就是11 300元，其中进项税1 300元，采购成本10 000元。按照含税销售价1 695元/吨卖出去，那收入就是15 000元，销项税1 950元。

这项业务要缴的税有：增值税650元（1 950−1 300），所得税250元（5 000×5%）（按照现在最优惠的税率）。

如果供应商不给开发票，那要缴的增值税就是1 950元了，比原来多1 300元，同时增加的还有相关的附加费用。这样算下来，采购方不索取发票的行为很可能会因小失大，得不偿失。

7.8 缺少增值税进项发票的账务处理与风险防控

7.8.1 增值税进项税额抵扣的相关规定

《中华人民共和国增值税暂行条例》中有关增值税进项税额抵扣的规定如下。

《中华人民共和国增值税暂行条例》（1993年12月13日中华人民共和国国务院令第134号公布，2008年11月5日国务院第34次常务会议修订通过，根据2016年2月6日《国务院关于修改部分行政法规的决定》第一次修订，根据2017年11月19日《国务院关于废止〈中华人民共和国营业税暂行条例〉和修改〈中华人民共和国增值税暂行条例〉的决定》第二次修订）

第八条 纳税人购进货物、劳务、服务、无形资产、不动产支付或者负担的增值税额，为进项税额。

下列进项税额准予从销项税额中抵扣：

（一）从销售方取得的增值税专用发票上注明的增值税额。

（二）从海关取得的海关进口增值税专用缴款书上注明的增值税额。

（三）购进农产品，除取得增值税专用发票或者海关进口增值税专用缴款书外，按照农产品收购发票或者销售发票上注明的农产品买价和11%的扣除率计算的进项税额，国务院另有规定的除外。进项税额计算公式：

进项税额=买价×扣除率

（四）自境外单位或者个人购进劳务、服务、无形资产或者境内的不动产，从税务机关或者扣缴义务人取得的代扣代缴税款的完税凭证上注明的增值税额。

准予抵扣的项目和扣除率的调整，由国务院决定。

第九条 纳税人购进货物、劳务、服务、无形资产、不动产，取得的增值税扣税凭证不符合法律、行政法规或者国务院税务主管部门有关规定的，其进项税额不得从销项税额中抵扣。

第十条 下列项目的进项税额不得从销项税额中抵扣：

（一）用于简易计税方法计税项目、免征增值税项目、集体福利或者个人消费的购进货物、劳务、服务、无形资产和不动产；

（二）非正常损失的购进货物，以及相关的劳务和交通运输服务；

（三）非正常损失的在产品、产成品所耗用的购进货物（不包括固定资产）、劳务和交通运输服务；

（四）国务院规定的其他项目。

7.8.2 购买增值税发票的法律风险

《中华人民共和国发票管理办法》和《中华人民共和国刑法》的有关规定如下。

《中华人民共和国发票管理办法》（1993年12月12日国务院批准，1993年12月23日财政部令第6号发布，根据2010年12月20日《国务院关于修改〈中华人民共和国发票管理办法〉的决定》第一次修订，根据2019年3月2日《国务院关于修改部分行政法规的决定》第二次修订）

第十九条 销售商品、提供服务以及从事其他经营活动的单位和个人，对外发生经营业务收取款项，收款方应当向付款方开具发票；特殊情况下，由付款方向收款方开具发票。

第二十条 所有单位和从事生产、经营活动的个人在购买商品、接受服务以及从事其他经营活动支付款项，应当向收款方取得发票。取得发票时，不得要求变更品名和金额。

第二十一条 不符合规定的发票，不得作为财务报销凭证，任何单位和个人有权拒收。

第二十二条 开具发票应当按照规定的时限、顺序、栏目，全部联次一次性如实开具，并加盖发票专用章。

任何单位和个人不得有下列虚开发票行为：

（一）为他人、为自己开具与实际经营业务情况不符的发票；

（二）让他人为自己开具与实际经营业务情况不符的发票；

（三）介绍他人开具与实际经营业务情况不符的发票。

第三十五条 违反本办法的规定，有下列情形之一的，由税务机关责令改正，可以处1万元以下的罚款；有违法所得的予以没收：

（一）应当开具而未开具发票，或者未按照规定的时限、顺序、栏目，全部联次一次性开具发票，或者未加盖发票专用章的；

（二）使用税控装置开具发票，未按期向主管税务机关报送开具发票的数据的；

（三）使用非税控电子器具开具发票，未将非税控电子器具使用的软件程序说明资料报主管税务机关备案，或者未按照规定保存、报送开具发票的数据的；

（四）拆本使用发票的；

（五）扩大发票使用范围的；

（六）以其他凭证代替发票使用的；

（七）跨规定区域开具发票的；

（八）未按照规定缴销发票的；

（九）未按照规定存放和保管发票的。

第三十七条 违反本办法第二十二条第二款的规定虚开发票的，由税务机关没收违法所得；虚开金额在1万元以下的，可以并处5万元以下的罚款；虚开金额超过1万元的，并处5万元以上50万元以下的罚款；构成犯罪的，依法追究刑事责任。

非法代开发票的，依照前款规定处罚。

《中华人民共和国刑法》

第二百零五条 虚开增值税专用发票或者虚开用于骗取出口退税、抵扣税款的其他发票的，处三年以下有期徒刑或者拘役，并处二万元以上二十万元以下罚金；虚开的税款数额较大或者有其他严重情节的，处三年以上十年以下有期徒刑，并处五万元以上五十万元以下罚金；虚开的税款数额巨大或者有其他特别严重情节的，处十年以上有期徒刑或者无期徒刑，并处五万元以上五十万元以下罚金或者没收财产。

单位犯本条规定之罪的，对单位判处罚金，并对其直接负责的主管人员和其他直接责任人员，处三年以下有期徒刑或者拘役；虚开的税款数额较大或者有其他严重情节的，处三年以上十年以下有期徒刑；虚开的税款数额巨大或者有其他特别严重情节的，处十年以上有期徒刑或者无期徒刑。

虚开增值税专用发票或者虚开用于骗取出口退税、抵扣税款的其他发票，是指有为他人虚开、为自己虚开、让他人为自己虚开、介绍他人虚开行为之一的。

第二百零六条 伪造或者出售伪造的增值税专用发票的，处三年以下有期徒刑、拘役或者管制，并处二万元以上二十万元以下罚金；数量较大或者有其他严重情节的，处三年以上十年以下有期徒刑，并处五万元以上五十万元以下罚金；数量巨大或者有其他特别严重情节的，处十年以上有期徒刑或者无期徒刑，并处五万元以上五十万元以下罚金或者没收财产。

单位犯本条规定之罪的，对单位判处罚金，并对其直接负责的主管人员和其他直接责任人员，处三年以下有期徒刑、拘役或者管制；数量较大或者有其他严重情节的，处三年以上十年以下有期徒刑；数量巨大或者有其他特别严重情节的，处十年以上有期徒刑或者无期徒刑。

第二百零七条 非法出售增值税专用发票的，处三年以下有期徒刑、拘役或者管制，并处二万元以上二十万元以下罚金；数量较大的，处三年以上十年以下有期徒刑，并处五万元以上五十万元以下罚金；数量巨大的，处十年以上有期徒刑或者无期徒刑，并处五万元以上五十万元以下罚金或者没收财产。

第二百零八条 非法购买增值税专用发票或者购买伪造的增值税专用发票的，处五年以下有期徒刑或者拘役，并处或者单处二万元以上二十万元以下罚金。

非法购买增值税专用发票或者购买伪造的增值税专用发票又虚开或者出售的，分别依照本法第二百零五条、第二百零六条、第二百零七条的规定定罪处罚。

第二百零九条 伪造、擅自制造或者出售伪造、擅自制造的可以用于骗取出口退税、抵扣税款的其他发票的，处三年以下有期徒刑、拘役或者管制，并处二万元以上二十万元以下罚金；数量巨大的，处三年以上七年以下有期徒刑，并处五万元以上五十万元以下罚金；数量特别巨大的，处七年以上有期徒刑，并处五万元以上五十万元以下罚金或者没收财产。

伪造、擅自制造或者出售伪造、擅自制造的前款规定以外的其他发票的，处二年以下有期徒刑、拘役或者管制，并处或者单处一万元以上五万元以下罚金；情节严重的，处二年以上七年以下有期徒刑，并处五万元以上五十万元以下罚金。

非法出售可以用于骗取出口退税、抵扣税款的其他发票的，依照第一款的规定处罚。

非法出售第三款规定以外的其他发票的，依照第二款的规定处罚。

第二百一十条 盗窃增值税专用发票或者可以用于骗取出口退税、抵扣税款的其他发票的，依照本法第二百六十四条的规定定罪处罚。

使用欺骗手段骗取增值税专用发票或者可以用于骗取出口退税、抵扣税款的其他发票的，依照本法第二百六十六条的规定定罪处罚。

7.8.3 缺少增值税进项发票的处理与风险防控

（1）设立增值税小规模纳税人从事生产经营，因为小规模纳税人采取简易计税法计算增值税，不需要增值税进项发票；季度销售额不超过45万元的小规模纳税人还可以享受免征增值税的优惠政策。

（2）比较销售方的不含增值税价格，在价格差别不大时，优先选择能够开具增值税专用发票的销售方合作；对于均能开具增值税专用发票的一般纳税人和小规模纳税人之间，根据不含税价格的高低进行选择。

（3）将企业转移至可以享受地方财政奖励的科技园区，通过地方财政奖励政策降低自身增值税负担。

（4）降低劳动力的使用，增加机器设备的使用。

7.9 缺少成本票的账务处理与风险防控

7.9.1 缺少成本票账务处理的相关规定

《企业所得税税前扣除凭证管理办法》的有关规定如下。

《企业所得税税前扣除凭证管理办法》（国家税务总局公告2018年第28号）

第一条 为规范企业所得税税前扣除凭证（以下简称"税前扣除凭证"）管理，根据《中华人民共和国企业所得税法》（以下简称"企业所得税法"）及其实施条例、《中华人民共和国税收征收管理法》及其实施细则、《中华人民共和国发票管理办法》及其实施细则等规定，制定本办法。

第二条 本办法所称税前扣除凭证，是指企业在计算企业所得税应纳税所得额时，证明与取得收入有关的、合理的支出实际发生，并据以税前扣除的各类凭证。

第三条 本办法所称企业是指企业所得税法及其实施条例规定的居民企业和非居民企业。

第四条 税前扣除凭证在管理中遵循真实性、合法性、关联性原则。真实性是指税前扣除凭证反映的经济业务真实，且支出已经实际发生；合法性是指税前扣除凭证的形式、来源符合国家法律、法规等相关规定；关联性是指税前扣除凭证与其反映的支出相关联且有证明力。

第五条 企业发生支出，应取得税前扣除凭证，作为计算企业所得税应纳税所得额时扣除相关支出的依据。

第六条 企业应在当年度企业所得税法规定的汇算清缴期结束前取得税前扣除

凭证。

第七条 企业应将与税前扣除凭证相关的资料，包括合同协议、支出依据、付款凭证等留存备查，以证实税前扣除凭证的真实性。

第八条 税前扣除凭证按照来源分为内部凭证和外部凭证。

内部凭证是指企业自制用于成本、费用、损失和其他支出核算的会计原始凭证。内部凭证的填制和使用应当符合国家会计法律、法规等相关规定。

外部凭证是指企业发生经营活动和其他事项时，从其他单位、个人取得的用于证明其支出发生的凭证，包括但不限于发票（包括纸质发票和电子发票）、财政票据、完税凭证、收款凭证、分割单等。

第九条 企业在境内发生的支出项目属于增值税应税项目（以下简称"应税项目"）的，对方为已办理税务登记的增值税纳税人，其支出以发票（包括按照规定由税务机关代开的发票）作为税前扣除凭证；对方为依法无需办理税务登记的单位或者从事小额零星经营业务的个人，其支出以税务机关代开的发票或者收款凭证及内部凭证作为税前扣除凭证，收款凭证应载明收款单位名称、个人姓名及身份证号、支出项目、收款金额等相关信息。

小额零星经营业务的判断标准是个人从事应税项目经营业务的销售额不超过增值税相关政策规定的起征点。

税务总局对应税项目开具发票另有规定的，以规定的发票或者票据作为税前扣除凭证。

第十条 企业在境内发生的支出项目不属于应税项目的，对方为单位的，以对方开具的发票以外的其他外部凭证作为税前扣除凭证；对方为个人的，以内部凭证作为税前扣除凭证。

企业在境内发生的支出项目虽不属于应税项目，但按税务总局规定可以开具发票的，可以发票作为税前扣除凭证。

第十一条 企业从境外购进货物或者劳务发生的支出，以对方开具的发票或者具有发票性质的收款凭证、相关税费缴纳凭证作为税前扣除凭证。

第十二条 企业取得私自印制、伪造、变造、作废、开票方非法取得、虚开、填写不规范等不符合规定的发票（以下简称"不合规发票"），以及取得不符合国家法律、法规等相关规定的其他外部凭证（以下简称"不合规其他外部凭证"），不得作为税前扣除凭证。

第十三条 企业应当取得而未取得发票、其他外部凭证或者取得不合规发票、不合规其他外部凭证的，若支出真实且已实际发生，应当在当年度汇算清缴期结束前，要求对方补开、换开发票、其他外部凭证。补开、换开后的发票、其他外部凭证符合规定的，可以作为税前扣除凭证。

第十四条 企业在补开、换开发票、其他外部凭证过程中，因对方注销、撤销、依法被吊销营业执照、被税务机关认定为非正常户等特殊原因无法补开、换开发票、其他外部凭证的，可凭以下资料证实支出真实性后，其支出允许税前扣除：

（一）无法补开、换开发票、其他外部凭证原因的证明资料（包括工商注销、机构撤销、列入非正常经营户、破产公告等证明资料）；

（二）相关业务活动的合同或者协议；

（三）采用非现金方式支付的付款凭证；

（四）货物运输的证明资料；

（五）货物入库、出库内部凭证；

（六）企业会计核算记录以及其他资料。

前款第一项至第三项为必备资料。

第十五条 汇算清缴期结束后，税务机关发现企业应当取得而未取得发票、其他外部凭证或者取得不合规发票、不合规其他外部凭证并且告知企业的，企业应当自被告知之日起60日内补开、换开符合规定的发票、其他外部凭证。其中，因对方特殊原因无法补开、换开发票、其他外部凭证的，企业应当按照本办法第十四条的规定，自被告知之日起60日内提供可以证实其支出真实性的相关资料。

第十六条 企业在规定的期限未能补开、换开符合规定的发票、其他外部凭证，并且未能按照本办法第十四条的规定提供相关资料证实其支出真实性的，相应支出不得在发生年度税前扣除。

第十七条 除发生本办法第十五条规定的情形外，企业以前年度应当取得而未取得发票、其他外部凭证，且相应支出在该年度没有税前扣除的，在以后年度取得符合规定的发票、其他外部凭证或者按照本办法第十四条的规定提供可以证实其支出真实性的相关资料，相应支出可以追补至该支出发生年度税前扣除，但追补年限不得超过五年。

第十八条 企业与其他企业（包括关联企业）、个人在境内共同接受应纳增值税劳务（以下简称"应税劳务"）发生的支出，采取分摊方式的，应当按照独立交易原则进行分摊，企业以发票和分割单作为税前扣除凭证，共同接受应税劳务的其他企业以企业开具的分割单作为税前扣除凭证。

企业与其他企业、个人在境内共同接受非应税劳务发生的支出，采取分摊方式的，企业以发票外的其他外部凭证和分割单作为税前扣除凭证，共同接受非应税劳务的其他企业以企业开具的分割单作为税前扣除凭证。

第十九条 企业租用（包括企业作为单一承租方租用）办公、生产用房等资产发生的水、电、燃气、冷气、暖气、通讯线路、有线电视、网络等费用，出租方作为应税项目开具发票的，企业以发票作为税前扣除凭证；出租方采取分摊方式的，企业以出租方开具的其他外部凭证作为税前扣除凭证。

第二十条 本办法自2018年7月1日起施行。

7.9.2 购买发票的法律风险

《中华人民共和国刑法》的有关规定如下。

> **《中华人民共和国刑法》**
>
> **第二百零五条之一** 虚开本法第二百零五条规定以外的其他发票,情节严重的,处二年以下有期徒刑、拘役或者管制,并处罚金;情节特别严重的,处二年以上七年以下有期徒刑,并处罚金。
>
> 单位犯前款罪的,对单位判处罚金,并对其直接负责的主管人员和其他直接责任人员,依照前款的规定处罚。
>
> **第二百一十条之一** 明知是伪造的发票而持有,数量较大的,处二年以下有期徒刑、拘役或者管制,并处罚金;数量巨大的,处二年以上七年以下有期徒刑,并处罚金。
>
> 单位犯前款罪的,对单位判处罚金,并对其直接负责的主管人员和其他直接责任人员,依照前款的规定处罚。

7.9.3 缺少成本发票的处理与风险防控

(1)设立可以核定征税的个体工商户从事生产经营,因为其不需要成本发票。

(2)设立小型微利企业从事生产经营,在其年度应纳税所得额不超过100万元时,其实际税率仅为2.5%,缺少成本票时仅需要承担2.5%的所得税成本。

(3)在选择销售方时,在价格相差未超过2.5%时,优先选择能开具发票的销售方。

(4)500元以下的零星小额交易可以不需要取得发票,仅需取得付款证明及其他相关证明即可。

(5)因对方原因实在无法取得发票时,根据税法规定保留相关证据并据此进行企业所得税税前扣除。

(6)如果某个采购渠道无法改变且无法取得发票,可以设立一家可以核定征税的个体工商户专门进行该渠道的采购并给主体公司开具发票。该个体工商户本身核定征税,不需要成本发票。

7.10 虚开发票的行为

让事实说话,凭证明支持。开票也是如此,如以下案例:

案例7-3

某地开始施行医保结算采购,A企业开票给医院,医院汇款给医保结算中心,医保结算平台打款给A企业,付款方跟收票方不一致,想问是否需要材料来提供证明支持。

解答:按照实质重于形式的原则,发票应开具给实际货物的购买方或者服务的接受方,与货款的支付方式没有直接关系。

《中华人民共和国发票管理办法》(中华人民共和国国务院令第587号)

第二十条 所有单位和从事生产、经营活动的个人在购买商品、接受服务以及从事其他经营活动支付款项,应当向收款方取得发票。取得发票时,不得要求变更品名和金额。

若没有提供足够材料证明,就有虚开的嫌疑。虚开发票的企业存在着很大的风险。虚开发票的行为分三类,如表7.10.1所示。

表7.10.1 虚开发票的行为

分类	内容
为他人、为自己开具与实际经营业务情况不符的发票	发票上的销货方、购货方、商品名称、数量、单价、金额必须与实际经营业务一致,有一样不一致,有可能为虚开
让他人为自己开具与实际经营业务情况不符的发票	部分企业主和财务人员以为只有对外开具与实际经营业务情况不符的发票才属于虚开发票的行为,却忽视了让他人为自己开具与实际经营业务情况不符的发票也是虚开行为
介绍他人开具与实际经营业务情况不符的发票	介绍他人开具与实际经营业务情况不符的发票,也属于虚开行为

在现阶段,涉及虚开增值税专用发票,即使税款数额未达定罪量刑的最低标准,但只要虚开税款数额在1万元以上或者致使国家税款被骗数额在5 000元以上的,根据《行政执法机关移送涉嫌犯罪案件的规定》和《最高人民检察院 公安部关于公安机关

管辖的刑事案件立案追诉标准的规定（二）》的规定，税务机关依然会将案件移送至公安部门依法处理。

《中华人民共和国刑法》（中华人民共和国主席令第八十号）

第二百零五条 虚开增值税专用发票或者虚开用于骗取出口退税、抵扣税款的其他发票，是指有为他人虚开、为自己虚开、让他人为自己虚开、介绍他人虚开行为之一的，违反有关规范，使国家造成损失的行为。

《中华人民共和国发票管理办法》（中华人民共和国国务院令第587号）

第二十二条 开具发票应当按照规定的时限、顺序、栏目，全部联次一次性如实开具，并加盖发票专用章。

7.11 虚开发票的风险

在发生实际购销业务的前提下，供货人让他人代自己向购货人开具发票，或者购货人因供货人不能提供发票，让他人为自己开具发票，是否属于虚开？

7.11.1 供货人让他人代自己向购货人开具发票

该行为是否定性虚开，其关键是从法律关系上判断谁是销售方。比如甲个体户销售钢材给乙公司，由丙公司开具发票给乙公司，是否定性虚开？

（1）如果购销合同是由开票方丙公司与受票方乙公司签订，付款也是受票方乙公司直接付给开票方丙公司，或开票方丙公司委托受票方乙公司付给上游供货人甲个体户，并且销售行为中权利义务由开票方丙公司承担（开票方丙公司可将履约责任转嫁给上游供货人甲个体户），开票方丙公司应构成法律意义上的销售方，其开具的发票不应定性为虚开发票。

（2）如果获取的证据表明，购销合同是供货人甲个体户与受票方乙公司直接签订，或者没有开票方丙公司的委托付款协议，受票方乙公司直接付款给供货人甲个体户，或者开票方丙公司供认其未发生实质经营，不负责所开具发票所对应销售行为的权利义务责任，开票方丙公司不构成该业务法律关系上的销售方，该发票即应认定为虚开发票。

《最高人民法院研究室〈关于如何认定以"挂靠"有关公司名义实施经营活动并让公司为自己虚开增值税专用发票行为的性质〉征求意见的复函》（法研〔2015

58号）规定："行为人利用他人的名义从事经营活动，并以他人名义开具增值税专用发票的，即便行为人与该他人之间不存在挂靠关系，但如行为人进行了实际的经营活动，主观上并无骗取抵扣税款的故意，客观上也未造成国家增值税款损失的，不宜认定为刑法第二百零五条规定的'虚开增值税专用发票'；符合逃税罪等其他犯罪构成条件的，可以其他犯罪论处。"该文件也指出，1996年最高法的司法解释中关于"进行了实际经营活动，但让他人为自己代开增值税专用发票"也属于虚开发票的规定，与虚开增值税专用发票罪的规定不符，不应继续适用。

7.11.2 购货人因供货人不能提供发票，让他人为自己开具发票

购货人乙公司与供货人甲个体户达成的购销业务与开票方丙公司并无关联，供货人甲个体户直接向购货人乙公司交付货物，购货人乙公司直接向供货人甲个体户支付货款。在此情形下，购货人乙公司因供货人甲个体户不能提供发票，让他人为自己开具发票，虽然开具发票的品名、金额与无票购入的货物相符，但其法律关系上是两次行为：一次是无票购入货物，一次是无货购票入账抵扣，其取得的增值税专用发票虽然表面看起来有货物对应，但实质并无关联，因此应定性受票方让他人为自己虚开。

案例7-4

甲物流公司系招商引资企业，享受当地政府招商引资优惠政策，支付的税款可以按比例返还。2015年11月至2016年10月，甲公司的法定代表人唐某在中间人葛某等人的介绍下，通过收取票面价税合计金额3%～5%的开票费的方式，为乙公司等多家单位开具运输业增值税专用发票税额为416.95万元，乙公司等单位虽然有真实的货物运输业务，但业务发生的相对方非甲物流公司。葛某等介绍人各收取0.2%～0.3%好处费。

法院判决认定：

（1）甲公司构成虚开增值税专用发票罪，判处罚金25万元；甲公司的法定代表人唐某犯虚开增值税专用发票罪，判处有期徒刑7年6个月；

（2）乙公司构成虚开增值税专用发票罪，判处罚金10万元；乙公司主管人员孟某犯虚开增值税专用发票罪，判处有期徒刑3年，宣告缓刑5年；

（3）中间人葛某、薛某等人犯虚开增值税专用发票罪，判处有期徒刑3年，宣告缓刑4年，并处罚金人民币5万元。

二审法院观点：

（1）法律适用问题。当前用于审理虚开增值税专用发票案件的法律文件只有《中华人民共和国刑法》、最高人民法院1996年制定的《关于适用〈全国人民代表大会常务委员会关于惩治虚开、伪造和非法出售增值税专用发票的决定〉的若干问题的解释》（以下简称1996年最高法司法解释）以及法〔2018〕226号最高人民法院《关于虚开增值税专用发票定罪量刑标准有关问题的通知》。根据1997年《最高人民法院关于认真学习宣传贯彻修订的〈中华人民共和国刑法〉的通知》规定，在刑法修订之后，若立法机关已经规定此前出台的有关决定或补充决定废止，则最高人民法院依据该决

定或补充决定作出的司法解释不再适用,当所修订的刑法条文实质内容不变,且未出台新的司法解释时,原司法解释可以继续参照执行。也就是说,1996年最高法司法解释虽然不能再作为裁判法律依据直接使用,但它仍可以在审判过程中作为参照执行。本案中上诉人辩护人所提出的《最高人民法院研究室〈关于如何认定以"挂靠"有关公司名义实施经营活动并让有关公司为自己虚开增值税专用发票行为的性质〉征求意见的复函》(法研〔2015〕58号,以下简称58号复函),在1996年最高法司法解释尚未失效的情况下,58号复函作为"司法指导性文件"与前者矛盾之处依然不能适用于具体的刑事裁判中,即虚开增值税专用发票罪的认定仍以《中华人民共和国刑法》以及1996年最高法司法解释为准。

(2)本案中唐某的虚开行为有没有给国家税款造成损失。法院以唐某为个体户李某虚开发票为例,李某按票面金额的3%~5%支付开票费给唐某,李某的物流公司作为一般纳税人为李某开具增值税专用发票给受票方。对受票方公司而言,由于李某处于小规模纳税人地位,小规模纳税人的增值税税额为3%,则此时受票方公司可以获取14%〔17%(当时的税率)—3%〕的差额抵扣,即给国家税款造成了损失。因此,对上诉人及其辩护人认为唐某的虚开行为没有给国家税款造成损失的上诉主张不予支持。

(3)虚开增值税专用发票罪是否应以"骗取国家税款"的目的和"造成国家税款损失"的结果作为定罪依据。唐某利用公司名义为他人虚开增值税专用发票的行为,本身也造成了国家税款的损失,其所办公司享受税收返还政策无论是纳税奖励还是税收返还,唐某利用公司名义为他人虚开增值税专用发票的行为,都危害了国家税收,因此法院不予采纳。

(4)唐某的多起"虚开行为"是否构成"如实代开"。所谓"如实代开"增值税专用发票是指增值税专用发票的持有人在他人有货物销售或提供应税劳务的情况下,应他人的请求,为他人填开增值税专用发票的行为。为他人如实代开发票,虽然是有实际经营活动,但实质上也是虚开,代开是虚开的一种形式,请求代开者都是不具有开具增值税专用发票资格的小规模纳税人,如其到税务机关代开,受票方只能3%的进项税抵扣,不享受17%或16%的进项税抵扣。因此,为别人代开专用发票,即使被代开者有真实的货物交易,代开者也不可能自己去承担应缴的税款,他必须向请求代开者索取利益以弥补其损失和索取好处费。实际上,请求代开专用发票者,也不会按17%或16%的税率向开票者支付好处费,而代开者则会采用一些手段来弥补其因此所受到的损失,而这些手段均会造成国家税款的损失。因此,如实代开增值税专用发票的行为,不但侵犯了该罪规定的犯罪客体,而且给国家税款造成损失,并属于法律及司法解释明确规定的应当处罚的行为,对该行为应当进行定罪处罚。

(5)本案中唐某是否构成自首情节及量刑问题。唐某于2017年5月得知自己可能涉及虚开值税专用发票,委托方勇与繁昌县经侦大队王晓发联系并要求接受调查,王晓发表示因工作繁忙让其等段时间，后唐某与方勇约定于7月初去繁昌县经侦大队投案，后于2017年6月30日被常州市公安机关以网上追逃的名义在家中抓获。由此可见，唐某虽然通过方勇与繁昌县经侦大队联系，但其并没有实施主动投案的行为。其是否能够主动到案具有不确定性，后其被常州市公安机关网上追逃在家中抓获，不符合投案的主动性和自愿性，且其在二审庭审中对一审认定的主要犯罪事实不予认可。本院认为唐久仁的上述行为不构成自首情节，但根据上诉不加刑原则以及检察机关对此亦未提出抗诉，故应当予以维持。关于量刑问题，法〔2018〕226号最高人民法院《关于虚开增值税专用发票定罪量刑标准有关问题的通知》规定了虚开增值税发票罪的新的量刑标准，数额巨大的标准为250万元以上。（注：唐某对外虚开增值税发票税额为416.95万元，按照法〔2018〕226号规定，虚开税款数额250万元以上的，应当认定为虚开的税款数额巨大。根据《刑法》第二百零五条第二款规定，对其直接负责的主管人员和其他直接责任人员，虚开的税款数额巨大或者有其他特别严重情节的，处10年以上有期徒刑或者无期徒刑，一审认为唐某具有自首情节，并退出部分或全部违法所得，具有悔罪表现，予以减轻处罚，判处有期徒刑7年6个月）本案中唐某虚开增值税专用发票的数额巨大，应当在10年以上量刑，一审法院认为其具有自首以及其他量刑情节等，已经对其在10年以下量刑，因此对于上诉人及其辩护人提出的量刑畸重的辩护意见不予采纳。

判决依据：

（1）根据《中华人民共和国税收征收管理法》第十五条、第二十一条第二、三款，《中华人民共和国发票管理办法》第三条、第十五条、第十六条、第二十二条规定，无论是单位还是个人需要使用发票的，要向主管税务机关办理发票领购手续，禁止非法代开发票。

（2）《最高人民法院关于适用〈全国人民代表大会常务委员会关于惩治虚开、伪造和非法出售增值税专用发票犯罪的决定〉的若干问题的解释》对"虚开增值税专用发票"中"虚开"行为作出规定，"没有货物购销或者没有提供或接受应税劳务而为他人、为自己、让他人为自己、介绍他人开具增值税专用发票；有货物购销或者提供或接受了应税劳务但为他人、为自己、让他人为自己、介绍他人开具数量或者金额不实的增值税专用发票；进行了实际经营活动，但让他人为自己代开增值税专用发票"。符合上述规定的行为均被认定为虚开增值税专用发票行为。

（3）《最高人民法院关于虚开增值税专用发票定罪量刑标准有关问题的通知》第二条规定，虚开的税款数额在5万元以上的，即构成虚开增值税专用发票罪。

（4）根据《中华人民共和国刑法》第二百零五条，第二十五条第一款，第三十条，第三十一条，第六十七条第一、三款，第七十二条第一、三款，第七十三条第二、三款，第六十四条规定，对单位判处罚金，并对其直接负责的主管人员和其他直接责任人员判处刑罚，并给予责任人不同程度的从轻、减轻处罚或适用缓刑。

7.12 虚开发票的风险防范

实务中的虚开风险防范主要包括三个方面,即内部层面的虚开风险预防、外部层面的虚开风险预防、人为设计交易模式的虚开风险预防。

内部层面的虚开风险是源自企业内部的人员的风险,其风险防范包括企业实际控制人明知无真实交易而企业其他工作人员误认为有真实交易的虚开风险防范以及企业实际控制人不参与交易的实际控制人的虚开风险预防。

7.12.1 企业实际控制人明知无真实交易而企业其他工作人员误认为有真实交易的虚开风险预防

这种情况最常见于企业财会人员、采购人员、出纳人员,这类人员可能在不知情的情况下被卷入涉嫌虚开案件中。例如,李四是A公司的会计人员,B公司老板提供A公司发出的送货单,该送货单有A公司、B公司的签章,送货单显示货物由A公司发货给B公司(或B公司指定的人),让李四入账。李四到库存中核实,发现该批货物已经发出,经询问库管,库管也告知李四货物的确是销售给B公司。经事后查证,A公司与B公司根本没有真实交易,A公司将货物无票销售给散户,由A公司的老板收取散户的钱,老板收到B公司的货款后对B公司的老板进行资金回流。

如果侦查机关没有先入为主地认为"企业其他人都知道是虚开,你会计岂能不知道"还好,如果侦查机关先入为主地认为会计人员肯定也知道是虚开,则会计人员的处境会非常危险,因为此时经侦不可能听进会计人员的任何解释,而且这个企业的其他人人员也很可能认为:"会计人员怎么可能不知道没有真实交易"?

那么,日常工作中该如何进行风险防范呢?

首先,尽量采用同一标准审查真实交易的存在与否,如果有交易不符合之前的标准,需尽量核实和找寻原因。

采用同一标准审查交易的存在与否的意义在于,客观上看,会计人员看不出该笔交易与其他交易的不同,故而基于以往的判断标准,会计足以确信本次交易也是真实交易。

如果有交易不符合之前的标准,需要重点审查是否存在指示交付、简易交付、占有改定的交付方式,以及是否存在第三人履行或向第三人履行的约定,最好和老板(或实际负责交易的人)核实。

其次,养成制作电子工作日志的习惯。

如果每个被告人都如实陈述案情,公安机关都如实记录,检察官、法官审查证据过程不出错,这样做是不必要的。然而,理想状态基本上不存在,因为供述建立在记忆的基础上,记忆难免出错,而且难免夹杂主观的臆测。由于"实际上,讯问工作并不是单纯的一问一答式客观交流,而是带有很强的暗示性、诱导性,有的甚至存在明显的指供行为",加之人的趋利避害本能,难免作出虚假的陈述。比如,有些接受询问或讯问的人员,认为只要配合侦查人员的调查而作出侦查人员想要的陈述就没事了,故而作出错误的陈述,尤其是面临取保候审的诱惑时,陈述的真实性大打折扣。

建议:对符合自己统一判断真实交易标准的交易,可以不制作电子工作日志,对不符合自己统一判断标准的交易,在询问和核实确信系真实交易后,一定要制作电子工作日志,记录询问和核实过程以及确信系真实交易的理由,必要时可以对询问的过程进行录音。电子工作日志中一定要如实记录平常判断同一判断真实交易的标准是什么、本次交易与平时判断标准的差距以及产生这种差异的原因、详细的询问和核实过程。记录完成后,从自己的一个电子邮箱发至另外一电子邮箱,并用U盘备份。

7.12.2 企业实际控制人不参与交易的虚开风险预防

在相当一部分公司中,企业实际控制人甚至通常不参与交易,只作战略性的决策,具体事宜由采购经理和销售经理负责,相应的财务事项由财务经理负责。

企业实际控制人不参与交易的涉嫌虚开主要包括两种情况:一是代理企业签约的人员为公司利益绕开企业实际控制人虚开,实务中罕见这种情况,毕竟这种毫不利己、专门利人的精神罕见;二是代理企业签约的人员为自己利益而实施虚开。

在企业实际控制人不参与交易的情况下,代理企业签约的人员为自己利益实施"虚开",需特别注意的是:如果企业实际控制人参与审查交易的真实性,代理企业签约的人员欺骗企业实际控制人,无论欺骗行为是否与相对方串通,均不宜认定为没有真实交易。因为此时代理企业签约的人员仅传达企业实际控制人的意思,在企业的实际控制人表意真实的情况下,实际构成单独虚伪表意的交易,不因此影响合同的效力(再者,在这种情况下认定没有真实交易,这将会严重威胁交易安全)。

企业实际控制人不参与交易而代理企业签约的人员为自己利益而实施虚开的情况下,最重要的特点是,企业实际控制人和企业均无非法获利。

这类公司防范虚开风险最重要的有三点:

(1)在货物并非由销售方自身发出或购买方自身收货的情况下,交易合同中约定,交易相对方不得与本公司的购销人员有资金往来,如确需有资金往来,应函告公司原因,否则,将其约定为重大违约事项。

(2)公司规章制度(该规章制度制作员工签收记录,直接以规章制度的某个文本上签字和指纹确认)中对上述一点作出明确规定,并由法务或其他人员定期检查。

(3)建立公司客户和供应商回访制度,尤其是第三方发货或第三方收货的情况下,并要求具体回访的员工制作电子工作日志。

7.13 不规范开票的风险

企业开票一定要规范，否则一不小心就会被税务部门预警。

税务局披露了一个稽查案例，是一家走逃非正常户企业涉嫌虚开，比对进销项严重不符，导致银行账务资金往来都被查了。

国家税务总局北京市税务局第二稽查局
税务处理决定书

京税稽二处〔2019〕6000412号

北京××××贸易有限公司（纳税人识别号：91110105MA005K××××）：

我局（所）于2019年3月15日至2019年5月22日对你（单位）2016年6月1日至2018年12月31日增值税专用发票47份及88份增值税普通发票进行了检查，违法事实及处理决定如下：

一、违法事实

1.直接走逃失踪不纳税申报。自2018年7月起未申报纳税，2018年09月13日被国家税务总局北京市朝阳区税务局第七税务所认定为非正常户企业。

2.进销项比对严重不符。根据防伪税控系统和电子底账查询系统的详细货物清单发现，你单位在检查期间进项为移液器，销项为电解铜、油泵、控制器等，进销不符。

3.交易资金信息不真实。检查组到中国工商银行调取你单位资金流信息，发现你单位开户账号与下游企业无交易资金往来。

根据以上查实情况和已经获取的证据认定你单位在没有真实的货物交易情况下，对下游企业开具增值税专用发票47份，金额合计：4 691 268.26元，税额合计：750 602.74元，开具增值税普通发票88份，金额合计：7 653 605.18元，税额合计：648 506.82元。

二、处理决定

根据《中华人民共和国发票管理办法》第二十二条第二款第一项"开具发票应当按照规定的时限、顺序、栏目，全部联次一次性如实开具，并加盖发票专用章。任何单位和个人不得有下列虚开发票行为：（一）为他人、为自己开具与实际经营业务情况不符的发票"的规定，对你单位开具的47份增值税专用发票和88份增值税普通发票定性为虚开增值税专用发票及虚开增值税普通发票。你单位虚开增值税专用发票及普通发票的行为涉嫌犯罪，按规定移送公安机关。

二〇一九年五月二十四日

案例分析：

作为商贸企业，所开的销项发票要求必须有对应的进项发票，而且名称必须一致。销售方开具发票是通过销售平台系统与增值税发票税控系统后台对接、导入相关信息开票的，系统导入的开票数据内容应与实际交易相符，如不相符应及时修改完善销售平台系统。也就是说，作为商贸企业，你的商品名称在形态不变的情况下，名称必须一致。

无独有偶，河北省税务局也曝光了12起因偷税、虚开增值税专用发票被列入税收违法"黑名单"的企业信息，并对当事人实施联合惩戒措施。

目前，税务部门"金税三期"升级版系统已经完全覆盖涉及企业的各个领域，而且企业通过升级版开票系统所开的发票信息，将完全上传到金三系统，金三系统也会根据企业所开发票的各项数据指标进行分析，一旦不符合规范，将会很容易筛选出来，并对企业进行预警。

7.14 税务阶段虚开发票的应对

一般企业涉嫌虚开增值税专用发票时，通常税务机关会首先通知企业配合稽查。税务阶段包括两个阶段：一是尚未作出相应的《税务处理决定书》和《税务行政处罚决定书》的稽查阶段，二是已作出相应的《税务处理决定书》和《税务行政处罚决定书》的阶段。

7.14.1 尚未作出相应的《税务处理决定书》和《税务行政处罚决定书》的稽查阶段

该阶段是企业救济的黄金阶段，尤其是税务机关尚未形成确定性意见之时，因为在这一阶段中，税务机关一般能听进企业提供的申辩意见。一旦税务机关已形成确定性意见，很可能任何抗辩都是徒劳的。当然，在这一阶段提出抗辩意见也有一定风险，企业在确定是否提出抗辩前，应先考察稽查局是否中立。

在专业律师介入之前，该阶段有以下几个方面需要注意：

（1）不要自己定性，陈述事实即可。企业只需陈述事实即可，重点陈述交易在谁和谁之间，基于什么理由确信真实交易的存在。比如，A公司开给B公司增值税专用发票。税务机关认为，A公司开给B公司增值税专用发票系虚开的增值税专用发票。企业如果觉得自己冤枉，需重点陈述：真实交易为什么在A公司与B公司之间，当时基于什么理由判断真实交易在A公司与B公司之间；如果真实交易不在A公司与B公司之间，企业应重点陈述基于什么特殊规定认为发票应当开具在A公司与B公司之间。

如果税务稽查部门询问：你对自己的行为性质如何判断？应告知税务机关，自己只负责如实陈述事实，至于是否为虚开，交由税务机关和司法机关判断。

（2）基于开票当时的情况作出陈述。例如，企业开票当时认为真实交易系A公司销售给B公司，税务机关调查时，应重点陈述开票当时的判断。如经税务机关的专业分析，才认为真实交易应为K公司销售给B公司，在这种情况下，笔录中应强调，是经过税务机关的专业分析后，才认为真实交易是K公司销售给B公司，但一定要重点说明开票当时的交易方向判断；如果企业不同意税务机关的交易方向，可以要求稽查局出具相应的文书。

行为人开票当时按照自己认为的真实交易开票的，即使事后认为发票开具错误，也应被认定为错开而不应被认定为虚开，因为缺乏虚开的故意。

（3）如果预判稽查局缺乏中立性，可保持沉默。一般而言，税务稽查会保持中立性。当然，也不排除在有些情况下缺乏中立性。比如，稽查人员通过威逼利诱，均作出对企业不利的陈述，而企业握有关键性的证据尤其是客观证据足以推翻这些陈述，在行政复议或行政诉讼时再提出。

（4）提前准备纳税担保。如果企业认为很冤枉，一定要提前准备纳税担保，有备无患。一旦稽查局不予采纳该意见，在提前准备纳税担保的情况下，可及时进行行政复议。另外，根据正在修改中的《税收征管法》，可能以后行政复议无须纳税担保，但是行政诉讼依旧需要纳税担保。

如果上游企业的税务机关发出失控发票的文书或《已证实虚开通知单》，自己的主管税务机关要求作进项转出，企业认为自己很冤枉，应要求税务机关出具《税务处理决定书》。

7.14.2 税务机关已作出相应的《税务处理决定书》和《税务行政处罚决定书》

除非《税务处理决定书》认定企业善意取得虚开的增值税专用发票，否则，只要《税务处理决定书》或《税务行政处罚决定书》认定企业虚开税额达到250万元，一定要及时提起行政复议和行政诉讼。

在专业律师介入之前，需注意以下两点：

（1）在收到《税务处理决定书》之日起15日内提出相应的担保，并保留证据。国家税务总局的《纳税担保试行办法》附有担保文书的标准格式，企业应认真填写，填好后，附上用于担保的相应财产的相关资料复印件，连同纳税担保书等文书，一并邮寄给稽查部门。邮寄的快递单上一定要注明：针对××××号《税务处理决定书》的纳税担保资料。

（2）如果此时税务机关将案件移送公安机关，企业应及时告知公安机关：案件即将进入复议程序，希望公安暂缓处理，因为复议或行政诉讼可能撤销虚开的认定甚至认定并非虚开。

另外，能够构成善意取得增值税专用发票的，基本都不是虚开，而是合同相对性方向和发票方向吻合的真实交易。

7.15 虚开发票的风险——正确享受优惠政策

众所周知，虚开发票抓得严，虚开虚抵发票都是违法的，严重的还需要承担刑事责任。可是，为什么还是有人以身试法呢？

公司进项少，企业所得税税负重，甚至有些支出如公关费、"好处费"等无法入账，导致公司利润虚高，加重了企业负担。尤其对以人力成本为主、几乎没进项的现代服务企业来说，企业所得税的重担更加明显。于是，为了少缴或者不缴税，在外面购买发票来冲抵成本费用是一些违法企业采取的一贯"避税措施"。

7.15.1 认识误区

对于在外面购买发票，很多企业都存在着几个误区：

（1）买发票的多了去了，一般不会被抓到。如同坐火车逃票，别人可能逃了没抓到，你可能第一次逃票就被抓。

（2）买发票查出来大不了补税。根据《刑法》规定，虚开增值税不是普通违法行为，属于犯罪。

（3）偶尔买一次发票没事。这是很大的误区，你说盗窃的话，偷一次会不会犯法？

（4）国家都在减税，不会这么严打。很多人都在自我安慰，国家现在为了稳定经济，一般企业有税务违规不会严查的。税务上线"金税三期"系统之后，被查的企业越来越多，打击虚开发票是税务的重中之重，因为虚开发票本身就是在制造社会的不公平，侵占国家税源。

7.15.2 节税解决方案

目前我国西部许多地区特别是少数民族自治区都出台了一些税收优惠政策，来带动当地经济发展。将企业注册到有税收政策的税收优惠区，不仅最节税而且合理合法。这里以把企业注册到某工业园区为例，可以享受以下税收优惠：

（1）园区对注册企业的增值税以地方留存的30%~60%扶持奖励。
（2）企业所得税以地方留存的30%~60%给予扶持奖励。
（3）财政扶持按月返还，当月缴税，次月扶持。
（4）个人独资企业（小规模）的可以申请核定征收，核定后综合税负5%以内。

案例7-5

北京某建筑设计公司今年营业额为2 000万元，费用1 000万元，利润1 000万元，则需要缴企业所得税=（2 000－1 000）×25%=250（万元），股东分红个人所得税=（1 000－250）×20%=150（万元），需要缴所得税共计400万元。

方案一：

现在只需在工业园区设立一家新公司（注册式，不用实体入驻），业务转移，享受增值税和企业所得地方留存的50%~70%的财政奖励，所以奖励后应缴纳企业所得税250－（250×40%×50%）=200（万元）。

方案二：

现在园区设立一家个人独资企业，个人所得税可申请核定征收，核定征收之后享受个人所得税税率0.5%~3.1%。则需要缴个人所得税：500÷1.03×2.1%=10.2（万元），增值税：500÷1.03×3%=14.5（万元），附加税：14.5×5%=7 250（元），节税比例高达80%以上。

总结：

我国企业税负过重是一个现实问题，但选择外购发票来达到少缴增值税及企业所得税的目的，是不可取的。轻则补税、罚款，重则判刑。企业可以适当改变商业模式或组织架构，充分利用现有的税收优惠政策，来合理降低企业税负，实现有效节税。

7.16 虚开发票之案例解读

对经济类刑事案件，必须把握案件的主要脉络——经济事项的法律关系，而不是被诸如谁怎么说、钱怎么付等实务中呈现出来的纷繁复杂的形式迷惑。适用民商法分析厘清，并尊重民商法对交易关系交易主体的法律定性，才是虚开增值税专用发票犯罪案件涉案当事人罪与非罪的判断标准所应依赖的基础法律事实。

虚开增值税专用发票刑案，往往都会涉及"开票费""开票点数"的犯罪事实，开票方、介绍人的供述或证人证言会提到收了多少开票费或按多少点数收费，受票方的供述或证人证言会提到花了多少开票费或按多少点数付费，甚至在一些书证比如付款单上也会标注税点。在完全没有真实货物交易的买票类型的案件中，相关"开票费""开票点数"的供述、证言以及书证，确实证明涉案被告存在虚开的犯罪事实。但是，在一些稍微特殊或复杂的交易模式下，"开票费""开票点数"的供述、证言以及书证还真不能完全当真，或者值得商榷。以下以办理的某虚开案件为例，对"开票费""开票点数"一探究竟，辨明其中的罪与非罪实质。

案例7-6

某省农机管理部门在全省推广农业大棚，农户从目录农机企业购买大棚可以享受国家大棚补贴。MH公司在大棚业务中的具体工作包括：农户介绍政策，根据农户需求确定搭建型号，勘察丈量土地、拍照，测算搭建大棚面积，绘制大棚结构施工图，测算原材料用量，选材选型，采购提货验货装卸，聘请施工队，监督安装施工，质量安全监控，技术指导，进度跟踪，完工验收，整理制作送审申报材料，代收代发补贴款，售后三包服务。在和农户签订了购销大棚合同后，MH公司需向农户出具《大棚质量承诺书》，保证大棚的质量安全，并需按要求将《大棚质量承诺书》存档省农机管理部门，接受监督管理。

为在规定时间内完成中央下达指标，加快全省搭建大棚进度，该省农机管理部门发文指引，搭建大棚的方式由企业与农户协商，鼓励农户投工投劳参与搭建。该省某市政府网站还对当地由企业委托农户搭建大棚的模式大力宣传和推广。众所周知，中国人民勤劳俭朴，农户们一为节约采购成本，二为防止MH公司赚取材料差价、施工队价差，三为保证原材料质量数量，提出要求：一、MH公司搭建大棚的原材料由他们负责采购、提货、保管；二、施工队由他们自己谈价钱；三、先不向MH公司支付大棚价款，原材料、施工队的钱由农民自己去支付并抵扣大棚价款，大棚价款不足支付部分由MH公司以后在他们的大棚补贴款中扣除。所以，当时MH公司因此有部分大棚业务，施工队是由MH公司推荐后由农户直接谈价，采购原材料事宜交由农户操作，采购的具体做法就是，MH公司向农户列出采购清单（品名、标准、规格、数量等），提供数家自己的长期供货厂商供农户货比三家选择，并告知农户以MH公司名义去采购。其中有些农户采购时就将专票开了带回来给MH公司。但有些农户只采购，告知厂商是MH公司买的，回来后再告知MH公司他们是向哪一家采购。于是，MH公司要去联系这些厂商索要增值税专用发票，于是，就出现了补差价的事，也就发生了的所谓"开票费"。

有市场实务经验的人都知道，厂商对外报价分为含税价和不含税价，所谓含税价就是在厂商开具销售发票对销售收入纳税申报情况下的产品销售价，不含税价就是在厂商不开发票不纳税申报情况下的产品销售价，市场上这个价差大概在4%～6%，本案是6%。厂商能够以不含税价销售，说得直白些，其目的就是不申报销售收入偷逃税，不用缴税当然可以卖得便宜些了。农户参与MH公司的原材料采购，其最重要目的就是要控制价格、降低成本，因此相当一部分农户去采购时当然是天然本能地选择较低的不含税销售价，按不含税价支付货款。结果等MH公司去要求厂商开发票时，厂商就必然要求MH公司对农户按不含税价支付货款的采购补交价差6%。农户、MH公司在后期结算销售大棚款时，MH公司也必然要将补交的价差算进去，单列该6%款项向农户收回，公司人员就在对应业务的《大棚结算款项核对单》写上6%税点、税费。于是，农户、MH公司人员的证言都说成了发票税点费用，只有老板后来想明白了说是材料价差，但根本就没人愿意听，当然，也可能是听不明白，也可能是老板没办法说明白。总之，老板百口莫辩，落得个不老实、不认罪的差评。公诉机关（据说有两种截然相反的意见，但）最终的起诉书是铁了心地坚定地认为6%就是MH公司买发票的开票费，对该老板的量刑建议是15年。

　　要搞清楚这6%的罗生门，除需了解以上已提到的案件信息，还需要了解一些必需的案情信息。该案卷宗差不多1万页，光证人就有200多人，笔者辩护词写了2万多字。这里笔者挑最主要、最重要的控辩焦点加以简明阐述。公诉机关的指控基础就是，搭建大棚的原材料是农户买的，不是MH公司买的，MH公司和供货商之间是虚开增值税专用发票；大棚由农户确定的施工队而不是由MH公司确定的施工队搭建的，所以大棚是农户生产的，不是MH公司生产的，MH公司对农户开发票是虚开普通发票。对此，笔者并不认同，强力质疑，基于的事实以及法理依据是，农户证言均是他们挂靠MH公司，《起诉书》审查查明也确认："……挂靠MH公司申请大棚补贴的农户购买建设大棚的原材料……"既然农户是挂靠，购买原材料所产生的权利义务当然归属于被挂靠的MH公司。正如司空见惯的建筑业挂靠、运输业挂靠，建筑质量有问题，业主追究的是中标单位的责任，货物人员受损，客户追究的是运输企业的责任。而且这些原材料都构成了大棚，依据《大棚质量承诺书》大棚在搭建过程中以及完工后的一定期限内，MH公司要对大棚的安全生产以及质量承担责任。《产品质量法》第四条："生产者、销售者依照本法规定承担产品质量责任。"毋庸置疑，承担产品质量责任的单位就应该是生产者、销售者。因此，该案在农户参与部分生产环节（采购原材料、确定施工队）的复杂模式下，判断大棚的生产者是谁，就应该以"产品质量安全责任承担"这个标准去评判。显然，农户是不承担这些大棚产品的质量安全责任的。如果一旦大棚出现质量问题，MH公司必须上门处理维修，否则就会被农户投诉到农机管理部门，被取消销售大棚资格。如果因大棚质量问题导致财产损失、人身安全事故，MH公司还必须承担全部的民事赔偿责任，甚至还要承担刑事责任。因此，本案以大棚产品质量责任的承担作为判断标准，更能够准确如实、公正客观地甄别界定复杂交易模式下的交易关系交易主体，寻找到本案涉案大棚的真正生产者和销售者。至此，交易关系交易主体已经明朗清晰，本案控辩双方的争议焦点也就迎刃而解。

　　回到上面的开票费、开票点数，显然老板的说法反映的是事情的实质，证人证言、书证只是相关人员通俗的随意的个人认知和看法，当不得真，更不能就因此证明是MH公司买票。

在专业性较强的经济类刑事案件中，办案机关依赖并采信证人证言对专业问题定性的并不在少数。由不具专业知识、不具有法律思维的证人（老百姓）对专业问题定性，特别怪异，并据此定案，显然更加荒谬。

案例7-7

某企业会计人员小方很苦恼，因为他接到了来自税务局稽查局的检查通知书，说他在去年拿到的5张发票有问题。

小方想起了这笔业务，当初这笔业务是他亲自跟A企业谈的，买的是原材料。出于抵税目的，小方要求对方提供增值税专用发票，A企业提供了B企业的发票。小方查了下，发现是真发票，就进行了认证抵扣。

税务稽查部门根据检查取证结果对小方的企业作出补缴少缴税款、加收滞纳金并处罚款的处理处罚决定。

小方和老板都不能理解，购买东西是真的，取得的发票也是真的，认证抵扣和纳税申报都没有问题，那为什么还要补税和罚款呢？我方到底是否存在税收违法行为呢？

案例解读：

虽然小方真的有购买材料，但是小方取得的发票上注明的销售方名称与其进行实际交易的销售方不符，发票开具方也已经承认与小方的公司并未发生业务往来，所以应当按照偷税处理。

只要确保业务真实性，取得的发票上的销售方与真实销售方一致，那么就没问题。

《中华人民共和国发票管理办法》（中华人民共和国国务院令第587号）

第二十二条　开具发票应当按照规定的时限、顺序、栏目，全部联次一次性如实开具，并加盖发票专用章。

任何单位和个人不得有下列虚开发票行为：

（一）为他人、为自己开具与实际经营业务情况不符的发票；

（二）让他人为自己开具与实际经营业务情况不符的发票；

（三）介绍他人开具与实际经营业务情况不符的发票。

《国家税务总局关于纳税人取得虚开的增值税专用发票处理问题的通知》（国税发〔1997〕134号）

在货物交易中，购货方从销售方取得第三方开具的专用发票，或者从销货地以外的地区取得专用发票，向税务机关申报抵扣税款或者申请出口退税的,应当按偷税、骗取出口退税处理,依照《中华人民共和国税收征收管理法》及有关规定追缴税款,处以偷税、骗税数额五倍以下的罚款。

《国家税务总局关于〈国家税务总局关于纳税人取得虚开的增值税专用发票处理问题的通知〉的补充通知》(国税发〔2000〕182号)

有下列情形之一的,无论购货方(受票方)与销售方是否进行了实际的交易,增值税专用发票所注明的数量、金额与实际交易是否相符,购货方向税务机关申请抵扣进项税款或者出口退税的,对其均应按偷税或者骗取出口退税处理。

一、购货方取得的增值税专用发票所注明的销售方名称、印章与其进行实际交易的销售方不符的,即134号文件第二条规定的"购货方从销售方取得第三方开具的专用发票"的情况。

在此提醒广大纳税人,在进行日常的业务交易的过程中,应当时刻谨记:一看执照与印章,确认卖主的身份;再看货物名称,需与实际相一致,三看金额与数量,小心翼翼总没错。只要认真核实,保证业务真实,发票来源正确,就无须担心。

案例7-8

税务人员对A公司进行税务检查时,发现其主要原材料的增值税进项税额同比没有增加,生产所耗电量无明显变化,而服装销售收入却同比增长了30%,且企业4.2%的税负水平,较同行业明显偏高。

考虑到其作为民政福利企业,A公司安置残疾职工享受全额退税的优惠,税务人员初步判断A公司可能存在异常。经约谈得知,A公司仅有部分受托加工业务,并无购销贸易,销售价格波动不大。

税务人员调取了A公司的银行账户,发现有3笔收取B公司的货款,直接转给了A公司法定代表人李某,李某又转给另一收款人张某。资金流向是:B公司→A公司→李某→张某。资金轨迹显示,A公司3次开票给B公司,收取货款1 950 924.8元;李某从A公司取款后,转给张某1 950 880元,两笔金额相差44.8元。

原来,张某接了3笔B公司的服装加工业务,让当地居民缝制。由于张某不能开具增值税专用发票,便委托A公司李某开票。李某因享受福利企业退税优惠,便答应了张某的要求,双方约定按16%的"税点"结算开票手续费。这样,A公司开了3次发票,张某也3次如约付了"税点"。张某取得发票后交给B公司,B公司将货款打到A公司,A公司的李某取款后又同步转给了张某,张某收款后就不用再转款了。

最终,税务机关对A公司虚开增值税专用发票的行为依法进行了处理,没收了李某的违法所得,并移送司法机关追究刑事责任,同时发出协查函,追缴B公司所抵扣的税款。

案例解读:

销售收入突增,进销不匹配,往往是引起税局关注的重点。A公司主要原材料的增值税进项税额同比没有增加,生产所耗电量无明显变化,服装销售收入却同比增长了30%,而正常来看,销售情况波动并不大,有可能存在虚开发票的行为。

在稽查过程中,税负水平也是一个重要的参考标准,主要是从横向行业税负(与同行业对比)和纵向(企业自己与往年税负比对)两方面进行比对。该企业4.2%的税负水平,较同行业明显偏高,极有可能存在虚开增值税专用发票、骗取退税的嫌疑。

《中华人民共和国发票管理办法》(中华人民共和国国务院令第587号)

第二十二条 开具发票应当按照规定的时限、顺序、栏目,全部联次一次性如实开具,并加盖发票专用章。

任何单位和个人不得有下列虚开发票行为:

(一)为他人、为自己开具与实际经营业务情况不符的发票;

(二)让他人为自己开具与实际经营业务情况不符的发票;

(三)介绍他人开具与实际经营业务情况不符的发票。

第三十七条 违反本办法第二十二条第二款的规定虚开发票的,由税务机关没收违法所得;虚开金额在1万元以下的,可以并处5万元以下的罚款;虚开金额超过1万元的,并处5万元以上50万元以下的罚款;构成犯罪的,依法追究刑事责任。

安置残疾职工享受全额退税的优惠给民政福利企业带来了利好,但相关企业应在合理规范的前提下充分用好税收优惠政策,切勿在税收优惠与违法的边缘试探,否则很有可能引发税务风险,得不偿失。

企业还应加强发票风险防范能力,不仅要充分了解虚开发票相关违法行为的法律法规,也要主动规避,切勿铤而走险。另外,企业也要加强对资金流与发票流的管理,大数据下税务机关与银行的合作让企业的资金流向几近透明,任何异常情况都将暴露无遗。

案例7-9

W公司为了扩大销售量为上市创造条件,和一些客户签订了购销合同,合同约定了交付K货物以及支付货款等条款。合同签订后,客户开始催促发货,由于K货物价格持续暴涨,W公司暂时难以全部交付货物,部分货物没有交付,当然,对方也没有对应地付款。于是,W公司与客户协商,待K货物价格下降并且稳定后再予以交付货物。而后,侦查机关就尚未完成的交易的部分的发票开具按照虚开认定,并移送检察院,而后法院将未完成的交易部分的开票判定为虚开。

案例解读:
该判决让人震惊,虚开发票严重扰乱市场秩序和冲击交易安全。

7.16.1 增值税专用发票的开具时间问题

在购销合同成立后,增值税发票的开具时间分为两种情况:一是先发生纳税义务,基于纳税义务而应当开具发票;二是先开具发票,基于开具发票而产生纳税义务。

(1)先发生纳税义务,基于纳税义务而应当开具发票。

《增值税专用发票使用规定》(国税发〔2006〕156号)

第十一条 专用发票应按下列要求开具:

(一)项目齐全,与实际交易相符;
(二)字迹清楚,不得压线、错格;
(三)发票联和抵扣联加盖财务专用章或者发票专用章;
(四)按照增值税纳税义务的发生时间开具。

对不符合上列要求的专用发票,购买方有权拒收。

这种情况下,销售方的代为收取相应税款的权利产生,应当以增值税专用发票来确认对国家的缴纳义务(缴纳代为收取的税款的义务),并同时确认国家对购买方的退税义务。

(2)先开具发票,基于开具发票而产生纳税义务。合同成立后,纳税义务尚未产生,但是纳税人基于双方真实意思表达缔结的契约而开具了相应的增值税专用发票,这种情况下,纳税义务基于增值税专用发票的开具而产生。这种情况下,购买方的退税权利拟定产生,销售方应当确认对受票方的代收权利,并同时确认对国家的缴纳义务(缴纳代为收取的税款的义务)。

允许先开具发票是具有普适性的,而财政部、国家税务总局不可能普遍性地允许在没有真实交易的情况下开具专用发票,而先开具发票的情况下通常货物尚未发出且货款尚未支付,很显然,真实交易并非指货款的支付,也并非指货物已经发出。那么，什么是真实交易呢？

7.16.2 什么是真实交易

（1）真实交易显然不是指货款已经支付。如果真实交易是指货款已经支付的话，财政部和国家税务总局不可能要求很多情况下，货款支付之前就得开具发票。比如，将合同确定的收款日期当天作为纳税义务发生时间。

（2）真实交易不是指货物已经发出。如果真实交易是指货物已经发出的话，财政部和国家税务总局不可能要求很多情况下，货物尚未发出就得开具发票。比如，采取直接收款方式销售货物，不论货物是否发出，均为收到销售款或者取得索取销售款凭据的当天。

（3）财政部和国家税务总局允许先开具发票。财政部和国家税务总局允许先开具发票的前提肯定是存在真实交易，否则，任何虚开都可以以先开具发票来抗辩。故而，先开具发票是指发票开具时间在真实交易发生之后，而通常在货物发出且款项支付之前，一项交易在货物发出且款项支付之前，且在发票开具之前的只能有一种东西，那就是：合同的成立。

故而，不难推导出真实的交易的本质是合同成立。

7.16.3 真实交易界定的争议

以款项支付或货物发出（二者其一）来界定真实交易必将严重威胁交易，甚至危及整个民事诉讼和民商制度。

（1）诉讼中的争议。例如，A公司采取赊销方式销售货物给B公司，合同没有约定履行的先后顺序；有一天，A公司起诉B公司要求支付货款，B公司抗辩说A公司尚未发出货物。但是，A公司已经开具了增值税专用发票给B公司，且B公司已经足额抵扣。

那么问题来了：虽然A公司真的已经发出了货物，并且按照税法的相关规定已经开具了相应的专用发票，但在诉讼中，由于A公司举证不足，法院仍认定A公司并未发货。如果款项已经支付或货物已经发出才能算真实交易的话，A、B公司都将被认定为虚开，最大的冤大头是A公司，可是A公司能不开吗？

（2）合同的解除等情况。例如，A公司销售给B公司一批货物，签约当天即开具了发票给对方，打算次日由A公司指令C公司代为发货，结果，当天晚上，C公司出了问题，仓库失火，导致无法发出货物。那么，只要侦查机关此时介入，那么A、B公司的相关人员都将进入看守所，如果款项已经支付或货物已经发出才能算真实交易的话，则两家公司都在劫难逃。

进一步推演，只要纳税人先开具发票，在其付款和发货之前抓人的话，则可以轻松地认定任何一个企业虚开，这将何其恐怖？

（3）反向推导。到底什么是真实交易呢？如果合同签订后发货或付款才算真实交易的话，那么国家税务总局和财政部肯定不可能规定先开具发票的情况下，纳税义务产生；更重要的是，如果合同签订后，纳税义务已经产生而货款尚未支付且货物尚未发出，那么只要因为某些因素导致合同无法履行尤其是合同解除，则虚开的帽子就扣上了，整个交易将荡然无存。

如果将真实交易界定为发货或付款的话，那么，任何一个虚开的案子，只需要后来补发货物和补付款就不是虚开，岂非荒谬？

《最高人民法院关于审理买卖合同纠纷案件适用法律问题的解释》第八条规定，出卖人仅以增值税专用发票及税款抵扣资料证明其已履行交付标的物义务，买受人不认可的，出卖人应当提供其他证据证明交付标的物的事实。如果将真实交易界定为发货或付款的话，这种情况下，最高法应当同时规定以涉嫌虚开增值税专用发票罪将案件移送司法机关。

案例7-10

买卖双方履行了交货和付款义务后，卖方未及时出具发票。买方向人民法院提起民事诉讼，请求判令卖方开具发票。卖方反诉主张，合同价格为不含税价，请求判令买方增加价款。大连市中级人民法院认为，出具发票是合同附随义务，属于民事诉讼受案范围；在合同没有明示约定价格为不含税价的情况下，通常应当认为该价格为含税价，主张为不含税价的一方应当承担举证责任。

案例解读：

根据《中华人民共和国合同法》第一百三十六条，《最高人民法院关于审理买卖合同纠纷案件适用法律问题的解释》第七条，买卖合同中卖方有依据交易习惯或约定向买方交付增值税专用发票的附随义务。因未出具发票产生的纠纷属于民事诉讼受案范围。

根据《中华人民共和国民事诉讼法》第六十五条，合同中未明示价格为不含税价格，按照通常理解，该价格应为含税价格。一方当事人主张该价格为不含税价格，对此负有举证义务。

辽宁省大连市中级人民法院
民事判决书

（201×）辽×民终××号

上诉人（原审被告、反诉原告）：沈阳机械制造有限公司。
被上诉人（原审原告、反诉被告）：大连重工有限公司。

原审被告：薛某

原审被告：郭某

原审被告：沈阳精石机械制造有限公司

上诉人沈阳机械制造有限公司（以下简称机械制造公司）因与被上诉人重工公司（以下简称欣和公司）、原审被告薛某、郭某、沈阳精石机械制造有限公司（以下简称精石公司）买卖合同纠纷一案，不服辽宁省庄河市人民法院（2018）辽×民初×号民事判决，向本院提起上诉。本院于2019年1月15日立案后，依法组成合议庭，开庭进行了审理。

……

欣和公司向一审法院起诉请求：1.判令机械制造公司开具票额为3 600 000元的增值税专用发票，如超过一个月未开具应赔偿欣和公司抵扣税款损失523 080元；2.精石公司、薛某、郭某对损失523 080元承担连带责任；3.诉讼费由机械制造公司、薛某、郭某、精石公司承担。

机械制造公司向一审法院提出反诉请求：1.增加合同价款612 000元；2.欣和公司支付合同价款612 000元，并承担该款自提起反诉之日起至判决确定的给付之日止按中国人民银行同期贷款利率上浮50%计算的利息；3.反诉费由欣和公司承担。

一审法院认定事实：2018年3月20日，原告欣和公司与被告机械制造公司签订《重工公司机床采购合同》，合同约定，原告欣和公司在被告机械制造公司处购买数控龙门移动式镗铣床、直角铣头、万能铣头、方箱、机床配套刀具、刀柄，合计总价3 600 000元。合同还约定，机械制造公司的法人代表薛某妻子郭某、精石公司及其代表人薛某因卖方（机械制造公司）原因无法完成合同交易执行给买方造成的经济损失进行赔偿担保。合同签订后，被告机械制造公司按约定将案涉机床及配件交付原告欣和公司，原告欣和公司亦及时履行付款义务。现原告欣和公司以被告机械制造公司未及时履行向原告出具发票义务为由诉至法院，要求被告机械制造公司向原告出具发票并由四被告赔偿逾期损失523 080元。被告机械制造公司以合同价款3 600 000元并不包含税款为由提起反诉，要求原告增加合同价款612 000元及利息。

一审法院认为，依据国家管理发票制度的相关法律规定，销售商品、提供服务以及从事其他经营活动的单位和个人，对外发生经营业务收取款项时，收款方应向付款方开具发票。由此可见，开具发票是收款方的民事法律义务，即使双方在合同中没有明确约定开具发票的事项，但根据《最高人民法院关于审理买卖合同纠纷案件适用法律问题的解释》第七条规定，合同法第一百三十六条规定的"提取标的物单证以外的有关单证和资料"，主要应当包括保险单、保修单、普通发票、增值税专用发票、产品合格证、质量保证书、质量鉴定书、品质检验证书、产品进出口检疫书、原产地证明书、使用说明书、装箱单等，故开具发票应为收款方的附随义务，无须合同另行约定。现原告要求被告机械制造公司开具发票符合法律规定，且被告机械制造公司亦同意开具增值税发票，故对原告该项诉讼请求，依法予以支持。原告要求被告机械制造公司给付逾期出具发票损失523 080元及被告精石公司、薛某、郭某承担连带保证责任的诉讼请求。因原告主张的损失并未实际发生，且被告机械制造公司未明确表示不出具发票，亦不存在逾期损失。故对原告该项诉讼请求，依法予以驳回。关于被告机械制造公司要求原告欣和公司增加合同价款并支付利息的反诉请求。因合同约定总价款3 600 000元，该款中是否包含税费并未约定。根据买卖合同的交易习惯，合同双方对于出具发票的费用未另行约定，则合同价款中应包含开具发票的相关费用，且在买卖双方对交易税款约定不明的情况下，应由法定纳税主体承担纳税义务。现反诉原告在没有证据证明案涉3 600 000元货款并不包含税款的情况下而要求反诉被告欣和公司给付增加的合同价款，无事实和法律依据，依法应予驳回。一审判决如下：一、被告沈阳机械制造有限公司于本判决发生法律效力之日起10日内向原告重工公司出具票面额为3 600 000元的增值税发票；二、驳回原告重工公司的其他诉讼请求；三、驳回反诉原告沈阳机械制造有限公司的反诉请求。

本院二审期间，当事人围绕上诉请求依法提交了证据。本院组织当事人进行了证据交换和质证。上诉人提交证人郑某的微信聊天内容，拟证明案涉合同价格360万元为不含税价格。被上诉人对该证据的真实性和关联性均有异议。对此，本院认为，郑某既非案涉合同的当事人，亦未参与案涉合同的订立，其证言仅涉及合同协商过程，无法证实合同双方订约时的意思表示，且被上诉人不予认可，故该证据缺乏真实性和关联性，本院不予采信。对当事人二审争议的事实，本院认定如下：一审判决认定的事实属实，本院予以确认。

本院认为，案涉《机床采购合同》系双方当事人的真实意思表示，未违反法律、行政法规的强制性规定，合法有效，合同双方均应依约全面履行各自的义务。《中华人民共和国合同法》第一百三十六条规定：出卖人应当按照约定或者交易习惯向买受人交付提取标的物单证以外的有关单证和资料。《最高人民法院关于审理买卖合同纠纷案件适用法律问题的解释》第七条规定：合同法第一百三十六条规定的"提取标的物单证以外的有关单证和资料"，主要应当包括保险单、保修单、普通发票、增值税专用发票……，依据上述规定，买卖合同中卖方有依据交易习惯或约定向买方交付增值税专用发票的合同附随义务。本案中，案涉合同虽然没有约定开具发票等附随义务，但是依据交易习惯，卖方机械制造公司收到货款后应当向买方欣和公司开具增值税专用发票，现机械制造公司未予开具的行为已构成违约，故欣和公司诉请其开具增值税专用发票事实和法律依据充分，一审法院予以支持并无不当，本院予以维持。上诉人主张的开具发票属于税收监管的公法调整范畴，并非民事案件受案范围的上诉理由缺乏法律依据，本院不予采信。

关于上诉人主张的案涉合同约定的360万元是不含税价格的上诉理由，本院认为，当事人对自己的主张有责任提供证据加以证明，没有证据或者证据不足以证明当事人的事实主张的，由负有举证责任的当事人承担不利后果。本案中，双方签订的《机床采购合同》约定商品总价为360万元，并未明示该价格为不含税价格，按照通常理解，该价格应为含税价格。现上诉人主张该价格为不含税价格,对此负有举证义务,现其提供的设备折旧后净值及证人证言,均不能直接证明双方协商一致约定该价格为不含税价格,故其该项上诉理由事实依据不足,本院不予采纳。

综上所述,沈阳机械制造有限公司的上诉请求不能成立,应予驳回;一审判决认定事实清楚,适用法律正确,应予维持。依照《中华人民共和国民事诉讼法》第一百七十条第一款第一项规定,判决如下:

驳回上诉,维持原判。

二审案件受理费10 020元,由沈阳机械制造有限公司负担。

本判决为终审判决。

审判长　车兆东
审判员　赵述云
审判员　王　歆
二〇一九年三月十八日
书记员　牛超群

8 "金税四期"下资产类涉税问题梳理

> 与资产类的业务相关的财税政策很多,本章就固定资产以及与农产品相关的涉税业务作一解读。

8.1 处置使用过的固定资产的涉税处理

处理使用过的固定资产,小规模纳税人和一般纳税人的财税处理方式不同。

8.1.1 小规模纳税人

(1)减按2%征收:应纳税额=含税销售额÷(1+3%)×2%,不得开具增值税专用发票。

(2)放弃减税:应纳税额=含税销售额÷(1+3%)×3%,可以开具增值税专用发票。

8.1.2 一般纳税人

(1)适用一般计税:应纳税额=含税销售额÷(1+13%)×13%。销售自己使用过的2009年1月1日以后购进或自制的固定资产,或者2008年12月31日以前已纳入扩大增值税抵扣范围试点的纳税人销售自己已使用过的试点后购入或自制的固定资产。

(2)可选择简易计税。应纳税额=含税销售额÷(1+3%)×2%,不得开具增值税专用发票;放弃减税,应纳税额=含税销售额÷(1+3%)×3%,可以开具增值税专用发票。

（1）2008年12月31日以前未纳入扩大增值税抵扣范围试点的纳税人销售自己已使用过的2008年12月31日以前购入或自制的固定资产；

（2）纳税人购进或者自制固定资产时为小规模纳税人，认定为一般纳税人后销售该固定资产；

（3）增值税一般纳税人发生按照简易办法征收增值税应税行为，销售其按照《增值税暂行条例》第十条的规定不得抵扣进项税额的固定资产；

（4）一般纳税人销售自己使用过的、纳入营改增试点之日前取得的固定资产，按照现行旧货相关增值税政策执行。

使用过的固定资产，是指纳税人符合《营业税改征增值税试点实施办法》（财税〔2016〕36号附件1）第二十八条规定并根据财务会计制度已经计提折旧的固定资产。

综上所述，一般纳税人出售自己使用过的固定资产，适用一般计税时，税率为13%，并可以开具增值税专用发票。

适用简易计税时，可选择减按2%征收，并不得开具增值税专用发票；也可以选择放弃减税，按3%征收，此时可开具3%征收率的增值税专用发票。

8.2 处置使用过的车辆的涉税处理

8.2.1 增值税

《财政部　国家税务总局关于在全国开展交通运输业和部分现代服务业营业税改征增值税试点税收政策的通知》（财税〔2013〕37号）

2013年8月1日开始，企业购入小汽车可以抵扣进项税。

《财政部　国家税务总局关于部分货物适用增值税低税率和简易办法征收增值税政策的通知》（财税〔2009〕9号）、《财政部　国家税务总局关于简并增值税征收率政策的通知》（财税〔2014〕57号）

购入时不能抵扣且没有抵扣进项税的固定资产,销售时按简易计税,适用3%减按2%交增值税,只能开具增值税普通发票。

《国家税务总局关于营业税改征增值税试点期间有关增值税问题的公告》(国家税务总局公告2015年第90号)

企业销售购进时不能抵扣且没有抵扣进项税的固定资产时,放弃减免按3%交增值税的,可以开具增值税专用发票。

一般纳税人在2013年8月1日以前购买的小轿车不能抵扣进项税的,其在销售购进时不能抵扣且没有抵扣进项税的汽车可以简易计税,以3%减按2%缴纳增值税,开具3%的增值税普通发票;也可以放弃免税(2022年4月1日至2022年12月31日),按3%缴纳增值税,开具3%的增值税专用发票,并且购买方可以抵扣。增值税一般纳税人销售2013年8月1日以后购买并且使用过的小轿车,则应当按照13%适用税率征收增值税的,可以开具增值税专用发票。

另外,随增值税还应附征城市维护建设税、教育费附加、地方教育附加。

8.2.2 印花税

《中华人民共和国印花税法》所附《印花税税目税率表》中包括"合同"。

《中华人民共和国印花税法》(中华人民共和国主席令13届第八十九号)

第二条 本法所称应税凭证,是指本法所附《印花税税目税率表》列明的合同、产权转移书据和营业账簿。

《印花税科目税率表》列明的合同包括买卖合同、承揽合同等。买卖合同是指动产买卖合同。动产是指不动产以外的财产。如机器设备、车辆、动物、各种生活日用品等。

所以,二手车的购销合同应按"买卖合同"适用0.3‰的税率缴纳印花税。

8.2.3 发票开具

一般纳税人销售使用过的小汽车,选择3%减按2%征收增值税的,需要开具增值税普通发票,不得开具增值税专用发票;一般纳税人销售固定资产,放弃3%减按2%征收增值税,改按3%征收增值税的,可以开具增值税专用发票;一般纳税人销售使用过的小汽车,按照13%适用税率征收增值税的,可以开具增值税专用发票。企业销售使用过的小汽车应当通过增值税发票管理新系统开具二手车销售统一发票。

8.3 出租房屋的涉税处理

出租房屋税收涉及增值税及其附加税费（城市维护建设税、教育费附加和地方教育附加）、房产税、土地使用税、印花税、企业所得税和个人所得税等9个税费种，情况较复杂，税负相对较高。现进行以下详解：

8.3.1 增值税

（1）税目。企业出租房屋取得的收入按"现代服务——租赁服务"缴纳增值税。经营租赁方式将土地出租给他人使用、车辆停放服务、道路通行服务（包括过路费、过桥费、过闸费等）等按照不动产经营租赁服务缴纳增值税。

（2）税率。一般纳税人适用税率为9%（可抵扣进项税额）。一般纳税人适用简易计税方法和小规模纳税人按5%征收率计算缴纳增值税（不可抵扣进项税额）。个人出租住房适用优惠政策减按1.5%征收。

《财政部　国家税务总局关于全面推开营业税改征增值税试点的通知》（财税〔2016〕36号）

一般纳税人出租其2016年4月30日前取得的不动产，可以选择适用简易计税方法，按照5%的征收率计算应纳税额。

《国家税务总局纳税服务司关于下发营改增热点问题答复口径和营改增培训参考材料的函》（税总纳便函〔2016〕71号）

一般纳税人将2016年4月30日之前租入的不动产对外转租的，可选择简易办法征税；将5月1日之后租入的不动产对外转租的，不能选择简易办法征税。

《财政部　国家税务总局关于进一步明确全面推开营改增试点有关再保险、不动产租赁和非学历教育等政策的通知》（财税〔2016〕68号）

二、不动产经营租赁服务

1.房地产开发企业中的一般纳税人，出租自行开发的房地产老项目，可以选择适用简易计税方法，按照5%的征收率计算应纳税额。纳税人出租自行开发的房地产老项目与其机构所在地不在同一县（市）的，应按照上述计税方法在不动产所在地预缴税款后，向机构所在地主管税务机关进行纳税申报。

房地产开发企业中的一般纳税人，出租其2016年5月1日后自行开发的与机构所在地不在同一县（市）的房地产项目，应按照3%预征率在不动产所在地预缴税款后，向机构所在地主管税务机关进行纳税申报。

2.房地产开发企业中的小规模纳税人，出租自行开发的房地产项目，按照5%的征收率计算应纳税额。纳税人出租自行开发的房地产项目与其机构所在地不在同一县（市）的，应按照上述计税方法在不动产所在地预缴税款后，向机构所在地主管税务机关进行纳税申报。

《财政部 国家税务总局关于进一步明确全面推开营改增试点有关劳务派遣服务、收费公路通行费抵扣等政策的通知》（财税〔2016〕47号）

一般纳税人2016年4月30日前签订的不动产融资租赁合同，或以2016年4月30日前取得的不动产提供的融资租赁服务，可以选择适用简易计税方法，按照5%的征收率计算缴纳增值税。

（3）个体工商户、自然人出租房屋税的计算。个体工商户、自然人出租房屋应纳税款的计算如表8.3.1所示。

表8.3.1　个体工商户、自然人出租房屋应纳税款的计算

纳税人	出租住房	出租不动产（不含住房）
个体工商户	按照5%的征收率减按1.5%计算应纳增值税额 应纳税款＝含税销售额÷（1＋5%）×1.5%	个体工商户出租不动产（不含住房）适用一般计税方法计税的，税率为9% 个体工商户出租不动产（不含住房）适用简易计税方法计税的，征收率为5%
自然人	按照5%的征收率减按1.5%计算应纳税额 应纳税款＝含税销售额÷（1＋5%）×1.5%	自然人出租不动产（不含住房），按照5%的征收率计算应纳税额 应纳税款＝含税销售额÷（1＋5%）×5%

（4）开票。一般纳税人出租房屋，全额开具增值税专用发票或普票发票。

纳税人自行开具或者税务机关代开出租不动产增值税发票时，应在备注栏注明不动产的详细地址。

月租金收入不超过15万元，免征增值税及附加，只能代开增值税普通发票。放弃免征增值税及附加，可以代开增值税专用发票。

承租方为个人的，出租方不得申请代开增值税专用发票。

个人出租住房适用优惠政策减按1.5%征收，税务机关代开增值税专用发票时，通过新系统中征收率减按1.5%征收开票功能，录入含税销售额，系统自动计算税额和不含税金额。

（5）纳税时间。提供租赁服务采取预收款方式的，其增值税纳税义务发生时间为收到预收款的当天。提前开具多期（月/年）房租增值税发票，纳税义务发生时间为开具发票的当天，即全额缴纳增值税。承租方取得多期（月/年）房租增值税专用发票，可以按规定一次性抵扣进项税额。

（6）其他。纳税人出租不动产，租赁合同中约定免租期的，不属于增值税视同销售服务。军队空余房产租赁收入，免征增值税。

《关于公共租赁住房税收优惠政策的公告》（财政部　税务总局公告2019年第61号）

自2019年1月1日至2020年12月31日，公共租赁住房经营管理单位出租公共租赁住房，免征增值税。

《财政部　税务总局关于延长部分税收优惠政策执行期限的公告》（财政部　税务总局公告2021年第6号）

《财政部　税务总局关于设备器具扣除有关企业所得税政策的通知》（财税〔2018〕54号）等16个文件规定的税收优惠政策凡已经到期的，执行期限延长至2023年12月31日。

《财政部　国家税务总局关于全面推开营业税改征增值税试点的通知》（财税〔2016〕36号）

其他个人和小规模纳税人的个体工商户出租住房，按照5%的征收率减按1.5%计算应纳税额。

8.3.2　城市维护建设税、教育费附加、地方教育附加

城市维护建设税、教育费附加和地方教育附加都是以实际缴纳的增值税为计税依据，免征增值税的，同时免征城市维护建设税、教育费附加和地方教育附加。

（1）城市维护建设税税率：市区7%，县城和镇5%，其他1%。

（2）教育费附加征收率为3%。

（3）地方教育附加征收率为2%。

《财政部　国家税务总局关于扩大有关政府性基金免征范围的通知》（财税〔2016〕12号）

月销售额或营业额不超过10万元（按季度纳税的季度销售额或营业额不超过30万元）的缴纳义务人，免征教育费附加、地方教育附加。

《财政部　税务总局关于进一步实施小微企业"六税两费"减免政策的公告》（财政部　税务总局公告2022年第10号）

2022年1月1日至2024年12月31日，对增值税小规模纳税人、小型微利企业和个体工商户可以在50%的税额幅度内减征资源税、城市维护建设税、房产税、城镇土地使用税、印花税（不含证券交易印花税）、耕地占用税和教育费附加、地方教育附加。已依法享受资源税、城市维护建设税、房产税、城镇土地使用税、印花税、耕地占用税、教育费附加、地方教育附加其他优惠政策的，可叠加享受。

8.3.3 房产税

房产税是以房屋为征税对象，按房屋的计税余值或租金收入为计税依据，向产权所有人征收的一种财产税。房产税有从价计征和从租计征两种方式。

出租房屋，以房产租金收入为房产税的计税依据，税率为12%。对个人出租住房，不区分用途，按4%的税率征收房产税。无租使用其他单位房产的应税单位和个人，依照房产余值代缴房产税。对出租房产，租赁双方签订的租赁合同约定有免收租金期限的，免收租金期间由产权所有人按照房产原值缴纳房产税。房产出租的，计征房产税的租金收入不含增值税。

税收优惠：

（1）对个人出租住房，不区分用途，按4%的税率征收房产税（财税〔2008〕24号）。

（2）对企事业单位、社会团体以及其他组织按市场价格向个人出租用于居住的住房，减按4%的税率征收房产税（财税〔2008〕24号）。

（3）对按政府规定价格出租的公有住房和廉租住房，包括企业和自收自支事业单位向职工出租的单位自有住房；房管部门向居民出租的公有住房；落实私房政策中带户发还产权并以政府规定租金标准向居民出租的私有住房等，暂免征收房产税。

（4）2023年12月31日前，对公共租赁住房免征房产税（财税〔2021〕6号）。

8.3.4 土地使用税

土地使用税，以纳税人实际占用的土地面积（平方米）为计税依据。土地使用税按年计算、分期缴纳。

$$应纳税额＝实际占用的土地面积×适用税额$$

其税额标准按大城市、中等城市、小城市和县城、建制镇、工矿区分别确定，在每平方米0.6元至30元之间。

税收优惠：

（1）对个人出租住房，免征城镇土地使用税（财税〔2008〕24号）。

（2）根据《关于公共租赁住房税收优惠政策的公告》（财政部、税务总局公告2019年第61号）、《财政部 税务总局关于延长部分税收优惠政策执行期限的公告》（财政部 税务总局公告2021年第6号）的规定，自2019年1月1日至2023年12月31日，对公租房建设期间用地及公租房建成后占地，免征城镇土地使用税。在其他住房项目中配套建设公租房，按公租房建筑面积占总建筑面积的比例免征建设、管理公租房涉及的城镇土地使用税。

8.3.5 印花税

出租房屋签订的租赁合同属于租赁合同，需按规定缴纳印花税，税率为0.1‰。税额不足1元，按1元贴花。

根据《中华人民共和国印花税法》的有关规定，印花税应税合同的计税依据，为合同所列的金额，不包括列明的增值税税款。实务中，对合同及产权转移书据计征印花税时计税依据的确定，分为以下三种情形：

（1）如果合同所载金额包含增值税税款，但未分别记载的，以合同所载金额，即以含税金额作为印花税计税依据。

（2）如果合同所载金额包含增值税税款，且单独记载了增值税税款的，以不含税金额作为印花税计税依据。

（3）如果合同所载金额为不含增值税金额，直接以合同所载不含税金额作为印花税计税依据。

税收优惠：

（1）对个人出租、承租住房签订的租赁合同，免征印花税。

（2）根据《财政部 税务总局关于公共租赁住房税收优惠政策的公告》（财政部 税务总局公告2019年第61号）、《财政部 税务总局关于延长部分税收优惠政策执行期限的公告》（财政部 税务总局公告2021年第6号）的规定，自2019年1月1日至2023年12月31日，对公租房经营管理单位免征建设、管理公租房涉及的印花税。在其他住房项目中配套建设公租房，按公租房建筑面积占总建筑面积的比例免征建设、管理公租房涉及的印花税。对公租房经营管理单位购买住房作为公租房，免征契税、印花税；对公租房租赁双方免征签订租赁协议涉及的印花税。

8.3.6 企业所得税

企业出租房屋取得的收入需按规定计算缴纳企业所得税。企业所得税税率为25%，小型微利企业有税收优惠。

租金收入，按照合同约定的承租人应付租金的日期确认收入的实现。

根据《中华人民共和国企业所得税法实施条例》第十九条第二款规定："租金收入按照合同约定的承租人应付租金的日期确认收入的实现。"

同时，国税函〔2010〕79号规定如果交易合同或协议中规定租赁期限跨年度，且租金提前一次性支付的，根据《企业所得税实施条例》第九条规定的收入与费用配比原则，出租人可对上述已确认的收入，在租赁期内，分期均匀计入相关年度收入。

一次性开具跨年度多期（月/年）房租增值税发票，增值税口径全额确认收入，企业所得税口径分期均匀计入相关年度收入，从而增值税与企业所得税申报表和会计报表收入数不一致（企业所得税收入实现按照权责发生制，增值税是按照收付实现制）。

8.3.7 个人所得税

个人出租房屋取得的租金收入应按"财产租赁所得"项目计算缴纳个人所得税，税率为20%。

财产租赁所得个人所得税计算公式：

（1）月租金在4 000元以下的：

应纳个人所得税＝（月租金—已缴纳的其他税费—向出租方支付的租金—实际发生的修缮费用—800元）×10%（或20%）

（2）月租金4 000元以上的：

应纳个人所得税＝（月租金—已缴纳的其他税费—向出租方支付的租金—实际发生的修缮费用）×（1—20%）×10%（或20%）

《财政部　税务总局关于公共租赁住房税收优惠政策的公告》（财政部税务总局公告2019年第61号）、**《财政部　税务总局关于延长部分税收优惠政策执行期限的公告》**（财政部　税务总局公告2021年第6号）：

自2019年1月1日至2023年12月31日。

一、对公租房建设期间用地及公租房建成后占地，免征城镇土地使用税。在其他住房项目中配套建设公租房，按公租房建筑面积占总建筑面积的比例免征建设、管理公租房涉及的城镇土地使用税。

二、对公租房经营管理单位免征建设、管理公租房涉及的印花税。在其他住房项目中配套建设公租房，按公租房建筑面积占总建筑面积的比例免征建设、管理公租房涉及的印花税。

三、对公租房经营管理单位购买住房作为公租房，免征契税、印花税；对公租房租赁双方免征签订租赁协议涉及的印花税。

四、对企事业单位、社会团体以及其他组织转让旧房作为公租房房源，且增值额未超过扣除项目金额20%的，免征土地增值税。

五、企事业单位、社会团体以及其他组织捐赠住房作为公租房，符合税收法律法规规定的，对其公益性捐赠支出在年度利润总额12%以内的部分，准予在计算应纳税所得额时扣除，超过年度利润总额12%的部分，准予结转以后3年内在计算应纳税所得额时扣除。

个人捐赠住房作为公租房，符合税收法律法规规定的，对其公益性捐赠支出未超过其申报的应纳税所得额30%的部分，准予从其应纳税所得额中扣除。

六、对符合地方政府规定条件的城镇住房保障家庭从地方政府领取的住房租赁补贴，免征个人所得税。

七、对公租房免征房产税。对经营公租房所取得的租金收入，免征增值税。公租房经营管理单位应单独核算公租房租金收入，未单独核算的，不得享受免征增值税、房产税优惠政策。

8.4 企业整体产权转让的涉税处理

产权转让一般是整体产权即100%股权。企业转让全部产权，就是整体转让企业资产、债权、债务及劳动力的行为。在实务中，国有、集体企业整体转让全部产权的情况尤为普遍。企业整体产权转让有两种情形：一是继续沿用原公司名义持续经营，只不过投资人发生了变更；二是将转让企业资产、债权、债务并入收购企业，原公司法人注销。企业整体产权转让是否缴纳增值税、土地增值税？在企业所得税上，转让方是否确认所得或损失？受让方如何确认资产计税基础？受让方是否缴纳契税？

8.4.1 增值税

企业整体产权转让是企业资产、债权、债务及劳动力一并进行转让。与单纯的销售货物、不动产、无形资产等有着本质的区别，并且其转让价格不仅仅是由资产价值决定，与企业销售货物、不动产、转让无形资产的行为完全不同。根据《国家税务总局关于纳税人资产重组有关增值税问题的公告》（国家税务总局公告2011年第13号）规定，纳税人在资产重组过程中，通过合并、分立、出售、置换等方式，将全部或者部分实物资产以及与其相关联的债权、负债和劳动力一并转让给其他单位和个人，不属于增值税的征税范围，其中涉及的货物转让，不征收增值税。《财政部 国家税务总局关于全面推开营业税改征增值税试点的通知》（财税〔2016〕36号）附件2《营业税改征增值税试点有关事项的规定》规定，在资产重组过程中，通过合并、分立、出售、置换等方式，将全部或者部分实物资产以及与其相关联的债权、负债和劳动力一并转让给其他单位和个人，其中涉及的不动产、土地使用权转让行为，属于不征收增值税项目。《财政部 国家税务总局关于落实降低企业杠杆率税收支持政策的通知》（财税〔2016〕125号）规定，在企业重组过程中，企业通过合并、分立、出售、置换等方式，将全部或者部分实物资产以及与其相关联的债权、负债和劳动力，一并转让给其他单位和个人，其中涉及的货物、不动产、土地使用权转让行为，符合规定的，不征收增值税。企业产权转让是将企业的全部或者部分资产以及与其相关联的债权、负债和劳动力一并转让，因此，其涉及的不论是动产、不动产以及土地使用权等的转移，均不属于增值税的征税范围。

"整体转让企业资产、债权、债务及劳动力"只是"转让企业全部产权"的表现形式，而且仅仅是其中的一种表现形式。当企业的投资者转让企业全部产权，但被转让企业可以不注销，由于被收购企业只是股东发生了变更，企业资产所有权并未发生转移，自然不会涉及增值税问题。当企业的投资者转让企业全部产权，被转让企业注销，此时，被转让企业的资产、债权、债务及劳动力必然要转移到收购方。涉及被合并企业的应税货物所有权的转移，不属于增值税的征税范围，不征收增值税。

8.4.2 土地增值税

根据《中华人民共和国土地增值税暂行条例》及其实施细则规定：转让国有土地使用权、地上的建筑物及其附着物（即转让房地产）具有法定增值额的应当依法缴纳土地增值税。缴纳土地增值税是以发生产权转移为标志，如果产权未发生转移，不征收土地增值税。因此，企业整体产权转让，如果仍以原企业法人名义持续经营，房地产产权并未发生转移，则不属于土地增值税征税范围。但如果企业整体产权转让后原有企业注销，则属于吸收合并范畴，是否缴纳土地增值税应当区分情况。根据《财政部 税务总局关于继续实施企业改制重组有关土地增值税政策的通知》（财税〔2018〕57号）规定，按照法律规定或者合同约定，两个或两个以上企业合并为一个企业，且原企业投资主体存续的，对原企业将房地产转移、变更到合并后的企业，暂不征土地增值税。投资主体存续，是指原企业出资人必须存在于改制重组后的企业，出资人的出资比例可以发生变动。也就是说，企业整体产权转让并且原企业注销的，原投资人不再存续的情况下，则应当缴纳土地增值税。

8.4.3 企业所得税

企业整体产权转让，如果原企业法人并未注销，继续以原企业名义继续经营，其实质属于企业合并，被合并企业继续存续。根据《财政部 国家税务总局关于企业重组业务企业所得税处理若干问题的通知》（财税〔2009〕59号）的规定，合并是指一家或多家企业（以下称为被合并企业）将其全部资产和负债转让给另一家现存或新设企业（以下称为合并企业），被合并企业股东换取合并企业的股权或非股权支付，实现两个或两个以上企业的依法合并。企业合并税务处理区分不同条件分别适用一般性税务处理规定和特殊性税务处理规定，企业合并，当事各方应按一般性税务处理规定：①合并企业应按公允价值确定接受被合并企业各项资产和负债的计税基础。②被合并企业及其股东都应按清算进行所得税处理。③被合并企业的亏损不得在合并企业结转弥补，但企业合并同时符合下列条件的，适用特殊性税务处理规定：一是具有合理的商业目的，且不以减少、免除或者推迟缴纳税款为主要目的；二是被收购、合并或分立部分的资产或股权比例符合本通知规定的比例；三是企业重组后的连续12个月内不改变重组资产原来的实质性经营活动；四是重组交易对价中涉及股权支付金额符合本通知规定比例；五是企业重组中取得股权支付的原主要股东，在重组后连续12个月内，不得转让所取得的股权。企业重组符合本通知第五条规定条件的，交易各方对其交易中的股权支付部分，可以按以下规定进行特殊性税务处理：企业合并，企业股东在该企业合并发生时取得的股权支付金额不低于其交易支付总额的85%，以及同一控制下且不需要支付对价的企业合并，可以选择按以下规定处理：①合并企业接受被合并企业资产和负债的计税基础，以被合并企业的原有计税基础确定；②被合并企业合并前的相关所得税事项由合并企业承继；③可由合并企业弥补的被合并企业亏损的限额＝被合并企业净资产公允价值×截至合并业务发生当年年末国家发行的最长期限的国债利率；④被合并企业股东取得合并企业股权的计税基础，以其原持有的被合并企业股权的计税基础确定。

根据上述规定，企业整体产权转让符合特殊性税务处理的，转让方不确认所得或损失，存续企业按照以被转让资产的原有计税基础确定，尚未弥补的亏损可以延续到存续企业继续弥补；企业整体产权转让不符合特殊性税务处理规定的，视同以公允价值销售，确认所得或损失，存续企业以公允价值确认计税基础。但尚未弥补的亏损不得在存续公司进行税前弥补。

8.4.4 契税

《中华人民共和国契税暂行条例》第一条规定，在中华人民共和国境内转移土地、房屋权属，承受的单位和个人为契税的纳税人，应当依照本条例的规定缴纳契税。第二条规定，本条例所称转移土地，房屋权属是指下列行为：①国有土地使用权出让；②土地使用权转让，包括出售、赠与和交换；③房屋买卖；④房屋赠与；⑤房屋交换。前款第二项土地使用权转让，不包括农村集体土地承包经营权的转移。由此可见，企业整体产权转让后，原企业法人存续的情况下未发生土地、房屋权属的转移，因此，不属于契税征税范围。但企业整体产权转让，原有企业法人注销，则属于企业吸收合并范畴。

《财政部　税务总局关于继续执行企业　事业单位改制重组有关契税政策的公告》（财政部　税收总局公告2021年第17号）

2021年1月1日至2023年12月31日，两个或两个以上的公司，依照法律规定、合同约定，合并为一个公司，且原投资主体存续的，对合并后公司承受原合并各方土地、房屋权属，免征契税。

投资主体相同是指公司分立前后出资人不发生变动，出资人的出资比例可以发生变动。因此，企业整体产权转让并且原企业注销的，原投资人不再存续的情况下，则应当缴纳契税。

8.4.5 印花税

企业整体产权转让涉及产权转移的，根据《中华人民共和国印花税法》的规定，按"产权转移书据"科目贴花。

（1）土地使用权出让书据，按价款的万分之五贴花。

（2）土地使用权、房屋等建筑物和构筑物所有权转让书据（不包括土地承包经营权和土地经营权转移），按价款的万分之五贴花。

（3）股权转让书据（不包括应缴纳证券交易印花税的），按价款的万分之五贴花。

（4）商标专用权、著作权、专利权、专有技术 使用权转让书据，按价款的万分之五贴花。

注：转让包括买卖（出售）、继承、赠与、互换、分割。

8.5 政府划拨资产的涉税处理

企业在生产经营过程中可能会收到来自政府以各种名义投入的资产，如政府以股权投资方式投入资产，或政府指定专门用途投入资产等。企业接受政府划拨资产应当如何进行财税处理？

8.5.1 划出方应缴纳增值税

根据《财政部 国家税务总局关于全面推开营业税改征增值税试点的通知》（财税〔2016〕36号）附件1第十四条规定，单位或者个体工商户向其他单位或者个人无偿转让无形资产或者不动产，用于公益事业或者以社会公众为对象的除外，应视同销售服务、无形资产或者不动产。因此，政府通过行政指令性划拨不动产，应视同销售缴纳增值税，但资产无偿划转用于公益事业或者以社会公众为对象的，则不属于增值税征税范围。

8.5.2 划出不动产或土地使用权不缴纳土地增值税

根据《财政部 国家税务总局关于继续实施企业改制重组有关土地增值税政策的通知》（财税〔2018〕57号）规定，除房地产开发企业外，单位、个人在改制重组时以房地产作价入股进行投资，对其将房地产转移、变更到被投资的企业，暂不征土地增值税。改制应包括整体改制和部分改制。重组的概念更广泛，任何资产、业务、人员、债务等要素的重新组合和配置都可以称为重组，应该可以讲改制也包括在内，但通常说法是并购重组、改制重组等并列。对将国有土地、房屋权属转移、变更到被投资的企业进行投资"暂不征土地增值税"明确规定了前提条件，即必须是"在改制重组时"发生的该行为，"改制重组"所包含的情形，土地增值税的系列税收政策中均未予以明确过。在日常征管实务中，全国各地区对此理解各异，即对于单位、个人将国有土地、房屋对外投资设立新公司的一般性投资行为，有的地区要征收土地增值税，有的地区则按暂不征收土地增值税处理。资产无偿划转并非真正意义上的无偿，无偿划转是以股权支付对价或以资本公积作为对价的资产划转，将国有资产作为股权投资划入企业，属于政府投资行为，在笔者看来，如果转入的对象为非房地产公司，则不征收土地增值税。

8.5.3 划入方的企业所得税及会计处理

（1）以资本性投资投入资产。根据《国家税务总局关于企业所得税应纳税所得额若干问题的公告》（国家税务总局2014年第29号，以下简称29号公告）规定："县级以上人民政府（包括政府有关部门，下同）将国有资产明确以股权投资方式投入企业，企业应作为国家资本金（包括资本公积）处理。该项资产如为非货币性资产，应按政府确定的接收价值确定计税基础。"执行该规定要注意三点：一是企业必须获取县级以上人民政府明确以股权投资方式投入企业的相关批文及股东各方签订的投资协议。二是企业应根据投入的不同资产分别作相应的会计处理，如借记"银行存款""固定资产""无形资产"等科目，贷记"实收资本""资本公积"科目。如果投入资产的价值超过了应该投入的国家资本金，其差额应作为资本溢价（或股本溢价），贷记"资本公积——资本溢价或股本溢价"科目。三是如果投入资产为非货币性资产，则应以政府相关批文或文件上确定的接收价值确定计税基础，并以此作为今后对相关资产进行折旧、摊销、转让、处置等税前扣除的依据。

（2）指定专门用途投入资产。29号公告规定："县级以上人民政府将国有资产无偿划入企业，凡指定专门用途并按《财政部 国家税务总局关于专项用途财政性资金企业所得税处理问题的通知》（财税〔2011〕70号）规定进行管理的，企业可作为不征税收入进行企业所得税处理。其中，该项资产属于非货币性资产的，应按政府确定的接收价值计算不征税收入。"对该条规定，需注意三点：一是企业不仅要获取并提供县级以上人民政府将国有资产无偿划入并指定了专门用途的带有文号的批文，而且必须按财税〔2011〕70号文的规定进行管理，即要能够提供县级以上人民政府对该资金专门的资金管理办法或具体管理要求，同时企业对该资金以及以该资金发生的支出单独进行了会计核算。必须注意的是，如果企业将上述指定专门用途的投入资产作不征税收入处理后，在5年（60个月）内未发生支出且未缴回县级以上人民政府的部分，则应计入取得该资金第六年的应税收入总额，但计入应税收入总额的相关资金发生的支出，可以在以后计算应纳税所得额时扣除。二是如果无偿划入的为非货币性资产，则应以政府相关批文或文件上确定的接收价值作为不征税收入及对相关资产进行会计核算的成本。但该不征税收入用于支出所形成的费用，不得在计算应纳税所得额时扣除，用于支出所形成的资产，其计算的折旧、摊销及损失等也不得在计算应纳税所得额时扣除，均必须进行纳税调整。三是企业应根据无偿划入的不同类型的资产及能否确认当期收益进行相应的会计处理。如果接受投入资产时能够直接确认当期收益，则应根据不同类型的资产借记"银行存款""原材料""长期股权投资"等科目，贷记"营业外收入"科目；如果不能直接确认为当期收益，则应借记"固定资产""在建工程""无形资产"等科目，贷记"递延收益"科目。递延收益应从相关资产达到预定可使用状态时起，在相关资产使用寿命内平均分配，分次计入以后各期的收益，借记"递延收益"科目，贷记"营业外收入"科目，同时对相关资产正常进行折旧或摊销，借记"成本/费用"等科目，贷记"累计折旧/摊销"等科目。但是，如果相关资产在使用寿命结束前被出售、转让、报废或发生毁损的，则应将尚未分配的递延收益余额一次性转入资产处置当期的损益（营业外收入），同时转销相关资产。

（3）其他无偿划入。29号公告规定："县级以上人民政府将国有资产无偿划入企业，属于上述（一）（二）项以外情形的，应按政府确定的接收价值计入当期收入总额计算缴纳企业所得税。政府没有确定接收价值的，按资产的公允价值计算确定应税收入。"执行该规定主要注意两点：一是如果既非以股权投资方式，也不属于指定专门用途投入的资产，则企业应按照政府确定的接收价值计入当期收入总额计算缴纳企业所得税。如果政府没有确定接收价值，则应按资产的公允价值计算确定应税收入。但是，如果企业采用的公允价值明显不公允，税务机关有权对此作出合理调整，不仅会调整按照公允价值计算的应税收入，还会调整相关资产的计税基础，因此，企业应注意防范相关涉税风险。二是企业应根据政府无偿划入资产的性质，在判断属于接受政府补助还是接受捐赠后，再以政府确定的接收价值或公允价值为实际成本，分别进行相应的会计处理，借记"银行存款""固定资产""无形资产"等科目，贷记"营业外收入"科目，同时，企业还应以此成本额为计税基础，作为今后对相关资产进行折旧、摊销、转让、处置等税前扣除的依据。

8.5.4 划入不动产或土地使用权免征契税

根据《财政部 税务总局关于继续支持企业事业单位改制重组有关契税政策的通知》（财税〔2018〕17号）的规定，对承受县级以上人民政府或国有资产管理部门按规定进行行政性调整、划转国有土地、房屋权属的单位，免征契税。

8.5.5 划入不动产或土地使用权应当印花税

根据《企业国有产权无偿划转管理暂行办法》（国资发产权〔2005〕239号）规定，无偿划转双方应签订无偿划转协议。企业间无偿划转资产，如果涉及产权过户登记的，划出方和划入方均应当根据《中华人民共和国印花税法》的规定，按照产权转移书据按所载金额0.5‰贴花。

8.6 企业房产的涉税处理

房产是以公司名义还是个人名义购置持有，很难笼统判断优劣，要看公司的具体财务数据和盈利情况，结合财税政策，来综合分析总体的利弊。在购置、持有环节，财税政策简要明晰，筹划意义并不大，如果有所谓的筹划价值，也只是顾及眼前利益而谈，必须考虑全环节的涉税问题。

公司购置的可以取得用于抵扣的增值税进项税额，可以作为企业所得税的税前扣除。但是，持有环节要缴纳房产税和城镇土地使用税，转让环节要缴纳增值税及附加、土地增值税、印花税、企业所得税。且前期获得的抵扣税额、税前扣除金额，相当于在转让或清算时被全额冲销，加上增值获益部分，全部应税。前期的抵扣、扣除利益，都给还回去了。

不同主体持有的房产在各环节的税收对比如表8.6.1所示。

表8.6.1　不同主体持有的房产在各环节的税收对比

情形	公司	其他个人
购买	契税（3%）	契税：1%～3% （1）对个人购买经济适用住房，在法定税率基础上减半征收契税 （2）对个人购买家庭唯一住房（家庭成员范围包括购房人、配偶以及未成年子女，下同），面积为90平方米及以下的，减按1%的税率征收契税；面积为90平方米以上的，减按1.5%的税率征收契税 （3）对个人购买家庭第二套改善性住房，面积为90平方米及以下的，减按1%的税率征收契税；面积为90平方米以上的，减按2%的税率征收契税
	印花税：0.05% 对增值税小规模纳税人、小型微利企业和个体工商户可以在50%的税额幅度内减征	印花税（0.05%；财税〔2008〕137号：住房免征）
持有	自用（房产税1.2%，小规模减半）；出租（增值税9%、征收率5%；房产税12%，小规模减半）	出租（增值税：住房1.5%，其他5%；个人所得税：住房减按10%，其他20%。房产税：住房减按4%，其他12%，减半。印花税：住房免）
	城镇土地使用税：定额税率 对增值税小规模纳税人、小型微利企业和个体工商户可以在50%的税额幅度内减征	土地使用税：免征
转让	增值税：9%、5%	增值税：5%或免征
	企业所得税25%	个人所得税：20% （1）对个人转让自用5年以上、并且是家庭唯一生活用房取得的所得，继续免征个人所得税 （2）出售自有住房并在1年内重新购房的不再减免个人所得税
	土地增值税（四级超率累进税率）	对个人销售住房暂免征收土地增值税
	印花税：0.05% 对增值税小规模纳税人、小型微利企业和个体工商户可以在50%的税额幅度内减征	印花税（0.05%；住房免征）

相对来说，公司房产在转让环节的增值税和土地增值税处理略显复杂。

8.6.1 增值税

财税〔2016〕36号文件规定，不征收增值税项目：在资产重组过程中，通过合并、分立、出售、置换等方式，将全部或者部分实物资产以及与其相关联的债权、负债和劳动力一并转让给其他单位和个人，其中涉及的不动产、土地使用权转让行为。

（1）前提：资产重组。

（2）方式：合并、分立、出售、置换等。方式比较宽泛，企业层面的合并、分立，具体资产的出售、置换，均属于方式之一，给人留下无限遐想的空间。

（3）核心：与全部或者部分实物资产相关联的债权、负债和劳动力。重组资产相关联的三要素要一并转让，问题是判断关联的债权、负债和劳动力的标准是什么？企业财务核算上并不存在与资产关联的三要素的数据，是按资产比例进行分割确认吗？所以，这是确认该项不征税的风险所在。

也有观点认为，只要三要素中有全部或部分，实际跟随资产转让，就应确认为资产重组的不征增值税项目。不排除有这样成功操作的实例，但笔者认为，这样处理会造成很大的避税漏洞。

> 2019年11月，甲公司卖楼，售价5 000万元，2016年11月购进时为4 000万元，甲公司或将个别员工，或将小额应收及应付款等债权、负债，按资产重组一并转让给乙公司。甲公司获得增值税不征的利益，可开具编码为607的"资产重组涉及的不动产"增值税普通发票5 000万元。乙公司得不到增值税抵扣，但是，如果乙公司是增值税免税单位，或者是享受增值税即征即退、超税负返还单位，也算两全其美。
>
> 丙医疗器械公司销售医疗设备1 000万元给丁民营医院。按国家税务总局2011年第13号公告规定，纳税人在资产重组过程中，通过合并、分立、出售、置换等方式，将全部或者部分实物资产以及与其相关联的债权、负债和劳动力一并转让给其他单位和个人，不属于增值税的征税范围，其中涉及的货物转让，不征收增值税。

8.6.2 土地增值税

财税〔2018〕57号文件规定，按照法律规定或者合同约定，两个或两个以上企业合并为一个企业，且原企业投资主体存续的，对原企业将房地产转移、变更到合并后的企业，暂不征土地增值税；按照法律规定或者合同约定，企业分设为两个或两个以上与原企业投资主体相同的企业，对原企业将房地产转移、变更到分立后的企业，暂不征土地增值税;单位、个人在改制重组时以房地产作价入股进行投资,对其将房地产转移、变更到被投资的企业,暂不征土地增值税。

(1)合并的要点:原企业投资主体存续。投资主体存续是指原企业出资人必须存在于改制重组后的企业,出资人的出资比例可以发生变动。改制重组应是指改制或重组两项经济行为。

案例8-1

甲(股东张某60%、王某40%)、乙(股东李某70%、谢某30%)公司合并为A公司,原股东均成为A公司新股东,也就是原股东在合并后并未直接获得现金,而是继续持股。甲公司自有的房产价值5 000万元,合并后产权转给A公司,暂不缴纳土地增值税。

按财税〔2018〕17号规定,两个或两个以上的公司,依照法律规定、合同约定,合并为一个公司,且原投资主体存续的,对合并后公司承受原合并各方土地、房屋权属,免征契税。A公司合并时取得房产产权免征契税。

如果甲公司股东张某、王某想取得现金,是否只需各保留1股,也能获得暂不征土地增值税和免征契税的优惠呢?"出资人的出资比例可以发生变动"的条件是否过于宽松?"原企业出资人必须存在于改制重组后的企业"的要求是否形同虚设?

再假设,甲公司的股东张某、王某,共同100%持有B、C公司,B、C公司共同100%持有甲公司,张某、王某一致将B、C公司转让给A公司,最终是甲公司的5 000万元房产实质转让给了A公司。那么,该项交易是否能享受以上增值税、土地增值税和契税的不征或暂不征或免征的优惠呢?

案例启示

土地增值税相对难以处理:

国税函〔2000〕687号文件规定,"鉴于深圳市能源集团有限公司和深圳市能源投资股份公司一次性共同转让深圳能源(钦州)实业有限公司100%的股权,且这些以股权形式表现的资产主要是土地使用权、地上建筑物及附着物,经研究,对此应按土地增值税的规定征税"。

上述规定与财税〔2018〕57号文件是一致的,股权转让后拿钱走人不行,原股东必须继续存在,否则应征税。仍然是财税〔2018〕57号的问题,是原股东必须100%继续存在,不得获取现金?还是可以转让一部分获得现金,甚至只保留1股就认可为存在呢?"出资人的比例可以变动"略显含糊,是与什么对比而产生的变动?反正100%转让股权获取现金的肯定要应征税。

国税函〔2009〕387号文件规定,"鉴于广西玉柴营销有限公司在2007年10月30日将房地产作价入股后,于2007年12月6日、18日办理了房地产过户手续,同月25日即将股权进行了转让,且股权转让金额等同于房地产的评估值。因此,我局认为这一行为实质上是房地产交易行为,应按规定征收土地增值税"。

上述规定与财税〔2018〕57号文件的精神基本一致。投资时,投资方暂不征;投资后转让股权、拿钱走人的,应税。是对谁征税呢?是对投资方还是被投资方?

国税函〔2011〕415号文件规定,"经研究,同意你局关于'北京国泰恒生投资有限公司利用股权转让方式让渡土地使用权,实质是房地产交易行为'的认定,应依照《土地增值税暂行条例》的规定,征收土地增值税"。

以上甲公司的5 000万元房产要转让给A公司,是通过间接转让甲公司的控股企业B、C公司实现的。只是B、C公司的股东发生变化,而甲公司的股东仍然是B、C公司。以上征税的规定,应不适用于此种间接转让情形,而且交易方式也是十分隐蔽,异地设置控股企业,逐一核实的难度较大。

(2)分设的要点:与原企业投资主体相同。不改变原企业投资主体、投资主体相同,是指企业改制重组前后出资人不发生变动,出资人的出资比例可以发生变动。

分设对出资人不发生变动的要求,与合并规定中的原投资主体存续有所不同。主体存续,不允许退出,但允许新股东加入;而出资人不变,则不允许退出,也不允许新股东加入。

例如,甲公司分设前股东是张某、王某,分设后的企业股东也只应是张某、王某。如果分设后企业的股东加入李某,或者王某转让股权退出,属于重组前后的出资人发生了变动,则应征税。问题是重组分设10年后李某加入,或者张某、王某退出,实务中如何监控管理?显然难度较大,除非在金三系统中提前置入股东变动的监控信息。

(3)暂不征税:实质是递延纳税。只是重组节点暂不征税,被合并方、被分立方或投资方的土地增值税的税负,实质转嫁给了合并方、分立方或被投资方。转让或原出资人退出或分设的原出资人变动,合并方、分立方或被投资方应缴纳土地增值税。

8.7 资产损失的涉税处理

《国家税务总局关于企业所得税资产损失资料留存备查有关事项的公告》(国家税务总局公告2018年第15号)

企业向税务机关申报扣除资产损失，仅需填报企业所得税年度纳税申报表《资产损失税前扣除及纳税调整明细表》，不再报送资产损失相关资料。相关资料由企业留存备查。

资产损失终于和税收优惠一样，不再需要先报批再申报，而是由企业自行判断、自行备查、自行申报。企业应当完整保存资产损失相关资料，保证资料的真实性、合法性。《国家税务总局关于发布〈企业资产损失所得税税前扣除管理办法〉的公告》（国家税务总局公告2011年第25号）中对备查资料更多的是框架性和原则性的要求，在实务中往往大家都感觉无章可循、无处下手。资产损失应该如何报备呢？

案例8-2

例1：某企业是一个粮库，主要负责粮食的收购、仓储、调拨以及销售，在某年度的企业所得税汇算清缴中，税务师发现该粮库确认了存货的资产损失，通过询问得知，粮食在存储过程中因为水分的蒸发会导致存货数量的减少，进而导致存货价值的下降。该粮库把上述存货数量的减少统统归入了资产损失，请问该粮库应该提供什么资料来佐证？

在回答这一问题前，先继续看第二个案例。

例2：某工业企业在某年的夏季暴雨成灾，造成仓库的部分物资受损。

《企业资产损失所得税税前扣除管理办法》（国家税务总局公告2011年第25号）

第十六条 企业资产损失相关的证据包括具有法律效力的外部证据和特定事项的企业内部证据。

第十七条 具有法律效力的外部证据，是指司法机关、行政机关、专业技术鉴定部门等依法出具的与本企业资产损失相关的具有法律效力的书面文件，主要包括：

（一）司法机关的判决或者裁定；

（二）公安机关的立案结案证明、回复；

（三）工商部门出具的注销、吊销及停业证明；

（四）企业的破产清算公告或清偿文件；

（五）行政机关的公文；

（六）专业技术部门的鉴定报告；

（七）具有法定资质的中介机构的经济鉴定证明；

（八）仲裁机构的仲裁文书；

（九）保险公司对投保资产出具的出险调查单、理赔计算单等保险单据；

（十）符合法律规定的其他证据。

第十八条 特定事项的企业内部证据，是指会计核算制度健全、内部控制制度完善的企业，对各项资产发生毁损、报废、盘亏、死亡、变质等内部证明或承担责任的声明，主要包括：

（一）有关会计核算资料和原始凭证；

（二）资产盘点表；

（三）相关经济行为的业务合同；

（四）企业内部技术鉴定部门的鉴定文件或资料；

（五）企业内部核批文件及有关情况说明；

（六）对责任人由于经营管理责任造成损失的责任认定及赔偿情况说明；

（七）法定代表人、企业负责人和企业财务负责人对特定事项真实性承担法律责任的声明。

结合对存货类资产损失的专门条款规定，存货报废、毁损或变质损失，为其计税成本扣除残值及责任人赔偿后的余额，应依据以下证据材料确认：①存货计税成本的确定依据；②企业内部关于存货报废、毁损、变质、残值情况说明及核销资料；③涉及责任人赔偿的，应当有赔偿情况说明；④该项损失数额较大的（指占企业该类资产计税成本10%以上，或减少当年应纳税所得、增加亏损10%以上，下同），应有专业技术鉴定意见或法定资质中介机构出具的专项报告等。

最后，该企业在税务机关和中介机构的指导下，完成了以下资产损失备查资料：①存货记录相关的账证表（内部证据：成本依据），包括总账、明细账、多栏账、发票、出入库凭证等；②企业关于此次受灾的资产损失事项说明（内部证据：情况说明）；③保险公司的理赔相关资料，其中包括受损货物在仓库存放的照片，照片显示受损货物按规定放置于高度为××厘米的木质托架之上，还有整个仓库和厂区被淹的照片（外部证据：保险公司）；④气象局出具的暴雨天气证明（外部证据：专业报告）。

通过上述证据清单可以看出，如果企业仅仅提供账证表和损失情况说明肯定是不够的。因为下雨受损，那么首先需要证明的确有足够大的雨，因此需要气象局的官方证明文件。其次，需要证明此次受损不是因为管理或保管不善，所以才有保险公司现场查看的货物放置的照片，确定货物按规定离地××厘米放置，不存在管理或保管不善的问题。拍摄仓库和厂区受淹照片，主要是为了证明企业为整体受灾，不是因为仓库的排水不畅造成资产损失。最终该企业允许在税前扣除的资产损失为减去获得保赔款以后的金额。

最后,回到开头提到的案例一,作为粮仓应该提供什么样的证据来证明粮食水分蒸发造成的损失呢?从案例二可以很容易得到启发,内部证据是比较容易获得的,但是外部证据就非常困难了。事实上,该企业寻找了多家中介和专业机构,受到检测环境和检查条件的约束都无法为其出具此类报告,而税务机关也明确表示没有外部报告很难认定此项资产损失。

综上所述,资产损失的证据链条一定需要内外结合、相互印证,如果缺少外部证据,实务中被认可的可能性较小。

8.8 固定资产加速折旧的政策

固定资产加速折旧优惠政策扩围,该如何正确适用?

8.8.1 扩大固定资产加速折旧优惠政策适用范围的背景是什么

现行《企业所得税法》及其实施条例规定,对由于技术进步产品更新换代较快,以及常年处于强震动、高腐蚀状态的固定资产可以实行加速折旧。这一规定没有行业限制,覆盖了包含制造业在内的所有行业企业。

为鼓励企业扩大投资,促进产业技术升级换代,经国务院批准,自2014年起,对部分重点行业企业简化固定资产加速折旧适用条件。财政部、国家税务总局先后于2014年、2015年两次下发文件,明确相关固定资产加速折旧优惠政策,主要包括以下四个方面政策内容:一是六大行业和四个领域重点行业企业新购进的固定资产,均允许按规定折旧年限的60%缩短折旧年限,或选择采取加速折旧方法;二是上述行业小型微利企业新购进的研发和生产经营共用的仪器、设备,单位价值不超过100万元的,可一次性税前扣除;三是所有行业企业新购进的专门用于研发的仪器、设备,单位价值不超过100万元的,可一次性税前扣除,超过100万元的,允许加速折旧;四是所有行业企业持有的单位价值不超过5 000元的固定资产,可一次性税前扣除。

按照党中央、国务院减税降费的决策部署,自2018年起至2023年,对企业新购进单位价值不超过500万元的设备、器具,允许一次性计入当期成本费用在所得税前扣除,这一政策大幅度提高了此前出台的一次性税前扣除的固定资产单位价值上限,也没有行业限制,包括制造业在内的所有行业企业均可依法享受。

为贯彻落实2019年国务院《政府工作报告》关于"将固定资产加速折旧优惠政策扩大至全部制造业领域"的要求,财政部、国家税务总局制发《关于扩大固定资产加速折旧优惠政策适用范围的公告》（财政部 税务总局公告2019年第66号），明确自2019年1月1日起，将固定资产加速折旧政策扩大至全部制造业领域。

《财政部 税务总局关于扩大固定资产加速折旧优惠政策适用范围的公告》（财政部 税务总局公告2019年第66号）

一、自2019年1月1日起，适用《财政部 国家税务总局关于完善固定资产加速折旧企业所得税政策的通知》（财税〔2014〕75号）和《财政部 国家税务总局关于进一步完善固定资产加速折旧企业所得税政策的通知》（财税〔2015〕106号）规定固定资产加速折旧优惠的行业范围，扩大至全部制造业领域。

三、本公告发布前，制造业企业未享受固定资产加速折旧优惠的，可自本公告发布后在月（季）度预缴申报时享受优惠或在2019年度汇算清缴时享受优惠。

8.8.2 固定资产加速折旧政策适用范围扩大至全部制造业领域后，目前可以适用固定资产加速折旧政策的行业包括哪些

原固定资产加速折旧政策的适用范围为生物药品制造业，专用设备制造业，铁路、船舶、航空航天和其他运输设备制造业，计算机、通信和其他电子设备制造业，仪器仪表制造业，信息传输、软件和信息技术服务业六大行业和轻工、纺织、机械、汽车四个领域重点行业。除信息传输、软件和信息技术服务业，其他行业均属于制造业的范畴。因此，将固定资产加速折旧政策适用范围扩大至全部制造业领域后，可以适用固定资产加速折旧政策的行业，包括全部制造业以及信息传输、软件和信息技术服务业。

8.8.3 制造业企业可以享受哪些固定资产加速折旧政策

《财政部 税务总局关于扩大固定资产加速折旧优惠政策适用范围的公告》（财政部 税务总局公告2019年第66号）将原适用于六大行业和四个领域重点行业企业的固定资产加速折旧的适用范围扩大至全部制造业，但具体固定资产加速折旧政策内容没有调整，仍与原有政策保持一致，具体为：一是制造业企业新购进的固定资产，可缩短折旧年限或采取加速折旧的方法；二是制造业小型微利企业新购进的研发和生产经营共用的仪器、设备，单位价值不超过100万元的，可一次性税前扣除。

需要强调的是，2018年1月1日至2023年12月31日，企业新购进单位价值不超过500万元的设备、器具可一次性在税前扣除，该政策适用于所有行业企业，已经涵盖了制造业小型微利企业的一次性税前扣除政策。在此期间，制造业企业可适用设备、

器具一次性税前扣除政策，不再局限于小型微利企业新购进的单位价值不超过100万元的研发和生产经营共用的仪器、设备。

8.8.4 制造业的划分标准是什么

为增强税收优惠政策的确定性，《财政部 税务总局关于扩大固定资产加速折旧优惠政策适用范围的公告》（财政部 税务总局公告2019年第66号）规定，制造业按照国家统计局《国民经济行业分类和代码（GB/T 4754—2017）》执行。今后国家有关部门更新国民经济行业分类和代码，从其规定。

考虑到企业多业经营的实际情况，为增强确定性与可操作性，在具体判断企业所属行业时，可使用收入指标加以判定。《国家税务总局关于固定资产加速折旧税收政策有关问题的公告》（国家税务总局公告2014年第64号）明确，六大行业企业（制造业企业）是指以制造业行业业务为主营业务，其固定资产投入使用当年的主营业务收入占企业收入总额50%（不含）以上的企业。收入总额是指《企业所得税法》第六条规定的收入总额。

8.8.5 制造业适用加速折旧政策的固定资产的范围是什么

制造业适用加速折旧政策的固定资产应是制造业企业新购进的固定资产。对于"新购进"可以从以下三个方面掌握：

8.8.5.1 取得方式

取得固定资产包括外购、自行建造、融资租入、捐赠、投资、非货币性资产交换、债务重组等多种方式。公告明确"购进"包括以货币形式购进或自行建造两种形式，其中以货币形式购进的固定资产包括购进的使用过的固定资产；不包括融资租入、捐赠、投资、非货币性资产交换、债务重组等方式。将自行建造也纳入享受优惠的范围，主要是考虑到自行建造固定资产所使用的材料实际也是购进的，因此把自行建造的固定资产也看作"购进"的。

8.8.5.2 购进时点

设备、器具一次性税前扣除政策的执行时间为2018年1月1日至2023年12月31日，因此，需要依据设备、器具的购进时点确定其是否属于可享受优惠政策的范围。

除六大行业和四个领域重点行业中的制造业企业外，其余制造业企业适用加速折旧政策的固定资产应是2019年1月1日以后新购进的。购进时点按以下原则掌握：

（1）以货币形式购进的固定资产，除采取分期付款或赊销方式购进外，按发票开具时间确认。

（2）以分期付款或赊销方式购进的固定资产，按固定资产到货时间确认。

（3）自行建造的固定资产，按竣工结算时间确认。

8.8.5.3 已使用的固定资产

"新购进"中的"新"字，只是区别于原已购进的固定资产，不是指非要购进全新的固定资产，因此，公告明确以货币形式购进的固定资产包括企业购进的使用过的固定资产也可适用加速折旧政策。

8.8.6 制造业企业预缴申报时可以享受加速折旧税收优惠吗

企业在预缴时可以享受加速折旧政策。64号公告和68号公告明确，企业在预缴申报时，由于无法取得主营业务收入占收入总额的比重数据，可以由企业合理预估，先行享受。在年度汇算清缴时，如果不符合规定比例，则一并进行调整。

《国家税务总局关于发布修订后的企业所得税优惠政策事项办理办法的公告》（国家税务总局公告2018年第23号）

《企业所得税优惠事项管理目录（2017年版）》规定，固定资产加速折旧或一次性扣除享受优惠时间是预缴享受。

8.8.7 制造业企业享受固定资产加速折旧政策需要办理什么手续

为贯彻落实税务系统"放管服"改革，优化税收环境，有效落实企业所得税各项优惠政策，国家税务总局于2018年制发了《关于发布修订后的〈企业所得税优惠政策事项办理办法〉的公告》（国家税务总局公告2018年第23号），修订完善《企业所得税优惠政策事项办理办法》。新的办理办法规定，企业所得税优惠事项全部采用"自行判别、申报享受、相关资料留存备查"的办理方式。因此，制造业企业享受固定资产加速折旧政策的，无须履行相关手续，按规定归集和留存备查资料即可。

8.8.8 "66号公告"发布前未能享受加速折旧优惠政策的应如何处理

对于《财政部 税务总局关于扩大固定资产加速折旧优惠政策适用范围的公告》（财政部 税务总局公告2019年第66号）发布前，制造业企业未能享受固定资产加速折旧政策的，可采取两种方式处理：一是可在以后（月）季预缴申报时汇总填入预缴申报表计算享受；二是可在2019年度企业所得税汇算清缴年度申报时统一计算享受。

8.9 新设备的一次性扣除的税收风险

《财政部 税务总局关于延长部分税收优惠政策执行期限的公告》（财政部 税务总局公告2021年第6号）规定，"《财政部 税务总局关于设备器具扣除有关企业所得税政策的通知》（财税〔2018〕54号）等16个文件规定的税收优惠政策凡已经到期的，执行期限延长至2023年12月31日"。

新购设备一次性扣除的税务风险应如何把控？以下六点是需要注意的。

8.9.1 "新"是指购进时间是新的，购进的固定资产可以是旧的

购进包括以货币形式购进或自行建造，其中以货币形式购进的固定资产包括购进的使用过的固定资产。新购进固定资产，并不是非得新购进全新的固定资产，购进已使用过的固定资产也算新购进。新购进固定资产是指购进时间是符合时限规定。固定资产取得方式不同，购买时点有所差别。实务中，企业购置设备应以设备发票开具时间为准；采取分期付款或赊销方式取得设备，以设备到货时间为准；自行建造固定资产，以工程竣工决算时间为准。

只要是符合时间段的要求，即企业在2018年1月1日至2023年12月31日期间购进的固定资产均可享受该税收优惠政策。自行建造的固定资产可作为新购进固定资产；接受股东投资的固定资产可作为新购进固定资产；合并、分立等重组的固定资产可作为新购进固定资产，这里需要注意的是，如果适用特殊性税务重组政策，则不视同销售，此时就不能作为新购进的固定资产，也不能享受一次性扣除优惠；融资租入的固定资产可以作为新购进固定资产。

8.9.2 一次性计入当期成本费用不等于一次性全额税前扣除

政策规定允许一次性计入当期成本费用在计算应纳税所得额时扣除，不再分年度计算折旧。那么，新购进的固定资产，符合规定一次性税前扣除，在会计核算中，可以直接计入损益吗？

答案是不可以。固定资产的确认、计量按照《企业会计准则》规定，须正常计提折旧。此时将会产生税会差异，必须通过填报申报表的方式进行调整。显然，一次性计入成本费用与通常意义上的会计折旧不同步，将造成固定资产账面价值和计税基础不一致，从而产生税会差异。为此，一次性计入当期成本费用并不等于一次性全额税前扣除，而是一次性计入成本费用后按现行的《企业所得税法》规定进行税前扣除。比如，企业购置用于福利部门的固定资产，根据《国家税务总局关于企业工资薪金及职工福利费扣除问题的通知》（国税函〔2009〕3号）有关规定，一次性计入职工福利费须按限额扣除；还有，企业用专项政府补助购置的固定资产，符合并适用不征税收入政策，但是一次性计入当期成本费用后，该成本费用不得税前扣除，要按规定作调增处理。

8.9.3 单位价值是指单台设备的原始入账价值

单位价值是指固定资产的原始入账价值，不是账面净值。单位价值是一个、一台、一辆、一套等的价值，也就是说如果购买一批固定资产，比如5台机床，一台300万元，5台共1 500万元。虽然这批机床总值超过500万元，但单价为300万元，小于500万元，仍符合优惠的条件和范围。但要注意，如果采取化整为零的方式购进固定资产，其组成价格超过500万元，则不能享受相关优惠政策。比如，购买200万元的微电脑、200万元

的发电机、150万元的其他零件，然后组装成一台价值550万元的设备，就不能将其理解为各单项设备的单位价值没有超过500万元，而应以最终形成使用的固定资产（设备）作为单位价值，这台设备的单位价值超过了500万元，不能享受一次性税前扣除的优惠政策。

另外，单位价值确认要准确，不能简单地理解购进的固定资产是含税还是不含税，而要具体情况具体分析。如果企业是一般纳税人，其取得符合规定的抵扣凭证，且认证抵扣了进项税额，该固定资产的价格为不含税价格；如果其取得的是普通增值税发票或取得不符合规定的扣税凭证，或者其主动放弃抵扣的，则该固定资产的价格就为含税价格。小规模纳税人购进固定资产不得抵扣进项税，该固定资产的价格为含税价格。另外，纳税人购进免税的固定资产，则该固定资产为发票票面价格。

8.9.4 企业预缴所得税时可适用一次性扣除优惠政策

《国家税务总局关于发布修订后的〈企业所得税优惠政策事项办理办法〉的公告》（国家税务总局公告2018年第23号）中《企业所得税优惠事项管理目录（2017年版）》明确，固定资产加速折旧或一次性扣除享受优惠时间可在预缴时享受。可见，企业所得税预缴可享受一次性扣除优惠政策。

8.9.5 固定资产一次性扣除应在投入使用次月所属年度税前扣除，税前扣除金额应包含残值

《国家税务总局关于设备 器具扣除有关企业所得税政策执行问题的公告》（国家税务总局公告2018年第46号）规定，固定资产在投入使用月份的次月所属年度一次性税前扣除。例如，某企业于2018年12月购进了一项单位价值为300万元的设备并于当月投入使用，则该设备可在2019年一次性税前扣除，而且一次性税前扣除，包括残值。

案例8-3

甲公司2019年1月份买了一辆车，金额为36万元。

（1）错误地处理

借：管理费用——车辆费用　　　　　　　　　　　　　　　360 000
　　贷：银行存款　　　　　　　　　　　　　　　　　　　　360 000

（2）正确地处理

借：固定资产——汽车　　　　　　　　　　　　　　　　　360 000
　　贷：银行存款　　　　　　　　　　　　　　　　　　　　360 000

假若按照3年折旧，不考虑净残值，月折旧额就是1万元。

2月份计提折旧：

借：管理费用——折旧费　　　　　　　　　　　　　　　　10 000
　　贷：累计折旧　　　　　　　　　　　　　　　　　　　　10 000

3月份计提折旧：

借：管理费用——折旧费   10 000
  贷：累计折旧   10 000

……

如何理解所得税上一次性扣除？

假若甲公司2019年第一季度利润总额为434万元，不属于小型微利企业。则1月份购买了价值36万元的汽车，允许一次性扣除，同时折旧了2个月计2万元。

因此，需要调减应纳税所得额＝360 000－20 000＝340 000（元）。

第一季度预缴企业所得税＝（4 340 000－340 000）×25%＝1 000 000（元）。

8.9.6 "500万元一次性扣除"与"500万元一次性税前扣除"含义不同

案例8-4

例1：A公司2019年5月新购进一台生产用机器设备，取得增值税专用发票，金额为100万元，税额为13万元，采用电汇付款。

解析：A公司取得的机器设备符合财税〔2018〕54号规定，可以适用一次性扣除政策，计入当期成本费用100万元，这100万元可以一次性在税前扣除。

例2：B公司2019年5月新购进一套职工食堂用厨房设备，取得增值税专用发票，金额为100万元，税额为13万元，采用电汇付款。

解析：B公司取得的厨房设备符合财税〔2018〕54号规定，可以适用一次性扣除政策，计入当期成本费用113万元。但这113万元属于职工福利费，要按职工福利费规定税前限额扣除。假设B公司工资薪金总额500万元，且没有其他职工福利费的情况下，可以扣除70万元，剩下的43万元就按规定调增处理。

例3：C公司2019年5月新购进一套健身器材，用于董事长个人家庭使用，取得增值税专用发票，金额为5万元，税额为0.65万元，采用电汇付款。

解析：C公司取得的健身器材符合财税〔2018〕54号规定，可以适用一次性扣除政策，计入当期成本费用5.65万元。但这5.65万元属于与生产经营活动无关的支出，全额不得税前扣除，按规定调增处理。

通过以上几个小案例可以看出，符合前述文件的固定资产未必可以一次性税前扣除，固定资产要结合其用途等实际情况，按现行税法相关规定进行税前扣除。

8.10 "三产"进项税额的抵扣

"三产"进项税额抵扣如表8.10.1所示。

表8.10.1 "三产"进项税额抵扣

项目	用途	全额抵扣	比例抵扣	不得抵扣	执行日期	法规
固定资产、无形资产（不包括其他权益性无形资产）、不动产	专用			√	2016.5.1	财税〔2016〕36号
固定资产、无形资产（不包括其他权益性无形资产）、不动产	混用	√			2016.5.1	财税〔2016〕36号、财政部 税务总局 海关总署公告2019年第39号（不动产2019年4月1日起不分期抵扣）
其他权益性无形资产	无论专用和混用	√			2016.5.1	财税〔2016〕36号
租入固定资产和不动产	专用			√	2018.1.1	财税〔2016〕36号 财税〔2017〕90号
租入固定资产和不动产	混用		√		2016.5.1—2017.12.31	财税〔2016〕36号（各地有争议）
		√			2018.1.1	财税〔2017〕90号
固定资产、无形资产、不动产外	专用			√	2016.5.1	财税〔2016〕36号
固定资产、无形资产、不动产外	混用		√		2016.5.1	国家税务总局公告2016年第18号、财税〔2016〕36号

"专用"是指用于简易计税方法计税项目、免征增值税项目、集体福利或者个人消费。

"混用"是指即用于一般计税项目，又用于简易计税方法计税项目、免征增值税项目、集体福利或者个人消费。

（1）《营业税改征增值税试点实施办法》（财税〔2016〕36号附件1）规定，下列项目的进项税额不得从销项税额中抵扣：（一）用于简易计税方法计税项目、免征增值税项目、集体福利或者个人消费的购进货物、加工修理修配劳务、服务、无形资产和不动产。其中涉及的固定资产、无形资产、不动产，仅指专用于上述项目的固定资产、无形资产（不包括其他权益性无形资产）、不动产……

（2）《国家税务总局全面推开营业税改征增值税试点政策培训参考材料》指出，由于其他权益性无形资产涵盖面非常广，往往涉及纳税人生产经营的各个方面，没有具体使用对象，因此，将其从专用于简易计税方法计税项目、免征增值税项目、集体福利或者个人消费的购进的无形资产不得抵扣进项税额范围中剔除，即纳税人购进其他权益性无形资产无论是专用于简易计税方法计税项目、免征增值税项目、集体福利或者个人消费，还是兼用于上述不允许抵扣项目，均可以抵扣进项税额。

（3）《营业税改征增值税试点实施办法》（财税〔2016〕36号附件1）规定，适用一般计税方法的纳税人，兼营简易计税方法计税项目、免征增值税项目而无法划分不得抵扣的进项税额，按照下列公式计算不得抵扣的进项税额：

不得抵扣的进项税额＝当期无法划分的全部进项税额×（当期简易计税方法计税项目销售额＋免征增值税项目销售额）÷当期全部销售额

主管税务机关可以按照上述公式依据年度数据对不得抵扣的进项税额进行算。

（4）《国家税务总局关于发布〈房地产开发企业销售自行开发房地产项目增值税征收管理暂行办法〉的公告》（国家税务总局公告2016年第18号）规定，一般纳税人销售自行开发的房地产项目，兼有一般计税方法计税、简易计税方法计税、免征增值税的房地产项目而无法划分不得抵扣的进项税额的，应以《建筑工程施工许可证》注明的"建设规模"为依据进行划分。

不得抵扣的进项税额＝当期无法划分的全部进项税额×（简易计税、免税房地产项目建设规模÷房地产项目总建设规

（5）《财政部 税务总局关于租入固定资产进项税额抵扣等增值税政策的通知》（财税〔2017〕90号）规定，自2018年1月1日起，纳税人租入固定资产、不动产，既用于一般计税方法计税项目，又用于简易计税方法计税项目、免征增值税项目、集体福利或者个人消费的，其进项税额准予从销

项税额中全额抵扣。

（6）《财政部　税务总局　海关总署关于深化增值税改革有关政策的公告》（财政部　税务总局　海关总署公告2019年第39号）规定，自2019年4月1日起，《营业税改征增值税试点有关事项的规定》（财税〔2016〕36号印发）第一条第（四）项第1点、第二条第（一）项第1点停止执行，纳税人取得不动产或者不动产在建工程的进项税额不再分2年抵扣。此前按照上述规定尚未抵扣完毕的待抵扣进项税额，可自2019年4月税款所属期起从销项税额中抵扣。

8.11 涉农税收政策梳理

只有了解了涉农相关的税收政策，才能更好地进行农产品的筹税工作。

8.11.1 增值税

（1）农业生产者销售的自产农产品免征增值税。

农业生产者销售的自产农产品是指直接从事植物的种植、收割和动物的饲养、捕捞的单位和个人销售的注释所列的自产农业产品。

【注意】对上述单位和个人销售的外购的农业产品，以及单位和个人外购农业产品生产、加工后销售的仍然属于注释所列的农业产品，不属于免税的范围，应当按照规定税率征收增值税。

对农民专业合作社销售本社成员生产的农业产品，视同农业生产者销售自产农业产品免征增值税。

纳税人采取"公司+农户"经营模式从事畜禽饲养，即公司与农户签订委托养殖合同，向农户提供畜禽苗、饲料、兽药及疫苗等（所有权属于公司），农户饲养畜禽苗至成品后交付公司回收，公司将回收的成品畜禽用于销售。在上述经营模式下，纳税人回收再销售畜禽，属于农业生产者销售自产农产品，免征增值税。

制种企业在下列生产经营模式下生产销售种子，属于农业生产者销售自产农业产品，免征增值税：①利用自有土地或承租土地，雇佣农户或雇工进行种子繁育，再经烘干、脱粒、风筛等深加工后销售种子；②提供亲本种子委托农户繁育并从农户手中收回，再经烘干、脱粒、风筛等深加工后销售种子。

农业产品征税范围注释

一、植物类

1.粮食

粮食包括：小麦、稻谷、玉米、高粱、谷子、大麦、燕麦、面粉、米、玉米面、渣、切面、饺子皮、馄饨皮、面皮、米粉、挂面、干姜、姜黄、玉米胚芽等。

备注：以粮食为原料加工的速冻食品、方便面、副食品和各种熟食品，不属于本货物的范围。

2.蔬菜

蔬菜包括：蔬菜、菌类植物、少数可作副食的木本植物，经晾晒、冷藏、冷冻、包装、脱水等工序加工的蔬菜、腌菜、咸菜、酱菜和盐渍蔬菜等。

备注：各种蔬菜罐头，不属于本货物的范围。

3.烟叶

烟叶包括：晒烟叶、晾烟叶和初烤烟叶。

备注：专业复烤厂烤制的复烤烟叶，不属于本货物的范围。

4.茶叶

茶叶包括：鲜叶和嫩芽（即茶青），经吹干、揉拌、发酵、烘干等工序初制的茶，如红毛茶、绿毛茶、乌龙毛茶、白毛茶、黑毛茶等。

备注：精制茶、边销茶及掺兑各种药物的茶和茶饮料，不属于本货物的范围。

5.园艺植物

园艺植物包括：水果、果干（如荔枝干、桂圆干、葡萄干等）、干果、果仁、果用瓜（如甜瓜、西瓜、哈密瓜等）、胡椒、花椒、大料、咖啡豆等，以及经冷冻、冷藏、包装等工序加工的园艺植物。

备注：各种水果罐头、果脯、蜜饯、炒制的果仁、坚果、碾磨后的园艺植物（如胡椒粉、花椒粉等），不属于本货物的范围。

6.药用植物

药用植物包括：用作中药原药的各种植物的根、茎、皮、叶、花、果实等，以及利用上述药用植物加工制成的片、丝、块、段等中药饮片。

备注：中成药，税率为13%，不属于本货物的范围。

7.油料植物

油料植物包括：菜籽（包括芥菜籽）、花生、大豆、葵花子、蓖麻子、芝麻子、胡麻子、茶子、桐子、橄榄仁、棕榈仁、棉籽等，以及提取芳香油的芳香油料植物。

8.纤维植物

纤维植物包括：棉（包括籽棉、皮棉、絮棉）、大麻、黄麻、槿麻、苎麻、茼麻、亚麻、罗布麻、蕉麻、剑麻等，以及棉短绒和麻纤维经脱胶后的精干（洗）麻。

9.糖料植物

糖料植物包括：甘蔗、甜菜等。

10.林业产品

林业产品包括：原木（乔木、灌木、木段），原竹（竹类植物、竹段），天然树脂（生漆、树脂和树胶），如松脂、桃胶、樱胶、阿拉伯胶、古巴胶和天然橡胶（包括乳胶和干胶）等，竹笋、笋干、棕竹、棕榈衣、树枝、树叶、树皮、藤条等，以及盐水竹笋。

备注：锯材、竹笋罐头，不属于本货物的范围。

11.其他植物

其他植物包括：树苗、花卉、植物种子、植物叶子、草、麦秸、豆类、薯类、藻类植物等，以及干花、干草、薯干、干制的藻类植物，农业产品的下脚料等。

二、动物类

1.水产品

水产品包括：鱼、虾、蟹、鳖、贝类、棘皮类、软体类、腔肠类、海兽类、鱼苗（卵）、虾苗、蟹苗、贝苗（秧），以及经冷冻、冷藏、盐渍等防腐处理和包装的水产品，干制的鱼、虾、蟹、贝类、棘皮类、软体类、腔肠类，如干鱼、干虾、干虾仁、干贝等，以及未加工成工艺品的贝壳、珍珠。

备注：熟制的水产品和各类水产品的罐头，不属于本货物的范围。

2.畜牧产品

畜牧产品包括：牛、马、猪、羊、鸡、鸭，肉产品包括整块或者分割的鲜肉、冷藏或者冷冻肉、盐渍肉、兽类、禽类和爬行类动物的内脏、头、尾、蹄等组织，以及肉类生制品，如腊肉、腌肉、熏肉等。

备注：各种肉类罐头、肉类熟制品，不属于本货物的范围。

3.蛋类产品

蛋类产品包括：鲜蛋、冷藏蛋，以及经加工的咸蛋、松花蛋、腌制的蛋。

备注：各种蛋类的罐头，不属于本货物的范围。

4.鲜奶

鲜奶包括：乳汁，按照《食品安全国家标准—巴氏杀菌乳》（GB19645—2010）生产的巴氏杀菌乳、按照《食品安全国家标准—灭菌乳》（GB25190—2010）生产的灭菌乳。

备注：酸奶、奶酪、奶油、调制乳，不属于本货物的范围。

5.动物皮张

动物皮张包括：未经鞣制的生皮、生皮张，以及将生皮、生皮张用清水、盐水或者防腐药水浸泡、刮里、脱毛、晒干或者熏干，未经鞣制的。

6.动物毛绒

动物毛绒包括：未经洗净的各种动物的毛发、绒发和羽毛。

备注：洗净毛、洗净绒，不属于本货物的范围。

7.其他动物组织

其他动物组织包括：蚕茧、天然蜂蜜、虫胶，动物骨、壳、兽角、动物血液、动物分泌物、蚕种，动物骨粒等。

（2）承担粮食收储任务的国有粮食购销企业销售粮食、大豆免征增值税，并可对免税业务开具增值税专用发票。

（3）对从事农产品批发、零售的纳税人销售的部分鲜活肉蛋产品免征增值税。

【注意】不包括规定的国家珍贵、濒危野生动物及其鲜活肉类、蛋类产品。

（4）对从事蔬菜批发、零售的纳税人销售的蔬菜免征增值税。

【注意】各种蔬菜罐头不属于本通知所述蔬菜的范围。

8.11.2 企业所得税

（1）企业从事农、林、牧、渔业项目的所得，可以免征、减征企业所得税，如表8.11.1所示。

表8.11.1 免征、减征企业所得税（农、林、牧、渔业）的范围与内容

类型	范围	内容
免征	蔬菜、谷物、薯类、油料、豆类、棉花、麻类、糖料、水果、坚果的种植	
	农作物新品种的选育	指企业对农作物进行品种和育种材料选育形成的成果，以及由这些成果形成的种子（苗）等繁殖材料的生产、初加工、销售一体化取得的所得
	中药材的种植	
	林木的培育和种植	指企业对树木、竹子的育种和育苗、抚育和管理以及规模造林活动取得的所得，包括企业通过拍卖或收购方式取得林木所有权并经过一定的生长周期，对林木进行再培育取得的所得
	牲畜、家禽的饲养	包括猪、兔的饲养，饲养牲畜、家禽产生的分泌物、排泄物。
	林产品的采集	
	灌溉、农产品初加工、兽医、农技推广、农机作业和维修等农、林、牧、渔服务业项目	企业根据委托合同，受托对符合规定的农产品进行初加工服务，其所收取的加工费，可以按照农产品初加工的免税项目处理

（续表）

类型	范围	内容
免征	远洋捕捞	对取得原农业部颁发的"远洋渔业企业资格证书"并在有效期内的远洋渔业企业，从事远洋捕捞业务取得的所得免征企业所得税
减半征收	花卉、茶以及其他饮料作物和香料作物的种植	包括观赏性作物的种植
	海水养殖、内陆养殖	指"牲畜、家禽的饲养"以外的生物养殖项目

（2）《国家税务总局关于"公司＋农户"经营模式企业所得税优惠问题的公告》（国家税务总局公告2010年第2号）规定：企业采取"公司＋农户"经营模式从事牲畜、家禽的饲养，即公司与农户签订委托养殖合同，向农户提供畜禽苗、饲料、兽药及疫苗等（所有权〈产权〉仍属于公司），农户将畜禽养大成为成品后交付公司回收。鉴于采取"公司＋农户"经营模式的企业，虽不直接从事畜禽的养殖，但系委托农户饲养，并承担诸如市场、管理、采购、销售等经营职责及绝大部分经营管理风险，公司和农户是劳务外包关系，对此类以"公司＋农户"经营模式从事农、林、牧、渔业项目生产的企业，可以按照《中华人民共和国企业所得税法实施条例》第八十六条的有关规定，享受减免企业所得税优惠政策。

（3）企业将购入的农、林、牧、渔产品，在自有或租用的场地进行育肥、育秧等再种植、养殖，经过一定的生长周期，使其生物形态发生变化，且并非由于本环节对农产品进行加工而明显增加了产品的使用价值的，可视为农产品的种植、养殖项目，享受相应的税收优惠。

（4）企业同时从事适用不同企业所得税政策规定项目的，应分别核算，单独计算优惠项目的计税依据及优惠数额；分别核算不清的，可由主管税务机关按照比例分摊法或其他合理方法进行核定。

（5）企业委托其他企业或个人从事规定的农、林、牧、渔业项目取得的所得，可享受相应的税收优惠政策。企业受托从事规定的农、林、牧、渔业项目取得的收入，比照委托方享受相应的税收优惠政策。

（6）企业购买农产品后直接进行销售的贸易活动产生的所得，不能享受农、林、牧、渔业项目的税收优惠政策。

农产品初加工范围

一、种植业类

1.粮食初加工

（1）小麦初加工。通过对小麦进行清理、配麦、磨粉、筛理、分级、包装等简单加工处理，制成的小麦面粉、麸皮、麦糠、麦仁及各种专用粉。

（2）稻米初加工。通过对稻谷进行清理、脱壳、碾米（或不碾米）、烘干、分级、包装等简单加工处理，制成的成品粮及其初制品，具体包括大米、蒸谷米、稻糠（砻糠、米糠和统糠）。

（3）玉米初加工。通过对玉米籽粒进行清理、浸泡、粉碎、分离、脱水、干燥、分级、包装等简单加工处理，生产的玉米粉、玉米糁、玉米片等；鲜嫩玉米经筛选、脱皮、洗涤、速冻、分级、包装等简单加工处理，生产的鲜食玉米（速冻黏玉米、甜玉米、花色玉米、玉米籽粒）。

（4）薯类初加工。通过对马铃薯、甘薯等薯类进行清洗、去皮、磋磨、切制、干燥、冷冻、分级、包装等简单加工处理，制成薯类初级制品。具体包括：薯粉、薯片、薯条、变性淀粉以外的薯类淀粉。

备注：薯类淀粉生产企业需达到国家环保标准，且年产量在1万吨以上。

（5）食用豆类初加工。通过对大豆、绿豆、红小豆等食用豆类进行清理去杂、浸洗、晾晒、分级、包装等简单加工处理，制成的豆面粉、黄豆芽、绿豆芽。

（6）其他类粮食初加工。通过对燕麦、荞麦、高粱、谷子、大麦、糯米、青稞、芝麻、核桃等杂粮进行清理去杂、脱壳、烘干、磨粉、轧片、冷却、包装等简单加工处理，制成的燕麦米、燕麦粉、燕麦麸皮、燕麦片、荞麦米、荞麦面、小米、小米面、高粱米、高粱面、大麦芽、糯米粉、青稞粉、芝麻粉、核桃粉。

2.林木产品初加工

通过将伐倒的乔木、竹（含活立木、竹）去枝、去梢、去皮、去叶、锯段等简单加工处理，制成的原木、原竹、锯材。

3.园艺植物初加工

（1）蔬菜初加工。

A.新鲜蔬菜通过清洗、挑选、切割、预冷、分级、包装等简单加工处理，制成净菜、切割蔬菜。

B.利用冷藏设施，将新鲜蔬菜通过低温贮藏，以备淡季供应的速冻蔬菜，如速冻茄果类、叶类、豆类、瓜类、葱蒜类、柿子椒、蒜苔。

C.将植物的根、茎、叶、花、果、种子和食用菌通过干制等简单加工处理，制成的初制干菜,如黄花菜、玉兰片、萝卜干、冬菜、霉干菜、木耳、香菇、平菇。

备注:以蔬菜为原料制作的各类蔬菜罐头(罐头是指以金属罐、玻璃瓶、经排气密封的各种食品。下同)及碾磨后的园艺植物(如胡椒粉、花椒粉等)不属于初加工范围。

(2)水果初加工。通过对新鲜水果(含各类山野果、番茄)清洗、脱壳、切块(片)、分类、储藏保鲜、速冻、干燥、分级、包装等简单加工处理,制成的各类水果、果干、原浆果汁、果仁、坚果。

(3)花卉及观赏植物初加工。通过对观赏用、绿化及其他各种用途的花卉及植物进行保鲜、储藏、烘干、分级、包装等简单加工处理,制成的各类鲜、干花。

4.油料植物初加工

通过对菜籽、花生、大豆、葵花籽、蓖麻籽、芝麻、胡麻籽、茶子、桐子、棉籽、红花籽、玉米胚芽、小麦胚芽及米糠等粮食的副产品等,进行清理、热炒、磨坯、榨油(搅油、墩油)、浸出、冷却、过滤等简单加工处理,制成的植物毛油和饼粕等副产品。具体包括菜籽油、花生油、豆油、葵花油、蓖麻籽油、芝麻油、胡麻籽油、茶子油、桐子油、棉籽油、红花油、米糠油以及油料饼粕、豆饼、棉籽饼。

备注:精炼植物油不属于初加工范围。

5.糖料植物初加工

通过对各种糖料植物,如甘蔗、甜菜、甜菊(又名甜叶菊)等,进行清洗、切割、压榨、过滤、吸附、解析、碳脱、浓缩、干燥等简单加工处理,制成的制糖初级原料产品。

6.茶叶初加工

通过对茶树上采摘下来的鲜叶和嫩芽进行杀青(萎凋、摇青)、揉捻、发酵、烘干、分级、包装等简单加工处理,制成的初制毛茶。

备注:精制茶、边销茶、紧压茶和掺兑各种药物的茶及茶饮料不属于初加工范围。

企业对外购茶叶进行筛选、分装、包装后进行销售的所得,不享受农产品初加工的优惠政策。

7.药用植物初加工

通过对各种药用植物的根、茎、皮、叶、花、果实、种子等,进行挑选、整理、捆扎、清洗、晾晒、切碎、蒸煮、炒制等简单加工处理,制成的片、丝、块、段等中药材。

备注:加工的各类中成药不属于初加工范围。

8.纤维植物初加工

(1)棉花初加工。通过轧花、剥绒等脱绒工序简单加工处理,制成的皮棉、短绒、棉籽。

(2)麻类初加工。通过对各种麻类作物(大麻、黄麻、槿麻、苎麻、菡麻、亚麻、罗布麻、蕉麻、剑麻、芦苇等)进行脱胶、抽丝等简单加工处理,制成的干

（洗）麻、纱条、丝、绳。

（3）蚕茧初加工。通过烘干、杀蛹、缫丝、煮剥、拉丝等简单加工处理，制成的蚕（蚕茧）、蛹、生丝（厂丝）、丝绵。

9.热带、南亚热带作物初加工通过对热带、南亚热带作物去除杂质、脱水、干燥、分级、包装等简单加工处理，制成的工业初级原料

具体包括：天然橡胶生胶和天然浓缩胶乳、生咖啡豆、胡椒籽、肉桂油、桉油、香茅油、木薯淀粉、木薯干片、坚果。

二、畜牧业类

1.畜禽类初加工

（1）肉类初加工。通过对畜禽类动物（包括各类牲畜、家禽和人工驯养、繁殖的野生动物以及其他经济动物）宰杀、去头、去蹄、去皮、去内脏、分割、切块或切片、冷藏或冷冻、分级、包装等简单加工处理，制成的分割肉、保鲜肉、冷藏肉、冷冻肉、绞肉、肉块、肉片、肉丁、火腿等风干肉、猪牛羊杂骨。

（2）蛋类初加工。通过对鲜蛋进行清洗、干燥、分级、包装、冷藏等简单加工处理，制成的各种分级、包装的鲜蛋、冷藏蛋。

（3）奶类初加工。通过对鲜奶进行净化、均质、杀菌或灭菌、灌装等简单加工处理，制成的巴氏杀菌奶、超高温灭菌奶。

（4）皮类初加工。通过对畜禽类动物皮张剥取、浸泡、刮里、晾干或熏干等简单加工处理，制成的生皮、生皮张。

（5）毛类初加工。通过对畜禽类动物毛、绒或羽绒分级、去杂、清洗等简单加工处理，制成的洗净毛、洗净绒或羽绒。

（6）蜂产品初加工。通过去杂、过滤、浓缩、熔化、磨碎、冷冻简单加工处理，制成的蜂蜜、蜂蜡、蜂胶、蜂花粉。

备注：肉类罐头、肉类熟制品、蛋类罐头、各类酸奶、奶酪、奶油、王浆粉、各种蜂产品口服液、胶囊不属于初加工范围。

2.饲料类初加工

（1）植物类饲料初加工。通过碾磨、破碎、压榨、干燥、酿制、发酵等简单加工处理，制成的糠麸、饼粕、糟渣、树叶粉。

（2）动物类饲料初加工。通过破碎、烘干、制粉等简单加工处理，制成的鱼粉、虾粉、骨粉、肉粉、血粉、羽毛粉、乳清粉。

（3）添加剂类初加工。通过粉碎、发酵、干燥等简单加工处理，制成的矿石粉、饲用酵母。

3.牧草类初加工

通过对牧草、牧草种子、农作物秸秆等，进行收割、打捆、粉碎、压块、成粒、分选、青贮、氨化、微化等简单加工处理，制成的干草、草捆、草粉、草块或草饼、

草颗粒、牧草种子以及草皮、秸秆粉（块、粒）。

三、渔业类

1.水生动物初加工

将水产动物（鱼、虾、蟹、鳖、贝、棘皮类、软体类、腔肠类、两栖类、海兽类动物等）整体或去头、去鳞（皮、壳）、去内脏、去骨（刺）、擂溃或切块、切片，经冰鲜、冷冻、冷藏等保鲜防腐处理、包装等简单加工处理，制成的水产动物初制品。

备注：熟制的水产品和各类水产品的罐头以及调味烤制的水产食品不属于初加工范围。

2.水生植物初加工

将水生植物（海带、裙带菜、紫菜、龙须菜、麒麟菜、江篱、浒苔、羊栖菜、莼菜等）整体或去根、去边梢、切段，经热烫、冷冻、冷藏等保鲜防腐处理、包装等简单加工处理的初制品，以及整体或去根、去边梢、切段、经晾晒、干燥（脱水）、包装、粉碎等简单加工处理的初制品。

备注：罐装（包括软罐）产品不属于初加工范围。

四、其他税费

（1）个人或个体户，个独、合伙从事"四业（种植业、养殖业、饲养业、捕捞业）"，其取得的"四业"所得暂不征收个人所得税。

（2）直接用于农、林、牧、渔业的生产用地免缴土地使用税。

（3）自2007年1月1日起，在城镇土地使用税征收范围内经营采摘、观光农业的单位和个人，其直接用于采摘、观光的种植、养殖、饲养的土地，根据《中华人民共和国城镇土地使用税暂行条例》第六条中"直接用于农、林、牧、渔业的生产用地"的规定，免征城镇土地使用税。

（4）对农林牧渔业用地和农民居住用房屋及土地，不征收房产税和土地使用税。

（5）农村居民占用耕地新建住宅，按照当地适用税额减半征收耕地占用税。

（6）捕捞、养殖渔船免征车船税。捕捞、养殖渔船是指在渔业船舶登记管理部门登记为捕捞船或者养殖船的船舶。

（7）自2004年10月1日起对农用三轮车免征车辆购置税。农用三轮车是指：柴油发动机，功率不大于7.4kW，载重量不大于500kg，最高车速不大于40km/h的三个车轮的机动车。

（8）纳税人承受荒山、荒沟、荒丘、荒滩土地使用权，用于农、林、牧、渔业生产的，免征契税。

（9）国家指定的收购部门与村民委员会、农民个人书立的农副产品收购合同免征印花税。

8.12 农产品的抵扣

关于农产品抵扣的问题,很多人一直分不清哪些项目可以抵扣,哪些项目不可以抵扣,哪些发票可以抵扣,哪些发票不可以抵扣。

购进农产品,除取得增值税专用发票或者海关进口增值税专用缴款书,按照农产品收购发票或者销售发票上注明的农产品买价和扣除率计算的进项税额,按照《农产品增值税进项税额核定扣除试点实施办法》抵扣进项税额的除外,计算公式为:

$$进项税额=买价×扣除率$$

买价是指纳税人购进农产品在农产品收购发票或者销售发票上注明的价款和按照规定缴纳的烟叶税。

农产品发票的抵扣问题如表8.12.1所示。

表8.12.1 农产品发票的抵扣问题

销方	票据类型	能否抵扣	怎么抵
一般纳税人	9%专票	能	勾选抵扣
	9%普票	不能	换专票
	自产 免税 普票	能	买价×9%
	批零 免税 普票	不能	—
小规模纳税人	3%专票	能	金额×9%
	3%普票	不能	—
	自产 免税 普票	能	买价×9%
	批零 免税 普票	不能	—
农民个人(自产)	自开 收购 发票	能	买价×9%
	代开 普票 免税	能	买价×9%
合作社	自产 普票 免税	能	买价×9%
海关进口	海关进口增值税专用缴款书	能	比对抵扣注明税额

《关于深化增值税改革有关政策的公告》（财政部 税务总局 海关总署公告2019年第39号）

纳税人购进用于生产或者委托加工13%税率货物的农产品，按照10%的扣除率计算进项税额，即购进时先按照9%抵扣进项税额，生产领用时再加计1%的进项税额。

如果购进农产品既用于生产销售或委托受托加工13%税率货物，又用于生产销售其他税率货物服务的，需要分别核算。未分别核算的，统一以增值税专用发票或海关进口增值税专用缴款书上注明的增值税额为进项税额，或以农产品收购发票或销售发票上注明的农产品买价和9%的扣除率计算进项税额。

适用农产品增值税进项税额核定扣除办法的，2019年4月1日以后进项税额扣除率为销售货物的适用税率。

9

"金税四期"下成本费用财税处理要严谨

> 财务的账务处理要严格遵循企业会计准则,税务处理依照的是税法,两者之间是通过申报表进行分析调整的。在成本费用方面,因为接触的发票等相关票据颇多,所以入账更加不能随意。

9.1 入账的陷阱与风险提示

很多企业都以"没发票不能入账"而做两套账,这是错误的。没有发票也能入账,只不过能否在税前扣除就需要另作斟酌了。企业发生经济业务必须及时索取发票及相应的凭证,以避免风险。

9.1.1 12项支出无票入账将不再安全

(1)银行收取手续费、佣金、酬金、管理费、服务费、经手费、开户费、过户费、结算费、转托管费等各类费用,以发票作为税前扣除凭证,一般纳税人取得专票可以按规定抵扣进项税额(财税〔2016〕36号)。

(2)支付银行及其他单位的利息费用,以发票作为税前扣除凭证,一般纳税人即使取得专票也不能按规定抵扣进项税额,建议取得普通发票(财税〔2016〕36号)。

(3)企业支出票据贴现费,以发票作为税前扣除凭证,一般纳税人即使取得专票也不能按规定抵扣进项税额,建议取得普通发票(财税〔2016〕36号、国家税务总局公告2017年第30号)。

(4)企业微信账号、支付宝账号的手续费,以发票作为税前扣除凭证,一般纳税人取得专票可以按规定抵扣进项税额(财税〔2016〕36号)。

（5）企业POS机手续费，向收单机构索取发票，以发票作为税前扣除凭证，一般纳税人取得专票可以按规定抵扣进项税额（国家税务总局公告2017年第11号）。

（6）飞机等（火车票以外）退票费、手续费，以发票作为税前扣除凭证，一般纳税人取得专票可以按规定抵扣进项税额（财税〔2017〕90号）。

（7）火车票退票费、手续费，以中国铁路总公司及其所属运输企业（含分支机构）自行印制的铁路票据作为税前扣除凭证（国家税务总局公告2018年第28号）。

（8）企业用车的ETC过路过桥费，以发票作为税前扣除凭证，一般纳税人取得电子发票可以按规定抵扣进项税额（财税〔2017〕90号、交通运输部、国家税务总局公告2017年第66号）。

（9）企业支付的财产商业保险费，以发票作为税前扣除凭证，一般纳税人取得专票可以按规定抵扣进项税额（财税〔2016〕36号）。

（10）企业支付的电话费、上网费等通信费用，以发票作为税前扣除凭证，一般纳税人取得专票可以按规定抵扣进项税额（财税〔2016〕36号）。

（11）企业购买补充耕地指标，以发票作为税前扣除凭证，一般纳税人取得专票可以按规定抵扣进项税额（国家税务总局公告2018年第42号）。

（12）企业支付拍卖行的手续费或佣金收入，按照"经纪代理服务"缴纳增值税，以发票作为税前扣除凭证，一般纳税人取得专票可以按规定抵扣进项税额（国家税务总局公告2018年第42号）。

9.1.2 9种费用报销不能只附一张发票

凭证附件即能反映经济业务的说明文件，很多业务是一张发票不能说清的，所以在取得发票的同时，还要自查其他附注证明资料是否齐全。

（1）实物资产。购买原材料、机器设备、办公用品、低值易耗品、礼品等，是否有入库单、入库单签章、审批手续是否齐全，是否有采购合同，是否有质量验收合格证明、发票日期和发票金额是否与采购合同对应，是否有从第三方开票，是否舍近求远采购，成本费用率是否明显超过行业合理水平。

（2）租金发票。是否有行政办公部门审核确认手续，是否有房屋租赁合同、发票日期金额是否与租赁合同吻合。

（3）业务招待费。业务招待费报销，是否有经办人、部门经理甚至公司总经理审核签批，大额发票是否有消费清单。大额发票是税务稽查重大，如果没有清单，可能会认为虚假消费。

（4）差旅费。差旅费报销单内容是否填写齐全，所附的车票是否为去出差地的车票、餐饮、住宿、交通费发票是否为出差地的发票、人员和人员名单是否与派出的人数相吻合。

（5）会议费。会议费报销、是否有会议通知、会议议题、参会人员名单、签到表等资料，是否有与会议无关费用（如旅游费）列支。

（6）工资薪金。是否有考勤记录、招聘合同、是否扣缴了工作薪金的个人所得税，工资数额是否与劳动合同和考勤纪律相吻合。

（7）运费。运费报销，是否有运费报销单，起运地和运达地是否与运费报销单相吻合，是否由起运地和运达地以外的车辆运输、运输价格是否波动较大。

（8）油费。加油费报销，报销的加油费是否为本公司车辆，本公司账面上是否有车辆，加油费总额是否超过了车辆理论行车的最大油耗量。

（9）水电费。水电费报销，发票上的字码是否与水表、电表的字码相符，是否与本公司的产能相吻合。有的企业账面反映产量很少，水电费却很高。

9.2 餐饮发票入账误区

餐饮发票是企业财务人员日常工作最常见的发票之一，也是税务稽查的重点。那么怎样入账更合理呢？

9.2.1 餐饮发票可以计入"差旅费"

有的企业职工出差有现金补贴，有的企业是按职工出差期间发生的餐饮发票报销。对职工出差期间的餐饮发票应该合理进行划分：如果职工出差期间，带着企业任务去宴请了客户等发生餐饮发票，还是应计入"业务招待费"；如果是职工个人出差期间在补贴标准以内的消费，则应计入"差旅费"。

对于出差补贴是否必须提供发票，全国政策并不统一。北京市税务机关明确要求出差补贴须提供发票，否则无票补贴部分计入工资薪金计算个人所得税。广西壮族自治区税务机关则明确只要是在合理范围内的出差补助可以无票补贴。因此，企业需要了解所在区域对此的政策。

9.2.2 餐饮发票可以计入"业务招待费"

业务招待费是指企业为经营业务的需要而支付的应酬费用，也叫交际应酬费，主要包括餐饮、香烟、水、食品、正常的娱乐活动等，还包括业务洽谈、产品推销、对外联络、公关交往、会议接待、来宾接待等所发生的费用，如招待饭费、招待用烟茶、交通费等。

9.2.3 餐饮发票可以计入"职工福利费"

《国家税务总局关于企业工资薪金及职工福利费扣除问题的通知》（国税函〔2009〕3号）

三、关于职工福利费扣除问题

《实施条例》第四十条规定的企业职工福利费，包括以下内容：

（一）尚未实行分离办社会职能的企业，其内设福利部门所发生的设备、设施和人员费用，包括职工食堂、职工浴室、理发室、医务所、托儿所、疗养院等集体福利部门的设备、设施及维修保养费用和福利部门工作人员的工资薪金、社会保险费、住房公积金、劳务费等。

（二）为职工卫生保健、生活、住房、交通等所发放的各项补贴和非货币性福利，包括企业向职工发放的因公外地就医费用、未实行医疗统筹企业职工医疗费用、职工供养直系亲属医疗补贴、供暖费补贴、职工防暑降温费、职工困难补贴、救济费、职工食堂经费补贴、职工交通补贴等。

（三）按照其他规定发生的其他职工福利费，包括丧葬补助费、抚恤费、安家费、探亲假路费等。

在企业日常实务中，经常会发生逢年过节等员工聚餐的情况，参与餐饮活动的人员全部是企业员工。另外，还有员工野外作业或者加班加点，由于员工吃饭不方便，企业向员工提供工作餐，都应计入福利费。

【注意】为企业外人员的支出计入招待费。

9.2.4 餐饮发票可以计入"会议费"

企业经常召开各种会议，邀请一些客户、供应商、企业员工等参加。会议费必然包括为会议召开而发生的交通、住宿、餐饮等，因此会议费中会有餐饮发票，税前扣除没问题，但是，一般会要求提供与会议相关的会议通知、会议签到册等可以证明会议费真实性的资料，如会议通知（包含内容有：会议时间、会议安排、会议内容、会议标准等）、会议纪要等资料。

9.2.5 就餐补助是否需要缴纳个人所得税

（1）不需要扣缴个人所得税的情形。

员工因公在城区、郊区工作，不能在工作单位或返回就餐，根据实际误餐顿数，按规定标准领取的误餐费，不扣缴个人所得税。

员工出差发生的餐费、工作餐，在标准内领取差旅费补贴，不扣缴个人所得税。

差旅费补贴并没有具体的标准，企业可根据自己情况制定。

（2）需要扣缴个人所得税的情形。

直接给员工发放伙食补贴，除误餐补助属于免税情形外，应按工资薪金所得计算缴纳个人所得税。

企业内部未设置食堂，给予员工的就餐补助不属于上述误餐补助的范畴，应当按照"工资、薪金所得"项目缴纳个人所得税。

9.3 食堂费用入账技巧

很多企业为了方便员工就餐，开设了职工食堂，职工食堂该如何进行账务处理呢？食堂从菜市场小贩处购买食材，没有发票如何是好？

9.3.1 增值税

企业自办食堂，仅提供给自己的职工用餐，按成本价收取费用。食堂取得的收入是否缴纳增值税呢？

根据财税〔2016〕36号文件规定，单位或者个体工商户为聘用的员工提供服务属于非经营活动，取得的收入不属于增值税征税的范围，不征增值税。所以，如果企业食堂属于不是以盈利为目的非经营性活动，即使取得收入也不征增值税。否则，需要按规定计算缴纳增值税。

9.3.2 账务处理

（1）企业账务处理。

企业食堂应该设立单独的辅助账核算食堂收支，用以核算食堂的开支。

企业支付给食堂经费时：

借：其他应收款——食堂
　　贷：货币资金

月末，食堂依据辅助账核算的属于企业的支出，开具食堂结算收据给财务部，财务部依据结算收据进行财务处理：

借：管理费用——职工福利费
　　贷：其他应收款——食堂

企业购入食堂用固定资产：

借：固定资产
　　贷：货币资金

【注意】企业购入食堂用固定资产，属于公司福利用设备，不得抵扣进项税额。

计提折旧时：

借：管理费用——职工福利费
　　贷：累计折旧

企业为食堂内部人员计提工资：

借：管理费用——职工福利费
　　贷：应付职工薪酬

（2）食堂辅助账的账务处理。

食堂设置辅助账务，反映食堂收支，食堂辅助账要明细记录食堂收到的拨款、购买食材的支出、收取的职工费用，以备企业财务和税务的检查。企业列支入账的福利费在企业所得税汇算清缴时，应按税法规定的扣除比例工资总额的14%进行调整。

收到企业拨款时：
借：货币资金
　　贷：其他应付款——公司

食堂采购材料时：
借：原材料
　　贷：货币资金

月末盘点，算出消耗，结算食堂成本：
借：食堂支出成本
　　贷：原材料

收取员工自付的餐费：
借：货币资金
　　贷：食堂支出成本

【注意】内部食堂收取员工就餐费用，不作食堂收入处理，而应直接冲减食堂成本费用。因为企业内部非独立核算单位相互提供的劳务，不构成增值税纳税义务，向职工收取的费用无须纳税。

月末食堂根据核算的当月食堂支出成本，开具内部结算收据，上报企业财务：
借：其他应付款——公司
　　贷：食堂支出成本

9.3.3 食堂的票据要求

食堂虽然是辅助核算账务，但其核算仍必须符合国家税法规定，所有的采购活动必须取得正规发票。否则，税务机关在以后的税务检查中，不合规单据将不得在企业所得税税前扣除，将作所得税应纳税调增处理，并予以处罚。所以，对于企业食堂采购时的发票规定，企业一定要引起重视。不要为了节约采购成本，随便到不能提供发票的商品经营者处采购食材，从而放任白条收据入账，最后却付出更高的代价。

如何解决食堂发票问题？

（1）外包食堂，承包商开票入账。企业可以将食堂整体外包给食堂承包商，由食堂承包商为企业准备员工午餐—并负责采购所有食堂食材，企业按期支付食堂承包费用并向食堂承包商全额索取发票入账。

（2）选择农产品生产企业购买食堂物品。企业可选择农产品供应商，如农场、农村专业合作社等，取得发票直接入账，这些农产品生产企业销售自产农产品可以免税。

（3）选择农产品贸易公司。农产品贸易公司也可以免缴增值税，因此，选择他们也可以取得发票。

（4）找农业个体户。农民以个体户身份从事农业产品生产，免缴增值税，也免缴个人所得税，他们也可以开具发票。

（5）从农户处购入。购进农业生产者自产农产品，可以使用税务机关监制的农产品收购发票。

（6）从无须办理税务登记的单位或从事小额零星经营业务的个人处购入。对方为依法无须办理税务登记的单位或者从事小额零星经营业务的个人，其支出以税务机关代开的发票或者收款凭证及内部凭证作为税前扣除凭证，收款凭证应载明收款单位名称、个人姓名及身份证号、支出项目、收款金额等相关信息。

小额零星经营业务的判断标准是个人从事应税项目经营业务的销售额不超过增值税相关政策规定的起征点。

（7）发放伙食补贴，无票照样入账。如果企业不愿外包食堂，又觉得找农超开票太麻烦，可采用发放伙食补贴的方式。

第一步：财务人员根据每月预算伙食支出计提员工伙食补贴至"工资薪金"。

第二步：将上述计提的工资扣缴作为购买食材支出，拨给食堂就可以了。

第三步：食堂用收到的款项购买食品材料。

这些费用已经计入职工薪酬，无须另外取得发票，工资低于起征点也不需要缴个人所得税。不过，即使一定要超个人所得税起征点，税率也是可以控制的。因此，企业还需要仔细去衡量如何做最为划算。

9.4 税控盘抵税的财税处理

税收里的"抵减"是指抵减应纳税额，而抵扣就是一般纳税人购进货物、加工修理修配劳务、服务、无形资产或者不动产，支付或者负担的增值税额可以从销项税额中抵扣掉。

最常见的抵减是纳税人购买税控专用设备及其服务费，按规定取得合法凭证就可以全额抵减增值税，如果当期没有足够增值税销项税抵减，还可以结转到下期继续抵减，意在鼓励纳税人使用税控系统。

从2017年8月开始，税控设备及服务费降价了。很多人听说金税盘购盘费用和维护费用能抵税，但是又不知道如何做？

增值税管理分为小规模纳税人和一般纳税人，不同纳税人申报表的填写方式不同。

9.4.1 小规模纳税人

税控设备费用和技术维护费可全额抵减，具体对小规模纳税人来讲就是填写在《增值税及附加税费申报表（小规模纳税人适用）》第16栏"本期应纳税额减征额"进行抵减。

（1）情况1：当本期发生额小于或等于第15栏"本期应纳税额"时，按本期实际发生额填入《增值税及附加税费申报表（小规模纳税人适用）》第16栏"本期应纳税额减征额"抵减当期税额。

案例9-1

纳税人缴纳2022年的维护费280元，当期应纳税额为1 000元。

这种情况下，直接一次性抵减完。

【注意】目前小规模纳税人季度不超过45万元销售额的免税政策，很多小规模纳税人其实基本用不到这个抵减，因为根本不会产生增值税。

账务处理如下：

缴纳手续费时：

借：管理费用　　　　　　　　　　　　　　　　　　　　　280

　　贷：银行存款　　　　　　　　　　　　　　　　　　　　　280

抵减当期增值税时：

借：应交税费——应交增值税　　　　　　　　　　　　　　280

　　贷：管理费用　　　　　　　　　　　　　　　　　　　　　280

【注意】账务处理冲减管理费用，即财会〔2016〕22号文规定。

（2）情况2：当本期发生额大于第15栏"本期应纳税额"时，按本期第15栏"本期应纳税额"的金额填入《增值税及附加税费申报表（小规模纳税人适用）》第16栏"本期应纳税额减征额"，本期减征额不足抵减部分结转下期继续抵减。

案例9-2

纳税人缴纳了2022年的维护费280元，当期应纳税额为200元。

这种情况只能够在当期抵减200元，剩余的80元结转下期继续抵减。

账务处理如下：

缴纳手续费时，
借：管理费用 280
　　贷：银行存款 280
抵减当期增值税时：
借：应交税费——应交增值税 200
　　贷：管理费用 200

如果下期仍然没有产生应纳税额，则主表16行"本期应纳税额减征额"不填写数字，减免表期末数据自动到期初，留着以后继续抵。

直到纳税期间有了应纳税额，比如下期应纳税额又是1 000元，则把最后的80元抵减了。

实际抵减增值税时：
借：应交税费——应交增值税 80
　　贷：管理费用 80

9.4.2　一般纳税人

一般纳税人抵减需要填写《增值税减免税申报明细表》《增值税及附加税费申报表附列资料（四）》和《增值税及附加税费申报表（一般纳税人适用）》。

案例9-3

本期产生500元的应纳税额，那么维护费280元可以全部抵减完。

申报表填写：

维护费280元依次填入以下申报表：

《增值税减免税申报明细表》选择减免性质名称（《财政部　国家税务总局关于增值税税控系统专用设备和技术维护费用抵减增值税税额有关政策的通知》财税〔2012〕15号），填写本期发生额、本期应抵减税额和本期实际抵减税额栏次。

《增值税及附加税费申报表附列资料（四）》税额抵减情况表中"增值税税控系统专用设备费及技术维护费"，填写本期发生额、本期应抵减税额和本期实际抵减税额栏次。。

《增值税及附加税费申报表（一般纳税人适用）》填写第23行"应纳税额减征额"。

账务处理如下：

缴纳服务费时：
借：管理费用 280
　　贷：银行存款 280

实际抵减增值税时：

借：应交税费——应交增值税（减免税款）　　　　　　　　280
　　贷：管理费用　　　　　　　　　　　　　　　　　　　　280

案例9-4

本期产生200元的应纳税额，那么维护费280元不能全部抵减完，剩下的部分只能留到下次继续抵减。

申报表填写：

本期抵扣的维护费200元依次填入以下申报表：

《增值税减免税申报明细表》选择减免性质名称（《财政部　国家税务总局关于增值税税控系统专用设备和技术维护费用抵减增值税税额有关政策的通知》财税〔2012〕15号），填写本期发生额、本期应抵减税额和本期实际抵减税额栏次。

《增值税及附加税费申报表附列资料（四）》税额抵减情况表中"增值税税控系统专用设备费及技术维护费"，填写本期发生额、本期应抵减税额和本期实际抵减税额栏次。

《增值税及附加税费申报表（一般纳税人适用）》填写第23行"应纳税额减征额"。

账务处理如下：

缴纳服务费时：

借：管理费用　　　　　　　　　　　　　　　　　　　　280
　　贷：银行存款　　　　　　　　　　　　　　　　　　　280

实际抵减增值税时：

借：应交税费——应交增值税（减免税款）　　　　　　　　200
　　贷：管理费用　　　　　　　　　　　　　　　　　　　　200

如果下期仍然没有产生应纳税额，则主表第23行"应纳税额减征额"本期实际抵减就是0，没法抵减。直到有了应纳税额，比如下期应纳税额又是200元，则把最后的80元抵减了。

实际抵减增值税时：

借：应交税费——应交增值税（减免税款）　　　　　　　　80
　　贷：管理费用　　　　　　　　　　　　　　　　　　　　80

【注意】某些地区，税控盘的抵减需要先行备案，否则无法填写申报表。

9.5 "私车公用"的财税处理

问题:如果老板的个人轿车出租给公司日常使用,租车协议中写明是无偿使用,但是车辆的保险费用由公司承担,这样是否可行?保险发票开公司抬头,能列入公司费用吗?日常经营中发生的汽油费能列入公司费用吗?

所谓的"私车公用"是指公司股东或员工个人将自有的车辆用于公司的经营活动,公司给予报销租赁费、汽油费、路桥费、汽车维修费、保险费等费用或者发放补贴的一种经济行为。

目前,私车公用现象较为普遍。一些公司将企业主或员工的车辆作企业生产经营之用,公司给车主支付租金或报销相关费用。但车辆使用具有随意性,是公用还是私用很难区分,也较难判定发生的费用是个人消费还是企业支出。

9.5.1 涉税问题及处理

(1)企业所得税。《企业所得税法》第八条规定,企业发生的与取得收入有关的、合理的支出,包括成本、费用、税金、损失和其他支出,准予在计算应纳税所得额时扣除。而第十条第八项明确规定,与取得收入无关的支出不允许扣除。所以,"有关"和"无关"的认定就很重要。如果企业和员工有车辆租赁协议,而且协议里有明确的条款规定(车辆发生的相关费用由企业承担),这样,这些费用就可以认定为与取得收入有关的支出。这些支出取得符合规定的发票后,就可以在企业所得税税前扣除。

《中华人民共和国企业所得税法实施条例》第二十七条规定,《企业所得税法》第八条所称有关的支出,是指与取得收入直接相关的支出。所称合理的支出,是指符合生产经营活动常规,应当计入当期损益或者有关资产成本的必要和正常的支出。

综上所述,企业职工将私人车辆提供给企业使用,企业应按照独立交易原则支付合理的租赁费并取得租赁发票。租赁合同约定其他相关费用一般包括油费、修理费、过路费等租赁期间发生的与企业取得收入有关的、合理的变动费用凭合法有效凭据准予税前扣除(车辆购置税、折旧费以及车辆保险费等固定费用如果未包括在租赁费内,则应由个人承担、不得税前扣除)。

承租方按照独立交易原则支付合理的租赁费,凭租赁费发票税前扣除外,租赁合同约定的在租赁期间发生的,由承租方负担的且与承租方使用车辆取得收入有关的、合理的费用,包括油费、修理费、过路费、停车费等,凭合法有效凭据税前扣除;与车辆所有权有关的固定费用包括车船税、年检费、保险费等,不论是否由承租方负担均不予税前扣除。

（2）个人所得税。企业使用员工车辆，支付费用的方式不同，个人所得税的计算方式也不同。

不签订租赁合同：费用实报实销。这种方式就是开头案例采取的方式，企业应根据《个人所得税法》的相关规定，按照"工资薪金"税目计算并代扣代缴个人所得税。

签订租赁合同：向员工支付租赁费。在这种方式下，员工收到租赁费用，应到税务机关就租赁行为代开发票，按照"有形动产租赁"税目缴纳增值税后，方能到企业报销相关运营费用。

有了合同和缴税凭证，租赁行为才能被认定具有真实性。此时，企业支出的交通运营费用才能被认定为"与取得收入有关的支出"，允许在企业所得税税前列支。

企业向员工支付的租赁费用应按照《个人所得税法》中的"财产租赁"税目，适用20%税率代扣代缴个人所得税。

（3）印花税。企业和员工签订的车辆租赁协议，属于印花税规定的应税凭证，要按租赁金额的1‰贴花。

9.5.2 纳税筹划建议

（1）企业按月或者按使用次数计算车辆使用费用，给私车所有人发放车辆使用补贴，月末将补贴计入个人工资薪金。

案例9-5

私车所有人甲某月工资4 000元，发放车辆补贴4 000元，甲某合计取得收入8 000元。则甲应该缴纳个人所得税：（8 000－5 000）×3％＝90（元）。

但此时，公司用费用冲减公司利润的数字只是4 000元补贴，税务机关会认为，车辆补贴费用已然包含汽车消耗的费用，因此，此种情况下，"私车公用"所取得的费用发票不允许列支公司费用。如果企业采取汽车消耗费用报销，报销人员取得的报销收入同样要计入"个人工资薪金所得"计算个人所得税。同时，因为报销人员取得的车辆补贴计入工资薪金所得，还将影响企业和职工应缴纳的职工劳动保险的金额，这也是必须考虑的一个重要因素。

（2）企业与车辆所有人签订车辆租赁协议，约定车辆租赁价格，并约定车辆租赁期内所发生的车辆消耗的费用由企业承担。

案例9-6

私车所有人甲某，与企业签署车辆租赁协议，月租金4 000元，双方到税务机关代开发票。

月租金4 000元代开发票可享受增值税减免，因此甲某只需按照"财产租赁所得"

计征个人所得税：（4 000－800）×20%＝640（元）。

此时，因为车辆的使用权已经按照"财产租赁合同"转移给企业，因此车辆使用过程中的费用，可以开具企业名称的发票，正常入账抵扣费用。如果费用能够取得合格的增值税抵扣凭证（增值税专用发票、车辆过桥过路费等），企业可以堂而皇之地进行认证抵扣。

这种情况下，企业虽然多扣缴了个人所得税，但是其后期费用的报销和抵扣将轻而易举地抹掉个人所得税的损失。同时，车辆所有人取得的该租赁收入，无须纳入工资总额计算企业和职工劳动保险。

需要注意的是，如果双方签订的是无租金租赁合同（免费使用），以上处理将会产生争议：①税务机关会认为无租金租赁协议不符合市场规律，会核定租金；②部分税务机关认为无租金租赁协议情况下，车辆所发生的费用依然应归属个人费用，不得计入公司费用支出。

案例9-7

2018年10月，税务机关在对某公司检查时发现，该公司固定资产账上只有房屋和办公家具，但管理费用中却列支了很多交通费。经询问得知，该企业因为车辆限购，购买车辆的指标迟迟不能获得，所有公务活动用私车解决。公司采取实报实销的方式，承担车辆的相关费用，于是公司账上就发生了很多交通费用。

分析：私车公用看似简单，却涉及个人所得税、企业所得税和印花税等多个税种，处理不好容易出现问题。

个人所得税方面，该公司以实报实销方式支付车辆的所有支出，没有视同个人补贴收入缴纳个人所得税。根据《国家税务总局关于个人因公务用车制度改革取得补贴收入征收个人所得税问题的通知》（国税函〔2006〕245号）规定，因公务用车制度改革而以现金、报销等形式向职工个人支付的收入，均视为个人取得公务用车补贴收入，按照"工资薪金"项目计征个人所得税。

企业所得税方面，该企业私车公用，由于没有任何合同或协议证明其真实性和合理性，所有费用只能被认定为"与取得收入无关支出"，需要进行纳税调整。被查企业得知相关规定后作了纳税调整。

9.6 佣金的财税处理

佣金是经纪人等中间人说合介绍生意所取得的酬金。佣金并不是现代社会才有的,它的起源其实很早,历史上被称为"牙佣""中佣""行栈"。

合同法中,居间合同就规范了佣金收取和支付的问题。《中华人民共和国合同法》第四百二十六条:"居间人促成合同成立的,委托人应当按照约定支付报酬。"第四百二十七条:"居间人未促成合同成立的,不得要求支付报酬。"由此可见,佣金是否支付是和合同是否签订紧密相连的。

案例9-8

某一高档住宅小区的开发公司,针对老业主宣布一项促销政策,老业主每介绍一个新客户,成交之后,按销售额的6%奖励老业主。税务机关检查时,根据佣金支出不得超过收入的5%的规定,要求该开发公司纳税调增1%。该公司辩解说:"我们支付的是市场推广费而不是佣金,市场推广费并没有比例限制,所以不应该做纳税调增。"

分析:

这笔销售奖励是佣金支出还是市场推广费呢?市场推广费是指企业为扩大产品市场份额,提高产品销量和知名度而采取的一系列措施而发生的费用。比如散发传单等,这些费用的产生和合同是否能签订是不具有相关性的。

通过上述分析,结合案例我们可以判断出,这笔奖励是否支出和合同是否签订是直接相关的,属于佣金的范畴。所以,按照税法的规定,超标准的部分应该进行纳税调增。

佣金和手续费(以下统称佣金)这两项支出,在税法中适用的是同样的税收政策,即《财政部 税务总局关于保险企业手续费及佣金支出税前扣除政策的公告》(财税〔2019〕72号)和《财政部 国家税务总局关于企业手续费及佣金支出税前扣除政策的通知》(财税〔2009〕29号)。

手续费和佣金的税前扣除,需要关注以下四个要点。

(1)支付企业分两类,比例结转各不同。

发生与其经营活动有关的手续费及佣金支出的税前扣除,需要区分保险公司和其他企业这两大类。

保险企业:不超过当年全部保费收入扣除退保金等后余额的18%(含本数)的部

分，在计算应纳税所得额时准予扣除；超过部分，允许结转以后年度扣除。

其他企业：按与具有合法经营资格中介服务机构或个人（不含交易双方及其雇员、代理人和代表人等）所签订服务协议或合同确认的收入金额的5%计算限额的部分，在计算应纳税所得额时准予扣除，超过部分不得扣除。

（2）支付对象有限定：合法中介和个人。

佣金的支付对象，也有两大类：一类是具有合法经营资格中介服务机构。这个条件排除了不具有资格的单位，如果出现了某个公司向一个煤炭企业支付佣金，这样的佣金显然是不合税法规定的，不应税前扣除，因为煤炭企业不是一个具有合法经营的中介服务机构。

另一类是个人，不含交易双方及其雇员、代理人和代表人。佣金是支付给除交易双方以外的第三方，这个第三方不能是雇员，因为支付给雇员的费用支出，属于工资薪金，而不是佣金。

曾经有一个保险代理公司提问，说保险代理公司支付给代理人的费用占了收入的85%，如果按这个佣金5%税前扣除的规定，100元的收入，实际支付85元，税前只能扣除5元，保险代理公司岂不是都要关门了？这个公司有一个概念上的错误，保险代理公司中的代理人，其实是代理公司的雇员，支付的费用就是工资薪金，而不是佣金，只要是合理的工资薪金都可以税前扣除，不存在按5%限额税前扣除的规定。

（3）支付形式有区别，除个人外需转账。

"除委托个人代理外，企业以现金等非转账方式支付的手续费及佣金不得在税前扣除。"这句话有两层意思：一是支付给中介单位的手续费、佣金必须通过转账形式；二是支付中介个人的手续费、佣金可以采用现金等非转账形式。不过，基于《国家税务总局关于发布〈企业所得税税前扣除凭证管理办法〉的公告》（国家税务总局公告2018年第28号）相关规定，从规避税收风险的角度考虑，企业大额的支出都应该采取转账方式，因为转账是证明业务真实的一个强有力的证据。

（4）证券发行是特例，佣金税前不能扣。

"企业为发行权益性证券支付给有关证券承销机构的手续费及佣金不得在税前扣除。"为什么发行证券的手续费和佣金不能税前扣除？

股份有限公司发行股票发生的手续费、佣金等交易费用的账务处理：如果溢价发行股票的，应从溢价中抵扣，冲减资本公积；无溢价或溢价金额不足以抵扣的，应将不足抵扣的部分冲减盈余公积和未分配利润。

发行股票是企业的所有者权益发生变动，佣金不影响损益，不影响利润，也就没有税前扣除这一说法。

掌握了这四个要点，佣金的税前扣除就可以做到心中有数了。

9.7 费用发票的税前扣除

税前扣除是在计算所得税时的说法。这是会计法与税法有差异的地方：会计处理时，实际发生的费用开支是入了账的；而在计算缴纳所得税时（即常说的税法上的规定）有些不允许在税前列支的费用，就要将利润调增，也就是说不允许税前扣除的费用开支是要缴企业所得税的。

9.7.1 个人抬头发票也能税前抵扣

这些抬头是个人的票据可以税前扣除，当然前提条件是与经营相关。

（1）允许税前扣除的医药费票据。

（2）机票和火车票、出差过程的人身意外保险费。

（3）符合职工教育费范围的职业技能鉴定、职业资格认证等经费支出。

（4）员工入职前到医疗机构体检费票据。

（5）企业为因公出差的员工报销，个人抬头的财政收据的签证费。

（6）允许税前扣除的外籍个人的住房补贴，员工凭发票实报实销，但由于是员工个人与业主签订租赁合同，发票抬头为个人。

9.7.2 不需要发票就能税前扣除的支出

（1）支付个人500元以下零星支出。从事小额零星经营业务的个人支出不到500元的不需要发票，如日常修锁费用、水果摊买水果、修理电脑等，只需要取得一张个人开具的收款凭证（收据）即可入账并税前扣除。

作为税前扣除的原始依据只需要收据，但是需要注明收款单位名称、个人姓名及身份证号、支出项目、收款金额等相关信息。

（2）工资薪金支出。企业平时支付职工的工资不需要发票。

税前扣除的原始依据可以是完成个人所得税申报的工资表、工资分配方案、考勤记录、付款证明等证实合理性的工资支出凭证。

（3）现金性福利支出。好多企业逢年过节向职工发放过节费、福利费、职工生活困难补助等，也不需要取得员工开具的发票。

企业过节发放职工的现金性福利不需要发票。

按照税法标准税前扣除的原始依据可以是过节费发放明细表、付款证明等福利支出凭证。

（4）支付差旅津贴。支付因公出差人员的差旅补助不需要发票。

差旅费报销单，企业发生的与其经营活动有关的合理的差旅费凭真实、合法的凭据准予税前扣除，差旅费真实性的证明材料应包括出差人员姓名、地点、时间、任务、支付凭证等。

企业差旅费补助标准可以按照财政部门制定的标准执行或经企业董事会决议自定标准。

（5）支付员工误餐补助。员工因公在城区郊区工作不能在工作单位或返回就餐，确实需要在外就餐的，根据实际误餐顿数，按规定的标准领取的误餐费不需要发票。误餐补助发放明细表、付款证明、相应的签领单等作为税前扣除的合法有效凭证。

（6）支付的未履行合同的违约金支出。很多企业经常遇到由于各种原因导致合同未履行，需要支付对方违约金，这项支出不属于增值税应税行为，不需要取得发票。

凭双方签订的提供应税货物或应税劳务的协议、双方签订的赔偿协议、收款方开具的收据或者有的需要法院判决书或调解书、仲裁机构的裁定书等就可以税前扣除。

（7）最新政策。企业缴纳的相关责任险也可以在企业所得税税前扣除。

9.8 差旅费的账务处理

差旅费用于核算本单位员工出差旅途中的费用支出，包括购买车、船、火车、飞机的票费、住宿费、伙食补助费及其他方面的支出。

差旅费税前扣除历来是一个充满税收风险和争议的话题。差旅费用的有关凭证通常是旅客运输服务的票据、餐饮服务和住宿服务发票等，导致企业正当的差旅活动与个人消费难以区分。

很多会计人员片面地认为，只要是车票、住宿费发票、油票、通行费等，财务上一律计入"管理费用——差旅费"。其实这是一个严重的误区，这样做账有可能会给企业带来巨大的税务风险。差旅费用单次报销额度过大也容易引起税务机关质疑，引起税务稽查。

出差除了差旅费还有出差补贴，差旅费和出差补贴两者有什么不同？公司账面上列支的"差旅费"是不是"差旅费"呢？

出差补贴不同于差旅费用。差旅费用是业务人员出差途中真实发生的费用，是必须取得合规票据，报销时公司进行审核处理的用费。而出差补贴是对出差人员付出辛苦的一种补贴，这种辛苦的付出可以是无形的，也可以是业务人员为了提高出差的舒服度，突破公司差旅费用规定的额度，提高交通、住宿档次的有形的东西，而公司为了鼓励员工，进行一定标准的补助。这就是出差补贴。

案例9-9

某培训学校仅仅有3名授课老师,2017年度营业收入200万元,但是成本中光"差旅费"一项就高达127万元,占收入的65%左右,而且车票的名字均不是学校职工,最后税务局依法要求对这些无关支出进行纳税调增,补缴了漏缴的企业所得税。

分析:
(1)为客户报销的车费不是差旅费,属于公司的业务招待费。
(2)为他人报销的与公司经营无关的差旅费,不得税前扣除。

9.8.1 税前扣除的风险

差旅费的税前扣除有两大风险,如表9.8.1所示。

表9.8.1 差旅费税前扣除的两大风险

风险	情形
核算时故意或因疏忽扩大了差旅费用核算范围,将业务招待费、福利费作为差旅费用核算	(1)差旅过程中差旅人员发生的业务招待费用 (2)所报销的差旅业务本身是业务招待性质的旅游行为 (3)所报销的差旅业务全部或一部分属于集体福利性质的支出
差旅支出多为有关人员垫付,企业以费用报销的方式取得发票,导致发票使用容易出现违规情况	(1)差旅人员找发票虚列支出,其中可能包括伪造或变造的发票、虚开的发票等违规情形 (2)发票报销品名不实,如将餐费、礼品费用开成会议费或住宿费 (3)超标费用多报少支,如差旅人员发生费用超出企业报销标准,企业只按报销标准支付费用但全额在税前扣除

9.8.2 规避风险的注意事项

为规避差旅费的风险,企业需注意以下几点。

9.8.2.1 除凭发生费用的凭证报销,还应当有必要的佐证

由于差旅费用难以和个人消费等支出严格区分,除凭发生费用的凭证报销,还应当有必要的佐证,以证实发生的费用确实与企业取得收入有关,而且不属于与取得收入无关的支出。如企业制定的报销差旅费用的有关标准和流程的规章制度,载明出差人员、目的地、时间、事由的相关审批单和企业为本单位之外的人员报销差旅费用的备注说明。

9.8.2.2 将业务招待支出、集体福利或个人消费支出与正常差旅支出区别开来

对于企业直接支出的差旅费用,根据出行的性质判断发生的支出属于何种费用并计入有关二级科目;对于差旅人员垫付资金,而后由企业报销并取得原始凭证的,可

以由差旅人员按照企业的差旅费用报销制度将差旅费用、业务招待费用和福利费用的凭证作出区分，分类报销。

9.8.2.3 注意发票风险

对于企业直接支出的差旅费用，应取得相应合法有效原始凭证。对于差旅人员垫付的费用，财务人员在审核其传回的报销原始凭证时应当注意以下几点：

（1）旅客运输票据记载的出行人、出行时间和目的地应当和出差审批单相吻合。

（2）发票应在税务机关指定的网站核验真伪，对于查验为假发票或发票信息与电子底账信息不一致的，不应接收。

（3）审核发票信息发现未按规定开具，如未填纳税人识别号、纸质发票未加盖发票专用章等，不应接收。

（4）对于大额的、支出明显不合理的住宿、会议服务发票，应当注意有无开错发票品名，如将餐费或购买商品费用开具为住宿服务、会议服务等品名的。

9.8.2.4 超出报销标准需注明报销金额

对于差旅人员发生支出超出报销标准的，企业可以按报销标准报销，但应当在发票上注明报销部分的金额，并和支付费用的单据保持一致。

9.9 差旅费的税务处理

差旅费能否抵扣增值税？

《财政部　国家税务总局关于全面推开营业税改征增值税试点的通知》
（财税〔2016〕36号）附件1《营业税改征增值税试点实施办法》

第二十七条　下列项目的进项税额不得从销项税额中抵扣：

（一）用于简易计税方法计税项目、免征增值税项目、集体福利或者个人消费的购进货物、加工修理修配劳务、服务、无形资产和不动产。

其中涉及的固定资产、无形资产、不动产，仅指专用于上述项目的固定资产、无形资产（不包括其他权益性无形资产）、不动产。纳税人的交际应酬消费属于个人消费。

（二）非正常损失的购进货物，以及相关的加工修理修配劳务和交通运输服务。

……

（六）购进的贷款服务、餐饮服务、居民日常服务和娱乐服务。

（七）财政部和国家税务总局规定的其他情形。本条第（四）项、第（五）项所称货物，是指构成不动产实体的材料和设备，包括建筑装饰材料和给排水、采暖、卫生、通风、照明、通讯、煤气、消防、中央空调、电梯、电气、智能化楼宇设备及配套设施。

一般纳税人企业员工出差取得住宿费和改签费、退票费的增值税专用发票、旅客运输费（专票、电子发票、飞机电子客票行程单、火车票和注明旅客身份信息的公路、水路等其他客票），其出差目的只要不属于上述政策不得抵扣进项税额的情况，进项可以抵扣；反之，则不能抵扣。

【注意】即使取得餐饮的增值税专用发票也不能抵扣进项税额。

通行费是差旅费中的一种，是指有关单位依法或者依规设立并收取的过路、过桥和过闸费用。

《财政部　税务总局关于租入固定资产进项税额抵扣等增值税政策的通知》（财税〔2017〕90号）

自2018年1月1日起，纳税人支付的道路、桥、闸通行费，按照以下规定抵扣进项税额：

（一）纳税人支付的道路通行费，按照收费公路通行费增值税电子普通发票上注明的增值税额抵扣进项税额。

（二）纳税人支付的桥、闸通行费，暂凭取得的通行费发票上注明的收费金额按照下列公式计算可抵扣的进项税额：

桥、闸通行费可抵扣进项税额＝桥、闸通行费发票上注明的金额÷（1＋5％）×5％

纳税人购进国内旅客运输服务，其进项税额允许从销项税额中抵扣。纳税人未取得增值税专用发票的，暂按照以下规定确定进项税额：

（1）取得增值税电子普通发票的，为发票上注明的税额。

（2）取得注明旅客身份信息的航空运输电子客票行程单的，为按照下列公式计算的进项税额：

航空旅客运输进项税额＝（票价＋燃油附加费）÷（1＋9％）×9％

（3）取得注明旅客身份信息的铁路车票的，为按照下列公式计算的进项税额：

铁路旅客运输进项税额＝票面金额÷（1＋9%）×9%

（4）取得注明旅客身份信息的公路、水路等其他客票的，为按照下列公式计算的进项税额：

公路、水路等其他旅客运输进项税额＝票面金额÷（1＋3%）×3%

《财政部　国家税务总局关于全面推开营业税改征增值税试点的通知》（财税〔2016〕36号）附件1《营业税改征增值税试点实施办法》

第二十六条　纳税人取得的增值税扣税凭证不符合法律、行政法规或者国家税务总局有关规定的，其进项税额不得从销项税额中抵扣。

9.10 差旅费报销的财税风险

9.10.1 差旅费发票的索取

增值税发票分为增值税专用发票和增值税普通发票两种，两者的根本区别在于前者可以抵扣进项税额，后者不可以。

根据财税〔2016〕36号文规定，购进餐饮服务的进项税额不得从销项税额中抵扣，所以交际应酬的餐费、娱乐费全都是不能抵扣的，即使增值税专用发票也不行。

出差住宿，在索要发票时，要区分不同的情况，如果是小规模纳税人的企业员工出差住酒店，可以选择开增值税普通发票；如果是增值税一般纳税人的企业员工出差住酒店，应向酒店索取增值税专用发票。

出差就餐，应该索取增值税普通发票。但是，不能抵扣并不代表不能开专票，如果取得不能抵扣项目的专票，建议先认证再进项税额转出。

如果住宿和餐饮费开在同一张增值税专用发票上，对于一般纳税人而言，应该在发票勾选后将餐饮、娱乐部分的税额做进项税额转出。

无论是增值税专用发票，还是增值税普通发票，在开具发票时，必须做到按照号码顺序填开，填写项目齐全，内容真实，字迹清楚，全部联次一次打印，内容完全一致，并在发票联和抵扣联加盖发票专用章。

9.10.2 差旅费包干的报销

某企业为便于管理，对出差人员根据不同级别实行差旅费包干。出差费用包干是属于企业内部管理的需要，但企业内部管理不得违法税法的有关规定。出差费用包干后，出差人员报销时也需要提供发票。

《税收征管法》第十九条规定，纳税人应根据合法有效的凭证记账，进行核算。《税收征管法实施细则》第二十九条规定，纳税人的账簿、记账凭证、报表、完税凭证、发票、出口凭证以及其他有关涉税资料应当合法、真实、完整。《发票管理办法》第二十一条规定，不符合规定的发票，不得作为财务报销凭证。

《国家税务总局关于进一步加强普通发票管理工作的通知》（国税发〔2008〕80号）规定，在日常检查中发现纳税人使用不符合规定发票，不得允许纳税人用于税前扣除、抵扣税款、出口退税和财务报销。《国家税务总局关于加强企业所得税管理的意见》（国税发〔2008〕88号）规定，不符合规定的发票不得作为税前扣除凭据。《国家税务总局关于印发〈进一步加强税收征管若干具体措施〉的通知》（国税发〔2009〕114号）规定，未按规定取得的合法有效凭据不得在税前扣除。《国家税务总局关于企业所得税若干问题的公告》（国家税务总局公告2011年第34号）规定，企业当年度实际发生的相关成本、费用，由于各种原因未能及时取得该成本、费用的有效凭证，企业在预缴季度所得税时，可暂按账面发生金额进行核算；但在汇算清缴时，应补充提供该成本、费用的有效凭证。

由此可见，企业出差人员发生的交通费、住宿费的税前扣除必须要有真实合法的票据。出差伙食补助费和公杂费按照本单位规定的统一标准及实际出差的天数报销的费用不需要发票，凭差旅费报销单自制凭证税前扣除。

10 以"员工"为名的涉税处理

> 企业发生的以"员工"为名的经济业务一般都归集在"应付职工薪酬"会计科目中,如工资、福利费。这些费用在税务处理上应该如何规避风险呢?

10.1 工资发放方式的涉税风险

大多数企业已经通过对公账户发放职工工资,不过还是存在着"不走寻常路"的小部分企业。以下8种工资发放方式不仅潜藏着涉税风险,还有可能触犯法律。

10.1.1 通过个人账户发放工资

小部分企业不通过企业对公账户发放工资,而是通过企业法定代表人、股东或财务人员的个人账户发放工资,以这种方式来规避与员工之间的劳动关系,进而逃避责任。

深圳市中级人民法院劳动争议审判庭法官邢蓓华提醒:"在劳动争议案件中,若公司通过个人账户给员工发放工资,诉讼过程中,公司否定双方存在劳动关系,称只是股东或资金往来关系,在没有其他证据情况下,劳动者就很难证明与公司之间存在劳动关系。"

此外,通过个人账户发放工资,也不利于劳动者查明工资标准。所以,劳动者不能只管钱拿到手,不管工资出处。

10.1.2 多发工资不缴社保

在求职过程中,有一些人发现缴纳社保后,每月到手的钱会变少。有的用人单位会以此为由,说服劳动者不缴社保、多发工资,而有的劳动者也愿意到手的钱多一些。

有律师表示,缴纳社会保险费是企业必须履行的义务。按照相关法律规定,用人单位不缴纳社保或不按规定缴纳社保都是违法行为,均需要承担相应的法律责任。

案例10-1

杨某是相城某精密公司的员工,工作大半年后被查出患上急性白血病,短短1个月就花费了20余万元的医疗费。当初双方签订劳动合同时,根据杨某意愿,该公司未依法给杨某缴纳社会保险,而是每月给其发放社保补贴。虽然在杨某确诊患病后,公司补缴了其入职以来的社会保险,但是因为系补缴,补缴当月及之前的医疗费均无法通过医疗保险予以报销。此外,根据国家有关规定,用工单位在为员工缴纳社会保险的同时,还需缴纳大病医疗保险,对基本医疗保险不能报销的部分通过大病医疗保险报销。杨某与公司协商不成,并经仲裁后,诉至相城区人民法院,要求公司支付其医疗费20余万元、病前4个月拖欠的工资6 000余元及病后6个月的病假工资3万余元。

10.1.3 用人单位任性扣工资

有的用人单位为防止员工跳槽,会扣下员工的一部分工资留到年底再发。如果劳动合同中没有约定,这种情况属于拖欠工资,员工可以通过劳动部门要求用人单位发放全部工资。

此外,还有的企业有上班迟到扣工资、请一天假扣三天工资的任性规定。

事实上,国务院曾施行的《企业职工奖惩条例》已在2008年1月15日废止,用人单位不能再根据该条例的规定在规章制度中随意设立罚款条款。

10.1.4 现金方式发放工资

随着支付管理制度的发展,国家大力推行非现金结算,全面推行银行代发工资模式,有些公司以现金方式发放工资,而不使用银行代发。

10.1.5 故意混淆劳务和工资申报

很多劳务派遣公司、建筑企业等,将劳务工、临时工、第三方员工,按照工资薪金申报。特别是社保移交税局征收,建筑工人实名制后,这类企业的薪资合规性尤为重要。

10.1.6 补贴不申报个人所得税,违法

公司没有把发放的节日补贴、交通补贴、通信补贴、生日礼金合并生成工资进行个人所得税申报。

企业和职工在不避税的情况下个人所得税最高可达45%,因此很多企业为了减少经营成本而采用违法发放工资的手法。

10.1.7 大量员工零申报

自从个人所得税免征额上调至5 000元后,很多企业就将员工工资零申报了,但一个

公司大量零申报,正常吗?和地区行业一比较,明显偏低,等待企业的将是税务稽查。

10.1.8 虚开发票抵扣

这是目前很多企业常用的避税手法,不仅违规而且违法。企业将员工工资分解成基本工资、年终奖、过节费、各类补贴等进行发放,再让员工每个月找发票来冲抵,以报销的形式达到工资避税的目的。但如果长期大额处理的话,就会造成企业费用异常,引起税务局关注和稽查。

10.2 虚列人员工资的涉税风险

虚增工资薪金支出以达到增加企业所得税税前扣除项,非本单位人员,乱拉人头申报工资,虚增企业费用,逃避企业所得税,纳税申报工资低于实发工资,隐瞒个人所得税少缴社保……这些以虚报来"避"税等行为,都会面临着税务风险。

案例10-2

广东省鹤山市税务局稽查局根据举报信息,对某制造企业实施税收检查,通过核查"账实"差异、细审工资费用数据,查实该企业冒用他人身份信息,采取虚列人员、分解工资的方式逃避代扣代缴义务,偷逃个人所得税20多万元。

该局依法对企业作出追缴税款、加收滞纳金,并处罚款共计40多万元的处理决定。

案例分析:

在本案中,虽然是被举报引起税务机关的关注,但是举报信并未有实质性的证据,税务机关还是依靠"金税三期"系统中的同行业信息和征管数据来搜集企业出现的破绽。

现在监管不同以往,更加严格,更加精准,以前使用多年的"避税"老路子,已经被堵死了,如果坚持要用,将面临前所未有的税务风险。

老板、股东、财务等企业经营管理者,应高度重视税务安排的合法性。不然,就不止补回以前逃的税款,还需要按每天0.5‰计算滞纳金并处以大额罚款,还会给企业带来名誉和纳税信用评级等方面的损失。

案例10-3

某公司2022年账列应付工资科目为5 013 120元,其中列支工作人员工资2 779 470元,销售及相关人员工资714 500元,外勤人员工资1 519 150元。

检查发现，账列外勤人员发放的工资其中有1 211 400元无签字记录、转账凭证或收据等有效发放依据。无有效发放依据的工资属多列工资，应补缴企业所得税302 850元。

有公司或许怀着这种心理：第一，虚列工资税务不上门核查，基本发现不了。第二，虚列工资金额往往不大，一般不容易预警。

要是这么想可就大错特错了。税务稽查的时候不仅稽查工资表，还要去核查签字记录、银行转账、收据等。仅仅凭一张工资表就想蒙混过关，肯定是不行的。

根据企业情况，稽查人员针对企业账簿中的工资费用项目，从以下四个方面入手实施核查。

（1）审核工资支出凭证。检查企业的人员花名册、考勤表、工资明细账和计算表，审核工资发放凭证与银行代发工资卡等凭证资料的数据是否对应无差异。

（2）核查企业职工人数、薪酬标准是否存在异常。稽查人员分析企业记账凭证和原始凭证，结合企业生产经营情况和生产规模，核实从业职工人数和薪酬标准，重点核实月工资额低于3 500元（2011年个人所得税起征点为3 500元）的人数占比情况。

（3）检查"账实"差异。审查分析企业"应付职工薪酬"账户与实付工资总额是否对应，核对各种津贴、补贴、奖金的发放是否正确。检查"应付福利费"账户支出情况，核实企业通过该账户发放现金和实物的具体情况。

（4）结合第三方信息分析企业数据。利用"金税三期"系统和社保系统，核查工资表中人员与企业缴纳社保人员在数量上是否存在较大差异，并对企业申报个人所得税人员的比例和收入情况实施核查。

现在虚列工资已经成为税务稽查的重中之重，严重的还会承担刑事责任。随着新个人所得税的变革，虚列工资已经无所遁形。

10.3 工资发放的39个风险点

企业要注意自查工资发放的风险点。

（1）工资个人所得税计算是否正确。重点检查工资表中代扣的个人所得税金额是否依法按照税法规定计算，是否存在人为计算错误、故意少缴个人所得税的情况。

（2）人员是否真实。重点检查工资表上的员工是否属于公司真实的人员，是否存在虚列名册、假发工资现象。

（3）工资是否合理。《中华人民共和国企业所得税法实施条例》第三十四条所称的"合理工资薪金",是指企业按照股东大会、董事会、薪酬委员会或相关管理机构制订的工资薪金制度规定实际发放给员工的工资薪金。税务机关在对工资薪金进行合理性确认时,可按以下原则掌握:

A.企业制定了较为规范的员工工资薪金制度。

B.企业所制定的工资薪金制度符合行业及地区水平。

C.企业在一定时期所发放的工资薪金是相对固定的,工资薪金的调整是有序进行的。

D.企业对实际发放的工资薪金,已依法履行了代扣代缴个人所得税义务。

E.有关工资薪金的安排,不以减少或逃避税款为目的。

(4)是否申报了个人所得税。重点检查企业工资表上的人员是否均在自然人电子税务局(扣缴端)依法申报了"工资薪金"项目的个人所得税。

(5)是否存在两处以上所得。个人取得两处及以上工资、薪金所得,应于每年个人所得税汇算清缴期进行汇总,合并综合所得并进行申报。

(6)是否存在已离职人员未删除信息。重点检查企业工资表中是否还存在人员已经离职,甚至已经死亡等,但是仍然申报个人所得税,未及时删除这些人员的信息的现象。

(7)适用税目是否正确。重点检查企业是否存在在计算个人所得税的时候故意把"工资薪金"项目转换为"偶然所得""其他所得"等,把高税率项目转为低税率项目,造成少申报个人所得税。

(8)年终奖计税方法是否正确。年终奖是否单独计税以及并入综合所得计税按年计算纳税,是否存在于年终奖不申报情况。

(9)免税所得是否合法。重点检查工资表中的免征个人所得税的所得项目是否符合税法规定,如免征个人所得税的健康商业保险是否符合条件、通信补贴免征个人所得税是否符合标准等。

(10)公司工资表中始终申报老板一个人或者长期只给一两个员工申报个人所得税。

(11)员工的工资长期为0或者1元。

(12)大部分员工的工资(扣除社保等专项扣除及子女教育等专项附加扣除后)都是5 000元或者临近5 000元。

(13)规模较大或经营状况较好的单位长期申报税额为0。

(14)存在部分员工虽然发放工资但是没有进行全员全额个人所得税申报。

(15)个人所得税申报的人员数跟缴纳社保的人员数差距较大。

(16)个人所得税申报系统申报的工资薪金跟企业所得税年报中申报的工资薪金差距较大。

（17）隐藏人数，从而达到小微企业标准，享受小微企业所得税优惠政策。

（18）员工存在两处或者两处以上工资薪金但是未自行进行个人所得税申报。

（19）公司存在自然人股权变更但是未申报个人所得税。

（20）公司年终存在向自然人股东分红但是未代扣个人所得税。

（21）公司存在自然人股东借款长期不还又未用于经营。

（22）公司经常出现向员工发放福利、补贴等但是未并入工资薪金申报个人所得税。

（23）公司存在虚列人数分解高工资以达到少缴个人所得税的目的。

（24）公司存在让员工拿费用发票来抵工资薪金的现象。

（25）公司存在向客户赠送了大量的礼品，却未按规定代扣代缴个人所得税。

（26）公司每月以误餐补助名义发给职工的补贴、津贴，未并入当月工资、薪金所得扣缴个人所得税。

（27）公司存在聘用退休人员、临时人员上班但是未申报个人所得税。

（28）公司存在支付外部人员劳务费虽已代扣个人所得税，但是没有取得劳务费发票。

（29）公司存在员工的工资薪金年所得超过12万元但是未按照税法规定的期限进行自行纳税申报。

（30）公司存在每月定期发放员工出差补助之名义，达到少缴个人所得税目的。

（31）公司长期存在发放工资均通过现金发放而且额度较大的现象。

（32）公司存在一个纳税年度多次使用年终奖个人所得税计税办法的情况。

（33）公司存在经常为员工报销与经营无关的日常费用的现象但是未申报代扣个人所得税。

（34）公司经常存在计提工资但是长时间不发放的现象。

（35）会计编制的工资发放的记账凭证仅仅附件为银行代发工资的支付证明，而没有人员明细。

（36）公司存在以个人借款方式来规避工资个人所得税的情况。

（37）公司存在未按月发放工资，一次性补发数月工资但是计提个人所得税错误的现象。

（38）公司存在已经离职的员工仍在申报个人所得税的现象。

（39）公司存在人为变更个人所得税申报的税目，如将"工资薪金所得"变更为"股息、红利所得"等现象。

10.4 临时工工资的涉税风险

> 《深化党和国家机构改革方案》
> 为提高社会保险资金征管效率,将基本养老保险费、基本医疗保险费、失业保险费等各项社会保险费交由税务部门统一征收。

社保由税务部门统一征收,对社保缴纳的稽查就更加严格了,那么临时工怎么办?企业是否也一定要为临时工缴纳社保呢?

临时工主要有以下四种情形。

10.4.1 与临时工存在聘用关系,双方存在实际雇佣关系

若临时工与企业存在实际雇佣关系,签订了劳动合同且按月定期支付报酬,则企业需要按照"工资薪金"给临时工发放报酬,同时需要帮临时工代扣代缴社保以及个人所得税。

比如,公司的保洁、保安人员,虽然这个岗位人员变动性很大,但是如果公司平时就固定存在这个岗位,并且员工参加单位的考勤、服从单位的规章制度管理,那么这种情况就属于存在实际雇佣关系并且有一定连续性,应该按照工资薪金处理,并且需要给这些员工缴纳社保,当然如果这些员工已经在其他单位缴纳过,就不需要重复缴纳。

账务处理:

借:应付职工薪酬——工资

贷:银行存款

应交税费——个人所得税

> 《中华人民共和国企业所得税法实施条例》(2019年修订)
> **第三十四条** 企业每一纳税年度支付给在本企业任职或者受雇员工的所有现金形式或者非现金形式的劳动报酬,应作为工资薪金,准予在税前扣除。企业雇佣季节工、临时工、实习生、返聘离退休人员以及接受外部劳务

派遣用工,也属于企业任职或者受雇员工范畴。

10.4.2 与临时工不存在聘用关系,临时工提供劳务,不存在实际雇佣关系

如果临时工与企业不存在实际雇佣关系且没有与单位签订有期限的劳动合同,只是提供偶尔或按次提供的劳务,并按次支付报酬,这种情况应该按照劳务费处理。

比如,企业办公室等房屋装修,请来的粉刷工、油漆工,搬运货物临时找来的搬运工,企业一般不会固定设置这些岗位,员工提供的也不是连续性的服务。这类员工提供劳务需要去税局代开劳务发票,企业凭劳务发票入账,个人所得税按照劳务报酬所得计算缴纳。

劳务费虽然也是人工费用,但是和工资薪酬分开。劳务费的金额是不作为福利费、职工教育经费和工会经费的基数的。

接受劳务的企业不需要为提供劳务的员工提供社保。

这类员工提供劳务需要去税局代开劳务发票,企业凭劳务发票入账,个人所得税按照劳务报酬所得计算缴纳。

账务处理:

借:管理费用——劳务费
　　贷:银行存款

《中华人民共和国社会保险法》(2018年版)

第六十条第二款 无雇工的个体工商户、未在用人单位参加社会保险的非全日制从业人员以及其他灵活就业人员,可以直接向社会保险费征收机构缴纳社会保险费。

10.4.3 被劳务派遣员工

被劳务派遣的员工的社保应该由谁缴纳关键要看当初劳务派遣单位与用工单位劳务派遣合同是如何签订的。

如果合同中约定用工单位直接支付给劳务派遣单位劳务费,由劳务派遣单位支付给被派遣员工工资,并且缴纳社保的,那么该情形下用工单位与被劳务派遣的员工不存在实际雇佣关系,也不需要承担社保。并且如果被派遣员工在用工单位因工作遭受事故伤害的,应该由劳务派遣单位应当依法申请工伤认定,用工单位可以一旁协助。主要由劳务派遣单位承担工伤保险责任,可以和用工单位协商赔偿事项。

《中华人民共和国劳动合同法》（2012年修订）

第五十九条 劳务派遣单位派遣劳动者应当与接受以劳务派遣形式用工的单位（以下称用工单位）订立劳务派遣协议。劳务派遣协议应当约定派遣岗位和人员数量、派遣期限、劳动报酬和社会保险费的数额与支付方式以及违反协议的责任。

10.4.4 退休返聘的员工

退休人员返聘分两种情况：

（1）再任职取得的收入，同时满足以下四个条件的，按"工资、薪金所得"缴纳个人所得税。

条件一：受雇人员与用人单位签订1年以上（含1年）劳动合同（协议），存在长期或连续的雇用与被雇佣关系。

条件二：受雇人员因事假、病假、休假等原因不能正常出勤时，仍享受固定或基本工资收入。

条件三：受雇人员与单位其他正式职工享受同等福利、社保、培训及其他待遇。

条件四：受雇人员的职务晋升、职称评定等工作由用人单位负责组织。

（2）兼职取得的收入，按"劳务报酬"所得缴纳个人所得税。

如果达到法定退休年龄时已累计缴费至国家规定年限，退休后再任职不需要再缴纳社保。所以，无论是按照"工资薪金"还是按照"劳动报酬"，企业都不需要再考虑是否为退休返聘员工缴纳社保。

《中华人民共和国社会保险法》（2018年版）

第二十七条 参加职工基本医疗保险的个人，达到法定退休年龄时累计缴费达到国家规定年限的，退休后不再缴纳基本医疗保险费，按照国家规定享受基本医疗保险待遇；未达到国家规定年限的，可以缴费至国家规定年限。

合理合法为临时工缴纳社保有助于降低企业的税收风险，注重小问题，避免大风险。

10.5 职工福利费的涉税风险

某公司在账务处理时把平时办公室购买的桶装水记入了"应付职工薪酬——福利费"科目，从而导致公司历年来的福利费一直大大超过企业所得税税前扣除标准，但是该公司从来没有在汇算清缴时进行纳税调增处理，留下了非常大的涉税风险。

公司办公室购买的桶装水，在账务处理时，应计入"管理费用——办公费"会计科目。那么，到底有哪些费用属于职工福利费呢？公司聚餐的费用是否属于职工福利费用，进行税前抵扣呢？职工福利费该如何进行账务处理呢？

10.5.1 福利费的定义

《国家税务总局关于企业工资薪金及职工福利费扣除问题的通知》（国税函〔2009〕3号）

三、关于职工福利费扣除问题

《实施条例》第四十条规定的企业职工福利费，包括以下内容：

（一）尚未实行分离办社会职能的企业，其内设福利部门所发生的设备、设施和人员费用，包括职工食堂、职工浴室、理发室、医务所、托儿所、疗养院等集体福利部门的设备、设施及维修保养费用和福利部门工作人员的工资薪金、社会保险费、住房公积金、劳务费等。

（二）为职工卫生保健、生活、住房、交通等所发放的各项补贴和非货币性福利，包括企业向职工发放的因公外地就医费用、未实行医疗统筹企业职工医疗费用、职工供养直系亲属医疗补贴、供暖费补贴、职工防暑降温费、职工困难补贴、救济费、职工食堂经费补贴、职工交通补贴等。

（三）按照其他规定发生的其他职工福利费，包括丧葬补助费、抚恤费、安家费、探亲假路费等。

职工福利费是企业用于职工的医药费、医护人员工资、医务经费、职工因公负伤赴外地就医路费、职工生活困难补助、职工浴室、理发室、幼儿园、托儿所人员的工资的费用。职工福利费不仅可以有效提升企业员工待遇，根据国家规定还能进行税前抵扣。因此，企业对其都十分重视。

职工福利费范围如表10.5.1所示。

表10.5.1　职工福利费范围

范围	内容
职工医药费	—
职工的生活困难补助	对生活困难的职工实际支付的定期补助和临时性补助，包括因公或非因工负伤、残废需要的生活补助
职工及其供养直系亲属的死亡待遇	—
集体福利的补贴	包括职工浴室、理发室、洗衣房，哺乳室、托儿所等集体福利设施支出与收入相抵后的差额的补助，以及未设托儿所的托儿费补助和发给职工的修理费等
其他福利待遇	主要是指上下班交通补贴、计划生育补助、住院伙食费等方面的福利费开支

10.5.2　职工福利费的账务处理

案例10-4

小王公司给职工发放防暑降温费共50 000元，会计分录编制如下：

支付费用时：

借：应付职工薪酬——职工福利费　　　　　　　　　　50 000
　　贷：库存现金　　　　　　　　　　　　　　　　　50 000

结转费用时：

借：管理费用——职工福利费　　　　　　　　　　　　50 000
　　贷：应付职工薪酬——职工福利费　　　　　　　　50 000

结转损益时：

借：本年利润　　　　　　　　　　　　　　　　　　　50 000
　　贷：管理费用——职工福利费　　　　　　　　　　50 000

10.6　劳保费与福利费的涉税处理

劳动保护费和职工福利费在增值税、个人所得税以及企业所得税前该如何进行税务处理。

10.6.1 增值税

企业购买劳保用品而取得的增值税专用发票,是准予抵扣进项税额的。但如果是购买福利用品取得的增值税专用发票,请注意,是不允许抵扣进项税额的。原因很简单,劳保用品是为了生产所必需的对生产工人实施的一种防护措施,与生产经营息息相关,应当计入生产成本的一部分。而福利用品属于企业的集体福利或者职工的个人消费,与生产经营没有关系,所以,不允许这部分进项税额从销项税额中抵扣。

10.6.2 个人所得税

劳保用品是生产经营单位为从业人员配备的,为了在劳动过程中让职工免遭或者减轻事故伤害及职业危害的一种个人防护装备。因此,劳保用品是属于生产中的一种设备,而不归属于职工本身,领取劳保用品不需要缴纳个人所得税。

职工福利,顾名思义,是企业除了正常工资报酬之外的一种回馈。根据企业的性质不同,福利发放的形式也不一样。因此,职工领取到可以分割到个体的福利用品或福利费时,需要缴纳个人所得税。

10.6.3 企业所得税

(1)扣除额度。《中华人民共和国企业所得税实施条例》第四十八条规定,企业发生的合理的劳动保护支出,准予扣除。第四十条规定,企业发生的职工福利费支出,不超过工资薪金总额14%的部分,准予扣除。

两者差别在于额度。劳保费是全额税前扣除,福利费则是限额计算扣除,如表10.6.1所示。

表10.6.1　劳保费与福利费的区别

劳保费	福利费
不准以货币取代实物发放	无论是货币性福利还是非货币福利,都可以列入职工福利费税前扣除
有一定的列支范围,并且一般情况下是发生在特定的岗位。比如生产车间工人,比如电力维修工人	也有一定的列支范围,但是支出的整体是具有普遍性的
所指的防护装备,包括工作服、口罩、手套等等,全部都是为了免遭或减轻职业事故伤害而必须具有的装备	没有明文规定一定是要免遭或者减轻伤害的,大多都是为了补贴职工生活而发生的

(2)范围、形式。目前,实务中对于福利费的税会处理,主要的依据是财企〔2009〕242号文件、国税函〔2009〕3号文件和国家税务总局2015年第34号公告。

会计的处理按照财企〔2009〕242号文件的规定进行,而税务的处理则是按照国税函〔2009〕3号文件和国家税务总局2015年第34号公告的规定进行操作。

在国税函〔2009〕3号文件当中，明确规定了职工福利费的支出范畴，包含以下三部分：第一部分是企业内设福利部门所发生的一切费用；第二部分是为职工卫生保健、生活、住房、交通所发放的各项补贴和非货币性福利；第三部分算是一个兜底条款，其他职工福利费包括丧葬补助费、抚恤费、安家费、探亲假路费，等等。

劳保费范围，仅仅是为了保障职工免遭或减轻职业事故伤害而必须具有的装备才允许列入劳保费，和职工福利费的范围完全不同。

由于职工福利费涵盖的范围比较广，税务机关对于福利费的把控也是比较严格的，要求单独设置账册，准确进行核算。如果企业没有单独核算，税务机关还可以对企业发生的职工福利费进行核定。

所以，在会计核算中，一定要准确衡量职工福利费的范围，不属于职工福利费的部分，不要记在"应付职工薪酬——职工福利费"科目中。

比如，退休职工的费用以及病假、生育假和探亲假的补助，则不属于职工福利费的范围。这里退休职工的费用仅仅指的是企业给予退休员工的一些节日补助等费用，这部分是不允许税前扣除的。因为退休后的职工不能为企业再创造效益，不符合企业所得税的相关性原则，因此为退休职工发放的节日慰问是不能计入职工福利费用的。探亲假补助中，只有路费才能计入职工福利费，其余的补助是作为工资薪金的一部分。

在稽查实务当中，对于职工福利费和劳动保护费，经常会有企业主观或者客观地犯一些小小的涉税错误。比如企业的食堂，既作为员工食堂，又作为企业招待客户的私房菜餐厅。这种情况在财务处理时，应将招待客户的支出列入业务招待费，将员工的食堂支出列入职工福利费。

案例10-5

例1：某通信公司，为员工配备统一的西服，要求上班时必须统一着装。

根据国家税务总局2011年第34号公告规定，统一制作并统一着装，可以税前扣除。所以，公司可以把这笔西服支出直接放进管理费用列支。

但如果是为生产车间工人配备的可以抵御一定危险的工作服、口罩、手套等，或者供电工人所用的绝缘鞋、绝缘衣，又或者药品研发企业为研发人员配备的隔离服等，这些都是符合《劳动保护用品监督管理规定》中所提到的"在劳动过程中免遭或者减轻事故伤害及职业危害的个人防护装备"，因此是可以作为劳动保护费用税前扣除的，取得增值税专用发票还可以抵扣进项税额。

既然说到抵扣进项税，疑问又来了：这笔西服支出如果取得增值税专用发票，能不能抵扣进项税额呢？

有的税务机关在检查时会认为这是一种"集体福利"，不允许抵扣进项税，但按照国家税务总局2011年第34号公告的规定来看,既然是统一配备的"工装",又要求每天穿着,事实上已经构成与生产经营有关的一种支出,应当是允许进行抵扣的。

实务中遇到税务稽查对此提出疑义的时候,建议企业可以在合法的基础和合理的前提之下善用陈述权和申辩权,以最大的限度来维护自己的合法权益。

所以,作为纳税人,要充分运用经验进行执业判断,结合具体企业的工作性质和特点及具体费用的适用群体等多方面因素综合来判断,尽量与稽查人员进行良好的沟通,减少涉税风险。

例2:某电力公司,为员工发放品牌保暖内衣,一人一套。

在稽查实务中,有检查人员曾经遇到类似情况,企业把保暖内衣列入了劳动保护费,并抵扣了进项税额。

当时税务人员指出,该业务应列入福利费,企业认为保暖内衣是为了保护企业员工不受严寒侵袭,能更好地工作,属于劳动保护的范畴,但该观点忽略了劳保支出的防护设备有一个关键点是"免遭或减轻事故伤害"。

所以,结合这个案例,从工作的性质和特点进行考量。第一,保暖内衣没有统一的标识,职工不可能统一着装;第二,保暖内衣也不属于劳动保护工作服的支出范畴。因此,这种情况下,应计入福利费,不允许抵扣进项税额。

例3:某保险公司为员工发放防暑降温饮料一箱,各岗位员工都有。

防暑降温用品,可以列入劳动保护费,也可以列入福利费。

从企业的角度来说,当然列入劳动保护费更好,一是可以全额税前扣除,二是可以抵扣进项税额。但是从税法的角度来说,只有生产一线、特殊岗位的防暑降温用品才可以进入劳保,其他具有普遍性质的防暑降温用品最好计入职工福利费。

综上所述,劳动保护费和职工福利费在实务操作中需要注意的几个问题:①福利具有普遍性,劳保更多要考虑特定的岗位和特定的范围;②福利有货币形式,劳保没有货币形式;③劳保可以抵扣进项税额,福利不允许抵扣,如果发放的福利是属于自产或者委托加工性质,还要视同销售。

所以,在实务中一定不要因为劳动保护费可以税前全额扣除而且能抵扣进项税额而把福利费混淆进来,否则有可能受到税务行政处理和处罚。

10.7 防暑降温费与取暖费的涉税处理

为了加强对高温作业劳动者的保护，国家安全监管总局、原卫生部、人力资源社会保障部、全国总工会联合制定了新《防暑降温措施管理办法》。该办法一颁布，马上引起了大家的关注与热议。其中，防暑降温费用应属于"劳动保护费"还是"职工福利费"是争议的热点。防暑降温费用是否涉及个人所得税？防暑降温支出是否可在企业所得税前扣除是争议的热点。如何进行税前扣除等也再度成为热议话题。

有人说防暑降温费用属于企业的"劳动保护费"，允许在企业所得税前扣除，无须缴纳个人所得税；有人说防暑降温费用属于"职工福利费"的范畴，只能在福利费限额内进行税前扣除并由企业代扣代缴个人所得税；还有人说应并入职工工资总额在企业所得税前扣除并由企业代扣代缴个人所得税。

究竟企业发生的防暑降温费应计入"劳动保护支出"还是"职工福利支出"？该费用是否涉及个人所得税？企业购入用于防暑降温费的物品，其进项税额究竟能否抵扣？

10.7.1 劳动保护支出的定义

什么是"劳动保护支出"呢？劳动保护支出是指为了保障安全生产，保护企业职工健康安全而必须配备或者提供的安全物品（包括饮料）和药品。

10.7.2 职工福利支出的定义

《中华人民共和国企业所得税法实施条例》第四十条规定的企业职工福利费，为职工卫生保健、生活、住房、交通等所发放的各项补贴和非货币性福利，包括企业向职工发放的因公外地就医费用、未实行医疗统筹企业职工医疗费用、职工供养直系亲属医疗补贴、供暖费补贴、职工防暑降温费、职工困难补贴、救济费、职工食堂经费补贴、职工交通补贴等。

10.7.3 职工防暑降温费

"职工防暑降温费"指的是企业为职工卫生保健、生活、住房、交通等所发放的各项补贴和非货币性福利中的"职工防暑降温费"，而非企业用于保护高温作业职工安全的防暑降温费用。发放给职工的补贴与直接在企业使用的必需的费用是不同的，两者一定要分别对待。

所以，"职工防暑降温支出"要一分为二。企业实际发生的合理的用于保护高温作业职工安全的防暑降温用品（包括饮料）及药品是属于"劳动保护支出"的范畴，允许在企业所得税税前据实扣除。企业以"防暑降温"名义而发放的各种补贴和非货币性福利应属于"职工福利支出"，在规定的限额内税前扣除。

企业发放给高温作业职工的高温津贴是对高温作业人员特殊工种的一种工资津

贴,不属于"福利"的范围。

《防暑降温措施管理办法》第十七条规定,用人单位安排劳动者在35℃以上高温天气从事室外露天作业以及不能采取有效措施将工作场所温度降低到33℃以下的,应当向劳动者发放高温津贴,并纳入工资总额。

10.7.4 职工防暑降温费的个人所得税处理

(1)企业实际发生的用于保护高温作业职工安全的防暑降温用品(包括饮料)及药品,属于劳动保护支出,而非个人所得。因此,不属于《个人所得税法》规定的个人所得征税范围,不征个人所得税。

(2)企业以"防暑降温"名义向职工发放的非货币性补贴,根据国税发〔1998〕155号文件规定,应缴纳个人所得税,并按照《个人所得税法》第九条规定,由支付方代扣代缴。

(3)企业按《防暑降温措施管理办法》第十七条规定,向劳动者发放高温津贴,根据财税〔1994〕89号文件规定,并入当月"工资薪金"计算个人所得税,并按照《个人所得税法》第九条规定,由支付方代扣代缴。

10.7.5 企业购买的"防暑降温"用品的增值税处理

企业购买的用于保护高温作业职工安全的防暑降温用品及药品,不符合《中华人民共和国增值税暂行条例》第十条规定不得抵扣进项税额的范围,其进项税额允许抵扣。

企业购入的以"防暑降温"的名义发放给本企业职工的物品,属于"职工集体福利"范围,根据《中华人民共和国增值税暂行条例》第十条第一款,其进项税额不得从销项税额中抵扣。

10.8 劳务派遣的涉税处理

什么是劳务派遣?

财税〔2016〕第47号文件对劳务派遣服务的定义是:劳务派遣公司为了满足用工单位对各类灵活用工的需求,将员工派遣至用工单位,接受用工单位管理并为其工作的服务。

这个解释拆解开来有以下几个重点:

(1)劳务派遣员工不是用工单位的人,没有劳动合同关系。

（2）要派遣员工做什么事，由用工单位安排，劳务派遣公司不管，也就是说用工单位负责派遣员工的管理，迟到、早退、旷工，诸如此类的事。

（3）单位按照约定支付对方劳务费，且应该取得发票作为合法的扣除凭证。

劳务派遣服务与其他的咨询服务最大的区别是，劳务派遣服务是以服务时间作为结算依据的，对派遣员工不满意可以换人，但干一天就得算一天。咨询服务以项目完成作为结算依据的，比如在合同里约定，要达到怎样的效果，项目才能验收。在实务中，用工单位把劳务派遣作为一种降低成本、避税、规避用工风险的方式。

对用工单位而言，税务处理并没有什么差别，拿到发票后计入相应的成本费用，增值税发票可以抵扣，普通发票不能抵扣。

因为劳务派遣公司要给员工发工资、缴社保，如果按照收入总额开增值税专用发票，那税负就有点高了。所以，劳务派遣公司可以选择差额计税，以取得的全部价款和价外费用，以扣除代用工单位支付给劳务派遣员工的工资、福利和为其办理社会保险、住房公积金后的余额作为计税基础计算税金，征收率为5%。因为扣除部分没有缴过增值税，所以扣除部分只能开增值税普通发票，差额部分才能开增值税专用发票。

案例10-6

A公司为B公司提供劳务派遣服务，取得费用200 000元，其中，派遣员工工资和社保等费用一共有180 000元。

A公司可以选择差额征收，采用简易计税方法计税，需要缴纳的增值税为：（20—18）÷1.05×0.05＝952.38（元）。

实际开票时，可以先将差额部分给B公司开一张服务项目为"人力资源服务——管理费"的增值税专用发票，含税金额为20 000元，税额为952.38元，B公司可以抵扣。再将抵扣的金额180 000元开一张增值税普通发票，B公司可以用来确认成本，但不能抵扣。或者直接选增值税开票系统差额开票，发票总额为200 000元，税额为952.38元，在发票备注栏会显示差额征税的字样。

劳务派遣在规避用工风险、降低管理成本方面具有优势，在建筑行业应用得很普遍，甚至被有些建筑公司用作非法纳税筹划的工具。所以，劳务派遣类服务的发票在建筑行业也逐渐成为稽查的重点，值得引起企业的重视和注意。

劳务派遣公司的主要业务是派遣人力到其他单位劳动，其运行模式具有"轻资产"的特点。那么劳务派遣公司在运作的过程中如何就其"增值额"进行纳税呢？

10.8.1 一般计税

只有一般纳税人可以选择一般计税方法，适用6%的税率。以取得的全部价款和价外费全额开具增值税发票，即按照从用人单位取得的全部价款和价外费用计算增值税销项税额。

纳税人可以选择开具增值税专用发票或普通发票，但用人单位只有在取得劳务派遣公司开具的增值税专用发票时，才能将支付的费用作为进项税额抵扣。

10.8.2 差额计税

一般纳税人和小规模纳税人都可以选择差额纳税，以取得的全部价款和价外费用，扣除代用工单位支付给劳务派遣员工的工资、福利和为其办理社会保险及住房公积金后的余额为销售额，按照5%的税率计算缴纳增值税，即：应纳税额＝（全部价款和价外费用－代用工单位支付给劳务派遣员工的工资、福利和为其办理社会保险及住房公积金的费用）÷（1＋5%）×5%。

差额计税有三种开票方式：

（1）部分开具增值税专用发票，部分开具增值税普通发票：向用工单位收取用于支付给劳务派遣员工工资、福利和为其办理社会保险及住房公积金的费用开具普通发票，收取的劳务派遣服务费开具增值税专用发票。用人单位只能根据增值税专用发票上注明的增值税额抵扣进项税。

（2）只开具增值税普通发票：这种情况用人单位不能抵扣进项税额。

（3）只开增值税专用发票：纳税人可以使用新系统中差额开具功能开具税率为5%的增值税专用发票，录入含税销售额和扣除额，系统会自动计算税额和不含税金额，备注栏自动打印"差额征税"字样，发票开具不应与其他应税行为混开。用人单位取得"差额征税"专用发票的，可以按照相关规定抵扣进项税额。

对用人单位来说，应特别注意劳务派遣增值税发票开具问题，事先和劳务派遣公司协商好，尽量避免无法抵扣进项税情况的出现。

10.8.3 简易计税

只有小规模纳税人可以选择简易计税的方式，适用3%的征收率。小规模纳税人的劳务派遣公司以从用人单位取得的全部价款和价外费用为销售额计算增值税。

采用简易计税方法的，既可以开具增值税专用发票，也可以开具普通发票。但无论开具哪种发票，劳务派遣公司都不得再抵扣进项税额了。用人单位可以凭取得的增值税专用发票抵扣进项税额。

10.9 劳务报酬的涉税处理

个人提供劳务报酬要缴哪些税？支付方代扣代缴到底如何操作？

10.9.1 增值税

《中华人民共和国增值税暂行条例》规定在中华人民共和国境内销售货物或者加

工、修理修配劳务（以下简称劳务），销售服务、无形资产、不动产以及进口货物的单位和个人，为增值税的纳税人，应当依照本条例缴纳增值税。

这里的个人，指的就是个体工商户和其他个人，其他个人可以理解为非个体工商户的自然人。

（1）税率。我国的增值税纳税人分为一般纳税人和小规模纳税人，一般纳税人适用一般计税方法或简易计税方法，小规模纳税人适用简易计税方法。《中华人民共和国增值税暂行条例实施细则》第二十九条规定，年应税销售额超过小规模纳税人标准的其他个人按小规模纳税人纳税。而《中华人民共和国增值税暂行条例》第十二条规定，小规模纳税人增值税征收率为3%，国务院另有规定的除外。所以，自然人提供劳务报酬征收率就是3%。

（2）免税政策。现在对小微企业增值税都有很大力度的优惠政策，按照《国家税务总局关于小规模纳税人免征增值税征管问题的公告》（国家税务总局公告2021年第5号）规定：小规模纳税人发生增值税应税销售行为，合计月销售额未超过15万元（以1个季度为1个纳税期的，季度销售额未超过45万元，下同）的，免征增值税。

那自然人是否享受呢？

按照目前实践的情况来看，自然人提供劳务报酬是没法比照小微企业享受免税的。其他个人，一般都是指的按次（日）纳税的非固定业户。

根据财税〔2016〕36号文件规定，个人发生应税行为的销售额未达到增值税起征点的，免征增值税；达到起征点的，全额计算缴纳增值税；按期纳税的，为月销售额5 000~20 000元（含本数）；按次纳税的，为每次（日）销售额300~500元（含本数）。

所以，在实践中，基本各地税务局都是取500元每次来判断自然人代开发票是否缴纳增值税的。不含税金额超过500元，那就需要缴纳增值税。如果未超过，就不需要缴纳。

10.9.2 个人所得税

《中华人民共和国个人所得税法实施条例》明确规定了劳务报酬所得，是指个人从事劳务取得的所得，包括从事设计、装潢、安装、制图、化验、测试、医疗、法律、会计、咨询、讲学、翻译、审稿、书画、雕刻、影视、录音、录像、演出、表演、广告、展览、技术服务、介绍服务、经纪服务、代办服务以及其他劳务取得的所得。

新《个人所得税法》实施后，劳务报酬的个人所得税是并入综合所得缴税。所谓综合所得，就是指工资、薪金所得，劳务报酬所得，稿酬所得，特许权使用费所得这四项。

综合所得，适用3%至45%的超额累进税率如表10.9.1所示。

表10.9.1 个人所得税税率表一（综合所得适用）

级别	全年应纳税所得额	税率
1	不超过36 000元的	3%
2	超过36 000元至144 000元的部分	10%
3	超过144 000元至300 000元的部分	20%
4	超过300 000元至420 000元的部分	25%
5	超过420 000元至660 000元的部分	30%
6	超过660 000元至960 000元的部分	35%
7	超过960 000元的部分	45%

所以说，劳务报酬的个人所得税目前是和工资薪金适用一个税率表，合并一起计算个人所得税的。

案例10-7

李老师在甲企业任职，2019年1—12月每月在甲企业取得工资薪金收入10 000元，无免税收入；每月缴纳三险一金2 240元，从1月份开始享受子女教育和赡养老人专项附加扣除共计每月为2 000元，无其他扣除。另外，2019年6月取得劳务报酬收入6 000元。问：李老师2019年应该缴纳多少个人所得税？

年收入额＝工资、薪金所得收入＋劳务报酬所得收入＋稿酬所得收入＋特许权使用费所得收入＝10 000×12＋（6 000÷1.03）×（1－20%）＝124 660.19（元）

劳务报酬所得、稿酬所得、特许权使用费所得以收入减除20%的费用后的余额为收入额。

综合所得应纳税所得额＝年收入额－6万元－专项扣除－专项附加扣除－依法确定的其他扣除＝124 660.19－60 000－（2 240×12）－（2 000×12）＝13 780.19（元）

全年应纳税额＝应纳税所得额×税率－速算扣除数＝13 780.19×3%＝413.41（元）

上述是按年度算出李老师应缴纳的个人所得税合计，这并不是年底一次性交，居民个人取得综合所得，按年计算个人所得税；有扣缴义务人的，由扣缴义务人按月或者按次预扣预缴税款。

扣缴义务人向居民个人支付工资薪金所得时，应当按照累计预扣法计算预扣税款，并按月办理扣缴申报。

比如本案例中，李老师的工资薪金平时累计就预扣了273.60元。

累计预扣预缴应纳税所得额＝累计收入－累计免税收入－累计减除费用－累计

专项扣除－累计专项附加扣除－累计依法确定的其他扣除＝120 000－0－60 000－（2 240×12）－（2 000×12）＝9 120（元）

累计预扣税额＝9 120×3%＝273.60（元）

但是劳务报酬如何扣个人所得税，很多人可能并不清楚，之前，一般自然人在代开发票时候，税务局会按照劳务报酬代扣个人所得税。

其实，按照规定，纳税人取得劳务报酬所得、稿酬所得和特许权使用费所得的个人所得税本质是应该由扣缴义务人依照《个人所得税扣缴申报管理办法（试行）》（国家税务总局公告2018年第61号）规定预扣预缴（或代扣代缴）和办理全员全额扣缴申报（目前各地税务局在代开发票时候，属于劳务报酬的都不会再扣个人所得税了，在发票备注栏会统一备注"由支付方预扣预缴"）。那么支付方应该在个人所得税申报系统按照劳务报酬数目计算缴纳个人所得税，预扣率如表10.9.2所示，具体算法如下：

劳务报酬所得预扣预缴应纳税所得额＝每次收入×（1－20%）＝（6 000÷1.03）×（1－20%）＝4 660.19（元）

劳务报酬所得预扣预缴税额＝预扣预缴应纳税所得额×预扣率－速算扣除数＝4 660.19×20%＝932.04（元）

表10.9.2　个人所得税预扣率表二
（居民个人劳务报酬所得预扣预缴适用）

级数	预扣预缴应纳税所得额	预扣率	速算扣除数
1	不超过20 000元	20%	0
2	超过20 000元至50 000元的部分	30%	2 000
3	超过50 000元的部分	40%	7 000

所以，李老师在个人所得税汇算时候还需要退税：

（273.6＋932.04）－413.41＝792.23（元）

劳务报酬的预扣还是平移的原税率表20%～40%的税率，势必导致年末汇算时预缴的比汇算的多而形成退税，取得劳务报酬的个人一定要注意这点。

10.9.3　城市维护建设税

城市维护建设税是以实际缴纳的增值税为计税基础。例如，李老师取得了6 000元的劳务报酬，实际缴纳增值税＝6 000÷（1＋3%）×3%＝174.76（元），则应缴纳的城市维护建设税＝174.76×0.07＝12.23（元）。

《财政部　税务总局关于进一步实施小微企业"六税两费"减免政策的公告》（财政部　税务总局公告2022年第10号）规定：2022年1月1日至2024年12月31日，对增值税小规模纳税人、小型微利企业和个体工商户可以在50%的税额幅度内减征资源税、城市维护建设税、房产税、城镇土地使用税、印花税（不含证券交易印花税）、耕地占用税和教育费附加、地方教育附加。已依法享受资源税、城市维护建设税、房产税、城镇土地使用税、印花税、耕地占用税、教育费附加、地方教育附加其他优惠政策的，可叠加享受。

自然人是天然小规模纳税人，也能享受此政策，而目前各省出台的政策都是按50%最高幅度减免。所以，老师实际缴纳城市维护建设税=12.23÷2=6.12（元）。

10.9.4 教育费附加、地方教育附加

教育费附加、地方教育附加也是以实际缴纳的增值税为计税基础。前例中，李老师应缴纳教育费附加=174.76×3%=5.24（元），地方教育附加=174.76×2%=3.50（元）。

按照国家税务总局2021年第5号公告，自2021年4月1日起，将免征教育费附加、地方教育附加、水利建设基金的范围，扩大到按月纳税的月销售额或营业额不超过15万元（按季度纳税的季度销售额或营业额不超过45万元）的缴纳义务人。

10.9.5 印花税

印花税按照相应的税目计征即可，如果不属于印花税税目范围的行为则不需要缴纳印花税。

11 税务稽查后会更懂税

> 没经历过税务稽查的会计,不算真的会计。很多财务人员害怕税务稽查,那是因为他们没有真正地了解税务稽查,道听途说,人云亦云。经历过税务稽查的财务人员,对纳税筹划会拿捏得更准确。

11.1 税务稽查选取企业

"以票管税"让税收违法行为不再隐蔽,而技术手段的升级也让税务稽查工作更准确。除了技术升级外,税务稽查的力度也成为重点。伴随着个人所得税、增值税减税政策的全面实施,地方稽查局对纳税人、扣缴义务人的税收稽查抽查比例也在提高,重点打击偷税漏税行为。

11.1.1 税务稽查选取企业的抽取方式
目前税务稽查采取定向抽查和不定向抽查两种方式。

定向抽查主要按照税务稽查对象类型、行业、性质、隶属关系、组织架构、经营规模、收入规模、纳税数额等特定条件,通过摇号等方式,随机抽取确定待查对象名单,对其纳税等情况进行稽查。

不定向抽查则是不设定条件,通过摇号等方式,随机抽取确定待查对象名单,对其纳税等情况进行稽查。

值得注意的是,随着稽查抽查比例的提高,各地稽查指标也有所提高。

税务稽查选取企业一般从以下六个方面选取。

11.1.1.1 企业收入
如果企业少记了销售收入或者隐匿了一部分销售收入。

"金税三期"可通过成本和费用来比对利润是否为负数，或者比对企业开具出去的发票，收到的货款数额以及卖出的商品，或者进一步通过大数据，查询与企业交易的下游企业的相关账本数据，比对出异常。

11.1.1.2 企业成本

如果企业长期购进原材料或商品时暂估入库，或者为了价格低一点而不索要发票，或者计提了费用而迟迟没有费用发票。

"金税三期"只要比对企业的每一笔支出数额，相应的商品或服务以及对应的发票，三者应该是一一对应的，若少了任何一项，都会被判定为异常。

11.1.1.3 企业利润

如果企业的利润表中的利润总额与企业所得税申报表中的利润总额不一致，或者将利润少报一部分。

"金税三期"大数据是可以得到企业所有的收入信息和成本信息的，而利润就是收入减去成本，算出企业的利润轻而易举。

11.1.1.4 企业库存

有的企业为了少缴一些税只有购买数据而没有销售数据或销售量很少。

"金税三期"可以比对企业供应链的上下游企业的数据，并判断出企业的库存一直递增，进而判断企业申报数据存疑。

11.1.1.5 银行账户

企业销售了一批货物，货款也已进入银行账户，收到的货款却迟迟没记入账中。或者企业取得了一些虚开的发票，而账户里面的资金却没有减少或减少额不匹配。

对于以下这些情况，金三系统上线后，税务部门都会通过该系统行分析并识别出异常。

（1）企业当期新增应收账款大于收入80%、应收账款长期为负数。

（2）当期新增应付账款大于收入80%。

（3）预收账款减少但未记入收入、预收账款占销售收入20%以上。

（4）当期新增其他应收款大于销售收入80%。

11.1.1.6 应纳税额

"金税三期"通过比对公司收入、成本、利润、库存、资产资本、往期税收数据等来判定出企业应纳税额的异常。

以下这些情况"金税三期"都能够识别出来：

（1）增值税额与企业毛利润不匹配。

（2）期末存货与留抵税金不匹配。

（3）附加税费与增值税比对不一致。

（4）实收资本增资了，而印花税却为0。

（5）增值税额偏低。

（6）所得税贡献率长期偏低。

（7）应纳税额变动太大。

在减税降费的大背景下，国家无疑在释放这样一个信号：未来将会更加严格要求各企业及相关人员，势必将行业调整至更加规范。

11.1.2　税务局可能稽查的13个重点方面

税务局会将以下13个方面作为稽查重点。

（1）开设一个账外账号，常见的有个人存折、信用卡、外埠存款户、存出投资款，用于账外经营，或者利用被审计单位开立的银行账户，作为过渡账户，账外收入暂存在该银行账户，然后通过支票转出，账外资金转入、转出均不作账务处理。

（2）销售收入不入账，产品成本则通过账面核算，即企业发生料、工、费通过账面核算，而将部分销售收入通过现金交易，体外循环。

（3）购销双方事先议定，互不开票，形成账面无任何反映的账外资产。

（4）购买固定资产，虚开购买材料的发票再以材料领用，挤占成本，或自制的固定资产领用挤占材料成本，形成账外资产。

（5）生产经营过程中，采用多结转成本、多报耗用数量，或少报产成品入库等手法，形成账外存货。

（6）将已收回的其他应收款、应收账款、预付账款不入账，或核销的债权重新取得所有权后不作账务处理，形成账外资产。

（7）被审计单位股东借出资金账外投资，收到投资收益不入账。

（8）出售或出租闲置房屋、场地；变卖报废车辆、旧设备不入账。

（9）变卖材料、积压物资、边角废料以及收取门面房的水电费和物业费、返还的押金、将保险公司的事故理赔款截留不作账务处理，形成账外资金，设立"小金库"。

（10）漏记个人或关联方借款及逾期借款罚息；低估因漏记账外收入而形成的未记税金以及与之相关的税收滞纳金、罚款；隐藏对外提供担保、未决诉讼等。

（11）上年余额结转或本年科目对冲，形成账收账，譬如，将上年年末的预收账款和存货余额，在本年年初同时不结转，或者本年将反映个人借款的其他应收款和其他应收款不同名等额对冲，将本来在账面还有反映的经济业务，隐去了痕迹，形成账外资产和未入账负债。

（12）利用账户对应关系，将应付票据与银行承兑保证金同时不入账，同时形成账外资产和未入账负债。

（13）以领代报、以借代报形成的账外资金。先将资金借出或转出，然后以差旅费、会议费、考察费、劳务咨询费、赞助费报账。

11.1.3　面对税务稽查，企业应留意的4个方面

企业如果不想被税局重点"关照"，就要留意以下这4个方面：

（1）频繁进行现金交易，与正常经营情况不相符。一个小公司，总有和企业经营规模资金收付频率及金额不符的收支，比如日用百货销售公司，动不动就有几百万元、

几千万元的流水，显然不正常。

（2）资金收付流向与企业经营范围明显不符。例如：明明是做餐饮的，天天收到钢铁公司的大额转账，再往影视娱乐公司转出。

（3）股东或者法人或者其他不明个人，短期内频繁发生资金支付。今天给某人转100万元，明天又给他转200万元，过了两天他转回来500万元，这种频繁大额对私转账显然存在异常。

（4）长期闲置的账户原因不明地突然启用，且短期内出现大量资金收付。这个公司都废了好久了，前段时间突然复活，而且没什么业务，却有大额转账进入，显然该情况存在异常。

多渠道、多维度地把散落在纳税人端、税务端及其他部门、领域的碎片化数据整合起来，用大数据分析的方式，勾勒出企业的行为痕迹，还原企业真实的业务逻辑，给企业做出立体"画像"。当下，随着税收征管越来越智能化，税务机关锁定企业税务风险变得越来越容易。

在大数据时代，企业应该更加注重"治未病"——对潜在税务风险的提前防控。注意不合规税务处理会留下"数据脚印"。

面对海量的涉税数据，税务机关可以从中发现什么？

在"智税·2019"大数据竞赛上，国家税务总局深圳市税务局代表队，在短短几个小时的时间里，围绕增值税、企业所得税、财产和行为税三类减税降费政策，建立起数据模型，对庞杂的数据进行深入分析，最终，从全国、行业和单户企业三个维度，勾勒出纳税人一系列"风险画像"。而这，仅仅是税务机关大数据分析实力的一个缩影。

近年来，大数据、云计算作为风险分析工具被正式运用到税收管理工作中。各级税务机关在画像思维的实践、运用方面作了许多的探索和尝试。业内专家表示，从技术层面而言，通过多维度搜集纳税人的"数据脚印"，对企业成立以来存在的涉税问题、行为、环节进行税务风险测定，勾勒出企业的行为特点，还原企业真实的业务逻辑，进而给企业"画像"。对税务机关而言，这并不是什么难事。

一方面，数据采集范围更加多样化。"金税三期"系统并库，国家税务总局、地方各级税务机关与其他政府部门的网络进一步打通，税务机关获取的企业信息更加全面、精准。据江苏省大企业税收服务与管理局相关负责人介绍，这些数据，既有能反映采购、销售情况的企业内部数据，也有能反映市场变动、行业整体状况等外围信息的第三方数据，维度多、体量大。

另一方面，数据加工能力更加智能化。以深圳市税务局为例，税务人员利用人工智能搭建AI风控平台，结合税务登记数据、个人征信数据等多维度数据，利用机器学习的算法进行建模，为企业画像，根据画像结果精准识别税收风险，风险识别命中率高达90%。

放眼全国，新税务机构成立之后，税收大数据和风险管理局、税收经济分析部门、大企业税收服务与管理部门与其他部门已形成专业分工、优势互补的税收数据应用处理联动机制，可以对税收数据进行"链条式"加工处理。原本看似没有价值的数据，通过关联、解析变成了有价值的数据资产，再经由模型分析，可形成逐渐清晰的个体用户画像及群体特征。

同时，数据分析结果更加具象。据介绍，在实践中，运用画像思维不仅可以准确描摹纳税人的状态和特征，也可以通过分析纳税人的遵从行为，进行风险预警。

综合各地税务机关给企业画像的结果，我们不难发现企业众多税务风险点的背后都有一些共性的原因。其中，遵从能力较强而遵从意愿较低的情况，尤其值得注意。

如国家税务总局宁波市税务局运用大数据挖掘技术，建立了风险特征库、指标体系和风险管理模型，对纳税人涉税风险特征进行归集，最终成形的企业画像中，出现频次较高的行为是少计收入、多列成本费用。从实践来看，出现这种情况的企业，特别是大企业，多数是遵从意愿出现了问题。企业对复杂涉税事项的处理，考验其税法遵从能力，更考验其税法遵从意愿。

业务流程较长的企业，各个环节都有可能发生涉税风险点。如果企业税法遵从意愿不强，风控措施不力，其税务风险点很容易被"画像"。以房地产行业为例，其业务流程主要包括土地获取、规划设计、融资、建筑施工、房屋预售、项目清算六大环节。该局通过自主开发的"金三决策平台税收经济预警分析模块"，对房地产行业进行测试时，就发现了房地产企业不少常见的税务风险点。比如，一些企业收到土地出让金返还款后，计入"专项应付款""资本公积""其他应付款""长期应收款"等科目，不申报企业所得税；还有企业一次性列支应由各期分摊的土地成本，未按规定进行归集分摊等。

对有较强遵从能力的大企业而言，遵从意愿显得尤为重要，甚至在很多时候，一念之差就可能酿成重大税务风险。因此，无论是面对涉税申报等日常业务，还是面对并购重组、境外投资、境外付汇、关联交易等复杂业务，都不能存在侥幸心理，而应时刻紧绷税务合规这根弦，依法对每一笔交易作出正确的处理。只要企业有足够强的遵从意愿，一定会千方百计地提高其遵从能力。

面对税收征管越来越智能化的大环境，企业应牢固树立"治未病"的理念，借助信息化手段建立起相应的风控体系，真正做到防患于未然。

企业应建立内部控制的税收风险评估和预测机制，成立专门的税务风险监管小组，制订监测方案和计划，在人员配备和制度要求上体现风险预测和评估，建立贯穿于企业内部各个环节的风险预测机制，渗透到企业经营活动的各个层面和全过程。同时，通过流程式的税务监督，及时纠正经济活动中产生的税务风险，制定合理的事后补救措施，定期进行企业税务风险的健康检查，从源头上防范涉税风险。

其中，最关键的一点是提升企业的税务信息化水平。中国大企业税收研究所和上海匡衡信息技术有限公司联合开展的一项调查显示，70%的企业受税务机关征管手段数字化水平提升和税务风险管理压力影响，作出提升税务信息化水平的打算。

企业尤其是大企业的决策层，一定要提高对大数据分析背景下税务风险的认识，转变理念,重视税务信息化管理的价值,实施全方位的税务风险管控。

比如,房地产行业,从拿地到实现销售的全流程中,涉及的税种多,税收政策复杂,税务管控难度较大。企业可以根据房地产的开发流程,进行涉税业务梳理,加快税务信息化建设,通过信息化系统将税务管理固化到具体业务中去,实现全流程管理,提高税务风险管控的效率。

随着税收征管越来越智能化,税务机关锁定企业税务风险变得越来越容易,企业不合规税务处理会留下"数据脚印"。

企业税务风险非小事,应及时纠正经济活动中产生的税务风险,定期进行企业税务风险的健康检查,从源头上防范涉税风险。

11.2 税务稽查选取企业之案例解读

案例11-1

某市税务局在发票协查中查到受票方从新疆一家公司取得400万元咨询费普通发票数张,并已经入账。

借:管理费用——咨询费　　　　　　　　　　　　　　4 000 000
　　贷:银行存款　　　　　　　　　　　　　　　　　　4 000 000

税局质问该受票方企业负责人,400万元咨询费到底咨询的是什么,企业负责人答非所问、闪烁其词。

经查,该公司采用假发票入账、伪造银行转账流水等方式,虚构与新疆企业的咨询服务业务,虚列成本,偷逃企业所得税。针对该企业违法行为,税务机关依法对其作出补缴税款、加收滞纳金并处1倍罚款共计200余万元的处理决定。

提醒:

(1)企业切勿大额咨询费入账,咨询公司也要慎重开票,并对业务的真实性负责。

(2)随着金三系统不断升级、税务发票管理全面监控、增值税申报比对升级,企业切勿通过违规找票冲账、买票冲账、伪CSO开票冲账,套取费用。

(3)"双随机、大数据"稽查手段让买票企业随时可能被稽查,"虚开、虚列、虚抵扣"将成为高度税务风险行为。

(4)企业靠虚构业务将一去不复返,虚开虚抵是永远不可触碰的红线。

案例11-2

重庆市税务机关在北京市税务机关的大力协助下,查实重庆F投资有限公司以虚构业务项目、假发票入账、虚增成本方式，隐匿收入1 116万元。

针对企业违法行为，重庆市税务机关依法对其作出补缴企业所得税、加收滞纳金并处1倍罚款共计760余万元的处理决定。目前，税款已全部追缴入库。

稽查人员审阅了重庆F投资有限公司的电子账目，在分析管理费用时，一笔业务引起了稽查人员的注意：企业2015年8月的7号凭证、22号凭证显示，该企业通过银行向北京××公司分别支付咨询服务费400万元、390万元咨询费。

企业为何要向××公司支付790万元大额咨询费？稽查人员随即要求重庆F公司提供这两套凭证及附后的详细原始附件资料。

审阅原始附件发现：

790万元服务费由9张增值税普通发票组成，由北京××公司于2015年8月26日开具，凭证附件的银行转账支票存根联表明，重庆F公司于8月31日将790万元汇入了北京××公司账户。

对于这项支出，重庆F公司的解释是，因为北京××公司为其策划并代理了一个借款业务项目，这是按照市场行情向其支付的中介服务费。稽查人员没有轻信对方的解释，继续对业务各方信息进行审核分析。

经查，重庆F公司采用假发票入账、伪造银行转账存根等方式，虚构与北京三家企业的咨询服务业务，虚列成本，共隐匿收入1 116万元。

针对该企业违法行为，税务机关依法对其作出补缴税款、加收滞纳金并处1倍罚款共计760余万元的处理决定。

案例11-3

杭州H食品公司通过账外销售、私人账户收取货款等方式进行"账外经营"被查。

近期，杭州市税务机关经查证，杭州H食品公司通过账外销售、私人账户收取货款、虚假申报等方式，在经营中隐匿收入1.09亿元，逃避缴纳增值税税款1 854.25万元。

税务机关依法对该企业作出补缴税款、加收滞纳金并处罚款共3 337.65万元的处理决定。

案例11-4

用员工账户收货款1 200余万元，一鞋企5年偷逃税款200多万元。

温州市税务局稽查局经查，温州一家鞋企长期使用私人账户收取客户货款且未开具发票，2012年至2016年，该鞋企通过林某等5人账户收取货款金额接近1 200万元，属于"账外经营"收入，未向税务部门申报纳税。

税务稽查部门对该鞋企作出追缴税款及罚款等行政处罚，合计补缴税款及罚款280余万元。

案例11-5

南京市税务局稽查局经查，德嘉公司在2010年至2014年出租自有房产，通过个人银行账户收取部分承租户租金并开具收条，租金收入不入账，少申报租金收入合计18 883 287.52元。

鉴于德嘉公司主动补缴税款和滞纳金，符合从轻处罚情节，税务稽查部门对该企业处以偷税金额3 761 308.31元0.8倍的罚款3 009 046.65元。

11.3 税务稽查的7个重点

税务稽查是税务机关代表国家依法对纳税人的纳税情况进行检查监督的一种形式。税务稽查的依据是具有各种法律效力的各种税收法律、法规及各种政策规定，包括日常稽查、专项稽查和专案稽查。

在日常工作中，企业可能涉及税务风险方面的内容很多，比如发票风险、增值税风险、往来账目风险、纳税申报风险等都可能引来税务稽查。

税务稽查的重点有哪些？

11.3.1 虚开发票

现在国家已经打造了最新税收分类编码和纳税人识别号的大数据监控机制，虚开发票一旦被稽查，除了补缴税款，构成犯罪的，更要承担刑事责任。

11.3.2 公转私

《关于办理非法从事资金支付结算业务、非法买卖外汇刑事案件适用法律若干问题的解释》中明确表示：严惩虚构支付结算，公转私、套取现金，支票套现。

11.3.3 骗取出口退税

国家税务总局、公安部、国家海关总署、中国人民银行四部门联合预防和打击违反税收法规，采取以假报出口等欺骗手段，骗取国家出口退税款，数额较大的行为。

11.3.4 增值税零申报

作为一些企业常用的手段，增值税零申报也是税务稽查的重点对象。零申报持续时间一旦达到6个月，税务机关就会对企业展开分析调查，确认企业是否存在隐匿收入等问题。

11.3.5 虚列人员工资

针对人员工资，税务机关会从工资支出凭证、企业职工人数、薪酬标准等方面严查工资费用。

11.3.6 税收优惠企业认定

享受税收优惠政策的企业，也是税务机关清查的重点。

11.3.7 税负率异常

税务异常一直以来都是税务稽查的重点，如果企业平均税负上下浮动超过20%，税务机关极有可能会对其进行重点调查。

11.4 税务稽查——做假手法

在稽查中，税局重点清查以下21种做假账手法。

11.4.1 成本费用互化

定义：将属于成本项目的支出账务处理变为费用以达到当期税前扣除的目的，或将属于费用项目的支出成本化以达到控制税前扣除比例和夸大当期利润的目的。

举例：某企业将应计入"管理费用"账户的无形资产摊销计入了"制造费用"账户，月末分配制造费用时，将其计入了"生产成本"账户，这样就造成少计期间费用、虚增利润的结果。

11.4.2 费用资本（产）互化

定义：将属于费用项目的账务处理变为资产，从折旧中递延税前扣除，或将属于资产类科目的支出直接确认费用，当期税前扣除。

举例：某企业新建厂房，确认为固定资产，投入使用之后的费用本应计入当期损益，但却计入初始成本计提折旧。

11.4.3 费用名目转化

定义：将部分税前扣除有比率限制的费用超额部分转变为其他限制较宽松的或没限制的费用名目入账，以达到全额税前扣除的目的或减少相关税费等目的。

举例：某企业工会经费扣除额度已超过限制比例，于是将超额部分计入职工福利费扣除。

11.4.4 费用预提/递延/选择性分摊

定义：为控制当期税前利润大小，预提费用，以推迟纳税，或为其他目的（如股权转让价、当期业绩）夸大当期利润选择递延确认，或为选择性地将费用分摊。

举例：在各费用支出项目上分摊比例进行调节，人为调整各期应该项目造成的税费（如调节土地增值税）。

11.4.5 成本名目转化

定义：将属于本期可结转成本的项目转变为其他不能结转成本的项目，或反行之。

举例：某企业将直接人工、直接材料与销售费用、管理费用混淆。

11.4.6 成本提前或推迟确认/选择性分摊

定义：将本期结转成本多结转，或本期少结转，下期补齐，或选择成本分摊方法达到上述两个目的。

举例：跨会计年度期间不据实结转成本，人为调整当期损益。

11.4.7 收入提前或推迟确认/选择性分摊

定义：将本期结转收入多结转或少结转，下期补齐，或选择收入分摊方法达到上述两个目的。

举例：跨会计年度期间不据实结转收入，人为调整当期损益。

11.4.8 收入名目转化

定义：将收入总额在多种收入项目间进行调节。

举例：把主营收入变为其他业务收入或营业外收入，以达到控制流转税或突出主业业绩的目的。

11.4.9 收入负债化/支出资产化

定义：企业会计制度规定，"其他应付款"科目属于流动负债，通常在一个营业周期内偿还，但由于其他应付款业务复杂，有的企业将其作为逃避纳税的工具。

举例：将收入长期挂账为其他应付款，造成借款经营的假象，达到推迟纳税或不纳税的目的，或将支出长期挂账为其他应收款，或将超出企业所得税税前扣除额度的费用（业务招待费、广告费等）虚作借款，使企业费用虚减，影响当期的应纳税所得额。

11.4.10 收入、成本、费用虚增/减

定义：人为虚增或虚减收入、成本、费用，造成进行差错调整的依据，达到纳税期拖延或其他目的。

举例：报销虚假费用票据、人为捏造增加销售成本等。

11.4.11 转移定价

定义：在经济活动中，不按照公允价格，而是根据企业之间的共同利益而进行产品定价，以达到少纳税或不纳税的目的。

举例：将亏损企业的产品高价销售给盈利企业，以达到关联企业整体税负最小化的目的。

11.4.12 资产、负债名目转化

如将固定资产中的资产类别名目转变，改变其折旧年限；将应收账款挂其他应收款，或预收账款挂其他应付款等手法避税。

11.4.13 虚假交易法

如以不存在的交易合同入账，造成资金流出，增加本期费用，达到减少所得税的目的。

11.4.14 费用直抵收入法

在确认收入时，以虚假发票入账（如广告费、业务招待费），将虚假费用税前扣除，达到减少当期的应纳税所得额的目的。

11.4.15 重组转让法

利用股权转让、资产转让、债务重组等进行资金或收入转移达到避税的目的。如将公司的资金转移，达到破产赖账等目的。

11.4.16 私人费用公司化

定义：将私人的费用转变为公司的费用，既达到降低私人收入个人所得税应纳税

额的目的，又达到增加企业所得税前扣除费用的目的。

举例：将个人车油费在公司处理，将个人房租费在公司处理。

11.4.17 收入/成本/费用转移法

定义：分立合同，将收入、成本或费用转移至其他公司或个人。

举例：某工厂以自己的钢材向某汽车制造厂进行投资，账务处理为借记"生产成本"科目，贷记"原材料"科目，这样一方面加大了产品成本，减少利润；另一方面也隐瞒了投资收益。

11.4.18 虚增/减流转过程

定义：在流转过程上下工夫，多一道流转过程，收入额多一道，将可扣除费用的范围增大。

举例：将资产由公司借款给个人买下，再以公司租赁其个人资产的名义，无形增加租赁费用。

11.4.19 利用金融工具法

定义：利用股票、期货、外汇等金融工具进行难以控制未来价格的交易。

举例：某公司卖出股票时将价格控制在低水平，而当实际收入时，股票价格已上涨，仍然以低水平价格确认收入，避免部分流转税。

11.4.20 集团化操作

定义：利用集团化操作，达到国家批准的部分集团化统一纳税公司的操作模式的目的。

举例：将集团内各公司的费用平衡分配，达到统筹纳税的目的。

11.4.21 其他

如将借款作为收到其他公司的定金处理，从而达到避免利息产生的税金等目的。

做假账不可取。我国《刑法》《税收征收管理法》《会计法》及相关条例均有规定，做假账轻则处以罚款，重则追究刑事责任。"金税三期"上线后，一切有异常的数据都将纳入重点监控。

11.5 税务稽查——大数据平台

自"金税三期"系统上线后，税务机关充分利用大数据平台开展涉税风险控制。

11.5.1 经营活动是否真实

如果企业只是拿开具的发票计收入，即使成本、费用与收入完全配比，也不能完全真实地反映企业的经营活动。虽然税务机关"以票控税"，但也会稽查出企业是否存在账外经营部分。

税务机关的手段：

（1）大数据平台下的三方信息来源，可以还原企业的历史经营活动，从而证明申报的真实性（如提供的水电能耗数据、政府采购数据、银行流水清单等）。

（2）区域同行业经营情况对比。

（3）涉税信息共享，企业不能保证所有的申报数据逻辑严密。比如企业虚增工资基数，那么个人所得是否按规定申报缴纳、社保费用是否按规定缴纳等。

11.5.2 扣除凭证是否符合规定

如果企业的扣除凭证里面有的是白条，有的是假发票，有的是个人消费相关的发票，有的是与经营活动无关的凭证，存在这些问题时，企业需在所得税汇算清缴时进行调整。

《中华人民共和国税收征收管理法》（2015年修订版）

第六十四条 纳税人、扣缴义务人编造虚假计税依据的，由税务机关责令限期改正，并处5万元以下的罚款。

税务机关的手段：

（1）企业用白条、假发票、个人发票或者与经营活动无关的凭证等入账，一律不允许税前扣除。

（2）如果企业编造虚假成本费用，必然导致与公司收入费用配比失衡，通过相应公式，进而检查企业收入的真实性。

（3）如果企业将费用进行人为调整（如本应计入当期业务招待费的项目归集于其他明细，如办公费等），一旦发现，税务机关将对企业的费用的真实性进行通盘核查。

（4）如果恶意使用假发票，还要接受税务机关处罚。

11.5.3 成本列支是否真实

收入成本要配比，非特殊情况微利、平销、低毛利或者倒挂均会被纳入评估重点。

11.5.4 是否按要求进行纳税调整

所得税的计税依据，不是会计利润，而是在会计利润的基础上进行纳税调整后的余额，即应纳税所得额。而《企业所得税法》中的亏损是指企业依照《企业所得税法》的规定将每一纳税年度的收入总额减除不征税收入、免税收入和各项扣除后小于零的数额。

因此，真实亏损企业也应该按要求进项行纳税调整，若未进行调整，会造成在以后年度盈利弥补亏损时多弥补"亏损"，从而少缴纳所得税。另外，会计制度与税法存在巨大差异，正常情况下，企业如果按照会计制度进行核算，那么在年度汇算清缴时，纳税调整项目是比较多的，但是实际情况却是未调整或者调整不全。

11.5.5 关联交易是否遵循独立原则

按照税收相关规定，企业与其关联企业之间的业务往来，应当按照独立企业之间的业务往来收取或者支付价款、费用；不按照独立企业之间的业务往来收取或者支付价款、费用，而减少其应纳税的收入或者所得额的，税务机关有权进行合理调整。

企业先自查是否有以下行为：

（1）是否按规定如实进行关联申报（包括关联关系及关联交易申报）。

（2）是否利用关联关系的优势，人为地将收入、成本、费用在关联企业之间进行调整，利用不同企业之间的税率差或税收优惠政策少缴所得税。

如果企业存在以上行为转移利润，那么企业除了接受纳税评估和税务稽查外，还要进行"特别纳税调整"，即反避税调查。一旦被稽查，补缴税款是小事，还要缴纳大量的滞纳金和税务行政罚款，构成犯罪的，更要承担刑事责任。

11.6 税务稽查——翻旧账

在税务稽查实务中，税务机关对企业进行税务稽查时，最初确定的检查期间通常会设定在3年以内，但是会根据具体情况延长检查期间。总的来说，税务机关查过往账目，有3年、5年、无限期的三种情况。

（1）因税务机关的责任，致使纳税人、扣缴义务人未缴或者少缴税款的情况，纳税人法律责任较轻。相应地，税款追征期限仅为3年，追征范围限于税款，而且不加收滞纳金。

《中华人民共和国税收征收管理法》（2015年修订版）

第五十二条　因税务机关的责任，致使纳税人、扣缴义务人未缴或者少缴税款的，税务机关在3年内可以要求纳税人、扣缴义务人补缴税款，但是不得加收滞纳金。因纳税人、扣缴义务人计算错误等失误，未缴或者少缴税款的，税务机关在3年内可以追征税款、滞纳金；有特殊情况的，追征期可以延长到5年。对偷税、抗税、骗税的，税务机关追征其未缴或者少缴的税款、滞纳金或者所骗取的税款，不受前款规定期限的限制。

（2）在下面两种情况下，税款追征期为3年或5年，且追征范围包括税款及滞纳金：①因纳税人、扣缴义务人计算错误等失误，未缴或者少缴税款的；②纳税人不进行纳税申报造成不缴或少缴应纳税款的。例如，纳税人在进行纳税申报时少输入一个"0"造成少缴税款；个人纳税人未进行个人纳税申报造成不缴或少缴税款的情况。

《关于未申报税款追缴期限问题的批复》（国税函〔2009〕326号）

税收征管法第五十二条规定：对偷税、抗税、骗税的，税务机关可以无限期追征其未缴或者少缴的税款、滞纳金或者所骗取的税款。税收征管法第六十四条第二款规定的纳税人不进行纳税申报造成不缴或少缴应纳税款的情形不属于偷税、抗税、骗税，其追征期按照税收征管法第五十二条规定的精神，一般为3年，特殊情况可以延长至5年。

（3）对于一些情况，法律规定不受追征期限的限制：①偷税、抗税、骗税的，其追征范围包括税款及滞纳金。②已被发现的不缴、少缴或欠缴税款情形，包括纳税人已申报或税务机关已查处的欠缴税款的。追征范围要根据不缴、少缴或欠缴税款的具体情形，按照前述其他情况的追征范围确定。

例如，纳税人通过设置账外账的形式隐匿收入少缴税款；纳税人通过自查发现少缴税款且已经进行自查补税申报，但迟迟不缴纳税款；税务机关已经向纳税人下达了《税务处理决定书》要求纳税人补缴税款及滞纳金，但纳税人迟迟不予缴纳。

《国家税务总局关于欠税追缴期限有关问题的批复》（国税函〔2005〕813号）

按照《中华人民共和国税收征收管理法》（以下简称税收征管法）和其他税收法律、法规的规定，纳税人有依法缴纳税款的义务。纳税人欠缴税款的，税务机关应当依法追征，直至收缴入库，任何单位和个人不得豁免。税务机关追缴税款没有追征期的限制。

税收征管法第五十二条有关追征期限的规定，是指因税务机关或纳税人的责任造成未缴或少缴税款在一定期限内未发现的，超过此期限不再追征。纳税人已申报或税务机关已查处的欠缴税款，税务机关不受该条追征期规定的限制，应当依法无限期追缴税款。

（4）税务机关对违反税收法律、行政法规应当给予行政处罚的行为处以罚款等行政处罚的，以5年为追究时效。例如，纳税人构成《中华人民共和国税收征收管理法》（2015年修订版）第六十三条规定的偷税，税务机关对纳税人进行偷税金额1倍的罚款。

《中华人民共和国税收征收管理法》（2015年修订版）

第六十三条　纳税人伪造、变造、隐匿、擅自销毁账簿、记账凭证，或者在账簿上多列支出或者不列、少列收入，或者经税务机关通知申报而拒不申报或者进行虚假的纳税申报，不缴或者少缴应纳税款的，是偷税。对纳税人偷税的，由税务机关追缴其不缴或者少缴的税款、滞纳金，并处不缴或者少缴的税款百分之五十以上五倍以下的罚款；构成犯罪的，依法追究刑事责任。

扣缴义务人采取前款所列手段，不缴或者少缴已扣、已收税款，由税务机关追缴其不缴或者少缴的税款、滞纳金，并处不缴或者少缴的税款百分之五十以上五倍以下的罚款；构成犯罪的，依法追究刑事责任。

《中华人民共和国行政处罚法》（中华人民共和国主席令第七十号）

第三十六条　违法行为在二年内未被发现的，不再给予行政处罚；涉及公民生命健康安全、金融安全且有危害后果的，上述期限延长至五年。法律另有规定的除外。前款规定的期限，从违法行为发生之日起计算；违法行为有连续或者继续状态的，从行为终了之日起计算。

《中华人民共和国税收征收管理法》（2015年修订版）

第八十六条　违反税收法律、行政法规应当给予行政处罚的行为，在5年内未被发现的，不再给予行政处罚。

（5）税务机关对其他应当给予行政处罚的行为处以行政处罚的，以2年为追究时效。

11.7 医药行业的税务稽查之案例解读

案例11-6

税务机关对某医药行业开展会计信息质量检查工作。此次专项检查工作的重点内容主要包括费用的真实性、成本的真实性、收入的真实性和私设"小金库"等其他问题。

对医药企业来说,这些涉税事项极有可能触发税务风险,需要引起医药企业的高度重视。

(1)费用列支要合法合规。费用的真实性是会计信息质量检查的重点,而会议费列支是否真实是检查的重中之重。

税务机关在检查中发现,A医药企业的会议费占销售费用的比例较高。会议费中,员工报销的餐费占比甚至高达80%,而其他与会议相关的住宿费用、场所费用和交通费用等,占比不到20%。通过计算,检查人员发现,该企业近3年的餐费支出,直接导致其药品制造毛利水平降低了20%,存在重大疑点。餐费虽然不同于业务招待费,但直接将餐费发票作为会议费发票报销,难以确定和解释企业会议的真实性,也很难获取能够证明其会议真实性的第三方证据。

> 《中华人民共和国发票管理办法》及其实施细则
> 未发生经营业务一律不准开具发票,而不符合规定的发票,不得作为财务报销凭证。

风控建议:

一是医药企业要加强对发票的管理。在核算会议费时,应附上相关的第三方证明材料。这些材料需要能够证明会议的时间、地点、人员、会议主题和费用标准等,并将相关凭证应作为附件,一同放入账簿。也就是说,要注重形式要件,合规合理地进行会议费列支。

二是医药企业应加强财务报销制度的管理。业务人员在报销费用时,除了要严格审核发票真伪外,还应审核发票反映的业务是否真实发生,附件证明材料是否齐全,以避免事实和形式的矛盾。

（2）成本管理要合理规范。根据财政部发布的通知，成本的真实性也是会计信息质量检查的重点。

税务机关在检查中发现，B医药企业的成本中列支了大量的咨询费支出。经检查核实，收款公司大多是提供医药科技咨询、咨询管理等服务的咨询公司，且基本都是小微企业，享受增值税和企业所得税相关税收优惠。提供咨询服务的公司与医药企业关系密切，很多咨询公司的法定代表人甚至是医药企业的员工家属，这些咨询服务是否实际发生往往很难取证。医药企业通过大量接受咨询服务发票虚列成本，以达到少缴税款的目的。

风控建议：

国家税务总局近年公布的打虚打骗典型案例中出现了很多医药企业的身影。很多违法犯罪分子利用医药企业制造虚假交易记录，为他人开具增值税专用发票，进而达到少缴税款的目的，并通过众多账户回流资金，其中涉及通过医药代表向药品投标平台、采购方等诸多环节进行的利益输送。

值得关注的是，此次财政部发布的通知中指出，为核实医药企业销售费用的真实性、合规性，对医药企业销售环节开展"穿透式"监管，延伸检查关联方企业和相关销售、代理、广告、咨询等机构，必要时可延伸检查医疗机构。因此，笔者提醒医药企业和第三方咨询服务公司，无论是为他人虚开增值税专用发票，还是接受虚开发票，都有巨大的税务风险，就像一颗定时炸弹，随时都可能会爆炸。

（3）收入的确认要真实准确。根据财政部发布的通知，收入的真实性是会计信息质量检查的另一个重点。

近期，上市公司C医药企业发布前期会计差错更正及追溯调整公告，对2018年度发现的前期会计差错予以更正。其公告中显示，由于"两票制"的实施，药品商业配送公司之间互相调货，2018年度将2017年已销售未收款的商品在2018年度重新配送，形成会计差错。

经自查，C医药企业2016年度通过无商业交易实质经营，多确认收入4 712.38万元；2016年度个别批次药品的发出不符合收入确认条件，提前确认收入1 685.66万元。调整后，C医药企业2016年度所得税费用相应调减近400万元；2017年度所得税费用相应调增120余万元。不仅如此，2018年度将2017年已销售未收款的商品在2018年度重新配送，相应调减2017年度所得税费用约150万元。

风控建议：

实务中，医药企业的收入核算既具有普通企业的一般性，又具有医药行业的特殊性。"两票制"后,一些医药企业利用高开增值税发票等方式虚增营业收入;还有一些医药企业为了提高药品销量,通过按照采购药品数量计算销售返点等形式,将高开金额在扣除增值税后又以劳务费等形式支付给医院等机构,这无疑极大地增加了医药企业的税务风险。

医药企业要准确、合规地确认收入的实现,尤其是在应税收入与免税收入的核算、低档税率收入与一般税率收入的核算、一般药品收入与生物制品收入的核算过程中,要严格按照文件规定的方式和顺序确定销售额。同时,医药企业销售的产品品种多、规格复杂,定价核算方面存在较大的税务风险,值得医药企业重点关注。

(4)内控制度要科学有效。根据财政部发布的通知,还有一些问题也是检查重点。比如向医疗机构或医务人员销售返点现象;库存管理、合同签订、销售发货、款项收取等流程控制是否有效,是否存在药品空转现象。而防控这些问题背后的税务风险,都有赖于内控制度的建立和完善。

税务机关在对某医药企业的检查中,发现该企业在研发费用的归集处理比较随意。一方面,存在将非研发人员的工资和其他费用计入研发费用科目进行加计扣除的情形;另一方面,存在将2014年以前购买的研发设备一次性计入管理费用扣除的情形。

风控建议:

对医药企业来说,研发活动是必不可少的,国家出台研发费加计扣除的目的是推动科技创新,带动产业升级,但研发费用加计扣除的范围是有明确规定的。医药企业要对研发费用加计扣除的范围作出清晰的界定,加大税务风险防范力度。因此,医药企业要加强账务处理和税务风险的管控,建立相应的内部控制系统,加强企业业务部门、研发部门与财税部门间的沟通交流,实现经营业务与财税处理的无缝对接。

11.8 纳税人稽查中享有的权益之案例解读

纳税人在稽查中享有哪些权利?可以通过以下9个问题进行了解。

(1)刚刚接到有人打电话自称是税务稽查局工作人员,说明天要来检查,现在骗子这么多,怎么知道是不是骗子呢?

答:根据《中华人民共和国税收征收管理法》(以下简称《税收征管法》)第五十九条规定,税务机关下户检查时,必须出示税务检查证和加盖公章的税务检查通知书。如果税务人员违反了上述法定程序要求进行检查,纳税人有权拒绝,不会因此受到处罚。

(2)今天税务稽查局过来查账,我们老板说其中有个检查人员他认识,竟然是同小区的邻居,曾经因为一些事闹过不愉快,见面很尴尬,老板问我该怎么办?

答:您可以建议提出回避申请。根据《中华人民共和国税收征收管理法实施细则》(以下简称《税收征管法实施细则》)第八条的规定,税务稽查人员与被查对象有法律规定的亲属关系或有其他可能影响公正执法的利害关系的,被查企业有权提出回避申请。

(3)税务稽查人员来查账,我们公司有些资料属于商业秘密,要是泄露出去,会给我们造成很大的损失。还有,我们老板不希望别人知道他的个人财产情况和婚姻状况,这些都可以要求税务稽查人员保密吗?

答:可以的。根据《税收征管法》第八条规定,纳税人、扣缴义务人有权要求税务稽查人员对纳税人、扣缴义务人的情况保密。保密的范围是被查企业的商业秘密和个人隐私,但是,税收违法行为不在保密的范畴内。

(4)税务稽查局来检查,把账簿凭证调走了,什么时候才能还给我们呢?

答:您可以要求税务稽查人员及时退还的。根据《税收征管法实施细则》第八十六条的规定,税务稽查人员应当在规定时限内完整归还调取的账簿凭证。

(5)稽查人员说由于发现违法行为要对我们进行处罚,我们觉得好冤,怎么才能向稽查人员反映情况呢?

答:你们可以陈述、申辩。根据《税收征管法》第八条和《中华人民共和国行政处罚法》第三十二条、第四十一条规定,税务机关在作出行政处罚决定之前,有依法告知当事人作出行政处罚决定的事实、理由及依据的义务,当事人依法享有陈述、申辩的权利。

(6)听说如果被处罚了,还有个纳税人权利叫"听证"?

答:是的。根据《中华人民共和国行政处罚法》第四十二条规定,税务机关对公民作出2 000元以上的罚款(含本数),或对法人和其他组织作出1万元以上的罚款(含本数),当事人依法有要求举行听证的权利。不过,记得要在接到《税务行政处罚事项告知书》后3日内书面提出申请,逾期没有提出的,将被视为放弃听证权利。

(7)我们觉得税务稽查局对我们公司补税和罚款是错误的,有什么办法可以帮我们维权吗?

答:根据《税收征管法》第八十八条规定,在纳税上发生争议时,必须依照税务机关的纳税决定缴纳或者解缴税款和滞纳金,或者提供相应的担保,然后可以依法提出行政复议申请。对行政复议决定不服的,还可以向法院起诉。

(8)我们公司由于流动资金困难没法履行税务稽查局要求补缴税款的处理决定,

现在税务稽查局要查封我们公司的仓库和扣押我们的货物，税务稽查人员说因为出来得匆忙，忘了带扣押收据，可以写张收条给我们，我可以拒绝吗？

答：根据《税收征管法》第四十七条规定，税务机关扣押商品、货物或者其他财产时，必须开付收据；查封商品、货物或者其他财产时，必须开付清单。如果税务稽查人员以收条代替的，您是可以拒绝的。

（9）因为我们公司欠税未缴，稽查局扣押了我们仓库里的货物，后来我们补缴了所有的税款及滞纳金，可是他们却没有及时解除扣押，导致好几箱货物已经变质没办法再销售了。我们可以提出索赔吗？

答：根据《税收征管法》第三十七条和第四十三条规定，纳税人在扣押后缴纳应纳税款的，税务机关必须立即解除扣押并归还所扣押的商品、货物；税务机关在采取保全措施或强制执行措施过程中存在违法行为，给纳税人造成损失的，纳税人有获得国家赔偿的权利。

不过，下列情形税务机关是不承担赔偿责任的：①税务机关工作人员与行使职权无关的个人行为；②因纳税人和其他税务当事人自己的行为致使损害发生的；③法律规定的其他情形（一般是指损害已通过其他方式得到补偿，如获得保险公司赔偿等）。

第3编

合理筹划税金

12 增值税筹划的门道

"外行看热闹,内行看门道。"增值税筹划到底有哪些门道?首先要了解增值税中的特有名词,如抵扣、加计抵减、差额征收。

12.1 增值税名词解释——抵扣凭证

12.1.1 目前可以作为进项税额抵扣的票据凭证

进项税额是指纳税人购进货物、加工修理修配劳务、服务、无形资产或者不动产,支付或者负担的增值税额。那么,目前可以作为进项税额抵扣的票据凭证有哪些呢?

12.1.1.1 增值税专用发票

增值税专用发票是进项税额抵扣中最常见的票据,购买方按从销售方取得的增值税专用发票上注明的增值税额,从销项税额中抵扣。

12.1.1.2 机动车销售统一发票

从销售方取得的税控机动车销售统一发票上注明的增值税额,准予从销项税额中抵扣。

12.1.1.3 海关进口增值税专用缴款书

从海关取得的海关进口增值税专用缴款书上注明的增值税额,准予从销项税额中抵扣。

12.1.1.4 农产品收购发票或者销售发票

购进农产品,除取得增值税专用发票或者海关进口增值税专用缴款书,按照农产品收购发票或者销售发票上注明的农产品买价和扣除率计算的进项税额，准予从销项税额中抵扣。计算公式为：

$$进项税额＝买价×扣除率$$

买价是指纳税人购进农产品在农产品收购发票或者销售发票上注明的价款和按照规定缴纳的烟叶税。

购进农产品，按照《农产品增值税进项税额核定扣除试点实施办法》抵扣进项税额的除外。

12.1.1.5 解缴税款的完税凭证

从境外单位或者个人购进服务、无形资产或者不动产，自税务机关或者扣缴义务人取得的解缴税款的完税凭证上注明的增值税额，准予从销项税额中抵扣。

12.1.1.6 道路、桥、闸通行费

通行费是指有关单位依法或者依规设立并收取的过路、过桥和过闸费用。

《财政部　税务总局关于租入固定资产进项税额抵扣等增值税政策的通知》（财税〔2017〕90号）规定，自2018年1月1日起，纳税人支付的道路、桥、闸通行费，按照以下规定抵扣进项税额：

（1）纳税人支付的道路通行费，按照收费公路通行费增值税电子普通发票上注明的增值税额抵扣进项税额。

（2）纳税人支付的桥、闸通行费，暂凭取得的通行费发票上注明的收费金额按照下列公式计算可抵扣的进项税额：

$$桥、闸通行费可抵扣进项税额＝桥、闸通行费发票上注明的金额÷（1＋5\%）×5\%$$

12.1.1.7 旅客运输凭证

纳税人购进国内旅客运输服务，其进项税额允许从销项税额中抵扣。纳税人未取得增值税专用发票的，暂按照以下规定确定进项税额：

（1）取得增值税电子普通发票的，为发票上注明的税额。

（2）取得注明旅客身份信息的航空运输电子客票行程单的，为按照下列公式计算的进项税额：

$$航空旅客运输进项税额＝（票价＋燃油附加费）÷（1＋9\%）×9\%$$

（3）取得注明旅客身份信息的铁路车票的，为按照下列公式计算的进项税额：

$$铁路旅客运输进项税额＝票面金额÷（1＋9\%）×9\%$$

（4）取得注明旅客身份信息的公路、水路等其他客票的，为按照下列公式计算的进项税额：

$$公路、水路等其他旅客运输进项税额＝票面金额÷（1＋3\%）×3\%$$

12.1.2 不能以销项税额中抵扣的进项税额

能否抵扣增值税进项税额，不止需要看票据，还需要看用途。下列项目的进项税额不能从销项税额中抵扣：

（1）用于简易计税方法计税项目、免征增值税项目、集体福利或者个人消费的购进货物、加工修理修配劳务、服务、无形资产和不动产。其中，涉及的固定资产、无

形资产、不动产，仅指专用于上述项目的固定资产、无形资产（不包括其他权益性无形资产）、不动产。纳税人的交际应酬消费属于个人消费。

（2）非正常损失的购进货物，以及相关的加工修理修配劳务和交通运输服务。

（3）非正常损失的在产品、产成品所耗用的购进货物（不包括固定资产）、加工修理修配劳务和交通运输服务。

（4）非正常损失的不动产，以及该不动产所耗用的购进货物、设计服务和建筑服务。

（5）非正常损失的不动产在建工程所耗用的购进货物、设计服务和建筑服务。纳税人新建、改建、扩建、修缮、装饰不动产，均属于不动产在建工程。

（6）购进贷款服务、餐饮服务、居民日常服务和娱乐服务。

（7）财政部和国家税务总局规定的其他情形。

《财政部　国家税务总局关于全面推开营业税改征增值税试点的通知》
（财税〔2016〕36号）附件1《营业税改征增值税试点实施办法》

第二十六条　纳税人取得的增值税扣税凭证不符合法律、行政法规或者国家税务总局有关规定的，其进项税额不得从销项税额中抵扣。

例如，合法用工关系的雇员，及合法雇用的季节工、临时工、实习生、返聘离退休人员以及接受外部劳务派遣用工，所发生的国内旅客运输费用允许抵扣其进项税额。需要注意的是，上述允许抵扣的进项税额，应用于生产经营所需，如属于集体福利或者个人消费，其进项税额不得从销项税额中抵扣。

《财务部　税务总局　海关总署关于深化增值税改革有关政策的公告》（财政部　税务总局　海关总署公告2019年第39号）规定，增值税一般纳税人购进国内旅客运输服务，其进项税额允许从销项税额中抵扣。这里指的是与本单位建立了合法用工关系的雇员，所发生的国内旅客运输费用允许抵扣其进项税额。纳税人如果为非雇员支付的旅客运输费用，不能纳入抵扣范围。需要注意的是，上述允许抵扣的进项税额，应用于生产经营所需，如属于集体福利或者个人消费，其进项税额不得从销项税额中抵扣。［国家税务总局《深化增值税改革即问即答（之二）》］

与本单位建立了合法用工关系的个人发生的旅客运输费用，属于可以抵扣的范围。对于劳务派遣的用工形式，劳务派遣人员发生的旅客运输费用，应由用工单位抵扣进项税额，而不是劳务派遣单位抵扣。［国家税务总局《深化增值税改革视频培训讲义（一）——关于降低增值税税率及扩大抵扣范围》］

扣缴客户端用于扣缴义务人为在本单位取得所得的人员（含雇员和非雇员）办理全员全额扣缴申报及代理经营所得纳税申报。［国家税务总局《自然人税收管理系统

（ITS）（个人所得税部分）——扣缴客户端用户操作手册》]

《国家税务总局关于企业所得税应纳税所得额若干税务处理问题的公告》（税务总局公告2012年第15号）规定：企业因雇用季节工、临时工、实习生、返聘离退休人员以及接受外部劳务派遣用工所实际发生的费用，应区分为工资薪金支出和职工福利费支出，并按《企业所得税法》规定在企业所得税前扣除。其中属于工资薪金支出的，准予计入企业工资薪金总额的基数，作为计算其他各项相关费用扣除的依据。

12.2 增值税名词解释——加计抵减

《财政部　税务总局　海关总署关于深化增值税改革有关政策的公告》（财政部　税务总局　海关总署公告2019年第39号）

自2019年4月1日至2021年12月31日，允许生产、生活性服务业纳税人按照当期可抵扣进项税额加计10%，抵减应纳税额。

《财政部　税务总局关于促进服务业领域困难行业纾困发展有关增值税政策的公告》（财政部　税务总局公告2022年第11号）

将上述生产、生活性服务业增值税加计抵减政策，执行期限延长至2022年12月31日。

12.2.1 加计抵减的项目

在《国家税务总局关于调整增值税纳税申报有关事项的公告》（国家税务总局公告2019年第15号）及附件里明确，可以加计抵减的具体金额，需要通过《增值税纳税申报表附列资料（四）》（税额抵减情况表）来归集，并且将原本已经存在的增值税税控系统专用设备费及技术维护费，分支机构预征缴纳税款，建筑服务、销售不动产和出租不动产预征缴纳税款作为该表的第一部分"税额抵减情况"；而将"加计抵减情况"作为该表的第二部分。在加"计抵减情况"部分，还设计将一般项目和即征即退项目的加计抵减情况分别单独列示。不仅如此，加计抵减的起初月、本期发生、本期调减、本期可抵减、本期实际抵减和期末余额，以表中台账的形式予以反应。

值得注意的是，税额抵减项目和加计抵减项目虽然都可以抵减应纳税额，但是他们在来源上和去向上可谓大相径庭。

12.2.1.1 税额抵减五项目

税额抵减的项目，增值税一般纳税人和小规模纳税人均涉及。

（1）增值税税控系统专用设备费及技术维护费。反映纳税人增值税税控系统专用设备费用和技术维护费按规定抵减增值税应纳税额的情况。

（2）分支机构预征缴纳税款。由按规定汇总计算缴纳增值税的总机构填写，反映其分支机构预征缴纳税款抵减总机构应纳增值税税额的情况。

（3）建筑服务预征缴纳税款。反映其销售建筑服务预征缴纳税款抵减应纳增值税税额的情况。

（4）销售不动产预征缴纳税款。反映其销售不动产预征缴纳税款抵减应纳增值税税额的情况。

（5）出租不动产预征缴纳税款。反映其出租不动产预征缴纳税款抵减应纳增值税税额的情况。

以上5项可以抵减的项目中，第一项属于凭票计算可抵减税额；第二项属于分支机构在机构就地分配预缴税款后，由总机构汇总计算后抵减分支机构已经预缴的增值税；第四、五项属于跨区域建筑服务、销售或者出租不动产异地预缴税款后在机构所在地抵减已经预缴的增值税。

不同的来源项目，在《增值税纳税申报表》的主表上，除第一项外，其余四项一般纳税人在增值税申报表主表的第28栏"分次预缴税额"的本月数一列内；小规模纳税人在第16栏"本期应纳税额减征额"本期数一列内。

12.2.1.2 加计抵减项目

加计抵减的项目仅增值税一般纳税人涉及，小规模纳税人并不适用，并且仅限适用加计抵减政策的纳税人填写，反映其加计抵减情况，其他纳税人并不需填写。

本项目的来源非常简单，就是提供邮政服务、电信服务、现代服务、生活服务取得的销售额占全部销售额的比重超过50%的纳税人，可以按照当期可抵扣进项税额的10%计提当期加计抵减额，并且需要根据当期的应纳税额实现情况，按以下公式来确定当期实际的抵减额。

$$\text{当期可抵减加计抵减额} = \text{上期末加计抵减额余额} + \text{当期计提加计抵减额} - \text{当期调减加计抵减额}$$

下一年度能否适用加计抵减政策，还需要根据上年度的销售额比例来重新判断。

需要注意以下几点：

（1）按照现行规定不得从销项税额中抵扣的进项税额，不得计提加计抵减额。

（2）已计提加计抵减额的进项税额，按规定作进项税额转出的，应在进项税额转出当期，相应调减加计抵减额。

（3）未抵减完的当期可抵减加计抵减额，结转下期继续抵减。

（4）纳税人出口货物劳务、发生跨境应税行为不适用加计抵减政策，其对应的进项税额不得计提加计抵减额。

（5）纳税人应单独核算加计抵减额的计提、抵减、调减、结余等变动情况。

（6）加计抵减政策执行到期后，纳税人不再计提加计抵减额，结余的加计抵减额停止抵减。

加计抵减项目的来源只有一个，就是在符合条件的情况下，根据当期可以抵扣的进项税额10%计提，并根据各期应纳税额的实现情况来逐步结转扣减，反映在主表的第19栏"应纳税额"的本月数内。

本栏"一般项目"列"本月数"＝第11栏"销项税额""一般项目"列"本月数"－第18栏"实际抵扣税额""一般项目"列"本月数"－"实际抵减额"

本栏"即征即退项目"列"本月数"＝第11栏"销项税额""即征即退项目"列"本月数"－第18栏"实际抵扣税额""即征即退项目"列"本月数"－"实际抵减额"

"实际抵减额"分别对应《附列资料（四）》第6行"一般项目加计抵减额计算"、第7行"即征即退项目加计抵减额计算"的"本期实际抵减额"列。

总结起来一句话，依据谁的进项计算出来，就抵减谁的应纳税额。

12.2.2 加计抵减的问题

如何适用"加计抵减"政策，可以通过以下相关问题了解和掌握。

12.2.2.1 政策内容

（1）本次深化增值税改革新出台了增值税加计抵减政策，其具体内容是什么？

答：符合条件的从事生产、生活服务业一般纳税人按照当期可抵扣进项税额加计10%，用于抵减应纳税额。

（2）增值税加计抵减政策执行期限是什么？

答：增值税加计抵减政策执行期限是2019年4月1日至2022年12月31日，这里的执行期限是指税款所属期。

（3）增值税加计抵减政策中所称的生产、生活服务业纳税人是指哪些纳税人？

答：增值税加计抵减政策中所称的生产、生活服务业纳税人，是指提供邮政服务、电信服务、现代服务、生活服务取得的销售额占全部销售额的比重超过50%的纳税人。

（4）增值税加计抵减政策所称的邮政服务、电信服务、现代服务、生活服务具体范围是指什么？

答：邮政服务、电信服务、现代服务、生活服务具体范围，按照《销售服务、无形资产、不动产注释》（财税〔2016〕36号印发）执行。

邮政服务是指中国邮政集团公司及其所属邮政企业提供邮件寄递、邮政汇兑和机要通信等邮政基本服务的业务活动，包括邮政普遍服务、邮政特殊服务和其他邮政服务。

电信服务是指利用有线、无线的电磁系统或者光电系统等各种通信网络资源，提供语音通话服务，传送、发射、接收或者应用图像、短信等电子数据和信息的业务活动，包括基础电信服务和增值电信服务。

现代服务是指围绕制造业、文化产业、现代物流产业等提供技术性、知识性服务的业务活动，包括研发和技术服务、信息技术服务、文化创意服务、物流辅助服务、租赁服务、鉴证咨询服务、广播影视服务、商务辅助服务和其他现代服务。

生活服务是指为满足城乡居民日常生活需求提供的各类服务活动，包括文化体育服务、教育医疗服务、旅游娱乐服务、餐饮住宿服务、居民日常服务和其他生活服务。

（5）提供邮政服务、电信服务、现代服务、生活服务取得的销售额占全部销售额的比重超过50%的增值税小规模纳税人，可以享受增值税加计抵减政策吗？

答：不可以。加计抵减政策是按照一般纳税人当期可抵扣的进项税额的10%计算的，只有增值税一般纳税人才可以享受增值税加计抵减政策。

12.2.2.2 销售额比重计算

（1）纳税人提供邮政服务、电信服务、现代服务、生活服务取得的销售额占全部销售额的比重应当如何计算？

答：2019年3月31日前设立的纳税人，其销售额比重按2018年4月至2019年3月期间的累计销售额进行计算；实际经营期不满12个月的，按实际经营期的累计销售额计算。

2019年4月1日后设立的纳税人，其销售额比重按照设立之日起3个月的累计销售额进行计算。

（2）纳税人兼有四项服务中多项应税行为的，其销售额比重应当如何计算？

答：纳税人兼有四项服务中多项应税行为的，其四项服务中多项应税行为的当期销售额应当合并计算，然后再除以纳税人当期全部的销售额，以此计算销售额的比重。

12.2.2.3 政策适用问题

（1）增值税加计抵减政策规定："纳税人确定适用加计抵减政策后，当年内不再调整。"具体是指什么？

答：是指增值税一般纳税人确定适用加计抵减政策后，一个自然年度内不再调整。下一个自然年度，再按照上一年的实际情况重新计算确定是否适用加计抵减政策。

（2）增值税加计抵减政策规定："纳税人可计提但未计提的加计抵减额，可在确定适用加计抵减政策当期一并计提。"请举例说明如何适用该规定。

答：举例而言，新设立的符合条件的纳税人可能会存在这种情况，如某纳税人2019年4月设立，2019年5月登记为一般纳税人，2019年6月若符合条件，可以确定适用加计抵减政策，6月份一并计提5—6月份的加计抵减额。

（3）按照现行规定不得从销项税额中抵扣的进项税额，是否可以计提加计抵减额？

答：不可以，只有当期可抵扣进项税额才能计提加计抵减额。

（4）已计提加计抵减额的进项税额，按规定作进项税额转出的，在计提加计抵减额时如何处理？

答：已计提加计抵减额的进项税额，如果发生了进项税额转出，则纳税人应在进项税额转出当期，相应调减加计抵减额。

12.2.2.4 加计抵减额计算

（1）增值税加计抵减额的计算公式是什么？

答：当期计提加计抵减额＝当期可抵扣进项税额×10%

当期可抵减加计抵减额＝上期末加计抵减额余额＋当期计提加计抵减额－当期调减加计抵减额

（2）增值税一般纳税人有简易计税方法的应纳税额，其简易计税方法的应纳税额可以抵减加计抵减额吗？

答：增值税一般纳税人有简易计税方法的应纳税额，不可以从加计抵减额中抵减。加计抵减额只可以抵减一般计税方法下的应纳税额。

（3）增值税一般纳税人按规定计提的当期加计抵减额，应当如何抵减应纳税额？

答：增值税一般纳税人当期应纳税额大于零时，就可以用加计抵减额抵减当期应纳税额，当期未抵减完的，结转下期继续抵减。

（4）增值税一般纳税人如果当期应纳税额等于零，则当期可抵减加计抵减额如何处理？

答：增值税一般纳税人如果当期应纳税额等于零，则当期计提的加计抵减额全部结转下期继续抵减。

（5）符合条件的增值税一般纳税人出口货物劳务、发生跨境应税行为是否适用加计抵减政策？

答：增值税一般纳税人出口货物劳务、发生跨境应税行为不适用加计抵减政策，其对应的进项税额也不能计提加计抵减额。

（6）增值税一般纳税人兼营出口货物劳务、发生跨境应税行为且无法划分不得计提加计抵减额的进项税额，应当如何处理？

答：不得计提加计抵减额的进项税额＝当期无法划分的全部进项税额×当期出口货物劳务和发生跨境应税行为的销售额÷当期全部销售额

（7）加计抵减政策执行到期后，增值税一般纳税人结余未抵减完的加计抵减额如何处理？

答：加计抵减政策执行到期后，增值税一般纳税人结余的加计抵减额停止抵减。

（8）假设A公司是一家研发企业，于2019年4月新设立，但是4—7月未开展生产经营，销售额均为0，自8月起才有销售额，那么A公司该从什么时候开始计算销售额判断是否适用加计抵减政策？

答：《财政部　税务总局　海关总署关于深化增值税改革有关政策的公告》（财政部　税务总局　海关总署公告2019年第39号）规定，2019年4月1日后设立的纳税人，根据自设立之日起3个月的销售额判断当年是否适用加计抵减政策。如果纳税人前3个月的销售额均为0，则应自该纳税人形成销售额的当月起计算3个月来判断是否适用加计抵减政策。因此，A公司应根据2019年8—10月的销售额判断当年是否适用加计抵减政策。

（9）如果某公司2019年适用加计抵减政策，且截至2019年年底还有20万元的加计抵减额余额尚未抵减完。2020年该公司因经营业务调整不再适用加计抵减政策，那么这20万元的加计抵减额余额如何处理？

答：该公司2020年不再适用加计抵减政策，则2020年该公司不得再计提加计抵减额。但是，其2019年未抵减完的20万元，是可以在2020年至2021年度继续抵减的。

12.2.2.5 加计抵减的会计处理

加计抵减如何进行会计处理？

答：现就该规定适用《增值税会计处理规定》（财会〔2016〕22号）的有关问题解读如下：生产、生活性服务业纳税人取得资产或接受劳务时，应当按照《增值税会计处理规定》的相关规定对增值税相关业务进行会计处理；实际缴纳增值税时，按应纳税额借记"应交税费——未交增值税"等科目，按实际纳税金额贷记"银行存款"科目，按加计抵减的金额贷记"其他收益"科目。

加计扣除政策包括安置残疾人就业支付残疾人工资的加计扣除和研究开发费用的加计扣除两方面。

12.2.3 安置残疾人就业支付残疾人工资的加计扣除

根据《财政部 国家税务总局关于安置残疾人员就业有关企业所得税优惠政策问题的通知》（财税〔2009〕70号）第一条的规定，企业安置残疾人员的，在按照支付给残疾职工工资据实扣除的基础上，按照支付给残疾职工工资的100%加计扣除。

12.2.4 研究开发费用的加计扣除

根据《财政部 税务总局 科技部关于提高研究开发费用税前加计扣除比例的通知》（财税〔2018〕99号）和《财政部 税务总局关于延长部分税收优惠政策执行期限的公告》（财政部 税务总局公告2021年第6号）的规定，企业开展研发活动中实际发生的研发费用，未形成无形资产计入当期损益的，在按规定据实扣除的基础上，在2018年1月1日至2023年12月31日期间，再按照实际发生额的75%在税前加计扣除；形成无形资产的，在上述期间按照无形资产成本的175%在税前摊销。

12.3 增值税名词解释——差额征收

对于增值税应税销售额，原则上规定"以纳税人发生应税行为取得的全部价款和价外费用为销售额"——正常情况下都是"全额征税"，但增值税同时规定"财政部和国家税务总局另有规定的除外",而这个例外就是"差额征税"。

差额征税是指营业税改征增值税应税服务的纳税人,以取得的全部价款和价外费用扣除支付给规定范围纳税人的规定项目价款后的不含税余额为销售额的征税方法。

12.3.1 财务处理

根据《财政部关于印发〈增值税会计处理规定〉的通知》(财会〔2016〕22号)的规定,差额征收增值税的会计处理区分以下四种情形:

12.3.1.1 一般纳税人一般计税方法差额征收增值税的会计处理

增值税一般纳税人应在"应交增值税"明细账内设置"销项税额抵减"专栏,记录一般纳税人按照现行增值税制度规定因扣减销售额而减少的销项税额。营改增差额征税导致"少交增值税"的收益,不是增加收入类科目,而是冲减成本费用类科目,即贷方对应的科目为成本费用类科目,借方对应的是增值税核算会计科目,即企业接受应税服务时,按规定允许扣减销售额而减少的销项税额,借记"应交税费——应交增值税(销项税额抵减)"科目,按实际支付或应付的金额与上述增值税额的差额,借记"主营业务成本"等科目,按实际支付或应付的金额,贷记"银行存款""应付账款"等科目。对于期末一次性进行账务处理的企业,期末,按规定当期允许扣减销售额而减少的销项税额,借记"应交税费——应交增值税(销项税额抵减)"科目,贷记"主营业务成本"等科目。需要注意,建筑企业跨区提供按照一般计税方法计税建筑服务,在建筑服务发生地税务机关缴纳增值税时,以取得的全部价款和价外费用扣除支付的分包款后的余额按照2%的预征率计算应预缴税款,这种"扣除支付的分包款"是差额就地预缴增值税,与差额征收增值税并非一回事,该预缴增值税应在"应交税费——应交增值税(已交税金)"科目中核算。

案例12-1

某旅行社为一般纳税人,选择差额征收。2020年5月取得含税收入106万元,当月支付扣除项21.2万元,取得增值税发票。

A公司提供应税服务

借:应收账款　　　　　　　　　　　　　　　　　　　　　1 060 000

　　贷:主营业务收入　　　　　　　　　　　　　　　　　1 000 000

　　　　应交税费——应交增值税(销项税额)　　　　　　　60 000

A公司支付扣除项目

借:主营业务成本　　　　　　　　　　　　　　　　　　　　200 000

　　应交税费——应交增值税(销项税额抵减)　　　　　　　12 000

　　贷:应付账款　　　　　　　　　　　　　　　　　　　212 000

12.3.1.2 一般纳税人简易计税方法差额征收增值税的会计处理

增值税一般纳税人应在"应交增值税"明细账内设置"简易计税"二级明细科目,该科目核算一般纳税人采用简易计税方法发生的增值税计提、扣减、预缴、缴纳等业务。本专栏仅核算一般纳税人的简易计税方法下可以差额征税项目,因扣减销售额而减少的销项税额应当在"应交税费——简易计税"明细科目核算。企业发生相关成本费用允许扣减销售额的账务处理。发生成本费用时,按应付或实际支付的金额,借记"主营业务成本""存货""工程施工"等科目,贷记"应付账款""应付票据""银行存款"等科目。待取得合规增值税扣税凭证且纳税义务发生时,按照允许抵扣的税额,借记"应交税费——简易计税"科目,贷记"主营业务成本""存货""工程施工"等科目。

差额征税根据发票开具的不同,会计处理也有所区别。

(1)选择简易征收,可直接全额开具5%普通发票,享受差额征税。

案例12-2

用工单位与劳务派遣公司签订劳务派遣合同,当月支付劳务派遣公司费用105万元,其中支付被派遣人员工资、社保、福利费共计84万元,手续费10万元。劳务派遣公司的账务处理如下:

借:银行存款　　　　　　　　　　　　　　　　　1 050 000
　　贷:主营业务收入　　　　　　　　　　　　　　1 000 000
　　　　应交税费——简易计税　　　　　　　　　　　 50 000

借:主营业务成本　　　　　　　　　　　　　　　　 900 000
　　应交税费——简易计税　　　　　　　　　　　　　 40 000
　　贷:银行存款　　　　　　　　　　　　　　　　　940 000

(2)选择简易征收,差额部分开具5%增值税专用发票,扣除部分开具5%增值税普通发票,或者开具一张增值税专用发票,选择差额开票功能。

案例12-3

用工单位与劳务派遣公司签订劳务派遣合同,当月支付劳务派遣公司费用105万元,其中支付被派遣人员工资、社保、福利费共计84万元,手续费10万元。劳务派遣公司的账务处理如下:

借:银行存款　　　　　　　　　　　　　　　　　1 050 000
　　贷:主营业务收入　　　　　　　　　　　　　　1 040 000
　　　　应交税费——简易计税　　　　　　　　　　　 10 000

借：主营业务成本　　　　　　　　　　　　　　　　940 000
　　贷：银行存款　　　　　　　　　　　　　　　　　　940 000

12.3.1.3 小规模纳税人简易计税差额征收增值税的会计处理

小规模纳税人只需在"应交税费"科目下设置"应交增值税"明细科目，除"转让金融商品应交增值税""代扣代交增值税"，不需要设置"销项税额"等三级明细科目。因此，小规模纳税人企业发生成本费用时，按应付或实际支付的金额，借记"主营业务成本""存货""工程施工"等科目，贷记"应付账款""应付票据""银行存款"等科目。待取得合规增值税扣税凭证且纳税义务发生时，按照允许抵扣的税额，应借记"应交税费——应交增值税"科目，贷记"主营业务成本""存货""工程施工"等科目。对于期末一次性进行账务处理的企业，期末，按规定当期允许扣减销售额而减少的应交增值税额，借记"应交税费——应交增值税"科目，贷记"主营业务成本"等科目。

12.3.1.4 金融商品转让差额征收增值税的会计处理

金融商品转让按照卖出价扣除买入价后的余额为增值税应税销售额。转让金融商品出现的正负差，按盈亏相抵后的余额为销售额。若相抵后出现负差，可结转下一纳税期与下期转让金融商品销售额相抵，但年末时仍出现负差的，不得转入下一个会计年度。金融商品转让差额征税与一般差额征税的会计处理有所不同，金融商品转让差额征税特别设置了"转让金融商品应交增值税"明细科目，该科目用于核算增值税纳税人（含一般纳税人和小规模纳税人）转让金融商品时发生的增值税额。金融商品实际转让月末，若产生转让收益，则按应纳税额借记"投资收益"等科目，贷记"应交税费——转让金融商品应交增值税"科目；若产生转让损失，则可结转下月抵扣税额，借记"应交税费——转让金融产品应交增值税"科目，贷记"投资收益"等科目。缴纳增值税时，应借记"应交税费——转让金融商品应交增值税"科目，贷记"银行存款"等科目。年末时，本科目若有借方余额，则借记"投资收益"等科目，贷记"应交税费——转让金融商品应交增值税"科目。

12.3.2 税务处理

适用差额征税政策的小规模纳税人，符合普惠性免征增值税条件的，在《增值税及附加税费申报表（小规模纳税人适用）》的第9栏"服务、不动产和无形资产"列应填写差额后的销售额，附列资料第8栏、第16栏的值相应与主表第9栏、第10栏或第11栏保持一致；出口服务、无形资产免税销售额，适用差额征税政策的，申报表主表第13栏"服务、不动产和无形资产"列填写扣除之后的销售额。

12.4 增值税纳税主体的筹划之案例解读

12.4.1 合并企业变为一般纳税人

案例12-4

某企业增值率很低,假设仅为5%,即进项抵扣额占95%。有两个批发企业,各自年销售额为300万元,符合小规模纳税人条件,适用3%的增值税征收率。因此,两个企业各自需缴纳增值税税额为9万元(300×3%),共计18万元。上述企业如何进行纳税筹划?

在增值率比较低的情况下,企业缴纳3%的增值税就会产生比较高的税收负担。为此,可以考虑将两个企业合并成一个企业,这样,该企业的年销售额为600万元,经过企业申请就可以被登记为一般纳税人。此时,该企业应该缴纳的增值税税额为3.90万元(600×13%-600×95%×13%),减轻税收负担14.10万元(18-3.90)。

12.4.2 分立企业变为小规模纳税人

案例12-5

某企业是从事商品批发的商业企业,年销售额为1 000万元,属于增值税一般纳税人,适用13%的税率。该企业每年所能获得的进项税额比较少,仅为销项税额的50%。请计算该企业每年需要承担的增值税,并提出纳税筹划方案。

一般情况下,企业购进货物均能取得增值税专用发票,此时一般纳税人的增值税负担比较轻,但如果企业有很多情况下无法取得增值税专用发票(当然,在不能取得增值税专用发票的情况下,进货价格也会相应低一些),此时纳税人的增值税负担就比较重,按照小规模纳税人缴纳增值税反而有利。因此,该企业可以考虑分立为两个企业,年销售额分别为500万元,符合小规模纳税人的标准,可以按照3%的征收率征税。分立之前,该企业需要缴纳增值税税额为65万元(1 000×13%-1 000×13%×50%)。分立之后,两个企业需要缴纳增值税税额为30万元(500×3%×2)。由此企业可以每年降低增值税税收负担35万元(65-30)。

案例12-6

某生产型企业年应纳增值税销售额为900万元,会计核算制度也比较健全,符合一般纳税人的条件，属于增值税一般纳税人，适用13%的增值税税率。但是，该企业准予从销项税额中抵扣的进项税额较少，只占销项税额的20%。因此，该企业作为一般纳税人的增值税税负要远大于小规模纳税人。请提出纳税筹划方案（征收率按3%计算）。

由于增值税小规模纳税人可以转化为一般纳税人，而增值税一般纳税人不能转化为小规模纳税人，因此，可以将该企业分设为两个企业，各自作为独立核算的单位。两个企业年应税销售额分别为450万元和450万元，并且符合小规模纳税人的其他条件，按照小规模纳税人的征收率征税。在这种情况下，两个企业总共缴纳增值税税额为27万元［（450+450）×3%］。作为一般纳税人则需要缴纳增值税税额为93.60万元（900×80%×13%）。通过纳税筹划，企业可以少纳增值税税额为66.60万元（93.60－27）。

案例12-7

甲商贸公司为增值税一般纳税人，年销售额为600万元，由于可抵扣的进项税额较少，年实际缴纳增值税税额为60万元，增值税税负较重。请为甲公司设计合理减轻增值税负担的纳税筹划（征收率按3%计算）。

筹划方案一：由于一般情况下一般纳税人不允许直接变更为小规模纳税人，投资者可以将甲公司注销，同时成立乙公司和丙公司来承接甲公司的业务。乙公司和丙公司的年销售额均为300万元，符合小规模纳税人的标准。年应纳增值税税额为18万元［（300+300）×3%］。

筹划方案二：投资者将甲公司注销，同时成立4家公司来承接甲公司的业务。4家公司的年销售额均为150万元，符合小规模纳税人的标准。同时，将4家公司的季度销售额控制在45万元以内，则根据现行小规模纳税人月销售额不超过15万元免征增值税的优惠政策，4家公司年应纳增值税为0。

案例12-8

甲公司为一家餐饮连锁企业，下设100家分公司，各家分公司的年销售额约500万元。甲公司属于营改增一般纳税人，适用6%的税率，由于允许抵扣的进项税额比较少，增值税税收负担率（即增值税应纳税额除以销售额）约为5%，请提出纳税筹划方案。

甲公司将各家分公司改制为独立的子公司，同时确保各家子公司年销售额不超过500万元，这样，甲公司集团中的每一个子公司都可以保持小规模纳税人的身份，按照3%的征收率缴纳增值税，增值税税收负担率从5%降低为3%。

12.4.3 营改增行业选择小规模纳税人身份

案例12-9

甲公司提供交通运输服务，年含税销售额为515万元，在营改增之后选择了一般纳税人身份，由于在营改增之前按照3%的税率缴纳营业税，而营改增之后按照9%的税率缴纳增值税，虽然可以抵扣一些进项税额，但整体税负仍然超过了营改增之前，请提出纳税筹划方案。

甲公司的销售额为500万元［515÷（1+3%）］，由于并未超过500万元的标准，可以选择小规模纳税人的身份。在营改增之前，甲公司需要缴纳营业税税额为15.45万元（515×3%），税后营业收入为499.55万元（515-15.45）。营改增之后，如果选择小规模纳税人身份，甲公司需要缴纳增值税税额为15万元［515÷（1+3%）×3%］，销售收入为500万元（515-15）。通过纳税筹划，甲公司可增加销售收入0.45万元（500-499.55）。

案例12-10

李先生经营一家餐馆和一家装修公司。营改增之前，该餐馆年营业额为300万元，适用5%的税率，缴纳营业税税额为15万元，该装修公司年营业额为400万元，适用3%的税率，缴纳营业税税额为12万元，合计缴纳营业税税额为27万元。营改增之后，请为该餐馆和装修公司提出纳税筹划方案。

营改增之后，如果两家企业选择一般纳税人，则餐馆适用6%的税率缴纳增值税，装修公司适用9%的税率缴纳增值税。由于可抵扣进项税额较少，其增值税负担会高于营业税负担。如果两家企业选择小规模纳税人，则需要缴纳增值税税额为20.39万元［（300+400）÷（1+3%）×3%］。

12.4.4 选择供货商的身份

案例12-11

某企业属于增值税一般纳税人，其所使用的原材料有两种进货渠道：一种是从一般纳税人那里进货，含税价格为116元/件，可以开具13%的增值税专用发票；另一种是从小规模纳税人那里进货，含税价格为100元/件，不能开具增值税专用发票。该企业2020年度一直从一般纳税人那里进货，一共进货10万件。请提出该企业的纳税筹划方案。

根据上述标准来判断，如果开具增值税普通发票的价格为100元，与之相对应的增值税专用发票价格应为115元。本案中一般纳税人的含税价格为116元，因此，从一般纳税人那里购进货物的价格较高。该企业应当选择小规模纳税人为供货商。当然，选择购货伙伴除了考虑这里的增值税负担以外，还需要考虑其他因素，比如信用关系、运输成本、洽谈成本等，因此，该企业应当将这里的增值税负担标准与其他的标准综合考虑。

12.5 增值税计税依据的筹划之案例解读

12.5.1 兼营销售分开核算

案例12-12

某钢材厂属于增值税一般纳税人。某月销售钢材，取得含税销售额1 800万元，同时又经营农机，取得含税销售额200万元。前项经营的增值税税率为13%，后项经营的增值税税率为9%。该厂对两种经营统一进行核算。请计算该厂应纳增值税税款，并提出纳税筹划方案。

在未分别核算的情况下，该厂应纳增值税税额为230.09万元［（1 800+200）÷（1+13%）×13%］。由于两种经营的税率不同，分别核算对企业有利，建议该企业对两种经营活动分别核算。这样，该厂应纳增值税税额为223.59万元［1 800÷（1+13%）×13%+200÷（1+9%）×9%］。分别核算和未分别核算之差为6.50万元（230.09−223.59）。由此可见，分别核算可以为该钢材厂减轻增值税税负6.50万元。

12.5.2 折扣销售在同一张发票上注明

案例12-13

某企业为了促销，规定凡购买其产品在6 000件以上的，给予折扣10%。该产品不含税单价200元，折扣后的不含税价格为180元，适用的增值税税率为13%。该企业未将销售额和折扣额在同一张发票上分别注明。请计算该企业应当缴纳的增值税，并提出纳税筹划方案。

由于该企业没有将折扣额写在同一张发票上，该企业缴纳增值税应当以销售额的全额156 000元（200×6 000×13%）计缴。如果企业熟悉税法的规定，将销售额和折扣额在同一张发票上分别注明，那么企业应纳增值税应当以折扣后的余额140 400元（180×6 000×13%）计缴，节约增值税税额为15 600元（156 000−140 400）。

12.5.3 将实物折扣改为价格折扣

案例12-14

某企业销售一批商品,共1万件,每件不含税价格为100元,根据需要采取实物折扣的方式,即在100件商品的基础上赠送10件商品,实际赠送1 000件商品。该商品适用的增值税税率为13%。请计算该企业应当缴纳的增值税并提出纳税筹划方案。

按照实物折扣的方式销售后,企业收取价款100万元(1×100),收取增值税销项税额13万元(1×100×13%),需要自己承担销项税额1.3万元(0.10×100×13%)。如果该企业进行纳税筹划,将这种实物折扣在开发票时变成价格折扣,即按照出售1.1万件商品计算,商品价格总额为110万元,打折以后的价格为100万元。这样,该企业就可以收取100万元的价款,同时收取增值税税额13万元(100×13%),不用自己负担增值税。通过纳税筹划,该企业减轻税收负担1.3万元。

12.5.4 将销售折扣变为折扣销售

案例12-15

销售折扣是指企业在销售货物或提供应税劳务的行为发生后,为了尽快收回资金而给予债务方价格上的优惠。销售折扣通常采用3/10、1/20、N/30等符号。这三种符号的含义是:如果债务方在10天内付清款项,则折扣额为3%;如果在20天内付清款项,则折扣额为1%;如果在30天内付清款项,则应全额支付。由于销售折扣发生在销售货物之后,本身并不属于销售行为,而是一种融资性的理财行为,因此销售折扣不得从销售额中减除,企业应当按照全部销售额计缴增值税。销售折扣在实际发生时计入财务费用。

企业与客户签订的合同约定不含税销售额为10万元,合同中约定的付款期为40天。如果对方可以在20天内付款,将给予对方3%的销售折扣,即3 000元。由于企业采取的是销售折扣方式,折扣额不能从销售额中扣除,企业应按照10万元的销售额计算增值税销项税额。假设适用的增值税税率为13%,这样,增值税销项税额为1.30万元(10×13%)。请提出该企业的纳税筹划方案。

该企业可以用两种方法实现纳税筹划。

方案一:企业在承诺给予对方3%的折扣的同时,将合同中约定的付款期缩短为20天,这样就可以在给对方开具增值税专用发票时,将以上折扣额与销售额开在同一张发票上,使企业按照折扣后的销售额计算销项增值税,增值税销项税额为1.261万元[10×(1-3%)×13%]。这样,企业收入没有降低,但节省了390元的增值税。当然,这种方法也有缺点,如果对方企业没有在20天之内付款,企业会遭受损失。

方案二：企业主动压低该批货物的价格，将合同金额降低为9.7万元，相当于给予对方3%折扣之后的金额。同时在合同中约定，对方企业超过20天付款加收3 390元滞纳金（相当于3 000元销售额和390元增值税）。这样，企业的收入并没有受到实质影响。如果对方在20天之内付款，可以按照9.70万元的价款给对方开具增值税专用发票，并计算1.261万元的增值税销项税额。如果对方没有在20天之内付款，企业可向对方收取3 000元滞纳金及390元增值税，并以"全部价款和价外费用"10万元计算销项增值税，也符合税法的要求。

12.5.5 将实物促销变为价格折扣

案例12-16

甲公司计划在年底开展一次"买一赠一"的促销活动。原计划提供促销商品正常销售额2000万元，实际收取销售额1 000万元。已知甲公司销售该商品适用增值税税率为13%。请为甲公司设计合理减轻增值税负担的筹划方案。

由于甲公司无偿赠与价值1 000万元的商品，需要视同销售，为此增加增值税销项税额130万元（1 000×13%）。如果甲公司能将此次促销活动改为五折促销，或者采取"加量不加价"的方式组合销售，即花一件商品的钱买两件商品，就可以少负担增值税税额130万元。

12.5.6 巧用增值税起征点

案例12-17

某个体工商户销售水果、杂货，每月含税销售额为20 600元，当地财政厅和税务局规定的增值税起征点为20 000元。请计算该个体工商户全年应纳增值税税额，并提出纳税筹划方案。（不考虑月销售额15万元以下免税优惠政策，征收率按3%计算。）

该个体工商户每月不含税销售额为20 000元 [20 600÷（1+3%）]，达到了增值税的起征点，应当缴纳增值税。全年应纳增值税税额为7 200元 [20 600÷（1+3%）×3%×12]。

如果该个体工商户通过打折让利将每月含税销售额降低至20 500元，由于其不含税销售额尚未达到20 000元起征点，可以免纳增值税。该个体工商户全年让利1 200元，节税7 200元，增加利润6 000元。

案例12-18

甲餐馆为个体工商户，每月含税销售额为40 000元左右，其中有不少大客户的月结订单,每月需要缴纳增值税税额为1 165.05元[40 000÷(1+3%)×3%],全年需要缴纳增值税税额为13 980.60元(1 165.05×12)。已知当地增值税起征点为20 000元,请提出纳税筹划方案。(暂不考虑月销售额15万元以下免税的临时性增值税优惠,征收率按3%计算。)

由于甲餐馆的大客户订单比较多,可以考虑将某些订单改为赊销方式,即1月份的餐费放在2月份结算,这样可以实现在一个纳税年度中,有若干个月的含税销售额没有达到20 600元,也就是不含税销售额没有达到20 000元,这样该月就可以免纳增值税。假设有6个月的含税销售额控制为没有达到20 600元,则剩余月份的含税销售额为356 400元(40 000×12−20 600×6)。甲餐馆全年需要缴纳增值税税额为10 380.58元[356 400÷(1+3%)×3%],少纳增值税税额为3 600.02元(13 980.6−10 380.58)。

12.5.7 巧用小微企业免征增值税政策

案例12-19

甲公司为增值税小规模纳税人,2022年度每月不含税销售额平均为15.10万元,全年需缴纳增值税税额为1.81万元(15.10×12×1%)。若甲公司合理调剂每月销售额,将前三季度的销售额控制在每个季度45万元以内,由此可以享受免征增值税的优惠。最后一个季度的销售额为46.20万元(15.10×12−45×3)。需要缴纳增值税税额为0.46万元(46.20×1%)。通过纳税筹划,该公司可减轻增值税负担1.35万元(1.81−0.46)。

案例12-20

甲公司为营改增小规模纳税人,提供交通运输业劳务,2022年度每季度含税销售额为32万元左右,请提出纳税筹划方案。

如果不进行纳税筹划,假设甲公司每季度含税销售额为45.50万元,则其季度不含税销售额为45.05万元[45.50÷(1+1%)],由于超过了45万元的优惠标准,因此,每季度应当依法缴纳增值税税额为0.45万元[45.50÷(1+1%)×1%],全年需要缴纳增值税税额为1.80万元(0.45×4)。

甲公司通过合理控制每季度销售额和发票开具等方式,将3个季度含税销售额控制在45.45万元,其中1个季度的含税销售额为35.30万元,全年含税销售额为182万元(45.45×3+45.65),与筹划前的全年含税销售额保持一致。由于其3个季度的含税销售额均为45.45万元,即不含税销售额为45万元[45.45÷(1+1%)],由于没有超过45万元,可以享受免征增值税的优惠。其中1个季度应当缴纳增值税0.45万元[45.65÷(1+1%)×1%]。通过纳税筹划,甲公司可减轻增值税负担1.35万元(1.80−0.45)。

案例12-21

甲咨询公司为营改增小规模纳税人，2022年度每季度销售额为90万元，每季度需要缴纳增值税税额为0.90万元（90×1%），全年缴纳增值税税额为3.60万元（0.90×4）。已知甲咨询公司的主要客户为一些固定的老客户，请提出纳税筹划方案。

甲咨询公司的客户是固定的老客户，企业分立不会导致客户资源流失。甲咨询公司分立为两家咨询公司，相关老客户也分别划归两家咨询公司。如企业分立比较烦琐，也可以由甲咨询公司的股东再成立一家咨询公司，或者由甲咨询公司成立一家全资子公司。将甲咨询公司的一半业务转移至新成立的公司。每家咨询公司每季度销售额为45万元，可以免征增值税。通过纳税筹划，甲咨询公司每年可减轻增值税负担3.60万元。

12.5.8 巧妙转化服务性质

案例12-22

甲公司因会议与培训需要，租用乙培训学校的礼堂一周，租金为10.90万元，原计划签订教室租赁合同，按照不动产租赁服务开具增值税普通发票，请为乙培训学校提出纳税筹划方案。

按照原计划，乙培训学校需要计算增值税销项税额为0.90万元[10.90÷（1+9%）×9%]。如果双方签订培训合同或者会议服务，仅需计算增值税销项税额为0.62万元[10.90÷（1+6%）×6%]。通过纳税筹划，甲公司可减轻增值税负担0.28万元（0.90-0.62）。

12.5.9 用机器取代人的劳动

案例12-23

甲建筑公司人的劳动所占比重较高，增值税负担也较重。由于大量的建筑劳动可以由机器来代替人工，经测算，该部分每年需负担机器购置租赁等支出约5 000万元（含税），该部分支付的工资与之大体相当，请为甲公司设计纳税筹划方案。

如能将该部分劳动由人的劳动全部转为机器工作，则可以增加增值税进项税额575.22万元[5 000÷（1+13%）×13%]。

12.6 增值税计税方法的纳税筹划之案例解读

12.6.1 公共交通运输企业选用简易计税方法

案例12-24

某市甲公交公司年销售额约为5 000万元，营改增之后作为一般纳税人适用9%的税率缴纳增值税，其税负有明显上升，请提出纳税筹划方案。

甲公交公司提供的是公共交通运输服务，可以选择简易计税方法计税。在营改增之前，甲公交公司需要缴纳营业税税额为150万元（5 000×3%），税后营业收入为4 850万元（5 000－150）。在营改增之后，甲公交公司需要缴纳增值税税额为145.63万元［5 000÷（1＋3%）×3%］，销售收入为4 854.37万元（5 000－145.63）。通过纳税筹划，甲公交公司增加销售收入4.37万元（4 854.37－4 850）。

12.6.2 动漫企业选用简易计税方法

案例12-25

甲公司为经过认定的动漫企业，除开发动漫产品，还为其他企业的动漫产品提供形象设计、动画设计等服务，偶尔也会转让动漫版权。甲公司为营改增增值税一般纳税人，适用税率为6%，由于进项税额较少，增值税税收负担率为4.8%，请提出纳税筹划方案。

甲公司销售动漫产品可以享受实际税负超过3%的部分实行即征即退的优惠政策，实际税负为3%。动漫服务和转让动漫版权实际税负较高，可以就该部分进行单独核算并选择适用简易计税方法计税，这样，动漫服务和转让动漫版权部分的实际税负也为3%。甲公司的整体增值税负担率可以降低为3%。

12.6.3 其他企业选用简易计税方法

案例12-26

甲公司以在营改增试点之日前取得的挖掘机为标的物签订了长达5年的挖掘机租赁合同，适用13%的税率，由于进项税额较少，增值税税收负担率达到了6%，请提出纳税筹划方案。

甲公司可以单独核算上述有形动产租赁合同，对该类合同取得的销售额选择适用简易计税方法计税，这样，该部分的增值税税收负担率可以降低为3%。

案例12-27

甲电影公司营改增之前年营业额为8 000万元，适用3%的税率，缴纳营业税税额为240万元。营改增之后，适用6%的税率，由于其进项税额较少，税负较营改增之前有所提高，请为该电影公司提出纳税筹划方案。

该电影公司虽然已经达到一般纳税人的标准，但仍可以选择适用简易计税方法，按照3%的征收率计算增值税应纳税额为233.01万元〔8 000÷（1+3%）×3%〕。与营改增之前相比，其税收负担有所降低。

案例12-28

甲装修公司主要以清包工方式提供装修服务，年含税销售额为3 000万元左右，属于营改增一般纳税人，适用9%的税率，全年进项税税额约为50万元，需要缴纳增值税税额为197.71万元〔3 000÷（1+9%）×9%－50〕，请提出纳税筹划方案。

甲装修公司独立核算以清包工方式提供的建筑服务，并选择适用简易计税方法计税。全年需要缴纳增值税税额为87.38万元〔3 000÷（1+3%）×3%〕。通过纳税筹划，甲装修公司可减轻增值税负担110.33万元（197.71－87.38）。

案例12-29

甲安装公司主要通过甲供工程的方式提供建筑服务，年销售额约为2 000万元，属于营改增一般纳税人，适用9%的税率，全年进项税税额约为40万元，需要缴纳增值税税额为125.14万元〔2 000÷（1+9%）×9%－40〕，请提出纳税筹划方案。

甲安装公司独立核算以甲供工程的方式提供的建筑服务，并选择适用简易计税方法计税。全年需要缴纳增值税税额为58.25万元〔2 000÷（1+3%）×3%〕。通过纳税筹划，甲安装公司可减轻增值税负担66.89万元（125.14－58.25）。

案例12-30

甲农村信用社为营改增一般纳税人，适用增值税税率为6%，由于进项税额较少，实际增值税税负为5%，请提出纳税筹划方案。

甲农村信用社提供金融服务收入可以选择适用简易计税方法按照3%的征收率计算缴纳增值税，这样就可以将其增值税的实际税负从5%降低为3%。

12.6.4 委托代销中控制纳税义务发生时间

案例12-31

甲公司委托乙公司代销一批货物。甲公司于2021年1月1日发出货物，2021年12月1日收到乙公司的代销清单和全部货款113万元。甲公司是按月缴纳增值税的企业，适用增值税税率为13%。甲公司应当在何时缴纳增值税，并提出纳税筹划方案。

甲公司应当在发出代销货物满180天的当天计算增值税的纳税义务，即2021年6月29日计算增值税，应纳增值税税额为13万元［113÷（1+13%）×13%］。甲公司应当在7月15日之前缴纳13万元的增值税（如有进项税额，可以抵扣进项税额后再缴纳）。

经过纳税筹划，甲公司为了避免在发出货物满180天时产生增值税的纳税义务，可以在发出货物179天之时，即2021年6月28日，要求乙公司退还代销的货物，然后在2021年6月29日与乙公司重新办理代销货物手续。这样，甲公司就可以在实际收到代销清单及113万元的货款时计算13万元的增值税销项税额，并于2022年1月19日之前缴纳13万元的增值税。

12.7 利用增值税免税政策的筹划之案例解读

12.7.1 分立企业享受免税优惠

案例12-32

甲企业是一家图书发行公司（适用9%的增值税税率），兼营古旧图书等免征增值税的产品。该企业2021年共获得销售收入600万元，其中免征增值税产品所取得的销售收入为160万元，进项税税额为40万元，其中属于免税产品的进项税税额为10万元，该企业并未对古旧图书经营独立核算。请计算该公司应当缴纳的增值税并提出纳税筹划方案。

该企业由于没有独立核算免税产品，应当一并缴纳增值税，应缴纳增值税税额为14万元（600×9%−40）。为了更好地进行独立核算，该公司可以考虑将经营古旧图书的部分独立出去，成为全资子公司，这样就可以享受免征增值税的优惠政策了。分立以后，该公司需要缴纳增值税税额为9.60万元［（600−160）×9%−（40−10）］。通过纳税筹划，该企业可减轻企业税收负担4.40万元（14−9.60）。

12.7.2 分立农产品公司增加进项税额

案例12-33

某市牛奶公司主要生产流程如下：饲养奶牛生产牛奶，将产出的新鲜牛奶进行加工制成奶制品，再将奶制品销售给各大商业公司，或直接通过销售网络转销给该市及其他地区的居民。奶制品的增值税税率适用13%，进项税额主要由两部分组成：一是向农民个人收购的草料部分可以抵扣10%的进项税额；二是公司水费、电费和修理用配件等按规定可以抵扣进项税额。与销项税额相比，这两部分进项税额数额较小，致使公司的增值税税负较高。假设2022年度从农民生产者手中购入的草料不含税金额为1 000万元，允许抵扣的进项税额为100万元，其他水电费、修理用配件等进项税税额为80万元，全年奶制品不含税销售收入为5 000万元。根据这种情况，请提出纳税筹划方案。

纳税筹划之前，该公司应纳增值税税额为470万元［5 000×13%－（100＋80）］。该公司可以将整个生产流程分成饲养和牛奶制品加工两部分，饲养场由独立的子公司来经营，该公司仅负责奶制品加工厂。纳税筹划之后，假定饲养场销售给奶制品厂的鲜奶售价为4 000万元，其他条件不变，该公司应纳增值税税额为170万元（5 000×13%－4 000×10%－80）。由于农业生产者销售的自产农产品免征增值税，饲养场销售鲜奶并不需要缴纳增值税，因此，该公司可减轻增值税负担300万元（470－170）。

12.7.3 充分利用农产品免税政策

案例12-34

在某乡镇农村，一些农户在田头、地角栽种了大量速生材，目前，已进入砍伐期。一些农户直接出售原木，每立方米价格为200元，另一些农户则不满足廉价出售原木，自己对原木进行深加工，如将原木加工成薄板、包装箱等再出售。假设加工1立方米原木需要耗用电费6元，人工费4元，那么其出售价最低为210元。但是这个价格没有人愿意收购，深加工以后的原木反而要以比没有加工的原木更低的价格出售。请分析其中的原因并提出纳税筹划方案。

农户出售原木属免税农业产品，增值税一般纳税人收购后，可以抵扣9%的税款。因此，增值税一般纳税人收购200元的原木可抵扣18元税金，原材料成本只有182元。而农户深加工的产品出售给工厂，工厂不能计提进项税。增值税一般纳税人根据这种情况，只愿意以192元的价格收购深加工的产品（182元的原木成本加上加工所耗用的电费和人工费10元）。另外，深加工后的农产品已不属免税产品，农户还要缴纳增值税和所得税（如果达不到增值税起征点或每季度30万元，可以免征增值税）。这样，深加工的农户的最后收入反而达不到200元。在这种情况下，农户深加工农业产品是失败的，这既有不能享受税收优惠的原因，也有增值率太低的因素。

经过纳税筹划,可以采取另一种方式来避免出现以上情况,即农户将原木直接出售给工厂,工厂收购原木后雇用农户加工。通过改变加工方式,农户出售200元的原木可得收入200元,工厂雇用农户加工,6元的电费由工厂支付,还可以抵扣进项税额,工厂另外向农户支付人工费4元。这样,农户可得收入204元,比农户自行深加工增收12元(204-192),企业也可抵扣农产品的18元税款以及电费所含进项税额,使成本得以降低。

12.7.4 充分利用促进重点群体创业就业优惠政策

案例12-35

甲公司为当地有名的福利企业,安置残疾人人数达到职工总数的30%。2022年度,甲公司计划再招收100名残疾人职工。已知当地月最低工资标准为2 000元。甲公司2022年度招用100名残疾人职工可以享受抵扣增值税税额为80万元(0.20×4×100)。

案例12-36

赵先生是自主就业退役士兵,原计划创办一家运输公司,预计年销售额为200万元,按照小规模纳税人纳税,需要缴纳增值税税额约为6万元,请提出纳税筹划方案。

赵先生可以创办个体工商户从事运输服务,这样每年可以扣减增值税税额为1.2万元,3年可以扣减增值税税额为3.6万元。

12.7.5 利用资产重组不征增值税政策

案例12-37

2009年8月25日,大连市国家税务局《关于大连金牛股份有限公司资产重组过程中相关业务适用增值税政策问题的请示》(大国税函〔2009〕193号)提供了大连金牛案例:大连金牛股份有限公司(以下简称"大连金牛")是东北特钢集团有限责任公司(以下简称"东特集团")控股子公司,于1998年7月28日成立,股本3亿元,主要经营钢冶炼、钢压延加工。

(一)大连金牛股份有限公司重组的原因

东特集团由大连金牛股份、抚顺特钢股份和北满特钢集团三大部分组成,集团除持有大连金牛40.67%的股权,还持有上市公司抚顺特钢44.88%股权、北满特钢59%的股权。大连金牛、抚顺特钢和北满特钢的经营范围都是特殊钢冶炼、特殊钢材产品压延加工业务,集团内部存在同业竞争问题。大连金牛和抚顺特钢又同为上市公司,集团内部存在多个上市公司,互相之间存在关联交易,与上市公司监管的有关规定相悖。东特集团为消除集团内部同业竞争、减少关联交易、整合内部上市公司资源,向辽宁省国有资产监督管理委员会申请进行资产重组,获国务院国有资产监督管理委员会批准，2009年5月经中国证监会批准对大连金牛实施重组。

（二）重组步骤

第一步：转让股权至中南房地产。东特集团以协议方式将持有的大连金牛9 000万股股份转让给中南房地产，股份转让价格为9.49元/股，股份转让总金额为8.54亿元，东特集团应收中南房地产8.54亿元。转让完成后，东特集团仍持有大连金牛3 223万股股份。

第二步：转让资产至东特集团。大连金牛将原生产必需的全部实物资产及负债、业务及附属于上述资产、业务或与上述资产、业务有关的一切权利和义务全部转让给东特集团。经双方协商确定本次出售资产作价为11.60亿元，东特集团以现金形式支付3.06亿元，其余部分形成大连金牛应收东特集团8.54亿元。

第三步：向中南房地产发行股份及购买资产。大连金牛以"定向增发"的形式向中南房地产发行4.78亿股股票，每股7.82元，增发股票金额37.38亿元，中南房地产以资产作价45.92亿元注入大连金牛，注入的资产作价超过增发股份金额8.54亿元。至此，东特集团出让股份给中南房地产形成的应收款8.54亿元，大连金牛整体出让全部资产及负债给东特集团形成的应收款8.54亿元，大连金牛购买中南房地产注入资产形成的应付款8.54亿元，上述往来款项通过抹账互相抵销。

第四步：东特集团成立新公司并注入资产。东特集团于2008年成立新公司——东北特钢集团大连特殊钢有限责任公司（以下简称"大连特钢"），承接大连金牛原有的全部生产经营业务。大连金牛与东特集团、大连特钢已与交割日2009年5月31日签署了《资产、负债、业务及人员移交协议》，并已向大连特钢移交全部资产、负债、业务及人员。

（三）资产转移中的会计处理

1．大连金牛将全部资产转到东特集团

（1）借：其他应收款——东特集团　　　　　　　　　　36.95

　　　贷：各项资产（包括货币资金3.06亿元）　　　　36.95

（2）借：各项负债　　　　　　　　　　　　　　　　　25.04

　　　贷：其他应收款——东特集团　　　　　　　　　25.04

调整后，大连金牛报表列示三个科目：货币资金3.06亿元、其他应收款8.84亿元（合同额为8.50亿元，差额0.34亿元，主要为近期新增利润数）、净资产1.90亿元。

2．东特集团将收回的大连金牛资产投入到大连特钢

借：长期投资——大连特钢

　　贷：长期投资——大连金牛

　　　　投资收益

　　　　应交税费——应交增值税（销项税额）

3．大连特钢收到东特集团投资

借：各项资产

　　贷：应交税费——应交增值税（进项税额）

　　　　各项负债

注：会计分录中的金额单位为亿元，因案例未给出相关数据，部分会计分录省略金额。

（四）重组过程中所涉及的资产转移如何征收增值税问题

经过上述步骤，中南房地产最终实现了"买壳上市"——东特集团将大连金牛的上市公司资格转让给了中南房地产。东特集团收回大连金牛原有的资产和生产经营业务后再全部转移至大连特钢继续经营。根据协议和审计报告，大连金牛2009年5月31日财务报表数据显示，本次资产重组涉及大连金牛资产总额36.95亿元，上述资产发生了两次转移：

一是大连金牛将原生产必需的全部实物资产及负债、业务及附着于上述资产、业务或与上述资产、业务有关的一切权利和义务全部转让给东特集团。

二是东特集团将大连金牛转让的全部资产及负债、业务及附着于上述资产、业务或与上述资产、业务有关的一切权利和义务再投资到大连特钢。在此期间东特集团对大连金牛转来资产中的部分设备进行了评估并产生增值。

企业认为，第一次资产转移是大连金牛整体转让全部资产及债权、负债、业务及附着于上述资产、业务或与上述资产、业务有关的一切权利和义务给东特集团，属于企业整体转让，不属于增值税范围，不征收增值税。

大连市国家税务局认为，大连金牛资产重组过程中的各项业务应适用如下税收政策。

1．对大连金牛将资产转让给东特集团的行为征收增值税

大连金牛将资产转移给东特集团的行为不属于《国家税务总局关于转让企业全部产权不征收增值税问题的批复》（国税函〔2002〕420号）所述的转让企业全部产权的行为，应当对其征收增值税。

2．对东特集团将资产注入大连特钢的行为视同销售征收增值税

东特集团将资产注入大连特钢的行为属于投资行为，按照《增值税暂行条例实施细则》的规定应当视同销售征收增值税。

3．对其转让资产中的固定资产按照不同时段适用税收政策

对企业资产转移过程中涉及的2004年7月1日以前购进的固定资产按照4%减半征收增值税，对其他固定资产和流动资产按照适用税率征收增值税。

《国家税务总局关于纳税人资产重组有关增值税政策问题的批复》（国税函〔2009〕585号）规定，纳税人在资产重组过程中将所属资产、负债及相关权利和义务转让给控股公司，但保留上市公司资格的行为，不属于《国家税务总局关于转让企业全部产权不征收增值税问题的批复》（国税函〔2002〕420号）规定的整体转让企业产权行为。对其资产重组过程中涉及的应税货物转让等行为，应照章征收增值税。上述控股公司将受让获得的实物资产再投资给其他公司的行为，应照章征收增值税。纳税人在资产重组

过程中所涉及的固定资产征收增值税问题，应按照《财政部 国家税务总局关于全国实施增值税转型改革若干问题的通知》（财税〔2008〕170号）、《财政部 国家税务总局关于部分货物适用增值税低税率和简易办法征收增值税政策的通知》（财税〔2009〕9号）及相关规定执行。

如果上述资产重组是2011年3月1日以后进行的，就不需要缴纳增值税了。

案例12-38

甲上市公司准备与乙公司进行资产互换，甲公司名下的所有资产和负债均转移给乙公司，乙公司名下的全部资产和负债转移给甲公司，双方互不支付差价。已知，甲公司名下的货物正常销售额为5 000万元，乙公司名下的货物正常销售额为4 000万元，适用增值税税率为13%。甲公司与乙公司原计划各自按照资产销售的方式来进行税务处理，请对甲公司与乙公司的交易提出纳税筹划方案。

如果按普通资产销售来进行税务处理，不考虑其他税费，仅销售货物部分就需要计算增值税销项税税额1 170万元〔（5 000＋4 000）×13%〕。

如果甲公司和乙公司在资产重组的框架下开展资产置换，置换的范围增加债权、债务和劳动力，并按照相关规定将资产重组方案等文件资料报其主管税务机关，则可以享受货物转让不征收增值税的优惠政策，免于计算增值税销项税税额1 170万元。

案例12-39

甲公司准备与乙公司进行资产互换，其中涉及的不动产、土地使用权转让以及机器设备等转让的销售额约为1亿元，大约需要缴纳增值税税额为400万元，请提出纳税筹划方案。

甲公司和乙公司将简单的资产互换设计为资产置换，不仅将全部实物资产互换，其中所涉及的债权、负债和劳动力也一并互换。这样，其中所涉及的货物转让、不动产转让和土地使用权转让均不征收增值税。通过纳税筹划，甲公司和乙公司可减轻增值税负担约400万元。

案例12-40

甲公司计划使用部分不动产、土地使用权、货物等实物出资，成立一家全资子公司，其中所涉及的不动产销售额为2 000万元，土地使用权销售额为1 000万元，请为甲公司提出纳税筹划方案。

如果采取实物出资的方式设立子公司，则应计算增值税销项税税额为270万元〔（2 000＋1 000）×9%〕。如果在资产重组的框架中，采取公司分立的方式设立一家新公司，将相关资产及债权、债务和人员转移至新设立的公司，可以免纳增值税。

12.7.6 利用免税亲属转赠住房

案例12-41

王女士想为自己的儿子在北京购买一套住房,由于他们均无北京户籍,而在北京缴纳社保和个人所得税的时间刚满4年,不具备在北京购买住房的资格。王女士便以其哥哥(具有北京户籍)的名义在北京购房,1年之后,等自己与儿子具备在北京买房资格后再过户到儿子名下。假设所涉住房购买时的价款为300万元,过户到王女士儿子名下时的市场价格为500万元,该套住房过户时,王女士的哥哥需要缴纳增值税税额为23.81万元[500÷(1+5%)×5%],需要缴纳城市维护建设税、教育费附加和地方教育附加税额为2.86万元[23.81×(7%+3%+2%)];王女士的儿子需要缴纳契税税额为14.29万元[500÷(1+5%)×3%],需要缴纳个人所得税税额为92.38万元[(500-23.80-14.29)×20%],合计税收负担为133.34万元(23.81+2.86+14.29+92.38)。

王女士的哥哥可以将房产先赠与王女士,由于两者是兄妹关系,根据现行税收政策,可以免征增值税和个人所得税。在过户时,王女士需要缴纳契税税额为14.29万元[500÷(1+5%)×3%]。随后,王女士可以再将住房赠与自己的儿子,由于两者是母子关系,根据现行税收政策,可以免征增值税和个人所得税,在过户时,王女士的儿子需要缴纳契税税额为14.29万元[500÷(1+5%)×3%],合计税收负担为28.58万元(14.29+14.29)。通过纳税筹划,王女士及其家人可减轻税收负担104.76万元(133.34-28.58)。

12.7.7 利用赡养关系赠与住房免税政策

案例12-42

李先生准备将一套市场价格为200万元的住房赠与侄子,原本希望通过自己的弟弟转赠,但自己的弟弟已经在一场车祸中去世,无法转赠。如果直接赠与,由于李先生持有该房产的时间不足2年,李先生需要缴纳增值税税额为9.52万元[200÷(1+5%)×5%],需要缴纳城市维护建设税、教育费附加和地方教育附加税额为1.14万元[9.52×(7%+3%+2%)];李先生的侄子需要缴纳契税税额为5.71万元[200÷(1+5%)×3%],需要缴纳个人所得税税额为36.95万元[(200-9.52-5.71)×20%],合计税收负担为53.32万元(9.52+1.14+5.71+36.95)。

李先生可以到当地乡镇政府或者街道办开具自己与侄子具有抚养或者赡养关系的证明,持该证明到税务机关办理免征增值税和个人所得税手续。在赠与过户时,李先生的侄子需要缴纳契税税额为5.71万元[200÷(1+5%)×3%]。通过纳税筹划,李先生及其家人可减轻税收负担47.61万元(53.32-5.71)。

12.7.8 利用遗赠住房免税政策

案例12-43

赵先生夫妻感情不和，事实上已经分居多年，由于各种原因，赵先生暂时无法办理离婚手续。在分居期间，赵先生与李女士共同生活在一起，李女士在赵先生生病期间悉心照料赵先生，赵先生准备将属于自己个人的一套住房赠与李女士，如果直接赠与，赵先生需要缴纳增值税、城市维护建设税、教育费附加和地方教育附加，李女士需要缴纳契税和个人所得税。请提出纳税筹划方案。

赵先生可以先将该套住房的永久居住权赠与李女士，并办理赠与公证，同时立下遗嘱，在自己去世以后将该套房产遗赠给李女士，也办理遗嘱公证。这样，在赵先生生前，李女士可以一直使用该套住房。在赵先生去世之后，可以持公证遗嘱办理过户手续，在过户时，李女士只需要缴纳契税。

12.7.9 持有满2年后再转让住房

案例12-44

吴先生2020年1月10日在南京市区购买了一套普通住房，总价款为400万元。2021年7月1日，吴先生准备将该套住房以500万元的价格转让给他人。如果此时转让，需要缴纳增值税税额为23.81万元［500÷（1+5%）×5%］，需要缴纳城市维护建设税、教育费附加和地方教育附加税额为2.86万元［23.81×（7%+3%+2%）］，合计税收负担为26.67万元（23.81+2.86）。

如果吴先生能够再持有房产一段时间，在2022年1月10日以后进行房产过户，此时，吴先生已经持有该套房产满2年，可以免征增值税，减轻税收负担26.67万元（暂时不考虑个人所得税负担）。

12.7.10 通过抵押贷款延迟办理房产过户

案例12-45

刘先生2020年1月10日在北京市区购买了一套普通住房，总价款为480万元。2021年7月1日，刘先生因急需用钱，准备将该套住房以500万元的价格转让给他人。如果此时转让，需要缴纳增值税税额为23.81万元［500÷（1+5%）×5%］，需要缴纳城市维护建设税、教育费附加和地方教育附加税额为2.86万元［23.81×（7%+3%+2%）］，合计税收负担26.67万元（23.81+2.86）。

由于刘先生急需用钱，此时已经无法等到持有满2年再销售住房了，为了享受满2年免增值税的政策，刘先生可以先实际销售住房，等待满2年后再办理房产过户手续。首先，为保证购房者的利益并预防刘先生未来再将住房销售给他人或者不办理房产过户手续，双方可以签订一个抵押借款协议。刘先生向购房者借款500万元，以该套住房作为抵押，并办理抵押登记。这样，不经过购房者同意，刘先生是不可能再将住房销售给他人的。其次，刘先生与购房者签订一个购买该套住房的协议，协议约定住房办理过户的日期为2022年1月10日，如果刘先生拖延办理住房过户手续，可以约定每拖延一日支付一定数额的违约金，如果刘先生拒绝办理住房过户手续，可以约定一个比较高的违约金，这样就可以预防刘先生再以高价将住房出售给他人。通过上述筹划，刘先生可以减轻税收负担26.67万元（暂时不考虑个人所得税负担）。

12.7.11 将资产转让转变为股权转让

案例12-46

甲公司准备将一些无形资产、不动产和货物转让给乙公司，但该行为并不符合资产重组的定义。经初步核算，上述资产转让的应税销售额约为2 000万元，需要缴纳增值税税额约为100万元。请提出纳税筹划方案。

股权转让不征收增值税。甲公司可以分立为甲公司和A公司，将这些准备转让的无形资产、不动产和货物划入A公司，然后由A公司的股东将A公司的股权转让给乙公司，可以免纳增值税税额约100万元。未来，如果乙公司不想保留A公司，可以通过资产重组与A公司合并，此时发生的资产转让行为也不征收增值税。

12.7.12 利用学生勤工俭学免税优惠

案例12-47

甲教育公司（以下简称甲公司）从各高校聘请了大量本科生和研究生提供教育服务，原经营模式：由甲公司与客户签订合同，甲公司收取费用后向其聘请的学生发放劳务报酬。由于甲公司为营改增一般纳税人，适用税率为6%。甲公司年含税销售额为1 000万元，可以抵扣的进项税额为2万元，实际缴纳增值税税额为54.60万元［1 000÷（1＋6%）×6%－2］，已知发放给学生的劳务费为700万元，请提出纳税筹划方案（征收率按3%计算）。

甲公司将上述由本公司提供教育服务的经营模式改为中介服务模式，即由其聘请的学生以勤工俭学的形式直接与客户签订合同，提供教育劳务，原由甲公司向学生发放的劳务报酬改由客户直接支付给学生，甲公司以中介服务的身份收取一定的服务费。假设经营效益不发生变化，则甲公司可以取得含税服务费300万元（1 000－700），实际缴纳增值税税额为14.98万元［300÷（1＋6%）×6%－2］。通过纳税筹划，甲公司可少缴纳增值税39.62万元（54.60－14.98）。

如果甲公司年销售额一直保持在500万元以下，也可以考虑以小规模纳税人的身份缴纳增值税，这样实际缴纳的增值税税额为8.74万元［300÷（1+3%）×3%］，税负更轻。如果甲公司的股东设立更多公司来承接该项业务，每家公司每季度销售额保持在45万元以下，则可以免征增值税。

12.7.13 利用残疾人提供服务免税优惠

案例12-48

王先生为残疾人员，由于掌握了一门特殊手艺，其提供的服务很受社会欢迎。王先生计划创办一家公司提供生活服务，预计年含税销售额为600万元，可以抵扣的进项税税额为2万元，实际缴纳增值税税额为31.96万元［600÷（1+6%）×6%-2］，请提出纳税筹划方案。

王先生虽然是残疾人，但其创办的公司不能享受免征增值税的优惠，因此，王先生应当注销公司，或者将该公司专业从事其他经营，由王先生本人为社会提供服务，假设其年销售额不发生变化，则每年可以少纳增值税31.96万元。

12.7.14 利用家政服务优惠进行纳税筹划

案例12-49

甲家政服务公司为营改增一般纳税人，年销售额为1060万元，适用税率为6%，可以抵扣的进项税税额为10万元，实际缴纳增值税税额为50万元［1060÷（1+6%）×6%-10］，请提出纳税筹划方案。

甲家政服务公司转型为由员工制家政服务员提供家政服务，由此取得的收入可以享受免征增值税的优惠，每年可以少缴纳增值税50万元。

12.7.15 利用应收未收利息税收优惠

案例12-50

某农村信用社每年产生的自结息日超过90天后发生的应收未收利息有5000万元，其中有相当一部分是无法收回的，按照之前的营业税政策，需要缴纳营业税及其附加280万元［5000×5%×（1+7%+3%+2%）］。

按照2016年5月1日以后的政策，上述5000万元应收未收利息可以暂时不缴纳增值税，待实际收到利息时再缴纳增值税。这样其就可以为其节省一大笔税款支出，同时取得了延期纳税的利益。

12.7.16 利用个人买卖金融商品免税优惠

案例12-51

张先生计划成立一家公司从事外汇、有价证券、非货物期货和其他金融商品买卖业务，预计年应税销售额约1 000万元，需要缴纳增值税税额约为50万元。请提出纳税筹划方案。

张先生可以成立一家个体工商户从事上述金融商品买卖业务，这样就可以免缴增值税，每年可以减轻增值税负担约50万元。

12.7.17 利用国际货物运输代理服务免税优惠

案例12-52

甲公司主要提供国际货物运输代理服务，年销售额约为2 000万元，由于其部分费用未通过金融机构进行结算，无法享受免征增值税的优惠，需要缴纳增值税约为60万元。请提出纳税筹划方案。

甲公司提供国际货物运输代理服务，本来可以享受免征增值税优惠，只是由于其部分收入并未通过金融机构进行结算而无法享受，因此，其可以通过加强财务管理，严格要求所有免税收入均通过金融机构进行结算，这样就可以享受免征增值税的优惠，每年减轻增值税负担约60万元。

12.7.18 利用管道运输税收优惠

案例12-53

甲公司主要提供管道运输服务，由于适用9%的增值税税率，且进项税额相对较少，其增值税实际税负达到了6%，请提出纳税筹划方案。

甲公司对管道运输服务单独核算，可以享受增值税实际税负超过3%的部分实行增值税即征即退政策，这样，其增值税税负就可以从6%降低为3%。

12.8 农产品的纳税筹划

《财政部　国家税务总局关于简并增值税税率有关政策的通知》（财税〔2017〕37号）等规定，纳税人购进农产品，从按照简易计税方法依照3%的征收率计算缴纳增值税的小规模纳税人取得增值税专用发票的,以增值税专用发票上注明的金额和扣除率计算进项税额。从批发、零售环节购进适用免征增值税政策的蔬菜、部分鲜活肉蛋而取得的普通发票,不得作为计算抵扣进项税额的凭证。因而,一般纳税人从小规模纳税人处购进流通环节免税的农产品就有了筹划空间。

实务中,从事农产品批发、零售的小规模纳税人销售的部分鲜活肉蛋产品,客户中既有需要开具增值税专用发票的一般纳税人,也有只要求开具增值税普通发票的小规模纳税人。这种情况下,该纳税人是否可以根据客户的需求,部分业务选择享受免税权,部分业务选择放弃免税权?

答案是否定的。

《财政部 国家税务总局关于增值税纳税人放弃免税权有关问题的通知》(财税〔2007〕127号)

纳税人一经放弃免税权,其生产销售的全部增值税应税货物或劳务均应按照适用税率征税,不得选择某一免税项目放弃免税权,也不得根据不同的销售对象选择部分货物或劳务放弃免税权。

因此,纳税人对所经销的鲜活肉蛋产品或者全部放弃免税权,或者全部享受免税权,没有其他选择。

《中华人民共和国增值税暂行条例实施细则》(2011年10月28日财政部令第65号第二次修订并发布)

第三十六条 纳税人销售货物或者应税劳务适用免税规定的,可以放弃免税,依照条例的规定缴纳增值税。放弃免税后,36个月内不得再申请免税。

纳税人新签合同需要放弃免税权,势必造成其他供应合同也放弃免税权,这显然对纳税人不利,怎么解决?可以新注册一个经营鲜活肉蛋的企业,将免税业务和放弃免税的业务分解到不同的公司里去,一个公司享受免税政策,一个公司放弃免税权,充分满足客户需求,实现利益最大化。当然,这也要求该纳税人相关业务必须严格核算,不能混淆,避免给自身带来涉税问题。

12.9 农产品的纳税筹划之案例解读

案例12-54

小规模纳税人A收购农户的鸭蛋,销售给一般纳税人B食品厂,B加工成咸鸭蛋和松花蛋等对外销售。A可以享受免征增值税政策开具普通发票,也可以放弃免税依照3%的征收率,申请代开增值税专用发票。由于A不是农业生产单位,其销售的鸭蛋不适用自产自销农产品免征增值税政策。

《财政部 国家税务总局关于免征部分鲜活肉蛋产品流通环节增值税政策的通知》(财税〔2012〕75号)

对从事农产品批发、零售的纳税人销售的部分鲜活肉蛋产品免征增值税。免征增值税的鲜活蛋产品,指鸡蛋、鸭蛋、鹅蛋,包括鲜蛋、冷藏蛋以及对其破壳分离的蛋液、蛋黄和蛋壳。

因此,A可以享受批发、零售环节部分鲜活肉蛋产品免征增值税的税收优惠。

假设2019年11月A销售10 000元鸭蛋给B,B加工成咸鸭蛋和松花蛋当月全部销售,不含税销售收入20 000元。

通常情况下,A销售鸭蛋享受免征增值税优惠,开具普通发票给B,B取得A开具的普通发票不能抵扣进项,其销项税额为:20 000×10%=2 000(元)。A、B缴纳增值税合计为2 000元。

如果A放弃免税,不含税价仍是10 000元,需缴纳增值税300元,价税合计10 300元,可以申请代开增值税专用发票。

(1)与享受免税优惠相比,A基本没有变化。

(2)B向A支付10 300元,取得A代开的专用发票,可以按专用发票上的金额10 000元,适用10%的扣除率,计算抵扣进项额=10 000×10%=1 000(元)。应缴纳增值税=2 000−1 000=1 000(元)。B食品厂多付了300元,B应纳税额减少了1 000元,差额:1 000−300=700(元)。

(3)消费者承担的增值税仍然是2 000元,A、B缴纳增值税合计为300+1 000=1 300(元),分别由A和B缴纳,差额部分的700元属于税收政策红利。

（4）A可以与B展开价格谈判，共同分享700元政策红利，比如，A销售给B的鸭蛋可以提高价格，实现双赢。从小规模纳税人购入农产品取得专用发票，现行政策允许低征高扣（征3%，扣10%），差额700元（1 000－300）就是食品厂B享受的税收政策红利。B食品厂因为享受了政策红利，可以适当降低松花蛋的销售价格，既提高了竞争力，同时让利给消费者；小规模纳税人A在提高售价的同时，有条件提高从农户收购鸭蛋的价格，让利于农户，收购质量更好的鸭蛋，提高竞争力。可见，一般纳税人自流通环节小规模纳税人外购进农产品，用于应税项目的，上游小规模纳税人放弃流通环节免税政策并申请代开专用发票，可以享受政策红利，实现多赢和良性循环。

13

全角度筹划企业所得税

> 只有对汇算清缴全面理解，才能对企业所得税进行无死角的筹划。企业在各个阶段都需要对企业所得税进行纳税筹划。

13.1 汇算清缴相关的财税政策

13.1.1 税前扣除政策

（1）职工教育经费扣除政策。为鼓励企业加大职工教育投入，提升人力资本质量，财政部、国家税务总局联合发布《关于职工教育经费税前扣除政策的通知》（财税〔2018〕51号），明确自2018年1月1日起，对企业发生的职工教育经费支出，不超过工资薪金总额8%的部分，准予在计算企业所得税应纳税所得额时扣除；超过部分，准予在以后年度结转扣除。自此，职工教育经费税前扣除政策已由之前的一般企业不超过工资薪金总额2.5%，经认定的技术先进型服务企业、高新技术企业等不超过8%，转变为所有企业均提高至不超过8%扣除的普惠性政策。

（2）责任保险费扣除政策。为分散企业经营风险，促进社会和谐稳定，国家税务总局发布《关于责任保险费企业所得税税前扣除有关问题的公告》（国家税务总局公告2018年第52号），明确自2018年度企业所得税汇算清缴起，企业参加雇主责任险、公众责任险等责任保险，按照规定缴纳的保险费，准予在企业所得税税前扣除。

（3）企业所得税税前扣除凭证管理办法。真实性原则是判定企业所得税税前扣除的基本原则，包括发票在内的相关凭证则是证明支出真实发生的直接证据，因而扣除凭证在税前扣除管理中具有重要地位。随着全面推开营改增，增值税的抵扣链条全线贯通，增值税发票管理实现了质的提升，为税种间协同管理创造了条件，也为规范税前扣除凭证管理带来了契机。为进一步规范税收执法，《国家税务总局关于发布〈企业所得税税前扣除凭证管理办法〉的公告》（国家税务总局公告2018年第28号，以下简称《办法》），对税前扣除凭证的概念、适用范围、基本原则、凭证种类、基本情形的税务处理、特殊情形的税务处理等进行了明确。

《办法》明确内部凭证、收款凭证、分割单等也可以作为税前扣除凭证，但不合规发票、不合规其他外部凭证不得作为税前扣除凭证。针对企业应取得而未取得外部凭证或者取得不合规外部凭证的情形，应当在当年度汇算清缴期结束前要求对方补开、换开发票或者其他外部凭证，但也对一些无法补开、换开发票的特殊情形规定了补救措施，即因对方注销、撤销、依法被吊销营业执照、被税务机关认定为非正常户等特殊原因无法补开、换开发票或者其他外部凭证的，可凭《办法》第十四条规定的相关资料证明支出的真实性，相关支出允许扣除。以上规定充分体现了税前扣除管理实践中遵循的实质与形式并重、聚焦交易真实性的原则。

13.1.2 亏损弥补政策

为降低科技创新成本，鼓励科技资本投入和资本积累，财政部、国家税务总局联合发布《关于延长高新技术企业和科技型中小企业亏损结转年限的通知》（财税〔2018〕76号），明确自2018年1月1日起，当年具备高新技术企业或科技型中小企业资格（以下统称"资格"）的企业，其具备资格年度之前5个年度发生的尚未弥补完的亏损，准予结转以后年度弥补，最长结转年限由5年延长至10年。为确保政策有效落实，国家税务总局印发《关于延长高新技术企业和科技型中小企业亏损结转弥补年限有关企业所得税处理问题的公告》（国家税务总局公告2018年第45号），就具体执行口径等进行了明确：一是具备资格年度之前5年的亏损，是指当年具备资格的企业，其前5个年度无论是否具备资格所发生的尚未弥补完的亏损。二是具备资格年度的确定方法，分别以高新技术企业证书注明的有效期所属年度、科技型中小企业入库登记编号注明的年度确定具备资格年度。三是明确企业重组亏损结转弥补年限，合并企业承继被合并企业尚未弥补完的亏损的结转年限，按照被合并企业的亏损结转年限确定；分立企业承继被分立企业尚未弥补完的亏损的结转年限，按照被分立企业的亏损结转年限确定。四是该政策由企业自行计算申报享受，无须向税务机关申请审批或办理备案手续。

13.1.3 税收优惠政策

13.1.3.1 集成电路生产企业优惠政策

为助力集成电路产业高质量发展，提升电子信息产业竞争力，财政部、国家税务总局等四部委联合发布《关于集成电路生产企业有关企业所得税政策问题的通知》（财税〔2018〕27号，以下简称新27号文件），与财政部和国家税务总局联合发布的《关于进一步鼓励软件产业和集成电路产业发展企业所得税政策的通知》（财税〔2012〕27号，以下简称原27号文件）相比，主要有以下几点变化：

（1）优惠范围涵盖面有收窄趋势。原27号文件规定的优惠范围涵盖集成电路生产企业和集成电路设计企业。其后，财政部、税务总局等四部委发出《关于进一步鼓励集成电路产业发展企业所得税政策的通知》（财税〔2015〕6号，以下简称6号文件），将优惠范围扩展到集成电路封装、测试企业以及集成电路关键专用材料生产企业、集成电路专用设备生产企业。而新27号文件规定的优惠范围只针对集成电路生产企业。那么，2018年1月1日后新成立的集成电路设计企业、集成电路封装、测试企业、集成电路关键专用材料生产企业以及集成电路专用设备生产企业，是否还能享受优惠，需要等待有关部门的进一步明确。

当然，原有的优惠政策仍在继续生效。根据6号文件规定，2017年12月31日前成立的集成电路封装、测试企业以及集成电路关键专用材料生产企业、集成电路专用设备生产企业，"2017年前未实现获利的，自2017年起计算优惠期，享受至期满为止"。这些企业2018年及之后年度还可能在"两免三减半"优惠期限内。根据新27号文件规定，2017年12月31日前设立但未获利的集成电路线宽小于0.25微米或投资额超过80亿元，且经营期在15年以上的集成电路生产企业，自获利年度起第一年至第五年免征企业所得税，第六年至第十年按照25%的法定税率减半征收企业所得税，并享受至期满为止。2017年12月31日前设立但未获利的集成电路线宽小于0.8微米（含）的集成电路生产企业，自获利年度起第一年至第二年免征企业所得税，第三年至第五年按照25%的法定税率减半征收企业所得税，并享受至期满为止。

但是，原27号文件规定，新办集成电路设计企业经认定后，在2017年12月31日前自获利年度起计算优惠期，第一年至第二年免征企业所得税，第三年至第五年按照25%的法定税率减半征收企业所得税，并享受至期满为止。如果2017年仍未获利，若无新的优惠政策出台，则应自2018年起按25%税率缴纳企业所得税，不再"两免三减半"。

（2）优惠主体由生产企业扩展为生产企业或项目。原27号文件表述中，优惠主体为"集成电路生产企业"；而新27号文件的表述中，优惠主体为"2018年1月1日后投资新设的集成电路生产企业或项目"。也就是说，即使企业不是专门生产集成电路的，还生产其他产品，只要集成电路生产项目是2018年1月1日后投资新设的，该项目同样可以单独享受企业所得税优惠。

（3）优惠条件有变。不再要求经过认定。原27号文件规定，集成电路生产企业要经过认定；而新27号文件则没有"经认定后"的表述。

研发费用占比指标要求降低。原27号文件规定，集成电路生产企业符合6个条件，包括大学专科以上学历的职工人数占比、研究开发人员占比、研究开发费用比、境内研究开发费用占比、集成电路制造销售（营业）收入占比等硬性指标，其中，研究开发费用总额占企业销售（营业）收入（主营业务收入与其他业务收入之和）总额的比例不低于5%；而新27号文件将这一指标改为2%。

用工灵活性要求放宽。原27号文件规定，集成电路生产企业具有劳动合同关系且具有大学专科以上学历职工人数占企业月平均职工总人数的比例不低于40%；新27号文件调整为"具有劳动合同关系或劳务派遣、聘用关系"。

对技术含量及经营期要求更高。原27号文件将集成电路生产企业分为两类：第一类为线宽小于0.8微米；第二类为线宽小于0.25微米或投资额超过80亿元。第二类又分两种：经营期不满15年；经营期在15年以上。因此，实际上是分成了三类。而新27号文件则将集成电路生产企业或项目分为两类：第一类为线宽小于130纳米，且经营期在10年以上；第二类为线宽小于65纳米或投资额超过150亿元，且经营期在15年以上。按1微米=1 000纳米换算，对集成电路生产企业的技术要求更高了。同时，新27号文件也增加了经营期的要求。

（4）优惠内容精简。优惠由三档变两档。原27号文件规定了集成电路生产企业三类优惠："两免三减半""五免五减半""减按15%的税率征收企业所得税"；而新27号文件取消了"减按15%的税率征收企业所得税"。

生产设备折旧优惠有调整。原27号文件规定，集成电路生产企业的生产设备，其折旧年限可以适当缩短，最短可为3年（含）。新27号文件没有提及加速折旧。因此，对于2018年1月1日后新成立集成电路生产企业，生产设备折旧适用《关于完善固定资产加速折旧企业所得税政策的通知》（财税〔2014〕75号）规定，对生物药品制造业，专用设备制造业，铁路、船舶、航空航天和其他运输设备制造业，计算机、通信和其他电子设备制造业，仪器仪表制造业，信息传输、软件和信息技术服务业等6个行业的企业2014年1月1日后新购进的固定资产，可缩短折旧年限或采取加速折旧的方法。最低折旧年限不得低于《中华人民共和国企业所得税法实施条例》第六十条规定折旧年限（10年）的60%。因此，企业多了一点选择余地，既可以选择缩短折旧年限，也可以选择加速折旧。

（5）优惠资格易保留。原27号文件对违规企业有取消优惠资格的规定，企业若存在"在申请认定过程中提供虚假信息的；有偷、骗税等行为的；发生重大安全、质量事故的；有环境等违法、违规行为，受到有关部门处罚的"四种情况之一，即要取消税收优惠资格，并补缴已减免的企业所得税税款。后来，财政部、国家税务总局等四部委发出《关于软件和集成电路产业企业所得税优惠政策有关问题的通知》（财税〔2016〕49号，以下简称49号文件），该规定停止执行。

因此，新27号文件没有沿用原27号文件的规定，而强调按49号文件第二条执行。这就意味着企业优惠资格更易保留。假设企业有涉税违法违规行为，被依法追缴税款并予以处罚，并不会轻易取消其企业所得税优惠资格。如果企业发生重大安全、重大质量事故或严重环境违法行为，根据49号文件规定，企业在该汇算清缴年度不符合优惠条件，不能享受企业所得税优惠。但由于没有取消其优惠资格，企业以后年度仍然可以享受优惠。

13.1.3.2 研究开发费用税前加计扣除政策

为鼓励企业进一步加大研发投入力度，提高全要素生产率，财政部、国家税务总局、科技部联合印发《关于提高研究开发费用税前加计扣除比例的通知》（财税〔2018〕99号），将企业研发费用税前加计扣除比例75%的政策由科技型中小企业扩大至所有企业，明确企业开展研发活动中实际发生的研发费用，未形成无形资产计入当期损益的，在按规定据实扣除的基础上，在2018年1月1日至2020年12月31日期间，再按照实际发生额的75%在税前加计扣除；形成无形资产的，按照无形资产成本的175%在税前摊销。

《财政部 税务总局关于延长部分税收优惠政策执行期限的公告》（财政部 税务总局公告2021年第6号）文件规定：

《财政部 税务总局关于设备器具扣除有关企业所得税政策的通知》（财税〔2018〕54号）等16个文件规定的税收优惠政策凡已经到期的，执行期限延长至2023年12月31日。

13.1.3.3 委托境外研发费用税前加计扣除政策

为更好利用境外研发优势资源，提高科技创新活力和国际竞争力，财政部、国家税务总局、科技部联合发布《关于企业委托境外研究开发费用税前加计扣除有关政策问题的通知》（财税〔2018〕64号），明确自2018年1月1日起，取消企业委托境外研发费用不得加计扣除的限制：一是明确企业按照委托境外研发按费用实际发生额的80%计入委托方的委托境外研发费用。同时，借鉴《高新技术企业认定管理办法》对境外研发费用的比例限制条件，明确企业委托境外研发费用不超过境内符合条件的研发费用2/3的部分可按规定加计扣除。二是与现行委托境内研发要经科技部门登记合同类似，明确委托境外研发应签订技术开发合同，并由委托方到科技部门进行登记。三是与国家税务总局新修订的《企业所得税优惠政策事项办理办法》衔接，要求企业在年度申报享受优惠时按规定办理有关手续，并明确了需留存备查的资料。四是明确委托境外研发活动不包括委托境外个人进行的研发活动。

13.1.3.4 固定资产一次性税前扣除政策

为加快企业固定资产成本补偿，促进企业设备更新和技术进步，财政部、国家税务总局先后联合下发《关于完善固定资产加速折旧企业所得税政策的通知》（财税〔2014〕75号）、《关于进一步完善固定资产加速折旧企业所得税政策的通知》（财税〔2015〕106号）等文件，明确六大行业和四个领域重点行业企业新购进的固定资产允许加速折旧，并明确了3种可以一次性税前扣除的固定资产情形，即上述行业小型微利企业新购进的研发和生产经营共用的单位价值不超过100万元的仪器、设备；所有行业企业新购进的专门用于研发的单位价值不超过100万元的仪器、设备；所有行业企业持有的单位价值不超过5 000元的固定资产。

为进一步引导企业加大资本投入和设备更新力度，更好地通过"加速折旧"方式实现递延纳税效果，财政部、国家税务总局联合印发《关于设备 器具扣除有关企业所得税政策的通知》（财税〔2018〕54号），明确企业自2018年1月1日至2020年12月31日，新购进的单位价值不超过500万元的设备、器具，允许一次性计入当期成本费用在计算应纳税所得额时扣除。

国家税务总局发布《关于设备 器具扣除有关企业所得税政策执行问题的公告》（国家税务总局公告2018年第46号），明确了"设备、器具"等相关概念、购入时点、一次性税前扣除时点、税会处理和相关管理要求。

为进一步支持小微企业、科技创新和相关社会事业发展，《财政部 税务总局关于延长部分税收优惠政策执行期限的公告》（财政部 税务总局公告2021年第6号），将执行期限延长至2023年12月31日。

13.1.3.5 创业投资企业优惠政策

为进一步落实创新驱动发展战略，国务院常务会议决定，将已在8个全面创新改革试验地区和苏州工业园区试点的创业投资企业和天使投资个人投向种子期、初创期科技型企业，按投资额的70%抵扣应纳税所得额的优惠政策推广到全国。据此，财政部、国家税务总局联合印发《关于创业投资企业和天使投资个人有关税收政策的通知》（财税〔2018〕55号），明确创投企业采取股权投资方式直接投资于种子期、初创期科技型企业，公司制创投企业可按投资额的70%抵扣该企业的应纳税所得额，有限合伙制创投企业的法人合伙人可按投资额的70%抵扣从合伙创投企业分得的所得；当年不足抵扣的，可以在以后纳税年度结转抵扣。国家税务总局发布《关于创业投资企业和天使投资个人税收政策有关问题的公告》（国家税务总局公告2018年第43号），对政策执行口径、办理程序、相关资料及其他管理要求进行了明确。

13.1.3.6 小型微利企业所得税优惠政策

为进一步支持小微企业和个体工商户发展，财政部、国家税务总局联合印发《财政部 税务总局关于实施小微企业和个体工商户所得税优惠政策的公告》（财政部 税务总局公告2021年第12号）和《财政部 税务总局关于进一步实施小微企业所得税优惠政策的公告》（财政部 税务总局公告2022年第13号），再次扩大小型微利企业减半征收企业所得税优惠政策范围，2021年1月1日至2022年12月31日，对小型微利企业年应纳税所得额不超过100万元的部分，减按12.5%计入应纳税所得额，按20%的税率缴纳企业所得税；2022年1月1日至2024年12月31日，对小型微利企业年应纳税所得额超过100万元但不超过300万元的部分，减按25%计入应纳税所得额，按20%的税率缴纳企业所得税。

13.1.3.7 技术先进型服务企业（服务贸易类）优惠政策

为激励服务贸易创新，促进产业结构调整，增强我国服务业的综合竞争力，财政部、国家税务总局等五部委联合发布《关于将服务贸易创新发展试点地区技术先进型服务企业所得税政策推广至全国实施的通知》（财税〔2018〕44号），将已在15个服务贸易创新试点地区实施的技术先进性服务企业（服务贸易类）15%低税率优惠政策扩大到全国。由于2017年已将在31个服务外包示范城市实施的技术先进型服务企业（服务外包类）15%低税率优惠政策推广至全国，自此，服务贸易类与服务外包类2类技术先进性服务企业所得税优惠政策实现了统一与整合。

13.1.3.8 非营利组织免税资格认定政策

对符合条件的非营利组织的收入实施免税是促进各类非营利社会组织健康发展的重要政策支撑。财政部、国家税务总局参照国际通行做法，按照国务院行政审批制度改革等要求，对《关于非营利组织免税资格认定管理有关问题的通知》（财税〔2014〕13号）进行了较大幅度的修订和完善，发布了《关于非营利组织免税资格认定管理有关问题的通知》（财税〔2018〕13号）。其内容可概况为：一是将宗教院校纳入申请认定非营利组织免税资格的范围；二是调整完善非营利组织人员平均工资的认定条件，明确"所在地"范围，增加了"同行业同类组织"横向对比的规定；三是调整非营利组织申请认定需要报送的材料；四是完善非营利组织免税资格补办及追溯适用事项，整合细化取消免税资格的部分条款及管理规定。

13.1.3.9 安全生产专用设备企业所得税优惠政策

为进一步加大对企业安全生产投入的税收引导力度，财政部、国家税务总局、应急管理部联合下发《关于印发〈安全生产专用设备企业所得税优惠目录（2018年版）〉的通知》（财税〔2018〕84号），对安全生产专用设备企业所得税优惠目录进行调整完善，归并整合了重点行业领域，调整了部分专用设备种类，细化完善了相关指标，增强了目录的可操作性。修订后的优惠目录包括煤矿、非煤矿山、石油及危险化学品、民爆及烟花爆竹、交通运输、电力、建筑施工、应急救援设备等8个行业领域，共计89项安全生产专用设备，较2008年版优惠目录的专用设备数量增长近80%。修订后的优惠目录自2018年1月1日起实施，2008年版优惠目录同步废止。

13.1.3.10 境外投资者以分配利润直接投资暂不征收预提所得税政策

为进一步扩大开放、鼓励境外投资者在华投资，财政部、国家税务总局等四部委联合发布了《关于扩大境外投资者以分配利润直接投资暂不征收预提所得税政策适用范围的通知》（财税〔2018〕102号），明确对境外投资者从中国境内居民企业分配的利润用于境内直接投资暂不征收预提所得税政策的适用范围，由四部委联合发布的《关于境外投资者以分配利润直接投资暂不征收预提所得税政策问题的通知》（财税〔2017〕88号）所规定的外商投资鼓励类项目扩大至所有非禁止外商投资的项目和领域。国家税务总局发布《关于扩大境外投资者以分配利润直接投资暂不征收预提所得税政策适用范围有关问题的公告》（国家税务总局公告2018年第53号），对有关具体执行口径进行了明确，其中有两点值得注意：一是境外投资者将分得的利润用于补缴其在境内居民企业已经认缴的注册资本，增加实收资本或资本公积的，属于符合相关规定的情形。二是通过人民币再投资专用存款账户划转再投资资金，并在相关款项从利润分配企业账户转入境外投资者人民币再投资专用存款账户的当日，再由境外投资者的人民币再投资专用存款账户转入被投资企业或股权转让方账户的，视为符合相关规定。

13.1.4 "放管服"政策

（1）优化资产损失相关资料管理方式。2011年，国家税务总局发布《企业资产损失所得税税前扣除管理办法》（国家税务总局公告2011年第25号），规定企业税前扣除的资产损失，按其申报内容和要求的不同，可采用清单申报或专项申报形式，企业专项申报资产损失，应报送会计核算资料及其他相关的纳税资料。2018年，为优化税收营商环境，减轻企业办税负担，国家税务总局发布《关于企业所得税资产损失资料留存备查有关事项的公告》（国家税务总局公告2018年第15号），明确企业向税务机关申报扣除资产损失，仅需填报企业所得税年度纳税申报表中的《资产损失税前扣除及纳税调整明细表》，不再报送资产损失相关资料，相关资料由企业留存备查，并强调了企业对保存相关资料的法律责任。

（2）修订优惠政策事项办理办法。为进一步降低纳税人遵从成本，提高优惠事项办理效率，国家税务总局修订并重新发布了《企业所得税优惠政策事项办理办法》（国家税务总局公告2018年第23号），与修订前相比，主要有以下变化：一是简化优惠事项办理方式，明确企业所得税优惠事项全部采用"自行判别、申报享受、相关资料留存备查"的办理方式。二是更新《企业所得税优惠事项管理目录》内容，调整后共包括优惠事项69项，较原来增加14项，涵盖了当前涉及居民企业的所有主动公开的企业所得税优惠事项。三是强化留存备查资料管理，将留存备查资料分为主要留存备查资料和其他留存备查资料，明确企业应当按照规定的清单归集和整理主要留存备查资料，根据享受优惠事项的情况自行归集其他留存备查资料。跨地区经营汇总纳税企业享受优惠事项的，由总机构负责统一归集并留存相关备查资料，但是分支机构可以独立享受优惠事项的，则由分支机构负责归集并留存相关备查资料。

（3）修订企业所得税月（季）度预缴纳税申报表。为精简填报内容、全面落实政策、优化申报体验，《国家税务总局关于发布〈中华人民共和国企业所得税月（季）度预缴纳税申报表（A类）〉的公告》（国家税务总局公告2021年第3号）、国家税务总局制发《关于发布〈中华人民共和国企业所得税月（季）度预缴纳税申报表（A类，2018年版）〉等报表的公告》（国家税务总局公告2018年第26号），分别对《中华人民共和国企业所得税月（季）度预缴纳税申报表（A类，2018年版）》《中华人民共和国企业所得税月（季）度预缴和年度纳税申报表（B类，2015年版）》进行了修订：一是简化表单设置，修订后的表单数据项减少65%以上；二是优化报表结构，对有关表单中的重复行次进行归并处理，将《企业所得税汇总纳税分支机构所得税分配表》作为附表纳入申报表体系；三是完善填报内容，根据政策调整和落实优惠的需要，补充、调整了有关表单的行次内容，同时增加了预缴方式、企业类型等标识信息和附报信息内容。

（4）修订企业所得税年度纳税申报表。2017年，国家税务总局发布《中华人民共和国企业所得税年度纳税申报表（A类，2017年版）》（国家税务总局公告2017年第54号），对企业所得税年度纳税申报表进行了较大程度的修订。2018年，财税部门相继发布了多项促进实体经济发展、支持"大众创业、万众创新"的企业所得税政策。为更好落实相关政策，国家税务总局发布《关于修订〈中华人民共和国企业所得税年度纳税申报表（A类，2017年版）〉部分表单样式及填报说明的公告》（国家税务总局公告2018年第57号），对封面、《企业所得税年度纳税申报表填报表单》以及16张正式表单或填报说明进行了修订：一是为落实政策要求，对《职工薪酬支出及纳税调整明细表》等9张表单进行修订；二是为简并优化表单，对封面、《企业所得税年度纳税申报表填报表单》等4张表单相关项目进行优化、整合；三是为对接企业财务报表格式、《企业会计准则》等的调整，对3张表单的填报说明进行了局部修订。《国家税务总局关于修订企业所得税年度纳税申报表的公告》（国家税务总局公告2020年第24号）对《中华人民共和国企业所得税年度纳税申报表（A类，2017年版）》部分表单和填报说明进行修订。

（5）简化小型微利企业所得税年度纳税申报。为进一步减轻小型微利企业申报负担，国家税务总局发布《关于简化小型微利企业所得税年度纳税申报有关措施的公告》（国家税务总局公告2018年第58号），简化了《企业所得税年度纳税申报基础信息表》（A000000）的填报规则，取消了《一般企业收入明细表》等6张表单的填报要求，明确了其他表单填报规则，修订后小型微利企业所得税年度纳税申报常用表单数量减少50%，数据项减少300余项。

13.2 汇算清缴税前扣除

中国税收的一大特色就是"以票控税"。企业在境内发生的支出项目属于增值税应税项目的，且对方为已办理税务登记的增值税纳税人，其支出以发票作为企业所得税税前扣除凭证。企业未按规定取得发票的，不允许企业所得税税前扣除。但因对方注销、撤销、依法被吊销营业执照、被税务机关认定为非正常户等特殊原因而无法取得发票的，可凭有关资料证实支出真实性后，其支出允许税前扣除。

无法取得发票的有关证据资料包括：①无法取得发票原因的证明资料（包括工商注销、机构撤销、列入非正常经营户、破产公告等证明资料）；②相关业务活动的合同或者协议；③采用非现金方式支付的付款凭证；④货物运输的证明资料；⑤货物入库、出库内部凭证；⑥企业会计核算记录以及其他资料。

根据《国家税务总局关于发布〈企业所得税税前扣除凭证管理办法〉的公告》（国家税务总局公告2018年第28号）、《国家税务总局关于企业所得税若干问题的公告》（国家税务总局公告2011年第34号）、《国家税务总局关于贯彻落实企业所得税法若干税收问题的通知》（国税函〔2010〕79号）等规定，未按规定取得发票的税前扣除应注意把握以下五个时间节点：

13.2.1 企业所得税预缴期未取得发票可以税前扣除

根据《企业所得税法》及其实施条例规定，企业所得税应当按照月度或者季度的实际利润额预缴；按照月度或者季度的实际利润额预缴有困难的，可以按照上一纳税年度应纳税所得额的月度或者季度平均额预缴，或者按照经税务机关认可的其他方法预缴。纳税人选择按照当期实际利润额预缴的，在纳税人按照统一的会计制度核算的会计利润的基础上，应当调增特定业务计算的应纳税所得额（如房地产企业预计计税毛利），应当调减不征税收入和税基减免应纳税所得额、固定资产加速折旧（扣除）调减额、弥补以前应弥补的亏损。所以，企业当年度实际发生的相关成本、费用，由于各种原因未能及时取得该成本、费用的有效凭证，企业在预缴季度所得税时，可暂按账面金额进行核算。企业在季度预缴企业所得税时尚未取得发票，可以在企业所得税前扣除。

13.2.2 汇算清缴期结束前未取得发票或无法取得发票的证据资料不允许税前扣除

企业应当取得而未取得发票、其他外部凭证或者取得不合规发票、不合规其他外部凭证的，若支出真实且已实际发生，应当在当年度汇算清缴期结束前，要求对方补开、换开发票、其他外部凭证。补开、换开后的发票、其他外部凭证符合规定的，可以作为税前扣除凭证。企业在当年度《企业所得税法》规定的汇算清缴期结束前未能补开、换开符合规定的发票、其他外部凭证，并且未能按照规定提供无法取得发票的相关证据资料，相应支出不得在发生年度税前扣除，于年度企业所得税纳税申报时，应当调增应纳税所得额。

13.2.3 5年内取得发票或无法取得发票的证据资料可以追索所属年度税前扣除

企业以前年度应当取得而未取得发票、其他外部凭证，且相应支出在该年度没有税前扣除的，在以后年度取得符合规定的发票、其他外部凭证或者按照规定提供无法取得发票的相应证据资料，相应支出可以追补至该支出发生年度税前扣除，但追补年限不得超过5年。也就是说，企业超过5年后即便取得了发票或无法取得发票的证据资料，也不允许税前扣除。根据《财政部 税务总局关于延长高新技术企业和科技型中小企业亏损结转年限的通知》（财税〔2018〕76号）规定，自2018年1月1日起，当年具备高新技术企业或科技型中小企业资格（以下统称资格）的企业，其具备资格年度之前5个年度发生的尚未弥补完的亏损，准予结转以后年度弥补，最长结转年限由5年延长至10年。相应对高新技术企业或科技型中小企业资格的企业10年内取得发票或无法取得发票的证据资料可以追索所属年度税前扣除。

13.2.4 纳税人未主动调整，被税务机关检查发现未取得发票，自告知之日起60日内仍未取得发票或无法取得发票的证据资料不允许税前扣除

汇算清缴期结束后，税务机关发现企业应当取得而未取得发票、其他外部凭证或者取得不合规发票、不合规其他外部凭证并且告知企业的，企业应当自被告知之日起60日内补开、换开符合规定的发票、其他外部凭证。其中，因对方特殊原因无法补开、换开发票、其他外部凭证的，企业应当按照规定自被告知之日起60日内提供可以证实其支出真实性的相关资料。企业在规定的期限未能补开、换开符合规定的发票、其他外部凭证，并且未能按照规定提供无法取得发票的证据资料，相应支出不得在发生年度税前扣除，并且在税务机关规定的时间之后取得了发票或无法取得发票的证据资料，即便未超过5年也不允许税前扣除。

13.2.5 固定资产投入使用后由于工程款项尚未结清未取得全额发票的税前扣除

企业固定资产投入使用工程款项尚未结清未取得全额发票的，可暂按合同规定的金额计入固定资产计税基础计提折旧，待发票取得后进行调整。但该项调整应在固定资产投入使用后12个月内进行。对固定资产估价入账及其调整在会计准则上，按照《〈企业会计准则第4号——固定资产〉应用指南》的规定，已达到预定可使用状态但尚未办理竣工决算的固定资产，应当按照估计价值确定其成本，并计提折旧；待办理竣工决算后，再按实际成本调整原来的暂估价值，但不需要调整原已计提的折旧额。

《国家税务总局关于贯彻落实企业所得税法若干税收问题的通知》（国税函〔2010〕79号）

企业固定资产投入使用后，由于工程款项尚未结清未取得全额发票的，可暂按合同规定的金额计入固定资产计税基础计提折旧，待发票取得后进行调整。但该项调整应在固定资产投入使用后12个月内进行。

注意，此项规定相比《企业会计准则》规定仍有很大差异：第一，在实际投入使用时，没有全额发票的，可以先按照合同规定金额暂估入账计提折旧，但是缓冲期只有12个月，并且发票取得后还要进行纳税调整；第二，取得全额发票后，如果与暂估价格有出入的，税务处理上须进行追溯调整。该项规定很好地体现了税法上的权责发生制原则。

13.3 汇算清缴税前扣除之案例解读

企业购进货物取得收据而未取得发票,是不能在企业所得税税前扣除的,应在企业所得税汇算清缴时调增应纳税所得额。

案例13-1

A餐饮企业在2017年和2018年先后购进肉类、冻货类原材料,价款合计260余万元,取得的凭证均为销货方开具的收据,计入企业"主营业务成本"结转后计入当期损益,在年度企业所得税汇算清缴时未作纳税调整。2019年7月,某税务局稽查局对A餐饮企业的涉税情况进行检查,同年11月作出税务处理决定:责令A餐饮企业补缴企业所得税65万元,并按规定加收滞纳金。A餐饮企业因不服该处理决定以及上级税务机关的复议决定,向法院提起行政诉讼。

一审法院认为:合法有效凭证是企业税前扣除成本、费用的依据。被告稽查局与原告A餐饮企业均认可成本扣除需要合法有效凭证,但双方对于何谓"合法有效凭证"存在争议,被告稽查局认为是发票,而原告A餐饮企业认为不仅包括发票,也包括其他财务凭证。本案中存在争议的成本支出是用于购买原材料,支付的对象是我国境内的单位或个人,且上述单位或个人生产销售的原材料属于增值税应税范围,因此应当以发票作为唯一合法有效的凭证。于是法院依法判决驳回原告A餐饮企业的诉讼请求。

A餐饮企业不服一审判决提出上诉,主要理由是:其购货业务真实,并已经得到被上诉人的确认,所采购的农副产品是企业实际发生的、与取得收入有关的、合理的支出。被上诉人既然已经核准了上诉人"购货业务真实"及财务手续健全,就已经确认了上诉人的购货及支付行为是与取得收入有关的合理支出,符合"合理支出"的要件,就应当允许扣除,没有理由要求补缴企业所得税。被上诉人所称"合理支出"需要提供发票没有法律依据。

被上诉人辩称:上诉人认为购入货物只要"真实发生"即应允许在所得税前扣除,该观点与税收征收管理方面的法律、法规、规章及规范性文件的明确规定不符。法律明确规定,在计算企业成本时所依据的凭证应同时满足真实性、合法性、关联性三个条件,方能准予扣除。只有符合法律规定的合法有效凭据才可以在税前扣除,而本案中合法有效的凭据只能被认定为发票,且应是符合《发票管理办法》第十条规定的发票。

二审法院认为:根据《税收征收管理法》《发票管理办法》等的规定,虽然《企业所得税法》第八条"企业实际发生的与取得收入有关的、合理的支出,包括成本、费用、税金、损失和其他支出，准予在计算应纳税所得额时扣除",但仍不能视为"白条收据"可以按照合法、有效的票据在计算应纳税所得额时扣除。上诉人认为其以"白条收据"入账的支出是合理的实际支出，应在计算应纳税所得额时扣除的观点不能成立。于是二审法院依法判决驳回上诉，维持了稽查局的处理决定。

类似的案例有很多，争议的核心是哪些税前扣除凭证属于"合法有效凭证"，可以税前扣除。

13.3.1 税前扣除凭证

税前扣除凭证，是指企业在计算企业所得税应纳税所得额时，证明与取得收入有关的、合理的支出（成本、费用、税金、损失和其他支出）实际发生，并据以税前扣除的各类凭证。

根据税前扣除凭证的取得来源，将其分为内部凭证和外部凭证，如表13.3.1所示。

表13.3.1 内部凭证和外部凭证

根据税前扣除凭证的取得来源划分	概念	内容
内部凭证	内部凭证是指企业根据国家会计法律、法规等相关规定，在发生支出时，自行填制的用于核算支出（包括成本、费用、损失和其他支出，但不包括税金）的会计原始凭证	最常见的内部凭证包括企业支付给员工工资时所制作的工资表，发放差旅费补助、交通费补贴、通讯费补贴的自制单据，关联企业之间的广告费和业务宣传费分摊协议，以及企业自制的符合财务、会计处理规定，能直观反映成本、费用分配计算依据和发生过程的材料成本核算表（入库单、领料单、耗用汇总表等）、资产折旧或摊销表、制造费用的归集与分配表、产品成本计算单等内部原始凭证
外部凭证	外部凭证是指企业发生经营活动和其他事项时，取得的发票、财政票据、完税凭证、分割单以及其他单位、个人出具的收款凭证等。其中，发票包括纸质发票和电子发票，也包括税务机关代开的发票	最常见的外部凭证包括企业购买货物等取得的符合规定的发票，企业员工出差取得的由中国铁路总公司及其所属运输企业自行印制的铁路票据，以及企业拨缴职工工会经费后上级和基层工会组织开具的工会经费收入专用收据等

13.3.2 税前扣除凭证管理应遵循的原则

税前扣除凭证在管理中应当遵循真实性、合法性、关联性原则。

（1）真实性。真实性是指税前扣除凭证反映的经济业务真实，且支出已经实际发生。真实性是基础，若企业的经济业务及支出不具备真实性，自然就不涉及税前扣除的问题。企业应按照法律、法规等相关规定，将与税前扣除凭证相关的资料，包括合同协议、支出依据、付款凭证等留存，以备包括税务机关在内的有关部门、机构或者人员核实，用以证实税前扣除凭证的真实性。

（2）合法性。合法性是指税前扣除凭证的形式、来源符合国家法律、法规等相关规定。

（3）关联性。关联性是指税前扣除凭证与其反映的支出相关联且有证明力。

合法性和关联性是核心，只有当税前扣除凭证的形式、来源符合法律、法规等相关规定，并与支出相关联且有证明力时，才能作为企业支出在税前扣除的证明资料。

同时，还应注意与企业所得税税前扣除的权责发生制等诸项原则配合应用。

13.3.3 税前扣除凭证的税务处理

在计算应纳税所得额时作为扣除项目的依据，是税前扣除凭证的根本属性，对税前扣除凭证的税务处理非常重要。

税前扣除凭证的税务处理分为一般情形的税务处理和特殊情形的税务处理两大部分。

13.3.3.1 一般情形下税前扣除凭证的税务处理

在一般情形下税前扣除凭证的税务处理规定中，鉴于企业取得的税前扣除凭证虽然大量来自境内，但也有来自境外的，对境内发生支出的税前扣除凭证和境外发生支出的税前扣除凭证也有不同的规定。

对于从境内取得的税前扣除凭证，根据其对应的项目是否属于增值税应税范围，可分为应税项目凭证和非应税项目凭证。

（1）应税项目凭证。对于应税项目支出，原则上要求接受支出方（销售方）开具增值税发票。关于发票作为税前扣除凭证的属性，在此以前，尽管强调但从未有"必须取得发票才能在所得税税前进行扣除"的规定，以往强调的凭发票扣除，其实是对应税项目支出而言。发票从来就不是唯一的税前扣除凭证，但是发票是税前扣除的重要凭证之一。

为了减少类似上述A企业出现的争议，《企业所得税税前扣除凭证管理办法》第九条对发票这一使用最广的税前扣除凭证作出了明确规定，即以销售方是否属于办理税务登记的纳税人来划分。

发票作为税前扣除凭证的情形如表13.3.2所示。

表13.3.2 发票作为税前扣除凭证的情形

情形	内容
应当以发票作为税前扣除凭证的	企业在境内发生的支出项目属于增值税应税项目的，对方为已办理税务登记的增值税纳税人，其支出以发票（包括按照规定由税务机关代开的发票）作为税前扣除凭证
可不以发票作为税前扣除凭证的情形	对方为依法无须办理税务登记的单位或者从事小额零星经营业务的个人，其支出以税务机关代开的发票或者收款凭证及内部凭证作为税前扣除凭证，收款凭证应载明收款单位名称、个人姓名及身份证号、支出项目、收款金额等相关信息

企业在境内发生的支出项目属于增值税应税项目的，对方为已办理税务登记的增值税纳税人，但是国家税务总局对应税项目开具发票另有规定的，以规定的发票或者票据作为税前扣除凭证。比如，支付员工乘坐高铁等铁路运输费用，取得的由中国铁路总公司及其所属运输企业自行印制的铁路票据（如高铁车票）等，允许作为税前扣除凭证。

（2）非应税项目凭证。企业发生非应税项目支出时，对方为单位的，以对方开具的发票以外的其他外部凭证，如财政票据、完税凭证、收款凭证、分割单等以及特定情形开具的发票作为税前扣除凭证。对方为个人的，发生支出的企业以自制的用于成本、费用、损失和其他支出核算的会计原始凭证等内部凭证作为税前扣除凭证。

13.3.3.2 特殊情形下税前扣除凭证的税务处理

按照《企业所得税法》及其实施条例以及相关税收政策规定，企业所得税按纳税年度计算，纳税人应当自纳税年度终了之日起5个月内，进行汇算清缴，因而企业应在当年度企业所得税汇算清缴期结束前取得税前扣除凭证。

鉴于实务中在某些情形下企业可能需要补开、换开符合规定的税前扣除凭证，为了更好地维护纳税人的正当权益，《企业所得税税前扣除凭证管理办法》对纳税人补开、换开符合规定的发票、其他外部凭证等作出了特殊税务处理规定。

《国家税务总局关于发布〈企业所得税税前扣除凭证管理办法〉的公告》（国家税务总局公告2018年第28号）

第十四条 企业在补开、换开发票、其他外部凭证过程中，因对方注销、撤销、依法被吊销营业执照、被税务机关认定为非正常户等特殊原因无法补开、换开发票、其他外部凭证，可凭以下资料证实支出真实性后，其支出允许税前扣除：

（一）无法补开、换开发票及其他外部凭证原因的证明资料（包括工商注销、机构撤销、列入非正常经营户、破产公告等证明资料）；

（二）相关业务活动的合同或者协议；

（三）采用非现金方式支付的付款凭证；

（四）货物运输的证明资料；

（五）货物入库、出库内部凭证；

（六）企业会计核算记录以及其他资料。

前款第一项至第三项为必备资料。

当下，很多企业有意或无意地被拖入了问题发票的境地，特别是普通发票的取

得，就是聚焦到税前扣除的争议中来，按常规的路数，在通常没有合规发票的情形下，不得税前扣除。

《国家税务总局关于发布〈企业所得税税前扣除凭证管理办法〉的公告》（国家税务总局公告2018年第28号）

第十三条 企业应当取得而未取得发票、其他外部凭证或者取得不合规发票、不合规其他外部凭证的，若支出真实且已实际发生，应当在当年度汇算清缴期结束前，要求对方补开、换开发票、其他外部凭证。补开、换开后的发票、其他外部凭证符合规定的，可以作为税前扣除凭证。

第十四条 企业在补开、换开发票、其他外部凭证过程中，因对方注销、撤销、依法被吊销营业执照、被税务机关认定为非正常户等特殊原因无法补开、换开发票、其他外部凭证的，可凭以下资料证实支出真实性后，其支出允许税前扣除：

（一）无法补开、换开发票、其他外部凭证原因的证明资料（包括工商注销、机构撤销、列入非正常经营户、破产公告等证明资料）；

（二）相关业务活动的合同或者协议；

（三）采用非现金方式支付的付款凭证；

（四）货物运输的证明资料；

（五）货物入库、出库内部凭证；

（六）企业会计核算记录以及其他资料。

前款第一项至第三项为必备资料。

企业在无法重新取得发票的情形下，可以举证自己税前扣除的辅助凭据。当然，有一些单位本身就存在取得了不合规的发票，但没有付款的情形，这就达不到可以辅助解决的方法了。

案例13-2

某市辖区内的明月公司（化名）取得由A公司和B公司开具的6张发票，主管税务机关经审核认定这6张发票为不合规发票，告知明月公司要按照《国家税务总局关于发布〈企业所得税税前扣除凭证管理办法〉的公告》（国家税务总局公告2018年第28号，以下简称28号公告）的有关规定换开合规发票，如果不能按期换开，则需按照28号公告第十四条的规定，提供证明其有关支出真实性的资料。

明月公司在收到通知的60日内，按照28号公告第十四条的要求，向主管税务机关提交了证明其有关支出真实性的全套资料。

主管税务机关审核后发现三处疑点：

一是明月公司虽然通过支票分别转账给了A公司和B公司，但A公司和B公司都将收到的支票背书转让给了C公司。

二是A公司和B公司都在注册的当月领取发票，全部开具，于次月走逃，涉嫌虚开发票。

三是明月公司没有直接与A公司和B公司联系，与这两家公司的所有业务均通过中间人E接洽完成。

鉴于这些疑点，主管税务机关对明月公司提交的证明资料不予认可，要求其依法补缴有关交易涉及的税款和滞纳金。

争议：明月公司针对处理提出两点质疑。

明月公司不服此处理决定，很快提起行政复议。

其主要提出了两点质疑：一是明月公司按照28号公告第十四条的规定提交了证明有关支出真实性的全部资料，为何不能据此认定其支出的真实性；二是主管税务机关发现的疑点问题，能否足以推翻明月公司提供资料的真实性。

这两个问题在某市税务局引发讨论，有人还提出了"对疑点问题的举证责任应当由谁来负担"的问题。

案例分析：

上述争论实际涉及有关证明的标准和举证责任问题，需要探讨以下几个法律要点。

（1）税务机关应当按照什么标准判断企业业务的真实性。28号公告给税务机关判断企业的有关支出能否进行税前扣除提供了硬性标准，即"支出真实且已实际发生"。同时，28号公告第十四条又给税务机关提供了明确的判断标准，即如果企业因特殊原因无法补开、换开合规发票，可凭28号公告第十四条列举的资料证明其支出的真实性。如果以"支出真实且已实际发生"为实质标准，是不是只要满足28号公告第十四条列举的6项形式标准，就能认定企业"支出真实且已实际发生"？现实情况表明，经济生活复杂多样，纳税人即使提交了28号公告第十四条列举的全部资料，也不能完全证明其支出的真实性。税务机关只凭书面审查进行判断，也无法准确判定有关支出真实且已发生。所以，笔者认为不能在28号公告确定的实质标准和形式标准之间画等号。

税务机关对纳税人支出真实性的判定，是应当通过充分调查进行实质性判定，还是依据28号公告第十四条规定进行形式审查？从税务执法的角度来讲，应当坚持实质性的判断标准，即必须以确定"支出真实且已实际发生"为最终标准。

（2）对于"支出真实且已实际发生"，如何明确举证责任。适用28公告的条件为"应当取得而未取得发票"，以及"支出真实且已实际发生"。那么，"支出真实且已实际发生"的判断应当在什么阶段进行，由谁来判断呢？此处的"支出真实"应由纳税人进行主张并举证，具体标准是提供28号公告第十四条所列的资料。税务机关在收到资料后，再进行综合判断，确定交易是否真实。

28号公告第十四条可以看作对纳税人举证责任的明确，即纳税人只要按照28号文件第十四条规定提交了资料，就能证明其支出的真实性。而对于税务机关来讲，只有掌握的证据足以完全推翻纳税人提交的资料，有关否定其交易真实性的处理才可成立。这无疑加重了税务机关的举证责任。

本案中，主管税务机关对明月公司有关交易的真实性提出了三个疑点，也有相关的证据支持，但对于明月公司与A公司和B公司的交易来说，这三条证据都是间接证据，其证明力不足以推翻明月公司提交的证明资料。而由于A公司和B公司已经走逃，税务机关很难进一步搜集证据。在这种情况下，如何进一步举证，消除有关交易真实性的疑点，是一大难题。

（3）对疑点问题的举证责任应当如何分配。有人认为，既然税务机关发现了交易真实性的疑点且有证据支持，纳税人就应当对该部分疑点进行解释并提出证据证明。这里涉及举证责任分配问题。

举证责任分为"行为意义上的举证责任（主观举证责任）"和"结果意义上的举证责任（客观举证责任）"。主观举证责任，简单而言就是谁主张，谁举证；客观举证责任，则是在案件经审理后事实仍真伪不明时，何方当事人应承担对其不利的事实认定。实务中，对客观举证责任的常见误读就如上面提到的观点，认为客观举证责任会随着诉讼的进行和证据的举示，在双方当事人之间不断转移，比如就某一有争议的事实，一旦原告举示了初步证据，则客观举证责任就转移至被告，若被告无法举出足够的反证，则应作出对被告不利的事实认定。这种错误认识将客观举证责任在实务中的运行想象成了"打乒乓球"一般。而实际上，客观举证责任一般都根据实体法规范，在诉讼前就已经被"客观"地确定下来，且只能由当事人的一方承担而不会同时分配给双方，也不会在双方当事人之间发生转移。在行政诉讼法中，适用"举证责任倒置原则"，行政机关本就被赋予了更严格的举证责任，关于行政复议中的举证责任，也可以借用行政诉讼的举证责任分配理论来判断实践中的问题。

从28号公告规定来看，对交易真实性的举证责任是由纳税人承担的，但是这种举证责任又作了进一步的明确，即提供第十四条所列资料即视为纳税人完成了举证责任。对税务机关来说，如果要推翻纳税人提交的资料，就要对有关交易的非真实性承担举证责任。只有在税务机关提交的证据足以推翻纳税人提交资料真实性的情况下，举证责任才会发生转移，否则税务机关就要对举证不能承担不利后果。

28号公告适用中，纳税人如果无法补开、换开合规发票，则要对其"支出真实且已实际发生"承担证明责任。但对于纳税人来说，这一证明责任是有具体标准和形式可循的，即提供28号公告第十四条列举的资料即可。而对于税务机关而言，审核纳税人提交的资料，则应当坚持实质证明标准，即"支出真实且已实际发生"。只有在税务机关搜集到的证据足以完全推翻纳税人所提交证据的情况下，才会发生举证责任转移。

本案中，主管税务机关既然质疑明月公司有关交易的真实性，就应当对疑点问题进一步查明。在现有证据不足以推翻明月公司提交资料的情况下，税务机关则要承担不利后果。据悉，该案以认定明月公司有关交易真实而告终。这一案例为税务机关准确适用28号公告提供了借鉴。

13.4 企业设立阶段所得税的纳税筹划之案例解读

13.4.1 法人型企业与非法人型企业的选择

案例13-3

李先生原计划创办一家有限责任公司，预计该公司年盈利500万元，公司的税后利润全部分配给股东。请对此提出纳税筹划方案。

如果设立有限责任公司，该公司需要缴纳企业所得税税额为125万元（500×25%），税后利润为375万元（500－125）。如果税后利润全部分配，李先生需要缴纳个人所得税税额为75万元（375×20%），获得税后利润300万元（375－75）。综合税负为40%［（125+75）÷500］。

李先生可以考虑设立个人独资企业，该企业本身不需要缴纳企业所得税，李先生需要缴纳个人所得税税额为168.45万元（500×35%－6.55），税后利润为331.55万元（500－168.45），综合税负为33.69%（168.45÷500）。通过纳税筹划，李先生企业的综合税负下降了6.31%。

案例13-4

李先生计划成立一家企业从事生产经营活动。预计该企业年收入约1 000万元，各项成本费用约600万元。李先生计划成立一家有限责任公司来从事该项经营，税后利润全部分配。请对此提出纳税筹划方案。

如果李先生设立有限责任公司，需缴纳企业所得税税额为100万元［（1 000－600）×25%］，净利润为300万元（400－100）。

如果税后利润全部分配，需缴纳个人所得税税额为60万元（300×20%），税后利润为240万元（300－60），综合税负为40%［（100＋60）÷400］。

如果李先生设立个人独资企业，不需缴纳企业所得税，仅需缴纳个人所得税税额为133.45万元［（1 000－600）×35%－6.55］，净利润为266.55万元（1 000－600－133.45），综合税负为33.36%（133.45÷400），增加利润26.55万元（266.55－240）。

如果李先生设立个体工商户，不需缴纳企业所得税，仅需缴纳个人所得税税额为28.45万元（100×35%－6.55），减免税额约为14.23万元［28.45×（1－50%）］，应纳税额约为119.22万元（133.45－14.23），净利润约为280.78万元（1 000－600－119.22），综合税负约为29.81%（119.22÷400），增加利润约为40.78万元（280.78－240）。

13.4.2 分公司与子公司的选择

案例13-5

总部位于西安的甲公司拟在北京设立一个全资子公司。预计该子公司从2022年度至2025年度的应纳税所得额分别为－1 000万元、－500万元、1 000万元和2 000万元。该子公司4年缴纳企业所得税分别为0、0、0、375万元。请对此提出纳税筹划方案。

由于该子公司前期亏损，后期盈利，因此，可以考虑先设立分公司，第3年再将分公司转变为子公司。由于分公司和全资子公司的盈利能力大体相当，可以认为该公司形式的变化不会影响该公司的盈利能力。因此，该分公司在2022年度和2023年度将分别亏损1 000万元和500万元，上述亏损可以弥补总公司的应纳税所得。由此，总公司在2022年度和2023年度将分别少缴纳企业所得税250万元和125万元。从第3年开始，该分公司变为子公司，需要独立纳税。2024年度和2025年度，该子公司应纳税额分别为250万元和500万元。从2022年度到2025年度，该分支机构无论是作为子公司还是分公司，纳税总额是相同的，都是375万元，但设立分公司可以在2022年度和2023年度弥补亏损，而设立子公司只能等到2024年度和2025年度再弥补亏损。设立分公司使得该公司提前两年弥补了亏损，相当于获得了250万元和125万元的两年期无息贷款，其所节省的利息就是该纳税筹划的收益。

案例13-6

某公司在外地设立一分公司，预计该分公司每年盈利100万元。该分公司没有独立法人资格，需要与总公司合并纳税。该分公司每年需要缴纳企业所得税税额为25万元（100×25%）。请对此情况提出纳税筹划方案。

假设该公司在设立分支机构之前进行了纳税筹划，认为该分支机构在设立当年即可盈利，且盈利额不会太大，符合《企业所得税法》小型微利企业的标准，因此，设立了子公司。由于小型子公司和分公司形式的差异对于生产经营活动不会产生较大影响，因此我们假设该子公司3年盈利水平与分公司相似，这样，该子公司每年只需要缴纳企业所得税税额为2.50万元（100×12.50%×20%）。通过纳税筹划，该公司每年可减轻税负22.50万元（25-2.50）。

案例13-7

甲公司计划在全国增设10家分公司。经测算，每家分公司每年应纳税所得额约为100万元，均符合小型微利企业的标准，请为甲公司提出纳税筹划方案。

设立分公司，则需要与甲公司汇总缴纳企业所得税税额为250万元（100×10×25%）。如果能设立10家子公司，独立纳税，则其均可以享受小型微利企业的税收优惠，10家子公司合计缴纳企业所得税25万元（100×10×12.50%×20%）。

案例13-8

乙公司计划在本地、西部地区、海南自贸港、新疆霍尔果斯各设立一家分公司。四家分公司预计年盈利分别为100万元、500万元、600万元和400万元。由于分公司没有独立法人资格，需要与总公司汇总纳税。乙公司适用企业所得税税率为25%，这四家分公司应纳企业所得税400万元（1600×25%）。

如设立分公司，第一家分公司可以享受小微企业优惠，第二、第三家分公司可以享受15%的低税率优惠，第四家分公司免税，四家分公司应缴纳企业所得税税额为167.50万元[100×12.50%×20%+（500+600）×15%]。节税232.50万元（400-167.50）。

13.4.3 投资国家扶持产业

案例13-9

某企业准备投资5000万元用于中药材的种植或者香料作物的种植。预计种植中药材每年可以获得利润总额500万元，种植香料每年可以获得利润总额560万元。假设无纳税调整事项，从纳税筹划的角度出发，企业应选择哪一项目？

由于中药材种植可以享受免税优惠政策，企业投资中药材每年可以获得净利润为500万元。由于香料作物种植可以享受减半征税的优惠政策，企业每年需要缴纳企业所得税税额为70万元（560×25%×50%）。净利润为490万元（560-70）。种植中药材的利润总额低于种植香料的利润总额，但种植中药材的净利润（即税后利润）高于种植香料的净利润，企业应选择种植中药材。

13.4.4 投资国家扶持地区

案例13-10

某企业原计划在广州设立一高科技企业，预计该企业每年取得利润总额为1 000万元。经过市场调研，该企业设在广州还是深圳对于其盈利能力没有实质影响。该企业在深圳预计每年取得利润总额为900万元。假设无纳税调整事项，请对该企业的投资计划提出纳税筹划方案。

该企业可以在深圳设立高科技企业，因为高科技企业在经济特区内取得的所得，可以享受下列税收优惠政策：自取得第一笔生产经营收入所属纳税年度起，第1年至第2年免征企业所得税，第3年至第5年按照25%的法定税率减半征收企业所得税。按照该企业每年利润总额1 000万元计算，如果设在广州，该企业5年需要缴纳企业所得税税额为1 250万元（1 000×25%×5），税后利润为3 750万元（1 000×5－1 250）。如果设在深圳，该企业5年需要缴纳企业所得税税额为337.50万元（900×25%×50%×3），税后利润为4 162.50万元（900×5－337.50），故应当设立在深圳。通过纳税筹划，该企业增加税后利润412.50万元（4 162.50－3 750）。

案例13-11

新疆股权投资企业优惠政策于2010年8月25日开始实施，当年迁移新疆和新注册的企业很少。2011年迁移入驻新疆的股权投资企业逐步增多，2013年形成了热潮。亚太科技2013年1月13日的限售股份上市流通公告表明，该公司第六大股东湖南唯通资产管理有限公司、第七大股东深圳兰石创业投资有限公司已分别于2011年9月和2011年3月变更为新疆唯通股权投资管理合伙企业（有限合伙）与新疆兰石创业投资有限合伙企业，两家企业分持亚太科技538.20万股和292.50万股，均已解禁流通。长信科技第二大股东于2011年3月进驻新疆，其名称由芜湖润丰科技有限公司变更为新疆润丰股权投资企业（有限合伙）。作为东方电热第四大股东的上海东方世纪企业管理有限公司于2012年3月8日发布公告，其名称已变更为新疆东方世纪股权投资合伙企业，其所持占东方电热9.90%的890万股，于2012年5月18日解禁上市流通。请分析上述企业迁移所带来的纳税筹划利益。

根据新疆税收优惠政策，上述企业迁移前税负为40%，迁移后税负为28%，降低税负12%。个人持有上市公司限售股，解禁后转让，需要就差价缴纳20%的个人所得税。投资公司持有上市公司限售股，解禁后转让，需要就差价缴纳25%的企业所得税，个人股东从该投资公司取得股息还要缴纳20%的个人所得税，综合税率为40%。个人持有新疆合伙企业股权，合伙企业持有上市公司股权，解禁后个人按照5%~35%的税率缴纳个人所得税。地方退税20%，综合税率低于28%。个人持有新疆公司股权，新疆公司持有上市公司股权。解禁转让后，新疆公司享受"两免三减半"优惠不纳税，个人取得股息缴纳20%的个人所得税，地方退税为20%，实际税负为16%。与个人直接持股上市公司相比，税负降低4%。与个人通过公司间接持有上市公司相比，税负降低24%。

全国多数影视公司均在霍尔果斯设立了子公司，有超过一半的公司注册在同一个地方：霍尔果斯市北京路以西、珠海路以南合作中心配套区查验业务楼8楼，同一楼层里超过100家公司办公。在霍尔果斯能享受如此优惠政策的不仅仅是影视传媒公司，凡是被列入《新疆困难地区重点鼓励发展产业企业所得税优惠目录》的行业都能享受以上优惠政策。

13.4.5 投资国家扶持项目

案例13-12

2021纳税年度,某科技型企业符合小型微利企业的从业人数和资产总额标准,但预计年应纳税所得额会达到400万元。该企业如何进行纳税筹划?

该企业可以进行一项新产品的研发,投入研发资金60万元。该60万元研发费用可以直接计入当期成本,同时可以加计扣除75%的费用,也就是可以在当期扣除105万元的成本。这样,该企业的应纳税所得额就变成295万元,可以享受小型微利企业的低税率优惠政策。如果该企业不进行纳税筹划,则需要缴纳企业所得税税额为100万元(400×25%);经过纳税筹划,需要缴纳企业所得税税额为24.50万元[100×25%×20%+(400-105-100)×50%×20%],减轻税收负担75.50万元(100-24.50)。

13.4.6 设立双层公司进行投资

案例13-13

李先生拥有甲公司40%的股份,每年可以从该公司获得500万元的股息。根据我国现行个人所得税制度,李先生每年需要缴纳100万元的个人所得税。李先生所获得的股息全部用于股票投资或者直接投资于其他企业。李先生应当如何进行纳税筹划?

李先生可以用该股权以及部分现金投资设立一家一人有限责任公司——李氏投资公司,由李氏投资公司持有甲公司40%的股权。李先生也可以先设立李氏投资公司,再由李氏投资公司从李先生手中收购甲公司40%的股权。这样,李氏投资公司每年从甲公司获得的500万元股息就不需要缴纳企业所得税。李先生原定的用股息投资于股票或者其他投资计划可以由李氏投资公司来进行操作,李氏投资公司投资于其他企业所获得的股息同样不需要缴纳企业所得税,这样就免除了李先生每次获得股息所应当承担的个人所得税纳税义务。

13.4.7 灵活选择享受税收优惠的起始年度

案例13-14

某公司根据税法规定,可以享受自项目取得第一笔生产经营收入的纳税年度起,第1年至第3年免征企业所得税,第4年至第6年减半征收企业所得税的优惠政策。该公司原计划于2022年12月开始该项目的生产经营，当年预计会亏损，从2023年度至2028年度，每年预计应纳税所得额分别为100万元、500万元、800万元、1 000万元、1 500万元和2 000万元。请计算从2022年度到2028年度该公司应当缴纳多少企业所得税，并提出纳税筹划方案。

该公司从2022年度开始生产经营，应当计算享受税收优惠的期限。该公司2022年度至2024年度可以享受免税待遇，不需要缴纳企业所得税。该公司2025年度至2027年度可以享受减半征税的待遇，因此，需要缴纳企业所得税税额为412.50万元〔（800+1 000+1 500）×25%×50%〕。2028年度不享受税收优惠，需要缴纳企业所得税税额为500万元（2 000×25%）。因此，该公司从2022年度至2028年度合计需要缴纳企业所得税税额为912.50万元（412.50+500）。

如果该公司将该项目的生产经营日期推迟到2023年1月1日，2021年度就是该公司享受税收优惠的第一年，2023年度至2025年度，该公司可以享受免税待遇，不需要缴纳企业所得税。2026年度至2028年度，该公司可以享受减半征收企业所得税的优惠待遇，需要缴纳企业所得税税额为562.50万元〔（1 000+1 500+2 000）×25%×50%〕。经过纳税筹划，该公司减轻税收负担350万元（912.50－562.50）。

13.4.8 利用创业投资优惠政策

案例13-15

甲公司为创业投资企业，适用25%的企业所得税税率，计划在2022年2月底前对外股权投资10亿元。相关部门提出两种方案：方案一是投资一家成熟的大型高新技术企业，方案二是投资一家初创期中型科技型企业。两种方案的投资收益率大体相当，请为甲公司提出纳税筹划方案。

建议甲公司选择第二种方案，该方案可以为甲公司创造可抵扣应纳税所得额7亿元（10×70%），未来可以减少应纳税额1.75亿元。同时，建议甲公司在2021年12月31日前完成相关投资，这样可以在2023年度享受该项优惠。如果在2022年1月1日以后投资，则甲公司需推迟至2024年度才能开始享受该项优惠。

甲公司投资满2年后即可撤出，再选择其他初创期中型科技型企业进行投资。这样，该10亿元的投资可以每2年为企业创造7亿元的抵扣额，相当于每年3.50亿元的抵扣额，即每年节税8 750万元。

13.5 企业经营阶段所得税的纳税筹划之案例解读

13.5.1 充分利用小型微利企业税收优惠

案例13-16

某运输公司共有10个运输车队,每个运输车队有员工10人,资产总额为1 000万元。每个车队年均盈利100万元,整个运输公司年盈利1 000万元。请对该运输公司提出纳税筹划方案。

该运输公司可以将10个运输车队分别注册为独立的子公司。这样,每个子公司都符合小型微利企业的标准,可以享受小微企业的优惠税率。如果不进行纳税筹划,该运输公司需要缴纳企业所得税税额为250万元(1000×25%)。纳税筹划后,该运输公司集团需要缴纳企业所得税税额为25万元(100×12.50%×20%×10),减轻税收负担225万元(250—25)。如果某车队的盈利能力超过了小型微利企业的标准,则该运输公司可以考虑设立更多的子公司,从而继续享受小型微利企业的税收优惠政策。

案例13-17

赵先生计划成立一家企业从事生产经营活动。预计该企业年收入约为150万元,各项成本费用约50万元。赵先生计划成立个人独资企业来从事该项经营,税后利润全部分配。请对此提出纳税筹划方案。

如果赵先生设立个人独资企业,需缴纳个人所得税税额为28.45万元[(150—50)×35%—6.55],净利润为71.55万元(100—28.45),综合税负为28.45%(28.45÷100)。

如赵先生设立有限责任公司,该公司需要缴纳企业所得税税额为2.50万元[(150—50)×12.50%×20%],净利润为97.50万元(100—2.50)。如果税后利润全部分配,需缴纳个人所得税税额为19.50万元(97.50×20%),税后利润为78万元(97.50—19.50),综合税负为22%[(2.50+19.50)÷100],增加利润6.45万元(78—71.55)。在双层公司节税法下可以不考虑个人所得税,则设立小微公司的税负仅为2.50%。

如果赵先生设立个体工商户,需缴纳个人所得税税额为28.45万元[(150—50)×35%—6.55],减免税额约为14.23万元[28.45×(1—50%)],净利润为85.78万元(100—28.45+14.23),综合税负约为14.22%[(28.45—14.23)÷100]。

在2021—2022年度,个体工商户的税负最轻。如果不考虑个人所得税,小微公司的税负仅为2.50%,最轻。

13.5.2 利用国债利息免税的优惠政策

案例13-18

某公司拥有1 000万元闲置资金,准备用于获取利息。假设5年期国债年利率为4%,银行5年期定期存款年利率为5%,借给其他企业5年期年利率为6%。请为该公司进行纳税筹划。

(1)如果购买国债,年利息为40万元(1 000×4%),税后利息为40万元。

(2)如果存入银行,年利息为50万元(1 000×5%),税后利息为37.50万元(50−50×25%)。

(3)如果借给企业,年利息为60万元(1 000×6%),增值税及其附加约为4万元(60×6.72%),税后利息约为42万元[(60−4)×(1−25%)]。

从税后利息来看,存入银行的利息最少,购买国债的利息高于储蓄利息但低于借给企业的利息,但由于购买国债风险较小,借给企业风险较大,该公司应当在充分考虑借给该企业的风险以后再确定是否选择借给企业。

13.5.3 利用研发费用加计扣除优惠政策

案例13-19

甲公司为科技型中小企业,适用15%的企业所得税税率,2021年度计划增加支出1 000万元用于新产品开发,增加职工工资支出500万元。请为甲公司提出纳税筹划方案。

如果甲公司能将1 000万元支出核算为研究开发费用,将500万元工资支出用于残疾职工,则可以加计扣除1 250万元(1 000×75%+500×100%)。如果甲公司2021年度不考虑上述加计扣除的应纳税所得额超过1 250万元,则上述支出为甲公司节省企业所得税税额为187.50万元(1 250×15%)。

13.5.4 利用残疾人工资加计扣除优惠政策

案例13-20

某公司由于生产经营需要准备招用100名普通职工。由于该项工作不需要职工具备特殊技能,而且是坐在椅子上从事工作,因此腿部残疾人员也可以完成。该公司原计划招收非残疾人员,人均月工资为3 000元,合同期限为3年。请对该公司的招用计划进行纳税筹划。

该公司可以通过招用残疾人员来进行纳税筹划。根据税法规定,该公司可以享受按实际支付给残疾职工工资的100%加计扣除的优惠政策。3年内,支付给残疾职工的工资可以为企业节约企业所得税税额为270万元（0.30×100×12×3×25%）。

除此以外，雇用残疾人还可以为企业节约残保金的支出。假设该公司共有员工5 000人，按1.5%的标准应当雇用残疾人75人。如果不雇用上述100名残疾人，假设该公司人均年工资5万元，则该公司每年应当缴纳的残保金为375万元（75×5）。

13.5.5 利用固定资产加速折旧优惠政策

案例13-21

甲公司新购进一台机器设备，原值为40万元，预计残值率为3%。经税务机关核定，该设备的折旧年限为5年。请比较各种不同折旧方法的异同，并提出纳税筹划方案。

（1）直线法：

年折旧率=（1－3%）÷5=19.40%

月折旧率=19.40%÷12≈1.62%

预计净残值=400 000×3%=12 000（元）

每年折旧额=（400 000－12 000）÷5=77 600（元）

或：

每年折旧额=400 000×19.40%=77 600（元）

（2）缩短折旧年限法：

该设备最短的折旧年限为正常折旧年限的60%，即3年。

年折旧率=（1－3%）÷3≈32.33%

月折旧率=32.33%÷12≈2.69%

预计净残值=400 000×3%=12 000（元）

每年折旧额=（400 000－12 000）÷3≈129 333（元）

或：

每年折旧额=400 000×（1－3%）÷3≈129 333（元）

（3）双倍余额递减法：

年折旧率=（2÷5）×100%=40%

采用双倍余额递减法，每年提取折旧额如表13.5.1所示。

表13.5.1 双倍余额递减法下每年提取折旧额

年份	折旧率	年折旧额	账面净值
第1年	40%	160 000元（400 000×40%）	240 000元
第2年	40%	96 000元（240 000×40%）	144 000元
第3年	40%	57 600元（144 000×40%）	86 400元

（续表）

年份	折旧率	年折旧额	账面净值
第4年	50%	37 200元（74 400×50%）	49 200元
第5年	50%	37 200元（74 400×50%）	12 000元

注：74 400=86 400−400 000×3%。

（4）年数总和法：

年折旧率=尚可使用年数÷预计使用年限的年数总和

采用年数总和法，每年提取折旧额如表13.5.2所示。

表13.5.2 年数总和法下每年提取折旧额

年份	折旧率	年折旧额	账面净值
第1年	5/15	129 333元（388 000×5÷15）	270 667元
第2年	4/15	103 467元（388 000×4÷15）	167 200元
第3年	3/15	77 600元（388 000×3÷15）	89 600元
第4年	2/15	51 733元（388 000×2÷15）	37 867元
第5年	1/15	25 867元（388 000×1÷15）	12 000元

注：388 000=400 000×（1−3%）。

假设在提取折旧之前，企业每年的税前利润均为1 077 600元，企业所得税税率为25%，那么采用不同方法计算出的折旧额和所得税税额如表13.5.3所示。

表13.5.3 不同折旧方法的比较

方法		年份					
		第1年	第2年	第3年	第4年	第5年	合计
直线法	折旧额	77 600	77 600	77 600	77 600	77 600	388 000
	税前利润	1 000 000	1 000 000	1 000 000	1 000 000	1 000 000	5 000 000
	所得税税额	250 000	250 000	250 000	250 000	250 000	1 250 000
缩短折旧年限	折旧额	129 333	129 333	129 333	0	0	388 000
	税前利润	948 267	948 267	948 267	1 077 600	1 077 600	5 000 000
	所得税税额	237 066.75	237 066.75	237 066.75	269 400	269 400	1250 000

（续表）

方法		年份					
		第1年	第2年	第3年	第4年	第5年	合计
双倍余额递减法	折旧额	160 000	96 000	57 600	37 200	37 200	388 000
	税前利润	917 600	981 600	1 020 000	1 040 400	1 040 400	5 000 000
	所得税税额	229 400	245 400	255 000	260 100	260 100	1 250 000
年数总和法	折旧额	129 333	103 467	77 600	51 733	25 867	388 000
	税前利润	948 267	974 133	1 000 000	1 025 867	1 051 733	5 000 000
	所得税税额	237 066.75	243 533.25	250 000	256 466.75	262 933.25	1 250 000

由表13.5.3可以看出，无论采用哪种折旧提取方法，对于某一特定固定资产而言，企业所提取的折旧总额是相同的。同一固定资产所抵扣的应税所得额并由此所抵扣的所得税税额也是相同的，但企业在固定资产使用年限内每年所抵扣的应税所得额是不同的，由此导致每年所抵扣的所得税税额也是不同的。具体到本案例，在第一年年末，该公司采用直线法、缩短折旧年限、双倍余额递减法和年数总和法提取折旧，应当缴纳的所得税税额分别为250 000元、237 066.75元、229 400元、237 066.75元。由此可见，采用双倍余额递减法提取折旧所获得的税收利益最大，其次是年数总和法和缩短折旧年限，最后是直线法。

上述顺序是在一般情况下企业的最佳选择，但在某些特殊情况下，企业的选择也会不同。比如，如果本案例中的企业前两年免税，以后年度按25%的税率缴纳企业所得税，那么采用直线法、缩短折旧年限、双倍余额递减法和年数总和法提取折旧，5年总共应当缴纳的所得税税额分别为750 000元、775 867元、775 200元、769 400元。由此可见，最优的方法应当为直线法，其次是年数总和法，再次是双倍余额递减法，最后是缩短折旧年限。当然，这是从企业5年总共应当缴纳的企业所得税角度，也就是从企业所有者的角度而言的最优结果。从企业每年所缴纳的企业所得税角度，也就是从企业经营者的角度而言，则不一定如此。因为就第4年而言，四种方法所对应缴纳的企业所得税税额分别为250 000元、269 400元、260 100元、256 466.75元。可见，三种加速折旧的方法使得企业每年所缴纳的企业所得税都超过了采用非加速折旧方法所应缴纳的税款，但加速折旧也为企业经营者提供了一项秘密资金，即已经提足折旧的固定资产仍然在为企业服务，却没有另外挤占企业的资金。这些固定资产的存在为企业将来的经营亏损提供了弥补的途径。因此，为了有一个较为宽松的财务环境，即使在减免税期间，许多企业的经营者也愿意采用加速折旧的方法。

13.5.6 利用亏损结转优惠政策

案例13-22

某企业2016年度发生年度亏损100万元。假设该企业2016—2022年各纳税年度应纳税所得额如表13.5.4所示。

表13.5.4　2016—2022年各纳税年度应纳税所得额

单位：万元

年份	2016	2017	2018	2019	2020	2021	2022
应纳税所得额	−100	10	10	20	30	10	600

请计算该企业2022年应当缴纳的企业所得税税额，并提出纳税筹划方案。

根据税法关于亏损结转的规定，该企业2016年的100万元亏损，可分别用2017—2021年的所得来弥补。由于该企业2017—2021年的总计应纳税所得额为80万元，低于2016年度的亏损，这样，从2016年到2021年，该企业都不需要缴纳企业所得税。在2022年度，该年度的应纳税所得额只能弥补5年以内的亏损，即不能弥补2016年度的亏损。由于2017年以来该企业一直没有亏损，因此该企业2022年度应当缴纳的企业所得税税额为150万元（600×25%）。

从该企业各年度的应纳税所得额来看，该企业的生产经营一直是朝着好的方向发展。2021年度该企业之所以应纳税所得额比较少，可能是因为增加了投资，或者增加了各项费用的支出，或者进行了公益捐赠等。由于该企业2016年度仍有未弥补完的亏损，因此，如果该企业能够在2021年度进行纳税筹划，压缩成本和支出，尽量增加企业的收入，将2021年度应纳税所得额提高到30万元，同时，2021年度压缩的成本和支出可以在2022年度予以开支，这样，该企业2021年度的应纳税所得额为30万元，2022年度的应纳税所得额为580万元。

根据税法亏损弥补的相关规定，该企业在2021年度的应纳税所得额可以用来弥补2016年度的亏损，而2022年度的应纳税所得额则要全部计算缴纳企业所得税。这样，该企业在2022年度应当缴纳的企业所得税税额为145万元（580×25%），减少企业所得税5万元（150−145）。

13.5.7 利用公益捐赠优惠政策

案例13-23

某工业企业2021年度预计可以实现会计利润（假设等于应纳税所得额）1 000万元，企业所得税税率为25%。企业为提高其产品知名度及竞争力，树立良好的社会形象，决定向有关单位捐赠200万元。该企业提出两种方案：第一种方案是进行非公益性捐赠或不通过我国境内非营利性社会团体、国家机关进行公益性捐赠；第二种方案是通过我国境内非营利性社会团体、国家机关进行公益性捐赠，并且在当年全部捐赠。请对上述两种方案进行评析，并提出纳税筹划方案。

第一种方案不符合税法规定的公益性捐赠条件，捐赠额不能在税前扣除。该企业2021年度应当缴纳企业所得税税额为250万元（1 000×25%）。

第二种方案，捐赠额在法定扣除限额内的部分可以据实扣除，超过的部分只能结转以后年度扣除。企业应纳所得税税额为220万元［（1 000－1 000×12%）×25%］。

为了最大限度地将捐赠支出予以扣除，企业可以将该捐赠分两次进行，2021年年底一次捐赠100万元，2022年度再捐赠100万元。这样，200万元的捐赠支出同样可以在计算应纳税所得额时予以全部扣除。相较于第二种方案，该纳税筹划方案使该企业在2021年少缴企业所得税税额20万元［（200－120）×25%］。

该企业也可以选择向脱贫地区进行扶贫捐赠。该类捐赠没有扣除限额，也不考虑捐赠当年是否有会计利润，均可以据实扣除。

案例13-24

甲公司计划对外捐赠1 000万元，相关部门提出三种方案：第一种方案是直接向受赠对象进行捐赠，第二种方案是通过政府部门捐赠，第三种方案是分两年进行捐赠。已知甲公司当年利润总额为4 000万元，预计第二年利润总额为5 000万元，请从纳税筹划的角度来分析上述三种方案。

第一种捐赠方案无法在税前扣除，导致甲公司多缴纳企业所得税税额250万元（1 000×25%）；第二种方案无法在当年全部税前扣除，导致当年多缴纳企业所得税税额130万元［（1 000－4 000×12%）×25%］；第三种方案可以在当年和第二年全部税前扣除，不额外增加企业的税收负担。

13.5.8 将超标利息支出转化为其他形式

案例13-25

某企业职工人数为1 000人，人均月工资为4 500元。该企业2022年度计划向职工集资人均10 000元，年利率为10%，假设同期同类银行贷款利率为年利率6%。由于《企业所得税法》规定，向非金融机构借款的利息支出，不高于按照金融机构同类、同期贷款利率计算的数额以内的部分，准予扣除。因此，超过的部分不能扣除，应当调增应纳税所得额40万元［1 000×1×（10%－6%）］。该企业为此需要多缴纳企业所得税10万元（40×25%），应当代扣代缴个人所得税税额为20万元（1×10%×20%×1 000）。请提出该企业的纳税筹划方案。

如果进行纳税筹划，可以考虑将集资利率降低到6%，这样，每位职工的利息损失为400元[10 000×（10%−6%）]。企业可以通过提高工资待遇的方式来弥补职工在利息上受到的损失，即将400元平均摊入一年的工资中，每月增加工资34元。这样，企业为本次集资所付出的利息与纳税筹划前是一样的，职工所实际获得的利息也是一样的。但在这种情况下，企业所支付的集资利息就可以全额扣除了，而人均工资增加34元仍然可以全额扣除。由于职工个人的月工资没有超过《个人所得税法》所规定的扣除额，因此职工也不需要为此缴纳个人所得税。该纳税筹划可以减少企业所得税10万元。另外，还可以减少企业代扣代缴的个人所得税税额为8万元[1×1 000×（10%−6%）×20%]。经过纳税筹划，企业和职工都获得了税收利益，可谓一举两得。如果将全部利息改为工资发放，就根本不需要代扣代缴个人所得税，而职工工资由于尚未达到5 000元，实际上也不需要缴纳个人所得税。上述纳税筹划方案可以为企业和职工合计节税30万元。

13.5.9 恰当选择企业所得税预缴方法

案例13-26

某企业2021纳税年度缴纳企业所得税1 200万元，预计2022纳税年度应纳税所得额会有较大的增长，每季度实际的应纳税所得额分别为1 500万元、1 600万元、1 400万元和1 700万元。该企业选择按照纳税期限的实际数额来预缴企业所得税。请计算该企业每季度预缴企业所得税税额，并提出纳税筹划方案。

按照25%的企业所得税税率计算，该企业需要在每季度预缴企业所得税分别为375万元、400万元、350万元和425万元。

由于该企业2022年度的实际应纳税所得额比2021年度高很多，而且在企业的预料之中，因此该企业可以选择按上一年度应税所得额的1/4的方法按季度分期预缴所得税。这样，该企业在每季度只需要预缴企业所得税税额为300万元。假设资金成本为10%，则该企业可以获得利息收入11.875万元[（375−300）×10%×9÷12＋（400−300）×10%×6÷12＋（350−300）×10%×3÷12]。

13.5.10 利用汇率变动趋势进行筹划

案例13-27

某公司主要从事对美外贸业务，每月都有大量的美元收入。该公司选择按月预缴企业所得税。该公司某年度1—5月，每月应纳税所得税税额分别为2 000万美元、1 500万美元、1 500万美元、1 000万美元和1 000万美元。假设每月最后一日美元对人民币汇率中间价分别为7.52、7.49、7.46、7.43和7.41。请计算该公司每月美元收入应当预缴多少企业所得税并提出纳税筹划方案。

该公司1月应当预缴企业所得税税额为3 760万美元（2 000×7.52×25%）；

2月应当预缴企业所得税税额为2 808.75万美元（1 500×7.49×25%）；

3月应当预缴企业所得税税额为2 797.50万美元（1 500×7.46×25%）；

4月应当预缴企业所得税税额为1 857.50万美元（1 000×7.43×25%）；

5月应当预缴企业所得税税额为1 852.50万美元（1 000×7.41×25%）；

合计预缴企业所得税税额为13 076.25万美元（3 760+2 808.75+2 797.50+1 857.50+1 852.50）。

如果该公司能够预测到美元的人民币汇率中间价会持续降低，则可以适当调整取得收入所在月。例如，将该年度1—5月的每月应纳税所得额调整为1 000万美元、1 000万美元、1 000万美元、1 500万美元和2 500万美元，收入总额并未发生变化，只是改变了总收入在各月的分布情况。经过纳税筹划，该公司1月应当预缴企业所得税税额为1 880万美元（1 000×7.52×25%）；2月应当预缴企业所得税税额为1 872.50万美元（1 000×7.49×25%）；3月应当预缴企业所得税税额为1 865万美元（1 000×7.46×25%）；4月应当预缴企业所得税税额为2 786.25万美元（1 500×7.43×25%）；5月应当预缴企业所得税税额为4 631.25万美元（2 500×7.41×25%）；合计预缴企业所得税税额为13 035万美元（1 880+1 872.50+1 865+2 786.25+4 631.25）。经过纳税筹划，减轻税收负担41.25万美元（13 076.25－13 035）。

13.6 企业融资阶段所得税的纳税筹划之案例解读

13.6.1 增加债权性融资比例

案例13-28

某公司计划投资1 000万元用于一项新产品的生产，在专业人员的指导下制定了三种方案。三种方案的债务利率均为10%，企业所得税税率为25%，那么其权益资本投资利润率如表13.5.5所示。

表13.5.5 权益资本投资利润率

项目	债务资本：权益资本		
	方案A	方案B	方案C
	0∶1 000	200∶800	600∶400
息税前利润（万元）	300	300	300

（续表）

项目	债务资本：权益资本		
	方案A 0∶1 000	方案B 200∶800	方案C 600∶400
利率	10%	10%	10%
税前利润（万元）	300	280	240
纳税额（25%）	75	70	60
税后利润（万元）	225	210	180
权益资本收益率	22.50%	26.25%	45%

从以上A、B、C三种方案的对比可以看出，在息税前利润和贷款利率不变的条件下，随着企业负债比例的提高，权益资本的收益率在不断提高。通过比较不同资本结构带来的权益资本收益率的不同，选择合理的融资组合，实现股东收益最大化。我们可以选择方案C作为该公司投资该项目的融资方案。

13.6.2 长期借款融资的筹划

案例13-29

某股份有限公司的资本结构备选方案如表13.5.6所示。

表13.5.6 资本结构备选方案表

项目	A方案	B方案	C方案	D方案	E方案
负债比例	0	1∶1	2∶1	3∶1	4∶1
负债成本率	—	6%	7%	9%	10.50%
投资收益率	10%	10%	10%	10%	10%
负债额（万元）	0	3 000	4 000	4 500	4 800
权益资本额（万元）	6 000	3 000	2 000	1 500	1 200
普通股股数（万股）	60	30	20	15	12
年息税前利润额（万元）	600	600	600	600	600
减：负债利息成本（万元）	—	180	280	405	504
年税前净利（万元）	600	420	320	195	96
所得税税率	25%	25%	25%	25%	25%
应纳所得税税额（万元）	150	105	80	48.75	24

(续表)

项目	A方案	B方案	C方案	D方案	E方案
负债比例	0	1∶1	2∶1	3∶1	4∶1
年息税后利润（万元）	450	315	240	146.25	72
权益资本收益率	7.50%	10.50%	12%	9.75%	6%
普通股每股收益额（元）	7.5	10.5	12	9.75	6

从A、B、C、D、E五种选择方案可以看出，方案B、C、D利用了负债融资的方式，由于其负债利息可以在税前扣除，因此降低了所得税的税收负担，产生了权益资本收益率和普通股每股收益额均高于完全靠权益资金融资的方案A。

上述方案中，假设随着企业负债比例的不断提高，企业融资的成本也在不断提高，反映在表格中是负债成本率不断提高，这一假设是符合现实的。正是由于负债成本率的不断提高，增加的债务融资成本逐渐超过因其抵税作用带来的收益，这时，通过增加负债比例进行纳税筹划的空间就没有了。上述五种方案所带来的权益资本收益率和普通股每股收益额的变化充分说明了这一规律。从方案A到方案C，随着企业负债比例的不断提高，权益资本收益率和普通股每股收益额也在不断提高，说明税收效应处于明显的优势，但从方案C到方案D则出现了权益资本收益率和普通股每股收益额逐渐下降的趋势，这就说明了此时起主导作用的因素已经开始向负债成本转移，债务成本抵税作用带来的收益增加效应已经受到削弱与抵消，但与完全采用股权性融资的方案相比，它仍然是有利可图的。但到方案E时，债务融资税收挡板作用带来的收益完全被负债成本的增加所抵消，而且负债成本已经超过节税的效应，因此，方案E的权益资本收益率和普通股每股收益额已经低于完全不进行融资时（方案A）的收益。此时融资所带来的就不是收益，而是成本。

这一案例再次说明了前面的结论：只有当企业息税前投资收益率高于负债成本率时，增加负债比例才能提高企业的整体效益，否则，就会降低企业的整体效益。

在长期借款融资的纳税筹划中，借款偿还方式的不同也会导致不同的税收待遇，从而同样存在纳税筹划的空间。比如，某公司为了引进一条先进的生产线，从银行贷款1 000万元，年利率为10%，年投资收益率为18%，5年内还清全部本息。经过纳税筹划，该公司可选择的方案主要有四种：①期末一次性还本付息；②每年偿还等额的本金和利息；③每年偿还等额的本金200万元及当期利息；④每年支付等额利息100万元，并在第5年年末一次性还本。在以上各种不同的偿还方式下，年偿还额、总偿还额、税额以及企业的整体收益均是不同的。

一般来讲，第一种方案给企业带来的节税额最大，但它给企业带来的经济效益却是最差的，企业最终所获利润低，而且现金流出量大，因此是不可取的。第三种方案尽管使企业缴纳了较多的所得税，但其税后收益却是最高的，而且现金流出量也是最小的，因此，它是最优的方案。第二种方式是次优的，它给企业带来的经济利益小于第三种方案，但大于第四种方案。长期借款融资偿还方式的一般原则是分期偿还本金和利息，尽量避免一次性偿还本金或者本金和利息。

13.6.3 利用融资租赁进行筹划

案例13-30

某公司计划增添一设备，总共需要资金200万元，预计使用寿命为6年，净残值为8万元，采用平均年限法，折现系数为10%。该企业有三种方案可供选择：第一种方案是用自有资金购买；第二种方案是贷款购买，银行提供5年期的长期贷款，每年偿还40万元本金及利息，利率为10%；第三种方案是融资租赁，5年后取得所有权，每年支付租赁费40万元，手续费为1%，融资利率为9%。请比较这三种方案，并提出纳税筹划方案。

第一种方案的现金流出量现值如表13.5.7所示。

表13.5.7 现金流出量现值表一

金额单位：万元

年份	购买成本	折旧费	节税额	税后现金流出量	折现系数	税后现金流出量现值
①	②	③	④=③×25%	⑤=②-④	⑥	⑦=⑤×⑥
第1年年初	200			200		200
第1年年末		32	8	-8	0.91	-7.28
第2年年末		32	8	-8	0.83	-6
第3年年末		32	8	-8	0.75	-6.44
第4年年末		32	8	-8	0.68	-5.44
第5年年末		32	8	-8	0.62	-4.96
第6年年末		32	8	-8	0.56	-4.48
				-8	0.56	-4.48
合计	200	192	48	144		160.72

第二种方案的现金流出量现值如表13.5.8所示。

表13.5.8 现金流出量现值表二

金额单位：万元

年份	偿还本金	利息	本利和	折旧费	节税额	税后现金流出量	折现系数	税后现金流出量现值
①	②	③	④=②+③	⑤	⑥=(③+⑤)×25%	⑦=④-⑥	⑧	⑨=⑦×⑧
1	40	20	60	32	13	47	0.91	42.77

（续表）

年份 ①	偿还本金 ②	利息 ③	本利和 ④=②+③	折旧费 ⑤	节税额 ⑥=(③+⑤)×25%	税后现金流出量 ⑦=④-⑥	折现系数 ⑧	税后现金流出量现值 ⑨=⑦×⑧
2	40	16	56	32	12	44	0.83	36.52
3	40	12	52	32	11	41	0.75	30.75
4	40	8	48	32	10	38	0.68	25.84
5	40	4	44	32	9	35	0.62	21.70
6				32	8	-8	0.56	-4.48
						-8	0.56	-4.48
合计	200	60	260	192	63	149		148.62

第三种方案的现金流出量现值如表13.5.9所示。

表13.5.9　现金流出量现值表三

金额：万元

年份 ①	租赁成本 ②	手续费 ③=②×1%	融资利息 ④	租赁总成本 ⑤=②+③+④	折旧费 ⑥	节税额 ⑦=(③+④+⑤)×25%	税后现金流出量 ⑧=⑤-⑦	折现系数 ⑨	税后现金流出量现值 ⑩=⑦×⑧
1	40	0.40	18	58.40	32	12.60	45.80	0.91	41.68
2	40	0.40	14.40	54.80	32	11.70	43.10	0.83	35.77
3	40	0.40	10.80	51.20	32	10.80	40.40	0.75	30.30
4	40	0.40	7.20	47.60	32	9.90	37.70	0.68	25.64
5	40	0.40	3.60	44	32	9	35	0.62	21.7
6					32	8	-8	0.56	-4.48
							-8	0.56	-4.48
合计	200	2	54	256	192	62	186		146.13

通过比较以上三种方案可知，仅仅从节税的角度来看，用贷款购买设备所享受的税收优惠最大，因为这部分资金的成本（贷款利息）可以在税前扣除，而用自有资金购买设备就不能享受税前扣除的待遇，因此所获得的税收优惠是最小的。但是从税后现金流出量现值来看，融资租赁所获得的利益是最大的，用贷款购买设备次之，用自

有资金购买设备是最次的方案。

这一案例的分析也充分体现了上文对相关问题的分析结论，比如，利用自有资金实现融资目的无法享受债权性融资产生的税收挡板作用带来的节税利益，因此，通过负债的方式实现融资目的是较优的选择。而在负债融资的方式中，偿还贷款的方式不同，企业所获得的效益也不同，本案例所假设的偿还贷款的方式是效益最佳的方式。而在贷款融资和融资租赁融资的比较中，后者一般来讲较优，但仍需要具体比较和分析租赁期间、偿还贷款的时间、融资的利率和贷款的利率等主要指标。一般来讲，时间越长，利率越低，税收利益也就越大。

13.6.4 企业职工融资中的筹划

案例13-31

某企业在生产经营中需要1000万元贷款，贷款期限为3年。由于各种原因，该企业难以继续向银行贷款。企业财务主管提出三种融资方案：第一种是从其他企业贷款，贷款利率为10%，需提供担保；第二种是从社会上的个人处贷款，贷款利率为12%，不需要提供担保；第三种是向本企业职工借款，利率为12%。同期银行贷款利率为6%，该企业应当如何进行决策？

虽然从其他企业贷款的利率较低，但需要提供担保，贷款条件和银行基本相当，并非最佳选择。如果选择从社会上的个人处贷款，企业所支付的超过银行同期贷款利率的利息不能扣除，增加了企业的税收负担。如果向本企业职工借款，则可以通过提供职工工资的方式支付部分利息，从而使全部贷款利息均可以在税前扣除。通过向职工借款，该企业可以多扣除利息180万元［1000×（12%－6%）×3］，减轻税收负担45万元（180×25%）。

13.6.5 恰当选择融资的适宜时间

案例13-32

某企业预计2022年度应纳税所得税税额为310万元，2023年度计划进行重大投资，预计亏损10万元，2024年度预计应纳税所得税税额为0，2025年度预计实现盈利30万元，2026年度预计实现盈利100万元。该企业原计划自2023年度开始从银行贷款，贷款期限为3年，每年支付贷款利息约10万元。该企业应当如何进行纳税筹划？

如果从2023年度开始贷款，加上贷款利息的支付，该企业2023年度将亏损20万元，2024年度将亏损10万元，2025年度将实现盈利20万元（支付10万元利息），弥补2023年度亏损后没有盈利，2026年盈利100万元，弥补2024年度亏损后盈利90万元。该企业2022年度需缴纳企业所得税税额为77.50万元（310×25%）。该企业2023年度至2025年度不需要缴纳企业所得税,2026年度需要缴纳企业所得税税额为2.25万元（90×12.5%×20%）。

如果该企业将贷款提前到2022年度,则其2022年度应纳税所得税额将变为300万元,应纳税额为25万元（100×25%×20%+200×50%×20%）。该企业2023年度亏损20万元,2024年度亏损10万元,2025年度弥补亏损后没有盈利,2026年度实现盈利100万元,应纳税额为2.50万元（100×12.5%×20%）。通过纳税筹划,该企业减轻税收负担52.25万元（77.5+2.25-25-2.5）。

13.6.6 关联企业融资的筹划

案例13-33

甲公司对乙公司权益性投资总额为1 000万元。乙公司2022年度计划从甲公司融资3 000万元,融资利率为7%。已知金融机构同期同类贷款的利率也为7%,该企业应当如何进行纳税筹划?

由于甲公司对乙公司的债权性投资已经达到权益性投资的3倍（3 000÷1 000）,超过了2倍的上限,超过部分的利息不能扣除。该企业2022年度不能扣除的利息为70万元（1 000×7%）,因此,该企业2022年度需要多缴纳企业所得税税额为17.50万元（70×25%）。如果该企业通过一个非关联企业进行融资（关联企业通过一定的调整可以转变为非关联企业）,那么上述70万元的利息都可以扣除。该企业可以减轻税收负担17.50万元。

另外,如果能够证明甲公司与乙公司的实际税负是相同的或者乙公司的实际税负低于甲公司,不需要通过非关联企业间接融资,其超标的利息也可以在企业所得税税前扣除。

13.6.7 利用个人接受货币捐赠免税优惠政策

案例13-34

赵先生生前立了一份遗嘱,将500万元在死亡以后赠与甲公司,甲公司是有限责任公司,有三位股东。赵先生如何进行纳税筹划可以避免缴纳企业所得税?

按照我国《企业所得税法》的规定,甲公司需要缴纳企业所得税税额为125万元（500×25%）。根据《个人所得税法》的规定,个人向个人捐赠货币是不需要缴纳个人所得税的。因此,赵先生可以修改遗嘱,将500万元赠与甲公司的三位股东,同时要求该股东将该500万元作为出资增加甲公司的注册资本。

13.6.8 利用银行理财产品进行筹划

案例13-35

甲公司有5 000万元闲置资金，乙公司缺少短期资金5 000万元。甲公司与乙公司计划签订借款协议，借款期限一年，年利率为10%。已知银行同期同类贷款利率为6%。甲、乙公司面临以下风险：第一，如果甲公司无法开出利息发票，乙公司支付的利息将无法在企业所得税税前扣除，由此导致多缴纳企业所得税税额为125万元（5 000×10%×25%）；第二，即使甲公司可以开出利息发票，乙公司支付的利息也无法全部在企业所得税税前扣除，由此导致多缴纳企业所得税税额为50万元［5 000×（10%－6%）×25%］。请提出纳税筹划方案。

甲、乙公司可以和丙银行合作。甲公司将5 000万元委托丙银行发行理财产品，丙银行将该5 000万元发放给乙公司。丙银行按照年收益率10%向甲公司支付理财收益，乙公司按照年收益率11%向丙银行支付理财收益。在这一方案下，乙公司支付的成本增加了1%，即50万元，但乙公司向丙银行支付的融资成本可以在企业所得税税前扣除，由此避免多缴企业所得税，仍是值得的。

13.6.9 利用股权投资进行融资

案例13-36

甲公司有5 000万元闲置资金，乙公司缺少短期资金5 000万元。甲公司与乙公司计划签订借款协议，借款期限一年，年利率为10%。已知银行同期同类贷款利率为6%。甲、乙公司面临以下风险：第一，如果甲公司无法开出利息发票，乙公司支付的利息将无法在企业所得税税前扣除，由此导致多缴纳企业所得税税额为125万元（5 000×10%×25%）；第二，即使甲公司可以开出利息发票，乙公司支付的利息也无法全部在企业所得税税前扣除，由此导致多缴纳企业所得税税额为50万元［5 000×（10%－6%）×25%］。请提出纳税筹划方案。

甲公司可以将5 000万元投资乙公司，持有乙公司3%（或其他适当比例）的股权。持股期间，乙公司向甲公司分红100万元。持股满一年后，甲公司将乙公司股权转让给乙公司其他股东或者以减资的方式退出，取得股权转让所得370万元。甲公司取得净利润为377.50万元［100＋370×（1－25%）］。在纳税筹划前，甲公司可以取得净利润为375万元［500×（1－25%）］。甲公司取得的净利润、乙公司支付的成本在纳税筹划前后并无明显变化，但乙公司避免了多缴企业所得税的风险，纳税筹划的收益很明显。

13.6.10 利用预付款与违约金进行融资

案例13-37

甲公司有5 000万元闲置资金，乙公司缺少短期资金5 000万元。甲公司与乙公司计划签订借款协议，借款期限一年，年利率为10%。已知银行同期同类贷款利率为6%。甲、乙公司面临以下风险：第一，如果甲公司无法开出利息发票，乙公司支付的利息将无法在企业所得税税前扣除，由此导致多缴纳企业所得税税额为125万元（5 000×10%×25%）；第二，即使甲公司可以开出利息发票，乙公司支付的利息也无法全部在企业所得税税前扣除，由此导致多缴纳企业所得税税额为50万元［5 000×（10%－6%）×25%］。请提出纳税筹划方案。

甲公司可以与乙公司签订一份委托研发无形资产的协议。根据约定，甲公司向乙公司预付转让无形资产价款5 000万元，待乙公司研发成功并交付无形资产时再支付剩余的5 000万元。研发期限为一年，若乙公司研发失败，乙公司应返还甲公司预付的5 000万元价款并支付500万元违约金。由于遇到不可克服的困难，乙公司无法按期研发无形资产，由此导致乙公司在研发协议期满后需要返还甲公司5 000万元并支付500万元违约金。对乙公司而言，该500万元违约金是企业生产经营中合理的成本，根据税法规定，允许在企业所得税税前扣除。

13.7 企业重组阶段所得税的纳税筹划之案例解读

13.7.1 利用企业间利润转移进行筹划

案例13-38

某企业集团下属甲、乙两个公司，其中，甲公司适用25%的企业所得税税率，乙公司属于需要国家扶持的高新技术企业，适用15%的企业所得税税率。预计2022纳税年度，甲公司的应纳税所得额为8 000万元，乙公司的应纳税所得税额为9 000万元。请计算甲、乙两个公司以及该企业集团在2021纳税年度分别应当缴纳的企业所得税税款，并提出纳税筹划方案。

甲公司应当缴纳的企业所得税税额为2 000万元（8 000×25%），乙公司应当缴纳的企业所得税税额为1 350万元（9 000×15%）。该企业集团合计缴纳企业所得税税额为3 350万元（2 000＋1350）。

由于甲公司的企业所得税税率高于乙公司的税率，因此可以考虑将甲公司的部分收入归为乙公司。假设该企业集团通过纳税筹划将甲公司的应纳税所得额降低为7 000万元，乙公司的应纳税所得额相应增加为1亿元，则甲公司应当缴纳企业所得税税额为1 750万元（7 000×25%），乙公司应当缴纳企业所得税税额为1 500万元（10 000×15%），该企业集团合计缴纳企业所得税3 250万元（1 750+1 500）。由此可见，通过纳税筹划，该企业集团可以少缴纳企业所得税税额为100万元（3 350−3 250）。企业之间利润筹划主要有关联交易和业务转移两种方法。

案例13-39

甲集团公司共有10家子公司，集团全年实现应纳税所得税税额8 000万元，由于均不符合高新技术企业的条件，均适用25%的税率，合计缴纳企业所得税税额为2 000万元。该集团中的乙公司与高新技术企业的条件比较接近，年应纳税所得税税额为1 000万元，请为甲集团公司提出纳税筹划方案。

甲集团公司可以集中力量将乙公司打造成高新技术企业，再将其他公司的盈利项目整合到乙公司，使得乙公司应纳税所得税税额提高至3 000万元，则集团可以少缴纳企业所得税税额为300万元［3 000×（25%−15%）］。

13.7.2 利用企业资产损失进行筹划

案例13-40

甲公司账面应收款高达8 000万元，多数债权虽经法院判决，但债务人大多已经被吊销营业执照或者下落不明，这些债权基本上没有收回的希望。经过初步估计可以扣除的资产损失为7 800万元。甲公司全部资产的计税基础为9 000万元，公允价值为2 000万元。乙公司与甲公司的经营范围基本相同，乙公司2020纳税年度实现利润8 000万元，预计2021纳税年度将实现利润9 000万元。请给出乙公司进行纳税筹划的方案。

乙公司可以和甲公司的股东达成协议，甲公司和乙公司合并组成新的乙公司，甲公司的全部资产和负债并入乙公司，甲公司的股东取得乙公司10%的股权，该10%股权的公允价值为2 000万元。甲公司和乙公司的合并符合特殊企业合并的条件，乙公司取得甲公司资产的计税基础为9 000万元，甲公司的股东取得乙公司股权的计税基础也为9 000万元。乙公司可以将甲公司的资产损失7 800万元予以确认并在企业所得税税前扣除，由此可以少缴企业所得税税额为1 950万元（7 800×25%）。甲公司的股东可以在若干年后转让乙公司的股权，假设该10%的股权公允价值已经增加到9 000万元，由于甲公司的股东取得该股权的计税基础就是9 000万元，因此，甲公司的股东转让该股权没有所得，不需要缴纳所得税。但实际上，甲公司的股东获得的所得税税额为7 000万元（9 000－2 000）。

13.7.3 公司转让股权之前先分配股息

案例13-41

甲公司于2016年以银行存款1 000万元投资于乙公司，占乙公司（非上市公司）股本总额的70%。甲公司计划于2022年9月将其拥有的乙公司70%的股权全部转让给丙公司，转让价为人民币1 210万元，已知乙公司未分配利润为500万元。转让过程中发生的税费为0.70万元。甲公司应当如何进行纳税筹划？

如果甲公司直接转让该股权，可以获得股权转让所得税税额为209.30万元（1 210－1 000－0.70），应当缴纳企业所得税税额约为52.33万元（209.30×25%），税后纯所得约为156.97万元（209.30－52.33）。

如果甲公司先获得分配的利润，然后再转让股权，则可以减轻税收负担。

方案如下：2022年8月，董事会决定将税后利润的30%用于分配，甲公司分得利润105万元。2022年9月，甲公司将其拥有的乙公司70%的股权全部转让给丙公司，转让价为99.40万元（1 100－1 000－0.60），应当缴纳企业所得税税额为24.85万元（99.40×25%），税后纯所得为179.55万元（105＋99.40－24.85）。通过纳税筹划，多获得净利润为22.58万元（179.55－156.97）。

13.7.4 合理选择企业清算日期

案例13-42

某公司董事会计划于2022年8月20日向股东会提交公司解散申请书，股东会8月22日通过决议，决定公司于8月31日宣布解散，并于9月1日开始正常清算。公司在成立清算组前进行的内部清算中发现，2022年1月至8月公司预计盈利600万元（企业所得税税率为25%），预计9月份该公司将发生费用180万元，清算所得预计为－80万元。请计算在这种情况下，企业应当缴纳的所得税，并提出纳税筹划方案。

以9月1日为清算日期，2022年1月至8月盈利600万元，应纳所得税税额为150万元（600×25%），清算所得为－80万元，不需要纳税。该企业可以考虑使部分费用在清算之前产生，这样可以将清算期间的亏损提前实现并在企业所得税税前扣除。该公司可以在公告和进行纳税申报之前，由股东会再次通过决议将公司解散日期推迟至10月1日，并于10月2日开始清算。公司在9月1日至9月30日共发生费用180万元。假设其他费用不变，清算所得将变成100万元。此时，该公司2022年1月至9月的应纳税所得额为420万元（600－180），应当缴纳企业所得税105万元（420×25%）。清算所得为100万元，应当缴纳企业所得税税额为2.50万元（100×12.50%×20%）。减轻税收负担42.50万元（150－105－2.50）。

13.7.5 企业债务重组的筹划

案例13-43

甲公司欠乙公司8 000万元债务，甲公司和乙公司准备签署一项债务重组协议：甲公司用购买价格为7 000万元、账面净值为6 000万元、公允价值为8 000万元的不动产抵偿乙公司的债务。在该交易中，甲公司和乙公司应当分别缴纳多少税款？应当如何纳税筹划？（因印花税、附加税数额较小，对于筹划方案不产生影响，本方案不予考虑。）

在该交易中，甲公司需要缴纳增值税税额为50万元[（8 000－7 000）×5%]；需要缴纳土地增值税税额为（暂按3%核定）240万元（8 000×3%）；需要缴纳企业所得税税额为440万元[（8 000－6 000－240）×25%]。乙公司需要缴纳契税税额为240万元（8 000×3%）。两个公司合计纳税970万元（50＋240＋440＋240）。

如果乙公司将其债权转化为股权并且遵守特殊债务重组的其他条件，则甲公司和乙公司不需要缴纳任何税款，即使将来乙公司再将该股权转让给甲公司或者其他企业，也只需要缴纳企业所得税，不需要缴纳增值税、土地增值税和契税。

13.7.6 利用资产收购进行筹划

案例13-44

甲公司准备用8 000万元现金收购乙公司80%的资产。这些资产包括购进价格为2 000万元、账面净值为1 000万元、公允价值为3 000万元的不动产及账面净值为6 000万元，公允价值为5 000万元的无形资产。在该交易中，甲公司和乙公司应当如何纳税？该交易如何进行纳税筹划？（因印花税、附加税数额较小，对于筹划方案不产生影响，本方案不予考虑。）

在上述交易中，乙公司应当缴纳增值税税额为350万元[（3 000－2 000）5%＋5 000×6%]；应当缴纳土地增值税税额为（暂按3%核定）90万元（3 000×3%）；应当缴纳企业所得税税额为227.50万元[（3 000－1 000＋5 000－6 000－90）×25%]。甲公司应当缴纳契税税额为90万元（3 000×3%）。两个公司合计纳税757.50万元（350＋90＋227.50＋90）。

如果甲公司用自己的股权来收购乙公司的资产，则乙公司不需要缴纳任何税款。即使将来乙公司再将该股权转让给甲公司或者其他企业，也只需要缴纳企业所得税，不需要缴纳增值税、土地增值税和契税。

13.7.7 利用股权收购进行筹划

案例13-45

甲公司准备用8 000万元现金收购乙公司80%的股权。乙公司80%股权的计税基础为4 000万元。在该交易中，甲公司和乙公司应当如何纳税？该交易如何进行纳税筹划？（因印花税数额较小，对于节税方案不产生影响，本方案不予考虑。）

在上述交易中，如果乙公司的股东是企业，应当缴纳企业所得税税额为1 000万元〔8 000－4 000）×25%〕。如果甲公司采取免税股权收购的方式取得乙公司的股权，可以向乙公司的股东支付本公司10%的股权（公允价值为8 000万元）。由于股权支付额占交易总额的比例为100%，因此属于免税股权收购，在当期避免缴纳企业所得税税额为1 000万元。乙公司可以在未来再将该股权转让给甲公司或者其他企业，这样可以取得延期纳税的收益。

案例13-46

2009年6月5日，江西诚志股份向石家庄永生华清与清华控股定向增发股票2 704万股，以购买两家企业100%控股的石家庄永生华清液晶有限公司和石家庄开发区永生华清液晶有限公司100%股权，两家控股企业初始投资成本为6 100万元（即标的公司的实收资本），定向增发价格按照江西诚志股份首次董事会审议前20个交易日的平均价格确定，其公允价值为34 671.58万元。

该项重组业务，是标准的股权收购，即上市公司诚志股份用自己的股份作为对价，购买两家控股企业持有的100%股权。如果选用特殊性税务处理：①石家庄永生华清和清华控股，暂不确认转让股权所得；②收购企业诚志股份取得的标的公司股权的计税基础按照其原计税基础6 100万元确定；③转让企业取得诚志股份股票的计税基础，也按照被收购股权的原有计税基础确定；④标的企业承诺自重组完成日起，12个月内不改变实质性经营业务；⑤取得诚志股份的原主要股东石家庄永生华清和清华控股承诺在12个月内不转让其取得的股票，这也是中国证监会对新增限售股的要求。

案例13-47

2009年12月，东航发布《中国东方航空股份有限公司换股吸收合并上海航空股份有限公司报告书》，按照5.28元每股股票的股价定向增发A股，以购买上海航空公司的全部净资产，按照1∶1.3的换股比例向上海航空公司的股东换股吸收合并，该业务符合特殊性税务处理条件。

（1）该交易具有合理的商业目的。

（2）该交易属于依法合并。

（3）东航按照1∶1.3的换股比例换股吸收合并上海航空，同时按照5.50元/股，提供异议股东现金选择权，取得现金支付的股东属于东航非股权支付额，股权支付额超过85%。

（4）吸收合并后，上海航空公司的资产继续从事民航运输，因此具有经营的连续性。

（5）吸收合并后，占股份20%以上的原主要股东，在12个月内不能转让股份，以保持权益的连续性。上海航空公司的原股东有两个超过20%的持股比例，分别为上海联合投资有限公司和锦江酒店（集团）有限公司。

东方航空收购上海航空股权，溢价高达几十亿元，如果选择一般税务处理，需要在当期纳税超过10亿元。

13.7.8 利用企业合并进行筹划

案例13-48

甲公司与乙公司合并为新的甲公司，乙公司注销。甲公司向乙公司的股东——丙公司支付8 000万元现金，乙公司所有资产的账面净值为6 000万元，公允价值为8 000万元。该交易如何进行纳税筹划？

在上述交易中，乙公司需要进行清算，应当缴纳企业所得税税额为500万元〔（8 000－6 000）×25%〕。丙公司从乙公司剩余资产中取得的股息部分可以免税，取得的投资所得部分需要缴纳25%的企业所得税。假设丙公司取得投资所得部分为1 000万元，则丙公司需要缴纳企业所得税税额为250万元（1 000×25%）。整个交易的税收负担750万元（500＋250）。

如果甲公司用自己的股权来收购乙公司的资产，即丙公司成为新甲公司的股东，则乙公司和丙公司不需要缴纳任何税款，即使将来丙公司再将该股权转让给甲公司或者其他企业，也能取得延期纳税的利益。

案例13-49

甲公司与乙公司合并为新的甲公司。乙公司净资产公允价值为2 000万元，乙公司有税法允许弥补的亏损1 000万元。假设截至合并业务发生当年年末国家发行的最长期限的国债利率为4.5%。如甲、乙两公司选择特殊税务处理，可由甲公司弥补的乙公司亏损的限额为90万元（2 000×4.50%）。请对此提出纳税筹划方案。

甲公司与乙公司的交易模式应从企业合并变更为股权收购，即甲公司从乙公司的股东手中收购乙公司100%的股权，使得乙公司变为甲公司的全资子公司。该项股权收购仍然采取特殊税务处理。在未来的经营中，甲公司通过转移定价以及业务转移的方式,将甲公司的1 000万元利润转移至乙公司,相当于弥补了乙公司1 000万元的亏损。该纳税筹划可以实现节税227.50万元[(1000-90)×25%]。待乙公司的亏损弥补完毕,甲、乙公司可以继续保持目前的母子公司关系,也可以按照特殊税务处理进行合并,组建新的公司。

案例13-50

甲公司计划将其一处土地使用权及地上建筑物转让给乙公司,经初步测算,需要缴纳增值税及其附加、土地增值税、契税税额约为2 000万元,企业所得税约为500万元。

方案一:甲公司与乙公司合并为新的乙公司,甲公司的资产均转移至乙公司,相当于将该土地使用权及地上建筑物转让给乙公司。公司合并,目前可以实现免纳增值税及其附加、土地增值税、契税以及暂时免纳企业所得税的目的。

方案二:甲公司分立为新的甲公司和丙公司,其中该处土地使用权及其地上建筑物归属于丙公司。随后,丙公司再与乙公司合并,成立新的乙公司。这一方案同样可以达到免纳增值税及其附加、土地增值税、契税以及暂时免纳企业所得税的目的。

13.7.9 利用企业分立进行筹划

案例13-51

甲公司将其一家分公司(其计税基础为5 000万元,公允价值为8 000万元)变为独立的乙公司,甲公司的股东取得乙公司100%的股权,同时取得2 000万元现金。在该交易中,甲公司和乙公司应当如何纳税,该交易如何进行纳税筹划?(不考虑印花税)

在该交易中,非股权支付额占整个交易的比例为25%(2 000÷8 000),不符合免税企业分立的条件。如果甲公司的股东是公司,取得2 000万元现金,视同分配股息,免税。甲公司应缴纳企业所得税税额为750万元[(8 000-5 000)×25%]。

如果甲公司的股东取得乙公司的全部股权,同时不再取得现金,这样就符合企业分立适用特殊税务处理的条件。甲公司将避免缴纳750万元的企业所得税。此时,甲公司取得乙公司股权的计税基础相对变小,但甲公司的股东因此取得了延迟纳税的利益。

13.7.10 分立企业增加销售收入

案例13-52

甲服装厂年销售收入为1 000万元,年业务招待费支出为20万元,但仅允许在税前扣除5万元,由于市场竞争比较激烈,甲服装厂大幅提高销售收入的可能性比较小,请为甲服装厂提出纳税筹划的方案。

将甲服装厂的三个部门分立为三家公司，甲公司为服装设计公司，乙公司为服装加工厂，丙公司为服装销售公司。丙公司对外销售收入仍为1 000万元，但需支付甲公司设计费100万元，支付乙公司加工费700万元，原甲服装厂的业务招待费由甲、乙、丙三家公司合理分担，允许税前扣除的业务招待费总额为9万元[（1 000＋100＋700）×5‰]。

13.8 企业海外投资所得税的纳税筹划之案例解读

13.8.1 外国企业是否设立机构场所的筹划

案例13-53

甲公司为在美国成立的跨国公司，其计划在中国设立一个分支机构，该分支机构主要负责甲公司的专利、商标等特许权在中国的许可运营。预计每年取得各类特许权使用费1 000万元，设立分支机构的各项可以税前扣除的支出约为200万元。如果甲公司不在中国设立分支机构，该200万元的费用可以由总公司负担。请比较甲公司设立分支机构与不设立分支机构的企业所得税负担。

如果甲公司设立分支机构，则每年缴纳企业所得税税额为200万元[（1 000－200）×25%]。如果甲公司不设立分支机构，则每年缴纳企业所得税税额为100万元（1 000×10%）。假设设立分支机构与不设立分支机构的其他开支基本相当，甲公司就不应该在中国设立分支机构。

13.8.2 境外投资者直接投资的筹划

案例13-54

法国的甲公司计划与中国的乙公司合资成立A公司，预计每年可以从A公司取得股息1 000万元，该笔股息未来仍主要投资于中国。该投资有两个方案：方案一是由甲公司直接持有A公司的股权，方案二是甲公司先在中国设立全资子公司B公司，由B公司持有A公司的股权。请比较两者的所得税负担。

方案一，甲公司需要缴纳预提所得税税额为100万元（1 000×10%）。方案二，B公司取得股息不需要缴纳企业所得税，可以用1 000万元的股息直接投资于A公司或者其他公司，每年可以节约预提所得税税额为100万元。

自2018年1月1日起，由甲公司直接持有A公司的股权也可以享受再投资递延纳税的优惠政策。

13.8.3 通过避税港进行筹划

避税港（taxhaven）是跨国公司无不热衷的地方。形形色色的避税港由于地理位置、经济发展水平、商业环境以及税收协议缔结的情况各不相同，跨国公司也会有所选择。目前，世界上实行低税率的避税港有百慕大群岛、开曼群岛、巴哈马、马恩岛、英属维尔京群岛、美属萨摩亚群岛、中国香港等。

判断是否属于避税港的一般标准：①不征税或税率很低，特别是所得税和资本利得税；②实行僵硬的银行或商务保密法，为当事人保密，不得通融；③外汇开放，毫无限制，资金来去自由；④拒绝与外国税务当局进行任何合作；⑤一般不定税收协定或只有很少的税收协定；⑥该地是非常便利的金融、交通和信息中心。

避税港的种类：①无税避税港，不征个人所得税、公司所得税、资本利得税和财产税，如百慕大群岛、巴哈马、瓦努阿图、开曼群岛等；②低税避税港，以低于一般国际水平的税率征收个人所得税、公司所得税、资本利得税和财产税等税种，如列支敦士登、英属维尔京群岛、荷属安第列斯群岛、中国香港、中国澳门等；③特惠避税港，在国内税法的基础上采取特别的税收优惠措施，如爱尔兰的香农、菲律宾的巴丹、新加坡的裕廊等地区。

对华投资就大量利用了避税港。例如，2008年对华投资前十位的国家或地区（以实际投入外资金额计，下同）依次为中国香港（410.36亿美元）、英属维尔京群岛（159.54亿美元）、新加坡（44.35亿美元）、日本（36.52亿美元）、开曼群岛（31.45亿美元）、韩国（31.35亿美元）、美国（29.44亿美元）、萨摩亚（25.50亿美元）、中国台湾（18.99亿美元）和毛里求斯（14.94亿美元）。2008年前十位国家或地区实际投入外资金额占全部实际使用外资金额的86.85%。

2009年对华投资前十位的国家或地区依次为中国香港（539.93亿美元）、中国台湾（65.63亿美元）、日本（41.17亿美元）、新加坡（38.86亿美元）、美国（35.76亿美元）、韩国（27.03亿美元）、英国（14.69亿美元）、德国（12.27亿美元）、中国澳门（10亿美元）和加拿大（9.59亿美元）。2009年前十位国家或地区实际投入外资金额占全部实际使用外资金额的88.3%。

2010年对华投资前十位的国家或地区依次为中国香港（674.74亿美元）、中国台湾（67.01亿美元）、新加坡（56.57亿美元）、日本（42.42亿美元）、美国（40.52亿美元）、韩国（26.93亿美元）、英国（16.42亿美元）、法国（12.39亿美元）、荷兰（9.52亿美元）和德国（9.33亿美元）。2010年前十位国家或地区实际投入外资金额占全部实际使用外资金额的90.10%。

百慕大群岛地处北美洲，位于北大西洋西部，是一个典型的避税港，在百慕大注册一个公司，两天内就可以完成全部的手续。并且，政府不征公司所得税和个人所得税，不征普通销售税，只对遗产课征2%~5%的印花税，按雇主支付的薪金课征5%的就业税、4%的医疗税和一定的社会保障税，对进口货物一般课征20%的关税。另外，百慕大群岛针对旅游业兴盛的特点，征收税负较轻的饭店使用税和空海运乘客税。

百慕大群岛的政治和经济一直都非常稳定，因而受到跨国公司的普遍青睐。百慕大的银行、会计、工商、秘书等服务的品质，在所有的纳税筹划天堂中，都是居于领先地位。再加上百慕大是经济合作与发展组织（OECD）的成员之一，在百慕大群岛当地有许多国际化、专业化的律师、会计师，使得百慕大群岛成为国际主要金融中心之一，其境外公司也广为各国政府及大企业所接受。国美电器是中国最大的家电零售连锁企业，也是在百慕大群岛注册、在香港上市的公司。

开曼群岛位于加勒比海西北部，毗邻美国。开曼群岛的两大经济支柱：一是金融；二是旅游。金融收入约占政府总收入的40%、国内生产总值的70%、外汇收入的75%。开曼群岛课征的税种只有进口税、印花税、工商登记税、旅游者税等简单的几种。30多年来没有开征过个人所得税、企业所得税、资本利得税、不动产税、遗产税等直接税。各国货币在此自由流通、外汇进出自由，资金的投入与抽出自由，外国人的资产所有权得到法律保护，交通运输设施健全，现已成为西半球离岸融资业的最大中心。

至20世纪90年代初，全世界最大的25家跨国银行几乎都在开曼群岛设立了子公司或分支机构，在岛内设立的金融、信托类企业的总资产已超过2 500亿美元，占欧洲美元交易总额的7%，涉及56个国家。开曼群岛的商业设施非常健全，银行、律师事务所、会计师事务所遍布，拥有大量的保险管理人才。

在开曼群岛注册的银行和信托公司有278家，对冲基金有9 000多家，各类公司有100 000家。阿格兰屋是位于开曼群岛南教堂街上的一幢5层办公大楼，为18 857家公司提供办公地址，包括百度、希捷、汇源果汁、可口可乐、甲骨文、新浪、联通、联想等。阿里巴巴、新东方、小米等均在开曼群岛设立了公司。

英属维尔京群岛位于波多黎各以东，是一个自治管理、通过独立立法会议立法的、政治稳定的英属殖民地，它已经成为发展海外商务活动的重要中心。该岛的两项支柱产业是旅游业及海外离岸公司注册。世界众多大银行的进驻和先进的通信交通设施使英属维尔京群岛成为理想的离岸金融中心。目前，已有超过25万个跨国公司在英属维尔京群岛注册，这使英属维尔京群岛成为世界上发展快速的海外离岸投资中心之一。

英属维尔京群岛的公司注册处设备先进而且工作相当高效。岛上有完善的通信系统，交通和邮政服务也是一流。在英属维尔京群岛注册的公司，在全球所赚取的利润均无须向当地政府缴税，印花税也被免除；岛上没有任何外汇管制，对于任何货币的流通都没有限制。跨国公司除了每年向政府缴纳一笔营业执照续牌费外，无须缴纳任何其他费用。公司不须每年提交公司账册或做周年申报，也不须每年召开董事大会。股票公司可以发行有票面价值和无票面价值的股票、记名股票或不记名股票、可回购以及有表决权和无表决权股票。政府对注册公司给予了最大限度的财产保护，允许自由的资金转移。

百度公司是全球最大的中文搜索引擎公司，注册地在北京市中关村。百度公司在开曼群岛和英属维尔京群岛均有公司，2005年在美国纳斯达克上市（包括海外公司）。

百慕大群岛、开曼群岛、英属维尔京群岛都是以对各类所得实行低税率为主要特点的避税港。另外，也有一些国家或地区则是因税收协议网络发达和对外资有较为优惠的政策而成为"准避税港"，成为国际控股、投资公司、中介性金融公司和信托公司建立的热点地区。这些国家或地区有荷兰、瑞士、荷属安第列斯群岛、塞浦路斯等。跨国公司在这些地区设立控股公司、投资公司和中介性金融公司，利用这些国家税收协议的发达网络，获得较多的税收协议带来的好处。

例如，荷兰已同德、法、日、英、美、俄等40多个国家缔结了全面税收协议，对以上协议国均实施低税率的预提税。该国的股息是25%，但对协议国则降为5%、7.5%、10%或15%；利息和特许权使用费则不征税。其中对丹麦、芬兰、爱尔兰、意大利、挪威、瑞典、英国、美国等国家的股息预提税限定为零。此外，对汇出境外的公司利润，也可以比照股息享受低税或免税的优惠。荷兰税法规定，居民公司所取得的股息和资本利得按35%的公司所得税课征，但对符合一定条件的公司中的外资部分所取得的股息和资本利得按所占比例全额免征公司税。

中国移动通信集团有限公司是国资委所属央企，总部位于北京，它100%持股中国移动（香港）集团有限公司，该集团100%持股中国移动（香港）有限公司，中国移动（香港）有限公司控股中国移动有限公司，中国移动有限公司是中国香港和美国上市公司，其100%持有中国内地31个省（区、市）的移动子公司。

苹果公司是在美国注册的企业，但其在爱尔兰、荷兰和加勒比群岛均设立有若干子公司，其收入的三分之二归属于这些海外公司，2012财年，苹果公司以557.6亿美元的全年税前收入，仅缴纳了140亿美元税款。综合计算，总税率仅为22%，远低于美国联邦税率。

案例13-55

某企业A，其业务模式主要是通过制造子公司B进行产品生产，再由销售子公司C通过购买B公司的制造产品向海外出售来实现利润。由于两个子公司要分别缴纳25%的所得税，企业税收负担比较重。2022年度，预计B公司实现利润1 000万元，C公司实现利润800万元。请计算B、C两个公司每年需要缴纳的企业所得税并提出纳税筹划方案。

B公司需要缴纳企业所得税税额为250万元（1 000×25%），C公司需要缴纳企业所得税税额为200万元（800×25%），合计缴纳企业所得税税额为450万元（250+200）。该企业的主要销售对象均位于海外，可以考虑将C公司设置在所得税税率比较低的避税港，假设为D公司。D公司的企业所得税税率为10%。B公司的产品以比较低的价格销售给D公司，D公司再将其销售给海外客户。假设2021年度，B公司实现利润500万元，将500万元的利润转移至D公司，D公司实现利润1300万元。这样，B公司需要缴纳企业所得税税额为125万元（500×25%），D公司需要缴纳企业所得税税额为130万元（1 300×10%），合计缴纳企业所得税税额为255万元（125+130），减轻税收负担195万元（450-255）。当然，商品从中国转移至D公司所在国需要花费一些费用和缴纳一些税收，如果这些税费的总额低于195万元，则该纳税筹划仍然可以为该企业带来利益。

需要注意的是，利润转移需要有合理的商业目的，国际纳税筹划常用的手段是知识产权策略，即将相关知识产权放在D公司名下，由于拥有知识产权就可以取得相应的利润，而且利润率比较高，本案中的D公司取得相关利润就具有合理依据。

13.8.4 利用境外分公司与子公司进行筹划

案例13-56

我国一家跨国公司A欲在甲国投资兴建一家花草种植加工企业，A公司于2021年年底派遣一名顾问去甲国进行投资情况考察，该顾问在选择分公司还是子公司时，专门向有关部门进行了投资与涉外税收政策方面的咨询。根据预测分析，该跨国公司的总公司2022年应纳税所得税税额为5 000万美元，按我国企业所得税的规定应缴纳25%的公司所得税；2022年在甲国投资的B企业发生亏损额300万美元；A公司在乙国有一家子公司C，2022年C公司的应纳税所得税税额为1 000万美元，乙国的企业所得税税率为40%。请提出若干投资方案，并提出纳税筹划方案。

从投资活动和纳税筹划角度来分析，对于C公司在A国投资所设立的从属机构，其设立的形式不同，投资对象不同，税负都是不一样的。具体有三种方案可供选择。

方案一：由A公司或者C公司在甲国投资设立子公司B，此时B公司的亏损由该公司在以后年度弥补，A公司和C公司纳税总额为1 650万美元（5 000×25%+1 000×40%）。

方案二：由A公司在甲国投资设立分公司B，B公司的亏损同样不能在A公司内弥补，B公司的亏损由该公司在以后年度弥补，A公司和C公司纳税总额为1 650万美元（5 000×25%+1 000×40%）。

方案三：由C公司在甲国投资设立分公司B，B公司的亏损可以在C公司内弥补，A公司和C公司纳税总额为1 530万美元［5 000×25%+（1 000-300）×40%］。

综上所述，方案三的应纳税额最低，故优于其他方案。

13.8.5 避免成为常设机构

案例13-57

中国某建筑公司到A国从事安装工程，工程所需时间约10个月，根据中国和A国的双边税收协定,建筑工程达到6个月以上的即构成常设机构。该公司进行该安装工程的总成本为1 000万元,工程总收入为1 500万元。A国对来源于本国的所得要征收企业所得税,税率为40%。请计算该公司从事该建筑工程的税后利润,并提出纳税筹划方案。

该建筑公司在A国从事安装工程,该工程时间为10个月,超过了中国与A国税收协定规定的6个月,构成A国的常设机构,应当和A国的企业一样缴纳A国的所得税,税额为200万元[(1 500-1 000)×40%],税后利润为300万元(1 500-1 000-200)。该笔所得汇回中国以后,由于该笔所得已经在国外纳过税了,而且缴纳的税率超过我国的25%的税率,因此,不需要向中国税务机关补缴企业所得税。该公司的这一安装工程的纯利润为300万元。

由于安装工程构成常设机构必须以"连续"为标准,因此,该公司完全可以将该安装工程分成两个阶段进行,第一个阶段进行5个月,然后休息1个月,第二阶段再进行5个月,这样,该安装工程就不构成A国的常设机构,不需要在A国缴纳所得税。利润总额为500万元(1 500-1 000)。该笔所得汇回中国以后,需要按照我国税法规定缴纳企业所得税税额为125万元(500×25%)。该公司的这一安装工程的税后利润为375万元(500-125)。通过纳税筹划,多实现净利润75万元(375-300)。

13.8.6 将利润保留境外

案例13-58

中国的甲公司在A国设立了一家子公司乙。2020年度,乙公司获得利润总额3 000万元,2021年度,乙公司获得利润总额4 000万元。A国企业所得税税率为30%。中国和A国税收协定规定的预提所得税税率为10%。乙公司将税后利润全部分配给甲公司。甲公司计划在2022年度投资3 000万元在B国设立另外一家子公司丙。请计算乙公司两年利润的所得税负担并提出纳税筹划方案。

乙公司2020年度需要向A国缴纳企业所得税税额为900万元(3 000×30%)。将全部税后利润分配给甲公司,需要缴纳预提所得税税额为210万元[(3 000-900)×10%]。甲公司获得该笔利润需要向中国缴纳企业所得税税额为750万元(3 000×25%)。由于该笔所得已经在国外缴纳了1 110万元(900+210)的所得税,因此,不需要向中国缴纳任何税款。

乙公司2021年度需要向A国缴纳企业所得税税额为1 200万元(4 000×30%)。将全部税后利润分配给甲公司,需要缴纳预提所得税税额为280万元[(4 000-1 200)×10%]。甲公司获得该笔利润需要向中国缴纳企业所得税税额为1 000万元(4 000×25%)。由于该笔所得已经在国外缴纳了1 480万元(1 200+280)的所得税,因此,不需要向中国缴纳任何税款。

甲公司两年一共获得净利润为4 410万元(3 000+4 000-1 110-1 480)。

如果甲公司将净利润一直留在乙公司,则2020年度和2021年度乙公司一共需要缴纳企业所得税税额为2 100万元[(3 000+4 000)×30%],净利润为4 900万元(7 000-2 100)。2022年度,乙公司可以用该笔利润直接投资设立丙公司,设立过程中不需要缴纳任何税款。通过纳税筹划,甲公司减轻了所得税负担490万元(4 900-4 410)。

13.8.7 巧用不同国家间的税收优惠政策

案例13-59

A国和B国签订了双边税收协定,其中规定A国居民从B国取得的投资所得可以免征预提所得税,B国居民从A国取得的投资所得也可以免征预提所得税。中国和A国签订了双边税收协定,规定中国居民与A国居民从对方国家取得的投资所得同样可以免征预提所得税。但中国和B国之间没有税收协定,中国和B国规定的预提所得税税率都是20%。中国某公司甲在B国投资设立一子公司乙,该子公司2022年度税后利润为1 000万元,其中60%分配给母公司。请计算该笔利润应当缴纳的相关税款,并提出纳税筹划方案。

该笔利润汇回中国需要缴纳预提所得税税额为120万元(1 000×60%×20%)。为了避免缴纳该笔税款,甲公司可以考虑首先在A国设立一家全资子公司丙,将甲公司在B国乙公司中的股权转移到A国的丙公司,由A国的丙公司控制B国的乙公司。这样,B国的乙公司将利润分配给A国的丙公司时,根据A国和B国的双边税收协定,该笔利润不需要缴纳预提所得税;同样,当A国的丙公司将该笔利润全部分配给甲公司时,根据中国和A国的双边税收协定,也不需要缴纳预提所得税。这样,该笔利润就减轻了120万元的税收负担,如果设立丙公司以及进行相关资金转移的费用小于120万元,该纳税筹划方案就是有利的。

13.8.8 利用税收饶让制度进行筹划

案例13-60

纳税人来源于境外的所得首先要在来源地国纳税,回到居民国以后还要向居民国纳税,这就产生了重复征税。为了避免重复征税,居民国的税法一般都允许纳税人来源于境外的所得已经缴纳的税款可以在应当向本国缴纳的税款中予以扣除,但一般都有一个上限,即不能超过该笔所得根据本国税法规定应当缴纳的税款。有时,国家为了吸引外资而给予外资一定的税收优惠,外资回到本国时对于该税收优惠有两种处理方式:一种是将税收优惠视为来源地国给予外资的优惠,虽然本国纳税人没有实际缴纳该税款,仍然视为已经缴纳予以扣除,这种方式就是税收饶让抵免;另一种就是对该税收优惠不予考虑,仅对纳税人在来源地国实际缴纳的税款予以扣除,这样,来源地国给予外资的税收优惠就无法被外资所享受了。目前,我国与绝大多数国家的税收协定都规定了税收饶让抵免制度,只有美国等少数国家没有该项制度。在没有税收饶让抵免制度的情况下,可以通过在具有税收饶让抵免的国家设立居民公司来享受该项优惠政策。

中国和A国签订的双边税收协定有税收饶让抵免制度,并且对缔约国居民来源于本国的投资所得免征预提所得税,A国企业所得税税率为30%,中国和B国的双边税收协定没有税收饶让抵免制度,预提所得税税率为10%,但A国和B国的双边税收协定具有税收饶让抵免制度,并且对缔约国居民来源于本国的投资所得免征预提所得税。中国某公司甲在B国有一个子公司乙,2022年度获得利润总额2 000万元,根据B国税法规定,企业所得税税率为30%,但是对外资可以给予10%的低税率。请计算该笔所得应当承担的税收负担,并提出纳税筹划方案。

乙公司在B国应当缴纳企业所得税税额为200万元(2 000×10%),净利润为1 800万元(2 000-200)。汇出B国时应当缴纳预提所得税税额为180万元(1 800×10%),该笔所得按照我国税法规定应当缴纳企业所得税税额为500万元(2 000×25%)。由于该笔所得已经在国外缴纳了所得税税额为380万元(200+180),在本国只需要缴纳所得税税额为120万元(500-380),净利润为1 500万元(2 000-200-180-120)。如果该甲公司首先在A国设立一家丙公司,将其持有的乙公司的股权转移给丙公司,乙公司的利润首先分配给丙公司,然后再由丙公司将利润分配给甲公司,这样就可以享受税收饶让抵免的优惠政策。乙公司在B国应当缴纳企业所得税税额为200万元(2 000×10%),净利润为1 800万元(2 000-200)。乙公司将利润全部分配给丙公司,不需要缴纳预提所得税。该笔利润在A国需要缴纳企业所得税税额为600万元(2 000×30%)。由于该笔所得按照B国税法本来应当缴纳600万元(2 000×30%)的税款,因此,该笔税款不需要向A国缴纳任何税款。丙公司再将该笔利润全部分配给甲公司,中间不需要缴纳预提所得税。该笔所得需要向中国缴纳企业所得税500万元(2 000×25%)。由于在A国已经缴纳了600万元的税款,因此,不需要向中国缴纳所得税。企业净利润为1 800万元(2 000-200)。通过纳税筹划,企业增加了净利润300万元(1 800-1 500)。

13.8.9 利用境外公司转移所得来源地

案例13-61

甲公司准备投资1亿元购买一幢写字楼,持有3年以后转让,预计转让价款为1.3亿元。请计算甲公司此项投资的税收负担并提出纳税筹划方案。

甲公司转让不动产需要缴纳增值税及其附加税额为160万元[(13 000-10 000)÷

（1+5%）×5%×（1+7%+3%+2%）］；需要缴纳印花税税额为6.5万元（13 000×0.05%）；需要缴纳土地增值税税额为（假设按3%核定）390（万元）（13 000×3%）。购买该不动产的公司需要缴纳契税税额为371.43万元［13 000÷（1+5%）×3%］。不考虑其他成本，甲公司取得转让所得税税额为2 443.50万元（13 000−10 000−160−6.50−390），应当缴纳企业所得税税额为610.88万元（2 443.50×25%），净利润为1 832.62万元（2 443.50−610.88）。

如果甲公司先在某避税港投资1.1亿元设立乙公司，由乙公司以1亿元的价格购置该不动产并持有，3年以后，甲公司以1.4亿元的价格转让乙公司。假设该避税港企业所得税税率为10%，印花税税率为0.05%，股权转让在该避税港不涉及其他税收。甲公司需在该避税港缴纳印花税税额为7万元（14 000×0.05%），需要缴纳所得税税额为299.30万元［（14 000−11 000−7）×10%］，净利润为2 693.70万元（14 000−11 000−7−299.30）。

通过纳税筹划，甲公司增加净利润为861.08万元（2 693.70−1 832.62）。购买乙公司并间接购买该不动产的公司也节约了371.43万元的契税。同时，该不动产一直由乙公司持有并持续经营，也避免了不动产转让对该不动产的生产经营可能带来的不良影响。

13.8.10 境外投资的模式选择

案例13-62

中资企业在卢森堡、新加坡、巴巴多斯和塞浦路斯投资较多，另有爱尔兰、荷兰、瑞士、希腊。卢森堡不仅是进入欧洲的门户，更是进行全球投资的最佳控股工具之一，超五星的声誉、完善的金融体系、丰富而有弹性的双边税务协定让注册卢森堡公司成为高端客户海外投资运作的首选。中国工商银行欧洲总部和中国华为公司的欧洲总部均位于卢森堡。

卢森堡有卓越的地理环境，位于邻近法兰克福和巴黎的欧洲心脏地带，方便往来于德国、法国、比利时与荷兰；有相对安全和稳定的政治环境，是欧洲重要的经济和政治机构主管部门的成员，多种语言并行的一级市场；有欧洲最出名的银行业，是全球金融中心，并且，可为外国公司和投资者提供匿名、安全的银行服务；可为外国公司提供免税优惠，为跨国公司提供最优惠税制。欧洲最低增值税，基本税率15%，低税率12%、6%、3%，银行、保险等行业一般免税；鼓励利用卢森堡—中国的相关税务协议，承认在中国可能波动的税率；中国产品在卢森堡享受海关优惠政策。

包括开曼群岛、英属维尔京群岛在内的大多数离岸地都被欧盟国家、美国和OECD成员方列入了黑名单，在这些国家，离岸公司很可能被征税，卢森堡有良好信誉，不曾被其他国家列入黑名单。离岸公司不能享受双边税收协定优惠，因此，向股东支付股息时会产生5%~10%的预提所得税。而卢森堡控股公司，作为在岸公司可享受卢森堡与近50个国家签订的双边税收协定优惠,因此,在支付股息时不需要缴纳预提所得税。

煤炭、新能源、航空航天等很多领域的私营企业和国有企业在欧洲投资时,都注册了卢森堡公司,采用了"中国香港—卢森堡—欧洲"间接投资模式。2008年9月,中国长沙中联重工并购意大利CIFA公司所使用的正是"中国香港—卢森堡"投资模式。

中国香港与卢森堡之间版税(特许权使用费)及利润税税率为0,股息及资本利得的税率为0(视情况而定)。卢森堡与欧洲公司之间股息税率0。卢森堡与非欧洲公司之间适用双边税收协定,具有广泛的税务网络。表13.8.1展示了"中国香港—卢森堡"投资模式的税收优势。

表13.8.1 "中国香港—卢森堡"投资模式的税收优势

项目	投资英国		投资法国	
	经中国香港投资	经"中国香港—卢森堡"投资	经中国香港投资	经"中国香港—卢森堡"投资
股息税率	0	0	25%	0
利润税率	20%	0	16%	0
版税税率	22%	5%	33.3%	0
资本利得税率	0	0	0	0

美国某电动汽车生产企业甲公司来上海设立全资子公司乙公司。如直接设立乙公司,甲公司每年从乙公司取得的股息均需要缴纳10%的预提所得税(利用股息直接再投资的除外)。如果甲公司先在香港设立丙公司,由丙公司投资设立乙公司,则乙公司每年向丙公司分配股息,缴纳5%的预提所得税。香港实行来源地管辖权,对于丙公司从乙公司取得的股息不征收所得税。香港没有股息汇出的预提所得税,因此,丙公司将股息再分配给甲公司时,不需要在香港缴纳预提所得税。甲公司从乙公司取得股息的税收成本仅为5%,节税50%。

14

税收优惠相关政策问答汇编

14.1 增值税小规模纳税人免征增值税政策78问

（1）增值税小规模纳税人免税标准的月（季）销售额执行口径及"纳税期"如何选择？

答：纳税人确定销售额有两个要点：一是以所有增值税应税销售行为（包括销售货物、劳务、服务、无形资产和不动产）合并计算销售额，判断是否达到免税标准。但为剔除偶然发生的不动产销售业务的影响，使纳税人更充分享受政策，按照《国家税务总局关于增值税小规模纳税人减免增值税等政策有关征管事项的公告》（国家税务总局公告2023年第1号）规定，明确小规模纳税人合计月销售额超过10万元（以1个季度为1个纳税期的，季度销售额未超过30万元，下同），但在扣除本期发生的销售不动产的销售额后仍未超过10万元的，其销售货物、劳务、服务、无形资产取得的销售额，也可享受小规模纳税人免税政策。二是适用增值税差额征税政策的，以差额后的余额为销售额，确定其是否可享受小规模纳税人免税政策。

《财政部 税务总局关于明确增值税小规模纳税人减免增值税等政策的公告》（财政部 税务总局公告2023年第1号）规定，自2023年1月1日至2023年12月31日，增值税小规模纳税人适用3%征收率的应税销售收入，减按1%征收率征收增值税；适用3%预征率的预缴增值税项目，减按1%预征率预缴增值税。

案例14-1

A小规模纳税人2021年4月销售货物4万元，提供服务3万元，销售不动产10万元。合计销售额为17万元（4+3+10），剔除销售不动产后的销售额为7万元（4+3），因此,该纳税人销售货物和服务相对应的销售额7万元可以享受小规模纳税人免税政策,销售不动产10万元应照章纳税。

关于纳税期的选择,因销售额和纳税期限不同,其享受免税政策的效果存在差异,纳税人可根据自己的实际经营情况选择实行按月纳税或按季纳税。同时,为确保年度内纳税人的纳税期限相对稳定,也明确了纳税人一经选择,一个会计年度内不得变更。

(2) 小规模纳税人免征增值税政策的适用对象如何界定?

答:此次提高增值税小规模纳税人免税标准,政策适用对象就是年应税销售额500万元以下、身份为小规模纳税人的纳税人,并无其他标准,与四部委《中小企业划型标准规定》中的小微企业没有对应关系。

(3) 按次纳税与按期纳税的划分标准是什么?

答:按次纳税和按期纳税的划分标准问题,现行规定没有明确,此次为了便于基层执行,同时最大限度释放政策红利,国家税务总局明确了执行标准,以是否办理税务登记或者临时税务登记作为划分标准。凡办理了税务登记或临时税务登记的纳税人,均可享受月销售额10万元以下免税政策(适用3%征收率的应税销售收入,减按1%征收率征收增值税)。未办理税务登记或临时税务登记的纳税人,除其他个人出租不动产等特殊规定外,则执行按次500元以下免税的政策。对于经常代开发票的自然人,应主动办理税务登记或临时税务登记,以充分享受小规模纳税人免税政策。

(4) 小规模纳税人的纳税期限是否可以自行选择?

小规模纳税人,纳税期限不同,其享受免税政策的效果可能存在差异。小规模纳税人能否自己选择按月或按季纳税?

答:国家税务总局公告2023年第1号规定:"按固定期限纳税的小规模纳税人可以选择以1个月或1个季度为纳税期限,一经选择,一个会计年度内不得变更。"这里的一个会计年度,是指会计上所说的1—12月,而不是自选择之日起顺延一年的意思。纳税人在每个会计年度内的任意时间均可以向主管税务机关提出,选择变更其纳税期限,但纳税人一旦选择变更纳税期限后,当年12月31日前不得再次变更。

(5) 小规模纳税人何时可选择纳税期限?

国家税务总局公告2023年第1号规定:"按固定期限纳税的小规模纳税人可以选择以1个月或1个季度为纳税期限,一经选择,一个会计年度内不得变更。"问:小规模纳税人何时可以选择纳税期限?

答:小规模纳税人可以在年度内任意时间选择调整纳税期限。一经选择,本会计年度内不得变更。

(6) 纳税期限变更需要什么资料和流程?

纳税期限变更需要提供什么资料?办理程序是纳税人自行联系主管税务机关变

更?还是在申报表中选择变更?

答:小规模纳税人可向主管税务机关申请变更纳税期限,无须提供资料。

(7)纳税人季度中变更纳税期限,对享受增值税月销售额10万元以下免税政策有什么影响?

答:纳税人变更纳税期限(包括按月变更为按季或按季变更为按月)的实际申请时间不同,其变更后纳税期限的生效时间不同:如在季度第一个月内申请变更纳税期限的,可自申请变更的当季起按变更后的纳税期限申报纳税;在季度第二、三个月内申请变更纳税期限的,申请变更的当季内仍按变更前的纳税期限申报纳税,可自下季度起按变更后的纳税期限申报纳税。如按月申报纳税的小规模纳税人,在季度第一个月内申请变更为按季申报纳税,可自申请变更的当季起按季申报纳税,适用季度销售额不超过30万元的免税标准;如在季度第二、三个月内申请变更为按季申报纳税的,在申请变更的当季仍按月申报纳税,适用月销售额不超过10万元的免税标准,可自下季度起按季申报纳税,适用季度销售额不超过30万元的免税标准。

(8)按季申报的小规模纳税人从2023年4月1日起成为一般纳税人,公司二季度如何申报,如何享受免税政策?

答:需要在4月份征期内办理两项申报业务:一是办理3月税款所属期的一般纳税人申报;二是办理1—2月税款所属期的小规模纳税人申报,小规模纳税人申报可以按季度销售额不超过30万元的标准来确定是否享受免税政策。对于纳税人在季度中间由小规模纳税人登记为一般纳税人,小规模纳税人纳税期限核定为按季的,纳税人对应属期申报销售额均统一以30万元的标准来判断是否享受小规模纳税人免征增值税政策。

(9)境外单位是否享受小规模纳税人月销售额10万元免税政策?

答:按照现行政策,境外企业不区分一般纳税人和小规模纳税人,在我国境内发生的增值税应税行为,均由扣缴义务人按照适用税率扣缴增值税,不适用小规模纳税人月销售额10万元以下免税政策。

(10)国家税务总局公告2023年第1号规定中销售额30元是指不含税销售额?

答:是的。

(11)增值税小规模纳税人季度销售额未超过30万元是否需要预缴?

国家税务总局公告2023年第1号规定,"按照现行规定应当预缴增值税税款的小规模纳税人,凡在预缴地实现的月销售额未超过10万元的,当期无需预缴税款"。季销售额未超过30万元的增值税小规模纳税人,是否需要预缴增值税?

答:自2023年1月1日起,实行按季纳税的增值税小规模纳税人凡在预缴地实现的月销售额未超过10万元(季销售额未超过30万元)的,当期无需预缴税款。2023年1月1日至2023年12月31日,适用3%预征率的预缴增值税项目,减按1%预征率预缴增值。

(12)小规模纳税人异地提供建筑服务,自行开具专票,月销售额不超过10万元,是否需要在预缴地预缴税款?

答:按照国家税务总局公告2023年第1号规定,"按照现行规定应当预缴增值税税款的小规模纳税人，凡在预缴地实现的月销售额未超过10万元的，当期无需预缴税款"。2023年1月1日至2023年12月31日，适用3%预征率的预缴增值税项目，减按1%预征率预缴增值。

（13）预缴地实现的月销售额是扣除前还是扣除后的销售额？

答：预缴地实现的月销售额未超过10万元指差额扣除后的销售额。如提供建筑服务，是按总包扣除分包后的差额确认销售额，及是否适用小规模纳税人10万元免税政策。2023年1月1日至2023年12月31日，适用3%预征率的预缴增值税项目，减按1%预征率预缴增值。

（14）经营地主管税务机关如何判定建筑企业预缴税款时实现的销售收入是多少？纳税人需要自行据实判定并对其真实性负责吗？

答：按照现行规定应当预缴增值税税款的纳税人，在预缴时，应填写《增值税预缴税款表》。纳税人应对其填报内容的真实性负责，并在该表格中"填表人申明"栏签字确认。

（15）一个建筑企业在同一个预缴地有多个项目，每个项目不超10万元，但是月总销售额超10万元，以哪个为标准？

答：同一预缴地主管税务机关辖区内有多个项目的，按照所有项目当月总销售额判断是否超过10万元。在2023年1月1日至2023年12月31日，适用3%预征率的预缴增值税项目，减按1%预征率预缴增值。

（16）我公司属于小规模纳税人，最近有一处厂房需要对外出售，该厂房的所在地与我公司机构所在地不在同一个城市。请问，新政策出台后，我公司出售该厂房是否仍需要预缴增值税？

答：需要预缴增值税。《财政部 税务总局关于明确增值税小规模纳税人减免增值税等政策的公告》（财政部 税务总局公告2023年第1号）规定，自2023年1月1日至2023年12月31日，增值税小规模纳税人适用3%征收率的应税销售收入，减按1%征收率征收增值税；适用3%预征率的预缴增值税项目，减按1%预征率预缴增值税。按照《营业税改征增值税试点有关事项的规定》财税〔2016〕36号）附件2规定，小规模纳税人销售不动产适用5%征收率。因此，你公司销售与机构所在地不在同一县（市、区）的厂房，不适用2023年第1号公告的规定，需按现行规定在不动产所在地预缴增值税。

（17）我公司是一家制造业小企业，属于增值税小规模纳税人，全部销售额为销售货物取得的适用3%征收率的应税销售收入，按国家新出台的规定可以享受免征增值税优惠政策。2022年6月份取得销售额80万元，其中30万元销售额，因下游企业抵扣的需求，要求我们开具专用发票，其他的50万元销售收入尚未开具发票。请问，我们可不可以部分放弃免税，仅就开具专用发票的30万元缴纳增值税？开具专用发票应适用何种征收率？

答：《国家税务总局关于小规模纳税人免征增值税等征收管理事项的公告》（国

家税务总局公告2022年第6号）明确，增值税小规模纳税人适用3%征收率应税销售收入免征增值税的，应按规定开具免税普通发票。纳税人选择放弃免税并开具增值税专用发票的，应开具征收率为3%的增值税专用发票。

如你公司选择放弃免税，对30万元部分的应税销售收入开具增值税专用发票，应当开具征收率为3%的增值税专用发票，并按规定计算缴纳增值税为：30×3%=0.9万元；其余的50万元销售收入，仍可以享受免征增值税政策。

（18）《财政部 税务总局关于对增值税小规模纳税人免征增值税的公告》提到此政策是为进一步支持小微企业发展，我作为个体工商户能否享受此政策？

答：《财政部 税务总局关于对增值税小规模纳税人免征增值税的公告》的政策适用主体为增值税小规模纳税人，因此不区分企业或个体工商户，属于增值税小规模纳税人、取得适用3%征收率的应税销售收入的，均可适用免征增值税政策。

（19）《财政部 税务总局关于明确增值税小规模纳税人减免增值税等政策的公告》提到"适用3%预征率的预缴增值税项目，减按1%预征率预缴增值税"，我是建筑业的一般纳税人，能适用减免预缴增值税政策吗？

答：不可以。《财政部 税务总局关于明确增值税小规模纳税人减免增值税等政策的公告》规定，自2023年1月1日至2023年12月31日，小规模纳税人适用3%征收率的应税销售收入，减按1%征收率征收增值税；适用3%预征率的预缴增值税项目，减按1%预征率预缴增值税。上述政策适用主体为增值税小规模纳税人，增值税小规模纳税人发生适用3%征收率的应税行为对应的预缴增值税项目，减按1%预征率预缴增值税。因此，如你公司为增值税一般纳税人，应按现行规定预缴增值税。

（20）2023年4月，我以个人名义向某公司提供了咨询服务，取得收入1万元。我未办理过税务登记或临时税务登记，请问到税务机关代开发票，我是否需要缴纳增值税？

答：不需要。《财政部 税务总局关于明确增值税小规模纳税人减免增值税等政策的公告》规定，自2023年1月1日至2023年12月31日，小规模纳税人适用3%征收率的应税销售收入，减按1%征收率征收增值税。根据相关规定，您作为自然人，按照小规模纳税人纳税，2023年4月因提供咨询服务取得的1万元收入，适用3%的征收率，可以享受减按1%征收率征收增值税政策，可到税务机关代开增值税普通发票。

（21）我公司是一家小型劳务派遣公司，属于增值税小规模纳税人，此前我公司选择了5%差额缴纳增值税，请问，我公司可以适用小规模纳税人减免增值税政策吗？

答：《财政部 国家税务总局关于进一步明确全面推开营改增试点有关劳务派遣服务、收费公路通行费抵扣等政策的通知》（财税〔2016〕47号）规定，小规模纳税人提供劳务派遣服务，以取得的全部价款和价外费用为销售额，按照简易计税方法依3%的征收率计算缴纳增值税；也可以选择差额纳税，以取得的全部价款和价外费用，扣除代用工单位支付给劳务派遣员工的工资、福利和为其办理社会保险及住房公积金后的余额为销售额，按照简易计税方法依5%的征收率计算缴纳增值税。

《财政部 税务总局关于明确增值税小规模纳税人减免增值税等政策的公告》规定，自2023年1月1日至2023年12月31日，小规模纳税人适用3%征收率的应税销售收入，减按1%征收率征收增值税。

因此，自2023年1月1日至2023年12月31日，你公司可以选择以取得的全部价款和价外费用为销售额，享受减按1%征收率征收增值税政策；也可以选择差额纳税，以取得的全部价款和价外费用，扣除代用工单位支付给劳务派遣员工的工资、福利和为其办理社会保险及住房公积金后的余额为销售额，按照简易计税方法依5%的征收率计算缴纳增值税。

（22）我公司是一家小型商贸企业，属于按季申报的增值税小规模纳税人，2023年一季度取得适用3%征收率的销售收入（不含税，下同）60万元，请问我公司应当如何计算缴纳一季度的增值税款？

答：《财政部 税务总局关于明确增值税小规模纳税人减免增值税等政策的公告》规定，2023年1月1日至2023年3月31日，小规模纳税人取得适用3%征收率的应税销售收入，减按1%征收率征收增值税。你公司一季度取得适用3%征收率的不含税销售额60万元，超过季销售额30万元以下免征增值税政策的标准，不能享受免征增值税政策，但可以减按1%征收率计算缴纳增值税，需要缴纳的增值税为：60万元×1%=0.6万元。

（23）我公司为从事服装零售业务的增值税小规模纳税人，预计2023年4月份销售货物取得收入20万元，同时销售不动产取得收入50万元，请问我公司是否可以就取得的全部收入享受减免增值税优惠？

答：不能就全部收入免征增值税。《财政部 税务总局关于明确增值税小规模纳税人减免增值税等政策的公告规定，自2023年1月1日至2023年12月31日，小规模纳税人适用3%征收率的应税销售收入，减按1%征收率征收增值税。你公司销售货物取得的20万元应税收入，适用3%征收率，可享受减免增值税政策；销售不动产取得的50万元应税收入，适用5%的征收率，不适用减免增值税政策，需要按照现行销售不动产的政策规定，计算缴纳增值税。

（24）我公司是一家小型建筑企业，属于按季度申报的增值税小规模纳税人，2023年二季度预计取得建筑服务预收款20万元，请问我公司是否需要就二季度取得的预收款预缴增值税？

答：不需要。《国家税务总局关于增值税小规模纳税人减免增值税等政策有关征管事项的公告》规定，自2023年1月1日至2023年12月31日，凡在预缴地实现的月销售额未超过10万元的，当期无需预缴税款。小规模纳税人提供建筑服务适用3%征收率，因此，你公司二季度取得的建筑服务预收款，无需预缴增值税。

（25）我公司是一家注册在北京的小型建筑企业，属于按季度申报的增值税小规模纳税人，主要在北京、河北两地开展建筑施工业务，年销售收入不会超过500万元，请问4月份开始我公司是否还需要在河北预缴增值税？

答：需要。《财政部 税务总局关于明确增值税小规模纳税人减免增值税等政策的公告》规定，自2023年1月1日至2023年12月31日，小规模纳税人适用3%征收率的应税销售收入，减按1%征收率征收增值税；适用3%预征率的预缴增值税项目，减按1%预征率预缴增值税。小规模纳税人提供建筑服务适用3%征收率，因此，2023年1月1日至2023年12月31日期间，你公司跨区域提供建筑服务，仍需预缴增值税。

（26）我公司是一家住房租赁企业，属于增值税小规模纳税人。请问，小规模纳税人新政策出台后，我公司出租位于省外城市的住房还需要预缴增值税吗？

答：需要预缴增值税。《财政部 税务总局关于明确增值税小规模纳税人减免增值税等政策的公告》规定，自2023年1月1日至2023年12月31日，小规模纳税人适用3%征收率的应税销售收入，减按1%征收率征收增值税；适用3%预征率的预缴增值税项目，减按1%预征率预缴增值税。

按照《财政部 税务总局 住房城乡建设部关于完善住房租赁有关税收政策的公告》（财政部 税务总局 住房城乡建设部公告2021年第24号）规定，住房租赁企业中的增值税小规模纳税人向个人出租住房，按照5%的征收率减按1.5%计算缴纳增值税。住房租赁企业向个人出租住房适用上述简易计税方法并进行预缴的，减按1.5%预征率预缴增值税。

因此，你公司出租与机构所在地不在同一县（市、区）的住房，不适用财政部、国家税务总局2023年第1号公告的规定，你公司向个人出租位于省外城市的住房应减按1.5%预征率预缴增值税；你公司向非个人出租位于省外城市的住房，应按照5%预征率预缴增值税。

（27）我公司是一家从事房地产开发的增值税小规模纳税人，采取预收款方式销售自行开发的房地产项目，请问，我公司在4月份收到的预收款，是否需要按照3%的预征率预缴增值税？

答：需要预缴增值税。《财政部 税务总局关于明确增值税小规模纳税人减免增值税等政策的公告》规定，自2023年1月1日至2023年12月31日，小规模纳税人适用3%征收率的应税销售收入，减按1%征收率征收增值税；适用3%预征率的预缴增值税项目，减按1%预征率预缴增值税。

按照《营业税改征增值税试点有关事项的规定》（财税〔2016〕36号）附件2规定，房地产开发企业中的小规模纳税人，销售自行开发的房地产项目，适用5%征收率。因此，你公司不适用2023年第1号公告的规定，需按现行规定预缴增值税。

（28）我公司是小规模纳税人，使用税控设备开具发票，2023年3月取得销售货物收入30万元，按规定可以享受2023年新出台的减免增值税优惠政策，但客户要求我公司开具普通发票用于入账，请问我公司若要享受免税政策，应如何开具普通发票？

答：《国家税务总局关于增值税小规模纳税人减免增值税等政策有关征管事项的公告》（国家税务总局公告2023年第1号）明确，增值税小规模纳税人适用3%征收率应税销售收入减按1%征收率征收增值税的，应按1%征收率开具增值税发票。因此，你公司属于小规模纳税人，取得销售货物收入适用3%的征收率，符合减免增值税的条件。若你公司享受免税政策，应当开具免税普通发票。你公司升级增值税发票开票软件后，在开具普通发票时，"税率"栏次选择"1%"，不选择3%、0、免税等征收率。

（29）我公司是一家增值税小规模纳税人，2023年适用3%征收率减按1%征收增值税政策。有一笔纳税义务发生时间在2022年12月1日的收入，已经按照1%征收率开具发票，但由于购买方名称填写错误被购买方拒收，请问是否可以重新开票？

答：可以。《国家税务总局关于增值税小规模纳税人减免增值税等政策有关征管事项的公告》（国家税务总局公告2023年第1号）规定，增值税小规模纳税人取得应税销售收入，纳税义务发生时间在2022年12月31日前已开具增值税发票，如发生销售折让、中止或者退回等情形需要开具红字发票的，应按照对应征收率开具红字发票；开票有误需要重新开具的，应按照对应征收率开具红字发票，再重新开具正确的蓝字发票。按照上述规定，你公司应当按照1%征收率开具红字发票，再按照1%征收率重新开具正确的蓝字发票。

（30）我公司是一家农产品加工企业，属于增值税一般纳税人，我公司购入农产品的渠道中包括了一些当地的小型流通企业（属于小规模纳税人）。出台小规模纳税人减免增值税政策后，我公司需要计算抵扣购进的农产品，应取得何种发票？

答：根据《财政部 税务总局关于简并增值税税率有关政策的通知》（财税〔2017〕37号）、《财政部 税务总局关于调整增值税税率的通知》（财税〔2018〕32号）、《财政部 税务总局 海关总署关于深化增值税改革有关政策的公告》（财政部 税务总局 海关总署公告2019年第39号）规定，纳税人购进农产品，从依照3%征收率计算缴纳增值税的小规模纳税人取得增值税专用发票的，以增值税专用发票上注明的金额和9%的扣除率计算进项税额；纳税人购进农产品用于生产或者委托加工13%税率货物的，按照10%的扣除率计算进项税额。

《国家税务总局关于增值税小规模纳税人减免增值税等政策有关征管事项的公告》（国家税务总局公告2023年第1号）明确，小规模纳税人取得应税销售收入，适用《财政部 税务总局关于明确增值税小规模纳税人减免增值税等政策的公告》（财政部 税务总局公告2023年第1号）第二条规定的减按1%征收率征收增值税政策的，应按照1%征收率开具增值税发票。纳税人可就该笔销售收入选择放弃减税并开具增值税专用发票。因此，你公司购进农产品，取得小规模纳税人开具的3%征收率增值税专用发票的，可按上述规定计算抵扣进项税额。

（31）我公司是批发摩托车的小规模纳税人，在适用小规模纳税人减免增值税政策时，应当如何开具机动车发票？

答：批发机动车的小规模纳税人将车辆销售给下游经销商时，按照《机动车发票使用办法》（国家税务总局　工业和信息化部　公安部公告2020年第23号）的规定开具增值税专用发票。

2023年1月1日至2023年12月31日，小规模纳税人在开具机动车发票（增值税专用发票）时，可以选择开具1%征收率的增值税专用发票，也可以选择放弃减税，开具3%征收率的增值税专用发票。如果选择开具1%征收率的增值税专用发票，则购买方可以按1%抵扣增值税进项税额；如果选择放弃减税，开具3%征收率的增值税专用发票，则销售方需按照规定计算缴纳增值税，同时购买方可以正常抵扣增值税进项税额。

（32）我公司是零售摩托车的小规模纳税人，能否享受小规模纳税人减免税政策，应如何开具机动车销售统一发票？

答：《财政部　税务总局关于明确增值税小规模纳税人减免增值税等政策的公告》规定，自2023年1月1日至2023年12月31日，小规模纳税人适用3%征收率的应税销售收入，减按1%征收率征收增值税。小规模纳税人零售机动车，可以按上述规定享受减税政策，并开具减税的机动车销售统一发票，相应地，购买方纳税人只能按1%抵扣进项税额；如纳税人选择放弃免税，开具3%征收率的机动车销售统一发票，则购买方可以按3%抵扣进项税额。

（33）我公司属于按季申报的增值税小规模纳税人，2023年二季度预计销售货物收入28万元左右，按国家新出台的规定可以享受免征增值税优惠政策，请问应当如何填写申报表？

答：《国家税务总局关于增值税小规模纳税人减免增值税等政策有关征管事项的公告》（国家税务总局公告2023年第1号）规定，增值税小规模纳税人发生增值税应税销售行为，合计月销售额未超过10万元（以1个季度为1个纳税期的，季度销售额未超过30万元）的，免征增值税的销售额等项目应当填写在《增值税及附加税费申报表（小规模纳税人适用）》"小微企业免税销售额"或者"未达起征点销售额"相关栏次。

你公司二季度合计销售额预计28万元左右，未超过30万元，在办理增值税纳税申报时，应将免税销售额填写在《增值税及附加税费申报表（小规模纳税人适用）》第10栏"小微企业免税销售额"（如为个体工商户，应填写在第11栏"未达起征点销售额"）。如果没有其他免税项目，无需填报《增值税减免税申报明细表》。

（34）我公司属于按季申报的增值税小规模纳税人，2023年二季度预计销售货物收入60万元，适用免征增值税政策。请问我公司在二季度应当如何申报？

答：《国家税务总局关于增值税小规模纳税人减免增值税等政策有关征管事项的公

告》（国家税务总局公告2023年第1号）规定，增值税小规模纳税人发生增值税应税销售行为，合计月销售额超过10万元（以1个季度为1个纳税期的，季度销售额超过30万元）的，减按1%征收率征收增值税的销售额应填写在《增值税及附加税费申报表（小规模纳税人适用）》"应征增值税不含税销售额（3%征收率）"相应栏次，对应减征的增值税应纳税额按销售额的2%计算填写在《增值税及附加税费申报表（小规模纳税人适用）》"本期应纳税额减征额"及《增值税减免税申报明细表》减税项目相应栏次。

你公司二季度合计销售额超过30万元，在办理增值税纳税申报时，享受减免增值税政策的全部销售额填写在《增值税及附加税费申报表（小规模纳税人适用）》第1栏"应征增值税不含税销售额（3%征收率）"栏次，对应减征的增值税应纳税额按销售额的2%计算填写在《增值税及附加税费申报表（小规模纳税人适用）》第16栏"本期应纳税额减征额"栏次，同时在填写《增值税减免税申报明细表》时，准确选择减免项目"小规模纳税人3%征收率销售额免征增值税"对应的减免性质代码"01045308"，填写对应免税销售额等项目。

（35）提供科研开发服务的小规模纳税人，月销售额未达到10万元，是否可以自行开具增值税专用发票？

答：为了便利纳税人开具使用增值税发票，有效降低纳税人负担，已经使用金税盘、税控盘等税控专用设备开具增值税发票的小规模纳税人，在免税标准调整后，月销售额未超过10万元的，可以自愿继续使用现有税控专用设备开具发票，也可以向税务机关免费换领税务UKey开具发票。

（36）小规模纳税人，自开专用发票的标准是否同步从月销售额超过15万元（季度销售额超过45万元）调整至月销售额超过10万元（季度销售额超过30万元）？

答：为了进一步便利小微企业开具增值税专用发票，《国家税务总局关于增值税发票管理等有关事项的公告》（国家税务总局公告2019年第33号）规定，"增值税小规模纳税人（其他个人除外）发生增值税应税行为，需要开具增值税专用发票的，可以自愿使用增值税发票管理系统自行开具。选择自行开具增值税专用发票的小规模纳税人，税务机关不再为其代开增值税专用发票"。自2019年10月1日起，所有小规模纳税人均可以自愿使用增值税发票管理系统自行开具增值税专用发票，不受月销售额标准的限制。

（37）是否月销售超过10万元（季度超30万元）才可自开专票？

答：为了进一步便利小微企业开具增值税专用发票，自2019年10月1日起试点行业的所有小规模纳税人均可以自愿使用增值税发票管理系统自行开具增值税专用发票，不受月销售额标准的限制。

（38）政策调整后，小规模纳税人月销售额超过10万元，是否强制使用增值税发票管理系统？

答：小规模纳税人月销售额超过10万元的，除特殊情况外，应当使用增值税发票管理系统开具增值税普通发票、机动车销售统一发票、增值税电子普通发票。

（39）月销售额不超10万元的未使用税控系统的小规模纳税人，是否可以去税务机关代开增值税普通发票？

答：可以。对于未使用增值税发票管理系统的小规模纳税人，月销售额未超过10万元的小规模纳税人，原则上不纳入增值税发票管理系统推行范围。

（40）月销售未超10万元的小规模纳税人能否放弃使用增值税发票管理系统？

答：免征增值税政策调整后，已经使用增值税发票管理系统的小规模纳税人，月销售额未超过10万元的，可以继续使用现有税控设备开具发票，也可以自愿向税务机关免费换领税务Ukey开具发票。

（41）小规模纳税人月销售额未超过10万元开具增值税普通发票，税率是显示实际征收率还是显示***？

答：小规模纳税人自行开具的增值税普通发票，税率栏次显示为适用的征收率；增值税小规模纳税人向税务机关申请代开的增值税普通发票，如月代开发票金额合计未超过10万元，税率栏次显示***。

（42）小规模纳税人代开增值税普通发票，税率显示***，该如何填增值税申报表？

答：对于增值税小规模纳税人向税务机关申请代开的增值税普通发票，月代开发票金额合计未超过10万元，税率栏次显示***的情况：若小规模纳税人当期销售额超过10万元（按季30万元），则应当按照相关政策确认当期销售额适用的征收率，准确填写《增值税及附加税费申报表（小规模纳税人适用）》对应栏次。若小规模纳税人当期销售额未超过10万元（按季30万元），则应当按照国家税务总局公告2023年第1号规定，将当期销售额填入《增值税及附加税费申报表（小规模纳税人适用）》免税销售额相关栏次。

按照现行政策规定，小规模纳税人当期若发生销售不动产业务，以扣除不动产销售额后的当期销售额来判断是否超过10万元（按季30万元）。适用增值税差额征税政策的小规模纳税人，以差额后的当期销售额来判断是否超过10万元（按季30万元）。

注：自2023年1月1日至2023年12月31日，增值税小规模纳税人适用3%征收率的应税销售收入，减按1%征收率征收增值税。

（43）预缴地季销售额未超过30万元时预缴税款可否退还？

按照现行规定需要预缴增值税的小规模纳税人，选择按季度申报，在预缴地实现的月销售额超过10万元，在预缴地预缴增值税，但季度销售额未超过30万元，预缴的税款是否可以申请退还？

答：按照现行规定应当预缴增值税税款的小规模纳税人，凡在预缴地实现的月销售额未超过10万元的，当期无需预缴税款。如果该纳税人实行按季纳税，季度销售额未超过30万元，无需在服务发生地预缴税款，无需填报《增值税预缴税款表》；如果该纳税人实行按月纳税，月份销售额已超过10万元，应就销售额按规定预缴税款。

（44）机构和不动产所在地一致的不动产转让是否需要预缴？

答：国家税务总局公告2016年第14号规定："小规模纳税人转让其取得的不动产，除个人转让其购买的住房外，按照以下规定缴纳增值税：（一）小规模纳税人转让其取得（不含自建）的不动产，以取得的全部价款和价外费用扣除不动产购置原价或者取得不动产时的作价后的余额为销售额，按照5%的征收率计算应纳税额。（二）小规模纳税人转让其自建的不动产，以取得的全部价款和价外费用为销售额，按照5%的征收率计算应纳税额。除其他个人之外的小规模纳税人，应按照本条规定的计税方法向不动产所在地主管税务机关预缴税款，向机构所在地主管税务机关申报纳税；其他个人按照本条规定的计税方法向不动产所在地主管税务机关申报纳税。"

（45）增值税起征点的规定是什么？

目前增值税起征点是按次不超过500元、按月不超过2万元，按次不超过500元、按月不超过3万元，按照国家税务总局公告2019年第4号规定的提高至按次不超过500元、按月不超过10万元，还是按国家税务总局公告2021年第5号规定的按月不超过15万元？

答：增值税起征点，仍按照《中华人民共和国增值税暂行条例实施细则》和《营业税改征增值税试点实施办法》执行，即：按期纳税的，为月销售额5 000～20 000元（含本数）；按次纳税的，为每次（日）销售额300～500元（含本数）。无论是此前对小规模纳税人月销售额2万～3万元（季度6万～9万元）免征增值税，还是自2019年1月1日起将小规模纳税人免税标准从月销售额3万元提高至10万元（季度由9万元提高到30万元），还是自2021年4月1日起将小规模纳税人免税标准从月销售额10万元提高至15万元（季度由30万元提高到45万元），都只是对起征点政策的优惠加码，并没有调整增值税起征点。

（46）小规模纳税人月销售额超过10万元是超过部分纳税还是全额纳税？

答：按月纳税的小规模纳税人，如果月销售额超过10万元，需要就销售额全额计算缴纳增值税。

（47）保险公司或者证券公司，为保险、证券代理人汇总代开增值税普通发票，能否享受小微免征增值税的政策？增值税的免税标准是否月销售额一并调整为不超过10万元（按季纳税30万元）？

答：保险、证券代理人属于按期纳税的小规模纳税人，可以适用月销售额不超过10万元免征增值税优惠政策。

（48）自然人与保险公司签订长期代理合同，且不属于一次性取得收入的，是否可视为按期纳税的纳税人，按规定适用增值税优惠政策？

答：可以享受有关优惠政策。

（49）光伏发电项目发电户销售电力产品能否享受小规模纳税人月销售额10万元以下免税政策？

答：《国家税务总局关于国家电网公司购买分布式光伏发电项目电力产品发票开具等有关问题的公告》（国家税务总局公告2014年第32号）规定的光伏发电项目发电户，销售电力产品时可以按税法规定享受小规模纳税人月销售额10万元以下免税政策。

（50）小规模纳税人月销售额超10万元但季度销售额不超30万元能否免征增值税？

答：如果是按月纳税的小规模纳税人，那么月销售额超过10万元的当月是无法享受免税的；如果是按季纳税的小规模纳税人，那么季度中某一个月销售额超过10万元，但季度销售额不超过30万元的，是可以按规定享受免税的。

（51）增值税免税政策是否只针对按月纳税的小规模纳税人？

国家税务总局公告2023年第1号规定，"小规模纳税人发生增值税应税销售行为，合计月销售额超过10万元，但扣除本期发生的销售不动产的销售额后未超过10万元的，其销售货物、劳务、服务、无形资产取得的销售额免征增值税"。该规定是否只针对按月纳税的小规模纳税人？

答：该规定不仅针对按月纳税月销售额未超过10万元的小规模纳税人，也适用于按季纳税季销售额未超过30万元的小规模纳税人。

（52）按季申报小规模纳税人4月份有销售，5、6月办理停业登记，能否享受按季30万元免征增值税政策？

答：按照政策规定，按季申报纳税的小规模纳税人，季度销售额未超过30万元的，免征增值税。所以，如果二季度销售额合计未超过30万元，是可以享受免征增值税政策的。

（53）小规模纳税人增值税免税政策的标准是适用月度销售额还是季度销售额标准？

国家税务总局公告2023年第1号公告"小规模纳税人发生增值税应税销售行为，合计月销售额未超过10万元（以1个季度为1个纳税期的，季度销售额未超过30万元，下同）的，免征增值税"中的"下同"是指整个文件还是仅指第一条按照此规定执行？

答：《国家税务总局关于增值税小规模纳税人减免增值税等政策有关征管事项的公告》（国家税务总局公告2023年第1号）中的"下同"表示该文件中所有规定，既适用于按月纳税月销售额未超过10万元的小规模纳税人，也适用于按季纳税季销售额未超过30万元的小规模纳税人。

（54）《增值税及附加税费申报表（小规模纳税人适用）》是否有调整？

答：根据《国家税务总局关于增值税、消费税与附加税费申报表整合有关事项的公告》（国家税务总局公告2021年第20号）规定，2021年8月1日起，增值税、消费税分别与城市维护建设税、教育费附加、地方教育附加申报表整合，启用《增值税及附加税费申报表（小规模纳税人适用）》（含填写说明）。

（55）按季申报的小规模纳税人剔除不动产转让销售额后可享受免征增值税政策，在申报时应注意什么？

答：按照现行政策规定，小规模纳税人当期若发生销售不动产业务，以扣除不动产销售额后的当期销售额来判断是否超过10万元（按季30万元）。纳税人在申报过程中，可按照申报系统提示据实填报不动产销售额，系统将自动提示是否超过月销售额（季度销售额）及填报注意事项。

（56）按季申报的小规模纳税人现转让不动产，除了按照申报系统提示填报不动产信息以外，还需要填报申报表相关栏次吗？

答：需要填报。小规模纳税人转让不动产，除了按照申报系统提示填报不动产信息以外，还应根据政策适用情况据实填写小规模纳税人申报表相关栏次，完整申报当期全部销售额。

（57）纳税人代开增值税专用发票后冲红，当季度销售额未超过30万元时，已经缴纳的税款是否可以申请退还？

如果小规模纳税人按季度申报，代开增值税专用发票当月销售额超过10万元，但是当季度销售额未超过30万元，现在对代开的专用发票开具红字发票，已经缴纳的税款是否可以申请退还？

答：按照现行政策规定，纳税人自行开具或申请代开增值税专用发票，应就其开具的增值税专用发票相对应的应税行为计算缴纳增值税。如果小规模纳税人月销售额未超过10万元（以1个季度为1个纳税期的，季度销售额未超过30万元）的，当期因开具增值税专用发票已经缴纳的税款，在增值税专用发票全部联次追回或者按规定开具红字专用发票后，可以向主管税务机关申请退还已缴纳的增值税。

（58）如果缴纳过税款后专票丢失，按现行规定办理了丢失手续，后续开具了红字专用发票，可以申请退还税款吗？

答：增值税一般纳税人开具增值税专用发票后，发生销售退回、开票有误、应税服务中止等情形但不符合发票作废条件，或者因销货部分退回及发生销售折让的，可以开具红字专用发票。税务机关为小规模纳税人代开专用发票，需要开具红字专用发票的，按照一般纳税人开具红字专用发票的方法处理。出具红字专用发票后，纳税人可以向主管税务机关申请退还已经缴纳的税款。

（59）增值税专票开具后对方公司已认证，再追回能否退税？

答：销方纳税人开具专用发票后，如果发生销货退回、开票有误、应税服务中止等情形，但因购买方已将该张专用发票进行认证，无法作废的，可由购买方填开《开具红字增值税专用发票信息表》并作进项税额转出后，销方纳税人便可以开具红字专用发票并向税务机关申请退还该张专用发票已缴纳的税款。

（60）"联次追回或者按规定开具红字专用发票"是指必须在当期进行处理申请退还，还是后期也可以进行处理申请退还？

答：增值税一般纳税人开具增值税专用发票后，发生销货退回、开票有误、应税服务中止等情形但不符合发票作废条件，或者因销货部分退回及发生销售折让的，可以开具红字专用发票。税务机关为小规模纳税人代开专用发票，需要开具红字专用发票的，按照一般纳税人开具红字专用发票的方法处理。相关文件没有对纳税人开具红字发票的时限进行限制。

（61）原发票无法退回红冲导致的增值税免税政策执行难问题该如何解决？

由于政策出台时间与政策执行始期存在"时间差"，出现税务机关在1月份代开发票多征税款，只能用红字冲回后重新开具，但受票方在异地，不配合将原发票退回，无法开具红字发票冲回，纳税人多缴税款无法退还，使减税降费优惠政策不能执行到位。

答：由于小规模纳税人开具增值税专用发票后，下游一般纳税人可以抵扣专用发票上注明的税款，为保障增值税抵扣链条的完整性，小规模纳税人向税务机关申请代开的增值税专用发票应当在缴纳增值税后方可开具。小规模纳税人月销售额未超过10万元（以1个季度为1个纳税期的，季度销售额未超过30万元）的，当期因开具增值税专用发票已经缴纳的税款，在增值税专用发票全部联次追回或者按规定开具红字专用发票后，可以向主管税务机关申请退还。

按照《国家税务总局关于红字增值税发票开具有关问题的公告》（国家税务总局公告2016年第47号）规定，如果购买方取得专用发票已用于申报抵扣的，需要将增值税税额从进项税额中转出，并填写《开具红字增值税专用发票信息表》后，由税务机关根据校验通过的《信息表》为销售方代开红字专用发票，并不需要将原发票退回。

（62）符合免税条件的增值税小规模纳税人是代开普票时不进行征收税款，还是先征后退？

小规模纳税人2023年4月份销售额未超过10万元（以1个季度为1个纳税期的，2023年第二季度销售额未超过30万元），但当期因代开普通发票已经缴纳的税款，可以在办理纳税申报时向主管税务机关申请退还。符合免税条件的小规模纳税人，是代开普票的时候不进行征收税款，还是先征收，申报后在申请退税？

答：符合免税条件的小规模纳税人，代开增值税普通发票时不征收增值税。

（63）租金收入分摊政策的适用范围是什么？

答：按照营改增试点实施办法的规定，纳税人提供租赁服务采取预收款方式的，纳税义务发生时间为收到预收款的当天。这是一项普遍适用的规定。《国家税务总局关于增值税小规模纳税人减免增值税等政策有关征管事项的公告》（国家税务总局公告2023年第1号）规定，"《中华人民共和国增值税暂行条例实施细则》第九条所称的其他个人，采取一次性收取租金形式出租不动产取得的租金收入，可在对应的租赁期内平均分摊，分摊后的月租金收入未超过10万元的，免征增值税"。在执行月销售额3万元以下免税政策时，考虑到出租房屋的多为自然人，为充分释放政策红利，也为了促进房地产租赁市场的发展，允许自然人一次性取得的租金收入按期平摊适用免税政策。目前，除自然人以外的其他小规模纳税人不适用此项政策，我们将在下一步统筹研究相关政策的适用范围。

（64）以预收款形式收取租金和到期一次性收取租金是否都可以在租赁期分摊？

《国家税务总局关于增值税小规模纳税人减免增值税等政策有关征管事项的公告》（国家税务总局公告2023年第1号）规定，"《中华人民共和国增值税暂行条例实施细则》第九条所称的其他个人，采取一次性收取租金形式出租不动产取得的租金收入，可在对应的租赁期内平均分摊，分摊后的月租金收入未超过10万元的，免征增值税"。以预收款形式收取租金和到期一次性收取租金是否都属于采取一次性收取租金形式出租不动产取得的租金收入，可在对应的租赁期内平均分摊？

答：自然人以预收款形式收取租金和到期一次性收取租金，均属于采取一次性收取租金形式出租不动产取得的租金，可在对应的租赁期内平均分摊，分摊后的月租金收入未超过10万元的，免征增值税。

（65）增值税免税标准提高后，其他个人发生销售不动产如何处理？

答：其他个人偶然发生销售不动产的行为，应当按照现行政策规定实行按次纳税。《国家税务总局关于增值税小规模纳税人减免增值税等政策有关征管事项的公告》（国家税务总局公告2023年第1号）明确其他个人销售不动产，继续按照现行政策规定征免增值税。比如，如果其他个人销售住房满2年符合免税条件的，仍可继续享受免税；如不符合免税条件，则应照章纳税。

（66）增值税免税标准提高后，文化事业建设费的标准是否提高？

根据《国家税务总局关于增值税小规模纳税人减免增值税等政策有关征管事项的公告》（国家税务总局公告2023年第1号）规定，小规模纳税人发生增值税应税销售行为，合计月销售额未超过10万元（以1个季度为1个纳税期的，季度销售额未超过30万元）的，免征增值税。文化事业建设费是否适用按月10万元按季30万元的规定？

答：小规模纳税人免税标准为2万元时，为减轻文化事业建设费缴费人负担，部局两家发文明确，小规模纳税人中月销售额不超过2万元的缴费义务人，同时免征文化事业建设费，这是一项长期有效的政策。小规模纳税人免税标准提高至3万元后，部局两家又发文明确，对月销售额不超过3万元的缴费义务人，同时免征文化事业建设费，但此项政策有明确的执行期限，并已于2017年12月31日到期停止执行。《财政部关于调整部分政府性基金有关政策的通知》（财税〔2019〕46号）规定，"自2019年7月1日至2024年12月31日，对归属中央收入的文化事业建设费，按照缴纳义务人应缴费额的50%减征；对归属地方收入的文化事业建设费，各省（区、市）财政、党委宣传部门可以结合当地经济发展水平、宣传思想文化事业发展等因素，在应缴费额50%的幅度内减征"。

（67）未超过免税标准的小规模开具机动车销售统一发票是否需要征增值税？

根据《财政部　税务总局关于明确增值税小规模纳税人免征增值税政策的公告》（财政部　税务总局公告2021年第11号）和《国家税务总局关于增值税小规模纳税人减免增值税等政策有关征管事项的公告》（国家税务总局公告2023年第1号）规定，对于月（季度）销售额未超过免税标准的小规模纳税人，其开具机动车销售统一发票的销售额是否需要征增值税？

答：按照现行发票管理有关规定，机动车销售统一发票在性质上属于普通发票。因此，月（季度）销售额未超过免税标准的小规模纳税人开具机动车销售统一发票的销售额，免征增值税。

（68）如何应对增值税小规模纳税人开具机动车销售统一发票造成的上游免税下游抵扣问题？

部分销售摩托车或农用车的纳税人为增值税小规模纳税人，使用增值税发票管理系统开具机动车销售统一发票。若当期开具的机动车销售统一发票销售额未超过30万元的，将会造成销售给一般纳税人的部分存在上游免税下游抵扣的问题。如何应对增值税小规模纳税人开具机动车销售统一发票造成的上游免税下游抵扣问题？

答：按照现行发票管理有关规定，机动车销售统一发票在性质上属于普通发票，同时具备增值税抵扣功能。为贯彻落实党中央、国务院关于减税降费的决策部署，确保提高小规模纳税人免税标准的政策扎实落地，对月销售额未超过10万元（按季30万元）的小规模纳税人开具的机动车销售统一发票，可以享受免征增值税政策，且下道环节取得相应发票的，可以抵扣进项税额。同时，应加强后续机动车销售统一发票风险防范，依托快速反应机制对识别出的疑点开票行为，及时推送基层核实处理。

（69）如何保持税控服务单位对不收取服务费的小规模纳税人的服务质量？

由于月销售额10万以下（按季纳税30万元以下）的小规模纳税人没有税款可以抵减税控设备和技术维护费用，根据《关于免收增值税税控系统技术服务费有关事项的通知》规定，对这部分纳税人暂不收取服务费，可能影响技术维护服务单位的服务质量。

答：税务总局已经约谈两家税控服务单位总部，对使用税控设备开具增值税发票同时享受10万元免税政策的小规模纳税人，要求其保证服务质量。各级税务机关要履行好监督职能，确保税控服务单位能够按规定为此类纳税人提供服务，及时为纳税人解决各类问题，保障服务质量。

（70）按次申报增值税小规模纳税人能否按月享受未达10万元增值税免征政策？

答：按次纳税和按期纳税，以是否办理税务登记或者临时税务登记作为划分标准，凡办理了税务登记或临时税务登记的小规模纳税人，月销售额未超过10万元（按季申报的小规模纳税人，为季销售额未超过30万元）的，都可以按规定享受增值税免税政策。未办理税务登记或临时税务登记的小规模纳税人，除特殊规定外，则执行《增值税暂行条例》及其实施细则关于按次纳税的起征点有关规定，每次销售额未达到500元的免征增值税，达到500元的则需要正常征税。对于经常代开发票的自然人，建议基层税务机关辅导纳税人主动办理税务登记或临时税务登记，以充分享受小规模纳税人月销售额10万元以下免税政策。

（71）小规模纳税人销售不动产能否享受10万元以下增值税免税政策？

答：按照《国家税务总局关于增值税小规模纳税人减免增值税等政策有关征管事项的公告》（国家税务总局公告2023年第1号）规定，小规模纳税人的合计月（季）销售额未超过免税标准的，其包含销售不动产在内的所有销售额均可享受免税政策。小规模纳税人中的个人销售住房，符合现行政策规定的，可以相应享受增值税免税政策。

案例14-2

（1）按季纳税的A小规模纳税人，2023年一季度仅发生一笔销售不动产行为，销售额为29万元，未超过季度30万元的免税标准，则该纳税人一季度29万元的销售收入，可以享受免征增值税政策。

（2）按月纳税的B小规模纳税人，2023年3月销售货物的收入6万元，提供服务的收入2万元，销售不动产的收入1万元。合计月销售额9万元（6+1+1），未超过10万元免税标准，该纳税人当月销售货物、服务和不动产取得的销售额9万元，可享受免征增值税政策。

（72）其他个人在2020年采取预收款方式出租不动产，一次性取得2021年及以后租赁期的预收租金收入，月均租金超过10万元但未超过15万元的，能否申请退还2019年及以后租赁期对应的增值税税款？

答：按照现行政策规定，纳税人提供租赁服务采取预收款方式的，其纳税义务发生时间为收到预收款的当天。将小规模纳税人免税标准提高至15万元的政策自2021年4月1日起执行,其他个人在2020年采取预收款方式取得的2021年4月及以后租赁期的不动产租金收入,应适用原月销售额10万元(季度30万元)的免税标准,因月均租金超过10万元缴纳的增值税,不能申请退还。

(73)按月纳税的小规模纳税人上月发生的销售在本月发生销售退回,本月实际销售额超10万元,如何确定本月销售额能否享受增值税免征优惠?

答:按照现行政策规定,纳税人适用简易计税方法计税的,因销售退回而退还给购买方的销售额,应当从当期销售额中扣减。因此,发生销售退回的小规模纳税人,应以本期实际销售额扣减销售退回相应的销售额,确定是否适用10万元以下免税政策。

(74)新办或注销小规模纳税人按季申报的,实际经营期不足一个季度的,是按照实际经营期享受还是按季享受优惠?

答:从有利于小规模纳税人享受优惠政策的角度出发,对于选择按季申报的小规模纳税人,不论是季度中间成立还是季度中间注销的,均按30万元判断是否享受优惠。

(75)其他个人出租不动产取得的租金收入在2023年1月1日后到税务机关代开发票,对应的租赁期在2022年12月31日之前的,能否享受国家税务总局公告2023年第1号相关优惠政策?

答:纳税人应以纳税义务发生时间来判断是否适用税收优惠政策。其他个人出租不动产取得的租金收入,纳税义务发生时间在2022年12月31日前的,按月均租金是否超过15万元的标准,判断是否免征增值税;纳税义务发生时间在2023年1月1日后的,按月均租金是否超过10万元的标准,判断是否免征增值税。

(76)行政事业单位、居民委员会、村委会等非企业性单位,对外出租不动产收取的预收款,能否以分摊后的销售额享受小规模纳税人普惠性免征增值税政策?

答:非企业性单位一次性收取租金取得的租金收入,不适用其他个人出租不动产的政策规定,不能以分摊后的销售额享受普惠性免税政策。

(77)孵化器自用或出租等方式给在孵对象使用的房产产权权属不为企业所有,为零租金租入房产或为有租金租入房产,且此房产有不动产经营租赁收入,房屋租赁收入或房屋转租收入。对于产权不属于孵化器的不动产,对其取得的不动产租金收入,是否可享受经营租赁收入免征增值税的优惠政策?

答:根据《财政部 国家税务总局关于全面推开营业税改征增值税试点的通知》(财税〔2016〕36号)规定,经营租赁服务是指在约定时间内将有形动产或者不动产转让他人使用且租赁物所有权不变更的业务活动。不动产租赁服务属于经营租赁服务。

纳税人出租不动产是转让不动产使用权的行为,不涉及所有权。依据《财政部 税务总局 科技部 教育部关于科技企业孵化器大学科技园和众创空间税收政策的通知》（财税〔2018〕120号），国家级、省级科技企业孵化器向在孵对象提供不动产租赁服务，对其取得的不动产租金收入，可以享受科技企业孵化器提供孵化服务取得的收入免征增值税政策。

（78）按次（日）纳税，免征增值税限额为500元以下，能否提高标准？

答：按照《增值税暂行条例实施细则》的规定，增值税起征点适用于个人（包括个体工商户和其他个人）。其中，按期纳税的个体工商户起征点较高，为月销售额5 000~20 000元；按次纳税的自然人，为每次（日）销售额300~500元。2013年起，为扶持小微企业发展，国务院决定，对小规模纳税人中月销售额不超过2万元的企业和非企业单位，免征增值税，与按期纳税的个体工商户的起征点政策取齐。此后，对包括个体工商户在内的小微企业的扶持力度不断加大，免税标准逐步提高到月销售额15万元。在这个过程中，按次纳税的起征点并未同步调整。下一步，我们将结合增值税立法，配合财政部统筹研究解决按次纳税的起征点问题。

此外，为扩大小规模纳税人免征增值税政策的受益面，国家税务总局已经明确，按次纳税和按期纳税，以是否办理税务登记或者临时税务登记作为划分标准。凡办理了税务登记或临时税务登记的小规模纳税人，月销售额未超过10万元（按季纳税30万元）的，都可以按规定享受增值税免税政策。对于经常代开发票的自然人，建议各地引导其主动办理税务登记或临时税务登记，以充分享受小规模纳税人月销售额10万元以下免税政策。

14.2 小型微利企业普惠性企业所得税减免政策55问

（1）"小微企业"和"小型微利企业"如何区分？

答："小微企业"是一个习惯性的叫法，并没有一个严格意义上的界定，目前所说的"小微企业"是和"大中企业"相对来讲的。如果要找一个比较接近的解释，那就是工信部、国家统计局、国家发展改革委和财政部于2011年6月发布的《中小企业划型标准》，根据企业从业人员、营业收入、资产总额等指标，将16个行业的中小企业划分为中型、小型、微型三种类型，小微企业可以理解为其中的小型企业和微型企业。而"小型微利企业"的出处是《企业所得税法》及其实施条例，指的是符合税法规定条件的特定企业，其特点不只体现在"小型"上，还要求"微利"，主要用于企业所得税优惠政策方面。在进行企业所得税纳税申报时，一定要谨记税法上的"小型微利"四个字，并按照企业所得税相关规定去判断是否符合条件。

（2）工业企业和其他企业的小型微利企业标准一样吗？

答：原有政策对工业企业和其他企业的从业人数、资产总额两项指标分别设置了条件，2019年新出台的政策对资产总额和从业人数指标不再区分工业企业和其他企业。因此，目前工业企业和其他企业的小型微利企业标准是一样的，即年应纳税所得额上限都是300万元，资产总额上限都是5 000万元，从业人数上限都是300人。

（3）小型微利企业普惠性税收减免政策中，企业所得税优惠政策具体是什么？

答：根据《财政部　税务总局关于实施小微企业和个体工商户所得税优惠政策的公告》（财政部　税务总局公告2021年第12号）、《财政部　税务总局关于进一步实施小微企业所得税优惠政策的公告》（财政部　税务总局公告2022年第13号）和《财政部　税务总局关于小微企业和个体工商户所得税优惠政策的公告》（财政部　税务总局公告2023年第6号），2021年1月1日至2022年12月31日，对小型微利企业年应纳税所得额不超过100万元的部分，减按12.5%计入应纳税所得额，按20%的税率缴纳企业所得税；2022年1月1日至2024年12月31日，对小型微利企业年应纳税所得额超过100万元但不超过300万元的部分，减按25%计入应纳税所得额，按20%的税率缴纳企业所得税；2023年1月1日至2024年12月31日，对小型微利企业应纳税所得额不超过100万元的部分，减按25%计入应纳税所得额，按20%的税率缴纳企业所得税。

（4）视同独立纳税人缴税的二级分支机构是否可以享受小型微利企业所得税减免政策？

答：现行企业所得税实行法人税制，企业应以法人为主体，计算并缴纳企业所得税。《企业所得税法》第五十条第二款规定："居民企业在中国境内设立不具有法人资格的营业机构的，应当汇总计算并缴纳企业所得税。"由于分支机构不具有法人资格，其经营情况应并入企业总机构，由企业总机构汇总计算应纳税款，并享受相关优惠政策。

（5）企业预缴企业所得税，是按什么时点的资产总额、从业人数和应纳税所得额情况判断享受小型微利企业所得税优惠政策？

答：根据国家税务总局公告2019年第2号规定，暂按当年度截至本期申报所属期末累计情况进行判断，计算享受小型微利企业所得税减免政策。

（6）国家税务总局公告2021年第5号下发后，《国家税务总局关于发布〈企业所得税税前扣除凭证管理办法〉的公告》（国家税务总局公告2018年第28号）中规定的"小额零星业务"判断标准是否有调整？

答：《国家税务总局关于发布〈企业所得税税前扣除凭证管理办法〉的公告》（国家税务总局公告2018年第28号）第九条规定，小额零星经营业务的判断标准是个人从事应税项目经营业务的销售额不超过增值税相关政策规定的起征点。考虑到小规模增值税纳税人符合条件可以享受免征增值税优惠政策，根据《中华人民共和国增值税暂行条例》及实施细则、《家税务总局关于增值税小规模纳税人减免增值税等政策有关征管事项的公告》（国家税务总局公告2023年第1号）规定，小额零星经营业务可按以下标准判断：按月纳税的，月销售额不超过10万元；按次纳税的，每次（日）销售额不超过300～500元。

（7）高新技术企业年中符合小型微利企业条件，是否可以同时享受小型微利企业所得税的税收优惠？

答：企业既符合高新技术企业所得税优惠条件，又符合小型微利企业所得税优惠条件，可按照自身实际情况由纳税人从优选择适用优惠税率，但不得叠加享受。

（8）企业从事公共污水处理，享受"三免三减半"政策，同时符合小型微利企业条件，能否享受财税〔2019〕13号文件规定的企业所得税优惠？

公司运营一个污水治理项目，从2016年开始享受节能环保项目所得"三免三减半"的优惠，2019年进入项目所得减半期，请问2019年是否可以享受小型微利企业所得税优惠政策？

答：就企业运营的项目而言，如该项目同时符合项目所得减免和小型微利企业所得税优惠政策条件，可以选择享受其中最优惠的一项政策。该公司2019年可以选择享受小型微利企业所得税优惠政策，同时放弃该项目可享受的节能环保项目所得减半征税优惠。

（9）现行小型微利企业所得税优惠政策的截止时间？

答：《财政部　税务总局关于实施小微企业和个体工商户所得税优惠政策的公告》（财政部　税务总局公告2021年第12号）规定的执行期限为2021年1月1日至2022年12月31日。《财政部　税务总局关于进一步实施小微企业所得税优惠政策的公告》（财政部　税务总局公告2022年第13号）规定的执行期限为2022年1月1日至2024年12月31日。

（10）在现行税收优惠政策中，企业所得税汇算清缴中职工教育经费税前扣除政策有何变化？

答：自2018年1月1日起，企业发生的职工教育经费支出，不超过工资薪金总额8%的部分，准予在计算企业所得税应纳税所得额时扣除；超过部分，准予在以后纳税年度结转扣除。也就是说，职工教育经费税前扣除的比例由2.5%提高到8%。

（11）现行政策研发费用加计扣除优惠政策有何变化？

答：研发费用加计扣除优惠政策变化主要有两方面：一是2018年1月1日至2023年12月31日期间，研发费用未形成无形资产计入当期损益的，在按规定据实扣除的基础上,再按照实际发生额的75%在税前加计扣除;形成无形资产的,在上述期间按照无形资产成本的175%在税前摊销;二是委托境外进行研发活动所发生的费用,按照费用实际发生额的80%计入委托方的委托境外研发费用。委托境外研发费用不超过境内符合条件的研发费用2/3的部分,可以按规定在企业所得税前加计扣除。委托境外进行研发活动不包括委托境外个人进行的研发活动。

(12)企业季度预缴时符合条件享受了小型微利企业优惠政策,在年终汇算清缴时不符合条件,如何进行处理?

答:《国家税务总局关于实施小型微利企业普惠性所得税减免政策有关问题的公告》(国家税务总局公告2019年第2号)规定,企业预缴企业所得税时已享受小型微利企业所得税减免政策,汇算清缴企业所得税时不符合《通知》(财税〔2019〕13号文件)第二条规定的,应当按照规定补缴企业所得税税款。

(13)享受小型微利企业所得税优惠在预缴申报时如何填报减免税?

答:一是查账征收小型微利企业。①表A200000第9行"实际利润额"≤1 000 000时,第12行"减免所得税额"=第9行×20%,并同时将减免税额填报在表A201030第1行"符合条件的小型微利企业减免企业所得税"。②表A200000第9行"实际利润额">1 000 000且≤3 000 000时,第12行"减免所得税额"=第9行×15%+50 000,并同时将减免税额填报在表A201030第1行"符合条件的小型微利企业减免企业所得税"。

二是定率征收小型微利企业。①表B100000第12行"应纳税所得额"≤1 000 000时,第15行"符合条件的小型微利企业减免企业所得税"=第12行×20%。②表B100000表第12行"应纳税所得额">1 000 000且≤3 000 000时,第15行"符合条件的小型微利企业减免企业所得税"=第12行"应纳税所得额"×15%+50 000。

三是定额征收小型微利企业。直接填报应纳所得税额,无须填报减免税额。

(14)小型微利企业,可以按月预缴企业所得税吗?

答:不能。小型微利企业的企业所得税统一实行按季度预缴。

(15)小型微利企业普惠性所得税减免政策涉及哪些文件?

答:小型微利企业普惠性所得税减免政策主要涉及以下4个文件:

一是《财政部 税务总局关于实施小微企业和个体工商户所得税优惠政策的公告》(财政部 税务总局公告2021年第12号)。

二是《财政部 税务总局关于进一步实施小微企业所得税优惠政策的公告》(财政部 税务总局公告2022年第13号)。

三是《财政部 税务总局关于小微企业和个体工商户所得税优惠政策的公告》(财政部 税务总局公告2023年第6号)

四是《国家税务总局关于发布《中华人民共和国企业所得税月(季)度预缴纳税申报表(A类)》的公告》(国家税务总局公告2021年第3号)。

（16）小型微利企业普惠性所得税减免政策将会影响哪些企业？

答：和以往小型微利企业所得税优惠政策相比，这次政策可以概括为"一加力""一扩大"两个特点。

"一加力"：2021年1月1日至2022年12月31日，对小型微利企业年应纳税所得额不超过100万元的部分，减按12.5%计入应纳税所得额，按20%的税率缴纳企业所得税；2022年1月1日至2024年12月31日，对小型微利企业年应纳税所得额超过100万元但不超过300万元的部分，减按25%计入应纳税所得额，按20%的税率缴纳企业所得税；2023年1月1日至2024年12月31日，对小型微利企业应纳税所得额不超过100万元的部分，减按25%计入应纳税所得额，按20%的税率缴纳企业所得税。

"一扩大"：进一步放宽小型微利企业标准，将年应纳税所得额由原来的不超过100万元，提高至不超过300万元；将从业人数由原来的工业企业不超过100人、其他企业不超过80人，统一提高至不超过300人；将资产总额由原来的工业企业不超过3 000万元、其他企业不超过1 000万元，统一提高至不超过5 000万元。调整后的小型微利企业将覆盖95%以上的纳税人，其中98%为民营企业。

因此，无论是符合原条件的小型微利企业，还是符合新条件的小型微利企业，都会从这次普惠性政策中受益。

（17）小型微利企业所得税优惠政策为什么采取分段计算的方法？

答：此次政策调整引入了超额累进计算方法，分段计算，部分缓解了小型微利企业临界点税负差异过大的问题，鼓励小型微利企业做大做强。以一家年应纳税所得额101万元的小型微利企业为例，如采用全额累进计税方法，在其他优惠政策不变的情况下，应纳企业所得税为10.1万元（101×10%），相比其年应纳税所得额为100万元的情形，应纳税所得额仅增加了1万元，但应纳税额增加了5.1万元。而按照超额累进计税方法，企业应纳企业所得税为5.1万元（100×5%＋1×10%），应纳税所得额增加1万元，应纳税额仅增加0.1万元。可见，采用超额累进计税方法后，企业税负进一步降低，将为小型微利企业健康发展创造更加良好的税收政策环境。

（18）享受普惠性所得税减免的小型微利企业的条件是什么？

答：根据《财政部 税务总局关于实施小型微利企业普惠性税收减免政策的通知》（财税〔2019〕13号）规定，小型微利企业是指从事国家非限制和禁止行业，且同时符合年度应纳税所得额不超过300万元、从业人数不超过300人、资产总额不超过5 000万元等三个条件的企业。

（19）此次新政策对原来就是小型微利企业的纳税人有影响吗？

答：有影响，而且是利好。假设纳税人2019年符合新的小型微利企业条件，应纳税所得额和2018年一样，根据现行政策规定，纳税人的实际税负将从原来10%降到5%，税负比原来降低一半；如果纳税人的效益越来越好，年度应纳税所得额超过

100万元了，按照原来的规定是不能再享受优惠政策的，但现在只要不超过300万元，仍然可以享受优惠政策。

（20）非居民企业可以享受小型微利企业所得税优惠政策吗？

答：根据《国家税务总局关于非居民企业不享受小型微利企业所得税优惠政策问题的通知》（国税函〔2008〕650号）规定，非居民企业不适用小型微利企业所得税优惠政策。

（21）亏损企业能否享受小型微利企业所得税优惠政策？

答：企业所得税对企业的"净所得"征税，只有盈利企业才会产生纳税义务。因此，小型微利企业所得税优惠政策，无论是减低税率政策还是减半征税政策，都是盈利企业从中获益。对于亏损的小型微利企业，当期无需缴纳企业所得税，但其亏损可以在以后纳税年度结转弥补。

（22）小型微利企业的应纳税所得额是否包括查补以前年度的应纳税所得额？

答：小型微利企业年应纳税所得针对的是本年度，不包括以前年度的收入。查补以前年度的应纳税所得额，应相应调整对应年度的所得税申报，如不涉及弥补亏损等事项，对当年的申报不产生影响。

（23）企业所得税申报资产总额、从业人员指标如何计算？

答：根据《财政部 税务总局关于实施小微企业普惠性税收减免政策的通知》（财税〔2019〕13号）规定，从业人数和资产总额指标，应按企业全年的季度平均值确定。具体计算公式如下：

$$季度平均值＝（季初值＋季末值）\div 2$$
$$全年季度平均值＝全年各季度平均值之和\div 4$$

年度中间开业或者终止经营活动的，以其实际经营期作为一个纳税年度确定上述相关指标。

（24）"实际经营期"的起始时间如何计算？

年中设立的公司，8月取得营业执照，11月开始有营业外收入。问小型微利企业按规定计算资产总额和从业人数时，财税〔2019〕13号文件规定的"年度中间开业或者终止经营活动的，以其实际经营期作为一个纳税年度确定上述相关指标"中的"实际经营期"应该从何时起算？是8—12月，还是11—12月？

答：企业实际经营期的起始时间应为营业执照上注明的成立日期。

（25）小型微利企业在预缴时可以享受优惠吗？

答：符合条件的小微利企业，在预缴时可以享受税收优惠政策，年度结束后，再统一汇算清缴，多退少补。

（26）符合小型微利企业条件的查账征收企业和核定应税所得率征收的企业，在填报修订后的预缴申报表时需要注意什么？

答：为落实小型微利企业普惠性所得税减免政策，国家税务总局对《中华人民共和国企业所得税月（季）度预缴纳税申报表（A类，2018年版）》等部分表单样式及填报说明和《中华人民共和国企业所得税月（季）度预缴纳税申报表（B类，2018年版）》进行了修订，增加了从业人数、资产总额等数据项，并升级优化税收征管系统，力争帮助企业精准享受优惠政策。在填报预缴申报表时，以下两个方面应当重点关注：

一是关注"应纳税所得额"和"减免所得税额"两个项目的填报。"应纳税所得额"是判断企业是否符合小型微利企业条件和分档适用"减半再减半""减半征税"等不同政策的最主要指标，这个行次一定要确保填写无误。"减免所得税额"是指企业享受普惠性所得税减免政策的减免所得税金额，这个行次体现了企业享受税收优惠的直接成效。

二是关注预缴申报表中新增"按季度填报信息"部分有关项目的填报。"按季度填报信息"整合了除应纳税所得额以外的小型微利企业条件指标，其数据填报质量直接关系着小型微利企业判断结果的准确与否。按季度预缴的，应在申报预缴当季税款时，填报"按季度填报信息"的全部项目。

（27）对于通过网络进行电子申报的企业，问网上申报系统什么时候完成升级？

答：为全面落实普惠性税收减免政策，确保小型微利企业及时享受税收优惠，目前"金税三期"核心征管系统、电子税务局和各省网上申报系统均已经在2019年2月1日前完成了相关升级。

（28）如何理解"应纳税所得额"与"实际利润额"概念？

小型微利企业普惠性所得税减免政策中的"应纳税所得额"与《中华人民共和国企业所得税月（季）度预缴纳税申报表（A类）》中的"实际利润额"的概念如何理解？

答（所得税司答复）：在企业所得税中，"实际利润额"与"应纳税所得额"有各自定义。

《企业所得税法》第五条规定："企业每一纳税年度的收入总额，减除不征税收入、免税收入、各项扣除以及允许弥补的以前年度亏损后的余额，为应纳税所得额。"因此，"应纳税所得额"首先是一个年度概念，主要在企业年度汇算清缴申报时使用。

《中华人民共和国企业所得税法实施条例》第一百二十八条规定，"企业根据企业所得税法第五十四条规定分月或分季预缴企业所得税时，应当按照月度或者季度的实际利润额预缴"。因此，"实际利润额"概念主要在按照实际利润额预缴的企业在预缴申报时使用。

（29）小型微利企业享受普惠性所得税减免政策，需要准备哪些留存备查资料？

答：根据《企业所得税优惠事项管理目录（2017年版）》（国家税务总局公告2018年第23号附件）规定，小型微利企业享受优惠政策，需准备以下资料留存备查：①所从事行业不属于限制和禁止行业的说明。②从业人数的情况。③资产总额的情况。

（30）如果小型微利企业由于对政策理解原因，预缴时未享受优惠，那么年度结束后是否还有机会享受优惠政策？

答：国家税务总局近期已对"金税三期"系统和网上申报软件进行升级，企业在填报申报表时将部分实现自动识别、自动计算、自动填报、自动成表等智能化功能，帮助企业正确判断政策适用性，力争实现符合条件的小型微利企业在预缴申报时应享尽享优惠政策。假如符合条件的小型微利企业，在年度中间预缴时由于各种原因没有享受优惠，在年度终了汇算清缴时，税务机关将根据企业申报情况，再次提醒企业可以享受小型微利企业税收优惠政策，小型微利企业仍可享受相关优惠政策。

（31）举例说明如何计算享受小型微利企业所得税优惠后需缴纳的企业所得税金额？

假设一企业2019年度的应纳税所得额是280万元，在享受小型微利企业所得税优惠政策后，当年需缴纳的企业所得税是多少？

答：按照政策规定，年应纳税所得额超过100万元的，需要分段计算，具体是：100万元以下的部分，需要缴纳5万元（100×5%），100万元至280万元的部分，需要缴纳18万元［（280－100）×10%］，加在一起当年需要缴纳的企业所得税23万元。所以，当年应纳税所得额超过100万元时，需要分段计算。

（32）一家年应纳税所得额为320万元的企业，其应纳税所得额300万元以内的部分，可以减免税款吗？

答：不能。按现行政策规定，小型微利企业是指从事国家非限制和禁止行业，且同时符合年度应纳税所得额不超过300万元、从业人数不超过300人、资产总额不超过5 000万元等三个条件的企业。问题中提到企业应纳税所得额已经超过了300万元，是不符合小型微利企业条件的，因此不能享受小型微利企业所得税优惠政策。

（33）劳务派遣单位从业人员是否包含已派出人员？

小型微利企业的从业人数，包括与企业建立劳动关系的职工人数和企业接受的劳务派遣用工人数。劳务派遣单位的从业人数，是否包含已派出人员？

答：鉴于劳务派遣用工人数已经计入了用人单位的从业人数，本着合理性原则，劳务派遣公司可不再将劳务派遣人员重复计入本公司的从业人数。

（34）企业享受小型微利企业所得税优惠政策，是否受征收方式的限定？

答：从2014年开始，符合规定条件的企业享受小型微利企业所得税优惠政策时，已经不再受企业所得税征收方式的限定了，无论是企业所得税实行查账征收方式还是核定征收方式的企业，只要符合条件，均可以享受小型微利企业所得税优惠政策。

(35)小型微利企业从业人数、资产总额标准是否包括分支机构部分？

企业所得税汇总纳税的企业，小型微利企业标准中的从业人数、资产总额是否包括分支机构的部分？

答：现行企业所得税实行法人税制，企业应以法人为主体，计算从业人数、资产总额等指标，即汇总纳税企业的从业人数、资产总额包括分支机构。

(36)小型微利企业的企业所得税的预缴期限如何确定？

答：为了推进办税便利化改革，从2016年4月开始，小型微利企业统一实行按季度预缴企业所得税。因此，按月度预缴企业所得税的企业，在年度中间4月、7月、10月的纳税申报期进行预缴申报时，如果按照规定判断为小型微利企业的，自下一个申报期起，其纳税期限将统一调整为按季度预缴。同时，为了避免年度内频繁调整纳税期限，国家税务总局公告2019年第2号规定，一经调整为按季度预缴，当年度内不再变更。

(37)按月预缴企业所得税的企业如何调整为按季度预缴？

答：根据《中华人民共和国企业所得税法实施条例》有关规定，企业所得税分月或者分季预缴，由税务机关具体核定。纳税人在4月、7月、10月申报时，符合小型微利企业条件的，系统将提示按季预征。申报期结束后，主管税务机关将根据申报情况筛查需要调整纳税期限的纳税人，并联系纳税人办理调整事项；纳税人也可联系主管税务机关进行调整。年度结束后，原则上在小型微利企业扩大优惠力度期限内，不再调整纳税期限。

(38)实行核定应纳所得税额征收方式的企业是否也可以享受小型微利企业普惠性所得税减免政策？

答：与实行查账征收方式和实行核定应税所得率征收方式的企业通过填报纳税申报表计算享受税收优惠不同，实行核定应纳所得税额征收方式的企业，由主管税务机关根据小型微利企业普惠性所得税减免政策的条件与企业的情况进行判断，符合条件的，由主管税务机关按照程序调整企业的应纳所得税额。相关调整情况，主管税务机关应当及时告知企业。

(39)纳税人多预缴的企业所得税税款可否选择退税？

《国家税务总局关于实施小型微利企业普惠性所得税减免政策有关问题的公告》（国家税务总局公告2019年第2号）规定，"当年度此前期间因不符合小型微利企业条件而多预缴的企业所得税税款，可在以后季度应预缴的企业所得税税款中抵减"，纳税人是否可以选择退税？

答：根据《企业所得税汇算清缴管理办法》（国税发〔2009〕79号）和《国家税务总局关于实施小型微利企业普惠性所得税减免政策有关问题的公告》（国家税务总局公告2019年第2号）的相关规定，当年度此前期间因不符合小型微利企业条件而预缴的企业所得税税款,可在以后季度应预缴的企业所得税税款中抵减,不足抵减的在汇算清缴时按有关规定办理退税,或者经纳税人同意后抵缴其下一年度应缴的企业所得税税款。

(40)上季度已由分支机构就地预缴分摊的企业所得税如何处理?

上一季度不符合小微条件已由分支机构就地预缴分摊的税款,本季度按现有规定符合条件,其二级分支机构本季度不就地分摊预缴企业所得税。上季度已就地分摊预缴的企业所得税如何处理?

答:根据《跨地区经营汇总纳税企业所得税征收管理办法》(国家税务总局公告2012年第57号发布)第五条规定,上年度认定为小型微利企业的跨地区经营企业,其二级分支机构不就地分摊缴纳企业所得税。这里是指本年度小型微利企业预缴时,如果上年度也是小型微利企业的,本年度小型微利企业的二级分支机构可以不就地预缴。因此,小型微利企业二级分支机构是否就地预缴,依据的条件是上年度是否也是小型微利企业。如果是,其二级分支机构不就地预缴;如果不是,其二级分支机构需要就地预缴。

如果上季度不符合小型微利企业条件,本季度符合条件,其多预缴的税款,根据《国家税务总局关于实施小型微利企业普惠性所得税减免政策有关问题的公告》(国家税务总局公告2019年第2号)规定,可在以后季度应预缴的企业所得税税款中抵减。

(41)按月预缴企业是否需要每月填报"按季度填报信息"部分内容?

修订后的预缴纳税申报表增加了"按季度填报信息"部分,按月度预缴的企业是否需要每月填报这部分内容?

答:不需要每月填报。预缴纳税申报表中"按季度填报信息"部分的所有项目均按季度填报。按月申报的纳税人,在预缴申报当季度最后一个月份企业所得税时进行填报。如在4月征期申报3月的税款时,才需要填报这部分信息,而在其他月份申报时,是不需要填报的。

(42)如何判定企业从事的行业是否属于国家限制和禁止行业?

从事国家非限制和禁止行业的小型微利企业可享受优惠政策,如何判断企业从事的行业是否属于国家限制和禁止行业?

答:国家限制和禁止行业可参照《产业结构调整指导目录(2011年本)(2013年修订)》规定的限制类和淘汰类及《外商投资产业指导目录(2017年修订)》中规定的限制外商投资产业目录、禁止外商投资产业目录列举的产业加以判断。

(43)如何确定企业从业人数是否符合小型微利企业税收优惠政策?

若公司从业人数波动较大,各个时间点从业人数可能都不一致,如何确定从业人数是不是符合条件?

答：按照财税〔2019〕13号文件规定，从业人数应按企业全年的季度平均值确定。具体计算公式如下：

$$季度平均值＝（季初值＋季末值）÷2$$
$$全年季度平均值＝全年各季度平均值之和÷4$$

年度中间开业或者终止经营活动的，以其实际经营期作为一个纳税年度确定上述相关指标。企业可根据上述公式，计算得出全年季度平均值，并以此判断从业人数是否符合条件。

（44）预缴企业所得税时，如何享受小型微利企业所得税优惠政策？

答：从2019年度开始，在预缴企业所得税时，企业可直接按当年度截至本期末的资产总额、从业人数、应纳税所得额等情况判断是否为小型微利企业，与此前需要结合企业上一个纳税年度是否为小型微利企业的情况进行判断相比，方法更简单、确定性更强。具体而言，资产总额、从业人数指标按照财税〔2019〕13号文件中"全年季度平均值"的计算公式，计算截至本期申报所属期末的季度平均值；应纳税所得额指标暂按截至本期申报所属期末不超过300万元的标准判断。

（45）为什么新修订的预缴申报表要求填写"资产总额""从业人数"的季初值、季末值，而并非季度平均值？

答：将小型微利企业条件中的"资产总额""从业人数"等需要计算的指标细化为"季初资产总额（万元）""季末资产总额（万元）""季初从业人数""季末从业人数"项目，主要是考虑尽量减轻企业自行计算的负担。一般来说，"资产总额""从业人数"的季初值、季末值是企业在会计核算、人员管理等日常生产经营活动中既有的数据，直接填列可以免去企业为享受税收优惠而特别计算的工作量、也避免出现计算错误。

（46）企业预缴时享受了小型微利企业所得税优惠，汇算清缴时发现不符合小型微利企业条件的怎么办？

答：企业在预缴时符合小型微利企业条件，国家税务总局公告2019年第2号已经作出了明确规定，只要企业符合这些规定，预缴时均可以预先享受优惠政策。但是，由于小型微利企业判断条件，如资产总额、从业人员、应纳税所得额等是年度性指标，需要按照企业全年情况进行判断，也只有到汇算清缴时才能最终判断。因此，企业在汇算清缴时需要准确计算相关指标并进行判断，符合条件的企业可以继续享受税收优惠政策，不符合条件的企业，停止享受优惠，正常进行汇算清缴即可。

（47）本年度调整为按季申报后，次年度申报期限如何执行？

按月度预缴企业所得税的企业，在当年度4月份预缴申报时，符合小型微利企业条件，按规定调整为按季度预缴申报。问：次年度所得税预缴申报期限怎么执行？是默认继续按月预缴申报，还是若企业不自行提出申请，则一直按照按季度预缴申报？

答：企业本年度调整为按季度预缴申报后，次年度和以后年度原则上继续默认为按季度预缴申报。

（48）享受小型微利企业税收优惠政策的程序如何，是否要到税务机关办理相关手续？

答：按照税务系统深化"放管服"改革有关要求，我们全面取消了对企业所得税优惠事项备案管理，小型微利企业在预缴和汇算清缴企业所得税时，通过填写纳税申报表相关内容，即可享受小型微利企业所得税减免政策。同时，在申报表中设计了"从业人数""资产总额""限制或禁止行业"等相关指标，进行电子申报的企业，征管系统将根据申报表相关数据，自动判断企业是否符合小型微利企业条件；符合条件的，系统还将进一步自动计算减免税金额，自动生成表单，为企业减轻计算、填报负担。

（49）个体工商户、个人独资企业、合伙企业可以享受小型微利企业普惠性所得税减免政策吗？

答：根据《企业所得税法》第一条规定，"在中华人民共和国境内，企业和其他取得收入的组织为企业所得税的纳税人；个人独资企业、合伙企业不适用本法"。因此，个体工商户、个人独资企以及合伙企业不是企业所得税的纳税义务人，也就不能享受小型微利企业普惠性所得税减免政策。

（50）能否对300万元以上的应纳税所得额按法定税率纳税？

由于政策临界点税负差额太大影响税负公平，建议将小微企业的企业所得税减免方法改为300万元（含）以下的应纳税所得额按国家税务总局2019年第2号文件享受，300万元以上的应纳税所得额按法定税率纳税。

答：所提建议暂不宜采纳，主要考虑：一是小型微利企业必须同时符合资产总额、从业人数和应纳税所得额标准，超过应纳税所得额上限即300万元，就不是小型微利企业，也就不能享受小型微利企业所得税优惠；二是企业所得税采用比例税率。在小型微利企业优惠政策中引入超额累进计算方法，是针对小型微利企业特殊的优惠方式，如将这种方式扩大，事实上突破了税法，影响了税法的严肃性和规范性。

（51）为了扩大政策优惠覆盖面以增强普惠性，能否对所有纳税人一律免征300万元所得额？

答：该建议暂不可行，理由如下：一是如果实施"所有纳税人免征300万元所得额"的优惠政策，95%的纳税企业将不再缴纳企业所得税，地方财政力量特别是中西部地区的财政力量能否承受此项减税政策，需要审慎考虑；二是对所有纳税人免征300万元所得额，不区分企业规模、利润水平，会造成政策导向不明确，不能有效凸显扶持中小企业发展的政策意图，税收优惠政策的调节作用趋于弱化。

（52）关于亏损企业享受固定资产加速折旧政策意愿不高的问题。

面对小微企业发展的瓶颈和痛点，国家大幅放宽可享受企业所得税优惠政策的小型微利企业标准，加大所得税优惠力度，但在整体经济下行压力较大的情况下，小微企业抗风险能力弱，亏损户数较多，亏损企业难以享受企业所得税优惠政策红利。且在经营亏损的情况下，小微企业考虑当期成本，而对固定资产加速折旧等优惠政策享受意愿不高，影响小微企业对税收优惠政策的"获得感"。

答：关于亏损企业享受固定资产加速折旧政策意愿不高的问题，按现行政策规定，企业根据自身生产经营需要，也可选择不实行加速折旧政策。企业因为亏损，选择不享受固定资产加速折旧政策，恰恰可能是出于整个生产经营周期利益最大化的考虑。这也体现了政策设计是保证企业能切切实实享受到红利，而非追求短期政策效应。

（53）关于动漫企业优惠门槛高难以享受到相关减免的问题。

部分优惠政策对小微企业的扶持力度有限且前置条件门槛高，如《关于动漫文化产业的税收优惠政策》中动漫企业资格就有多个附加条件，既需要经国务院有关部门认定，又要符合文旅部等相关部门制定的动漫企业认定基本标准，还要具备自主开发、生产动漫直接产品的资质和能力。

答：出台动漫企业所得税优惠政策的政策初衷是促进我国动漫产业健康快速发展，提高动漫产业的自主创新能力，设置条件是为了充分体现政策导向，而非针对小型微利企业的特点制定的优惠政策。因此，在优惠政策适用条件方面不存在可比性。

（54）房地产开发企业能否享受西部大开发税收优惠政策？

答：现行政策对房地产开发企业享受西部大开发税收优惠政策没有限制性的规定。设立在西部的房地产开发企业以《西部地区鼓励类产业目录》规定的保障性住房建设与管理、生态小区建设等产业项目为主营业务，且符合相关条件的，可以享受西部大开发税收优惠政策。

（55）现行政策企业所得税年报表如何填写？

答：根据《国家税务总局关于企业所得税年度汇缴清缴有关事项的公告》（国家税务总局公告2021年第34号），最新的《中华人民共和国企业所得税年度纳税申报表（A类，2017年版）》表单及填报说明进行填写。

14.3 增值税小规模纳税人地方税种和相关附加减征政策7问

（1）小微企业普惠性税收减免政策中部分地方税种和相关附加减征的政策是否可以和原有地方税种和相关附加优惠政策同时享受？

答：已经享受了原有地方税种优惠政策的增值税小规模纳税人，可以进一步享受本次普惠性税收减免政策，也就是说两类政策可以叠加享受。以城镇土地使用税为例，根据《财政部 国家税务总局关于房产税城镇土地使用税有关问题的通知》（财税〔2009〕128号），对在城镇土地使用税征税范围内单独建造的地下建筑用地，暂按应征税款的50%征收城镇土地使用税。在此基础上，如果各省（自治区、直辖市）进一步对城镇土地使用税采取减征50%的措施，则最高减免幅度可达75%。

（2）小规模纳税人登记为一般纳税人何时停止享受地方税费减征政策？

若小规模纳税人转变为一般纳税人，该纳税人从什么时候停止享受增值税小规模纳税人地方税种和相关附加减征政策？

答：根据《国家税务总局关于增值税小规模纳税人地方税种和相关附加减征政策有关征管问题的公告》（国家税务总局公告2019年第5号），增值税小规模纳税人按规定登记为一般纳税人的，自一般纳税人生效之日起不再适用减征优惠；增值税年应税销售额超过小规模纳税人标准应当登记为一般纳税人而未登记，经税务机关通知，逾期仍不办理登记的，自逾期次月起不再适用减征优惠。

（3）纳税人享受增值税小规模纳税人地方税种和相关附加减征政策需不需要报送资料？

答：《关于增值税小规模纳税人地方税种和相关附加减征政策有关征管问题的公告》（国家税务总局公告2019年第5号）规定，本次减征优惠实行自行申报享受方式，不需额外提交资料。

（4）自然人是否适用增值税小规模纳税人地方税种和相关附加减征优惠政策？

答：根据《增值税暂行条例实施细则》第二十九条、《营业税改征增值税试点实施办法》（财税〔2016〕36号文件印发）第三条、《增值税一般纳税人登记管理办法》（国家税务总局令第43号公布）第四条等规定，自然人（其他个人）可以适用《关于实施小微企业普惠性税收减免政策的通知》（财税〔2019〕13号）文件规定的增值税小规模纳税人地方税种和相关附加减征优惠政策，各省（自治区、直辖市）人民政府制发的落实文件中作出特殊规定的除外。

（5）代扣、代征税款的情形，纳税人如何享受小微企业普惠性地方税种和相关附加减征政策？

答：代扣、代征增值税小规模纳税人税款的，扣缴义务人、代征人可以按照减征比例计算扣缴或代征地方税种和相关附加的税额。主管税务机关应当指导扣缴义务人、代征人进行明细报告，保障有关增值税小规模纳税人及时享受优惠政策。

（6）跨区域经营的增值税小规模纳税人异地所缴地方税费如何退税？

跨区域经营的增值税小规模纳税人享受地方税费减半优惠时存在的问题，企业在业务发生地报验后预缴申报附加税时未享受减征优惠，回到注册地申报时由于报验地未享受优惠，但实际应享受，造成注册地申报正常填写数据后在申报表"本期应补（退）税（费）额"处形成负数多缴，存在多缴税款的退税应注册地退税还是申请报验地退税？

答：应申请报验地退税。原则是在哪儿交，就在哪儿退。

（7）个人股权转让印花税是否可以享受地方税费附加减征优惠？

答：个人转让非上市（挂牌）公司股权，应按产权转移书据税目缴纳印花税，可以享受减征优惠政策。如个人转让上市公司（挂牌）股权，属于证券交易印花税范畴，不在财税〔2022〕10号文件规定的减征范围。

14.4 增值税即征即退政策4问

（1）A企业符合享受增值税即征即退政策条件，并在税务机关完成备案，自2019年1月开始执行。2019年5月，环保部门进行督察时将该企业备案项目调整至《环境保护综合名录》中的"高污染、高环境风险"产品。那么，A企业是否可以继续享受增值税即征即退政策？

答：A企业应自不符合规定的条件次月起，也就是自2019年6月起，便不再享受增值税即征即退政策。

（2）B企业符合享受增值税即征即退政策条件，并在税务机关完成备案，自2019年1月开始执行。2019年3月，B企业因违反环境保护相关法律法规受到行政处罚10万元，那么，B企业还可以继续享受增值税即征即退政策吗？

答：对于已享受增值税即征即退政策的纳税人，因违反税收、环境保护等法律法规受到处罚的（警告或单次1万元以下罚款除外），自处罚决定下达的次月起36个月内，不得享受资源综合利用增值税即征即退政策。

（3）C企业某项劳务符合享受增值税即征即退政策条件，并在税务机关完成备案，自2019年1月开始执行。2019年2月，税务机关经检查发现C企业未对适用的劳务进行单独核算。那么，C企业还可以继续享受增值税即征即退政策吗？

答：纳税人应当单独核算适用增值税即征即退政策的综合利用产品和劳务的销售额和应纳税额。未单独核算的，不得享受资源综合利用增值税即征即退政策。

企业生产经营是一个动态的过程，所以对于是否享受资源综合利用增值税即征即退政策，税务部门实行动态管理。对于已享受增值税即征即退政策的纳税人，在上述情况下，都将无法继续享受该政策。

（4）按照现行规定需要预缴增值税的小规模纳税人，选择按季度申报，在预缴地实现的月销售额超过10万元，在预缴地预缴增值税，但季度销售额未超过30万元，预缴的税款是否可以申请退还？

答：自2019年1月1日起，增值税小规模纳税人凡在预缴地实现的季销售额未超过30万元的，当期无需预缴税款。已预缴税款的，可以向预缴地主管税务机关申请退还。

14.5 创业投资企业税收优惠政策16问

（1）创业投资企业和天使投资个人税收优惠政策中初创科技型企业的条件是什么？

答：按照《财政部 税务总局关于创业投资企业和天使投资个人有关税收政策的通知》（财税〔2018〕55号）、《财政部 税务总局关于实施小微企业普惠性税收减免政策的通知》（财税〔2019〕13号）和财政部 税务总局关于进一步实施小微企业所得税优惠政策的公告（财税〔2022〕13号）规定，初创科技型企业需同时符合以下条件：①在中国境内（不包括港、澳、台地区）注册成立、实行查账征收的居民企业。②接受投资时，从业人数不超过300人，其中具有大学本科以上学历的从业人数不低于30%；资产总额和年销售收入均不超过5 000万元。③接受投资时设立时间不超过5年（60个月）。④接受投资时以及接受投资后2年内未在境内外证券交易所上市。⑤接受投资当年及下一纳税年度，研发费用总额占成本费用支出的比例不低于20%。

（2）创投企业税收优惠的执行期限如何确定？

财税〔2019〕13号文件和财税〔2022〕13号文件的执行期限为2019年1月1日至2024年12月31日，但创业投资企业税收优惠政策所明确的投资时间和享受优惠时间不一致，执行期限是指投资时间还是指享受优惠时间？

答：为避免产生执行期限是指投资时间还是指享受优惠时间的歧义，让更多的投资可以享受到优惠政策，财税〔2019〕13号文件特意写入了衔接性条款。简言之，无论是投资时间，还是享受优惠时间，只要有一个时间在政策执行期限内的，均可以享受该项税收优惠政策。

（3）初创科技型企业的从业人数和资产总额如何计算？

初创科技型企业和小型微利企业的从业人数和资产总额标准是一样，这两个指标的计算方法是一样的吗？

答：初创科技型企业和小型微利企业的从业人数和资产总额指标的计算方法不一样。初创科技型企业从业人数和资产总额指标，按照企业接受投资前连续12个月的平均数计算，不足12个月的，按实际月数平均计算。小型微利企业从业人数和资产总额按照企业全年的季度平均值确定。

（4）如何判断一家创投企业能否享受创投企业税收优惠政策？

一家创业投资企业于2017年3月投资了一家从业人数为260人、资产总额为4 000万元、年销售收入1 000万元的初创科技型企业，请问在2019年度能否享受创业投资企业税收优惠政策？

答：财税〔2019〕13号文件明确2019年1月1日前2年内发生的投资，自2019年1月1日起投资满2年且符合财税〔2019〕13号文件规定和财税〔2018〕55号文件规定的其他条件的，可以适用财税〔2018〕55号文件规定的税收政策。所提的投资时间是2017年3月，属于2019年1月1日前2年内发生的投资，如符合财税〔2019〕13号和财税〔2018〕55号文件规定的其他条件，可以自2019年度开始享受创业投资企业税收优惠政策。

（5）有限合伙制创业投资企业以股权投资方式直接投资于初创科技型企业满2年的，该创投企业个人合伙人享受优惠政策，需满足什么条件？

答：根据《财政部 税务总局关于创业投资企业和天使投资个人有关税收政策的通知》（财税〔2018〕55号）规定，享受本通知规定税收政策的创业投资企业，应同时符合以下条件：①在中国境内（不含港、澳、台地区）注册成立、实行查账征收的居民企业或合伙创投企业，且不属于被投资初创科技型企业的发起人。②符合《创业投资企业管理暂行办法》（国家发展改革委等10部门令第39号）规定或者《私募投资基金监督管理暂行办法》（证监会令第105号）关于创业投资基金的特别规定，按照上述规定完成备案且规范运作。④投资后2年内，创业投资企业及其关联方持有被投资初创科技型企业的股权比例合计应低于50%。

本通知所称初创科技型企业，应同时符合以下条件：①在中国境内（不包括港、澳、台地区）注册成立、实行查账征收的居民企业。②接受投资时，从业人数不超过200人，其中具有大学本科以上学历的从业人数不低于30%；资产总额和年销售收入均不超过3 000万元。③接受投资时设立时间不超过5年（60个月）。④接受投资时以及接受投资后2年内未在境内外证券交易所上市；⑤接受投资当年及下一纳税年度，研发费用总额占成本费用支出的比例不低于20%。

（6）合伙创投企业个人合伙人如何确定投资额？

答：根据财税〔2018〕55号文件和国家税务总局公告2018年第43号规定，合伙创投企业的合伙人对初创科技型企业的投资额，按照合伙创投企业对初创科技型企业的实缴投资额和合伙协议约定的合伙人占合伙创投企业的出资比例计算确定。所称出资比例，按投资满2年当年年末各合伙人对合伙创投企业的实缴出资额占所有合伙人全部实缴出资额的比例计算。

（7）符合条件的合伙创投企业个人合伙人，能否用投资于初创科技型企业投资额抵扣来源于非初创科技型企业的项目收入？

答：根据《财政部　税务总局关于创业投资企业和天使投资个人有关税收政策的通知》（财税〔2018〕55）号规定，个人合伙人可以按照对初创科技型企业投资额的70%抵扣个人合伙人从合伙创投企业分得的经营所得；当年不足抵扣的，可以在以后纳税年度结转抵扣。其中经营所得未区分是否来源于初创科技型企业的项目收入。

（8）天使投资个人采取股权投资方式直接投资于初创科技型企业满2年的，可按投资额的70%抵扣转让该初创科技型企业股权取得的应纳税所得额，享受优惠政策的天使投资个人还需同时满足什么条件？

答：享受优惠政策的天使投资个人，应同时符合以下条件：①不属于被投资初创科技型企业的发起人、雇员或其亲属（包括配偶、父母、子女、祖父母、外祖父母、孙子女、外孙子女、兄弟姐妹，下同），且与被投资初创科技型企业不存在劳务派遣等关系。②投资后2年内，本人及其亲属持有被投资初创科技型企业股权比例合计应低于50%。

（9）天使投资个人同时投资于多个符合条件的初创科技型企业，不同投资项目之间是否可以互抵，有何限制？

答：天使投资个人投资多个初创科技型企业的，对其中办理注销清算的初创科技型企业，天使投资个人对其投资额的70%尚未抵扣完的，可自注销清算之日起36个月内抵扣天使投资个人转让其他初创科技型企业股权取得的应纳税所得额。

（10）符合条件的合伙创业投资企业及个人合伙人，有何备案要求？

答：合伙创投企业的个人合伙人享受优惠的条件：①合伙创投企业应在投资初创科技型企业满2年的年度终了后3个月内，向合伙创投企业主管税务机关办理备案手续，备案时应报送《合伙创投企业个人所得税投资抵扣备案表》，同时将有关资料留存备查（备查资料同公司制创投企业）。合伙企业多次投资同一初创科技型企业的，应按年度分别备案。②合伙创投企业应在投资初创科技型企业满2年后的每个年度终了后3个月内，向合伙创投企业主管税务机关报送《合伙创投企业个人所得税投资抵扣情况表》。

（11）符合条件的合伙创投企业个人合伙人，如何在申报时进行投资额抵扣的填写？

答：个人合伙人在个人所得税年度申报时，应将当年允许抵扣的投资额填至《个人所得税生产经营所得纳税申报表（B表）》"允许扣除的其他费用"栏，并同时标明"投资抵扣"字样。2019年度以后进行投资额抵扣时，应将当年允许抵扣的投资额填至《个人所得税经营所得纳税申报表（B表）》"投资抵扣"栏。

（12）符合条件的天使投资个人，有何备案要求？

答：天使投资个人应在投资初创科技型企业满24个月的次月15日内，与初创科技型企业共同向初创科技型企业主管税务机关办理备案手续。备案时应报送《天使投资个人所得税投资抵扣备案表》。被投资企业符合初创科技型企业条件的有关资料留存企业备查，备查资料包括初创科技型企业接受现金投资时的投资合同（协议）、章程、实际出资的相关证明材料，以及被投资企业符合初创科技型企业条件的有关资料。多次投资同一初创科技型企业的，应分次备案。

（13）符合条件的天使投资个人应如何进行申报抵扣？

答：天使投资个人转让未上市的初创科技型企业股权，按照规定享受投资抵扣税收优惠时，应于股权转让次月15日内，向主管税务机关报送《天使投资个人所得税投资抵扣情况表》。同时，天使投资个人还应一并提供投资初创科技型企业后税务机关受理的《天使投资个人所得税投资抵扣备案表》。其中，天使投资个人转让初创科技型企业股权需同时抵扣前36个月内投资其他注销清算初创科技型企业尚未抵扣完毕的投资额的，申报时应一并提供注销清算企业主管税务机关受理并注明注销清算等情况的《天使投资个人所得税投资抵扣备案表》，以及前期享受投资抵扣政策后税务机关受理的《天使投资个人所得税投资抵扣情况表》。

（14）初创科技型企业接受天使投资个人投资满2年，在上海证券交易所、深圳证券交易所上市的，应如何处理？

答：天使投资个人投资初创科技型企业满足投资抵扣税收优惠条件后，初创科技型企业在上海证券交易所、深圳证券交易所上市的，天使投资个人在转让初创科技型企业股票时，有尚未抵扣完毕的投资额的，应向证券机构所在地主管税务机关办理限售股转让税款清算，抵扣尚未抵扣完毕的投资额。清算时，应提供投资初创科技型企业后税务机关受理的《天使投资个人所得税投资抵扣备案表》和《天使投资个人所得税投资抵扣情况表》。

（15）初创科技型企业的研发费用总额占成本费用支出的比例如何把握？

答：研发费用总额占成本费用支出的比例，是指企业接受投资当年及下一个纳税年度的研发费用总额合计占同期成本费用总额合计的比例。此口径参考了高新技术企业研发费用占比的计算方法，一定程度上降低了享受优惠的门槛，使更多的企业可以享受到政策红利。

比如，某公司制创投企业于2018年5月投资初创科技型企业，假设其他条件均符合文件规定，初创科技型企业2018年发生研发费用100万元，成本费用1 000万元，2018年研发费用占比10%，低于20%；2019年发生研发费用500万元，成本费用1 000万元，2019年研发费用占比50%，高于20%。按照《国家税务总局关于创业投资企业和天使投资个人税收政策有关问题的公告》（国家税务总局公告2018年第43号）明确的口径，投资当年及下一年初创科技型企业研发费用平均占比为30%〔（100+500）÷（1 000+1 000）×100%〕，该公司制创投企业可以享受税收优惠政策。

（16）公司制创投企业和合伙创投企业法人合伙人享受创业投资企业优惠政策是否需要向税务机关备案？

答：《国家税务总局关于发布修订后的〈企业所得税优惠政策事项办理办法〉的公告》（国家税务总局公告2018年第23号）明确企业享受优惠事项采取"自行判别、申报享受、相关资料留存备查"的办理方式，不再要求企业办理备案手续。《国家税务总局关于创业投资企业和天使投资个人税收政策有关问题的公告》（国家税务总局公告2018年第43号）明确规定按照国家税务总局公告2018年第23号的规定办理相关手续。此外，为进一步简政放权，减轻纳税人负担，国家税务总局公告2018年第48号不再要求合伙创投企业向税务机关报送《合伙创投企业法人合伙人所得分配情况明细表》，改由合伙创投企业直接提供给法人合伙人留存备查。

14.6 企业扶贫捐赠所得税税前扣除政策9问

（1）企业在2021年度同时发生扶贫捐赠和其他公益性捐赠，如何进行税前扣除处理？

答：《企业所得税法》规定，企业发生的公益性捐赠支出准予按年度利润总额的12%在税前扣除，超过部分准予结转以后3年内扣除。《关于企业扶贫捐赠所得税税前扣除政策的公告》（财政部　税务总局　国务院扶贫办公告2019年第49号，以下简称《公告》），明确企业发生的符合条件的扶贫捐赠支出准予据实扣除。企业同时发生扶贫捐赠支出和其他公益性捐赠支出时，符合条件的扶贫捐赠支出不计算在公益性捐赠支出的年度扣除限额内。

例如，企业2021年度的利润总额为100万元，当年度发生符合条件的扶贫方面的公益性捐赠15万元，发生符合条件的教育方面的公益性捐赠12万元，则2021年度该企业的公益性捐赠支出税前扣除限额为12万元（100×12%），教育捐赠支出12万元在扣除限额内，可以全额扣除；扶贫捐赠无需考虑税前扣除限额，准予全额税前据实扣除。2021年度，该企业的公益性捐赠支出共计27万元，均可在税前全额扣除。

（2）企业通过哪些途径进行扶贫捐赠可以据实扣除？

答：考虑到扶贫捐赠的公益性捐赠性质，为与《企业所得税法》有关公益性捐赠税前扣除的规定相衔接，《公告》明确，企业通过公益性社会组织或者县级（含县级）以上人民政府及其组成部门和直属机构，用于目标脱贫地区的扶贫捐赠支出，准予据实扣除。

（3）如何获知目标脱贫地区的具体名单？

答："目标脱贫地区"包括832个国家扶贫开发工作重点县、集中连片特困地区县（新疆阿克苏地区6县1市享受片区政策）和建档立卡贫困村。目标脱贫地区的具体名单由县级以上政府的扶贫工作部门掌握。考虑到建档立卡贫困村数量众多，且实施动态管理，因此《公告》未附"目标脱贫地区"的具体名单，企业如有需要可向当地扶贫工作部门查阅或问询。

（4）2020年目标脱贫地区脱贫后，企业还可以适用扶贫捐赠所得税政策吗？

答：虽然党中央、国务院关于打赢脱贫攻坚战三年行动的时间安排到2020年，但为巩固脱贫效果，《公告》将政策执行期限规定到2022年，即2019年1月1日至2022年12月31日共4年，并明确，在政策执行期限内，目标脱贫地区实现脱贫后，企业发生的对上述地区的扶贫捐赠支出仍可继续适用该政策。

注：《关于延长部分扶贫税收优惠政策执行期限的公告》（财政部　税务总局　人力资源社会保障部　国家乡村振兴局公告2021年第18号）规定，《公告》规定的税收优惠政策，执行期限延长至2025年12月31日。

（5）企业月（季）度预缴申报时能否享受扶贫捐赠支出税前据实扣除政策？

答：《企业所得税法》及其实施条例规定，企业分月或分季预缴企业所得税时，原则上应当按照月度或者季度的实际利润额预缴。企业在计算会计利润时，按照会计核算相关规定，扶贫捐赠支出已经全额列支，企业按实际会计利润进行企业所得税预缴申报，扶贫捐赠支出在税收上也实现了全额据实扣除。因此，企业月（季）度预缴申报时就能享受到扶贫捐赠支出所得税前据实扣除政策。

（6）企业2019年度汇算清缴申报时如何填报扶贫捐赠支出？

答：扶贫捐赠支出所得税前据实扣除政策自2019年施行。2019年度汇算清缴开始前，国家税务总局将统筹做好年度纳税申报表的修订和纳税申报系统升级工作，拟在《捐赠支出及纳税调整明细表》A105070表中"全额扣除的公益性捐赠"行次下单独增列一行，作为扶贫捐赠支出据实扣除的填报行次，以方便企业自行申报。

（7）2019年以前企业发生的尚未扣除的扶贫捐赠支出能否适用税前据实扣除政策？

答：早在2015年11月底，党中央、国务院就作出了打赢脱贫攻坚战的决策部署，提出广泛动员全社会力量，合力推进脱贫攻坚。因此，《公告》明确，企业在2015年1月1日至2018年12月31日期间，发生的尚未扣除的符合条件的扶贫捐赠支出，也可执行所得税前据实扣除政策。

（8）企业在2019年以前发生的尚未扣除的扶贫捐赠支出如何享受税前据实扣除政策？

答：虽然《公告》规定企业的扶贫捐赠支出所得税前据实扣除政策自2019年施行，但考虑到《公告》出台于2019年4月2日，正处于2018年度的汇算清缴期。为让企业尽快享受到政策红利，同时减轻企业申报填写负担，对在2015年1月1日至2018年12月31日期间发生的尚未全额扣除的符合条件的扶贫捐赠支出，企业可在2018年度汇算清缴时，通过填写年度申报表的《纳税调整项目明细表》（A105000）"六、其他"行次第4列"调减金额"，实现全额扣除。

（9）企业进行扶贫捐赠后在取得捐赠票据方面应注意什么？

答：根据《公益事业捐赠票据使用管理暂行办法》（财综〔2010〕112号）规定，各级人民政府及其部门、公益性事业单位、公益性社会团体及其他公益性组织，依法接受并用于公益性事业的捐赠财物时，应当向提供捐赠的法人和其他组织开具凭证。

企业发生对"目标脱贫地区"的捐赠支出时，应及时要求开具方在公益事业捐赠票据中注明目标脱贫地区的具体名称，并妥善保管该票据。

14.7 铁路债券利息收入所得税政策7问

（1）"57号公告"的具体政策内容是什么？

答：《关于铁路债券利息收入所得税政策的公告》（财政部 税务总局公告2019年第57号，以下简称57号公告）明确的铁路债券利息收入所得税政策包括企业所得税政策和个人所得税政策。对企业投资者持有2019—2023年发行的铁路债券取得的利息收入，减半征收企业所得税，对个人投资者持有2019—2023年发行的铁路债券取得的利息收入，减按50%计入应纳税所得额计算征收个人所得税，税款由兑付机构在向个人投资者兑付利息时代扣代缴。

（2）企业投资者持有2019—2023年发行的铁路债券，在2023年以后年度取得利息收入的，可以享受减半征税优惠吗？

答：铁路债券一般为中长期债券，在债券发行后的很长一段时间内，投资者都会取得利息收入。"57号公告"仅限定铁路债券的发行时间，未限定企业取得利息收入的时间。因此，只要企业投资者持有2019—2023年发行的铁路债券，在2023年以后年度取得的利息收入，仍可享受减半征收企业所得税优惠。

（3）铁路债券具体都包括哪些？

答：铁路债券是指以中国铁路总公司为发行和偿还主体的债券，包括中国铁路建设债券、中期票据、短期融资券等债务融资工具。

（4）企业投资者取得铁路债券利息收入，可以在预缴环节享受减半征税优惠吗？

答：企业投资者持有铁路债券取得的利息收入，在预缴纳税申报时，即可享受减半征收企业所得税优惠政策。企业投资者未在取得利息收入的当月（季）及时享受的，可在以后月（季）预缴申报时或年度汇算清缴时统一享受。

（5）企业投资者享受减半征税优惠的，应如何填报纳税申报表？

答：为规范纳税申报，提升纳税人申报体验，预缴申报表和年度纳税申报表中对铁路债券利息收入减半征收企业所得税优惠政策设置了专门的行次。

预缴申报时，企业投资者将取得的铁路债券利息收入乘以50%的金额填入《中华人民共和国企业所得税月（季）度预缴纳税申报表A类，2018年版》（2021修订版）的"附报事项"栏次。

汇算清缴时，企业投资者将取得的铁路债券利息收入乘以50%的金额填入《中华人民共和国企业所得税年度纳税申报表A类，2017年版》（2021修订版）附表《免税、减计收入及加计扣除优惠明细表》（A107010）第23行"（三）取得铁路债券利息收入减半征收企业所得税"。

需要提醒的是，为更好地贯彻落实企业所得税优惠政策，便于纳税人申报享受，国家税务总局近期将调整完善纳税申报表，请企业投资者关注申报表的调整情况，如有变化，按照调整后的申报表准确申报享受减半征收企业所得税优惠政策。

（6）企业投资者享受减半征税优惠政策，需办理什么手续？

答：为落实国务院简政放权、放管结合、优化服务的要求，国家税务总局在2018年下发了《关于发布修订后的〈企业所得税优惠政策事项办理办法〉的公告》（国家税务总局公告2018年第23号）。《企业所得税优惠政策事项办理办法》明确企业享受优惠事项采取"自行判别、申报享受、相关资料留存备查"的办理方式，企业投资者可以根据经营情况以及相关税收规定自行判断是否符合优惠事项规定的条件，并通过填报企业所得税纳税申报表享受税收优惠，在年度纳税申报及享受优惠事项前无需再履行备案手续，按照规定归集和留存相关资料备查即可。

（7）个人购买2019—2023年发行的铁路债券取得的利息如何计算享受减半征税优惠？

答：个人购买的铁路债券在派发利息时，应以利息全额收入的50%为应纳税所得额，按照"利息、股息、红利所得"项目计算缴纳个人所得税，直接由兑付机构在向个人投资者兑付利息时代扣代缴。

14.8 企业所得税汇算清缴18问

（1）从事股权投资业务的企业，从被投资企业所分配的股息、红利所得能否作为业务招待费的计算基数？

根据《国家税务总局关于贯彻落实企业所得税法若干税收问题的通知》（国税函〔2010〕79号）规定，对从事股权投资业务的企业（包括集团公司总部、创业投资企业等），其从被投资企业所分配的股息、红利以及股权转让收入，可以按规定的比例计算业务招待费扣除限额。

（2）企业对职工因公出差乘坐交通工具发生的人身意外保险费支出能否在税前列支扣除？

根据《国家税务总局关于企业所得税有关问题的公告》（国家税务总局公告2016年

第80号）规定，企业职工因公出差乘坐交通工具发生的人身意外保险费支出，准予企业在计算应纳税所得额时扣除。

（3）房地产开发企业委托境外机构销售开发产品的，其支付境外机构的销售费用能否全部在税前列支扣除？

根据《国家税务总局关于印发〈房地产开发经营业务企业所得税处理办法〉的通知》（国税发〔2009〕31号）规定，企业委托境外机构销售开发产品的，其支付境外机构的销售费用（含佣金或手续费）不超过委托销售收入10%的部分，准予据实扣除。

（4）由企业统一制作并要求员工工作时统一着装所发生的工作服饰费用能否全额在税前扣除？

根据《国家税务总局关于企业所得税若干问题的公告》（国家税务总局公告2011年第34号）规定，企业根据其工作性质和特点，统一制作并要求员工工作时统一着装所发生的工作服饰费用，根据《中华人民共和国企业所得税法实施条例》第二十七条的规定，可以作为企业合理的支出给予税前扣除。

（5）哪些企业的广告费和业务宣传费支出适用特殊税前扣除规定？

根据《财政部 税务总局关于广告费和业务宣传费支出税前扣除有关事项的公告》（财政部 税务总局公告2020年第43号）规定，对化妆品制造或销售、医药制造和饮料制造（不含酒类制造）企业发生的广告费和业务宣传费支出，不超过当年销售（营业）收入30%的部分，准予扣除；超过部分，准予在以后纳税年度结转扣除。烟草企业的烟草广告费和业务宣传费支出，一律不得在计算应纳税所得额时扣除。

（6）企业接受外部劳务派遣用工所实际发生的费用支出只能作为劳务费用支出吗？

根据《国家税务总局关于企业工资薪金和职工福利费等支出税前扣除问题的公告》（国家税务总局公告2015年第34号）规定，企业接受外部劳务派遣用工所实际发生的费用，应分两种情况按规定在税前扣除：按照协议（合同）约定直接支付给劳务派遣公司的费用，应作为劳务费支出；直接支付给员工个人的费用，应作为工资薪金支出和职工福利费支出。其中属于工资薪金支出的费用，准予计入企业工资薪金总额的基数，作为计算其他各项相关费用扣除的依据。

（7）《企业所得税法》中的企业职工福利费包括哪些内容？

根据《国家税务总局关于企业工资薪金及职工福利费扣除问题的通知》（国税函〔2009〕3号）和《实施条例》第四十条规定的企业职工福利费，包括以下内容：

一是，尚未实行分离办社会职能的企业，其内设福利部门所发生的设备、设施和人员费用，包括职工食堂、职工浴室、理发室、医务所、托儿所、疗养院等集体福利部门的设备、设施及维修保养费用和福利部门工作人员的工资薪金、社会保险费、住房公积金、劳务费等。

二是，为职工卫生保健、生活、住房、交通等所发放的各项补贴和非货币性福利，包括企业向职工发放的因公外地就医费用、未实行医疗统筹企业职工医疗费用、职工供养直系亲属医疗补贴、供暖费补贴、职工防暑降温费、职工困难补贴、救济费、职工食堂经费补贴、职工交通补贴等。

三是，按照其他规定发生的其他职工福利费，包括丧葬补助费、抚恤费、安家费、探亲假路费等。

(8) 超过扣除限额的职工教育经费支出能否在以后纳税年度结转扣除？

根据《财政部 税务总局关于企业职工教育经费税前扣除政策的通知》（财税〔2018〕51号）文件规定，自2018年1月1日起，企业发生的职工教育经费支出，不超过工资薪金总额8%的部分，准予在计算企业所得税应纳税所得额时扣除；超过部分，准予在以后纳税年度结转扣除。

(9) 哪些企业的职工培训费用可以全额在企业所得税税前扣除？

根据《关于进一步鼓励软件产业和集成电路产业发展企业所得税政策的通知》（财税〔2012〕27号）规定，集成电路设计企业和符合条件软件企业发生的职工培训费用，应单独进行核算并按实际发生额在计算应纳税所得额时扣除。

根据《关于扶持动漫产业发展有关税收政策问题的通知》（财税〔2009〕65号）规定，认定的动漫企业的职工培训费用全额税前扣除。

根据《国家税务总局关于企业所得税应纳税所得额若干问题的公告》（国家税务总局公告2014年第29号）规定，核力发电企业为培养核电厂操纵员发生的培养费用，可作为企业的发电成本在税前扣除。

根据《国家税务总局关于企业所得税若干问题的公告》（国家税务总局公告2011年第34号）规定，航空企业实际发生的飞行员养成费、飞行训练费、乘务训练费、空中保卫员训练费等空勤训练费用，根据《中华人民共和国企业所得税法实施条例》第二十七条规定，可以作为航空企业运输成本在税前扣除。

(10) 企业参加雇主责任险发生的保险费用支出能否在税前扣除？

根据《国家税务总局关于责任保险费企业所得税税前扣除有关问题的公告》（国家税务总局公告2018年第52号）规定，2018年度及以后年度企业所得税汇算清缴，企业参加雇主责任险、公众责任险等责任保险，按照规定缴纳的保险费，准予在企业所得税税前扣除。

(11) 我公司经常向股东等个人借款用于经营，请问支付利息的时候需要取得发票才可以税前扣除吗？例如，向个人借款100万元，支付利息10万元并得收据，账务处理如下：

向个人借款：

借：银行存款　　　　　　　　　　　　　　　　　　　　　　1 000 000

　　贷：其他应付款——个人　　　　　　　　　　　　　　　　　1 000 000

支付利息取得收条：

借：财务费用——利息　　　　　　　　　　　　　　　100 000
　　贷：银行存款　　　　　　　　　　　　　　　　　　100 000

需要取得发票吗？

答复：首先，前提是必须取得利息发票；其次，需要签订书面借款合同或者协议；最后，并非取得了发票就可以全部税前扣除，只有不超过金融企业同期同类贷款利率计算的数额，才可以凭发票准予税前扣除。

企业若是向股东借款，由于属于关联关系，还要注意债资比2∶1的限制规定。

对关联企业之间的借款而言，企业所得税利息扣除不能越过两条红线：一是借款利率，二是关联债资比。所谓债资比，是指企业从其关联方接受的债权性投资与权益性投资的比例。

个人取得借款利息属于"利息、股息、红利所得"项目缴纳个人所得税，税率为20%。单位借款支付利息的同时不要忘记代扣个人所得税。

《中华人民共和国企业所得税法》（2018年版）

第四十六条　企业从其关联方接受的债权性投资与权益性投资的比例超过规定标准而发生的利息支出，不得在计算应纳税所得额时扣除。

《财政部　国家税务总局关于企业关联方利息支出税前扣除有关税收政策问题的通知》（财税〔2008〕121号）

一、在计算应纳税所得额时，企业实际支付给关联方的利息支出，不超过以下规定比例和税法及其实施条例有关规定计算的部分，准予扣除，超过的部分不得在发生当期和以后年度扣除。企业实际支付给关联方的利息支出，除符合本通知第二条规定外，其接受关联方债权性投资与其权益性投资比例为：（一）金融企业为5∶1；（二）其他企业为2∶1。

企业向非金融企业借款发生的利息支出，按照《国家税务总局关于企业所得税若干问题的公告》（2011年第34号）规定，不超过金融企业同期同类贷款利率计算的数额的部分，凭发票准予税前扣除。

《国家税务总局关于企业向自然人借款的利息支出企业所得税税前扣除问题的通知》（国税函〔2009〕777号）

一、企业向股东或其他与企业有关联关系的自然人借款的利息支出，应根据《中华人民共和国企业所得税法》（以下简称税法）第四十六条及《财政部　国家税务总局关于企业关联方利息支出税前扣除标准有关税收政策问题的通知》（财税〔2008〕121号）规定的条件，计算企业所得税扣除额。

二、企业向除第一条规定以外的内部职工或其他人员借款的利息支出，其借款情况同时符合以下条件的，其利息支出在不超过按照金融企业同期同类贷款利率计算的数额的部分，根据税法第八条和税法实施条例第二十七条规定，准予扣除。

（一）企业与个人之间的借贷是真实、合法、有效的，并且不具有非法集资目的或其他违反法律、法规的行为；

（二）企业与个人之间签订了借款合同。

《中华人民共和国个人所得税法》（2018年修正、英文版）

第九条 个人所得税以所得人为纳税义务人，以支付所得的单位或者个人为扣缴义务人。

《中华人民共和国税收征收管理法》（2015年修订版）

第六十九条 扣缴义务人应扣未扣、应收而不收税款的，由税务机关向纳税人追缴税款，对扣缴义务人处应扣未扣、应收未收税款50%以上3倍以下的罚款。

（12）企业发生的支出应以什么作为税前扣除凭据？

答：企业在境内发生的支出项目属于增值税应税项目（简称应税项目）的，对方为已办理税务登记的增值税纳税人，其支出以发票（包括按照规定由税务机关代开的发票）作为税前扣除凭证；对方为依法无须办理税务登记的单位或者从事小额零星经营业务的个人，其支出以税务机关代开的发票或者收款凭证及内部凭证作为税前扣除凭证，收款凭证应载明收款单位名称、个人姓名及身份证号、支出项目、收款金额等相关信息。

企业在境内发生的支出项目不属于应税项目的，对方为单位的，以对方开具的发票以外的其他外部凭证作为税前扣除凭证；对方为个人的，以内部凭证作为税前扣除凭证。

企业从境外购进货物或者劳务发生的支出，以对方开具的发票或者具有发票性质的收款凭证、相关税费缴纳凭证作为税前扣除凭证。

注意事项：

小额零星经营业务的判断标准是个人从事应税项目经营业务的销售额不超过增值税相关政策规定的起征点。

税务总局对应税项目开具发票另有规定的，以规定的发票或者票据作为税前扣除凭证。

企业在境内发生的支出项目虽不属于应税项目，但按税务总局规定可以开具发票的，可以发票作为税前扣除凭证。

（13）固定资产购进时点如何确认？

答：以货币形式购进的固定资产，除采取分期付款或赊销方式购进外，按发票开具时间确认；以分期付款或赊销方式购进的固定资产，按固定资产到货时间确认；自行建造的固定资产，按竣工结算时间确认。

《财政部　税务总局关于设备　器具扣除有关企业所得税政策的通知》（财税〔2018〕54号）

企业在2018年1月1日至2020年12月31日期间新购进的设备、器具（除房屋、建筑物以外的固定资产），单位价值不超过500万元的，允许一次性计入当期成本费用在计算应纳税所得额时扣除，不再分年度计算折旧；单位价值超过500万元的，仍按《中华人民共和国企业所得税法实施条例》、《财政部　国家税务总局关于完善固定资产加速折旧企业所得税政策的通知》（财税〔2014〕75号）、《财政部　国家税务总局关于进一步完善固定资产加速折旧企业所得税政策的通知》（财税〔2015〕106号）等相关规定执行。

具体执行问题按照《国家税务总局关于设备　器具扣除有关企业所得税政策执行问题的公告》（国家税务总局公告2018年第46号）文件执行。

《财政部　税务总局关于延长部分税收优惠政策执行期限的公告》（财政部　税务总局公告2021年第6号）

《财政部　税务总局关于设备器具扣除有关企业所得税政策的通知》（财税〔2018〕54号）等16个文件规定的税收优惠政策凡已经到期的，执行期限延长至2023年12月31日。

（14）享受委托境外研究开发费用税前加计扣除优惠政策应准备哪些资料？

根据《关于企业委托境外研究开发费用税前加计扣除有关政策问题的通知》（财税〔2018〕64号）文件规定：

委托境外进行研发活动所发生的费用，按照费用实际发生额的80%计入委托方的委托境外研发费用。委托境外研发费用不超过境内符合条件的研发费用2/3的部分，可以按规定在企业所得税前加计扣除。

上述费用实际发生额应按照独立交易原则确定。委托方与受托方存在关联关系的，受托方应向委托方提供研发项目费用支出明细情况。

答：企业应在年度申报享受优惠时，按照《国家税务总局关于发布修订后的〈企业所得税优惠政策事项办理办法〉的公告》（国家税务总局公告2018年第23号）的规定办理有关手续并留存备查以下资料：①企业委托研发项目计划书和企业有权部门立项的决议文件。②委托研究开发专门机构或项目组的编制情况和研发人员名单。③经科技行政主管部门登记的委托境外研发合同。④"研发支出"辅助账及汇总表。⑤委托境外研发银行支付凭证和受托方开具的收款凭据。⑥当年委托研发项目的进展情况等资料。

企业如果已取得地市级（含）以上科技行政主管部门出具的鉴定意见，应作为资料留存备查。

注意问题：

委托境外进行研发活动应签订技术开发合同，并由委托方到科技行政主管部门进行登记。相关事项按技术合同认定登记管理办法及技术合同认定规则执行。

所称委托境外进行研发活动不包括委托境外个人进行的研发活动。

（15）具备高新技术企业或科技型中小企业资格（统称"资格"）的企业具备资格年度之前5年亏损结转弥补年限如何执行？

答：具备资格的企业相关资格在不同的纳税年度会发生变化，当年具备资格的企业，其具备资格年度之前5个年度发生的尚未弥补完的亏损，是指当年具备资格的企业，其前5个年度无论是否具备资格，所发生的尚未弥补完的亏损，即2018年具备资格的企业，无论2013年至2017年是否具备资格，其2013年至2017年发生的尚未弥补完的亏损，均准予结转以后年度弥补，最长结转年限为10年。2018年以后年度具备资格的企业，依此类推，进行亏损结转弥补税务处理。

例如，一家企业2018年具备资格，2013年亏损300万元，2014年亏损200万元，2015年亏损100万元，2016年所得为0，2017年所得为200万元，2018年所得为50万元。按照《财政部 税务总局关于延长高新技术企业和科技型中小企业亏损结转年限的通知》（财税〔2018〕76号）规定，无论该企业在2013年至2017年是否具备资格，2013年亏损300万元，用2017年所得200万元、2018年所得50万元弥补后，如果2019年至2023年有所得仍可继续弥补；2014年企业亏损200万元，依次用2019年至2024年所得弥补；2015年企业亏损100万元，依次用2019年至2025年所得弥补。

根据《财政部 税务总局关于延长高新技术企业和科技型中小企业亏损结转年限的通知》（财税〔2018〕76号）文件规定：

自2018年1月1日起，当年具备高新技术企业或科技型中小企业资格（统称资格）的企业，其具备资格年度之前5个年度发生的尚未弥补完的亏损，准予结转以后年度弥补，最长结转年限由5年延长至10年。

（16）符合条件的小型微利核定征收企业能否适用企业所得税税收优惠政策？

答：符合条件的小型微利企业，无论是采取查账征收方式还是核定征收方式，均可根据《财政部 税务总局关于实施小微企业和个体工商户所得税优惠政策的公告》（财政部 税务总局公告2021年第12号）和《财政部 税务总局关于进一步实施小微企业所得税优惠政策的公告》（财政部 税务总局公告2022年第13号），2021年1月1日至2022年12月31日，对小型微利企业年应纳税所得额不超过100万元的部分，减按12.5%计入应纳税所得额，按20%的税率缴纳企业所得税；2022年1月1日至2024年12月31日，对小型微利企业年应纳税所得额超过100万元但不超过300万元的部分，减按25%计入应纳税所得额，按20%的税率缴纳企业所得税。

（17）若企业2018年购置一台机器设备符合固定资产一次性税前扣除优惠政策，那么在本年度汇算清缴享受研发费用税前加计扣除政策时能否享受加计扣除优惠？

根据《国家税务总局关于研发费用税前加计扣除归集范围有关问题的公告》（国家税务总局公告2017年第40号）规定：企业用于研发活动的仪器、设备，符合税法规定且选择加速折旧优惠政策的，在享受研发费用税前加计扣除政策时，就税前扣除的折旧部分计算加计扣除。

《关于提高研究开发费用税前加计扣除比例的通知》（财税〔2018〕99号）

企业开展研发活动中实际发生的研发费用，未形成无形资产计入当期损益的，在按规定据实扣除的基础上，在2018年1月1日至2020年12月31日期间，再按照实际发生额的75%在税前加计扣除；形成无形资产的，在上述期间按照无形资产成本的175%在税前摊销。

企业享受研发费用税前加计扣除政策的其他政策口径和管理要求按照《财政部 国家税务总局 科技部关于完善研究开发费用税前加计扣除政策

的通知》（财税〔2015〕119号）、《财政部　税务总局　科技部关于企业委托境外研究开发费用税前加计扣除有关政策问题的通知》（财税〔2018〕64号）、《国家税务总局关于企业研究开发费用税前加计扣除政策有关问题的公告》（国家税务总局公告2015年第97号）等文件规定执行。

（18）企业在对公益性捐赠支出计算扣除时，先后顺序如何确定？

答：企业在对公益性捐赠支出计算扣除时，应先扣除以前年度结转的捐赠支出，再扣除当年发生的捐赠支出。

根据《财政部　国家税务总局关于公益性捐赠支出企业所得税税前结转扣除有关政策的通知》（财税〔2018〕15号）文件规定：

企业通过公益性社会组织或者县级（含县级）以上人民政府及其组成部门和直属机构，用于慈善活动、公益事业的捐赠支出，在年度利润总额12%以内的部分，准予在计算应纳税所得额时扣除；超过年度利润总额12%的部分，准予结转以后3年内在计算应纳税所得额时扣除。

注意事项：

本条所称公益性社会组织，应当依法取得公益性捐赠税前扣除资格。

本条所称年度利润总额，是指企业依照国家统一会计制度的规定计算的大于零的数额。

企业当年发生及以前年度结转的公益性捐赠支出，准予在当年税前扣除的部分，不能超过企业当年年度利润总额的12%。企业发生的公益性捐赠支出未在当年税前扣除的部分，准予向以后年度结转扣除，但结转年限自捐赠发生年度的次年起计算最长不得超过3年。

（19）境外投资者暂不征收预提所得税需要什么条件？

答：进一步鼓励境外投资者在华投资，根据《关于扩大境外投资者以分配利润直接投资暂不征收预提所得税政策适用范围的通知》（财税〔2018〕102号）文件规定：

对境外投资者从中国境内居民企业分配的利润，用于境内直接投资暂不征收预提所得税政策的适用范围，由外商投资鼓励类项目扩大至所有非禁止外商投资的项目和领域。

境外投资者暂不征收预提所得税须同时满足以下条件：

一是，境外投资者以分得利润进行的直接投资，包括境外投资者以分得利润进行的增资、新建、股权收购等权益性投资行为，但不包括新增、转增、收购上市公司股份（符合条件的战略投资除外）。具体是指：①新增或转增中国境内居民企业实收资本或者资本公积；②在中国境内投资新建居民企业；③从非关联方收购中国境内居民企业股权；④财政部、国家税务总局规定的其他方式。

境外投资者采取上述投资行为所投资的企业统称为被投资企业。

二是，境外投资者分得的利润属于中国境内居民企业向投资者实际分配已经实现的留存收益而形成的股息、红利等权益性投资收益。

三是，境外投资者用于直接投资的利润以现金形式支付的，相关款项从利润分配企业的账户直接转入被投资企业或股权转让方账户，在直接投资前不得在境内外其他账户周转；境外投资者用于直接投资的利润以实物、有价证券等非现金形式支付的，相关资产所有权直接从利润分配企业转入被投资企业或股权转让方，在直接投资前不得由其他企业、个人代为持有或临时持有。

14.9 个人所得税汇算清缴122问[①]

（1）哪些所得项目是综合所得？

答：综合所得具体包括工资薪金所得、劳务报酬所得、稿酬所得、特许权使用费所得。居民个人取得综合所得需要年度汇算的，应于次年3月1日至6月30日办理年度汇算。

（2）综合所得适用的税率是什么？

答：综合所得，适用3%至45%的超额累进税率。

（3）居民个人的综合所得应纳税所得额如何确定？

答：居民个人的综合所得，以每一纳税年度的收入额减除费用6万元以及专项扣除、专项附加扣除和依法确定的其他扣除后的余额，为应纳税所得额。

案例14-3

居民个人兰兰2021年共取得工资144 000元，取得劳务报酬20 000元，取得稿酬5 000元，转让专利使用权取得收入20 000元，符合条件的专项扣除和专项附加扣除共

[①] 122问题中，1～10为"综合"类，11～29为"工薪金"类，30～34为"报酬"类，35～41为"稿酬"类，42～45为"特许权使用费"类，46～102为"专项附加扣除"类，103～108为"捐赠"类，109～114为"税收优惠"类，115～122为"境外所得减免"类。

计62 400元。

年收入总额＝144 000＋20 000×（1－20%）＋5 000×（1－20%）×70%＋20 000×（1－20%）＝178 800（元）

年应纳税所得额＝178 800－60 000－62 400＝56 400（元）

（4）新《个人所得税法》下，年度汇算时，劳务报酬、稿酬、特许权使用费所得如何计算收入额？

答：劳务报酬所得、稿酬所得、特许权使用费所得以收入减除20%的费用后的余额为收入额。稿酬所得的收入额减按70%计算。

案例14-4

居民个人小赵2021年取得工资收入80 000元、劳务报酬收入50 000元、特许权使用费收入100 000元、稿酬收入40 000元，请计算小赵2019年综合所得收入额是多少。

综合所得收入额＝80 000＋（50 000＋100 000）×（1－20%）＋40 000×（1－20%）×70%＝222 400（元）

（5）居民个人2021年的综合所得如何进行年度汇算？

答：居民个人2021年度综合所得收入超过12万元且需要补税金额超过400元的，或者2020年度已预缴税额大于年度应纳税额且申请退税的，需要办理年度汇算，即：2021年1月1日至12月31日取得的工资薪金、劳务报酬、稿酬、特许权使用费等四项所得的收入额，减除费用6万元以及专项扣除、专项附加扣除、依法确定的其他扣除和符合条件的公益慈善事业捐赠后，适用综合所得个人所得税税率并减去速算扣除数，计算本年度最终应纳税额，再减去2020年度已预缴税额，得出本年度应退或应补税额，向税务机关申报并办理退税或补税。具体计算公式如下：

2021年度汇算应退或应补税额＝［（综合所得收入额－60 000元－"三险一金"等专项扣除－子女教育等专项附加扣除－依法确定的其他扣除－捐赠）×适用税率－速算扣除数］－2020年已预缴税额

案例14-5

居民个人兰兰2021年共取得工资144 000元，取得劳务报酬20 000元，取得稿酬5 000元，转让专利使用权取得收入20 000元，符合条件的专项扣除和专项附加扣除共计62 400元，则2021年汇算时，兰兰应缴纳的个人所得税计算如下：

年收入总额＝144 000＋20 000×（1－20%）＋5 000×（1－20%）×70%＋20 000×（1－20%）＝178 800（元）

年应纳税所得额＝178 800－60 000－62 400＝56 400（元）

全年应纳个人所得税额＝56 400×10% － 2520 ＝ 3 120（元）

（温馨提示：全年应纳税所得额超过36 000元至144 000元的部分，适用10%的税率，速算扣除数为2 520。）

已预缴的所得税额为7 608元。

年度汇算应纳税额＝全年应纳所得税额－ 累计预缴所得税额＝3 120－7 608＝－4 488（元），兰兰2021年可申请退税4 488元。

（6）什么是居民个人和非居民个人？

答：居民个人是指在中国境内有住所，或者无住所而1个纳税年度内在中国境内居住累计满183天的个人。

非居民个人是指在中国境内无住所又不居住，或者无住所而1个纳税年度内在中国境内居住累计不满183天的个人。

（7）非居民个人需要进行综合所得年度汇算吗？

答：非居民个人取得工资、薪金所得，劳务报酬所得，稿酬所得和特许权使用费所得，有扣缴义务人的，由扣缴义务人按月或者按次代扣代缴税款，不办理年度汇算。

（8）在中国境内有住所个人的"住所"是如何判定的？

答：税法上所称"住所"是一个特定概念，不等同于实物意义上的住房。按照《中华人民共和国个人所得税法实施条例》第二条规定，在境内有住所的个人，是指因户籍、家庭、经济利益关系而在境内习惯性居住的个人。习惯性居住是判定纳税人是居民个人还是非居民个人的一个法律意义上的标准，并不是指实际的居住地或者在某一个特定时期内的居住地。对于因学习、工作、探亲、旅游等原因而在境外居住，在这些原因消除后仍然回到中国境内居住的个人，则中国为该纳税人的习惯性居住地，即该个人属于在中国境内有住所。

对于境外个人仅因学习、工作、探亲、旅游等原因而在中国境内居住，待上述原因消除后该境外个人仍然回到境外居住的，其习惯性居住地不在境内，即使该境外个人在境内购买住房，也不会被认定为境内有住所的个人。

（9）无住所居民个人取得综合所得需要进行年度汇算吗？

答：无住所居民个人取得综合所得，年度终了后，应将年度工资薪金收入额、劳务报酬收入额、稿酬收入额、特许权使用费收入额汇总，计算缴纳个人所得税。需要办理年度汇算的，依法办理年度汇算。

（10）无住所居民个人税款如何计算？

答：无住所居民个人取得综合所得，年度终了后，应按年计算个人所得税；有扣缴义务人的，由扣缴义务人按月或者按次预扣预缴税款；需要办理年度汇算的，按照规定办理年度汇算，年度综合所得应纳税额计算公式如下：

年度综合所得应纳税额＝（年度工资薪金收入额＋年度劳务报酬收入额＋年度稿酬收入额＋年度特许权使用费收入额－减除费用－专项扣除－专项附加扣除－依法确定的其他扣除－捐赠）×适用税率－速算扣除数

无住所居民个人为外籍个人的，2023年12月31日前计算工资薪金收入额时，已经按规定减除住房补贴、子女教育费、语言训练费等8项津补贴的，不能同时享受专项附加扣除。

（11）什么是工资薪金所得？

答：个人因任职或者受雇取得的工资、薪金、奖金、年终加薪、劳动分红、津贴、补贴以及与任职或者受雇有关的其他所得，为工资、薪金所得。

（12）演员参与本单位组织的演出取得的报酬是否属于工资薪金？

答：对电影制片厂导演、演职人员参加本单位的影视拍摄所取得的报酬，属于工资薪金，应按"工资、薪金所得"应税项目计征个人所得税。

（13）个人担任公司董事监事取得的收入是否属于工资薪金？

答：个人担任公司董事、监事，且不在公司任职、受雇取得的董事费、监事费，属于劳务报酬，应按"劳务报酬所得"项目征收个人所得税；个人在公司（包括关联公司）任职、受雇，同时兼任董事、监事的，属于工资薪金，应将董事费、监事费与个人工资收入合并，统一按"工资、薪金所得"项目计征个人所得税。

（14）单位为职工个人购买商业健康保险是否属于工资薪金？

答：单位统一为员工购买符合规定的税收优惠型商业健康保险产品的支出，应计入员工个人工资薪金，视同个人购买，允许在当年（月）计算应纳税所得额时予以税前扣除，扣除限额为2 400元/年（200元/月）。

（15）单位以误餐补助名义发给职工的补贴、津贴，是否属于工资薪金？

答：按规定不征税的误餐补助，是指按财政部门规定，个人因公在城区、郊区工作，不能在工作单位或返回就餐，确实需要在外就餐的，根据实际误餐顿数，按规定的标准领取的误餐费。除上述情形外，单位以误餐补助名义发给职工的补贴、津贴，属于工资薪金，应当并入当月工资、薪金所得计征个人所得税。

（16）超比例缴付的"三险一金"是否要并入当期工资薪金计算缴纳个人所得税？

答：单位超过规定比例和标准为个人缴付"三险一金"的，超过部分应并入个人当期的工资、薪金收入，计征个人所得税。

（17）扣缴义务人或纳税人自行申报全年一次性奖金个人所得税时，如何缴纳个人所得税？是否可以选择并入综合所得或不并入综合所得税计算？

答：居民个人取得全年一次性奖金，符合《国家税务总局关于调整个人取得全年一次性奖金等计算征收个人所得税方法问题的通知》（国税发〔2005〕9号）规定的，在2023年12月31日前，可以选择不并入当年综合所得，以全年一次性奖金收入除以12个月得到的数额，按照按月换算后的综合所得税率表，确定适用税率和速算扣除数，单独计算纳税。

计算公式为：

$$应纳税额＝全年一次性奖金收入×月度适用税率－速算扣除数$$

居民个人取得全年一次性奖金，也可以选择并入当年综合所得计算纳税。

案例14-6

居民个人小刘2021年1月从单位取得2020年度全年绩效奖金48 000元，2021年全年工资120 000元，不考虑三险一金，无其他所得收入，专项附加扣除12 000元。如何计缴个人所得税？

（1）如选择全年一次性奖金48 000元单独计算：

确定适用税率和速算扣除数：48 000÷12＝4 000（元）

适用税率10%，速算扣除数210。

全年一次性奖金应纳个人所得税＝48 000×10%－210＝4 590（元）

综合所得应纳个人所得税＝（120 000－60 000－12 000）×10%－2 520＝2 280（元）

全年应纳个人所得税：4 590＋2 280＝6 870（元）

（2）如选择全年一次性奖金48 000元并入2020年综合所得计算纳税：

全年应纳个人所得税：（120 000＋48 000－60 000－12 000）×10%－2 520＝7 080（元）

（18）中央企业负责人取得年度绩效薪金延期兑现收入和任期奖励，需要并入综合所得进行年度汇算吗？

答：中央企业负责人取得年度绩效薪金延期兑现收入和任期奖励，符合《国家税务总局关于中央企业负责人年度绩效薪金延期兑现收入和任期奖励征收个人所得税问题的通知》（国税发〔2007〕118号）规定的，在2023年12月31日前，可以选择不并入当年综合所得，也可以选择并入当年综合所得进行年度汇算。

选择不并入当年综合所得的，以该笔收入除以12个月得到的数额，按照按月换算后的综合所得税率表（以下简称月度税率表），确定适用税率和速算扣除数，单独计算纳税。计算公式为：

$$应纳税额＝年度绩效薪金延期兑现收入和任期奖励×月度适用税率－速算扣除数$$

(19) 单位向个人低价售房应如何计算个人所得税？需要进行年度汇算吗？

答：单位按低于购置或建造成本价格出售住房给职工，职工因此而少支出的差价部分，符合规定的，不并入当年综合所得，不需要进行年度汇算，以差价收入除以12个月得到的数额，按照月度税率表确定适用税率和速算扣除数，单独计算纳税。计算公式为：

$$应纳税额 = \frac{职工实际支付的购房价款低于该房屋的购置或建造成本价格的差额}{} \times 月度适用税率 - 速算扣除数$$

(20) 与单位解除劳动关系取得的一次性补偿收入如何计税？要并入综合所得吗？

答：个人与用人单位解除劳动关系取得的一次性补偿收入（包括用人单位发放的经济补偿金、生活补助费和其他补助费），在当地上年职工平均工资3倍数额以内的部分，免征个人所得税；超过3倍数额的部分，不并入当年综合所得，单独适用综合所得税率表，计算纳税。

(21) 个人办理内部退养手续后从原任职单位取得的一次性收入如何计税？

答：个人办理内部退养手续从原任职单位取得的一次性补贴收入，不需纳入综合所得进行年度汇算。计税时，按照办理内部退养手续后至法定离退休年龄之间的所属月份进行平均后的商数，先与当月工资合并查找税率、计算税额，再减除当月工资收入应缴的税额，即为该项补贴收入应纳税额。

发放一次性补贴收入当月取得的工资收入，仍需要并入综合所得计算缴税。在年终汇算时，正常按照税法规定扣除基本减除费用。

案例14-7

李海2021年每月取得工资7 000元。2021年5月李海办理了内部退养手续，从单位取得了一次性内部退养收入10万元。李海离正式退休时间还有20个月，假定李海2021年度没有其他综合所得，可享受子女教育专项附加扣除，如何计算李海应缴纳的个人所得税？

（1）李海离正式退休时间还有20个月，平均分摊一次性收入100 000÷20＝5 000元。

（2）5 000元与当月工资7 000元合并，减除当月费用扣除标准5 000元，以其余额为基数确定使用税率和速算扣除数；（5 000+7 000）−5 000＝7 000（元），应适用税率10%，速算扣除数210。

（3）将当月工资7 000元加上当月取得的一次性收入100 000元，减去费用扣除标准5 000元，计算税款：（7 000+100 000−5 000）×10%−210＝9 990（元）。

模拟计算单月工资应计算的税款：（7 000−5 000）×3%＝60（元）

内部退养应缴纳的税款：9 990−60＝9 930（元）

（4）李海2021年度取得内部退养一次性收入不并入当月外，其他月份另行累计预扣预缴税款：（7 000×12－5 000×12－1 000×12）×3％＝360（元）。

（5）李海2021年全年应缴纳个人所得税为9 930＋360＝10 290（元）。

（22）提前退休一次性收入的个人所得税如何计算？需要进行年度汇算吗？

答：个人办理提前退休手续而取得的一次性补贴收入，应按照办理提前退休手续至法定离退休年龄之间实际年度数平均分摊，确定适用税率和速算扣除数，单独适用综合所得税率表，计算纳税，不需并入综合所得进行年度汇算。计算公式为：

应纳税额＝{〔（一次性补贴收入÷办理提前退休手续至法定退休年龄的实际年度数）－费用扣除标准〕×适用税率－速算扣除数}×办理提前退休手续至法定退休年龄的实际年度数

（23）离退休人员取得返聘工资和奖金补贴如何计税？需要进行年度汇算吗？

答：按照国家统一规定发给干部、职工的安家费、退职费、基本养老金或者退休费、离休费、离休生活补助费，免征个人所得税。

离退休人员除按规定领取离退休工资或养老金，另从原任职单位取得的各类补贴、奖金、实物，不属于《个人所得税法》第四条规定可以免税的退休工资、离休工资、离休生活补助费，应在减除按《个人所得税法》规定的费用扣除标准后，按"工资、薪金所得"应税项目缴纳个人所得税。需要办理年度汇算的，按照规定办理年度汇算。

（24）高级专家延长离退休期间取得的工资需要缴纳个人所得税吗？

答：达到离休、退休年龄，但确因工作需要，适当延长离休退休年龄的高级专家（指享受国家发放的政府特殊津贴的专家、学者或者中国科学院、中国工程院院士），其在延长离休退休期间，从其劳动人事关系所在单位取得的，单位按国家有关规定向职工统一发放的工资、薪金、奖金、津贴、补贴等收入，视同离休、退休工资，免征个人所得税；取得其他各种名目的津补贴收入等，以及高级专家从其劳动人事关系所在单位之外的其他地方取得的培训费、讲课费、顾问费、稿酬等各种收入，依法计征个人所得税。

（25）居民个人取得股票期权、股票增值权、限制性股票、股权奖励等股权激励，如何计算缴纳个人所得税？是否并入综合所得？

答：居民个人取得股票期权、股票增值权、限制性股票、股权奖励等股权激励（以下简称股权激励），符合有关规定条件的，在2022年12月31日前，不并入当年综合所得，全额单独适用综合所得税率表，一个纳税年度内取得两次以上（含两次）股权激励的，应按规定合并计算纳税。计算公式为：

应纳税额＝股权激励收入×年度适用税率－速算扣除数

（26）个人领取企业年金、职业年金如何计算个人所得税？需要进行年度汇算吗？

答：个人达到国家规定的退休年龄，按照规定领取的企业年金、职业年金，不并入综合所得进行年度汇算，全额单独计算应纳税款。其中按月领取的，适用月度税率表计算纳税；按季领取的，平均分摊计入各月，按每月领取额适用月度税率表计算纳税；按年领取的，适用综合所得税率表计算纳税。

（27）领取税收递延型商业养老保险如何计算个人所得税？需要进行年度汇算吗？

答：个人按照规定领取的税收递延型商业养老保险的养老金收入，其中25%部分予以免税，其余75%部分按照10%的比例税率计算缴纳个人所得税，由保险机构代扣代缴后，在个人购买税延养老保险的机构所在地办理全员全额扣缴申报，不需并入综合所得进行年度汇算。

（28）科技人员取得职务科技成果转化现金奖励减按50%计入工资薪金需要符合什么条件？需要并入综合所得进行年度汇算吗？

答：自2018年7月1日起，依法批准设立的非营利性研究开发机构和高等学校（包括国家设立的科研机构和高校、民办非营利性科研机构和高校）根据《中华人民共和国促进科技成果转化法》规定，从职务科技成果转化收入中给予科技人员的现金奖励，可减按50%计入科技人员当月"工资、薪金所得"，依法缴纳个人所得税。需要并入综合所得进行年度汇算。

（29）高新技术企业转化科技成果给予技术人员的股权奖励如何计算个人所得税？

答：个人获得股权奖励时，按照"工资、薪金所得"项目计算确定应纳税额。在2022年12月31日前，不并入当年综合所得，全额单独适用综合所得税率表，计算纳税。计算公式为：

应纳税额＝股权激励收入×年度适用税率－速算扣除数

居民个人一个纳税年度内取得两次以上（含两次）股权激励的，应合并按上述规定计算纳税。

（30）什么是劳务报酬所得？

答：个人从事劳务取得的所得，包括从事设计、装潢、安装、制图、化验、测试、医疗、法律、会计、咨询、讲学、翻译、审稿、书画、雕刻、影视、录音、录像、演出、表演、广告、展览、技术服务、介绍服务、经纪服务、代办服务以及其他劳务取得的所得，为劳务报酬所得。

（31）保险代理人取得佣金收入应如何计税？需并入综合所得进行年度汇算吗？

答：保险代理人与保险营销员属于同一类人员。保险代理人取得的佣金收入，属于劳务报酬所得，以不含增值税的收入减除20%的费用后的余额为收入额，收入额减去展业成本以及附加税费后，并入当年综合所得，计算缴纳个人所得税。保险营销员、证券经纪人展业成本按照收入额的25%计算。

案例14-8

居民个人小李是某保险公司营销员,2021年1月取得保险营销佣金收入20 600元,该保险公司接受税务机关委托代征税款,向个人保险代理人支付佣金费用后,代个人保险代理人统一向主管税务机关申请汇总代开增值税普通发票。保险公司应预扣小李2021年1月份的个人所得税多少元?

月收入低于15万元,免征增值税,应预扣小李2021年1月份的个人所得税=[20 600×(1−20%)×(1−25%)−5 000]×3%=220.80(元)。

(32)保险营销员(或保险代理人)在同一个公司获得两笔收入,一笔是保险费佣金收入,一笔是做文秘岗获得的工资,这两笔收入应如何计税?

答:此种情况,若该保险营销员(或保险代理人)是该公司的雇员,则他取得的保险费佣金收入应与文秘岗取得的工资一起按照工资薪金所得缴纳个人所得税。

(33)医疗机构临时聘请坐诊的专家取得收入如何计税?需要进行年度汇算吗?

答:受医疗机构临时聘请坐堂门诊及售药,由该医疗机构支付报酬,或收入与该医疗机构按比例分成的人员,其取得的所得,按照"劳务报酬所得"应税项目缴纳个人所得税,以一个月内取得的所得为一次,税款由该医疗机构预扣预缴,并入综合所得进行年度汇算。

(34)单位以免费旅游方式对非本单位员工的营销人员进行奖励的,怎么计算和缴纳个人所得税?需要并入综合所得进行年度汇算吗?

答:应作为当期劳务收入,按照"劳务报酬所得"项目征收个人所得税,需要并入综合所得进行年度汇算。

(35)什么是稿酬所得?

答:个人因其作品以图书、报刊等形式出版、发表而取得的所得,为稿酬所得。

(36)个人通过出版社出版小说取得的收入应如何计税?需要进行年度汇算吗?

答:个人通过出版社出版小说取得的收入,按照"稿酬所得"项目计缴个人所得税,并入综合所得进行年度汇算。

例如,2021年8月份某出版社要出版作家的一本小说,由作家提供书稿,出版社支付给作者2.5万元。2021年8月份出版社应预扣作者个人所得税=25 000×(1−20%)×70%×20%=2 800(元)。年度终了后,作者取得的该笔稿酬按照14 000元[25 000×(1−20%)×70%]的收入额与当年本人取得的其他综合所得合并后办理年度汇算。

(37)作者去世后,对取得其遗作稿酬的人是否需要缴纳个人所得税?

答:作者去世后,对取得其遗作稿酬的个人,按稿酬所得征收个人所得税,并入综合所得进行年度汇算。

（38）个人的书画作品、摄影作品在杂志上发表取得的所得，应如何计税？需要并入综合所得进行年度汇算吗？

答：个人的书画作品、摄影作品在杂志上发表取得的所得，应按"稿酬所得"项目计缴个人所得税，并入综合所得进行年度汇算。

（39）杂志社职员在本单位刊物上发表作品取得所得按什么项目计缴个人所得税？

答：任职、受雇于报社、杂志社等单位的记者、编辑等专业人员，因在本单位的报刊、杂志上发表作品而取得的所得，属于因任职、受雇而取得的所得，应与其当月工资收入合并，按"工资、薪金所得"项目征收个人所得税。

（40）出版社专业记者编写的作品，由本社以图书形式出版而取得的稿费收入，应如何计税？需要并入综合所得进行年度汇算吗？

答：出版社的专业作者撰写、编写或翻译的作品，由本社以图书形式出版而取得的稿费收入，应按"稿酬所得"项目计算缴纳个人所得税，并入综合所得进行年度汇算。

（41）任职、受雇于报社、杂志社等单位的非专业人员，因在本单位的报刊、杂志上发表作品取得的所得，应如何计税？需要并入综合所得进行年度汇算吗？

答：任职、受雇于报社、杂志社等单位的非专业人员，在本单位的报刊、杂志上发表作品取得的所得，应按"稿酬所得"项目征收个人所得税，并入综合所得进行年度汇算。

（42）什么是特许权使用费所得？

答：特许权使用费所得，是指个人提供专利权、商标权、著作权、非专利技术以及其他特许权的使用权取得的所得；提供著作权的使用权取得的所得，不包括稿酬所得。

（43）编剧取得的剧本使用费，按稿酬所得征税还是按特许权使用费项目计算缴纳个人所得税？

答：对于剧本作者从电影、电视剧的制作单位取得的剧本使用费，应按特许权使用费所得项目计征个人所得税，并入综合所得进行年度汇算。

（44）个人获得的专利赔偿款应按什么项目计算缴纳个人所得税？

答：根据国税函〔2000〕257号文件规定，专利赔偿款应按"特许权使用费所得"项目计缴个人所得税，并入综合所得进行年度汇算。

（45）个人将小说手稿进行拍卖取得所得，应按什么项目计算缴纳个人所得税？

答：作者将自己的文字作品手稿原件或复印件拍卖取得的所得，按照"特许权使用费"所得项目缴纳个人所得税，并入综合所得进行年度汇算。

（46）子女教育的扣除主体、范围和扣除标准是什么？

答：子女教育专项附加扣除的扣除主体是子女的法定监护人，包括生父母、继父母、养父母，父母之外的其他人担任未成年人的法定监护人的，比照执行。子女的范围包括婚生子女、非婚生子女、养子女、继子女，也包括未成年但受到本人监护的非子女。子女教育按照每个子女每年12 000元（每月1 000元）的标准定额扣除。

（47）有多个子女的父母，可以对不同的子女选择不同的扣除方式吗？

答：可以。有多个子女的父母，可以对不同的子女选择不同的扣除方式，即对子女甲可以选择由一方按照每月1 000元的标准扣除，对子女乙可以选择由双方分别按照每月500元的标准扣除。

（48）对于存在离异重组等情况的家庭而言，如何享受子女教育扣除政策？

答：具体扣除方法由父母双方协商决定，一个孩子扣除总额不能超过每月1 000元，扣除主体不能超过两人。

（49）残障儿童接受的特殊教育，父母是否可以享受子女教育专项附加扣除？

答：特殊教育属于义务教育，同时拥有学籍，因此父母可以享受扣除。

（50）大学期间参军，学校保留学籍，是否可以按子女教育扣除？

答：服兵役是公民的义务，大学期间参军是积极响应国家的号召，参军保留学籍期间，属于高等教育阶段，其父母可以享受子女教育专项附加扣除。

（51）参加"跨校联合培养"需要到国外读书几年的，是否可以按照子女教育扣除？

答：一般情况下，参加"跨校联合培养"的学生，原学校继续保留学生学籍，子女在国外读书期间，父母可以享受子女教育专项附加扣除。

（52）继续教育的扣除范围和扣除标准是什么？

答：纳税人在中国境内接受学历（学位）继续教育的支出，在学历（学位）教育期间按照每月400元定额扣除。同一学历（学位）继续教育的扣除期限不能超过48个月。纳税人接受技能人员职业资格继续教育、专业技术人员职业资格继续教育的支出，在取得相关证书的当年，按照3 600元定额扣除。

（53）纳税人享受继续教育扣除时，如果因病、因故等原因休学且学籍继续保留的休学期间，以及施教机构按规定组织实施的寒暑假是否连续计算？

答：学历（学位）继续教育的扣除期限最长不得超过48个月。48个月包括纳税人因病、因故等原因休学且学籍继续保留的休学期间，以及施教机构按规定组织实施的寒暑假期连续计算。

（54）纳税人处于本硕博连读的博士阶段，父母已经申报享受了子女教育专项附加扣除，纳税人如果在博士读书时取得律师资格证书，可以申报继续教育扣除吗？

答：如果纳税人有综合所得，一个纳税年度内，在取得证书的当年，可以享受职业资格继续教育扣除。

（55）参加自学考试，纳税人应当如何享受扣除？

答：按照《高等教育自学考试暂行条例》的有关规定，高等教育自学考试应考者取得一门课程的单科合格证书后，教育部门即为其建立考籍管理档案。具有考籍管理档案的考生，可以按规定享受继续教育专项附加扣除。

（56）纳税人参加夜大、函授、现代远程教育、广播电视大学等学习，是否可以享受继续教育扣除？

答：纳税人参加夜大、函授、现代远程教育、广播电视大学等学习，所读学校为其建立学籍档案的，可以享受学历（学位）继续教育扣除。

（57）如果是在国外进行的学历继续教育，或者拿到了国外颁发的技能证书，能否享受继续教育扣除？

答：根据专项附加扣除暂行办法的规定，纳税人在中国境内接受的学历（学位）继续教育支出，以及接受技能人员职业资格继续教育、专业技术人员职业资格继续教育支出，可以按规定享受扣除。对于纳税人在国外接受的学历继续教育和国外颁发的技能证书，不符合"中国境内"的规定，不能享受继续教育专项附加扣除。

（58）如果纳税人在接受学历继续教育的同时取得技能人员职业资格证书或者专业技术人员职业资格证书，如何享受扣除？

答：纳税人接受学历继续教育，可以按照每月400元的标准扣除，全年共计4 800元；在同年又取得技能人员职业资格证书或者专业技术人员职业资格证书，且符合扣除条件的，全年可按照3 600元的标准定额扣除。因此，对同时符合两类情形的纳税人，该年度可叠加享受扣除，即当年其继续教育最多可扣除8 400元。

（59）住房贷款利息的扣除主体、范围和扣除标准是什么？

答：纳税人本人或其配偶单独或共同使用商业银行或住房公积金个人住房贷款，为本人或其配偶购买中国境内住房，发生的首套住房贷款利息支出，在实际发生贷款利息的年度，按照每月1 000元标准定额扣除，扣除期限最长不超过240个月。纳税人只能享受一次首套住房贷款的利息扣除。经夫妻双方约定，可以选择由其中一方扣除，具体扣除方式在一个纳税年度内不能变更。

（60）父母和子女共同购房，房屋产权证明、贷款合同均登记为父母和子女，住房贷款利息专项附加扣除如何享受？

答：父母和子女共同购买一套房子，不能既由父母扣除，又由子女扣除，应该由主贷款人扣除。如主贷款人为子女的，由子女享受扣除；主贷款人为父母中一方的，由父母任一方享受扣除。

（61）我用贷款买了一套房，由于工作需要将该房屋贷款还清后置换了另一套房，第二套房贷银行依旧给我的是首套房贷款利率，第一套房时我没享受过贷款利息政策，那么第二套房贷利息可以享受住房贷款利息扣除政策吗？

答：可以。根据现行政策规定，如果纳税人没有申报过住房贷款利息扣除，那么其按照首套住房贷款利率购买的第二套住房，可以享受住房贷款利息扣除。

（62）妻子在北京婚前有首套住房贷款，婚前已经享受了首套住房贷款利息扣除。婚后夫妻二人在天津买了新房并记在丈夫名下，丈夫婚前没有买过房子，这种情况下，如果天津的新房符合首套贷款条件，丈夫是否能享受贷款利息专项附加扣除？

答：婚后，如果妻子就婚前已购住房申请继续享受住房贷款利息扣除，夫妻双方均不能再就其他住房享受住房贷款利息扣除。婚后，如果妻子未就婚前已购住房享受住房贷款利息扣除，且丈夫之前也未享受过住房贷款利息扣除，则丈夫可以就其婚后新购住房享受住房贷款利息扣除。

（63）如何理解纳税人只能享受一次住房贷款利息扣除？

答：只要纳税人申报扣除过一套住房贷款利息，在个人所得税专项附加扣除的信息系统中就存有扣除住房贷款利息的记录，无论扣除时间长短，也无论该住房的产权归属情况，纳税人就不得再就其他房屋享受住房贷款利息扣除。

（64）住房租金的扣除主体、范围和扣除标准是什么？

答：纳税人及配偶在主要工作城市没有自有住房而发生的住房租金支出，可以按照规定享受住房租金专项附加扣除。住房租金支出由签订租赁住房合同的承租人扣除，夫妻双方主要工作城市相同的，只能由一方扣除；夫妻双方主要工作城市不相同的，且各自在其主要工作城市都没有住房的，可以分别扣除住房租金支出。夫妻双方不得同时分别享受住房贷款利息和住房租金扣除，具体扣除标准如下：①直辖市、省会（首府）城市、计划单列市以及国务院确定的其他城市，扣除标准为每月1 500元。②除第一项所列城市以外，市辖区户籍人口超过100万人的城市，扣除标准为每月1 100元；市辖区户籍人口不超过100万人的城市，扣除标准为每月800元。

（65）合租住房可以分别享受扣除政策吗？

答：住房租金支出由签订租赁合同的承租人扣除。因此，合租租房的个人（非夫妻关系），若都与出租方签署了规范租房合同，可根据租金定额标准各自扣除。

（66）员工宿舍可以扣除住房租金支出吗？

答：如果个人不付租金，不得享受扣除；如果本人支付了租金且符合相关条件的，可以扣除。

（67）公租房是公司与保障房公司签的协议，但员工是需要付房租的，这种情况下员工是否可以享受专项附加扣除？需要留存什么资料备查？

答：纳税人在主要工作城市没有自有住房而发生的住房租金支出，可以按照标准定额扣除。员工租用公司与保障房公司签订的保障房，并支付租金的，可以申报扣除住房租金专项附加扣除。纳税人应当留存与公司签订的公租房合同或协议等相关资料备查。

（68）纳税人公司所在地为保定，被派往分公司北京工作，纳税人及其配偶在北京都没有住房，由于工作原因在北京租房，纳税人是否可以享受住房租金扣除？如果可以，应按照哪个城市的标准扣除？

答：符合条件的纳税人在主要工作地租房的支出可以享受住房租金扣除。主要工作地指的是纳税人的任职受雇所在地，如果任职受雇所在地与实际工作地不符的，以实际工作地为主要工作城市。该问题中，纳税人当前的实际工作地（主要工作地）是北京市，应当按照北京市的标准享受住房租金扣除。

（69）某些行业员工流动性比较强，1年换几个城市租赁住房，或者当年一直外派并在当地租房，如何申报住房租金专项附加扣除？

答：如果单位为外派员工解决住宿问题，则个人不应再扣除住房租金。对于外派员工自行解决租房问题的，1年内多次变换工作地点的，个人应及时向扣缴义务人或者税务机关更新专项附加扣除相关信息，允许1年内按照更换工作地点的情况分别进行扣除。

（70）赡养老人的扣除主体、范围和扣除标准是什么？

答：赡养老人专项附加扣除的扣除主体包括：一是负有赡养义务的所有子女。《中华人民共和国民法典》规定：婚生子女、非婚生子女、养子女、继子女有赡养扶助父母的义务。二是祖父母、外祖父母的子女均已经去世，负有赡养义务的孙子女、外孙子女。纳税人赡养年满60岁父母以及子女均已去世的年满60岁祖父母、外祖父母的，可以享受扣除政策。具体扣除标准为：①独生子女，按照每月2 000元标准定额扣除；②非独生子女，应当与其兄弟姐妹分摊每月2 000元的扣除额度，分摊扣除最高不得超过每月1 000元。

（71）双胞胎是否可以按照独生子女的标准享受扣除？

答：双胞胎不可以按照独生子女标准享受扣除。双胞胎兄弟姐妹需要共同赡养父母，双胞胎中任何一方都不是父母的唯一赡养人，因此每个子女不能独自享受每月2 000元的扣除额度。

（72）非独生子女，父母指定或兄弟协商，能否以某位子女按每月2 000元扣除？

答：不可以。按照规定，纳税人为非独生子女的，在兄弟姐妹之间分摊每月2 000元的扣除额度，每人分摊额度不能超过每月1 000元。

（73）父母均要满60岁还是只要一位满60岁即可享受扣除？

答：父母中有一位年满60周岁，纳税人就可以按照规定标准享受赡养老人专项附加扣除。

（74）独生子女家庭，父母离异后再婚的，如何享受赡养老人专项附加扣除？

答：对于独生子女家庭，父母离异后重新组建家庭，在新组建的两个家庭中，只要父母中一方没有纳税人以外的其他子女，则纳税人可以按照独生子女标准享受每月2 000元赡养老人专项附加扣除。除上述情形外，不能按照独生子女享受扣除。

（75）生父母有两个子女，将其中一个过继给养父母，养父母家没有其他子女，被过继的子女属于独生子女吗？留在原家庭的孩子，属于独生子女吗？

答：被过继的子女，在新家庭中属于独生子女。留在原家庭的孩子，如没有兄弟姐妹与其一起承担赡养父母的义务，也可以按照独生子女标准享受扣除。

(76)大病医疗的扣除主体、范围和扣除标准是什么?

答:在一个纳税年度内,纳税人发生的与基本医保相关的医药费用支出,扣除医保报销后个人负担(指医保目录范围内的自付部分)累计超过15 000元的部分,由纳税人在办理年度汇算时,在80 000元限额内据实扣除。纳税人发生的医药费用支出可以选择由本人或其配偶一方扣除,未成年子女发生的医药费用支出可以选择由其父母一方扣除。纳税人及其配偶、未成年子女发生的医药费用支出,可按规定分别计算扣除额。

(77)大病医疗支出中,纳税人年末住院,第二年年初出院,这种跨年度的医疗费用,如何计算扣除额?是分两个年度分别扣除吗?

答:纳税人年末住院,第二年年初出院,一般是在出院时才进行医疗费用的结算。纳税人申报享受大病医疗扣除,以医疗费用结算单上的结算时间为准,因此,该医疗费用支出属于第二年的支出。到2020年结束时,如果达到大病医疗扣除的条件,可以在2021年汇算时享受扣除。

(78)在私立医院就诊是否可以享受扣除?

答:对于纳入医疗保障结算系统的私立医院,只要纳税人看病的支出在医保系统可以体现和归集,则纳税人发生的与基本医保相关的支出,可以按照规定享受大病医疗扣除。

(79)夫妻同时有大病医疗支出,如果都在丈夫一方扣除,扣除限额是多少?

答:夫妻同时有符合条件的大病医疗支出,可以选择都在丈夫一方扣除,扣除限额分别计算,每人最高扣除额为8万元,合计最高扣除限额为16万元。

(80)享受大病医疗专项附加扣除时,纳税人需要注意什么?

答:纳税人日常看病时,应当留存医药服务收费和医保报销相关票据等资料备查,同时,可以通过医疗保障部门的医疗保障管理信息系统查询本人上一年度医药费用支出情况。

(81)纳税人如何知道可以享受大病医疗扣除的自付金额?

答:目前,国家医疗保障局已向公众提供互联网查询服务。参加基本医保的纳税人可以通过国家医保服务平台App,查询2020年度纳税人发生的与基本医保相关的医药费用支出扣除医保报销后个人负担的累计金额。

(82)3岁以下婴幼儿照护专项附加扣除由谁来扣除?

答:该项政策的扣除主体是3岁以下婴幼儿的监护人,包括生父母、继父母、养父母,父母之外的其他人担任未成年人的监护人的,可以比照执行。

(83)不是亲生父母可以享受3岁以下婴幼儿照护专项附加扣除政策吗?

答:可以,但其必须是担任3岁以下婴幼儿监护人的人员。

(84)婴幼儿子女的范围包括哪些?

答:婴幼儿子女包括婚生子女、非婚生子女、养子女、继子女等受到本人监护的

3岁以下婴幼儿。

（85）在国外出生的婴幼儿，其父母可以享受扣除吗？

答：可以。无论婴幼儿是在国内还是国外出生，其父母都可以享受扣除。

（86）享受3岁以下婴幼儿照护专项附加扣除的起算时间是什么？

答：从婴幼儿出生的当月至满3周岁的前一个月，纳税人可以享受这项专项附加扣除。比如：2022年5月出生的婴幼儿，一直到2025年4月，其父母都可以按规定享受此项专项附加扣除政策。

（87）3岁以下婴幼儿照护专项附加扣除的扣除标准是多少？

答：按照每孩每月1 000元的标准定额进行扣除。

（88）3岁以下婴幼儿照护专项附加扣除的金额能在父母之间分配吗？

答：可以。父母可以选择由其中一方按扣除标准的100%扣除，即一人按照每月1 000元标准扣除；也可以选择由双方分别按扣除标准的50%扣除，即两人各按照每月500元扣除。这两种分配方式，父母可以根据情况自行选择。

（89）3岁以下婴幼儿照护专项附加扣除分配方式在选定之后还可以变更吗？

答：3岁以下婴幼儿照护专项附加扣除，可以选择由父母一方扣除或者双方平摊扣除，选定扣除方式后在一个纳税年度内不能变更。

（90）有多个婴幼儿的父母，可以对不同的婴幼儿选择不同的扣除方式吗？

答：可以。有多个婴幼儿的父母，可以对不同的婴幼儿选择不同的扣除方式，即对婴幼儿甲可以选择由一方按照每月1 000元的标准扣除，对婴幼儿乙可以选择由双方分别按照每月500元的标准扣除。

（91）对于存在重组情况的家庭而言，如何享受3岁以下婴幼儿照护专项附加扣除？

答：具体扣除方法由父母双方协商决定，一个孩子扣除总额不能超过每月1 000元，扣除主体不能超过两人。

（92）3岁以下婴幼儿照护专项附加扣除可以在每个月发工资时就享受吗？

答：可以。纳税人通过手机个人所得税App或纸质《信息报告表》将有关信息提供给任职受雇单位后，单位根据个人的实际情况进行扣除，这样在每个月预缴个人所得税时就可以享受减税红利。

（93）纳税人在婴幼儿出生的当月没享受专项附加扣除政策，后续还可以享受吗？

答：可以。如果纳税人在婴幼儿出生当月没有享受专项附加扣除，可以在当年的后续月份发工资时追溯享受专项附加扣除，也可以在次年办理汇算清缴时享受。

（94）纳税人享受政策应当填报哪些信息？

答：纳税人享受3岁以下婴幼儿照护专项附加扣除，可以直接在个人所得税App上按照引导填报，也可以填写纸质的《信息报告表》，填报内容包括配偶及子女的姓名、身份证件类型（如身份证、子女出生医学证明等）及号码以及本人与配偶之间扣除分配比例等信息。

（95）纳税人享受3岁以下婴幼儿照护专项附加扣除，需要将有关资料提交给税务部门吗？

答：3岁以下婴幼儿照护专项附加扣除与其他六项专项附加扣除一样，实行"申报即可享受、资料留存备查"的服务管理模式，申报时不用向税务机关报送资料，留存备查即可。

（96）3岁以下婴幼儿照护专项附加扣除需要发票吗？

答：不需要发票，只需要按规定填报相关信息即可享受政策。相关信息包括：配偶及子女姓名、身份证件类型（如身份证、子女出生医学证明等）及号码、本人扣除比例等。

（97）纳税人如何填报3岁以下婴幼儿照护专项附加扣除信息较为方便快捷？

答：纳税人通过手机个人所得税App填报3岁以下婴幼儿照护专项附加扣除信息，既可以推送给任职受雇单位在预扣预缴阶段享受扣除，也可以在办理汇算清缴时享受，全程"非接触"办税，无需填报纸质申报表，较为方便快捷。

（98）婴幼儿的身份信息应当如何填报？

答：一般来讲，婴幼儿出生后，会获得载明其姓名、出生日期、父母姓名等信息的《出生医学证明》，纳税人通过个人所得税App或纸质《信息报告表》填报子女信息时，证件类型可选择"出生医学证明"，并填写相应编号和婴幼儿出生时间即可；婴幼儿已被赋予居民身份证号码的，证件类型也可以选择"居民身份证"，并填写身份证号码和婴幼儿出生时间即可；婴幼儿名下的中国护照、外国护照、港澳居民来往内地通行证等可证明身份的证件，均可作为填报证件。

（99）如果暂没有《出生医学证明》或居民身份证等可证明身份的证件，该如何填报婴幼儿身份信息？

答：纳税人暂未获取婴幼儿《出生医学证明》或居民身份证等可证明身份的证件的，也可选择"其他个人证件"并在备注中如实填写相关情况，不影响纳税人享受扣除。后续纳税人取得婴幼儿的出生医学证明或者居民身份证号的，及时补充更新即可。如税务机关联系纳税人核实有关情况，纳税人可通过手机个人所得税App将证件照片等证明资料推送给税务机关证明真实性，以便继续享受扣除。

（100）谁对3岁以下婴幼儿照护专项附加扣除的填报信息负责？

答：纳税人应当对报送的专项附加扣除信息的真实性、准确性、完整性负责。

（101）税务机关会对纳税人填报的扣除信息进行检查吗？

答：税务机关将通过税收大数据、部门之间信息共享等方式，对纳税人报送的专项附加扣除信息进行核验，对发现虚扣、乱扣的，将按有关规定予以严肃处理。

（102）我什么时候可以在个人所得税App填报3岁以下婴幼儿照护专项附加扣除？

答：《国务院关于设立3岁以下婴幼儿照护个人所得税专项附加扣除的通知》（国发〔2022〕8号）已于3月28日正式发布，税务部门也已经做好各项准备工作，专扣申报系统功能将于当天升级。3月29日起，您就可以通过个人所得税App填报3岁以下婴幼儿照护专项附加扣除了。

（103）公益性捐赠扣除应当符合什么条件？

答：个人通过中华人民共和国境内公益性社会组织、县级以上人民政府及其部门等国家机关，向教育、扶贫、济困等公益慈善事业的捐赠，发生的公益捐赠支出，可按照《个人所得税法》有关规定在计算应纳税所得额时扣除。

上述所称境内公益性社会组织，包括依法设立或登记并按规定条件和程序取得公益性捐赠税前扣除资格的慈善组织，其他社会组织和群众团体。

（104）在公益捐赠中，个人捐赠货币性资产和非或货币性资产如何确定捐赠额？

答：个人捐赠货币性资产的，按照实际捐赠金额确定捐赠额。个人捐赠股权、房产的，按照个人持有股权、房产的财产原值确定捐赠额。个人捐赠除股权、房产以外的其他非货币性资产的，按照非货币性资产市场价格确定捐赠额。

（105）居民个人公益捐赠支出可以在综合所得年度汇算时扣除吗？

答：根据现行税收政策规定，公益捐赠支出是综合所得年度汇算重点税前扣除项目之一，因此纳税人的公益捐赠支出是可以在综合所得年度汇算时扣除的。特别需要说明的是，现行的综合所得年度汇算制度可以帮助纳税人更加精准、全面地享受公益捐赠优惠政策，更好地保障纳税人权益。比如，有的纳税人平时工作繁忙，在平时没来得及申报扣除公益捐赠支出，那么他可以通过年度汇算追补扣除。还有的纳税人取得稿酬、劳务报酬、特许权使用费收入，在平时没有充分足额扣除公益捐赠支出，那么也可以通过年度汇算追补扣除。总而言之，纳税人没有及时或足额扣除公益捐赠支出的，都可以在综合所得年度汇算时申报扣除，保障纳税人充分享受政策红利。

（106）居民个人在综合所得年度汇算时扣除公益捐赠支出应该注意什么？

答：纳税人在综合所得年度汇算时要注意以下两点：

第一，要在税法规定的额度范围内扣除公益捐赠支出。根据现行政策规定，纳税人在综合所得扣除公益捐赠支出有上限的，具体为年度综合所得应纳税所得额的30%（政策规定对公益捐赠全额税前扣除的，不受该比例限制）。因此，纳税人在综合所得年度汇算时，要着重关注自己公益捐赠支出扣除的上限，以便准确享受公益捐赠政策。

第二，要留存好捐赠票据。根据现行政策规定，当纳税人完成捐赠，不论金额大小，公益性社会组织、国家机关都可以为捐赠人开具捐赠票据。因此，为了防止通过虚假捐赠逃避税收，政策规定享受公益捐赠政策的纳税人要妥善保管捐赠票据，以便在税务机关后续有核查需求时予以配合。

（107）同时存在限额扣除和全额扣除的公益捐赠，两者扣除的先后顺序会影响最终缴纳税款金额吗？

答：不影响。根据现行税法规定，个人公益捐赠支出的扣除基数为扣除捐赠额之前的应纳税所得税额。也就是说，这个应纳税所得额是一个固定数，不会因为先扣了一笔捐赠额而缩小。因此，不论是先扣限额捐赠支出还是先扣全额扣除捐赠，最终效果都是一样的。

（108）个人如何判定本人的公益性捐赠属于限额扣除还是全额扣除？

答：按照《个人所得税法》规定，个人将其所得对教育、扶贫、济困等公益慈善事业进行捐赠，捐赠额未超过纳税人申报的应纳税所得额30%的部分，可以从其应纳税所得额中扣除；国务院规定对公益慈善事业捐赠实行全额税前扣除的，从其规定。也就是说，一般情况下，个人进行的符合条件的公益性捐赠可以限额扣除，特殊情况下，个人进行的符合条件的公益性捐赠可以全额扣除。

特殊情况是指按照国务院规定允许全额扣除的情况，包括：个人通过非营利性的社会团体和国家机关向农村义务教育或教育事业的捐赠、对公益性青少年活动场所的捐赠、对红十字事业的捐赠、对福利性非营利性的老年服务机构的捐赠以及个人通过中国教育发展基金会、宋庆龄基金会、中国福利会、中国残疾人福利基金会、中国扶贫基金会、中国煤矿尘肺病治疗基金会、中华环境保护基金会、中国医药卫生事业发展基金会、中国老龄事业发展基金会、中国华文教育基金会、中国绿化基金会、中国妇女发展基金会、中国关心下一代健康体育基金会、中国生物多样性保护基金会、中国儿童少年基金会、中国光彩事业基金会、中华健康快车基金会、孙冶方经济科学基金会、中华慈善总会、中国法律援助基金会、中华见义勇为基金会等用于公益救济性的捐赠，以及其他文件规定允许全额扣除的情形。

另外，个人捐赠2022年北京冬奥会、冬残奥会、测试赛的资金和物资可全额扣除；2021年3月31日前，个人通过公益性社会组织、县级以上人民政府及其部门等国家机关，捐赠用于应对新冠病毒的现金和物品以及个人直接向承担疫情防治任务的医院捐赠用于应对新冠病毒的物品，可全额扣除。

（109）《个人所得税法》规定的可以免税的国家统一规定发放的补贴、津贴是指什么？

答：是指按照国务院规定发给的政府特殊津贴、院士津贴，以及国务院规定免予缴纳个人所得税的其他补贴、津贴。

（110）《个人所得税法》规定的不属于可以免税的福利范围具体是什么？

答：下列收入不属于免税的福利费范围：

一是，超过国家规定的比例计提福利费、工会经费中支付给个人的。

二是，从福利费和工会经费中支付的人人有份的。

三是，单位为个人购买汽车、住房、电子计算机等不属于临时性生活困难补助性质的支出。

（111）军人的转业费、复员费需要并入综合所得进行年度汇算吗？

答：军人的转业费、复员费免征个人所得税，因此不需要并入综合所得进行年度汇算。

（112）按照国家统一规定发给干部、职工的安家费、退职费、退休费、离休费、离休生活补助费需要计入综合所得进行年度汇算吗？

答：按照国家统一规定发给干部、职工的安家费、退职费、退休费、离休费、离休生活补助费免征个人所得税，因此不需要并入综合所得进行年度汇算。

（113）个人领取原提存的住房公积金、医疗保险金、基本养老保险金时，需要并入综合所得进行年度汇算吗？

答：个人领取原提存的住房公积金、医疗保险金、基本养老保险金时，免予征收个人所得税，因此不需要并入综合所得进行年度汇算。

（114）残疾、孤老人员和烈属取得综合所得，汇算清缴地与预扣预缴地减免税幅度不一致，该如何计算减免税额？

答：残疾、孤老和烈属取得综合所得办理汇算清缴时，汇算清缴地与预缴地规定如果不一致，可以用预扣预缴地规定计算的减免税额与用汇算清缴地规定计算的减免税额相比较，按照孰高值确定减免税额。

（115）已在境外缴纳的个人所得税税额具体指什么？

答：已在境外缴纳的个人所得税税额，是指居民个人来源于中国境外的所得，依照该所得来源国家（地区）的法律应当缴纳并且实际已经缴纳的所得税税额。

（116）如何判断一笔收入是不是属于境外所得？

答：个人如果取得以下类别收入，就属于境外所得：一是因任职、受雇、履行合约等在中国境外提供劳务取得的所得，例如张先生被单位派遣至德国工作2年，在德国工作期间取得的工资薪金；二是中国境外企业以及其他组织支付且负担的稿酬所得，比如李先生在英国某权威期刊上发表学术论文，该期刊支付给李先生的稿酬；三是许可各种特许权在中国境外使用而取得的所得，例如赵先生持有某项专利技术，允许自己的专利权在加拿大使用而取得的特许权使用费；四是在中国境外从事生产、经营活动而取得的与生产、经营活动相关的所得，例如周女士从在美国从事的经营活动取得的经营所得；五是从中国境外企业、其他组织以及非居民个人取得的利息、股息、红利所得，例如宋先生持有马来西亚某企业股份，从该企业取得的股息、红利；六是将财产出租给承租人在中国境外使用而取得的所得，例如杨先生将其汽车出租给另一人在新加坡使用而取得的租金；七是转让位于中国境外的不动产，转让对中国境外企业以及其他组织投资形成的股票、股权以及其他权益性资产或者在中国境外转让其他财产取得的所得，例如郑先生转让其持有的荷兰企业股权取得的财产转让收入；八是中国境外企业、其他组织以及非居民个人支付且负担的偶然所得，例如韩女士在美国买彩票中奖取得的奖金；九是财政部、国家税务总局规定的其他收入。

需要说明的是，对于个人转让中国境外企业、其他组织的股票、股权以及其他性质的权益性资产（以下简称权益性资产）的情形，如果该权益性资产在被转让前的连续36个公历月内的任一时间点，被投资企业或其他组织的资产公允价值50%以上直接或间接来自位于中国境内的不动产，那么转让该权益性资产取得的所得为来源于中国境内的所得。从国际来看，对此类情形按照境内所得征税属于国际通行惯例，我国对外签订的税收协定、OECD税收协定范本和联合国税收协定范本均对此有所规定。

（117）居民个人取得境内、境外所得，如何计算应纳税额？

答：居民个人境内、境外所得的应纳税额计算规则如下：一是居民个人来源于中国境外的综合所得（包括工资薪金所得、劳务报酬所得、稿酬所得、特许权使用费所得），应当与境内综合所得合并计算应纳税额；二是居民个人来源于中国境外的经营所得，应当与境内经营所得合并计算应纳税额；三是居民个人来源于中国境外的利息、股息、红利所得，财产租赁所得，财产转让所得和偶然所得不与境内所得合并，应当分别单独计算应纳税额。

需要说明的是，居民个人在计算应纳税额时，可依法享受个人所得税优惠政策，并根据中国税法相关规定计算其应纳税额。同时，居民个人来源于境外的经营所得，按照《个人所得税法》及其实施条例有关规定计算出的亏损不得抵减经营所得的盈利，这与境内经营所得的计算规则是一致的。

（118）居民个人取得境外所得，应如何计算境外所得抵免限额？

答：我国居民个人境外所得应纳税额应按中国国内税法的相关规定计算，在计算抵免限额时采取"分国不分项"原则，具体分为以下三步：

第一步，将居民个人一个年度内取得的全部境内、境外所得，按照综合所得、经营所得、其他分类所得所对应的计税方法分别计算出该类所得的应纳税额。

第二步，计算来源于境外一国（地区）某类所得的抵免限额，如根据来源于A国的境外所得种类和金额，按照以下方式计算其抵免限额：

对于综合所得，按照居民个人来源于A国的综合所得收入额占其全部境内、境外综合所得收入额中的占比计算来源于A国综合所得的抵免限额；其中，在按照《关于境外所得有关个人所得税政策的公告》（财政部 税务总局公告2020年第3号，以下简称3号公告）第三条第（一）项公式计算综合所得应纳税额时，纳税人取得全年一次性奖金、股权激励等依法单独计税的所得的，先按照税法规定单独计算出该笔所得的应纳税额，再与需合并计税的综合所得依法计算出的应纳税额相加，得出境内和境外综合所得应纳税额。

对于经营所得,先将居民个人来源于A国的经营所得依照3号公告第二条规定计算出应纳税所得额,再根据该经营所得的应纳税所得额占其全部境内、境外经营所得的占比计算来源于A国经营所得的抵免限额。

对于利息、股息、红利所得,财产租赁所得,财产转让所得和偶然所得等其他分类所得,按照来源于A国的各项其他分类所得单独计算出的应纳税额,加总后作为来源于A国的其他分类所得的抵免限额。

第三步,上述来源于境外一国(地区)各项所得的抵免限额之和就是来源于一国(地区)所得的抵免限额。

居民个人张先生2021年度从国内取得工资薪金收入30万元,取得来源于B国的工资薪金收入折合成人民币20万元,张先生该年度内无其他应税所得。假定其可以扣除的基本减除费用为6万元,可以扣除的专项扣除为3万元,可以扣除的专项附加扣除为4万元。张先生就其从B国取得的工资薪金收入在B国缴纳的个人所得税为6万元。假定不考虑其国内工资薪金的预扣预缴情况和税收协定因素。

(1)张先生2021年度全部境内、境外综合所得应纳税所得额=(300 000+200 000−60 000−30 000−40 000)=370 000(元)。

(2)张先生2021年度按照国内税法规定计算的境内、境外综合所得应纳税额=370 000×25%−31 920=60 580(元)。

(3)张先生可以抵免的B国税款的抵免限额=60 580×[200 000÷(300 000+200 000)]=24 232(元)。

由于张先生在B国实际缴纳个人所得税款为60 000元,大于可以抵免的境外所得抵免限额24 232元,因此按照3号公告,张先生在2021年综合所得年度汇算时仅可抵免24 232元,尚未抵免的35 768元可在接下来的5年内在申报从B国取得的境外所得时结转补扣。

(119)居民个人在境外缴纳的税款是否都可以进行抵免?

答:《个人所得税法》规定居民个人在境外缴纳的所得税税款可以抵免,主要是为了解决重复征税问题,因此除国际通行的税收饶让可以抵免等特殊情况外,仅限于居民个人在境外应当缴纳且已经实际缴纳的税款。根据国际通行惯例,居民个人税收抵免的主要原则为:一是居民个人缴纳的税款属于依照境外国家(地区)税收法律规定应当缴纳的税款;二是居民个人缴纳的属于个人应缴纳的所得税性质的税款,不拘泥于名称，这主要是因为在不同的国家对于个人所得税的称呼有所不同，例如荷兰对工资薪金单独征收"工薪税"；三是限于居民个人在境外已实际缴纳的税款。

同时，为保护我国的正当税收利益，在借鉴国际惯例的基础上，以下情形属于不能抵免范围：一是属于错缴或错征的境外所得税税额；二是按照我国政府签订的避免双重征税协定，内地和香港、澳门地区签订的避免双重征税安排规定不应征收的境外所得税税额；三是因少缴或迟缴境外所得税而追加的利息、滞纳金或罚款；四是境外所得税纳税人或者其利害关系人从境外征税主体得到实际返还或补偿的境外所得税款；五是按照我国税法规定免税的境外所得负担的境外所得税税款。

（120）在某国缴纳的个人所得税税款高于计算出的抵免限额，没抵免的部分怎么办？

答：对于居民个人因取得境外所得而在境外实际缴纳的所得税款，应按照取得所得的年度区分国家（地区）在抵免限额内据实抵免，超过抵免限额的部分可在以后连续5年内继续从该国所得的应纳税额中抵免。

（121）居民个人在计算境外所得税额抵免中是否适用税收饶让规定？

答：我国与部分国家（地区）签订的税收协定规定有税收饶让抵免规定，根据国际通行惯例，财政部、国家税务总局2020年第3号公告明确居民个人从与我国签订税收协定的国家取得所得，并按该国税收法律享受了免税或减税待遇的，如果该所得已享受的免税或减税数额按照税收协定规定应视同已缴税额在我国应纳税额中抵免，则居民个人可按照视同已缴税额按规定享受税收抵免。

（122）居民个人应该什么时候申报办理境外所得税款抵免？

答：考虑到居民个人可能在一个纳税年度中从境外取得多项所得，在取得后即申报不仅增加了纳税人的申报负担，纳税人也难以及时从境外税务机关取得有关纳税凭证，因此按照《个人所得税法》规定，取得境外所得的居民个人应在取得所得的次年3月1日至6月30日内进行申报并办理抵免。